기독교 지도자론
Spiritual Leadership

» 김병원 지음

Spiritual Leadership

도서출판 영문

Spiritual Leadership

by
Dr. Byung Won Kim

Young Moon Publishing Co.,
Seoul, Korea

▎추천사

김 성 수 교수
(고신대학교 전 부총장, 기독교교육과)

고신대학교 총장을 역임하신 김 병원 박사님이 저술하신 『기독교지도자론』의 추천서를 쓸 수 있게 된 것을 송구스럽게 생각하면서도 영광스럽게 생각합니다. 다른 한편으로 생각해 보면 부족하지만 이 책의 추천서를 쓸 수 있는 충분한 자격이 있다는 생각이 들기도 합니다. 왜냐하면 본인은 김 병원 박사님이 고신대학 학장으로 재임할 당시 4년 동안 학생처장으로 보필한 바가 있으며, 김 박사님이 고신대학교 총장으로 재임할 당시에는 4년 동안 부총장으로 더 가까이 있으면서 보필했기 때문에 김 박사님의 지도력에 대해서 누구보다도 더 잘 알고 있기 때문입니다. 무엇보다도 김 병원 박사님은 지도력(leadership)이라는 분야에서 이론적인 지식과 실제적 경험을 풍부하게 가지고 계시는 분이시기에 '기독교지도자론' 에 대해서 집필하고 강의하시기에 가장 적합한 분이라는 생각을 갖습니다. 특히 김 병원 박사님은 다음과 같은 몇 가지 점에서 기독교지도자로서의 탁월성을 보여주었기에 이 책의 가치를 더욱 더 빛나게 해 준다는 생각을 합니다.

첫째, 김 박사님은 가정을 잘 다스리는 지도자입니다. 국가 사회는 물론 교계적으로 볼 때도, 바깥에서는 지도력을 발휘하지만 가정을 다스리지 못하는 지도자들을 흔히 볼 수 있습니다. "수신제가치국평천하"(修身齊家治國平天下)라는 말과 같이 자기 자신과 가정을 다스리지 못하면 훌륭한 지도자로 평가받기 어려울 것입니다. 바울 사도는 디모데에게 감독의 자격을 이야기하면서 "자기 집을 잘 다스려 자녀들로 모든 단정함으로 복종케 하는 자라야 할찌며"(디모데전서 3:4)라고 기록하고 있습니다. 김 병원 박사님은 1남 2녀의 자녀들을 사회적으로나 신앙적으로 정말 훌륭하게 양육하신 분이십니다. 장남은 미국 사회에서도 인정받는 최고 경영자로서 활약하고 있으며, 두 분의 따님들과 사위들도 모두 전문직에서, 그리고 목회자로서 하나님의 나라를 위해서 귀하게 봉사하고 있는 분들입니다.

둘째, 김 박사님은 조화와 화평을 추구하는 인자하신 지도자입니다. 한 집단의 조화와 화평은 지도자에 의해서 결정된다고 해도 과언이 아닐 것입니다. 가는 곳 마다 분열과 불화를 조장하는 지도자가 있는가 하면 사랑과 화목과 평화의 분위기를 조장하는 지도자도 있습니다. 대화의 분위기를 싸늘하게 만드는 지도자가 있는가 하면 구성원간의 대화가 자연스럽고 원활하게 진행되며 웃음꽃이 피도록 화기애애한 분위기를 조장해 주는 지도자도 있습니다. 김 병원 박사님을 알고 계시는 모든 분들은 한결 같이 어느 한 극단에 치우치지 않고 화목과 화평의 분위기를 조성하는 지도자라는 평가를 아끼지 않을 것입니다.

셋째, 김 박사님은 참모들의 능력과 잠재력을 키워주는 지도자입니다. 참모들에게 일을 맡기지 못하고 자신이 모든 일을 손수 처리하고 일일이 점검하는 유형의 지도자도 있습니다. 그러나 김 병원 박사님은 참모들을 신뢰하고 자유와 책임의 한계를 분명히 하면서 참모들의 능력과 잠재력을 일깨워주기 위해 격려하는 지도자의 본을 보여 주었습니다. 학장과 총장으로 재임할 당시에도 대외적인 큰 업무들을 주로 감당하시면서 참모들이 자유로운 분위기 속에서 창의력을 발휘하면서 일할 수 있도록 최대한 배려해 주신 훌륭한 지도자였습니다.

넷째, 김 박사님은 삶 속에서 영성을 추구한 신앙의 지도자입니다. 기독교지도자들 중에는 자신만이 혼자 의로운 인물인양 나팔을 부는 유형의 지도자들도 많이 있습니다. 남의 눈에 있는 띠끌은 보고 큰소리로 떠들고 지적하면서도 자신의 눈에 있는 더 큰 들보는 보지 못하는 지도자들도 있습니다. 남에게는 예리한 비판의 잣대를 들이대고 정죄하면서도 정작 자기 자신의 잘못에 대해서는 지극히 관대한 바리새인과 같은 지도자들도 있습니다. 그러나 김 병원 박사님은 자신이 대단한 신앙의 인물인 것처럼, 거룩한 자인 것처럼 한번도 나팔을 불지 않았습니다. 그러면서도 생활 속에서 신앙의 의미를 구현하려고 노력하는 신앙의 지도자라는 평가를 받기에 부족함이 없다는 생각을 합니다.

김 병원 박사님은 이 책의 서론에서 다음과 같이 말문을 열고 있습니다. 지금 우리의 현실을 보면서 많은 아쉬움을 갖게 하는 구절이기도 합니다.

> "금방이라도 무너질 듯한 조직, 끝없이 퇴보하는 조직이 한 사람의 유능한 지도자에 의해 희생되며 탈바꿈하는 경우가 허다하다. 생존가능성이 전연 보이지 않았던 조직이 한 사람의 힘으로 크게 달라지는 일이 있음을 우리는 얼마든지 보고 알 수가 있다. 능력 있는 새 지도자가 부임하므로 조직을 재정비하고 직원들의 사기를 진작시켜 10년이 걸려도 이루지 못하는 일을 새 지도자는 1년 이내에 달성하는 경우가 있다. 이런 놀라운 변화가 일어나는 차이는 전적으로 훌륭한 지도력과 관계가 되어 있다."

이 책은 저자가 평소 많은 관심을 가지고 방대한 자료를 수집하고 자료들을 분석하고 정리하여 체계적으로 집대성한 거작입니다. 지도자론에 관한 원리적이며 이론적인 논의뿐만 아니라 지도자로서의 실천적인 부분들을 함께 논의하고 있는 귀중한 책입니다. 특히 성경적 관점에서 기독교지도자론에 관한 제반 원리와 실제적인 문제들을 논의함으로서 지도자론에 관한 일반적인 저서와는 다른 가치를 분명하게 들어내 보여주고 있습니다. 지도력에 관심을 가진 분들은 이 책을 통하여 일반적인 지도력과 지도자론에 대한 통찰은 물론 기독교적 지도력과 기독교지도자론에 관한 폭넓고 심오한 지식을 얻을 수 있으리라고 믿습니다. 목회자들은 물론, 신학생들과 교사들, 그리고 교회의 모든 직분자들과 성도들에게도 많은 도움이 될 것을 확신하며 이 책을 적극 추천하는 바입니다.

2004년 3월 10일

▎추천사

이 상 규 교수
(고신대학교 교수 신학박사)

이번에 고신대학교 총장을 역임하신 김병원박사님께서 「기독교 지도자론」(Christian Ledership)이라는 귀한 책을 출판하게 된 것을 진심으로 축하합니다. 이 책은 오늘의 한국교회 현실에서 볼 때 시의적절한 저술이라고 생각합니다. 지도자와 지도력의 부재가 심각한 오늘의 한국교회 현실에서, 그리고 성경에 기초한 기독교적 지도력이 절실히 요구되는 우리 시대에 이 책은 욕구를 충족시켜주기에 충분하다고 생각합니다.

우선 이 책은 다음의 몇 가지 관점에서 우리의 관심을 끌고 있습니다. 이것은 이 책의 특징이자 장점이라고 할 수 있습니다. 첫째, 이 책은 성경적 기초위에서 기독교 지도자론을 개진하고 있다는 점입니다. 이 점이 다른 모든 리더십에 관한 책과 구별됩니다. 이 책에서 저자는 "성경적 지도력이란 하나님을 중심한 지도력이고, 하나님의 거룩한 뜻과 계획을 실행할 수 있는 능력을 갖춘 지도력이라"고 말하고 있습니다. 하나님의 말씀으로서 성경에는 인간과 인간의 삶과 사회에 필요한 모든 원리가 다 포함되어 있다고 볼 때 성경적 원리에서 지도자론을 논구하는 일은 의미 있는 일이 아닐 수 없습니다.

둘째, 이 책은 세속적 지도자 혹은 지도력과는 분명하게 구별되는 기독교적 지도자 혹은 지도력이 무엇인가를 분명하게 제시하고 있다는 점입니다. 저자는 세속적 리더십과 기독교적 리더십의 차이를 석명함으로서 독자들에게, '기독교적 가치'를 제시하고 있고, 기독교적 지도자상과 세속적 지도자 상의 대비를 통해 양 세계의 분명한 경계선을 제시하고 있습니다. 뿐만 아니라 저자는 다양한 성경적 근거와 예시를 통해 기독교지도자상을 제시하고 있습니다. 특히 느헤미야서, 시편 23편, 요한복음 10장을 성경적인 지도자 상의 근거로 제시하고 있습니다.

셋째, 이 책에서 저자는 기독교 지도자상을 '역사적'으로 기술하고 있을 뿐만 아니라, 21세기에 필요한 '미래적' 지도자상을 제시하고 있다는 점입니다. 이미 토머스 칼라일이 지적했지만 그 시대(역사)와 지도력(인물)은 깊은 상관관계를 지니고 있으므로 오늘 우리 시대가 요구하는 지도자상이 있기 마련입니다. 이런 점을 감안하여 저자는 현대사회의 성격과 특징을 분석하고, 21세기에 적합한 지도자 상을 제시하고 있습니다. 그는 추진력(vitality), 벤처정신(Venture), 비젼(Vision)을 기독교 지도자가 지녀야 하는 기본적인 3대 필수조건으로 제시하고 있습니다.

넷째, 이 책은 난해한 이론적인 책이 아니라 일상의 현실에 적용될 수 있는 실제적인 글이라는 점입니다. 다시 말하면 진부하고 딱딱한 이론이나 추상적인 원리만을 말하는 것이 아니라, 오늘의 현실에서 우리에게 공감을 주며, 누구든지 쉽게 읽을 수 있는 실제적인 내용으로 구성되어 있다는 점입니다. 이 책을 보면 저자는 어떤 특정한 계층만을 대상으로 하지 않고 광범위한 독자층을 염두에 두고 저술했음을 알 수 있습니다. 아마도 이 점은 한국교회 현실에서 이상적인 기독교적 리더십이 행사되기를 바라는 저자의 애정의 표현이 아닐까 생각됩니다.

다섯째, 이 책은 기독교 지도자로서 목회자의 역할과 바른 지도력을 강조하고 있습니다. 이 책 10장에서 13장까지는 구체적으로 목사의 개인 생활과 목회활동 전반에 대해 기술하고 있는데, 비록 김박사님께서 직접적으로 말하고 있지는 않지만, 목회자의 바른 삶과 바른 지도력 행사를 강조하는 것은 한국교회의 진정한 개혁과 영적 쇄신을 위해서는 목회자의 역할이 지대하다는 점을 드러내려는 의도가 있다고 보여 집니다.

무엇보다도 이 책이 지역 교회와 신학교, 그리고 대학과 교단 등 여러 기관에서 지도자로 활동하신 분에 의해 기술되었다는 점은 이 책의 가치를 더해줍니다. 김병원박사님은 한국과 미국의 여러 교회에서 목회하셨고, 신학교와 대학에서 교수로 학장으로 혹은 총장으로 봉사하셨고, 교단의 여러 기관에서 장으로 혹은 대표로 활동하셨기에 그의 다양한 행정경험은 그의 학문적 여정과 함께 기독교 지도자론을 저술하기에 가장 적절한 인물이라고 생각합니다.

저는 김병원박사님의 문하생의 한 사람일 뿐 아니라 그가 총장으로 재임하시는 동안 교무위원의 한 사람으로 가까이 뫼시면서 그 분의 신앙적 인격과 온화하고도 사려 깊은 인품에서 많은 것을 배웠습니다. 그의 소탈하고도 꾸밈없는 성격과 격의 없는 유머는 따스한 훈기를 더해 주었고, 그의 지도력의 원천이 무엇이었던가를 다시 한번 생각하게 해 줍니다. 이 책 속에는 김박사님의 학문과 신앙과 인격이 자연스럽게 베여있어, 독자들에게 가르침만이 아니라 교훈과 감동을 주리라고 믿어 의심치 않습니다.

2004년 3월 13일

머리말

"모든 일의 성패는 지도자(leader)의 지도력(leadership)에 달려 있다"는 말은 "모든 성공의 열쇠는 지도자의 능력에 달려 있다"는 말이 된다. 많은 지도자들은 자기 자신이 탁월하게 되려고 노력하기보다 오히려 탁월하지 못한 이유를 찾아 변명하려고 하는 경향이 있다. 이 이유를 어떤 이들은 환경에서 찾으려고 하고, 어떤 이들은 피지도자들에게서 찾으려고 하며, 어떤 이들은 조직에서 찾으려고 하고, 어떤 이들은 프로그램에서 찾으려고 한다. 그러나 지도자는 이 이유를 궁극적으로는 지도자의 지도력에 있음을 알아야 할 것이다. 지도자가 주어진 조직에서 지도력을 잘 발휘하면 그 조직체는 많은 변화를 가져오게 될 것이다.

지도자가 한가지 알아야 할 것은 지도력(leadership)은 선천적으로 타고난 사람의 전유물이 아니라 후천적으로 습득할 수 있다는 사실이다. 지도력은 발견되는 것이 아니라 개발되는 것이다. 실제로 선천적으로 타고난 지도자가 있다. 그러나 그 타고난 지도자도 그 지도력을 유지하기 위해서는 지도력의 특성들을 개발시켜야 한다. 지도자는 지도력의 기초가 되는 원리들을 교육과 훈련을 통하여 습득할 수 있고 습득한 지도력을 계속 개발해야 할 것이다. 그러므로 지도자는 성공적인 지도자가 되려는 의욕과 열망이 있어야 한다. 그리고 계속해서 성공적인 지도자가 되기 위하여 노력해야 할 것이다. 노력 없는 성공은 있을 수 없다. 성공은 끊임없는 노력의 결과이다.

죤 맥스웰(John Maxwell)은 지도자의 종류를 다음과 같이 분류를 했다.

첫 번째로 지도자 중의 지도자는 지도력의 자질을 가지고 태어난 사람, 모델이 된 지도력을 보아 온 사람, 훈련을 통해 새로운 지도력을 평생동안 추가해서 습득한 사람, 그리고 위대한 지도자가 되기 위해 자기 훈련을 하는 사람으로 이상 네 가지 특성 중 세 가지는 습득된 것이다.

두 번째로 체득된 지도자는 모델이 된 지도력을 대부분의 생애 동안 보아 온 사람, 훈련을 통해 지도력을 배운 사람, 위대한 지도자가 되기 위하여 자기 훈련을 하는 사람으로 이상은 모두 습득된 것이다.

세 번째로 잠재력이 있는 지도자는 모델이 된 지도자를 최근에 발견한 사람, 훈련을 통해 지도자가 되고자 배우는 사람, 위대한 지도자가 되기 위해 자기 훈련을 하는 사람으로 이상 모두 습득된 것이다.

네 번째로 제한된 지도자는 지도자들에게 거의 혹은 전혀 발견되지 못한 사람, 지도력 훈련에 거의 혹은 전혀 참여하지 않은 사람, 지도자가 되기를 열망하는 사람으로 이상 모두 습득될 수 있는 것이다.

어떤 지도자는 도전이 닥쳐와도 성공하는 지도자가 있는가 하면 어떤 지도자는 실패하는 지도자가 있다. 이것이 나약한 지도자와 강인한 지도자의 차이점이다. 나약한 지도자는 꿈과 희망을 실현하지 못해 패배의식에 빠져 후회한다. 이런 사람은 성공하지 못하게 될 것이다. 그래서 강인한 지도자를 양성하는 일이 아주 중요하다. 어떤 어려움이 와도 굳건히 서서 승리할 수 있는 지도자가 바로 강인한 지도자이다.

기독교 지도자론(A Theory on Christian Leadership)은 상당한 역사를 가진 학문이지만 특히 오늘날에 와서 그 학문을 연구하려는 사람들이 많아진 것이다. 그 이유는 오늘날은 옛날과 달리 모든 면에서 세분화 및 분업화되고 있기 때문에 지도자의 지도력은 그가 하는 일의 성패를 좌우하는 일이 되기 때문이다. 지도자는 그의 지도력이 부족하면 그 지도자는 결코 성공할 수 없다. 그러므로 지도력이란 원리는 일반기관이나 기독교 기관이나 동일한 부분이 많으나 그러나 기독교 지도자론은 모든 문제를 기독교적인 관점(Christian perspective)에서 관찰하며 해결하려는 시도이다. 그러기 때문에 성경을 알아야하고 성령의 조명이 있어야 한다.

필자가 고려신학대학원 교수로 재직시에 이 기독교 지도자론이란 과목을 처음으로 접하게 되었다. 이 때 많은 자료를 수집하면서 이 과목의 중요성을 깨닫게 되었다. 그리고 이 기독교 지도자론 과목이 기독교 지도자들에게 얼마나 중요한 과목이었음을 깨닫게 되었다. 2003년도에 서울에 소재한 한국성서대학교에 초빙교수로 부름을 받고 이 과목을 다시금 가르치게 되었다. 이 과목을 정리하고 자료를 보완하고 첨가하면서 그 중요성을 다시금 깨닫고 이 책을 출판하기로 결심을 하게 되었다.

이 책의 어떤 부문에는 한 내용을 한번 이상 인용하고 언급한 부분이 있다. 그 이유는 앞뒤의 내용을 연결시켜 더 충실하게 하기 위함이다. 그리고 각주를 달지 않은 것은 강의를 준비하면서 대부분이 각주 없이 준비를 했기 때문임을 밝혀둔다. 본 원고를 수정해 주시고 출판해 주신 영문출판사 김수관 사장님께 진심으로 감사를 드린다. 그리고 이 책 출판을 위해서 기도하고 보이지 않게 깊은 관심을 가져주신 분들에게 진심으로 감사를 드린다. 이 책을 읽는 이들에게 하나님의 은혜와 축복이 함께 하시기를 빈다. 이 책이 독자들의 배움이나 신앙생활에 조금이라도 도움이 된다면 저자로서는 무한한 영광이 되겠다.

2004. 3.
저자 김병원

목차

추천사 / 김성수 • 3

추천사 / 이상규 • 7

머리말 • 10

서 론 • 15

제1장 기독교 지도자론에 대한 제언 • 20

제2장 기독교 지도자론에 대한 제 이론들 • 49

제3장 관리, 지도력 및 통전성 • 80

제4장 성경적 지도자상과 지도자로서 목사에게 주어진 칭호 • 116

제5장 시편 23편과 요한복음 10장에 나타난 이상적인 기독교 지도자상 • 147

제6장 현대사회의 특징과 21세기의 기독교 지도자상 • 177

제7장 기독교 지도자의 구비요건 • 239

제8장 기독교 지도자의 목표 • 271

제9장 교회사에 나타난 기독교 지도자의 유형별 분석 • 292

제10장 기독교 지도자로서의 목회자의 비전 • 389

제11장 기독교 지도자로써의 목회자의 시간 활용 • 430

제12장 기독교 지도자의 함정 • 454

제13장 기독교 지도자의 보상 • 488

제14장 느헤미야서를 중심한 성경적 기독교 지도자론 • 514

참고문헌 • 553

서 론

21세기를 맞은 오늘날의 변화는 인간의 상상을 초월하고 있다. 금방이라도 무너질 듯한 조직, 끝없이 퇴보하는 조직이 한 사람의 유능한 지도자에 의해 희생되며 탈바꿈하는 경우가 허다하다. 생존가능성이 전연 보이지 않았던 조직이 한 사람의 힘으로 크게 달라지는 일이 있음을 우리는 얼마든지 보고 알 수가 있다. 능력 있는 새 지도자가 부임하므로 조직을 재정비하고 직원들의 사기를 진작시켜 10년이 걸려도 이루지 못하는 일을 새 지도자는 1년 이내에 달성하는 경우가 있다. 이런 놀라운 변화가 일어나는 차이는 전적으로 훌륭한 지도력과 관계가 되어 있다.

진정 성공한 지도자의 요건에 대해 이 세상의 관점은 혼탁해 있다. 기독교 지도자는 성경에서 원리를 찾고 성경에서 충고를 들어야 한다. 뿐만 아니라 성경을 지도력의 원리로 삼고 조직이나 기관을 운영하는 지도자들의 결과가 어떠한지를 살펴보는 것이 중요하다. 물론 일반 서적들도 지도자의 지도력에 관한 원리를 제공해 주지 않는 것은 아니다. 그런 책들 중에서도 얼마든지 좋은 원리를 찾을 수 있고 그 원리를 인용하고 적용해서 자기의 것으로 삼을 수가 있다. 그러나 일반 서적을 무비판적으로 읽고 수용하는데는 문제가 있다.

세상의 많은 지도력 이론의 기본 전제는 일견 건전해 보이지만 엄밀히 따져 보면 성경과 상반되는 개념을 부추기는 경우가 허다함을 알아야 할 것이다. 그런 이론에는 하나님이 빠져 있다. 그런 이론에는 그리스도를 통한 구원이 빠져 있다. 그런 이론에는 성경이 하나님의 영감된 말씀이라는 사실이 빠져 있다. 그런 이론에는 인간의 삶의 목표와 철학이 무엇인지가 빠져 있다. 그런 이론에는 마태복음 6:33절이 말한 대로 "너희는 먼저 그의 나라와 그의 의를 구하라 그리하면 이 모든 것을 더하시리라"란 성경적 우선순위가 아니다. 그런 이론에는 세상이 먼저이다. 그런 이론에는 현세적이고 가시적이고 물질적인 것이 먼저이다.

그러나 성경은 결코 그렇지 않다. 세상적인 지도력 이론과 성경적 지도력 이론에는 엄청난 차이가 있다. 성경적 지도력이란 하나님을 중심한 지도력이고 성경에서 하나님의 계획을 찾는 지도력이다. 성경이 제시하는 방향성을 찾는 것이 바로 기독교 지도자가 추구해야 할 지도력의 이론이다. 성경은 하나님의 말씀으로 인간에게 필요한 모든 원리가 다 포함되어 있다.

기독교 조직의 위치에 있다고 해서 자연적으로 영적인 지도자가 되는 것은 아니다. 기독교에서 말하는 영적 지도력(spiritual leadership)이란 세상 사람들이 말하는 직업(vocation)이 아니라 소명(calling)이다. 세상적 직업이란 항상 돈과 밀접한 관계가 되어 있다. 바로 직업=금전이다. 그러나 소명이란 금전과 관계없이 하나님이 부르셔서 부르심에 응답한 결과로 일을 하는 것이다. 그래서 어떤 이는 좋은 직장을 그만두고 주님이 부르신 그 자리로 가서 경제적으로는 어려움을 당해 가면서 일을 하는 사람이 있다.

소명이란 돈이 먼저가 아니라 일이 먼저이다. 소명이란 돈보다 주님이 부르시는 그 부르심이 먼저이고 그 부르심에 더 무게를 둔다. 그러므로 기독교 사업가, 의사, 교육인, 정치가 등 모두 영적으로 지도자가 되어야 한다. 그럴 때에 이 사회가 더욱 밝고 맑은 사회가 될 것이다. 이런 사람이 많을 때에 세상에 기독교적 영향을 미치게 될 것이고 그 결과 하나님의 나라가 확장될 것이다. 그러므로 기독교 지도자는 주님이 부르신 소명에 비추어 지도력을 발휘해야 한다.

하나님은 지도자를 찾고 계신다. 지도자가 없는 피지도자들은 방향감각을 잃게 된다. 피지도자 100사람보다 지도자 1사람의 힘이 더 크다. 모세는 200만 명을 애굽에서 이끌어 내었다. 여호수아는 그 많은 이스라엘 사람들을 가나안으로 인도했다. 하나님이 지도자를 찾으실 때는 자격을 갖춘 지도자를 찾으신다. 이사야 59:16절 "사람이 없음을 보시며 중재자 없음을 이상히 여기셨으므로 자기 팔로 스스로 구원을 베푸시며 자기의 의를 스스로 의지하사" 이 말씀은 유대인들을 바벨론에서 구원할 지도자가 없으며 그들을 도와 줄 자(중재자)가 없는 사실을 하나님이 보시고 그가 친히 구원자로 오셨다는 말씀이다. 이것은 참된 구원은 오직 하나님의 단독사역임을 보여주는 말씀이다.

이 말은 죄 가운데 빠져 있는 사람들을 구원한 자는 인간 중에서는 없다. 즉 중보자의 자격을 갖춘 이가 없었으므로 하나님께서는 예수 그리스도를 보내셨다. 인간에게 구원자가 필요한 이유는 이사야 59:12-15절에 나타나 있다. 12절에는 "대저 우리의 허물이 주의 앞에 심히 많으니 우리의 죄가 우리를 쳐서 증거하오니 이는 우리의 허물이 우리와 함께 있음이라 우리의 죄악을 우리가 아나이다" 13절에는 "우리가 여호와를 배반하고 인정치 아니하며 우리 하나님을 좇는 데서 돌이켜 포악(暴惡)과 패역(敗逆)을 말하며 거짓말을 마음에 잉태하여 발하니"라고 했다.

여기 이사야 59:12-15절에 자기들의 죄악이 지적되어 나온다.

① 자기들의 죄악이 하나님 앞에서 심히 많아 보임이다(12절 상반). 이것이 참된 죄감(罪感)이다.

② 자기들의 죄악이 자기들을 쳐서 증거한다(12절 상반). 이것은 죄로 인하여 양심의 가책을 아프게 받고 있는 것이니 참된 회개의 한 방면이다.

③ 자기들의 죄가 자기들과 함께 있다고 했다(12절 하반). 이는 그들이 죄감을 회피하려고 해도 제대로 되어지지 않는다는 말이다. 이는 다윗이 회개할 때, "내 죄가 항상 내 앞에 있나이다"라고 한 것과 마찬가지이다(시 51:3).

④ 그들이 자기들의 죄악을 안다고 하였다(12절 하반절). 이것은 그들이 죄인임을 명백히 깨닫는다는 뜻이다. 위와 같은 생각은 회개자의 마음에

만 확실하다.

그들이 범한 죄목은 다음과 같다.

① 10계명의 첫째 부분(1-4계명)을 어기며 하나님을 배반하였다(13절 상반). "우리가 여호와를 배반하고 인정치 아니하여 우리 하나님을 좇는데서 돌이켜"라는 말씀은 하나님을 배반하고 우상을 섬긴 죄를 가리킨 말이다.

② 10계명의 둘째 부분(5-10계명)을 어기어 사람들을 해롭게 했다(13절 하반). "포악과 패역"은 제 5,6계명을 범함이고, "거짓말"(성실히 없어짐-14절 하반, 15절 상반)은 제 9계명을 범함이고, "공평"과 "의"를 떠남은 제 7계명을 범함인 듯하고, "악을 떠나는 자가 탈취를 당함"은 제 10계를 위반함이다(15절 상반).

하나님은 이런 패역한 인간들 중에서는 참 지도자를 찾을 수 없다는 말씀이다. 그러면 기독교 지도자는 이런 멍에서 풀려 나와야 한다. 즉 예수 그리스도의 보혈로 죄 씻음을 받고 중생한 자로서 그에게만 전적으로 헌신하며 성령이 충만하고 지도자로서의 자질을 갖춘 자이어야 한다.

유다 나라에서는 상하 모두가 타락하고 부정하여서 올바른 지도자가 없음을 탄식한 내용이 나타나 있다. 에스겔 22:25-29절에는 유대 땅에 가득한 각계 각층의 죄악을 지적하고 있다. 선지자들의 죄악(25절)은 물질을 탐하고 거짓말로서 사람들의 영혼을 죽이니 사자와 같이 잔인하다. 제사장들의 죄악(26절)은 율법과 성별(聖別)을 파수하는 직책을 이행하지 못하고 있다. 방백들은 불의(27-28절)로 사람을 죽이기까지 하면서 재물을 취득한다. 백성들(29절)은 이런 부정한 지도자들 아래서 공의를 행할 리가 없다.

에스겔 22:30절 "이 땅을 위하여 성을 쌓으며 성 무너진 데를 막아 서서 나로 멸하지 못하게 할 사람을 내가 그 가운데서 찾다가 얻지 못한 고로"란 말씀은 하나님은 참 지도자를 찾고 계시지만 찾지를 못한다는 말씀이다. 유대 민족은 선지자들, 제사장들, 방백들, 백성들 모두가 악하여 민족적 죄악의 용서를 위하여 하나님 앞에 나와 기도하는 지도자가 없었다. 옛날에 모세와 같은 지도자가 없었다. 시편 106:23절 "그러므로 여호와께서 저희를 멸하리라 하셨으나 그 택하신 모세가 그 결렬(決裂)된 중에서 그 앞에 서서 그 노를 돌이켜 멸하시지 않게 하셨도다" 하나님께서는 이런 모세와 같은 지도자를 시대를 따라 찾고 계신다.

하나님이 찾고 계시는 지도자는 사람들을 하나님의 방법대로 하나님의 뜻 안으로 이끌어 줄 지도자이다. 즉 하나님의 말씀을 전적으로 성령의 영감으로 기록된 말씀임을 믿고 그 말씀에로 피지도자들을 이끌어 드릴 지도자를 찾고 계신다. 하나님은 지도자가 하나님의 영원하신 계획을 알고 그 계획에 맞게 일 처리를 하는 지도자를 찾고 계신다. 하나님은 모든 일에서 우선순위를 바로 알고 먼저 하나님의 나라와 그의 의를 구하는 신실한 지도자를 찾고 계신다.

제1장

기독교 지도자론에 대한 제언(提言)

효과적인 지도자(leader)는 지도력(leadership)과 밀접한 관계가 있다. 지도자와 지도력의 관계는 불가분리의 관계이다. 지도자에게 지도력이 없으면 제 기능을 발휘할 수 없다. 반면에 지도력은 지도자의 지도력 수행에 의해서 제 기능이 발휘가 될 수 있다. 뿐만 아니라 지도자의 위치는 자기가 하는 일의 영역뿐 아니라 삶의 다른 모든 분야와 모든 영역에 막대한 영향을 끼친다. 지도자는 지도자의 위치가 이만큼 중요하다는 사실을 항상 기억해야 한다. 한 나라는 올바른 지도자를 갖는 것이 얼마나 중요한지 모르며 한 나라의 최고 통치자는 올바른 지도력을 갖는다는 것이 얼마나 중요한지 모른다. 그 지도자의 리더십에 의해 한 나라가 이렇게도 저렇게도 될 수가 있음을 우리는 역사적으로 얼마든지 보았다.

현대는 옛날과 달리 쉽게 지도자가 되는 시대가 아니다. 정치적 동맹관계는 하루가 다르게 변하고 있다. 인간관계는 기하급수적으로 복잡해지고 있다. 테러의 위협은 현실로 인류를 공포에 떨게 하고 있다. 각 나라마다 경제침체로 불안해하고 있다. 폭력은 날이 갈수록 더해 가고 있다. 사회규범은 조롱의 대상이 되고 있다. 이런 결과 현대는 예레미야 시대처럼 "얼굴도 붉힐 줄 모르는"경지에 이르게 되었다(렘 6:15; 8:12). 이런 시대에 강한 정치적 지도자가 절실하다. 공약을 지킬 수 있는 정치가가 필요하다. 오늘날 가장 신임을 받지 못하는 지도자는 정치계일 것이다. 정치인들이 공약을 남발하고 있지만 그 공약(公約)은 결과적으로 공약(空約)이 되고 마는 경우가 허다하다. 국민의 유익을 위해서 발언하고 공약을 할 수 있는 정치가가 필요하다. 그런 지도자를 이 사회는 간절히 찾고 있다.

위런 베니스는 미국이 독립하는 시기에 6명의 위대한 지도자들을 배출했다고 하면서 그들의 이름은 프랑크린(Franklin), 제퍼슨(Jefferson), 워싱톤(Washington), 하밀톤(Hamilton), 아담스(Adams), 매디슨(Madison) 등이었다. 그들은 세계적 지도자들이었다. 이때에 미국 전 인구는 300만 명이었다고 한다. 현재 미국 인구 약 2억 5천만 명에서 같은 비율로 이런 지도자들이 배출이 된다면 오늘날 미국은 500명이 될 수 있어야 한다. 그러나 지금 그만한 유능한 지도자가 배출이 되고 있는가 란 질문에는 그렇지 않다고 답을 할 수밖에 없다.

과거의 지도자상과 현재의 지도자상 간에는 엄청난 차이가 있다. 핸디(Charles Handy)는 미래의 지도자는 조직관리를 잘해야 한다는 의미에서 다음과 같은 말을 했다. "미래 지도자의 도전은 과거의 의미로는 존재조차 하지 않던 조직을 관리하는 것"이라고 말했다. 과거에는 주먹구구식으로 일을 할 때가 있었지만 오늘날은 첨단 과학과 컴퓨터로 인한 인터넷이 발달이 되어서 상상할 수 없을 만큼의 다른 세계에서 살고 있음을 알아야 한다.

골만(Daniel Goleman)은 "경제적으로 아주 절박한 경우가 아니라면 사람들은 돈만 보고 일하지 않는다. 그들에게 일의 의욕을 더해 주는 요인은 보다 큰 의미를 갖도록 하는 것이고 그일을 향한 열정이다. 그들은 자신에게 의미를 주는 일, 자신의 헌신과 재능과 에너지와 기술을 십분 활용할 수 있는 일에 끌린다."고 말했다. 사람이 먹는 문제가 해결이 되면 다른 무엇을 추구하게 된다. 인간의 욕망이나 욕구는 끝이 없다. 이것을 "상승욕구(上昇慾求)"라고 한다. 인간에게 있어서 욕구는 끝이 없다. 이 상승욕구로 인하여 사람이 노력해서 사회가 발달이 되며 인간이 발전이 되지만 그 끝이 보이지 않는 광야나 사막과 같다. 이런 시대에 지도자가 된다는 것은 쉽지 않다.

그린니프(Robert Greenleaf)는 근로자의 초점 변화에 대해 이렇게 말했다. "일이란 보수를 지불하는 측의 유익 못지 않게 일하는 자들의 풍성한 삶을 위해 존재한다." 여기 "풍성한 삶"이란 반드시 물질만을 의미하는 것은 아니다. 가시적인 것 외에 불가시적인 것, 현세적인 것 외에 내세적인 것, 물질적인 것 외에 영적인 것도 있음을 암시하고 있다. 사람들은 이 모든 것들도 다 추구하고 있다. 그러나 불신자들은 가시적인 것과 현세적인 것과 물질적인 것에 치중을 하고 있다. 그러나 성경은 그보다 불가시적인 것, 내세적인 것, 그리고 영적인 것에 더 치중할 것을 강조하고 있다. 성경이 말하는 삶의 의미란 바로 이런 것이다.

21세기는 지도자 부재의 시대를 맞이했다. 한국만을 보아도 많은 사람이 지도자라고 자칭하고 있지만 진정 국민들이 존경하고 우러러 보는 지도자는 몇 사람이나 있는지? 라는 의문을 던져보지 않을 수 없다. 대통령이나 국회의원 선거철이 되면 여기 저기서 "나요 나"라고 출마하는 후보들이 많지만 진정 국민들은 진정한 국회위원이나 대통령을 뽑을 사람이 없다는 말을 자주 한다. 진정으로 우리를 대표할 사람이 누구인지를 찾고 있는 실정이다.

이는 정계에서 뿐만이 아니라 특히 종교계에서는 더 그렇다. 기독교를 예를 들면 한국에 교회 수가 약 5만개나 된다고 한다. 목사의 수도 엄청나게 많다. 신학교의 수가 근 200개나 된다고 하며 매년 배출되는 신학생 수만도 상상할 수 없을 정도의 숫자이다. 그 모든 목사들, 신학생들이 100%가 주의 참된 종이며 주님이 원하시는 자격자인가? 란 질문을 던져 보면 우리는 의문을 제기하지 않을 수 없다. 요사이 무인가 신학교가 우후죽순 격으로 많아지면서 무자격 신학생들도 많이 배출이 되고 있는 것이 사실이다. 이는 한국내에서 뿐만 아니라 외국에서도 마찬가지이다. 미국만해도 각 지역마다 한인들이 경영하는 신학교가 많음을 볼 수 있다. 그러나 그들을 교육시키는 교수진도 부족한 형편이다. 그 결과 목사 후보는 많이 양산을 해 내지만 진정으로 소명을 받고 자격 있는 목회자가 얼마나 되겠는가 하는 생각이 들어진다.

예수님은 제자들에게 마태복음 24:11절 "거짓 선지자가 많이 일어나 많은 사람을 미혹하게 하겠으며"라고 했다. 거짓 선지자에 대한 경계는 이미 여러번 주어졌다(마 7:15; 24:5; 고후 11:13; 딤후 2:17,18). 예루살렘이 포위되었을 때에 열심당에서 거짓 선지자들이 일어났다고 한다. 밖에서 오는 폭군들의 핍박보다 안에서 유혹하는 거짓 선지자들이 더욱 무서운 것이다.

미국의 존스(Jim Jones)란 사람은 "태양의 사원"란 이름으로 조직을 운영하다가, 1978년에 미국 텍사스(Texas)주 와코(Waco)에서 914명이 집단 자살하였다. 실제로는 독극물로 타살을 한 격이다. 지도자 한 사람의 잘못된 판단은 이런 비극을 초래했다.

1994년 스위스 농촌에서 48명이 집단 자살했다. 코레쉬(David Koresh)도 "계시록 목장"란 조직체를 운영한 사람으로서, 1993년 방위군대와 전투를 벌이며 세상을 떠들썩하게 했다. 이들은 모두 파괴적인 거짓 지도자들이었다.

일본의 옴(AUM) 진리교는 일본 도쿄 지하철에 가스 살인 사건을 일으켰던 허상의 종교집단이었다. 교주 아사히라(2002년에 47세)는 본래 무면허 약장수였다. 1982년 가짜 약 판매 사건 때 약사법위반 혐의로 유죄판결을 받았다. 그는 1990년에 진리당을 결성했다. 이들의 주장은 교주의 피는 특수한 디엔에이(DNA)구조로 되어 있다고 말하면서, 2003년 핵전쟁이 일어나 인류는 멸망한다고 포고했다. 뿐만 아니라 교주는 우주의 창조, 유지, 파괴를 주장했다.

바나(George Barna)는 "미국 교회는 강력한 지도력(leadership)이 없어 죽어 가고 있다. 전례 없이 자원이 풍부한 이 시대에 교회는 사실상 영향력을 잃고 있다. 원인은 지도력 부재이다. 지도력보다 더 중요한 것은 없다."란 말을 했다. 바나는 훌륭한 리더십의 필수요건으로 소명(calling)과 성품(character)과 능력(ability)의 세 요소를 꼽았다. 그런데 여기에 결과가 하나 더 첨가가 되어야 하겠다. 지도력은 궁극적으로 지도자의 기술이 아니라 지도자가 산출해 내는 결과로 평가되는 것이다. 드러커

(Peter Drucker)는 "지도력은 인기가 아니라 결과이다"란 말을 했다.

이 세상은 지도자가 공유해야 하는 요소들을 열거하고 있다. 그런데 이 세상의 지도력이 있어야 함을 강조함에도 불구하고 성경은 전통적인 의미에서 지도자인 것처럼 보이지 않은 사람들을 쓰신 경우가 있다. 성경에는 세간에 통용되는 지도력의 능력을 거의 갖추지 않고도 사회에 큰 영향을 미친 인물들이 등장한다. 하나님은 오히려 이 세상의 약한 자들을 택하여 사용하심으로써 당신의 능력을 나타내셨다.

고린도전서 1:26,27절 "형제들아 너희를 부르심을 보라 육체를 따라 지혜 있는 자가 많지 아니하며 능한 자가 많지 아니하며 문벌(門閥) 좋은 자가 많지 아니하노라 그러나 하나님께서 세상의 미련한 것들을 택하사 지혜 있는 자들을 부끄럽게 하려 하시고 세상의 약한 것들을 택하사 강한 것들을 부끄럽게 하려 하시며" 이 말씀은 하나님께서 복음을 전달하실 때 미련하고, 약하며, 천하고, 멸시받는 자들을 사용하신다. 이러한 실례가 바로 지혜 있는 자, 능한 자, 문벌 좋은 자가 많지 아니한 고린도 교회이다 (26절). 이러한 일을 행하시는 하나님의 의도는 그들 스스로 자랑하지 못하게 하는데 있다(29절).

오늘날 기독교 지도자들은 기독교적인 접근을 시도해야지 세상적인 접근을 시도해서는 안 된다. 그런데 불행하게도 세상적인 접근을 시도하는 모습들이 도처에서 볼 수 있다. 예를 들면, 목사 서재를 목사 사무실로 부르고, 예수님의 지상명령을 사명 선언문이라고 일컫는 것 등이다. 뿐만 아니라 목사의 능력을 교인 수, 헌금 액수, 건물 수와 크기로 측정하기 때문에 숫자가 높을수록 성공한 목회자로 알려 진다. 이것도 실제로는 잘못된 지도력에 대한 평가라고 말하지 않을 수 없다.

요사이 지도력 전문가들이 펴내는 책들은 거의 기독교 서적처럼 보인다. 그러나 실제로는 그렇지 않다. 그러나 이런 책들도 기독교 지도자들이 읽고 원리를 참고는 할 수 있을지언정 내용을 보면 반드시 성경적이고 기독교적인 것만은 아님을 알아야 할 것이다. 예를 들면, 최고 경영자 예수

(Jesus CEO), 예수의 관리 이론(Management Lessons of Jesus), 섬기는 지도력 (Servant Leadership), 사랑도 하고 이익도 얻고 (Love and Profit), 영혼의 리더(Leading with Soul), 마음의 격려(Encouraging the Heart) 등등이다.

기독교 지도자란 어떤 지위인가를 알기 위해서는 지도력에 대한 정의를 살펴보면 알 수가 있다. 베니스(Warren Bennis)와 나누스(Burt Nanus)는 리더의 책임 전략(Leaders: Strategies for Taking Charge)이란 책에서 지도력에 대한 정의를 850가지 이상이라고 밝혔다. 그 850가지 중에서 대표적인 것은 다음과 같다.

1) 지도력은 목표 성취를 위하여 나아가게 하며, 의사 소통을 통해 그 목표를 달성하게 하도록 사람들 사이에서 행사되는 영향력이다.
2) 지도력은 지시 및 복종에 대한 기계적 복종 이상의 훨씬 큰 영향력의 증식(influential increment)이다.
3) 지도력은 개인이 자신의 목표나 아랫사람과 공유된 목표를 추구하기 위해 설득이나 모범을 통해 한 단체를 유도하는 과정이다.
4) 지도력은 설득하거나 모범을 보이는 행위를 통해 사람들에게 영향력을 행사하여 그들이 일련의 행동을 따라하도록 만드는 기술이다.
5) 지도력은 조직에 동기를 부여하고 전체의 움직임을 조정하여 그 조직이 목표를 달성하게 하는 핵심 원동력이다.
6) 지도력은 특정 동기와 목표를 지닌 사람들이 경쟁이나 충돌 상황에서 추종자들의 동기를 유발하고 만족시키기 위해 제도적, 정치적, 심리적 및 기타 자원들을 동원할 때 수행된다.
7) 지도력이란 영향력, 즉 한 사람이 다른 사람들에게 영향을 미치는 능력이다.
8) 그리스도인 지도자는 사람을 이끌도록 하나님께 부름 받은 자(소명), 그리스도의 성품으로 이끄는 자(성품), 리더십을 위해 기능적 능력을

발휘하는 자 (성품)다.
9) 샌더스(J. Oswald Sanders)는 "영적 지도력"(Spiritual Leadership)이란 책에서 리더십은 곧 "영향력"이라고 했다. 샌더스가 말한 영적 리더십(spiritual leadership)의 정의는 사람들을 움직여 하나님의 일을 하게 하는 것이라고 했다. 요약하면 지도력이란 사람들을 설득(persuasion)하고, 생각과 동기를 부여(motivation)하고, 유효한 변화(efficient change)를 선도하는 것이다. 그러므로 지도자에게는 꿈(vision)과 동기부여(motivation)가 있어야 한다. 지도자의 자격 중 하나는 추종자가(follower)가 지도자를 신뢰하고 지지하며 헌신하도록 하는 것이다.

맥스웰(John C. Maxwell)은 25년 동안 지도자로 활동하면서 배운 가장 중요한 지도력의 원리는 "지도자의 측근에 있는 사람들이 그 지도자의 성공의 정도를 결정한다"란 말을 했다. 이를 역으로 말하면 지도자의 측근에 있는 사람들은 그 지도자의 실패의 정도를 결정한다는 말이다. 측근은 지도자와 오랜 시간을 같이 하는 사람들이다. 그들은 지도자를 돕기도 하지만 단점이나 실점을 잘 알 수 있고 아는 사람들이다. 지도자는 측근에 있는 사람들이 "지도자를 흥하게도 하고 망하게도 할 수 있다"는 사실을 알아야 할 것이다. 그리고 이 사실을 의미 있게 받아드려야 한다. 그러므로 지도자는 추종자들과의 관계를 잘 맺어야 한다. 뿐만 아니라 그들을 예비 지도자로 잘 키워야 한다.

지도자와 조직과의 관계에서 지도자(leader)는 조직(organization)보다 더 중요하다. 그래서 "지도자를 키워라. 그러면 조직이 자란다"는 말이 있다. 조직체 안에서 지도자가 성장하지 않는 한 조직체도 자랄 수 없고 기관도 자랄 수 없다. 허약한 지도자 밑에서는 조직체가 힘차게 도약할 수 없다. 강한 지도자의 지도력과 힘차게 도약하는 조직체와는 밀접한 관계가 있다. 강한 지도자는 어떤 도전이 닥쳐와도 성공한다. 그러나 허약한 지도자는 어떤 도전이 올 때 넘어지고 만다. 이것이 바로 강한 지도자와 허약한 지도자와의 차이점이다. 이는 어느 기관이나 조직체에도 통용이 되는 원리이다.

유명한 사업가 영(Rolland Young)이란 사람은 "나는 혼자 힘으로만 하는 사람입니다만, 내가 다시 인생을 살 수 있다면 누군가의 도움을 받겠습니다"라는 말을 했다. 이는 일생을 살면서 모든 일을 혼자의 힘으로 하려고 한 것에 대한 그의 마지막 후회의 말이다. 아무리 능력이 있는 지도자라도 혼자 힘보다는 다른 사람과 같이 일 하는 것이 더 효과적이다. 아무리 지도자 밑에 사람들이 많다고 하더라도 모두가 지도자를 중심에서 적극적으로 도우는 것은 아니다. 그 피지도자들 중에서 지도자의 이념과 철학을 잘 이해하고 행정력이 있는 사람을 후계자로 길러야 한다.

일반적으로 지도자가 새로운 지도자를 기르는 일에 실패하는 데는 두 가지 이유가 있다.

첫 번째는 지도자를 기르는 훈련을 받지 않아서이다.

두 번째는 다른 사람을 지도자로 세워 가까이 두는 것에 대해 잘못된 사랑을 가지고 있기 때문이다.

많은 경우 지도자들은 가까이 있는 사람과 서로 도우며 일하기보다는 가까이 있는 사람과 경쟁 관계에 빠지기 쉽다. 그러나 위대한 지도자는 인간은 상호협력관계이지 경쟁관계가 아니라는 사실을 안다. 그러므로 위대한 지도자는 다른 사람과 동역하고 싶은 마음 자세부터 벌써 다르다. 케네디(John F. Kennedy)는 "용기 있는 자세"(Profiles in Courage)란 책에서 "다른 사람과 함께 일하는 최선의 방법은 서로 가까워지는 것이다."라고 말했다.

지도자가 다른 사람들과 상호 의존적인 관계를 갖고 서로 함께 승리하는 승-승(win-win)의 원리를 터득했을 때에 이런 종류의 긍정적인 대인관계가 가능해진다.

위대한 기독교 지도자의 특징이 무엇인가?

1. 경쟁에 의한 승리와 협동에 의한 승리는 본질적으로 엄청난 차이가 있음을 아는 자이다.

경쟁에 의한 승리는
  ① 다른 사람들을 적으로 본다.
  ② 모든 것을 자기 중심으로 사고한다.
  ③ 다른 사람들을 의심한다.
  ④ 자신이 잘해야 승리한다.
  ⑤ 자신의 기술이 승리를 결정한다.
  ⑥ 개인의 작은 성공에 불과하다.
  ⑦ 개인의 작은 기쁨에 불과하다.
  ⑧ 경쟁에 의한 승리에는 승자와 패자가 없다.

협동에 의한 승리는
  ① 다른 사람들을 동료로 본다.
  ② 다른 사람 중심으로 사고한다.
  ③ 다른 사람들을 후원한다.
  ④ 자신과 다른 사람들이 함께 잘해야 승리한다고 믿는다.
  ⑤ 모두의 기술이 승리를 결정한다.
  ⑥ 모두의 큰 성공을 기대한다.
  ⑦ 큰 기쁨을 맛본다.
  ⑧ 협동에 의한 승리는 모두가 함께 승자가 된다.

드럭커(Peter Drucker)는 "부하들이 유능하고 확실해서 고생하는 상사는 없다"란 명언을 했다. 지도자는 협력자를 많이 가져야 한다. 혼자서는 일을 못한다. 같이 일을 하기 위해서는 마음의 문이 중요하다. 예를 들면, 우리가 지도자의 위치를 1부터 10까지의 등급으로 구분을 한다면 5에 있는 사람은 결코 9에 있는 사람과 마음 문이 열리지 않는다. 그 이유는 지도자는 너무 거리가 멀면 마음 문이 열리지 않기 때문이다. 그래서 일을 하는데 피곤하고 급기야는 탈진(burnout)상태에 빠지고 만다. 왜 피곤한가를 설명할 수 있는 좋은 이유를 예로 들겠다. 이 이유에 대해선 조금은 유머가 섞인 얘기를 들어보자.

세상 어느 곳에 2억2천만의 인구를 가진 나라가 있었다. 60세 이상 된 인구가 8천 4백만 명이나 되어서 1억 3천6백만 명만이 일할 수 있는 사람들이었다. 그 중 20세 미만의 인구가 9천5백만 명이나 되어서 겨우 4천 1백만 명만 일한다. 이 나라 인구 중 2천2백만 명은 정부를 위해 관공서에서 일하니 나머지 일할 수 있는 인구는 1천9백만 명이다. 그 중에 4백만 명은 군대에서 일하니 남은 숫자는 1천 5백만 명이다. 거기서 주 정부와 시청 등지에서 일하는 1천4백8십만 명을 빼면 2십만 명이 남는다. 병원에서 일하는 사람들과 정신 병동에 수용된 인구 1십8만8천 명을 제외하면 실제로 일할 수 있는 사람은 1만 2천 명뿐이다. 이 나라에서 교도소에 수감된 사람이 11,998명이기에 실제로 마지막에 남는 사람은 딱 두 사람이다. 그 두 사람이 바로 당신과 나이다. 형제여! 이 모든 일을 나 혼자 해야 하기에 요즘 나는 정말 너무 피곤해. 나는 탈진(burnout) 상태에 빠졌어.

사실 혼자는 모든 일을 할 수가 없다. 그러므로 사람은 누구나 동역자를 구해야 하고 협력해야 한다.

2. 세속적 지도력(Secular leadership)과 기독교 지도력(Christian leadership)의 차이점이 무엇인가?

우리는 이 둘 사이에 부분적으로는 동일한 점이 있다고 볼 수 있다. 그러나 깊이 살펴보면 이 둘에는 많은 차이가 있음을 볼 수 있다. 영적 리더는 다음과 같다.

1) 기독교 지도자는 사람을 움직여 현재의 자리에서 하나님이 원하시는 자리로 가게 하는 것이다.

이 일을 하기 위해서는 올바른 철학과 목표와 방향이 설정되어야 한다. 그래야 지도자는 영향력을 발휘하면서 일을 할 수가 있다. 자기 스타일을 설정해 놓고 하나님이 설정하신 목표를 추구(하나님의 일을 하도록 하는 것)하려고 해서는 안 된다. 기독교 지도자는 인간 중심(man-centered)에서 하나님 중심(God-centered)으로 전환을 해야 한다. 사람을 움직여 하나님께로 향하도록 하는 데는 여러 방법이 있다. 이 방법을 가드너(Gardner)는 "유도한다"는 말을 썼고, 번스(Bunns)는 "동원한다"는 말을 썼다. 사람을 움직이는 것은 강압적으로 몰아 붙이거나 일을 시키는 것이 아니다. 자발적으로 기쁜 마음으로 하도록 해야 한다. 유도하고 동원하되 자발적으로 하도록 해야 한다

2) 기독교 지도자는 본보기를 통하여 다른 사람에게 교훈을 하는 것이 가장 효과적이다.

사람들이 자기들의 행동(behaviour)과 태도(attitude)를 바꾸어 하나님의 목표를 달성하려는 시도는 설득(persuasion)과 본보기(example)의 과정을 통해서하는 것이 가장 효과적이다. 지도자는 올바른 태도(attitude)와 본보기(example)를 갖는 것이 아주 중요하다. 태도와 본보기에서 우리의 참 모습이 드러난다. 태도와 본보기의 뿌리는 안으로 뻗어 가지만 열매는 밖으로 뻗어 나온다. 태도와 본보기의 특징을 다음과 같다.
① 태도와 본보기는 우리의 가장 친한 친구이다.
② 태도와 본보기는 우리의 말보다 더 진실하고 일관성을 가지고 있다.
③ 태도와 본보기는 과거의 경험을 밑바탕으로 하여 밖으로 드러난다.
④ 태도와 본보기는 사람을 끌어당기기도 하고 쫓아내기도 한다.

⑤ 태도와 본보기는 표현하지 않고는 못 견딘다.
⑥ 태도와 본보기는 우리의 과거라는 도서관의 사서이다.
⑦ 태도와 본보기는 우리 현실의 대변인이다.
⑧ 태도와 본보기는 우리 미래의 예언자이다.

세계적으로 저명한 의료 선교사였던 슈바이처(Albert Schweitzer, 알스아크(Alsace) 태생의 철학자 · 의사 · 파이프오르간연주가(1875-1965)는 본보기에 대해 다음과 같은 말을 했다. 즉 "본보기(example)는 다른 사람에게 영향을 미치는 주된 요소는 아니다. 본보기는 다른 사람에게 영향을 미치는 요소 전부인 것이다"라고 하였다.

지도자는 항상 본보기로서 피지도자를 이끌고 나가야 한다. 지도자의 사명은 피지도자를 이끌고 나가는 것이 그의 사명이다. 그런데 지도자가 피지도자를 이끌고 나가는데는 속도 조절이 필요하다. 지도자는 피지도자를 너무 빨리 이끌고 나가서도 안 되고 너무 느리게 이끌고 나가서도 안 된다. 지도자에게 있어서 속도 조절이 절대적으로 필요하다. 크라이슬러 자동차 회사의 사장이었던 아이아코카(Lee Iacocca)는 "보스의 속도가 팀의 속도를 결정한다"라는 말을 했다. 지도자는 너무 앞서가도 안 되고 너무 뒤를 따라 가도 안 된다.

지도자는 자신에게 요구하지 않는 일을 다른 사람에게 강요해서는 안 된다. 지도자는 자기에게 요구하는 일 이상을 피지도자에게 요구해서는 안된다. 지도자는 피지도자를 무조건적으로 이끌고 나가려고 해서는 안되고 설득으로 이끌고 나가야 한다. 사람이 사람을 설득시키는 일은 마음대로 되는 것이 아니다. 제도나 체제는 삽시간에 바꿀 수 있지만 사람의 마음은 삽시간에 바뀌는 것이 아니다. 그래서 그들의 마음을 변화시키는 것은 인간적인 방법이 아닌 하나님의 방법으로만이 가능하다. 기독교 지도자는 기독교적인 방법 즉 영적인 방법과 영적인 수단을 써야 한다. 그 결과는 하나님을 만나게 되고 하나님의 뜻에 순종하는 자세를 갖게 된다.

3) 기독교 지도자는 성령께 의존해야 한다.

사람들의 마음을 영적으로 변화시키는 일은 인간의 제도나 체제가 아닌 바로 성령님이시다. 인간의 내적 변화는 오직 하나님만이 하시고 성령의 역사로만 가능하다. 하나님께서 모세를 부르셨을 때에 모세는 출애굽기 3:7-8절에, 7절에 "여호와께서 가라사대 내가 애굽에 있는 내 백성의 고통을 정녕히 보고 그들이 그 간역자(看役者)로 인하여 부르짖음을 듣고 그 우고(憂苦)를 알고"라고 했고, 8절에 "내가 내려와서 그들을 애굽인의 손에서 건져내고 그들을 그 땅의 손에서 인도하여 아름답고 광대한 땅, 젖과 꿀이 흐르는 땅 곧 가나안 족속, 헷 족속, 아모리 족속, 여부스 족속의 지방에 이르려 하노라."라고 했다. 출애굽기 3:10절에 영적 지도자의 급소는 이 구절에서 찾아 볼 수 있는데 그 핵심은 "내가"(영어의 (I) 즉 하나님이시다. 기독교 지도자는 사람을 움직여 하나님의 일을 하게 하되 그것이 궁극적으로 성령만이 이루실 수 있는 사명임을 시종 인식해야 한다.

그러므로 기독교 지도자의 두 가지 선택은 ①성령님의 인도로 하나님의 지혜를 구할 것인지 ②자기의 통찰로 자신의 행동노선을 선택할 것인지 두 가지 길 밖에 없다. 기독교 지도자는 반드시 성령님의 인도를 받아야 한다. 성령님의 인도를 받을 때에 하나님이 주시는 지혜를 얻을 수 있다. 기독교 지도자가 하나님의 통치 방법을 택해야 될 이유는 인간은 생각하는 방식이 하나님과 다르기 때문이다. 시편 118:8절 "여호와께 피함이 사람을 신뢰함보다 나으며"란 말씀이 있다. 이 구절은 인간을 신뢰함이 어느 정도의 유효성을 갖는다는 것을 의미하지 않는다. 여기 "나으며"란 말은 유효와 무효의 대비를 의미한다. 구원의 문제에 있어서는 하나님께서만이 유효하며 절대적이다.

잠언 14:12절 "어떤 길은 사람의 보기에 바르나 필경은 사망의 길이니라" 인간의 욕심은 악한 길을 선하게 보이게 한다. 그러나 하나님의 뜻과 반대되는 성공의 지름길은 결국 파멸의 지름길이다. 예레미야 33:3절 "너는 내게 부르짖으라 내가 네게 응답하겠고 네가 알지 못하는 크고 비밀한 일을 네게 보이리라." "부르짖다"는 기도하라는 권면이다. 이 기도는 조용한 기도가 아니라 "부르짖는 기도"이다. 이 기도는 간절하고 열렬한 기도를 가리키는 것이다. "네가 알지 못하는 크고 비밀한 일"이란 유다 백성이 바벨론 군대로 말미암아 패배를 당한 후에 장차 하나님의 은혜를 입어 회복됨을 가리킨다. 예레미야도 이 일을 완전히 알지 못했기 때문에 그가 "알지 못하는 일"이라고 했다. "비밀한 일"이란 히브리적인 의미로는 "단절된 것" '도달할 수 없는 것'을 가리킨다. 다시 말하면 사람이 자기 자신 속에서는 찾을 수 없는 것을 의미한다. "크고"란 말은 "숨겨진"이라고 이해할 수 있다.

기독교 지도력의 핵심 원리는 하나님을 믿는 것이다. 하나님이 주신 말씀을 알고 자기 조직에 대한 하나님의 목표를 분명히 설정하는 것이다. 기독교 지도자는 자기가 설정한 목표를 파악하면 남들이 동의하든 말든 결연한 지도력으로 밀고 나갈 수 있다. 이런 결정을 하기 위해서는 성령의 인도를 받아야 한다.

4) 기독교 지도자는 피지도자에 대한 강한 책임감과 관계설정에 무게를 두어야 한다.

기독교 지도자는 피지도자에 대한 책임을 하나님 앞에서 져야 한다. 기독교 지도자에게는 민감한 책임감이 필수적이다. 학생이 배우지 못했다면 이는 교사가 아직 가르치지 않았다는 말이다. 사람들이 가르침을 받지 못했다면 이는 기독교 지도자가 바로 가르치지 않았다는 증거이며 또한 그의 책임이다. 가르치는 교사가 핑계를 해서는 안됨과 같이 기독교 지도자도 핑계로 일관해서는 안 된다. 부모가 자녀에 대한 책임감, 선생이 제자에 대한 책임감을 갖는 것과 같이 기독교 지도자도 피지도자에 대한 책임감을 가져야 한다.

역대하 12:14절 "르호보암(Rehoboam)이 마음을 오로지하여 여호와를 구하지 아니함으로 악을 행하였더라" 르호보암은 하나님의 길에 익숙지 않았다. 이는 하나님과의 관계가 바르지 못했기 때문이다. 기독교 지도자가 하나님께 책임을 지려면 하나님의 일에 익숙해야 한다. 기독교 지도자는 하나님과 가까워져야 한다. 기독교 지도자는 하나님과 항상 올바른 관계가 맺어져야 한다. 기독교 지도자는 하나님과 항상 깊은 교제가 있어야 한다. 하나님과의 올바른 관계(relationship)와 교제(fellowship)가 기독교 지도자에게는 아주 중요할 뿐만 아니라 필수적이다.

누가복음 15:11-32절에 기록된 탕자의 비유가 우리들에게 주는 교훈은 관계(relationship)는 일차적이고 교제(fellowship)는 관계설정 후에 지속되어야 한다는 교훈이다. 아버지의 품을 떠난 둘째 아들은 아버지와의 관계는 타향에 가서도 그대로 지속이 되었으나 관계는 단절이 되었다. 그러나 이 교제가 그가 다시 아버지의 품으로 돌아온 후에 회복이 되었다.

5) 기독교 지도자는 성도들뿐만 아니라 불신자들에게까지 영향을 미친다는 사실을 알아야 한다.

하나님은 편재하신 분(omnipresent)으로 어느 곳에서나 계시고 어느 곳에서든지 일을 하시며 무슨 일이든 못하시는 일이 없으신 분이시다. 교회에서만 일을 하시는 것이 아니라 공장에서도 일을 하신다. 하나님의 뜻에 대한 원리는 예배 장소뿐 아니라 경제 시장에도 적용이 된다. 이는 하나님은 불신자들도 사용하시며 그들에게도 영향력을 행사하신다는 말이다. 그러므로 헌금도 십의 일조만 강조할 것이 아니라 십의 구조도 강조해야 한다. 하나님께 직접 바치는 십의 일조만 귀한 것이 아니라 다른 곳에 사용하는 십의 구조도 궁극적으로는 하나님께 영광이 되도록 사용해야 할 것이다.

이 문제에 대한 가장 합당한 예는 바로 요셉의 이야기이다. 하나님의 계획은 애굽인들을 혹독한 7년 기근에서 건지셨다. 애굽을 통해 다른 중동인들에게도 양식을 조달하셨다. 바로 왕은 기독교 지도자는 아니었고 하나님의 메시지를 깨닫지는 못했지만 요셉을 보내 왕을 보좌하게 하셨고 그는 하나님의 경고를 해석하도록 하셨다. 이 말은 하나님은 이방국가들을 동원하여 하나님의 계획에 반응하게 만드셨다는 말이다. 외관상 하나님의 일이 아닌 것 같은 곡물창고를 지었고 식량 배급 제도를 정하는 것이 바로 하나님의 일이었다. 하나님은 요셉을 통해 불신사회에 당신의 뜻을 나타내셨다. 그는 하나님의 사람으로 이방인들에게까지 영향력을 행사했다.

미국의 포천(Fortune)지 500대 기업에 드는 회사 사장들 중에는 신앙으로 회사를 이끌어 가는 이들이 많다고 한다. 꼬리도 중요하지만 머리는 더 중요하다. 이런 의미에서 기업의 사장들과 회장들에게 복음을 전해야 한다. 고기도 큰 고기와 작은 고기가 있듯이 사람도 마찬가지다. 사람의 생명은 하나님 앞에서 동일하나 영향력은 크게 차이가 있다. 기관장이 기독교인이면 기독교 영향이 미쳐진다. 한 나라의 최고 통치자가 기독교인이면 그 기독교 정신이 미쳐지는 영향력이 크다. 하나님의 뜻을 이해하는 신자들을 통하여 그의 영향력을 불신자들에게도 미치게 하시는 하나님의 섭리에 성도들은 감사해야 하겠다.

6) 기독교 지도자는 하나님의 계획에 맞추어야 하며 그 계획에 따라 일을 해야 한다.

세상의 모든 역사는 하나님의 섭리(the providence of God) 하에 있다. 여기 역사란 성경역사뿐 아니라 일반역사도 마찬가지이다. 그 역사 속에 나타난 하나님의 섭리를 아는 것이 기독교 지도자의 일차적인 과제이다. 기독교 지도자는 하나님의 섭리를 알기 전에는 하나님의 뜻을 바로 이행 할 수 없다. 하나님의 뜻이 하나님의 섭리 안에 있기 때문이다. 기독교 지도자의 최대 장애물은 하나님의 뜻을 구하지 않고 자신의 생각을 추구하는 것이다. 하나님이 가장 관심을 가지시는 것은 기독교 지도자가 자기의 꿈과 이상을 실현하는 것이다. 이는 하나님의 뜻과 정면으로 대치된다. 기독교 지도자는 자신의 뜻을 이루는 것이 아니라 바로 하나님 자신의 뜻과 꿈을 이루는 것이다. 예수님이 베드로와 야고보와 요한을 데리고 변화산에 가셨을 때에 하나님께서는 당신의 아들을 향한 구체적인 계획이 있었다. 그러나 베드로는 그 뜻을 알지 못하고 "주여 우리가 여기 있는 것이 좋사오니 우리가 초막 셋을 짓되 하나는 주를 위하여, 하나는 모세를 위하여, 하나는 엘리야를 위하여 하사이다"(눅 9:33)라고 말했다.

하나님의 섭리와 계획을 알기 위해서는

① 성경을 상고해야 한다.
성경은 그리스도인의 삶의 이정표이다. 기독교 지도자가 성경을 모르면 성경이 그들을 인도할 수 없다. 기독교 지도자가 성경을 모르면 성경이 그들의 사고에 미칠 수가 없다. 지도자는 성경을 알뿐만 아니라 믿어야 한다. 아는 것만으로는 부족하다. 성경을 믿을 때 그 지도자는 중대한 결정을 내릴 수 있다. 사도행전 17:11절에 뵈리아인들은 날마다 성경을 상고했다고 했다. 기독교 지도자는 날마다 성경을 상고해야 그 성경이 지도자에게 하나님의 계획을 가르쳐준다.

② 성령의 조명과 지시와 기름부음을 받아야 한다.
기독교 지도자는 항상 성령의 조명과 지시를 받아야 한다. 성령의 조명과 지시가 없으면 기독교 지도자로서의 사명을 감당할 수 없다. 뿐만 아니라 성령으로 기름 부음을 받아야 한다. 무디(Dwight L. Moody)는 재능이 뛰어난 가수였던 쌩키(Ira Sankey)와 함께 성공적인 복음 사역을 했다. 1871년 6월에 쿡(Sarah Anne Cooke)과 훅스허스트(Hawxhurst)는 교회 맨 앞줄에 앉아 예배시간 내내 열심히 기도했다. 무디가 그 이유를 물으니

그 여인들은 "무디의 삶과 사역에 성령의 능력이 필요함을 느꼈다."고 대답했다. 무디는 이 두 여인에게 자신이 강력한 성령의 기름 부음을 받도록 금요일마다 기도해 달라고 부탁했다. 피니(Charles Finny), 무디(Dwight L. Moody), 그래함(Billy Graham)의 성공은 결국 뛰어난 언변이나 조직력이 아니라 그리스도께 대한 총체적인 순종과 성령의 기름부음을 받음과 성령을 전적으로 순종함이었다.

③ 전문가(특히 기독교 지도자들)들의 자문을 받아야 한다.

스바 여왕은 지혜의 왕인 솔로몬을 만나기 위해서 예루살렘까지 왔다(왕상 10:1-10). 그가 솔로몬에게 온 목적은 솔로몬의 지혜를 받기 위해서이다. 한 나라의 지도자가 나라를 바로 통치하기 위해서 지혜를 구한다는 것은 큰 축복이다. 한 기관의 지도자가 기독교 지도자의 자문을 받는 것은 놀라운 일이다. 목회자가 "홀로 서기"란 용어를 쓰면서 다른 경험이 많은 목회자의 조언을 거절하는 것은 바람직한 일이 아니다. 목회자는 목회에 경험이 많고 성공을 한 다른 목회자의 조언이나 지혜를 받는 것은 절대적이다.

1991.1.16 걸프(Gulf) 전쟁이 일어났다. 이 전쟁은 미국을 위시한 연합군과 이란간의 전쟁이었다. 당시 부시 대통령(현 부시 대통령의 아버지)은 군사전문가와 함께 빌리 그래함(Billy Graham) 목사님을 백악관으로 초청했다. 이는 그가 영적 지도자의 조언이 필요함을 느꼈기 때문이었다. 지도자는 다방면에서 경건한 상담자를 찾아야 한다. 지도자는 조언자들에게 의견 개진의 재량을 주어야 한다.

잠언 15:22 "의논이 없으면 경영이 파하고 모사(謀士)가 없으면 경영이 성립하느니라"(Without counsel purposes are disappointed: but in the multitude of counsellors they are established). 여기 "의논"이란 말은 "회의"를 의미한다. 여기 "모사"는 예수 그리스도를 가리킨다. 기독교 지도자는 무엇보다 예수님께 기도하므로 진리를 알게 되며, 갈 길을 알게 된다(요 14:6). 다음으로 기독교 지도자는 범사에 잘 믿는 이들의 지도를 받아야 한다. 초대 교회의 회의가 그런 것이었다(행 15:6-30). 기독교 지도자는 남의 의견을 존중하며 배우는 것이 도리어 지도자의 자격을 갖춘 것이다. 남이 나를 책망할지라도 그 말이 옳으면 나는 그것을 고맙게 받아야 한다(시 141:5).

닉슨(Richard Nixon) 미국 대통령은 자기를 닮은 사람들을 주위에 배치했다. "그들이 대통령에게 한 모든 말은 그도 이미 알고 있는 것이라 하등 무용한 것이었다." 그는 자기를 지지하는 자들만 주위에 두었다. 그는 워터게이트(Watergate) 사건으로 탄핵(impeachment)되어 임기를 끝마치지 못했다. 기독교 지도자도 마찬가지다. 주위에 자기를 찬성하는 사람들만의 의견만 들을 것이 아니라 반대자들의 의견도 개진해야 한다.

인간이 어떤 사건을 두고 피차 의논하거나 조언을 구하면 다음과 같이 두가지의 이로움이 생긴다.

첫째로 고집으로 인한 실수를 막는다.
기독교 지도자들이 충고를 받지 않고 자기 고집대로 행하다가 실패하는 경우가 허다하다. 그런 지도자들은 옛날 폭군과 같은 자들이다. 폭군들은 충신의 말을 듣지 않고 자기 생각대로 하는 자들이었다. 그런 지도자들은 오래가지 않아 자기의 권좌를 내어 주든지 나라를 망하게 한다.

둘째로 일시적 흥분에 의해 그릇된 결정을 내리지 않게 된다.
사람은 신경이 과민하거나 감정이 격분되면 일을 잘못 처리하는 경우가 허다하다. 이런 실수는 사전에 다른 사람들의 의견을 들음으로 방지할 수 있다. 그 이유는 그가 다른 사람의 의견을 듣기 위해 상당한 시간을 잡을 때에 그의 흥분되었던 심리가 진정되기 때문이다. 이런 경우 "각각 자기보다 남을 낫게 여기"란 빌립보서 2:3절의 말씀을 기억해야 할 것이다.

처칠(Winston Churchill)과 루터 킹(Martin Luther King Jr.) 같은 지도자들은 강인한 성품의 소유자였다. 그럼에도 불구하고 아랫사람들에게 솔직한 의견을 당부했다. 특히 처칠은 비평을 아주 겸손히 받아들였다. 나폴레옹(Napoleon)은 휘하 장군들간의 변론을 환영했다. 그래함(Billy Graham)은 사람마다 솔직히 의견을 털어놓을 수 있도록 분위기를 조성했다. 트루먼(Harry Truman)은 다양한 사람들을 불러모아 결정 사안에 대해 다양한 시각을 듣곤 했다.

위대한 기독교 지도자들은 위대한 사람들을 찾아 그 통찰을 배움으로써 위대해진 것이다. 영적 지도자는 먼저 하나님께 물어야 하고 다음으로 주위의 다양한 사람들의 의견을 개진해야 한다. 특히 경건한 신앙가들의 자문을 받아야 한다. 잠언 11:14절 "도략이 없으면 백성이 망하여도 모사(謀士)가 많으면 평안을 누리느니라"(Where no counsel is, the people fall: but in the multitude of counsellors there is safety). 사람은 무슨 일이나 무지하면 실패한다. 무지(無知)로 말미암아 많은 죄악이 발생되며 생산되고 있다. 이와 같이 무지는 아주 위험하다. 국가를 다스리는 지도자들은 국가를 평안하게 다스릴 수 있는 지혜가 필요하다.

미련한 지도자는 자기 판단에만 의존함으로 항상 죄악과 가까이 하게 된다. 그러나 지혜자는 하나님 앞에서 문제를 생각하며, 영적으로 체험적으로 도움을 줄 수 있는 사람의 조언을 받는다. 예레미야의 경고를 한사코 귀담아 듣지 않았던 고집스런 왕은 결국 바벨론 사람들에게 잡혀 소경이 되고 포로로 끌려가 생을 마감하게 된다. 다윗과 솔로몬은 지혜와 지식이 많았음에도 불구하고 모사들을 등용하였다(삼하 8:15-18; 왕상 12:6).

기독교 지도자의 최고의 장애물은 하나님의 뜻보다 자기의 뜻을 추구하는 것이다. 하나님의 목표는 세상 나라를 세우는 것이 아니다. 사람은 자기 중심적 태도(self-centered attitude)와 죄악된 욕심을 추구한다. 이사야 14:12-20절에 나타난 루시퍼(Lucifer)는 아침의 아들 계명성(Morning Star)으로서 타락한 천사이다. 루시퍼가 타락한 궁극적인 이유는 교만 때문이었다. 그는 지음을 받은 피조물이 만물을 지으신 조물주를 대항하다가 하늘에서 떨어졌다. 그는 13-14절에 의하면 '내가' 란 말을 5번이나 썼다. 영어 성경에 의하면 13절에 "내가 하늘에 올라"(I will ascend to heaven) "하나님의 뭇별 위에 나의 보좌를 높이리라"(I will raise my throne above the stars of God). "내가 북극 집회(集會)의 산 위에 좌정(座定)하리라"(I will sit enthroned on the mount of assembly, on the utmost heights of the sacred mountain). 14절에 "가장 높은 구름 위에 올라"(I will ascend above the tops of the clouds). "지극히 높은 자와 비기리라 하도다"(I will make myself like the Most High). 자아 중심적인 루시퍼는 결국 타락해서 마귀가 되었다.

예수님이 베드로와 야고보와 요한을 데리고 변화산에 갔었다. 베드로 일행은 잠이 들었다. 그들은 "주여 우리가 여기 있는 것이 좋사오니 우리가 초막 셋을 짓되 하나는 주를 위하여, 하나는 모세를 위하여. 하나는 엘리야를 위하여 하사이다"(눅 9:33). '초막' 은 하나님께서 광야 생활 40년 동안 이스라엘을 인도하신 것처럼 그의 백성 가운데 장막을 펴실 날이야말로 '구원의 날' 이란 유대인의 신앙이 엿보인다. 초막절은 사실상 하나님이 그의 백성을 위해 다시금 초막을 베푸실 새 세대를 가리키는 종말론적 의미를 갖는다. 그래서 그들은 여기 '초막 셋' 이란 말을 한 줄로 안다. 베드로가 하려던 일은 하나님의 일이 아니었다. 이는 순전히 인간적인 생각이었다. 하나님의 일에 인간의 일이 개입이 되었다. 누가복음 9:35절에 하늘 아버지는 즉각 베드로를 타이르시며 "이는 나의 아들 곧 택함을 받은 자니 너희는 저의 말을 들으라" 예수님의 말씀에 초점이 맞추어져야 한다. 베드로는 모든 일을 자기의 생각에 맞춰 조정하려고 했다.

인간은 목표를 정하고, 원대한 꿈을 꾸며, 거창한 비전(vision)을 내 놓고는 하나님께 이 일에 합세하기를 바란다. 인간은 자기가 세울 계획에 하나님을 끌어다 붙인다. 그리고는 성경을 억지로 인용하면서 해석을 한다. 복을 달라고 기도한다. 그러나 기독교 지도자는 하나님의 뜻을 찾는 것이

급선무이다. 그리고 그 뜻이 이루어지는 것으로 만족한다. 기독교 지도자는 하나님의 계획과 시간표에 의해서 움직이는 자이다.

    기독교 지도자는 모든 일을 항상 하나님의 계획과 시간표(timetable)에 맞추어야 한다. 갈라디아 4:4절에 의하면 구원의 계획은 아버지께 속한다고 말하고 있다. 이 말씀의 배경은 바로 창세기 3:1절에 기록된 인간타락에서 시작을 한다. 창세기 3:15절에 하나님이 메시야를 보내실 계획을 세우셨다. 이 구절을 '원시 복음(原始福音, prot-evangelism)이라고 한다. 이 메시야에 대한 예언은 위에서 말한 갈라디아 4:4절 "때가 차매 하나님이 그 아들을 보내사 여자에게서 나게 하시고" 즉 그 때는 4000년 후에 성취가 되었다. 하나님의 계획은 메시야가 아브라함의 후손으로 태어나시며 독생자는 동정녀를 통하셨고 그리고 대속의 죽음을 죽으신 후에 삼일만에 부활하시고 승천하시고 재림하실 것이다. 이 계획은 아들의 것이 아닌 아버지의 것이다.

    기독교 지도자로서의 이상형의 모델(model)은 바로 예수님이시다. 예수님은 아버지의 뜻을 구했다. 예수님은 누가복음 2:40절 "아이가 자라며 강하여지고 지혜가 충족하며 하나님의 은혜가 그 위에 있더라" 이는 예수님의 유년기 시절의 결론으로 52절 "그 지혜와 그 키가 자라가며 하나님과 사람에게 더 사랑스러워 가시더라"에도 반복되어 있다. "자라며"는 육적 성장이고, "지혜"는 인성적 지성의 성장이며, "은혜"는 영적 성장을 가리킨다. 영과 육이 균형있게 건강하게 자라나신 주님의 유년기를 말한다. 이는 그리스도의 인성을 부정하고 그의 육체를 가현으로 보았던 초대의 그노오시스 주의에 대한 답변도 된다. 예수님은 영적 그리고 육적(또는 도덕적)으로 균형되게 성장한 결과 하나님과 사람에게 같이 총애를 받으시게 되었다. 이 두 가지는 언제나 균형되고 겸전되어야 한다. 그렇지 못할 때는 어딘가 잘못된 점이 있을 것이다. 기독교 지도자도 마찬가지로 영과 육 그리고 정서적인면과 영적인 면이 겸전이 되어야 모든 일에 올바른 판단을 내릴 수 있다.

마가복음 1:37-38절 "모든 사람이 주를 찾나이다 이르시되 우리가 다른 가까운 마을들로 가자 거기서도 전도하리니 내가 이를 위하여 왔노라" 여기 "찾나이다"란 말은 헬라어로 현재분사형으로서 계속을 뜻한다. 가버나움 사람들은 이미 예수님의 교훈과 이적을 통해 열광적이었다(27, 33절). 저들은 거시적으로 예수님을 찾고 있었던 것이다. 풀리쳐(Fritzsche)는 이 사실을 가리켜 "가버나움 사람들만이 아니라 전 세계가 예수를 찾고 있다"고 말했다. 이런 와중에서 예수님은 지상에 오신 목적과 사명을 잃지 않았다. 예수님은 사람들의 의견에 휩쓸려 사명에서 빗나가는 법이 없으셨다. 예수님에게 주어진 사명은 복음을 전하는 것이다. 그래서 그는 이 마을과 저 마을로 다니셨다. 마찬가지로 기독교 지도자는 어떤 경우에서도 궁극적으로 복음을 전하는 일을 경시해서는 안된다.

예수님의 생애에서 사단의 유혹의 내용은

① 고생을 덜해도 되는 쉬운 길이 있다.
이는 반드시 예수님이 십자가에서 죽지 아니해도 인류를 구원할 길이 있다는 말이다.

② 하나님의 길만이 반드시 목표 달성의 유일한 길이나 방법은 아니다.
이 때 예수님은 사단과 협상을 벌일 의사가 없으시고 오직 하나님의 뜻만 추종했다. 요한복음 5:30절 "내가 아무것도 스스로 할 수 없노라 듣는 대로 심판하노니 나는 나의 원대로 하려 하지 않고 나를 보내신 이의 원대로 하려는 고로 내 심판은 의로우니라" 요한복음 17:6, 7절에서 6절 "세상 중에서 내게 주신 사람들에게 내가 아버지의 이름을 나타내었나이다 저희는 아버지의 것이었는데 내게 주셨으며 저희는 아버지의 말씀을 지키었나이다. 7절에 "지금 저희는 아버지께서 내게 주신 것이 다 아버지께로서 온 것 인줄 알았나이다"

참고자료 성경해석법

마태복음 4장과 누가복음 4장에는 예수님이 시험을 받으신 사건이 기록되어 있다. 예수님은 사단의 시험에 넘어가지 않으셨다. 사단은 예수님이 하나님 아버지의 뜻에 순종치 못하게 하였다. 사단이 예수님을 시험한 내용이 여기에 기록되어 있다. 이 성경 부분을 해석하는 방법이 두 가지가 있다.

첫째, 모범적인 성경 해석이다.
여기에는 3가지가 있다. 성령에 이끌리어 광야로, 말씀으로, 기도로 마귀의 시험을 이기신 방법을 말한다. 이는 예수님이 성령에 이끌리어 광야로 가신 것 같이 우리도 성령의 인도함을 받아야 마귀의 시험을 이길 수 있다. 예수님이 말씀으로(기록되었으되(It is written)란 말씀으로 이기신 것 같이 우리도 말씀으로 사단의 시험을 이길 수 있다. 예수님이 기도하신 것 같이 우리도 기도해야 마귀의 시험을 이길 수 있다는 해석으로 모범적인 성경해석은 성령과 말씀과 기도이다.

둘째, 구속사적인 성경 해석이다.
이는 머리되신 그리스도께서 사단의 시험을 이기신 것 같이 지체된 우리 성도들도 이길 수 있다는 해석이다. 이 두 해석이 옳지만 우리는 후자에 더 무게를 두어야 한다. 후자의 해석 없는 전자의 해석만은 100% 올바른 해석이라고 할 수 없다. 이 세상에는 모범을 보인 분들이 얼마든지 있다. 위대한 성인들도 나름대로 인간들에게 좋은 본을 보여서 존경을 받고 있다.

참고자료 사단의 3가지 시험

① 요한복음 6:15절

"그러므로 예수께서 저희가 와서 자기를 억지로 잡아 임금 삼으려는 줄을 아시고 다시 혼자 산으로 떠나가시니라" 예수님은 자신을 로마 정부에 반역하는 일의 지도자로 내세우려는 군중들의 열광을 피하셔야만 했다. 예수님은 정치적인 혁명가가 되기를 원하지 않으셨다. 군중들은 자기들의 목적을 달성하기 위해 이런 권능의 주를 왕으로 모시고, 로마에 반항하여 일시에 메시야 왕국을 건설할 심산이었던 모양이었다. 이와 같은 심리는 예루살렘 입성시 "이스라엘 왕이시여"를 부르짖던 군중에게서도 볼 수 있다(요 12:13). 물론 그리스도는 왕이시요(요 18:33-), 왕의 왕이시다(계 17:14). 그러나 그 메시야 왕국을 실현시키는 방법에 있어서는 중대한 차이가 있다. 그리스도의 길은 십자가의 길이었다. 사단은 폭력적 왕도를 택한다(마 4:9; 16:23). 이 중대한 모순에 직면하신 예수님께서는 환영하는 군중을 떠나 외로이 산으로 도피하셨다(마 14:23; 막 6:46). 왕관을 피해 가시는 그리스도에게서 진정한 메시야의 모습을 볼 수가 있다.

② 마태복음 12:38절

"그 때에 서기관과 바리새인 중 몇 사람이 말하되 선생님이여 우리에게 표적(表蹟) 보여 주시기를 원하나이다" 서기관과 바리새인들은 예수께서 지금까지 행하신 이적은 믿지 않으면서 허영적인 다른 이적을 요구했다. 바리새인들은 예수님이 메시야인 결정적인 표적을 보여 달라고 요구한 것이다. 그들은 "하늘로서 오는 표적"을 구했다(마 16:1). 그들이 본 표적은 바알세불에서 온 것으로 비난하고 새로운 것을 구한 것이다. 그것은 결코 믿음을 위한 진실된 요구가 아니었고 예수를 모함하려는 악의에서였다. 이것은 고의적인 그들의 불 신앙을 보여 준 것이다.

③ 마태복음 27:40절

"가로되 성전을 헐고 사흘에 짓는 자여 네가 만일 하나님의 아들이어든 자기를 구원하고 십자가에서 내려 오라" 여기 "자기를 구원하고"란 말에서 저들은 구원관에서 중대한 과오를 범했다. 자기의 육을 멸함으로 만인의 생명을 구하시려는 그리스도의 본의를 모르고 이런 경우 영웅적으로 또는 이기적으로 자신이 살아나는 것이 하나님의 아들이요, 메시야란 생각을 했던 것이다. 마태복음 26:61절 "가로되 이 사람의 말이 내가 하나님의 성전을 헐고 사흘에 지을 수 있다 하더니" 이는 주님이 당신의 몸을 상징적으로 표현하신 말이다. 그러나 유대인들은 이 말씀을 이해하지 못하고 왜곡하여 그가 마치 하나님의 성전을 모독하고 소란을 일으키는 것처럼 꾸며 거짓 증언을 한 것이다.

7) 기독교 지도자는 저절로 되는 것이 아니라 올바른 관계 설정과 무한한 노력에 의해서 되어지는 것이다.

헴세터(Shad Helmsetter)는 그의 저서 "You Can Excel in Times of Change"(당신도 변화의 시대에 앞서갈 수 있다)란 책에서 다음과 같은 말을 했다. "목표를 따라 계획이 세워진다. 계획에 따라 행동을 하게 된다. 행동은 결과를 낳고, 결과는 성공으로 나아간다. 이 모든 일은 목표라는 단어에서 시작한다"

마리야 스클로도브스카는 폴란드에서 어린 시절을 보냈다. 그녀는 학교를 좋아했고 그리고 배우는 것을 몹시 좋아했다. 그녀는 상급학교에 진학이 여의치 않자 가정교사가 되었다. 그녀는 의과대학을 다니는 언니가 있는 파리로 가서 솔본느에서 공부를 시작했다. 2년 뒤 그녀는 물리학을 수석으로 마쳤으며, 1년 뒤에는 수학에서 석사학위를 받았다. 그리고 나서 그녀는 모든 관심을 연구, 곧 프랑스 산업협회가 주도하는 실험에 쏟아 부었다. 하지만 정작 정열을 갖게 된 것은 우라늄 광선에 대한 비밀을 파헤치는 것이었다. 그녀가 1895년 피에르 퀴리와 결혼한 뒤 불린 퀴리 부인 (Madame Marie Curie)인 것이다. 퀴리 부인은 방사능(이 용어도 그녀가 만든 것임) 분야의 시초라 할 수 있는 일을 시작하는 한편, 핵물리학과 근대의학의 방사선학의 문도 열었다. 1906년 피에르가 사고로 죽자, 퀴리 (Marie Curie)는 그 일을 계속 진행하였고, 과학에 있어서 많은 획기적인 성과를 거두어 내었다.

그녀는 말하기를 "삶이란 누구에게나 쉬운 것이 아니다. 그렇다면 그 가운데서 우리는 무엇을 해야 할까? 우리는 반드시 인내와 그리고 무엇보다 우리 자신에 대한 믿음을 가져야 한다. 우리 자신에게 어떤 일을 하기 위한 재능이 있으며 그 일을 꼭 이루어야만 한다는 믿음을 가져야만 한다. 어려움을 극복하는 용기와 모험이 있어야 한다."

세계 제 1차 대전, 그녀는 전선에서 일어나는 일을 보고 자신이 발견한 기술이 생명을 구하는데 도움이 될 것이라는 것을 알았다. 그녀는 딸 이레느(딸 역시 후에 Novel상을 수상함)와 함께 엑스 레이(X-ray)를 개발하고 그 장비를 구급차에 장착시키는 운동을 하였다. 그리고 그것을 다룰 수 있는 150명의 기술자를 훈련시켰다. 또한 파리대학에 라듐 연구소 설립을 도왔다. 자신이 연구소를 직접 관리 할 뿐만 아니라 유럽에 물자와 모금을 구하러 직접 다녔다. 인생에 대해 그녀는 이런 말을 남겼다. "삶에 있어서 두려워할 것은 아무것도 없다. 다만 이해되어져야 할 뿐이다." 그녀는 최첨단의 방사능물질 연구를 하면서, 방사물에 자신을 노출시키고 만 것이다. 연구는 그녀를 조금씩 죽게 했다. 그녀는 1934년 갑작스런 건강의 악화와 함께 백혈병으로 66세의 생을 마감하였다.

프랑크린(Benjamin Franklin)은 17남매 속에서 자랐으며 돈과는 거리가 먼 양초 제조업자이자 영세 소매상의 아들로 태어났다. 학교는 단 2년만 다녀야 했다. 12살부터는 형 밑에서 출판 숙련공으로 일해야만 했다. 그는 13개 항목의 채점표를 만들어 매일 매일 자신의 행동을 평가했다. 그는 열심히 일하고 검소한 삶을 살았다. 20세가 되자 직접 인쇄업을 하기 시작을 했다. 그는 남다른 삶을 살았다. 미국 독립의 국부이자 새로 시작된 나라의 지도자로 독립선언문에 서명을 하였다. 그는 파리 조약문 작성을 도왔던 사람이었다. 그는 또한 미국헌법을 함께 작성했다. 그는 이 모든 3대 문서에 모두 서명을 한 유일한 사람이다. 그는 또한 독립전쟁 중에는 군사적 지원과 자금조달을 위해, 파리로 가는 어렵고 위험한 비밀 사절단으로 위촉되기도 하였다.

그는 1726년에 인쇄업을 시작했다. 그는 출판업으로 사업을 확장시켰다. 그가 만든 책 중에는 유명한 Poor Richard's Almanack(시간은 돈이라는 Franklin의 저서)도 있다. 그는 수많은 전기실험을 함으로 많은 용어들을 만들어 내었다. 배가 볼록한 난로, 도뇨관(catheter), 원시 근시 양용 안경 등은 그가 창안해 낸 많은 발명품 중 하나다. 대서양을 자주 왕복했을 때에는 멕시코 만류의 해로를 그렸다. 삶에 대한 그의 태도는 그가 자신의 연감에 쓴 격언에서 찾아볼 수 있다. "자신의 재능을 숨기지 말라. 그것은 쓰여지기 위해 있는 것이다. 해 시계가 그늘 아래 있다면 어떡하겠는가?" 그는 필라델피아의 첫 도서관 설립을 도왔다. 그는 소방서를 전국 처음으로 만들었다. 그는 시간을 절약하는 일조 개념을 발전시켰다. 그는 정부를 위해 일하는 많은 직함을 가졌었다. 실로 그는 열심히 살았던 사람이었다.

톰린(Lily Tomlin)은 "나는 언제나 훌륭한 사람이 되기를 원했다. 하지만 나는 좀더 구체적이어야 했다"란 말을 했다. 오늘날도 이와 같은 말을 하는 사람은 많다. 그들은 성공을 막연히 동경하며 언젠가 성공하기를 바라고 있다. 하지만 그들은 성공에 대한 구체적인 계획을 실행하지 않는다. 성공하는 사람은 목표를 세우고 세운 목표를 달성하기 위하여 부단히 노력한다.

8) 기독교 지도자가 지도력을 실현하기 위해서는 다음과 같은 제언을 귀담아 들어야 한다.

1. 기독교 지도력은 세상을 변화시키기 위해 하나님이 선택하신 모든 그리스도인의 책임이다.
2. 기독교 지도력의 도전은 최신 지도력 유행과 만고불변의 진리를 구별하는 것이다.
3. 사람은 봉급과 복지 혜택을 보고 일을 택하기보다 자신의 가치관에 부합되는 장소를 택한다.
4. 영적 분야에 대한 사회적 관심이 고조되고 있는 이때, 놀랍게도 교회와 교단의 교세는 오히려 약해지고 있다.
5. 교회가 대중 지도력 원리에 눈뜸과 동시에 세상은 기독교에 대한 만고불변의 진리를 깨우치고 있다.
6. 하나님은 예배 때 못지 않게 전쟁터에서도 역사하심으로 신앙을 정치 경제문제와 분리해서는 안 된다.

제 2 장

기독교 지도자론에 대한
제 이론들

우리는 어느 사람을 두고 그 사람은 지도력이 있다 혹은 없다 하는 말들을 종종한다. 뿐만 아니라 그 사람은 지도력을 아주 잘 발휘하고 있다 혹은 없다는 표현을 가끔 쓰기도 한다. 그러면 이 둘의 차이점이 무엇인가?

지도자와 지도력의 차이점은 일반적으로 다음과 같다. 지도자는 사람이고 지도력은 지도자의 역할(role) 혹은 기능(function)을 두고 말한다. 지도력이란 "설정된 공동목표를 달성하기 위하여 사람을 함께 묶는 능력"이다. 결국 일은 체제나 제도가 하는 것이 아니라 사람이 하는 것이다. 사람이 일을 효과적으로 하기 위하여 체제나 제도를 만드는 것이다. 그러므로 일을 효과적으로 하기 위해서는 두 가지가 반드시 필요하다. 첫째는 사람이다. 둘째는 제도와 체제이다.

제도나 체제에서 사람이 수행하는 역할과 기능이 절대적으로 중요하다. 그래서 드러커(Peter Drucker)가 말한 것 같이 효율성(efficiency, 즉 일을 바르게 하는 것)과 효과성(effectiveness, 즉 옳은 일을 하는 것)을 잘 알아야 한다. 사람들은 일반적으로 지도자의 지도력을 믿기 전에 먼저 그 지도력을 발휘하는 지도자를 믿는다. 사람들은 일반적으로 지도자에게 충성하기보다 지도자의 지위(position)에 충성한다. 사실 지도자는 훌륭한 지도자여야하고 훌륭한 지도자가 되기 위해서는 훌륭한 지도력을 소유해야 하며 그 지도력을 발휘해야 한다. 즉 지도자의 자질과 교양과 인격이 중요하며 그리고는 그것을 체제나 제도에 잘 발휘를 해야 한다.

사람들은 컬럼버스(Christopher Columbus)를 위대한 발견가

(discoverer)라고만 생각한다. 그러나 그는 위대한 발견이 못지 않게 또한 위대한 지도자(leader)요 판매원(salesman)이었다. 그가 세계를 변혁시킨 그 엄청난 발견의 항해를 시작하기 전에, 그는 당시 사람들로부터 심한 조롱을 받았다. 그것은 "전화 한 통"으로 끝낼 수 있는 판매가 아니었다. 그를 반대하는 당시의 상황들과 환경이 있었는데 그것들은 다음과 같다.

① 그 당시 대서양 항해에 대한 수요가 전혀 없었다. 수백 년 동안의 전통과 미신이 그런 수요를 불가능하게 했다.
② 그는 승객으로서 항해하긴 했지만 선장 역할을 해본 적은 한 번도 없었다.
③ 그는 포루투갈과 스페인에 살던 외국인(이탈리아 인)이었다.
④ 그에게는 그러한 모험을 지원할 만한 재산이 없었다. 사실 신대륙 발견을 위한 항해를 법적으로 지원할 수 있는 사람은 왕이나 여왕뿐이었다. 자연히 유력한 후원자들은 소수일 수밖에 없었다.
⑤ 그가 받으려고 한 대가는 결코 값싼 것이 아니었다. 그는 필요한 배들과 경제적인 후원뿐 아니라 개인적인 요구사항들도 많았다. 그가 발견한 나라들과 모국 사이의 모든 거래에 대한 10% 수수료, "대양의 제독"이라는 직함, 발견되는 모든 새로운 영토들에 대한 영구적인 총독 지위, 자기 상속자들에게 계승되는 모든 존경과 권리들을 요구했다.

컬럼버스는 놀랍게도 자기가 원하는 조건대로 그 거래를 성사시켰다. 현대의 판매원들도 컬럼버스의 판매 기술에서 많은 점들을 배워야 한다. 그는 일편단심의 열정을 가지고 자신의 일을 추진했다. 그는 포루투갈의 요한(John) 왕에게 항해에 필요한 자금을 후원해 줄 것을 요청했다. 그는 7년 간이나 끈질기게 요청을 해서 결국은 허락을 받았다. 그리고 스페인에 가서는 최종적인 허락을 받을 때까지 페르디난도(Ferdinand)왕과 이사벨라(Isabella) 여왕에게 끈질기게 요청을 했다. 그는 항해하기 전에 이 모든 일 처리를 다 했다. 지도자는 이런 추진력이 있어야 한다. 지도력이란 바로 추진력이다.

탁월한 기독교 지도자들은 "7가지 치명적인 잘못"을 저질러서는 안 된다.
① 존경받기보다는 모든 사람들이 좋아하는 사람이 되는 것
② 다른 사람들의 충고나 도움을 구하지 않아야 한다는 것
③ 기술보다는 규율을 강조함으로써 개인의 달란트를 약화시키는 것.
④ 비판을 건설적으로 수용하지 않는 것
⑤ 조직 내 사람들의 책임 의식을 개발시키지 못하는 것
⑥ 모든 사람들을 천편일률적으로 다루는 것
⑦ 사람들에게 지속적으로 정보를 제공하는 일에 실패하는 것
컬럼버스를 위시하여 기독교 지도자들은 이런 종류의 사람은 결단코 아니었다.

지도력에는 크게 두 이론이 있다.

1. 전통적인 이론 혹은 옛날 이론이라고 불리우는 고대 이론

이 이론은 다음과 같다.
첫째는 지도자와 지도력은 동일하다(leader=leadership)
둘째는 지도력은 지도자의 전용물이다.
셋째는 천부적인 소질을 강조한다.
넷째는 카리스마적인 면을 강조한다.
다섯째는 성격특성론적(性格特性論的) 이론을 강조한다.
여섯째: 지도력의 특성으로 지성(知性), 기민성(機敏性), 판단력(判斷力), 자신감(自信感)의 성격을 가진 사람을 말한다.

여기 5번째로 나온 성격특성론적 이론은 지도력을 지도자가 가지고 있는 성격특성이라는 측면에서 분석하려는 접근법이다. 어릴 때의 골목대장은 지도력 발휘의 가능성이 크다. 그는 천성적으로 카리스마적인 성품을 가지고 있는 사람이다. 프랑스의 나폴레옹(Napoleon Bonaparte)은 어려서부터 급우들을 데리고 복잡한 전투를 꾸몄다. 영국의 처칠(Winston Churchill)은 어렸을 때 1,500개의 장난감 병정으로 정교한 전투 작전을 지휘하면서 유난히 어린 나이에도 정치에 몰두했다. 이탈리아의 독재 정치가였던 무솔리니(Benito Mussolini(1883-1945)은 장차 밝혀질 부정적 성향의 지도력 징후를 일찍부터 보였다. 요셉은 분명한 지도가가 될 사람이었다. 그는 어릴 때부터 지도력의 성향을 가지고 있었다. 이런 방법은 한 사람의 성격(character)을 봐서 지도자가 되는가 되지 못하는가 리스트(list)를 작성해서 연구하는 방법이다.

2. 현대 이론

현대이론은 다음과 같다.

1) 지도자라고 반드시 지도력을 갖는 것은 아니고 지도자가 아니라도 지도력을 가질 수 있다는 이론이다.

이 이론은 지도자라고 해서 반드시 지도력을 갖는 것이 아니라는 이론이다. 지도자와 지도력은 반드시 정비례하는 것은 아니다. 지도자라고 해서 반드시 지도력이 풍부한 것이 아니고 지도력이 풍부하다 해서 반드시 지도자가 되는 것도 아니다.

바나(George Banna)는 여러 교회의 담임 목사들을 대상으로 한 설문조사에는 자신에게 영적 지도력의 은사가 있다고 생각하는 사람은 6%에 불과했다고 대답했다. 서울에 있는 대 교회에서 목회를 훌륭하게 수행한 목사가 시골에 가서도 반드시 목회를 잘 할 것이라는 보장은 없다. 한국에서 목회에 성공했다고 해서 외국 교포교회에서도 반드시 성공할 것이라고는 장담 못한다.

미국의 자동차 왕 포드(Henry Ford)는 "공장 건물을 불태워도 직원들만 빼가지 않으면 나는 회사를 곧 다시 일으킬 수 있다"고 말했다. 그가 알고 있는 지도력의 비밀은 행정 체계 자체가 성장의 핵심요소가 되는 것이 아니라는 사실이다. 지도자의 지도력과 그 지도력을 발휘하는 기관이나 단체와 맞아져야 한다는 뜻이다.

미켈란젤로(Michelangelo; 이탈리아의 조각가, 화가, 건축가, 시인 (1475-1564)에게 그의 대표작인 다윗상에 대해 물었더니 그는 "내 조각 작품은 언제나 돌 안에 들어 있었습니다"라고 말했다. 조각가인 그는 돌 안에 들어 있는 그 작품 주위의 돌덩이를 정으로 파낸 것뿐이다. 지도자도 지도자 재목을 볼 때 적어도 미켈란젤로와 같은 안목을 가지고 있어야 한다. 지도자가 되기 위해서는 지도자로서의 자질을 갖추어야 한다. 그리고 그것을 개발해야 한다.

다음에 열거한 기독교 지도자의 자질들은 사람을 살펴보는 안목 형성에 도움을 줄 것이다.

① 적극성: 주위 사람들과 환경을 긍정적으로 보고 일하는 자질
② 섬기는 자세: 지도자를 따르고, 순동하고, 팀의 일원으로 일하려는 의지
③ 성장 가능성: 개인을 성장시키고 개발시키려고 노력하는 사람
④ 철저함: 맡은 일을 일관성 있고 철저하게 끝내려는 결심
⑤ 충성스러움: 자신의 욕망보다는 지도자와 조직을 먼저 생각하는 마음
⑥ 탄력성: 문제가 생겼을 때 적절하게 대처할 수 있는 자질
⑦ 통전성(integrity): 말과 행동이 일치하는 확실한 성격으로 신뢰할 만한 자세
⑧ 거시적 안목: 조직 전체를 보고 무슨 일을 해야 할는지 알 수 있는 능력

⑨ 절제력: 감정의 기복에 관계없이 할 일을 해내는 의지력
⑩ 감사하는 자세: 매사에 감사하는 마음으로 살아가는 삶의 태도

장로교의 경우에 교회의 지도력은 교회의 제도가 만들어 준다.
첫째는 강단권을 위임하는 일
둘째는 당회장권을 부여하는 일
셋째는 치리회장이 되는 일 등등이다.
목사에게 주어진 5가지 사역은 설교, 교육, 행정, 상담, 심방 등이다. 이런 일들을 목사가 사역하는데 교인들이 협력해야 한다. 그렇다고 이런 요인들과 자질들이 어느 특정인을 반드시 성공적인 지도자로 만들 것이라는 보장은 없다.

2. 지도자와 지도력이 동일하지 않으므로 만사에 준비를 하고 최선을 다해야 한다.

① 그래함(Billy Graham)
그의 자서전에서 "내 삶에는 실패가 많았다. 다시 기회가 주어진다면 바꾸고 싶은 부분도 많다. 무엇보다도 나는 설교를 줄이고 공부를 더 많이 하고 싶다"라고 말했다. 그는 역사상 누구보다도 더 많은 이들에게 설교를 했고 더 많은 회심을 시켰다. 그러나 그는 자신의 준비 부족을 후회했다.
: 아침마다 으레 식사 자리에서 9개의 신문을 읽었다고 한다. 각료들이 정보를 간추려 주는 방식을 거부하고 직접 기사를 탐독했다.

② 링컨(Abraham Lincoln)
그는 독립전쟁 중 전황 소식을 한시라도 빨리 들으려고 직접 전보 사무실을 찾았다.

③ 투르만(Harry Truman)

그는 똑똑한 사람으로 알려져 있지는 않지만 항상 철저한 준비로 감탄을 자아냈다. 1945년 4월 12일 루주벨트(Franklin Roosevelt)의 사망으로 대통령직을 승계한 그에게는 엄청난 과제들이 기다리고 있었다. 투르만을 만난 사람들은 그의 철저한 준비에 놀라지 않을 수 없었다고 한다. 그는 일본에 원자탄을 투하했을 때에도 철저한 준비로 했다고 한다.

기독교 지도자는 환경변화에 민감해야 한다. 지도자는 온도계(thermometers)이기보다는 자동 온도 조절 장치(thermostats)가 되어야 한다. 이 둘은 모두 온도를 측정하는 기구들이다. 하지만 이 둘의 기능에는 엄청난 차이가 있다. 온도계(thermometers)는 수동적이다. 온도계는 위치하고 있는 주위 환경의 온도를 측정하고 기록하지만 그 환경을 변화시키는데는 아무런 영향력을 행사하지 못한다. 그러나 자동온도 장치(thermostats)는 능동적이다. 이 기구는 환경이 어떻게 변할 것인지를 미리 알아낸다. 그리고 가장 적절한 환경을 조성하기 위해 변화를 주도한다. 지도자는 자동온도 장치(thermostats)가 되어야 한다.

기독교 지도자는 일을 하되 준비를 착실하게 하고 최선을 다 해야 한다. 선천적으로 주어진 지도력도 계속 개발해야 하며 다듬어져야 하고 준비해야 한다. 그리고 주어진 일에 전력투구해야 한다. 우리는 물리학의 원리를 생각해 봐야 한다. 물은 섭씨 100도가 되어야 끓는다. 99.5도가 되었을 때의 물은 그냥 뜨거운 물에 불과하다. 0.5도의 차이가 중요하다. 100에 0.5는 아무것도 아닌 것 같지만 아주 큰 차이가 있다. 이 작은 차이가 증기를 만들어 내고 수백 톤이나 되는 기차를 움직이는 엄청난 힘의 원천이 된다. 이 작은 차이가 바로 가속도(momentum)의 차이이다. 이 차이가 성공과 실패를 가르고, 긍정적인 성장 분위기와 부정적인 성장 분위기를 가르는 분수령이 된다.

3) 기독교 지도자는 역사를 철저히 공부해야 한다.

과거 많은 위대한 위인들이 역사에 해박한 지식을 가지고 있었다.

① 처칠(Winston Churchill)
그는 근실한 역사학자였다. 히틀러(Hitler)와 국가적 충돌을 역사적 관점에서 해석할 수 있었다.

② 나폴레옹(Napoleon Bonaparte)
왕성한 독서가였다. 역사에 대한 의욕이 가시지 않았다. 그래서 그는 많은 서적들 중에서 역사서를 많이 읽었다.

③ 리(Robert E. Lee)
군 역사를 탐독한 위대한 장군이었다.
성공하는 조직의 지도자는 역사를 배우는데 시간을 많이 투자한다. 신임목사가 임지에 새로 부임하면서 "하나님도 자기와 함께 부임했다"고 생각하면 큰 오산이다. 하나님은 교회가 세워질 때부터 그곳에 계셨고 목사가 그 교회를 떠나도 그곳에 계실 것이다.
기독교 지도자로서 현명한 목사는 교회 역사를 면밀히 살펴보아야 한다. 그 교회의 요람을 통하여 그 교회의 지나온 발걸음을 연구해야 한다. 가능하면 그 교회에 비치된 모든 요람들이나 역사에 대한 기록을 읽음으로 그 교회의 역사를 탐독해야 한다. 지금까지 인도해 오신 하나님의 손길을 더듬으며 앞으로 어떻게 인도해야 할지를 알아야 할 것이다. 과거의 역사는 미래의 척도요 가늠이 된다. 교회의 전통적인 예식을 무시하면 안 된다. 선임자의 수고를 인정해야 한다.

4) 기독교 지도자는 많이 배우고 많이 훈련을 받아야 한다.

1) 모세는 120년 간의 생애에서 바로의 궁중에서의 40년 간의 학문 연마와 미디안 광야에서의 40년 간의 훈련과 이스라엘 백성들의 지도자로써의 40년 간의 경험을 쌓았다. 무엇보다 그는 애굽 최고의 학교에서 정식 교육을 받은 지성인이었다. 사도행전 7:22절 "모세가 애굽 사람의 학술(學術)을 다 배워 그 말과 행사가 능하더라"했다. 고대 애굽은 세계 문명의 발상지로서 높은 수준의 문화 생활을 향유했다. 특히 자연과학, 천문학, 지리학, 의학, 수학 등이 크게 발전을 보였다. 뿐만 아니라 애굽의 나일강이 자주 범람했기 때문에 측량술이 발달했다. 모세는 이런 애굽 사람의 학술을 다 배워 장차 이스라엘의 지도자가 될 준비를 갖추었다. 그는 구약 시대에 가장 위대한 사상가요 조직신학자였다. 모세가 이런 교육과 훈련을 통하여 모세 5경을 기록하게 되었고 이스라엘 백성들의 지도자가 되었다.

2) 다니엘은 다니엘 1:17절 "하나님이 이 네 소년에게 지식을 얻게 하시며 모든 학문과 재주에 명철하게 하신 외에 다니엘은 또 모든 이상(異像, visions)과 몽조(夢兆, dreams)를 깨달아 알더라" 다니엘 1:20절 "왕이 그들에게(다니엘, 하나냐, 미사엘, 아사랴) 모든 일을 묻는 중에 그 지혜와 총명이 온 나라 박수와 술객(術客) 보다 십 배나 나은 줄을 아니라" 다니엘과 그의 세 친구들은 승리한 후에 출중한 영적 지혜를 하나님에게서 받았다.

마이어(Paul Meier)는 "태도는 생각의 습관이며, 습관은 획득된다. 반복되는 행동은 태도를 만들어 낸다"란 말을 했다. 사람이 잘못된 태도를 변화시키는데 두 가지 방법이 있다.

첫 번째 방법은
① 올바른 말들을 하라.
② 올바른 책들을 읽어라.
③ 올바른 테이프들을 들어라.

④ 올바른 사람들과 함께 있어라.
⑤ 올바른 일을 하라.
⑥ 올바로 기도를 하라.

두 번째 방법은 첫 번째의 행동을 단 한 번으로 끝내거나 당신이 원할 때만 하는 것이 아니라 매일매일 행동으로 옮겨 반복하는 것이다. 그리고 당신 삶이 점점 나아지는 것을 지켜보는 일이다.

위대한 업적에 대해 사람들은 여러 가지로 설명하고 있다. 즉 행운, 시기, 상황, 또는 타고난 재능 등으로. 사실 한 인간이 성공하는 비결은 꼭 한마디로 표현하기 어렵다. 얼마 전 미국 시카고 대학에서 성공의 비결에 대한 연구 결과를 발표했다. 연구팀은 성공의 비결을 찾기 위해 5년이라는 긴 시간을 성공한 많은 사람들, 유명한 예술가들, 운동 선수들, 학자들을 집중적으로 연구하였다. 이 연구는 불룸(Benjamin Bloom) 박사가 주도했다. 이 연구팀은 다양한 분야에서 가장 성공한 20명을 선발하여 익명으로 면접하는 방법을 택하여 진행되었다. 연구 대상으로는 피아노 연주자, 올림픽 수영선수, 테니스 선수, 조각가, 수학자, 신경 학자 등이 포함되어 있었다. 불룸 박사와 연구원들은 자기 분야에서 가장 성공한 사람들의 성공 비결을 철저히 조사하였다. 연구의 정확도를 높이기 위해 연구원들은 유명 인사들의 가족뿐 아니라 그들을 지도한 스승들도 면접하였다. 이 연구의 결론은 다음과 같다. 가장 성공한 사람들은 자신들이 가진 놀라운 재능에 의해서가 아니라 그들이 가진 추진력, 단호한 결심, 학구열, 평생 훈련 그리고 소망에 의해서 성공하였다.

스포츠 계에서 팔머(Arnold Palmer)는 스포츠 인들에게 항상 높이 추앙을 받았다. 그는 어떻게 성공할 수 있었는지를 보여 주는 글을 다음과 같이 썼다.

첫째, 만약 당신이 패배했다고 생각하면, 당신은 패배한 것이다.

둘째, 만약 당신이 과감히 패배하지 않았다고 생각하면, 당신은 패배한 것이 아니다.

셋째, 만약 당신이 우승하기를 원하면서도 우승할 수 없으리라고 생각하면, 십중팔구 당신은 우승하지 못할 것이다.

넷째, 인생이 전쟁에 강한 사람이나 빠른 사람에게 항상 승리를 안겨 주지 않는다.

다섯째, 조만간 승리하게 되는 사람은, 자기가 할 수 있다고 생각하는 사람이다.

2) 사도 바울은 당대 최고의 지성으로 불리던 가말리엘 문하에서 수학하였다. 오늘날로 말하면 박사학위를 받았다. 교육과정을 통해 사고력 함양에 시간을 투자했다. 바울은 시(詩)에도 능통했다. 디도서 1:12절은 주전 5-6세기 경에 살았던 에피메니데스(Epimenides)란 시인의 글을 인용한 내용이다. 사도행전 17:16절 이하에 보면 바울은 아덴에서 스도이고(Stoicks) 철학자들과 에비구레오(Epicureans) 철학자들과 쟁론을 할 정도였다. 그는 어학에도 능통하여 당시 통역의 도움 없이 가는 곳곳마다 복음을 전할 수 있었다고 한다. 신약 역사에서 가장 위대한 인물은 사도 바울이다. 그의 영적 이력서는 길고 화려했다. 로마 제국 전역에 교회를 개척하였다. 왕들에게도 복음을 증거 하였고 자기의 신앙을 나타내었다. 놀라운 기적을 행했다. 그는 실로 그리스도인들 사이에서 존경받는 리더였다. 그는 신약 성경의 대부분(히브리서 까지 포함하여 14권)을 기록하였다.

정식교육은 머리 속에 지식과 생각하는 법(method of thinking)을 가르쳐준다. 사고력은 지도자가 어떤 새로운 도전이나 뜻밖의 상황에 부딪칠 때 큰 도움이 된다. 하나님께서 인간에게 사고하는 능력을 주셨다. 그 결과 인간은 사고하는 존재(thinking being)가 되었다. 인간은 사고하는 존재이므로 다른 피조물과 다르다. 인간의 사고 중에서 창조주 되시는 하나님을 사고하는 것이 가장 값진 것이다. 인간은 많이 배워야 하지만 성경을 토대로 하여 바로 배워야 한다. 성경을 떠난 사고는 올바른 사고가 될 수 없다.

5) 현대의 지도자는 충분한 교육의 가치를 알아야 한다.

1944년 포드 자동차 신입 사원 선발 팀의 매코믹-굳하트(Leander McCormick- Goodheart)는 각 대학의 우수 졸업생을 선발하기 위해 미국 전역의 50개 대학을 순회했다. 그는 리하이(Lehigh) 대학교에서 아이야코카(Lee Iacocca)라는 젊은이를 만나 포드 자동차 회사의 일자리를 제의했다. 그의 꿈은 언젠가는 포드 회사에서 일하는 것이었다. 그러나 그는 입사를 1년 간 연기할 수 있느냐고 물었다. 그 이유는 프린스톤(Princeton)대학에서 석사과정을 공부할 기회가 주어졌기 때문이다. 그는 나중에 크게 일하였다. 그는 또 크라이슬러(Chrysler) 자동차 회사를 일으키는 장본인이 되기도 했다. 사람은 가능하면 많이 배워야 한다.

6) 현대의 지도력은 행정력(administrative ability)과 밀접한 관계가 있음을 알아야 한다.

예를 들면 다음과 같다.

① 모세

모세는 지도력을 가진 탁월한 지도자였다. 하나님이 그를 세우셨고 백성이 그를 원했다. 그리고 백성들은 그를 따랐고 그를 존경했으며 그가 하는 일에 협력했다. 모세의 행정력은 출애굽기 18장에 나타나 있다. 그의 행정력은 중앙 집권제에서 지방 분산제로 바꾸는데서 나타났다. 이렇게 한데는 그의 장인 이드로(Jethro)의 제의에 의해서였다. 그는 그의 장인의 제의를 받아 들여 1000부장, 100부장, 50부장, 10부장을 세웠다. 그는 그만큼 많은 협력자를 가진 셈이 되었다. 구약 역사에서 가장 위대한 지도자는 단연 모세였다.

모세는 본래 지도자로서의 수완이 있었던 사람은 아니었다. 출애굽기 3

장과 4장에 보면 하나님께서 모세를 부르셨을 때에 그는 5가지 변명을 하였으니 다음과 같다.

첫째로 출 3:11 "적합하지 못하다"
둘째로 출 3:13 "메시지가 없다"
셋째로 출 4:1 "권위가 없다"
넷째로 출 4:10 "입술이 둔하다"
다섯째로 출 4:13 "마음이 내키지 않는다"

뿐만 아니라 그는 출애굽기 18:13-27절에 의하면 위임할 줄 몰랐던 사람이었다. 뿐만 아니라 그는 또 출애굽기 32:19절과 민수기 20:9-13절에 의하면 성질이 급했던 사람이었다. 그는 살인자였다. 그러나 그가 위대한 지도자가 된 것은 겸손한 자세로 하나님과 깊은 관계를 맺었기 때문이었다. 출애굽기 33:11절 "사람이 그 친구와 이야기함 같이 여호와께서는 모세와 대면하여 말씀하시며" 이스라엘 사람들은 모세가 하나님과 가깝게 동행하는 것을 보았다. 출애굽기 34:29-35절 모세가 산에서 하나님을 만나고 내려올 때마다 그의 얼굴은 하나님의 영광으로 빛을 발했다. 모세는 하나님과 가까이 하면서 교만하지 않고 겸손했다. 민수기 12:3절 모세는 "온유(겸손)함이 지면의 모든 사람보다 승(勝)한 사람"이었다. 아론과 미리암이 비방하고 나설 때도 모세는 잠자코 있었다.

모세는 존경을 요구하거나 고압적으로 행동하지 않았다. 모세는 사람들의 존경을 얻기 위하여 자기의 권위를 내세우지도 않았다. 그는 성질을 부리거나 험담하는 자들을 해치지도 않았다. 자기의 명예를 변호하는 데 집착하는 지도자는 믿음이 적은 자인데 모세는 그런 지도자가 아니었다.

② 여호수아

여호수아 1:5-9절에 의하면, 5절에 모세와 함께 하신 하나님이 여호수아와도 같이 있을 것이라는 약속을 하셨다. 6절에 아브라함과 약속한 그 땅을 여호수아가 받을 것이다라고 약속 하셨다. 7절에 그의 사명의 성공

여부는 하나님의 율법을 순종하는 데 있다. 여기 '묵상'이란 율법상고+말씀을 반복해서 읊는 행위를 말한다(시 1:2). 8절에 여호수아가 두려워 할 이유가 없는 이유는 하나님이 함께 계시기 때문이다. 1:17절에 모세와 함께 하신 하나님께서 여호수아와도 함께 계셨다. 2:11절에 너희 하나님 여호와는 상천하지(上天下地)에 하나님이시니라. 이는 하나님의 유일성을 말한다.

여호수아 3:7절에 하나님께서 여호수아와 함께 하심을 이스라엘의 목전에 알게 하셨다. 6:20절 여리고 성의 멸망을 언급했다. 10:13절 태양이 머물고 달이 그쳤다. 23:10절 하나님은 이스라엘을 위하여 싸우셨다. 이는 전쟁의 하나님이심을 말한다. 23:14절 모든 약속이 응하게 하시는 신실하신 하나님이시다.

③ 사무엘

사무엘상 2:26절 "사무엘이 점점 자라매 사람들에게 은총을 더욱 받더라". 2:30절 "나를 존중히 여기는 자를 내가 존중히 여기고 나를 멸시하는 자를 내가 경멸(輕蔑)히 여기리라" 사무엘은 하나님을 존중히 여긴 자이다. 3:19절 "사무엘이 자라매 여호와께서 그와 함께 계셔서 그 말로 하나도 땅에 떨어지지 않게 하시니"

④ 드보라

사사기 4:8절 "바락이 그에게 이르되 당신이 나와 함께 가면 내가 가려니와 당신이 나와 함께 가지 아니하면 나는 가지 않겠노라". 바락의 청원에 드보라는 가기로 동의했다. 어떤 학설에 의하면 이 청원은 그의 겁약과 불신앙에서 나온 것이라고 한다. 그러나 이와 같은 바락의 태도는 나약이 아니고 도리어 겸손과 신앙에 속한다. 그 때에 하나님의 지시를 받은 자는 여선지 드보라였지 바락 자신이 아니었다. 그러므로 그가 하나님의 지시에 의존해야만 승리할 줄 믿고 드보라의 동행을 원한 것은 그의 겸손이었고 신앙이었다.

⑤ 예수 그리스도

마태복음 3:17절 "하늘로서 소리가 있어 말씀하시되 이는 내 사랑하는 아들이요 내 기뻐하는 자라 하시니라". 누가복음 9:35절 "구름 속에서 소리가 나서 가로되 이는 나의 아들 곧 택함을 받은 자니 너희는 저의 말을 들으라". 마태복음 11:29절 "나는 마음이 온유하고 겸손하니 나의 멍에를 메고 내게 배우라 그러면 너희 마음이 쉼을 얻으리니". 마태복음 11:28-30절에 모든 사람에게 베푸신 이 위대한 구원의 초청은 삼중적(三重的)인 성격을 갖는다.

첫째는 와서 구원을 받으라.
둘째는 제자의 도를 배우라.
셋째는 멍에를 메고 주를 섬기라

멍에는 규범 안에서의 훈련이다. 서기관들의 가르침과는 대조적으로 예수님의 멍에는 쉽다. 이 구절은 우리에게 큰 용기를 준다.

7) 현대의 지도자는 그가 하는 일이 쉬운 일이 아님으로 항상 자신의 발전을 위하여 기술을 개발해야 한다.

지도자에게는 항상 피지도자(member 혹은 추종자(follower)가 있어야 하는데 이들의 신앙이 현대 사회의 물이 들었기 때문에 반드시 순수하다고 할 수 없다. 교회는 다양한 교인들로 구성이 되어 있다. 이들에게 영적으로 만족을 주기 위해서는 항상 자기 발전을 위하여 매진해야 할 것이다. 목회자로서의 지도자가 자신의 발전을 위하여 기술을 개발하지 않으면 성공적인 목회자가 될 수 없을 것이다.

기독교 지도자가 성공적으로 일을 하기 위해서는 개인적인 성장은 물론 지도력 기술의 개발을 평생을 통해 계속해야 한다. "지도자들: 책임자 되기 위한 전략"에서 베니스(Warren Bennis)와 나누스(Burt Nanus)는 다방면에서 성공한 70명의 최고 지도자들을 연구하였다. 이 연구를 통하여 그들은 "지도자와 피지도자와의 차이는 자신을 개발하고 기술을 향상시키는 능력의 차이"라고 규명하였다. 그들이 내린 결론은, "지도자란 평생 배우는 자"(life-long learner)라는 것이다.

지도자로서의 완벽한 구비요건은 킹(Martin Luther King Jr)과 같은 달변과 워싱톤(George Washington)과 같은 풍채와 드골(Charles DeGaulle(프랑스의 장군이요 정치가, 1890-1970)과 같은 카리스마가 있으면 완벽한 지도자라고 한다. 이런 지도적 자격을 갖추기는 어렵다. 그러나 인간은 이런 자격을 갖추기 위하여 계속 노력해야 한다. 이것이 바로 지도자의 목표와 이상이 되어야 한다. 그러나 세상적인 목표만 가지고는 안 된다. 여기에다 기독교적인 요소가 근원이 되어야 한다.

올림픽에 출전한 오브라이언(Pat O' Brien)이라는 선수가 7.2킬로그램 짜리 투포환을 17m나 던져 새로운 세계 신기록을 세우며 금메달을 목에 걸었다. 그 때 스포츠 전문가들은 그가 조금만 더 연습하면 몇 cm는 더 던질 수 있었을 것이라고 했다. 당시에 18m의 벽은 아무도 깨지 못하리라고 믿고 있었다. 오브라이언은 더 열심히 하여 자신의 기록을 갱신하기로 마음먹었다. 4년 후에 열린 올림픽에서 그는 다시 금메달을 목에 걸었다. 그의 기록은 몇 미터가 더 올라갔다. 그는 18.28m의 신기록을 세웠다. 오늘날 세계 기록은 21m을 넘어섰다.

이 원리는 달리기에도 적용이 된다. 스포츠 전문가들은 1 마일(1.6킬로미터)을 달리는데 4분대의 벽이 있다고 믿었으나 아무도 4분대의 벽을 깨지 못하리라고 믿었다. 그런데 1954년 바니스터(Roger Bannister)라는 의대생이 인간 한계로 불렸던 4분대의 벽을 깨트렸다. 오늘에 이르러서는 거의 모든 세계적인 선수들이 4분대 이내로 달린다. 이런 놀라운 변화가 어떻게 가능하게 되었는가? 인간 한계에 끊임없이 도전하며 노력하는 한 사람이 있었기 때문이다. 다른 사람보다 앞서가기를 원하고 노력하면 가능하다.

　현상유지에 만족하는 지도자는 곧 피지도자로 바뀌고 말 것이다. 벨 대서양 회사(Bell Atlantic Corporation)의 스미스(Raymond Smith)씨는 이렇게 말했다. "직무를 수행하는 데 안전한 길만을 택하여 순탄하게 사는 사람들은 적어도 당장 목이 잘리지는 않는다. 하지만 장기적으로 볼 때 본인의 경력이나 회사에 별로 도움이 되지 않는다. 우리는 멍청이들이 아니다. 그런 안일한 직원들은 언제라도, 그것도 얼마든지 구할 수 있다는 것을 잘 안다. 하지만 새로운 일에 도전하는 모험을 감행하는 지도자는 그리 흔하지 않다. 그리고 비전을 가진 지도자는 순금 덩어리이다." 목회자도 마찬가지이고 주님의 일과 관계된 일들도 마찬가지이다.

　오늘날을 "지식 정보화 시대"라고 한다. 이 사회는 "농경시대"를 지나 "산업화 시대"를 거쳐 "지식 정보화 시대"로 접어들었다. 지식 정보화 시대는 특히 두 가지를 공부해야 한다. 그것이 바로 정보의 핵심이 되는 컴퓨터이고 국제어가 영어인고로 영어를 배워야한다. 그래야 세계 추세에 발을 맞출 수 있다.

8) 역사상 유명한 지도자들은 대부분 지극히 평범한 사람들이었는고로 탁월해야만 위대한 지도자가 된다는 생각은 버려야 한다.

　대부분의 위대한 지도자들은 체격도 볼품 없었다. 공부도 별로 뛰어나지 못했던 사람들이었다. 18세기의 군사 거장 나폴레옹(Napoleon Bonaparte)은 키가 167cm밖에 안되었다. 소련의 독재자 스탈린(Joseph Stalin)도 키가 165cm밖에 되지 않았다. 스탈린을 처음 만난 투르먼(Harry Truman)은 그가 "꼬마" 같았다면서 놀라움을 표했다. 미국의 대통령 링컨(Abraham Lincoln)은 얼굴 생김새가 특이해 항상 놀림감이 되었다고 한다. 못생긴 얼굴과 장대 같은 키 때문에 늘 주변의 시선을 의식했던 그는 한번은 이렇게 말한 적도 있다. "어떤 사람이 나를 두 얼굴의 소유자라고 비난합니다. 내가 정말 두 얼굴이 있다면 지금 이 얼굴을 하고 다니겠습니까?."

투르먼(Harry Truman)은 어린 시절 자신이 "장님이나 다름없었고 여자 같았다"고 말했다. 처칠(Winston Churchill)의 전기 작가는 이렇게 썼다. "부서질 듯 창백한 소녀의 손을 한 그는 몸 동작도 뜻대로 잘 안 되는 병약한 약골이었다." 게다가 혀짤배기 소리로 말까지 약간 더듬어 아이들의 완벽한 놀림감이었다. 아이들은 그를 때리고 조롱하며 크리켓 공을 집어던졌고, 그러면 그는 창피하고 무서워 근처 숲으로 숨었다. 장차 논객을 만들어 낼 환경은 정말 아니었다."

제 2차 세계 대전 당시 미군 총사령관이었던 마샬(George Marshall)은 육군 사관학교에 진학할 생각조차 못한 중위권 학생이었다. 루주벨트(Eleanor Roosevelt)는 볼품 없이 못생겼으며 집에서는 미운 오리새끼처럼 만성적으로 다른 식구들에게 열등감을 느꼈고 늘 겁이 많았으며 칭찬에 굶주린 아이였다. 셍게(Peter Senge)는 자신의 책 "The Fifth Discipline"(제 5의 훈련)에서 이렇게 말했다. "내가 함께 일했던 탁월한 지도자들은 대부분 키도 크지 않고 특별히 잘생기지도 않았다. 연설도 대개 보통 수준으로 그다지 돋보이지 않으며, 똑똑한 머리나 달변으로 청중을 매료시키지도 못했다. 그들을 구별짓는 것은 명료하고 설득력 있는 생각, 깊은 헌신, 끊임없이 배우려는 열린 마음이다."

드럭커(Peter Drucker)는 "인간의 효율성과 지성, 상상력, 지식 사이에는 상관관계가 거의 없는 것 같다"고 말했다. 유년기 가정환경의 영향은 절대 과소 평가할 수 없는 지도력 개발의 주요 요인이다. 경영 전문가 타운젠드(Robert Townsend)는 이런 점을 지적하였다. "지도자에게는 여러 종류가 있다. 그들은 체격도 각각 다르고, 나이도 다르며, 생긴 모양도 다르고, 상태도 다르나, 어떤 사람은 행정 능력이 떨어지고, 어떤 사람은 좀 둔하다. 그러나 그들을 알아보는 비결이 있다. 사람들은 대부분 보통 수준의 그저 그런 사람들이다. 지도자라는 사람들은 무언가 특출한 데가 있기 때문에 우리는 그들을 곧 알아 볼 수 있다". 특출한 것은 곧 과거의 경력이다. 그래서 인재를 찾을 때 과거의 경력을 알아보는 것이 아주 중요하다.

9) 현대 수많은 지도자들이 가족이나 인척들로 어려움을 당했으나 다시금 재기한 사람들이다.

현대 지도자들 가운데는 실패와 좌절과 곤경에 빠지는 일이 있었으나 다시금 일어나서 성공한 경우가 많다. 그들 중에는 어렸을 때 부모 중 한쪽이나 그 외 가까운 인척을 잃은 경우도 있고 완전히 좌절한 상태였으나 다시금 희망 가운데서 노력함으로 성공을 한 사람들이 많다.

① 킹(Martin Luther King Jr.)은 아주 가까웠던 할머니가 돌아가시자 너무 충격이 심해 2층 창문에서 뛰어내렸다. 그의 아버지는 혹독한 구타로 그를 훈육했다.

② 루주벨트(Eleanor Roosevelt)는 10살 때 부모를 잃은 뒤 할머니 손에서 자랐다. 그 집안에는 알코올 중독, 간통, 아동 학대, 강간 등 악습이 끊이지 않아 장차 영부인이 될 소녀에게 지울 수 없는 흔적을 남겼다.

③ 번즈(James MacGregor Burns)는 "많은 리더들이 역기능 가정에서 자랐는데, 그런 지도자들은 아버지와의 사이가 먼 반면 어머니와 유난히 가깝게 지낸 경우가 많다"고 말했다.

④ 히틀러(Adolf Hitler)는 어머니와 가까웠지만 아버지를 증오했다.

⑤ 스탈린과 마샬은 어머니의 깊은 사랑을 받은 반면 아버지한테는 구타를 당하면서 자랐다.

⑥ 처칠(Winston Churchill)은 7살 때 기숙사 학교로 보내 졌고 그의 부모는 아들이 와 달라고 애걸복걸하는데도 일에 매달리느라 자식을 찾지 않았다. 심지어 아들의 학교 근처에서 열리는 회의에 참석할 때도 아들에게 가 보지 않았다. 처칠의 전기 작가에 의하면 "그에 대한 부모의 무시와 무관심은 빅토리아(Victoria) 시대 후반이나 에드워즈(Edwards) 시대의

기준으로 보더라도 정말 심한 것이었다." 어린 처칠은 부모한테 줄곧 쓰라린 무시를 당하면서도 부모를 우러러 보았다. 어머니에게 그는 이렇게 회고했다. "어머니는 내게 샛별처럼 빛나는 분이었다. 비록 멀리서나마 나는 어머니를 진정 사랑했다. 하지만 내 절친한 친구는 내 보모였다."

⑦ 간디는 어머니를 사랑했으나 아버지의 죽음을 자기 책임으로 느꼈다.

⑧ 링컨(Abraham Lincoln)은 자기 결혼식에 아버지 일가를 초대하지 않을 정도로 아버지와 정이 없었다. 그는 아버지의 임종도 지키지 않았고 장례식에도 참석하지 않았다.

⑨ 윌슨(Woodrow Wilson)의 아버지는 항상 아들의 잘못만 지적할 뿐 인정해 주지 않았다.

⑩ 엘리자벳 여왕(Queen Elizabeth I)은 아버지 헨리 8세가 자기 어머니 앤 볼린을 간통죄로 교수형에 처하는 비극을 겪었다.

⑪ 알렉산더 대제(Alexander the Great)의 아버지는 알렉산더가 어렸을 때에 암살 당했다. 일부 역사가들은 암살의 배후를 알렉산더의 어머니로 추정하고 있다.

⑫ 케네디(John F. Kennedy)는 야심가인 아버지의 인정을 받기 위해 형제들과 경쟁을 해야 했다.

⑬ 클린턴(Bill Clinton)은 유아기 때 아버지를 잃고 3년 간 조부모와 살았다. 어머니는 도박과 외도를 일삼는 알코올 중독자와 재혼했는데, 부모가 이혼하던 날 그는 어머니가 계부에게 당한 학대를 법정에서 증언해야 했다. 그는 이런 가정에서 자라 미국 대통령으로 준비가 되었다.

노리스(Frank Norris)는 미국 텍사스주 폴스 월즈(Forth Worth) 제일 침례교회의 유명한 근본주의 목사였다. 그는 직접 "근본주의자(The Fundamentalist)라는 신문을 발간한 사람이다. 그는 현란하고 보복적인 지도력을 가지고 있었던 사람이었다. 그러나 그의 과거는 비참했다. 그가 시무하는 교회당과 집은 화재로 불탔다. 둘 다 노리스 자신이 방화범으로 기소가 되었다. 자기와 의견이 다르면 끊임없는 논쟁을 버리는 사람이었다. 교회를 고소하기도 했다. 교회 사무실에서 사람을 쏘아 죽인 일도 있었다. 어려서부터 알코올 중독자 아버지에게 죽도록 얻어맞았다. 한번은 악당이 노리스 집에 나타나 그의 아버지에게 총을 쏘기 시작했다. 어린 노리스는 칼을 들고 두 악당에게 대항했다. 그는 총을 세 방이나 맞는 가난하고 불안한 환경에서 자랐다. 그러나 결과적으로 노리스의 기구한 과거는 그에게 성공을 안겨 준 셈이 되었다.

맥킨터쉬(Gary McIntosh)와 리마(Samuel Rima)는 "Overcoming the Dark Side of Leadership"(리더십의 그림자를 극복하라)에서 오늘날 많은 그리스도인 지도자들이 무의식 중 역기능적 과거에 지배당하고 있다고 결론지었다. 그들은 말하기를 "결국 우리를 방해하는 요소는 우리에게 성공을 가져다 준 바로 그 요소의 그림자다"라고 말했다. 이들은 어두운 그림자 가운데서 살았지만 모두 희망을 가지고 살았던 사람들이었다. 루스(Clare Boothe Luce)가 쓴 "Europe in the Spring"(유럽의 봄)에 나타난 전쟁 영웅 포쉬(Foch) 대장은 "어떠한 환경에서도 희망은 있다. 하지만 희망 없이 성장한 사람 안에는 희망이 있을 수 없다."란 말을 했다.

10) 현대의 위대한 지도자들은 실패에 연연하지 않고 실패를 통해 얻는 결과의 큼을 내다본 사람들이다.

실패는 위대한 지도자를 만드는 아주 강력한 힘이 된다. 다음 몇 사람을 그 예로 들 수가 있다.

① 작곡가 헨델(George F. Handel)의 생애는 좌절을 이기고 성공한 대표적인 예이다. 헨델은 음악의 신동이었다. 그의 아버지는 아들이 법을 공부하기를 원했지만, 그는 어릴 때부터 음악에 끌렸다. 그는 17세에 고향 할레에 있는 카이저 오페라 하우스의 바이올린과 합시코드(Harpsichord (16-18세기에 쓰인 피아노의 전신) 연주자가 되었다. 그는 21세에 건반 악기의 거장이 되었다. 그 후에 그는 작곡으로 방향을 바꾸어 곧 명성을 얻

었다. 얼마 지나지 않아 하노버 선제후(후에 영국 왕 죠지 1세)의 지휘자로 임명되었다. 영국으로 이주한 그의 명성은 더해 갔다. 그가 40세가 되었을 때, 그는 세계적으로 유명해졌다. 그러나 헨델은 그의 재능과 명성에도 불구하고 엄청난 역경을 만났다.

당시 영국 작곡자들의 경쟁은 치열했다. 청중들은 변덕스러웠고 때로는 그의 연주에 모여들지도 않았다. 그리고 그는 자주 당시의 변화하는 정치 정세의 희생자가 되기도 했다. 그는 몇 번이나 돈 한푼 없는 파산지경까지 이르곤 했다. 설상가상으로 그는 건강을 잃으면서 문제는 더욱 복잡해졌다. 그는 뇌졸증 발작 증세를 일으켰고, 그 결과 오른팔을 잘 쓸 수 없게 되었으며 오른 손의 네 손가락까지 사용할 수 없게 되었다. 후에 그는 회복되기는 했지만 낙담으로 의기소침해 있었다. 1741년, 겨우 56세였던 헨델은 은퇴할 때라고 마음을 정했다. 그는 용기를 잃었고 상심했으며, 빚에 시달리고 있었다. 그 해 4월 8일 헨델은 고별 연주회를 가졌다. 실망하고 자기연민에 빠져, 그는 포기하고 말았다.

그러나 그 해 8월, 놀라운 일이 일어났다. 부유한 친구 제닝스(Charles Jennings)가 헨델을 찾아와서 예수 그리스도를 토대로 한 생애를 한 가극 대본을 주었다. 그 작품은 헨델의 흥미를 끌었다. 그 곡은 그가 행동하도록 마음을 동요시키기에 충분했던 것이다. 그는 곡을 쓰기 시작했다. 그는 이 곡을 쓰자마자 영감의 봇물이 터져 나오기 시작 했다. 21일 동안 계속 거의 쉬지 않고 써 나갔다. 그리고 이틀 동안은 오케스트라를 위한 편곡을 "Messiah"(메시아)라고 불렀다. 메시아는 불후의 명작으로 남았고 여러 작곡가들의 작품 중에서 극치를 이루고 있다. 헨델의 전기 작가들 가운데 하나인 뉴먼 플라워 경은 "메시아"를 가리켜 이렇게 말했다. "그의 작품의 광대함에 비해 정말 짧은 시간이 걸렸고, 그것은 아마도 영원히, 음악작곡 역사상 가장 위대한 업적으로 남을 것이다".

② 워싱톤(George Washington)은 수적으로 열세에다 훈련도 받지 못한 미 독립군을 이끌고 영국군과 싸울 때 처음 일곱 번의 주요 전투에서

다섯 차례나 졌다.

③ 처칠(Winston Churchill)은 경제적으로 고생한 적이 한두 번이 아니며 그때마다 그의 정치 역정은 쓰러지는 듯했다. 처칠은 그 실패를 통해서 그의 성공을 다음과 같이 정의했다. "열정을 잃지 않고 실패에서 다른 실패로 건너가는 것"이라고 했다.

④ 링컨(Abraham Lincoln)의 실패도 잘 알려져 있다. 그도 파산으로 고생한 사람이었다. 처음 선거에서 출마했을 때는 13명 후보자 중 8위에 그쳤다. 대통령에 출마했을 때 아예 10개주 투표용지에서 그의 이름을 빼 버렸다. 몇몇 남부 주에서는 그의 형상을 만들어 화형에 처하기도 했다. 필립스(Donald Phillips)는 링컨에 관해 다음과 같이 말했다. "성공은 물론 실패까지도 대통령이 되는 데 디딤돌이 되었다. 그런 의미에서 링컨의 삶 전체는 그를 장래의 행정부 수뇌에 걸맞게 준비시킨 셈이다."

경영 전문가 드러커(Peter Drucker)는 "성공적인 간부"(The Effective Executive)라는 책에서 아브라함 링컨을 일례로 든다. 링컨이 대통령에 오른 지 얼마 되지 않았을 때 장군들을 선택하는 데 이런 유의 실수를 범하였다고 드러커는 지적하였다. 링컨은 특별한 능력이 없는 사람들을 장군으로 기용하였다. 그 결과 좋은 장비로 무장한 북부 연방군이 남부 동맹군에게 맥을 못 추게 되었다. 링컨은 몹시 흥분하여 맥클레렌(McClellen) 장군이 군대를 운용할 계획이 없다면 자신이 그 군대를 빌려서 작전을 하고 싶다고까지 말한 적이 있다. 남부 동맹군에게도 약점은 분명히 있었지만 그것을 능가하는 크고 분명한 강점을 지닌 장군들이 그 군대를 이끌었다. 적절하게 개발되고 이용된 이 강점들로 인해 그들은 승리에 승리를 거듭하였다. 뒤늦게 이 사실을 깨달은 링컨은 술이 좀 과한 흠이 있었지만 탁월한 능력을 갖춘 그랜트(Ulysses Grant) 장군을 선택하여 북부 연합군의 지휘봉을 맡겼다. 그는 약점이 좀 있었지만 탁월한 강점이 있는 사람이었다. 지도자는 완벽한 사람을 협력자나 후계자로 선택하려고 하지말고 강점을 가진 사람을 찾아야 하겠다.

⑤ 율리시즈 그랜트는 남북전쟁이 터지기 전까지는 그럴만한 직업도 없었다.

⑥ 에디슨(Thomas Edison)은 천연 고무를 찾아내는 실험을 했다. 그는 이 연구를 하면서 50,000번이나 실험을 했지만 아무런 결과를 얻지 못했다. 그의 조수가 말했다. "에드슨 선생님, 벌써 50,000번이나 실험을 했지만 아무런 결과를 얻지 못했습니다." 그 조수는 이제 실험 속에서 손을 뗄 준비를 다 갖추었다. 그는 외적으로는 실패를 예견했다. 에디슨이 대답했다. "결과들이라고! 결과라고 한다면 우리는 이미 놀라운 결과를 얻지 않았는가. 보세, 우리는 그 50,000가지 방법이 비효과적이라는 것을 알아내지 않았는가?" 에디슨은 한 가지 실수가 있다면 그것은 하다가 중단해 버리는 그것임을 알고 있었던 사람이다.

⑦ 벨(Alexander Graham Bell)에게 저 장난감(벨이 발명한 전화기)을 사무실에서 치워 버리라고 한 아이오와(Iowa)주의 은행가가 있었다. 영화 "바람과 함께 사라지다"의 대본에 "거부" 판정을 내린 할리우드(Hollywood)의 영화 제작자도 있었다. 아이 비 엠(IBM)의 창설자인 왓슨(Tom Watson)은 1,200만 달러의 회사 자금을 한 연구에 투입했다. 그러나 실험이 실패로 끝나자, 그 연구를 주도했던 회사 수석 간부가 왓슨의 책상에 사직서를 제출했다. "사장님께서는 제가 사직하기를 원하리라 믿습니다." 그 때 왓슨은 대답했다. "아니오 사직서는 원하지 않소. 당신의 교육을 위해 1,200만 달러를 투자했으니 이제야말로 당신이 일을 시작할 때가 온 거요." 왓슨은 성공적인 실패라는 것을 이해한 사람이었다.

⑧ 투르먼(Harry Truman)의 생애는 삶의 좌절의 연속이었다. 그의 아버지는 파산으로 고생했다. 그는 육군사관학교에 지원했다가 불합격이 되었다. 그는 젊었을 때도 실패를 많이 했다. 그는 애인 베드에게 "이대로 영영 질 수는 없다"고 말했다. 그는 상원 출마 때 공천 서열 4위였다. 그는 선거에 출마 할 때마다 떨어졌다. 그는 너무 가난해서 상원으로 선출된 후에도 공중보건소 치과를 찾아야 했다. 그는 선거 유세 때는 차안에서 잠을

청했다.

⑨ 호돈(Nathaniel Hawthorne)은 매세추세스(Massachusetts)주 세이럼(Salem) 관세청에서 해고를 당했다. 실직하여 낙향한 그가 처절한 패배감에 빠져있자 그의 아내가 위로했다. "여보, 이제 당신은 평생 그렇게 쓰고 싶어했던 글을 쓸 수 있어요." "주홍 글씨"는 이렇게 하여 출간되었다. 그는 성공적인 실패자였다.

⑩ 루주벨트(Franklin Roosevelt)는 소아마비로 장애인 의자(wheel chair) 신세를 졌다.

⑪ 2000년도에 발표된 한 조사에 따르면 10가지 리더십 자질을 기준으로 미국 역사상 가장 성공한 대통령 5명은 다음과 같다.
링컨(Abraham Lincoln)
루주벨트(Franklin Roosevelt)
워싱톤(George Washington)
루주벨트(Seward Roosevelt)
투르먼(Harry Truman)

⑫ 1978년 미국 뉴저지(New Jersey)주 뉴악(Newark)에 사는 가난한 러시아인 케비넷(cabinet) 제조업자의 아들인 버니 마르커스는 DIY(Do-It-Yourself) 철물 소매상인 댄(Handy Dan)에게 해고를 당했다. 그것이 아더 블랭크와 함께 팀이 되어 그들이 새로운 사업을 시작하는 계기가 되었다. 그들은 1979년 죠지아(Georgia)주 아트란타(Atlanta)에서 첫 가계를 열었다. 그 가계 이름은 홈 디포트(Home Depot)이였다. 오늘날 홈 티포트는 15만 7천명이 넘는 종업원에 760개가 넘는 점포를 갖고 있고 사업은 해외까지 확장되어 있으며 매년 300억 달러가 넘는 매출을 기록하고 있다. 그는 해고를 당했을 때는 비참했지만 그런 기회를 성공으로 이끈 것이다.

⑬ 1915년, 콥(Ty Cobb)이란 미국의 야구 선수는 도루 기록 96회를 기록했다. 7년 뒤, 피츠버그 파이롯(Pittsburgh Pirates) 소속의 캐리(Max

Carey)는 51회의 도루로 2위를 차지했다. 두 선수를 숫자적으로는 이렇게 차이가 있지만 콥은 134회, 캐리는 53회의 도루를 시도했다. 콥은 58회를, 캐리는 겨우 2회의 실패를 했다. 콥의 평균 도루 율은 71 %이었고, 캐리는 96 %이었다. 실패율은 콥이 앞서 있지만 총 도루 율은 그가 캐리보다 훨씬 앞서있다.

⑭ 베이비 루스(Babe Ruth)는 714개의 홈 런(Home run)을 쳤다. 그는 1,330회의 스트라이크 아웃(strike out)을 당했다. 그는 batting slump에 빠질지라도 쉬지 않고 방망이를 휘둘렀다. 실패는 홈런을 많이 치게 한 이유가 되었다. 인간은 실패를 할지라도 계속해서 그 실패를 성공으로 이끌면 결과적으로 실패가 성공이 되는 경우가 많음을 사례로 보여주는 예들이다.

⑮ 간디(Mohandas Gandhi)는 어떤 사람이었나? 모우헌다스(Mohandas) 간디는 1869-1948의 사람이었다. 그는 마하트마(Mahatma)로 불리웠다. 간디는 인도의 해방 운동의 지도자였다. 그는 소극적 저항주의(passive resistance)였다. 인디러 간디(Indira Gandhi 1917-)는 네루(J. Nehru) 수상의 딸이다. 그도 수상으로 재임한(1966-) 정치가였다. 마하트마 간디는 수없이 감옥을 드나들었으며 여러 차례 암살위기에 직면했었다. 킹(Martin Luther King Jr.)은 간디의 열렬한 팬이자 제자였고 여러 번 감옥 신세도 졌다. 가드너(Howard Gardner)의 조사에 의하면 영국의 유수한 정치가들 중 60% 가 어려서 부모 중 한쪽을 잃었다. 인간은 일반적으로 실패를 두려워한다. 그러나 실패(failure)나 실수(mistakes)를 두려워하지 않은 자가 성공을 한다.

실수(MISTAKES)란 무엇인가? 이 단어를 영어로 풀이를 해 보면 다음과 같다.

ⓐ Message: 우리 삶에 관해 의견을 제시해 주는 메시지
ⓑ Interruptions: 우리를 되돌아보고 생각하도록 하는 방해
ⓒ Signposts: 우리를 바른길로 안내해주는 길잡이

ⓓ Tests: 우리를 더 큰 성숙으로 나아가게 밀어주는 테스트
ⓔ Awakenings: 우리를 정신적·지적인 게임 속에 계속 있게 해 주는 자각
ⓕ Keys: 다음 기회의 문을 열기 위해 사용할 수 있는 열쇠
ⓖ Explorations: 우리가 전에 한 번도 가보지 못한 곳으로 여행하게 하는 탐험
ⓗ Statements: 우리의 발전과 진보에 관한 진술서

기독교 지도자가 실패를 딛고 전진하는 단계는 다음과 같다.
ⓐ 보통 사람과 성공하는 사람의 중요한 차이를 인식하라.
ⓑ 실패의 새로운 정의를 배우라
ⓒ 실패에서 "당신"을 떼어 놓으라.
ⓓ 행동을 취하고 두려움을 줄이라.
ⓔ 책임을 짐으로써 실패에 대한 당신의 반응을 바꾸라.
ⓕ 실패를 당신의 외부에서 내면으로 끌어들이지 말라.
ⓖ 과거와 작별하라.
ⓗ 자신을 변화시키면 당신의 세계가 변한다.
ⓘ 자신을 극복하고 자신을 주라.
ⓙ 모든 나쁜 경험 속에서 유익을 발견하라.
ⓚ 처음에 성공한다면, 더 어려운 일을 시도하라.
ⓛ 나쁜 경험으로부터 배우고 그것을 좋은 경험으로 만들라.
ⓜ 당신을 약하게 만드는 바로 그 약점을 극복하도록 노력하라.
ⓝ 실패와 성공 사이에는 그리 큰 차이가 없다는 것을 알라.
ⓞ 일어나라, 극복하라, 계속 나아가라.

11) 역사를 통해 보면 많은 지도자들이 개인적인 고뇌를 가지고 있었다.

고대에서 현대에 이르기까지 지도자들 중에 많은 고뇌를 가지고 있지

않은 지도자는 없는 줄 안다.

① 고대의 가장 위대한 연설가 데모스테네스(Demosthenes)는 말을 더듬었다. 그가 처음으로 관중 앞에서 연설하러 했을 때, 그는 연단에서 비웃음을 받으며 쫓겨났다.

② 주전 100-40년에 살았던 장군·정치가·역사가였던 로마의 시저(Julius Caesar)황제는 간질병 환자였다.

③ 프랑스의 나폴레옹(Napoleon Bonaparte)는 평범한 부모에서 태어났다. 그는 천재적 기질과는 거리가 먼 사람이었다. 그는 사관학교에 다닐 때 65명 중 정원의 학급에서 46등을 했다.

④ 베토벤(Ludwig Van Beethoven)은 에디슨(Thomas Edison)과 마찬가지로 듣지를 못했다.

⑤ 디킨슨(Charles Dikinson)과 헨델(George F. Handel)은 다리를 절었다.

⑥ 기원전 10세기 경의 그리스의 시인이었던 호머(Homer)는 장님이었다.

⑦ 스코트(Walter Scott)경은 반신불수였다.

⑧ 처칠(Winston Churchill)은 달변가로 유명했으나 어려서 언어 장애가 있었다.

⑨ 루주벨트(Seward Roosevelt)는 말을 못해 고생했었다.

⑩ 간디(Mahatma Gandhi)는 대중 앞에서는 말하는 것이 어찌나 두려웠던지 변호사로서 처음 고객을 변호하던 날 자신의 변론 순서에서 그만 혀가 얼어붙고 말았다. 결국 당황한 이 변호사는 고객에게 수임료를 환불하고 다른 변호사를 알선해 주어야 했다.

⑪ 무디(Dwight L. Moody)는 그토록 힘이 있는 연사가 되리라는 조짐은 어려서는 전혀 없었다. 문법이 엉망이었다. 성경 지식도 거의 없었다. 버논(Mount Vernon) 회중 교회에 정식 등록하려 했을 때 신청을 거부당하기까지 했다. 젊은 무디가 교회의 기도회에서 나누기 위해 일어서자 교

인들은 "어깨를 비틀며 민망해했다." 무디가 회중 앞에서 발언하기에는 문법이 빈약하다는 불평이 끊이지 않아 결국 그는 대중 발언을 금지 당했다.

⑫ 투르먼(Harry Truman)은 유난히 부끄러움이 많아 장래 아내가 된 베스에게 용기를 다해 첫마디를 떼는데 5년이나 걸렸다. 그가 결혼한 나이는 35세였다.

⑬ 링컨(Abraham Lincoln)은 여자들 앞에서는 지독한 숙맥이었으며 결혼에 성공하기 전에 뼈아픈 거절을 겪었다.

⑭ 처칠(Winston Churchill)은 첫사랑의 여인을 다른 남자에게 잃었다. 그는 다른 두 여자에게마저 청혼을 거절당했다. 그는 37세가 되어서야 클레멘타인과 결혼했다.

⑮ 요한 웨슬레(John Wesley)는 미국 선교사 시절 한 여자를 두고 심한 좌절을 겪은 나머지 실연의 상처와 환멸을 안고 실패한 선교사가 되어 영국으로 돌아갔다. 윌리엄스(Roger Williams)는 미국의 최초의 침례교 목사였고 사회적 신분이 낮아 사랑하는 여인과 결혼할 수 없게 되자 심한 우울증에 빠졌었다. 그래함(Billy Graham)은 이상형의 여인 에밀리가 자신의 청혼을 거절하고 장래가 촉망되는 다른 구혼자에게 가자 깊은 상처를 받았다.

지도자는 실패를 피하는 자가 아니라 역경을 극복하는 자이다. 특히 기독교 지도자는 어려운 역경을 당하여도 위에 계시는 주님을 바라보면서 그 난관을 극복해야 한다. 위에 열거한 지도자들은 그들의 삶은 "실수란 그 온전한 유익이 아직 몫으로 돌아오지 않은 사건"이라는 원리를 확증해 준다. 위대한 사람들이 어떻게 장애를 극복하고 성공할 수 있을까? 그들 각자에게는 꿈(vision)이 있었다. 그 꿈이 그들 안에서 아무도 끌 수 없는 불을 당겼던 것이다. 위대한 비전들은 "내면에의 작업"부터 시작된다. "당신의 비전과 꿈을 키우시오. 그것들은 당신의 영혼이 낳은 자녀이기 때문이오. 또한 당신의 궁극적 목표가 이루어지는 청사진이라오." 이 말은 힐(Napoleon Hill)의 말이다.

12) 훌륭한 지도자는 감정(emotion)으로 일하지 않고 인격(personality)으로 일하는 사람들이었다.

인간의 성장과 성공은 인간이 좋아하는 일을 하는 데서 오는 것이 아니라, 인간이 마땅히 해야 할 일을 행함으로써 얻어진다. 요한 루터(John Luther)는 말하기를 "세상에 완전한 일이란 없다. 무슨 일을 하든 처음에는 힘들지 않고 부담스럽지 않아도 결국에는 그 일이 부담스럽고 힘들어지기 마련이다." 성공은 인간이 즐겨 하는 일을 얼마나 잘하느냐에 있지 않고, 인간이 즐기지 않은 일들을 얼마나 의식적으로 실천하느냐에 달려 있다.

테너 가수 파바로티(Luciano Pavarotti)는 그러한 성공자이다. 그를 존경하는 사람들은 그를 "제2의 카루소"라고 불렀다. 신문 기자 회견에서 183cm, 136kg의 테너에게 질문을 했다. "가수로서 제일 힘든 게 무엇인지 아십니까? 그것은 예외 없이 인생의 매 순간 자기 자신을 희생해야 한다는 것입니다. 예를 들어 나는 비가 올 때는 나가지 않고 이것만 먹고 저것만 하고 하루에 10시간씩 수면을 취해야만 합니다. 결코 자유로운 삶이 아닙니다. 승마를 해서도 안되고 수영을 할 수도 없습니다."

인격을 따라 일하는 사람과 감정을 따라 일하는 사람의 차이점은 다음과 같다.

① 인격: 일을 제대로 해서 기분이 좋다.
　 감정: 기분이 좋아야 일을 옳게 한다.
② 인격: 책임을 토대로 일한다.
　 감정: 이해를 토대로 일한다.
③ 인격: 원리에 입각해서 결단을 내린다.
　 감정: 인기에 입각해서 결단을 내린다.
④ 인격: 행동이 태도를 조절한다.
　 감정: 태도가 행동을 조절한다.

⑤ 인격: 믿었기에 보게 된다.
　감정: 눈으로 봐야 믿는다.
⑥ 인격: 추진력을 창출한다.
　감정: 추진력을 기다린다.
⑦ 인격: "나의 책임이 무엇인가?"
　감정: "나의 권리가 무엇인가?"
⑧ 인격: 문제가 발생해도 계속한다.
　감정: 문제가 발생하면 그만둔다.
⑨ 인격: 견고하다.
　감정: 기분에 따라 변덕스럽다.
⑩ 인격: 지도자들이다.
　감정: 피지도자들이다.

제 3 장

관리(Management), 지도력(leadership) 및 통전성(Integrity)

지도자가 지도력(leadership)을 바로 이해하기 위해서는 지도력과 관리의 차이점을 바로 알아야 한다. 관리와 지도력의 차이점이 무엇인가? 관리의 표준이 되는 기능들은 기획, 조직, 지도, 통제이다. 지도력은 변화, 고무, 동기부여, 영향력 등을 다루는 분야이다. 관리는 현상유지에 좀더 비중을 둔다. 일하는 법을 아는 것은 노동자의 일이다. 경영자가 하는 일은 다른 사람에게 일하는 방법을 보여 주는 것이다. 지도자의 일은 사람들이 자신의 역량보다 일을 잘할 수 있도록 고무시키는 일이다.

라손(Bruce Larson)은 "Wind and Fire"(바람과 불)에서 샌드힐의 두루미에 관한 흥미로운 사실을 지적하였다. 대륙을 건너서 먼 거리를 날아오는 이 커다란 새들에게는 다음과 같은 세 가지 현저한 특성이 있다.

첫째로, 그들은 지도자를 교대로 세운다. 그 어떤 새도 항상 전면에 나설 수는 없다.

둘째로, 그들은 거친 바람을 헤치고 나갈 수 있는 지도자를 세운다.

셋째로, 한 마리의 새가 인도해 나가는 동안 나머지 새들은 격려의 울음소리를 내면서 따른다.

비록 미물의 두루미도 이렇게 지도자에 대한 절대적인 순종과 추종적 정신을 가지고 있다.

그러면 구체적으로 관리와 지도력의 차이점은 다음과 같다.

1. 관리(management)

1) 관리는 지도력에 비해 더 공적(public)이고 과학적(scientific)이다.

　관리는 기획, 예산 통제, 정보 기술의 효과적 이용 등과 같은 기초적 기술들에 더 많이 의존한다.

2) 관리에서는 논리적 사고와 실험에 기초하여 다양한 상황에 적용될 수 있는 구체적인 방법들과 기법들을 사용한다.

2. 지도력(leadership)

　위에서 설명한 관리에 비해서 지도력은 사용되는 구체적 방편들이 더 적은 편이다. 사람들은 누구나 성공자가 되기를 원한다. 그런데 사람이 진정한(real) 기독교 지도자로서 성공자가 되기를 원하면 이 "REAL"이라는 단어를 생각하면 될 것이다. 이 "REAL"이란 단어는 다음의 설명에서 그 의미를 알 수 있다.

① Relationship(관계)
　성공하는데 필요한 가장 훌륭한 기술은 다른 사람들과 잘 지내는 능력이다. 이것은 삶의 모든 부분에 영향을 끼친다. 다른 사람과의 관계는 당신을 세워 줄 수도 있고 어려움에 처하게 할 수도 있다.

② Equipping(준비)
　우리와 가장 가까이 있는 사람들이 우리의 성공 여부를 결정한다는 것이다. 만일 당신이 원대한 꿈을 가지고 있다면 그 꿈은 오직 그들과 함께

성취될 것이다

③ Attitude(태도)
태도는 사람들이 매일의 삶에 어떻게 임하는가를 결정한다. 당신의 재능(aptitude)보다 태도(attitude)가 성공의 위치(altitude)를 결정할 것이다.

④ Leadership(지도력)
모든 일의 성패는 지도력에 달려 있다. 효과를 높이기를 갈망한다면, 당신의 지도력을 더 향상시키는 방법밖에 없다.

1) 지도력은 그 조직체나 조직의 부서가 될 수 있는 모습에 대한 비전을 갖는 일과 관련이 있다.

관리의 역할은 그 비전을 이루는 일과 관련이 있다.

2) 지도력은 여러 네트워크(network)로 연계된 수많은 사람들로부터 팀사역(teamwork)과 협력을 이끌어 내는 것과 또한 그 네트워크에 참여하는 많은 사람들에게 동기를 부여하는 노력을 요구한다.

3. 클린튼(Clinton)의 지도력 개발의 6단계

미국 풀러(Fuller) 신학대학원의 교수 클린튼(Robert Clinton)은 "The Making of a Leader"(지도자의 요건)이란 책에서 하나님이 지도자를 키우시는 과정을 6단계 모델로 제시했다.

제 1단계: 주권적 기초(Sovereign Foundations)

인생 형성기에 나타나는 하나님의 활동으로 어린 아이가 스스로 통제할 수 없는 일, 부모의 사랑, 출생순서, 질병, 빈부 조건, 사랑하는 이의 상실, 안정 또는 불안정한 일의 기복 등이다. 지도력의 잠재력이 이런 요인의 반응에 따라 결정된다고 한다.

제 2단계: 내면생활 성장(Inner Life Growth)
이는 회심을 경험하는 단계이다. 이는 그리스도를 닮아 가는 변화의 위치에 있는 단계이다. 이는 성령의 이끌림을 받아 사는 그런 단계이다.

제 3단계: 사역의 성숙 단계(Ministry Maturing)
이 단계는 영적 지도력을 위해 이런 저런 시도를 하는 때이다. 이는 교회 프로그램을 자진해서 이끌거나 전도의 모험에 나서는 경우이다. 이 때 흔히 실패나 좌절을 겪는다. 이런 경험을 쌓는 단계이다. 이 때의 지도력은 기술을 개발하면서 자신의 장단점을 이해하는 단계이다. 이런 경험을 통해서 하나님은 영적 지도자의 의미를 좀더 구체적으로 가르쳐 준다. 이 단계의 초점은 지도자로서의 하는 일보다 존재 자체에 있다. 장차 훌륭한 지도자는 이 단계가 아주 중요하다.

제 4단계: 삶의 성숙 단계(Life Maturing)
이 단계는 영적 지도자가 자신의 장점에 주력하여 최고의 영향력을 발휘할 수 있는 기회를 찾기 시작하는 때이다. 지금까지는 하나님이 주로 역사 하셨으나 이제부터는 하나님이 지도자를 통해서 일하기 시작한다. 이 때는 하나님에 대한 체험적 이해가 깊어지고 인생과 인간 관계를 새롭게 배우며, 하나님은 실패와 성공, 위기와 인정, 배신과 의리 등 통상적 경험을 통해 사람을 키우신다. 하나님이 하시는 일에 대한 인간의 반응이 많이 나타나는 단계이다. 이런 의미에서 아주 중요한 단계이다. 이 때는 삶의 상황에 긍정적으로 반응하면 보다 성숙한 지도력의 차원으로 나아갈 수 있다.

제 5단계: 수렴단계(Convergence)

이 단계는 사람과 사역의 경험이 아주 구체적으로 되는 단계이다. 그 동안에 배운 모든 것을 동원해 최대의 효율성을 발휘하게 된다. 이 단계는 최고의 성공을 맛볼 직무나 역할이다. 역사상 가장 뛰어난 지도자들 중에는 인생 후반이 되어서야 가장 영향력이 있는 역할에 오른 사람들이 많다.

① 처칠은 노년에 수상이 되었다. 그의 모든 인생 경험은 2차 세계대전 중 영국 수상 재임을 위한 서곡이었고 실패도 많았고 혹독한 비난도 많이 받았다.

② 마샬(George Marshall)은 59세가 되어서야 장군으로 승진했다. 전후 유럽을 재건한 유명한 마샬 계획(Marshall Plan)을 내 놓을 당시 그의 나이는 67세였다.

③ 투르먼(Harry Truman)은 67세에 대통령이 되었다. 요한 23세 교황(Pop John 23세)은 77세에 선출되었다.

제 6단계: 잔광 또는 축하 단계(Afterglow and Celebration)

여기 afterglow란 단어는 "저녁놀" 또는 "즐거운 회상(추억)"이란 뜻이다. 이는 상당 기간 훌륭히 지도자로서의 역할을 수행한 영적 지도자들에게서 볼 수 있다. 이 때는 하나님이 자신을 통해서 이루신 일들을 축하하면서 인생의 마지막 시기를 보내는 것을 의미한다. 이는 하나님이 함께 하신 증거이기도 하다. 이들은 많은 사람들로부터 존경을 받는다. 노년에 위대한 일들을 한 분들이 많다.

① 일차 대각성 운동의 영적 리더였던 에드워드(Jonathan Edwards)는 예일(Yale) 대학교 총장이 되었다.

② 이차 대각성 운동의 탁월한 전도자 피니(Charles Finny)는 오버린(Oberlin) 대학 학장이 되었다.

③ 스펄젼(Charles Spurgeon)은 대학에서 젊은 목자들을 양성하고 훈련하는데 많은 시간을 할애했다.
④ 리(Robert E. Lee)는 노년을 워싱톤대학 학장으로 지내면서 차세대 남부 지도자들을 길러 냈다.

4. 다른 관점(perspective)에서 살펴본 지도력의 다섯 단계

1단계 : 지위 = 권리

이 단계에서의 사람들은 의무감에서 지도자를 따른다. 이 단계에서의 주의점은 당신의 영향력은 작업 명세서에는 높아지지만 사기는 더욱 저하된다. 이것은 지도력의 기본적인 입문에 해당하는 수준이다. 이 수준에 머물러 있는 사람들은 환경적인 기득권, 의례, 전통, 그리고 조직표 등에 의존한다.
제1단계에서 지도자가 이해해야 할 특성들은 다음과 같다.
① 당신의 업무를 완전하게 파악하라.
② 조직의 역사를 파악하라.
③ 조직의 역사를 조직 내의 사람들과 연관시켜라.
④ 책임을 지라.
⑤ 업무처리에 있어서 지속적인 탁월성을 보여 주라.
⑥ 기대 이상으로 일을 처리하라.
⑦ 변화와 개선을 위한 창조적인 아이디어를 제공하라.

이 단계에서의 보스(Boss)와 지도자(leader)의 차이점은 다음과 같다.
① 보스는 직원을 부리나 지도자는 그들을 지도한다.
② 보스는 권위에 의존하나 지도자는 선의에 의존한다.

③ 보스는 두려움을 일으키나 지도자는 열정을 일으킨다.
④ 보스는 "내가"라고 말하나 지도자는 "우리가"라고 말한다.
⑤ 보스는 실패의 책임을 묻지만 지도자는 실패를 고쳐준다.
⑥ 보스는 일이 성취될 수 있는 방법을 알지만 지도자는 그 방법을 제시한다.
⑦ 보스는 "너는 가라"고 말하나 지도자는 "함께 갑시다"라고 말한다.

2단계 : 허용 = 관계

이 단계에서의 사람들은 자신들이 원해서 지도자를 따른다. 이 단계에서의 주의점은 사람들은 당신에게 주어진 권위의 한계 이상으로 당신을 추종하려고 할 것이다. 이 단계에 이르면 일을 즐기면서 할 수 있다. 그러나 성장하지 않고 이 단계에 계속 머물러 있기만 한다면 사기가 높아진 사람들도 지칠 수 있다. 스미스(Fred Smith)는 이렇게 말한다. "지도력이란 사람들이 의무적으로 하지 않아도 될 일을 당신을 위해 할 수 있도록 만드는 역량이다." 이렇게 되는 것은 당신이 영향력이라는 지도력의 두 번째 수준에 올라갈 때 가능하다. "직책상"의 지도자들은 종종 협박이라는 수단을 통해 사람들을 인도한다.

그들은 노르웨이의 심리학자 쉬엘더루프 에브(T. Schjelderup-Ebbe)가 오늘날 모든 유형의 사회적 모임을 기술하기 위하여, "쪼는 순위"의 원리를 개발하면서 연구했던 닭들과 같다. 그는 일반적으로 어떤 무리에게든 한 마리의 암탉이 다른 모든 닭들을 지배한다는 사실을 발견했다. 두 번째로, 가장 높은 위치의 암탉만 제외하고 모든 닭들을 쪼을 수 있는 닭이 있다. 그 나머지 닭들은 하향적인 서열로 배열되어 있으며, 맨 마지막으로 모든 닭들에게 쪼임을 당하기는 하지만 불행하게도 자신은 아무 닭도 쪼을 수 없는 가련한 닭이 있다.

제2단계에서 지도자가 이해해야 할 특성들은 다음과 같다.

① 사람들을 진정으로 사랑하는 마음을 가지라.
② 당신과 함께 일하는 사람들이 더욱 성공할 수 있도록 만들라.
③ 다른 사람의 시각을 통해서 보라.
④ 절차보다는 사람들을 더욱 사랑하라.
⑤ "win-win"(쌍방이 이기는)을 택하라. 그렇지 않은 경우에는 일을 추진하지 말라.
⑥ 당신의 계획에 사람들을 참여시켜라.
⑦ 까다로운 사람들을 지혜롭게 처리하라.

3단계 : 성과 = 결과

이 3단계의 사람들은 당신이 조직을 위해 이루어 놓은 일로 인해 당신을 따르게 된다. 이 단계에서의 주의점은 이 단계에서는 대부분의 사람들로부터 성공이 감지된다. 그러므로 그들은 당신을 좋아하며 당신이 하는 일을 좋아하게 된다. 성공의 여세로 인하여, 문제가 발생해도 작은 노력으로도 잘 해결된다. 이 단계에서는 일이 생기기 시작한다. 좋은 일이 생긴다는 말이다. 수익이 증가한다. 사기가 올라간다. 이동율이 낮아진다. 사람들의 필요가 채워지며 목표가 달성된다. 이 같은 성장에 수반되는 것이 있다. 그것은 "커다란 힘"이다. 다른 사람들을 인도하며 영향을 준다는 것은 즐거운 일이다. 최소한의 노력으로도 문제가 해결된다. 조직의 성장에 이바지하는 사람들과 더불어 정규적으로 신선한 전략에 대해 토론한다. 모든 사람들은 결과 지향적이다. 사실상 결과를 얻는 것이 활동의 주된 이유이다.

제3단계에서 지도자가 이해해야 할 특성은 다음과 같다.
① 성장을 위하여 주도권을 쥐고 책임을 받아 들이라.
② 설정한 목표를 더욱 개발시키며, 그것을 추구하게끔 하라.
③ 업무 할당과 활력을 목표 설정의 필수 불가결 요소가 되게 하라.

④ 결과에 대한 책임은 당신이 먼저 지라.
⑤ 크나큰 보상이 주어지는 일을 찾아서 하라.
⑥ 조직의 전략과 비전을 사람들에게 이해시켜라.
⑦ 변화를 주도하며, 때(timing)를 맞추는 일의 중요성을 아는 인물이 되라.
⑧ 결정하기를 두려워 말라. 이것이 상황을 변화시킨다.

4단계 : 인물 개발 = 재생산

제4단계의 사람들은 당신이 그들을 위해 행한 일로 인하여 당신을 따르게 된다. 이 단계에서의 주의점은 이 단계에서는 광범위한 성장이 이루어진다. 당신이 개발시키는 지도자들에 대한 헌신은 조직과 사람들을 분명히 계속적으로 성장케 할 것이다. 이 단계에 도달할 뿐 아니라 머물기 위해 가능한 모든 일을 하라.

지도자를 발견할 수 있는 방법에 대해 타운센드(Robert Townsend)는 "사람들은 신장, 연령, 외모, 그리고 조건에 관심이 있다"고 말한다. 어떤 사람은 행정적인 약점이 있는가 하면, 어떤 사람은 똑똑하지 못하다. 그러나 바로 여기에 실마리가 있다. 대부분의 사람들은 평범하기 때문에 진정한 지도자는 쉽게 발견된다. 왜냐하면 그는 사람들이 지속적으로 탁월한 성과를 성취하게끔 만들기 때문이다.

지도자는 위대하다. 그것은 지도자 자신이 능력이 있어서가 아니라 사람들로 하여금 일을 하도록 만드는 그의 능력 때문이다. 계승자 없는 성공은 실패다(Success without a successor is failure). 노동자의 주된 책임은 스스로 일을 하는 것이지만 지도자의 주된 책임은 사람들이 일을 잘할 수 있도록 개발시켜 주는 것이다.

지도자에 대한 충성은 피지도자가 지도자의 훈육을 통해서 개인적으로 성장할 때 그 극치를 이룬다. 다음과 같은 과정을 주목하라. "두 번째 수준에 이르게 되면 피지도자는 지도자를 사랑하게 된다. 세 번째 수준에 도달할 때 피지도자는 지도자를 존경하게 되고, 네 번째 수준에서는 피지도자가 지도자에게 충성하게 된다."

제4단계의 지도자가 이해해야 할 특성은 다음과 같다.
① 당신의 가장 소중한 자산은 바로 사람들임을 알라.
② 사람들을 개발시키는 것에 우선 순위를 두라.
③ 사람들이 따를 수 있는 모델이 되라.
④ 한 모임의 상위 그룹 20%에 당신의 지도력의 초점을 맞춰라.
⑤ 지도자들 중 중심이 되는 이들에게 성장의 기회를 주라.
⑥ 가능성 있는 사람들과 생산자들이 동일한 목표를 따라 움직이도록 조치하라.
⑦ 당신의 지도력을 보완해 줄 수 있는 핵심적인 내부 인물들 그 중심에 자신을 두라.

5단계 : 인격 = 존경

제5단계의 사람들은 당신의 인격과 당신이 대변하는 일을 통하여 당신을 존경한다. 이 단계에서의 주의점은 이 단계는 수년에 걸쳐 얻은 성장하는 이들, 그리고 조직을 가지고 있는 지도자들을 위해 마련되어 있다. 소수의 지도자들만이 이 단계에 이를 수 있다. 이 단계에 이르는 자들은 생명보다 귀한 자들이다. 우리들 대부분이 이 수준까지 도달해 있지 않다. 인정받는 지도력을 위한 평생의 노력만이 이 수준에 도달하게 해 준다. 이 수준에 도달한 자에게는 영원한 만족을 주는 보상이 주어질 것이다.

제5단계의 지도자가 이해해야 할 특성은 다음과 같다.
① 당신의 추종자들은 충성스럽고 희생적이다.
② 당신은 지도자들을 지도하며 훈련하는데 몇 년을 보냈다.
③ 당신은 정치력이 있는 인물이 되었으며, 고문 혹은 컨설턴트

(consultant)가 되었고, 사람들이 찾는 인물이 되었다.
④ 당신의 가장 큰 즐거움은 사람들이 성장하며 발전하는 것을 지켜보는 일이다.
⑤ 당신은 조직을 초월해서 영향을 주는 인물이다.

5. 기독교 지도자는 통전성(通全性 integrity)을 가져야 한다.

(1) 통전성이란 무엇인가?

통전성(integrity)의 정확한 의미는 정직하고 견고한 성품, 말과 행동이 일치하여 신뢰할 만한 성품 그리고 지·정·의가 조화를 이룬 성품을 의미한다. 이는 심리학적 용어이다. 통전성의 사전적 의미는 "완전하고 일치된 상태"라고 정의할 수 있다. 나에게 통전성이 있다면 나의 말과 행동은 일치하게 될 것이다. 내가 어디에 있든 누구와 함께 있든 나는 나인 것이다. 통전성을 소유한 사람은 "온전한(whole)" 사람이다. 그들은 한 마음을 품은 사람들이다. 통전성을 소유한 사람은 숨거나 두려워할 필요가 없다. 그들의 삶은 펼쳐진 책과도 같다. 비어스(V. Gilbert Beers)는 이렇게 말했다. "통전성을 지닌 사람은 자신의 전 인생을 평가할 수 있는 가치관을 확립한 사람이다." 통전성은 이렇게도 중요하다.

1) 통전성은 신뢰감을 형성한다.
① 아이젠하워(Dwight Eisenhowe)는 이렇게 말했다. "지도자에게는 지도할 사람들이 있어야 한다. 피지도자를 얻기 위해서는 신뢰감이 있어야 한다. 그러므로 지도자에게 있어서 최상의 자질이란 말할 것도 없이 통전성이다. 그가 어느 곳에 있든지, 그 곳이 폭력단이든, 축구장이든, 군대든 사무실이든 간에 통전성 없이는 진정한 성공에 이를 수 없다. 만약 동

료들이 그에게서 형편없는 모습을 발견했거나 일관된 통전성을 발견하지 못한다면, 그는 실패할 수밖에 없다. 지도자는 언행이 일치해야 한다. 지도자에게 가장 필요한 것은 통전성과 원대한 목표이다."

② 덴마크의 행정 전문가 브루인(Pieter Bruyn)은 "권위란 부하를 굴복시키는 보스(Boss)의 권력이 아니라, 그들이 그 권력을 인식하여 수긍할 수 있도록 영향을 주는 능력이다."라고 주장한다. 브루인이 말한 이 내용을 간단하게 요약을 하면 "경영자는 신뢰성을 얻어야 할 뿐 아니라 그것을 계속 유지할 수 있어야 한다."

③ 멜론(Carnegie-Mellon)의 조사에 따르면 경영인 400명 중 45%만이 자신의 최고 경영자를 신뢰하고 3분의 1은 자신의 직속 상관을 불신한다고 나타났다. 이러한 수치를 개선하기 위해서는 모든 조직에 소속된 지도자들이 신뢰성을 회복함으로써 리더십을 증진시켜야 한다.

④ 로버트(Cavett Roberts)는 이렇게 말했다. "사람들이 나를 이해한다면 나는 그들의 관심을 이끌어 낼 수 있다. 사람들이 나를 신뢰한다면 나는 그들의 행동을 이끌어 낼 수 있다." 지도자가 사람들을 인도할 만한 권위를 가지기 위해서는 문 앞에 새겨진 직함 이상의 것이 필요하다. 그는 자신을 따르는 사람들에게 신뢰함을 얻어야 한다.

2) 통전성은 강력한 영향력을 발휘하는 힘이다.

① 에머슨(Emerson)은 다음과 같은 말을 했다. "모든 훌륭한 기관은 단 한 사람의 영향력이 확대 투영된 것이다. 그 한 사람의 인격이 그 기관의 성격을 결정하게 된다."

② 로저스(Will Rogers)는 "사람의 마음은 논쟁이 아니라 관찰을 통해 변화된다."란 말을 했다. 사람들은 자신이 보는 바를 행하는 것이다.

③ 최근 중역 간부 1,300명을 대상으로 조사한 결과, 성공적인 경영에 가장 필요한 자질은 통전성이라는 사실이 입증되었다. 그들 중 71%가 경영의 효율성을 증진시키는 16가지 자질 가운데 통전성을 첫째로 꼽았다.

이 통전성은 특히 가정생활에 많은 영향을 끼친다.

④ 스프라울(R. C. Sproul)의 "반대 의견의 극복"(Objections Answered)이라는 책은 오래 전 독일에서 성장한 젊은 유대 소년에 대해 이야기하고 있다. 소년은 자기 부친에 대해 경외심을 가지고 있었다. 그들 가족의 삶이란 그들이 소유한 신앙을 실천하는 것이었다. 소년의 부친은 가족을 회당(synogogue)으로 인도하는데 충실했다. 그러나 소년이 십대가 되었을 때에 그들 가족은 다른 소도시로 이사하지 않으면 안되었다. 그 지역에는 회당이 없었고 단지 루터 교회가 하나 있을 뿐이었다. 지역 주민들은 루터교회를 중심으로 살아가고 있었으며 이들은 거의 이 교회에 속해 있었다.

어느 날 소년의 부친이 이제 모든 가족과 함께 유대교 전통을 버리고 루터교로 전향한다고 선언했다. 놀란 가족은 그 이유를 물었다. 아버지는 그렇게 하는 것이 사업상 유리하기 때문이라고 했다. 소년은 당황하고 혼란스러워했다. 그의 깊은 실망감은 분노와 격렬한 비탄으로 이어졌고, 결국 그의 삶 가운데 괴로움을 가져다 주었다. 나중에 그는 학업을 위해 독일을 떠나 영국으로 건너갔다. 그는 매일 대영 박물관에 가서 사색을 했고, 마침내 한 권의 책을 완성했다. 그 책에서 그는 전혀 새로운 세계관을 소개하면서 세상을 변화시킬 하나의 운동을 착상했다. 그는 종교를 "민중의 아편"이라고 했고, 자신의 추종자들이 하나님 없는 삶을 살도록 만들었다. 그가 바로 공산주의 운동의 창시자 칼 막스(Karl Marx)다. 그의 가치관을 왜곡시킨 사람은 그의 아버지였다. 그의 아버지로 인해 그의 역사관이 결정적으로 바뀐 것이다.

3) 통전성은 높은 기준을 정하도록 도와 준다.

① 록펠러(John D. Rockfeller. Jr.)의 말을 기억하라. "모든 권리에는 책임이 동반되며 모든 기회에는 의무가 모든 소유에는 세(稅)가 동반된다는 사실을 나는 믿는다." 많은 사람들이 자신의 권리는 주장하면서 책임은

염두에 두지 않는다.

② 에반스(Richard L. Evans)는 "열린 길"(An Open Road)에서 이렇게 말한다. "책임을 질 수 있는 사람, 최후의 작은 일까지, 즉 어떤 사람이 어떤 일을 맡았을 때 가장 효과적인가 까지 알고, 원칙대로 일을 마칠 수 있는 사람을 찾는 일은 너무나 중요하다."

③ 로빈스(Tom Robbins)는 이렇게 말한다. "당신이 살고 있는 시대의 희생자가 되지 않도록 하라. 우리를 넘어뜨리는 것이 사회가 아니듯 시대 역시 우리를 넘어뜨리지 않는다. 오늘날에는 개인의 도덕적 책임을 면제해 주면서 그들을 사회 환경의 희생자들로 여기려는 경향이 있다. 만약 당신이 어떤 일을 했다면 당신은 그 일에 따르는 책임도 질 수 있어야 한다. 사람들을 제한하는 것은 통전성의 결여이다." 지도자의 인격이 낮으면 그들의 도덕적 기준 또한 낮아진다.

4) 통전성은 단순히 이미지만이 아니라 확고 부동한 명성을 얻게 한다.

이미지(image)와 통전성의 차이점이 무엇인가? 이미지는 사람들이 우리가 누구일 거라고 생각하는 것을 말하고 통전성은 실제 우리의 모습이다. 이 두 모습의 차이는 같을 수도 있고 완전히 다를 수도 있다. 사람들은 겉과 속이 다름을 알고 있다. 사람들은 통전성보다 이미지를 더 열심히 추구한다. 맥콜리(Thomas Macauley)는 이렇게 말했다. "진정한 인격의 정도는, 그가 자신이 결코 드러나지 않을 상황 속에서 어떻게 행하느냐에 있다." 인생은 바이스(vise, 萬力)와 같다. 때때로 그것은 우리를 조여 온다. 바로 그 고통의 순간에 우리 내부에 있는 것들이 정체를 드러낸다. 우리는 자신이 가지지 않는 것은 결코 줄 수 없다. 이미지는 많은 것을 약속하는 반면에 결실은 적다. 그러나 통전성은 한번도 우리를 실망시키는 일이 없다.

5) 통전성이 있는 지도자는 신뢰감을 준다.

① 드러커(Peter Drucker)는 이렇게 말했다. "효과적인 지도력을 위해 최종적으로 필요한 것은 신뢰감을 얻는 것이다. 신뢰감을 주지 못하면 그 누구도 따르려고 하지 않을 것이다. 지도자란 피지도자가 있는 사람을 말한다. 지도자를 신뢰하기 위해서는 단순히 그의 의견에 동의하는 것만으로는 부족하다. 신뢰감이란 그 지도자가 말한 대로 행한다는 사실을 확신하는 것이다. 지도자의 행동과 말이 일치해야 한다. 지도자의 행동과 말이 일치하지 않는다고 할지라도 최소한 조화는 이루어야 한다. 옛적부터 내려오는 지혜이기도 하지만 효과적인 지도력이란 명석함에 근거한 것이 아니라 우선적으로 성실함에 근거한 것이다."

② 랜더스(Ann Landers)는 이렇게 말했다. "통전성을 소유한 사람들은 남들이 신뢰하는 인물이 되기를 희망한다. 그들은 자신이 옳다고 주장한 사실을 세월이 밝혀 줄 것을 알고 기꺼이 기다릴 수 있는 사람이다."

6) 통전성은 철저한 훈련을 통해서 얻어진다.

통전성은 모든 사람의 삶 속에 주어지지 않는다. 이것은 내적 신뢰를 형성하고 삶의 모든 상황에서 정직한 삶을 살기로 단호하게 결단한 자기 훈련의 결과이다. 불행하게도 오늘날 우리 사회의 풍토는 인격적 장점을 대수롭지 않게 여긴다. 그 결과, 이 시대에 통전성의 본이 될 만한 인물을 찾기란 매우 어렵다. 우리의 문화는 지속적으로 신뢰할 수 있는 영웅들과 덕망 있는 모델들을 만들어 내지 못한다. 우리 사회는 모방을 잘 하는 사람들로 가득 차 있다. 그러나 막상 모방할 가치가 있는 지도자는 거의 없다.

그래함(Billy Graham)은 이렇게 말했다. "통전성은 우리 삶의 모든 부분을 지탱하는 기초석이다. 우리는 자신의 통전성을 순수하게 유지하기 위해 끊임없이 노력해야 한다." "부를 잃는 것은 아무것도 잃은 것이 아니요, 건강을 잃는 것은 무엇인가를 잃은 것이요, 인격을 잃은 것은 모든 것을 잃은 것이다."

(2) 통전성을 얻는 방법은 무엇인가?

1) 통전성은 하나님이 인간의 성품과 자질을 키우실 때 개발되는 것이다.
성품이란 지혜, 성실, 정직, 도덕적 순결 등을 가리켜 하는 말이다. 성품개발이 그렇게 쉬운 일이 아니다. 성품개발은 아주 느리고 때로는 아픈 과정일 수가 있다. 그러므로 성품개발에는 시간이 걸린다. 성품개발에는 믿음과 순종이 필요하다. 즉 하나님에 대한 믿음과 하나님의 말씀에 대한 순종을 이름이다. 신앙이 좋은 사람은 일반적으로 성품개발이 용이하다. 그러나 하나님과 하나님의 말씀을 떠난 삶을 사는 사람은 결코 용이하지 않음을 알아야 한다. 좋은 성품에는 다음과 같은 자질이 포함되어 있다. 정직성, 자기 훈련, 신뢰성, 인내, 바른 양심, 그리고 일에 대한 바른 윤리 등이다. 바른 성품과 성격을 가진 사람은 말과 행동이 일치한다. 이들은 평판이 좋다. 이들은 매너(manner)가 좋을 뿐만 아니라 아주 깨끗하다.
사람의 성품을 평가하는 일은 아주 어려운 일이나 다음과 같은 일이 있을 때 주의 깊게 살펴보는 것이 좋다.
첫째로 자기가 맡은 일과 행동에 책임을 지지 않으려 할 때
둘째로 책임을 다 하지 않고 약속을 지키지 않을 때
셋째로 마감 시간을 지키지 않을 때이다.

2) 하나님과의 관계가 정상화 될 때 통전성이 개발되는 것이다.
부버(Martin Bubber)란 신학자는 "태초에 관계가 있었다"란 말을 했다. 실로 인간은 다음의 네 관계에서 살고 있다.
첫째는 대신관계(對神關係)이다.
둘째는 대자관계(對自關係)이다.
셋째는 대인관계(對人關係)이다.
넷째는 대물관계(對物關係)이다.
이 4관계 중에서 대신관계가 가장 중요하고 모든 관계의 기본이 되며

절대적인 관계이다. 하나님은 창조주이시고 인간은 피조물이다. 하나님과의 관계란 하나님을 믿고 복종하며 사랑하는 것을 의미한다. 하나님은 공급자이시고 인간은 공급을 받는 수혜자이다. 하나님을 떠나서는 인간은 살수가 없다.

사도행전 17:28절에 "우리가 그를 힘입어 살며 기동하며 있느니라 너희 시인 중에도 어떤 사람들의 말과 같이 우리가 그의 소생이라 하니"(For in him we live, and move, and have our being; as certain also of your own poets have said, For we are also his offspring). 인간은 하나님으로 인하여 살고(live) 그리고 하나님으로 인하여 움직이고(move) 있다. 인간은 하나님의 소생(offspring)이다. 창조의 하나님은 초연(transcendence)의 신이었으나 그는 또한 내재(immanence)의 신으로 섭리하신다. 이는 스도이고의 범신론과 혼돈될 수가 있다. 스도이고는 손에 닿는 만물이 모두 신이라고 하였다. 그러나 창조주이신 성부 하나님은 성자이신 그리스도를 세상에 보내사 인간과의 중보자가 되게 하시고, 또 성령을 보내사 인간과 교제하신다.

아덴 사람들은 자신들이 제우스(Zeus)에서 생겨났으며 다른 사람들과 다르다는 것을 자랑하였다. 그러나 바울은 이에 반대하여, 인류는 한 하나님에 의하여 창조되었고 같은 조상을 가진 후손이라고 주장하고 있다. 여기 "하나님의 소생"(God's offering)이란 말은 하나님이 창조하셨다는 말이다. "우리가 그의 소생이라"란 말은 스도이고 철학자들 중에 바울과 동향인인 길리기아의 솔리(Soli)인 아라테스(Aratus, 270 B.C.) 및 무시아의 앗소스(Assos)인 클레안데스(Cleanthes, 300 B.C.)의 시에 이와 똑같은 구절이 있다. 이는 쥬피터(Jupiter)신을 찬미한 것이었다. 유대인에게는 구약을 인용한 바울이 헬라인에게는 그들의 시를 인용하였다. 우리는 여기서 그의 능란한 방법을 볼 수 있으며, 또한 헬라문학에 대한 조예도 볼 수 있다. 인류는 모두 하나님의 피조물이고 아담과 하와의 후손이다.

창조주 하나님과 인간과의 관계는 말씀과 기도로 가꾸어 나가야 한다.

하나님을 바라보는 것은 수동적인 일이 아니다. 여기 "말씀"은 하행(下行)이고 "기도"는 상행(上行)이다. 이 사이클의 순환이 잘 되어야 한다. 한쪽이 막히면 다른 쪽도 막히는 것이다. 이 두 통로가 잘 열려 있어야 한다. 지도자는 무슨 일을 결정하는 시초부터 하나님과 충분한 시간을 보내면 올바른 결정을 내릴 수 있다. 여기 충분한 시간이란 바로 기도의 시간을 말한다. 어떤 일의 결정을 잘 못 내리면 두고두고 뼈아픈 후회를 하게 될 것이다. 이런 관계가 되기 위해서는 하나님과의 관계가 분명하고 깨끗해야 한다.

하나님과의 관계가 바로 설정이 되지 않은 자는 고범죄를 범하게 된다. 시편 19:13절 "또 주의 종으로 고범(故犯)죄(presumptuous sins)를 짓지 말게 하사 그 죄가 나를 주장치 못하게 하소서 그리하시면 내가 정직하여 큰 죄과에서 벗어나겠나이다". 여기 '고범죄'는 자신이 알면서도 지은 범죄이다. 민수기 15:30,31절 "본토 소생이든 타국인이든지 무릇 짐짓 무엇을 행하면 여호와를 훼방하는 자니 그 백성 중에서 끊어질 것이라. 그런 사람은 여호와의 말씀을 멸시하고 그 명령을 파괴하였은즉 그 죄악이 자기에게로 돌아가서 온전히 끊쳐지리라" 여기 '짐짓'은 하나님과 그의 명령에 도전하면서 주먹을 움켜 든 채로 죄를 지은 것을 말하는데 이런 사람은 화목제를 드릴 수가 없었다. 오직 심판만이 남아 있을 뿐이다.

르호보암(Rehoboam)은 남부럽지 않은 자리를 물려받았다. 이스라엘 역사상 가장 부유한 왕인 솔로몬을 이어 왕좌에 오른 것이다. 그는 왕국을 물려받자마자 중대한 결정에 부딪쳤다. 백성들이 선왕이 부과했던 무거운 세금을 완화해 줄 것을 청한 것이다. 르호보암은 두 부류의 상담자들을 만났다. 하나는 자기처럼 야심 찬 젊은이들이었고 다른 하나는 아버지 시대의 현명한 모사들이었다. 젊은 참모들은 엄하게 대처할 것을 권했고 노련한 모사들은 관대한 조치를 권했다. 르호보암은 친구들의 말을 들었다. 그리하여 나라가 둘로 갈라졌다(왕상 12:1-17).

역대하 12:14절 "르호보암이 마음을 오로지 하여 여호와를 구하지 아니함으로 악을 행하였더라"(And he did evil, because he prepared not his heart to seek the Lord). 역대하 12:13-16절은 르호보암의 행적과 종말에 대한 기록이다. 13절에 의하면 그가 잘 한 일은 예루살렘에서 스스로 강하게 하여 치리 하니라. 14절에 의하면 여호와를 찾는 일에 전심하지 않았다. 15절에는 북쪽 이스라엘의 여로보암(Jeroboam)과 끊임없는 전쟁을 했다.

스마야(Shemaiah)는 선지자로서 역대기를 편집하는데 자료로 사용되었다. 역대하 11:2절에 의하면 스마야(기도를 들어 주신다는 의미)는 하나님의 사람이었다. 르호보암은 군대를 모집하여 10 지파를 회복하고자 하였다. 그러나 하나님께서 선지자 스마야를 보내셔서 르호보암의 군사행동을 중지시켰다. 선지자 스마야의 기록은 역대기를 편집하는 데에 자료로 사용되었다(11:2; 12:5). 르호보암은 하나님의 길에 익숙지 않았다. 그것은 평소 하나님과 관계를 가꾸지 않았기 때문이고 하나님과의 관계를 바로 맺지 않았기 때문이다. 인간은 항상 하나님과의 관계가 말씀과 기도로서 원활해야 하며 통로가 활짝 열려 있어야 한다.

3) 통전성은 하나님께·비전을 구함으로 얻어진다.

비전(vision)은 바로 꿈이요 묵시다. 기독교 지도자는 결정을 내릴 때에 우왕좌왕하면 안 된다. 기독교 지도자가 조직의 목표를 모른다면 걸음을 멈추고 하나님의 인도를 구해야 한다. 엉뚱한 방향으로 가는 것은 무의미하다. 기독교 지도자는 하나님이 주시는 비전 즉 꿈을 가져야한다. 하나님께로부터 비전을 받은 지도자는 결정의 근거가 될 방향 감각이 분명해진다. 잘못된 대안들은 저절로 배제된다.

윌슨(Woodrow Wilson)은 다음과 같은 말을 했다. "우리는 꿈(vision)을 먹고 자랍니다. 큰 인물들은 꿈을 꾸는 사람들입니다. 그들은 봄에 아늘거리는 작은 아지랑이를 보면서 새로운 것을 기대하고, 긴 겨울밤 타는 장작불 사이로 새로운 미래를 꿈꿉니다. 대부분의 사람들은 이런 위대한 꿈을 죽여 사라지게 하지만, 소수의 인물들은 그 꿈에 물을 주고 가꾸어 갑니다. 어렵고 힘든 날들을 지날 때, 그들은 다시 태양이 떠올라 따사로운 햇살이 비췰 것을 믿고 진심으로 꿈이 이루어질 날을 기다립니다."

"사람은 꿈을 만들고 꿈은 사람을 만든다"는 말이 있다. 그런데 이 꿈은 바로 하나님이 주시는 꿈이 되어야지 인간이 꾼 꿈이어서는 안 된다. 기독교 지도자는 하나님이 주시는 비전 혹은 꿈(vision)을 가지고 살아가야 한다. 그래서 우리는 라타우어(Florence Littauer)가 제안한 것처럼 다음과 같은 일들을 하여야 한다.

① 용기를 내어 꿈을 품어라.
② 당신 자신보다 큰 일을 이루려는 욕망을 가지라.
③ 꿈을 준비하라.
④ 당신이 해야 할 일을 미리 해놓아라. 준비를 갖추어라.
⑤ 꿈을 입으라.
⑥ 꿈을 실천에 옮겨라.
⑦ 꿈을 나누라.
⑧ 다른 사람에게 당신의 꿈 안에서 역할을 맡기라.

그러면 당신이 바라던 것보다 더 큰일을 이룰 수 있을 것이다.

4) 통전성은 하나님께 지혜를 구함으로 얻어지는 것이다.

하나님은 인간이 바른 결정을 하는데 필요한 지혜를 주시기를 원하신다. 다윗이 죽음을 앞두었을 무렵 나라는 정치적 음모로 들끓었다. 다윗은 솔로몬을 후계자로 삼기를 원했다. 그러나 다윗의 이복 형 아도니야는 스스로 왕좌를 노리고 후원 세력을 얻었다. 그는 정치적 모략과 책략을 꾸미고 있었다. 대제사장 아비아달도, 군대장관 요압도 아도니야의 왕위 다툼에 한패가 되었다.

그러나 솔로몬이 왕이 되는 것이 하나님의 뜻이었다. 솔로몬은 왕위에 오른 후에 제일 먼저 기도한 내용이 지혜를 구한 기도였다. 그가 지혜를 구한데는 이유가 있는 줄 안다. 그것은 바로 그런 강적들 때문이었다. 열왕기상 3:9-11절에 보면 솔로몬은 부(riches)도 아니고, 장수(long life)도 아니고 안전(the life of thine enemies)도 아닌 오직 지혜(wisdom)를 구했다. 그는 하나님께 기도하기를 "종에게 지혜로운 마음을 주사"(give therefore thy servant an understanding heart).

이 때의 솔로몬의 나이를 어떤 랍비(Rabbi)들은 12세로 보나 20세로 봄이 타당하다. 솔로몬은 주님께 지혜를 구함으로 통치를 시작했고 그의 아들 르호보암은 사람에게 자문을 구함으로써 통치를 시작했다. 여기 "지혜로운 마음"(an understanding heart)이란 히브리어로 직역하면 "듣는 심장"이란 뜻이다. "심장"은 지성의 본거지로 되어 있으며 "듣는다"는 것은 잘 이해하고 그대로 행한다는 것을 의미한다. 그러므로 이것은 "이해하는 마음"으로 번역이 된다. 솔로몬은 충심으로 하나님의 말씀을 듣고 깨닫고 이에 복종하여 하나님의 백성을 바르게 재판하고 판단하게 되기를 원한 것이었다. 이런 목표로 솔로몬은 하나님께 "선악을 분별하는 지혜"(wisdom that discern between good and bad)를 구하였다.

하나님께서는 솔로몬의 기도를 기뻐하신 이유는 그가 개인주의적인 동기로 장수함이나 재물의 부요함을 구하지 않고 이스라엘을 다스리는데 유익한 지혜를 구하였기 때문이다. 참된 기도는 언제나 하나님의 나라와 그의를 구하는 것이기 때문에(마 6:33) 하나님께서 반드시 응답하신다. 야고보 1:5절 "너희 중에 누구든지 지혜가 부족하거든 모든 사람에게 후히 주시고 꾸짖지 아니하시는 하나님께 구하라 그리하면 주시리라." 하나님은 지금도 지도자들에게 당신의 지혜를 구하라고 권하시고 구하는 자에게 주신다. 특별히 지도자가 부하들을 하나님의 뜻대로 인도하려고 하는 경우는 더욱 풍성한 지혜를 주실 것이다.

6. 변화를 추구하는 기독교 지도자

1) 문제 있는 지도자

문제 있는 지도자는 다음 12가지로 표현할 수 있다.
① 사람에 대한 피상적 이해
② 상상력 부족
③ 개인적인 문제들
④ 책임 전가
⑤ 안일함과 급한 감정표현
⑥ 조직적이지 못함
⑦ 화를 잘 냄
⑧ 모험하려고 하지 않음
⑨ 불안하고 자기 방어적임
⑩ 융통성이 없음
⑪ 협동정신이 없음
⑫ 변화를 싫어함

마키아벨리(Nicolo Machiavelli)는 "어떤 것들에 대한 새로운 질서를 앞장서 소개하는 것만큼 감당하기 어렵고, 실행하는데 모험이 따르고, 그 성공이 불확실한 것은 없다"고 말했다.

중동의 한 신비주의자가 이런 고백을 했다.

① 그의 젊은 시절의 기도는 "주님, 내게 세계를 변화시킬 수 있는 능력을 주옵소서."

② 중년이 된 후의 기도는 "주님, 나와 접촉하는 사람들, 내 가족과 친지라도 변화시킬 수 있는 능력을 주옵소서."

③ 노년이 된 후의 기도는 "주님, 나 자신을 변화시킬 수 있는 능력을 주옵소서."

그러면서 그는 고백하기를 "만약 내가 처음부터 이렇게 기도했더라면, 내 인생을 허비하지 않았을 텐데…"라고

핸드릭스(Howard Hendricks)가 저술한 "Teaching to Change Lives"(삶을 변화시키는 가르침)는 지도자와 지도자 지망생들에게 도전을 주는 책이다. 그는 이 책에서 "만약 당신이 계속 지도자의 입장에 서기 원한다면 당신은 계속해서 변화해야 한다."란 말을 했다.

디르(Deere and Co.) 사(社)의 회장 히윗(William A. Hewitt)은 사람들이 변화하기를 싫어한다는 주장을 지지하면서 다음과 같이 말했다. "지도자가 되기 위해서, 당신은 일평생 새로운 아이디어를 수용하려는 자세를 가져야 한다. 당신이 얼마나 훌륭한 지도력을 발휘하느냐는 새로운 아이디어를 평가하고, 변화 자체를 위한 변화와 사람들의 행복을 위한 변화를 구별할 수 있는 능력에 달려 있다"

2) 변화를 유도하는 지도자

지도자가 변할 때 조직이 변한다. 변화를 시키기 위해서는 변화에 필요한 기술을 아는 것과 변화를 일으키기 위한 자세와 동기유발에 필요한 것들을 알아야 한다. 이 두 가지는 아주 필수적이다. 지도자가 변화를 추구할 때는 기술이 있어야 한다. 아무리 기술이 있다고 할지라도 심리적인 요구가 충족되지 않으면 변화는 결코 일어나지 않는다. 일단 변화가 한 번 있은 후에는 그 변화를 유지하기 위한 관리자의 기술이 요청된다.

비얼(Bobb Biehl)은 "Increasing Your Leadership Confidence"(당신은 지도력의 자신감을 증가시키려면)에서 다음과 같이 말한다. "변화는 논리적으로는 이해되지만 심리적인 면에서는 불안을 야기 시킨다. 모든 사람은 자기 고유의 자리를 필요로 한다. 현재 있는 자리에서 안정감을 느끼는 사람이 갑자기 변화를 맞게 되면 스트레스(stress)와 불안감을 유발시킨다. 그러므로 변화를 시도하기 전에 먼저 심리적인 차원들을 고려해 보

아야 한다. 변화에 직면하게 될 때 먼저 장점과 단점을 알아보고 심리적인 충격을 조사해야 한다. 변화가 논리적으로는 이치에 맞지만 이 시점에서 사람들이 갖는 불안을 고려해야 한다.

3) 변화를 거부해 왔던 역사

변화를 시도함으로 과거의 친구가 원수가 될 수도 있다. 변화에 대한 거부감은 보편적인 감정이다. 변화에 대한 거부감은 모든 계층과 모든 문화에 침투해 있다. 고등교육을 받은 사람이나 진리를 추구하는 사람도 변화에 대한 거부감을 가질 수 있음을 알아야 한다.

지난 수세기 동안 사람들은 "물체가 무거울수록 땅에 더 빨리 떨어진다"는 아리스토텔레스(Aristotle, 그리스의 철학자, 384-322 B. C.)의 말을 철저히 신봉했다. 그는 역사상 가장 위대한 사상가로 철학자로 간주되었다. 그런 그가 오류를 범하리라고는 생각지도 못했다. 그의 이론을 실제로 실험을 해 볼 용감한 사람조차 없었다. 그가 죽고 나서 거의 2000년이 지날 때까지 그 실험을 한 사람은 아무도 없었다.

1589년 이탈리아의 천문학자였던 갈릴레오(Galileo, 1564-1642)는 이름난 학자들을 모두 피사의 사탑 아래로 모이게 했다. 그리고는 피사의 사탑 꼭대기로 올라가서 10 pound짜리 물체와 1 pound짜리 물체를 떨어뜨렸다. 두 개의 물체는 동시에 땅에 떨어졌다. 그러나 학자들은 아리스토텔레스의 전통적 이론을 너무나 신봉한 나머지 자기들 눈으로 확인했음에도 불구하고 이 사실을 부인했다. 그들은 여전히 아리스토텔레스의 이론이 옳다고 주장했던 것이다.

갈릴레오는 자신이 개발한 망원경을 가지고 "지구가 천체의 중심이 아니라 지구와 흑성들이 태양 주위를 돌고 있다"는 코페르니쿠스(Nicholas Copernicus, 지동설을 제창한 폴란드의 천문학자, 1473-1543)의 이론을 증명했다. 그 결과, 그는 사람들의 신념을 바꾸려다 감옥에 갇혔고 불행하게도 남은 여생을 가택에 연금 된 채 살아야만 했다.

히포크라테스(Hippocrates, 그리스의 의사, 460?-377? B. C.; 의학의 아버지(Father of Medicine)이라 불리 움)는 오래 전에 괴혈병에 대해 설명했다. 이 질병은 들판이나 도시에서 장기간 적군에게 포위되어 있던 군인들에게 많이 발생했다. 후에 미국이 발견되고 나서 장기간 항해하는 일이 많아지자 이 질병이 선원들 사이에도 나타나기 시작했다. 이 괴혈병의 원인과 치료에 대해서는 거의 아무것도 알려진 게 없었다. 이 이론들과 치료법들은 거의 효과가 없었고, 대부분 고려할 가치조차 없었다.

1553년 카티어(Cartier)는 뉴펀들랜드(Newfoundland)로 두 번째 항해를 떠났다. 퀘벡(Quebec)의 인디언(the Ironquois Indians)들이 "기적의 치료제"라 불리는 약으로 선원들을 치료해 줄 때까지, 선원 103명 중 100명이 원인도 모르는 괴혈병 때문에 심한 고통을 받아야 했다. 인디언들은 괴혈병으로 고통 당하는 선원들에게 소나무 껍질과 잎에서 추출한 즙을 주었다. 1553년 제독 호킨스(Richard Hawkins)경은, 배로 해외 원정을 하는 동안 휘하에 있는 선원 만 명이 괴혈병으로 죽어 갔다고 기록하였다. 그는 또한 과거의 경험으로 볼 때 신 오렌지와 레몬이 괴혈병 치료에 가장 효과적이었다는 기록도 남겼다. 그러나 이 기록들은 괴혈병의 예방과 치료법으로써 별효과를 보지 못했다. 그 이유는 사람들이 그의 견해에 주의를 기울이지 않았기 때문이다.

그 후 영국 포츠머쓰에 있는 해군 병원 주치의 린드(James Lind)는, 괴혈병은 단순히 선원들에게 레몬 쥬스(lemon juice)를 제공하기만 하면 치료될 수 있다고 하는 책을 1753년에 출판했다. 그는 해군 외과 의사로서 바다에서의 실제적인 경험들을 토대로 이것을 설명했고, 겨자와 타마리드 열매 그리고 오렌지와 레몬 등이 괴혈병을 예방할 수 있음을 증명했다. 사실 이 괴혈병의 치료책은 감귤류의 열매와 토마도에 많이 들어 있고, 일반 녹색 채소와 과일에도 어느 정도 들어 있는 비타민 C였다.

린드의 발견이 큰 공헌을 세워 그가 존경과 칭송을 받았을 것이라고 생각할지도 모르겠다. 그러나 정반대였다. 그는 오히려 조롱을 당했다. 말할 수 없는 낙심에 빠진 그가 자신의 심정을 다음과 같이 토로했다. "그 치명적이고 무서운 징벌이 이렇게 아쉽고 간단하게 예방, 치료된다는 사실을 어떤 사람들은 도무지 믿지 못한다". 만약 "항 괴혈병 특효약" 등과 같은 어떤 그럴듯한 이름으로 합성물을 만들어 냈다면, 사람들은 좀더 쉽게 믿었을지도 모르겠다. 린드가 언급했던 그 "어떤 사람들"이란 바로 영국 해군 대신들과 다른 의사들이었다. 그들은 린드의 견해를 40 년 동안 무시했다. 한 선장이 린드의 충고를 따라 창고에 신선한 과일을 가득 싣고 항해를 떠났다. 그 선장은 후에 그 유명한 쿡(James Cook) 선장이었다.

1776년 영국의 왕립 협회는 그의 성공적인 항해를 기념하여 쿡(James Cook) 선장에게 작위를 수여했으나, 해군 관리들은 그의 보고서를 무시해 버렸다. 린드가 죽던 1794년이 되어서야, 한 영국 해군 함대가 멀리 항해를 떠나기 전에 레몬 쥬스를 싣고 출항하였다. 23주 동안 계속된 항해에서 괴혈병 환자는 한 사람도 발생하지 않았다. 그러나 괴혈병 예방을 위하여 선원들이 매일 필요한 양의 레몬 쥬스를 마시도록 법이 제정되기까지는 그로부터 10년도 더 걸렸다. 이 법령이 공포된 후, 괴혈병은 영국 해군들 사이에서 완전히 사라졌다. 단지 변화를 거부한다는 것 때문에 불필요한 생명의 손실을 입었다. 그것은 단순한 불행 이상이었다. 그것은 잔인 무도한 일이었다.

4) 사람들이 변화에 저항하는 이유

(1) 변화를 다른 사람이 유도하기 때문이다.

일반적으로 사람들은 어떤 아이디어가 자신의 것이 아닐 때, 그것을 거부한다. 그 아이디어가 아주 합리적이고 지극히 관심거리가 된다고 할지라도 그것을 배격하는 습성이 있다. 이는 무엇인가에 조종받고 있다는 생각에서이다. 그러나 현명한 기독교 지도자는 추종자들이 변화를 시작하게

끔 만들고, 변화의 과정에 참여하도록 한다. 변화의 주체가 누군가에 따라서 자세가 달라진다. 내가 변화를 시도한다면 전적으로 끝까지 책임을 지려고 하겠지만 그렇지 않으면 변화를 거부하게 될 것이다.

(2) 습관화된 생활이 방해를 받기 때문이다.
  습관은 깊은 생각 없이 일들을 처리하게 한다. 우리들 대부분은 나름대로 각자의 습관을 가지고 있다. 습관은 우연히 형성되는 것이 아니다. 습관은 본능과는 다르다. 습관은 획득된 반응들이다. 습관이 형성되는데는 이유가 있다. 사람이 처음에는 습관을 형성하지만 나중에는 습관이 사람을 형성한다. 변화는 우리의 습관적인 행동 양식들을 위태롭게 한다. 운동을 하는 사람은 처음부터 올바른 자세로 운동을 배워야 한다. 만일 그렇지 않으면 잘못된 상태에서 운동을 하게 되면 나중에는 그 습관을 바꿀 수가 없다.

(3) 미지의 세계에 대한 두려움 때문이다.
  변화는 미지의 세계로 향하는 것과 같다. 이것은 우리를 불안케 한다. 그러므로 많은 사람들은 새로운 해결책보다 과거의 문제점들을 더 편안해 한다. 사람들이 새로운 예배당을 절실히 필요로 하지만 건축을 시도하지는 않는다. 이는 어느 교회에서 일어난 일이다. 예배 도중에 회칠한 세멘트 조각이 천장에서 떨어져, 건축 위원장 머리에 떨어졌다. 즉시 모임이 소집되었고 다음과 같은 사항들이 결정되었다.
  ① 우리는 새로운 예배당을 건축한다.
  ② 현재 예배당 위치에 새 예배당을 건축한다.
  ③ 현재 예배당의 재료들을 새 예배당 건축재로 사용한다.
  ④ 새 성전이 건축되기 전까지는 현재 예배당에서 예배드린다.

(4) 변화의 목적이 분명하지 않기 때문이다.

일반적으로 교회 교인들이나 회사의 종업원들은 변화에 대한 소식을 간접적으로 듣게 되면 변화를 거부한다. 그리고 변화를 결정한 사람과 그 변화를 이행하는 사람들 간에 시간이 길어지면 길어질수록 변화는 더 큰 저항을 받게 된다. 그래서 가능한 한 낮은 지위에 있는 사람들에 의해 변화가 결정되어야 한다. 변화는 주로 낮은 지위에 있는 사람들로부터 시작이 되어야 하기 때문이다. 변화에 대한 영향력을 가장 많이 받을 사람들이 낮은 지위에 있는 사람들이기 때문이다.

(5) 실패를 두려워하기 때문이다.

휴바드(Elbert Hubbard)는 사람이 저지를 수 있는 가장 큰 실수는 실패를 두려워하는 것이라고 말했다. 성공이 "나의 머리에서만 일어날 때" 그것이 비극이다. 그러나 실패가 내 머리 속에서 일어날 때 그것은 더 심각한 비극이다. 처음에 성공하지 못하면 실패는 당신의 것이 될 것이다란 말을 기억해야 할 것이다. 실패를 두려워하면 변화를 거부한다.

(6) 변화에 대한 보장이 투자한 노력에 미치지 못하기 때문이다.

변화함으로 얻게 되는 유익이 변화하지 않음으로 당하게 되는 불이익을 훨씬 능가하지 않으면, 사람들은 변화하려 하지 않는다. 피지도자들은 조직의 이익이나 손실보다는 자기 자신의 이익이나 손실을 항상 더 우위에 둔다.

(7) 현재의 일에 지나치게 안주하기 때문이다.

"비유들"(parables)이란 책에 많은 조직체와 사람들이 변화를 선택하기보다 차라리 죽음을 택한다는 이야기가 나온다. 1940년대, 당시 스위스 시계는 세계에서 가장 인정받는 좋은 시계였다. 그 결과 전 세계의 시계 판매율 80%를 차지하였다. 1950년대 말 전자 시계가 스위스 시계 회사의 지도자들에게 소개되었다. 그들은 자기들이 이미 최고의 시계와 최고의 기술자들을 소유하고 있다고 자부했기 때문에 이 새로운 아이디어를 거부했다. 그래서 디지털(digital) 방식에 대한 아이디어는 일본의 세이코(Seiko) 회사로 넘어갔다. 1940년에 스위스 시계 공장은 8만 명을 고용했던 대규모 회사였으나, 오늘날에는 18,000명에 불과하다. 1940년에는 전 세계에서 팔린 시계의 80%가 스위스 제품이었는데, 오늘날에는 디지털 시계가 80%를 장악하고 있다. 많은 조직체와 사람들이 변화하기보다는 차라리 죽음을 택한다는 대표적인 예이다.

(8) 부정적인 생각 때문이다.

부정적으로 생각하는 사람은 현재 상태와 상관없이 장래에 일어날 실망스러운 일만 찾으려 한다. 부정적인 사람의 비문에는 "나는 이것을 기대했었다"고 씌어져 있다.

한 회사 건물에 이런 부정적인 글이 적혀져 있었다.
① 쳐다보지 말라--당신이 우연히 보게 될 것이다.
② 경청하지 말라--당신이 우연히 듣게 될 것이다.
③ 생각하지 말라--당신이 잘못 결정할 수도 있다.
④ 걷지 말라--당신이 걸려 넘어질 수도 있다.
⑤ 뛰지 말라--당신이 넘어질 수도 있다.
⑥ 살지 말라--당신이 죽을지도 모른다.
⑦ 변하지 말라--당신이 성장할지도 모른다.

(9) 지도자에 대한 존경심이 부족하기 때문이다.

추종자들이 변화를 감독하는 지도자를 좋아하지 않을 때, 그 감정은 그들로 하여금 변화를 객관적으로 바라보지 못하게 한다. 지도력 세미나에서 빠트리지 않고 나오는 아주 중요한 원리 중의 하나는 "당신은 다른 사람을 이끌기 전에 먼저 그들을 사랑해야 한다"이다. 지도자는 창조적 문제 해결 방법과 상상력을 자주 이용함으로써 변화를 이룬다. 효과적인 지도자가 되려면 좋은 관리자가 되어야 한다. 지도력은 조직과 사회의 성공에 결정적인 요소가 된다. 그러나 좋은 결과를 낳기 위해서는 관리 또한 필요하다.

7. 기독교 지도자가 지도력을 발휘할 수 있는 요인

① 열정적인 사람이어야 한다.
② 설득력이 있어야 한다.
③ 상상력이 풍부해야 한다.
④ 비전을 가진 사람이어야 한다.

지도자가 지도력을 이해하는 또 다른 방법은 지도력을 지도자 그룹 구성원들간의 동반자 관계(partnership)로 이해해야 한다.

타당한 동반자 관계가 성립되려면 다음의 조건들이 충족되어야 한다.

(1) 지도자는 동반자들의 의견들을 받아들인 후에 비전을 창출한다.

(2) 구룹원들은 지도자의 의견에 동의하지 않을 권리를 가진다. 그들도 나름대로 사고와 판단이 있고 분별력이 있기 때문이다.

(3) 지도자뿐 아니라 구룹원들도 결과에 대해 책임을 져야 한다. 지도자와 구룹원들이 다 같이 성공과 실패에 대해서 같이 책임을 져야 한다.

(4) 지도자와 구룹원들 모두가 서로 정직해야 한다. 진실을 말하지 않은 것은 상호간의 계약을 위반하는 행위이다.

(5) 지도자는 영향력이 강하고 잘 꾸민 언어를 사용해야 한다. 적절한 문맥을 잘 사용해야 한다. 자연스럽고 진실하게 잘 사용하라

지도자로서의 위상과 사람들을 고무시키는 언어를 사용해야 한다. 의미 있는 대화(혹은 말 전달)에 대해서는 아무리 강조해도 지나치지 않는다. 의사전달을 위하여 우리는 많은 시간을 투자해야 한다. 벌로우(D.K. Burlow)는 "The Process of Communication)(의사 전달의 과정)이란 책에서 미국인들의 일하는 시간 중 70% 정도가 말로 의사를 전달하는 데 쓰인다고 한다. 이 연구는 우리에게 대화의 중요성과 잘 꾸며진 언어 사용의 중요성을 가르치고 있다. 미국의 전 대통령이었던 포두(Gerald Ford)는 "인생에서 훌륭한 대화 능력보다 더 중요한 것은 없다"란 말을 했다. 과거의 전문 용어들은 영향력이 별로 없으나 최신 전문용어들은 영향력이 큼을 알아야 한다.

영향력이 강하고 잘 꾸민 언어들의 예는 다음과 같다.

① 구룹원들에게 단지 "의견들을 좀 제안해 보라"고 말하는 대신, "당신들의 창조적 잠재성"을 발휘하기를 바란다고 말하라

② "지역 무역 박람회"라고 하는 대신 "일급(prestigious)무역 박람회"에 참석했다고 말하라.

③ 포로젝트(project)가 진행 중일 때는 "무엇인가를 완수하려는"찰나에 있다"는 용어를 사용하라

④ 구룹이 "고객들과 좋은 업무 관계를 형성하기 바란다"고 말하는 대신, "고객들과 연대감을 형성"하기 바란다고 말하라.

⑤ 구룹에게 단순히 "실수하지 말자"고 말하는 대신 "첫 번에 멋있게 해 보자"고 말하라.

⑥ 당신의 부서가 부서간 경합에서 승리했다든지, 입찰에서 경쟁 상대를 이겼을 때는 우리가 "핵공격을 퍼붓듯이 완전히 제압"했다고 말하라.

(6) 지도자의 지도력은 확실한 보조 자료로 뒷받침을 한다면 더 강화될 것이다.

① "연구에 따르면"이란 모호하게 말하지 말고 수집한 자료의 출처를

구체적으로 말하라.

② 가능하면 신뢰성 있는 일급 출처에서 나온 자료를 사용하라.

③ 의미 없고 구체적이지 않는 말에 장황한 진술을 삼가라. 예를 들면, "경제학자들의 공통적인 의견에 따르면…", "심리학자들의 공통적인 의견에 따르면…". 경제학자들이나 심리학자들은 그들 내부에서도 견해 차이가 상당히 크다.

④ 연구 보고서에만 너무 의존하지 말고 당신의 식견은 중요하지 않는 것으로 보이지 않도록 주의하라.

(7) 기독교 지도자는 팀원(team members) 혹은 팀 동료(teammate)가 잘 되어야 한다.

이는 지도자와 피지도자간의 일체감과 책임감과 권위와 의무감을 갖는 것이다. "팀(team)"은 지위나 신분의 차이가 강조되지 않도록 고안된 민주적 조직이다. 팀 사역(Team work)이 잘 되기 위해서는 "우리(we)"란 용어를 자주 사용해야 한다. 피지도자를 돌보는 지도자란 무슨 의미인가? 지도자는 피지도자를 성장하고 발전하도록 도와주는 위치에 있는 사람이다. 지도자와 피지도자는 팀 사역이 잘 되어야 한다.

농구팀이 운영되는 것을 보면 5명의 선수들에게 자기만의 독특한 역할이 있다. 점수를 내는 슛가드(Shooting guard)가 있고, 점수를 낼 수 있도록 잡아내는 포인트 가드(point guard)가 있으며, 리바운드(rebound)를 잡아내는 파워 포워드(power forward가 있고, 점수를 올리는 스몰 포워드(small forward)도 있다. 센터는 리바운드를 잡고, 슛을 막아내고, 점수를 올리는 역할을 한다. 농구는 다른 스포츠와 마찬가지로 선수 각자 각자가 자기 위치를 지키고 책임을 다한다면 그 팀은 성공할 수 있다. 지도자와 피지도자와의 팀 사역이 잘 되기 위해서는 3가지 선물을 주어야 한다.

패튼(George S. Patton) 장군이 지적한대로, "사람들에게 무슨 일을 어떻게 하라고 말하지 마라. 무엇을 해야 하는 지만 말해 주라. 그러면 그들은 독창적인 방법으로 일을 처리하여 당신을 놀라게 할 것이다."

그러기 위해서 세 가지 선물을 주어야 한다.

첫째는 책임감(responsibility)이요

둘째는 권위(authority)요

셋째는 의무감(accountability)이다.

어떤 사람들에게는 책임감을 심어 주는 일이 세 가지 중에서 제일 주기 쉬운 선물이다. 사람들은 주위에 있는 사람들이 책임감이 있기를 바란다. 저자요 편집자로 알려진 코다(Michael Korda)는 이렇게 말했다. "어느 부분에서든 상당한 성공을 거두기 위해 당신은 무엇보다 책임감을 가져야한다. 사람들을 최종적으로 분석한 결과, 성공하는 모든 사람들이 가지고 있는 자질 중 하나는 책임감을 받아드리는 능력이다."

여기에 나오는 권위(authority)에는 중요한 한 단면이 있다. 우리가 새로운 지도자들에게 권위를 부여할 때, 실제로 권위자체를 부여한다기보다는 권위를 가질 수 있도록 허락해 준다는 사실이다. 진정한 권위는 스스로 노력하여 얻어지는 것이기 때문이다. 데비스(Gorege Davis)가 저술한 책 "Magic Shortcuts to Executive Success"(경영자로서 정상에 오르는 지름길)에서 다음과 같은 기록이 있다. "권위란 돈으로 살 수 있는 것이 아니며, 가지고 태어나거나 위에서 내려 주는 것이 아니다. 권위는 우리가 노력하여 얻는 것이며, 우리 밑에 있는 사람들로부터 주어지는 것이다. 진정한 의미에서의 권위는 그 어떤 경영자도 스스로 주장할 수 없고, 위에서부터 받았다고 주장할 수도 없다. 권위는 밑에 있는 사람들 보기에 권위를 가지기에 적합하다고 판단될 때에만 진정한 권위가 된다.

(8) 피지도자들은 지도자의 강한 지지자들이 되어야 한다.

지도자가 피지도자들의 강한 협력을 얻기 위해서는 그들의 요구에 초점을 맞추어야 한다.
① 지도자는 피지도자의 행복과 복리에 대한 진실한 관심을 가지는 것이 그 출발점이다.
② 지도자는 피지도자의 일반적인 문제를 들어주는데 시간 투자가 있어야 한다.
③ 지도자는 피지도자의 개인적인 문제를 들어 주는데 시간 투자가 있어야 한다.
④ 지도자는 피지도자의 실패와 낙심에 대해 걱정하고 있음을 말로 표현하라
⑤ 지도자는 피지도자의 기술향상이 있을 때에 축하해 주라.
⑥ 지도자는 피지도자의 어려운 문제들을 해결하는데 전심전력을 다하라.

프랑스의 나폴레옹(Napoleon)은 역사상 가장 위대한 지도자 중의 한 사람으로 꼽힌다. 그가 가졌던 지도력의 비밀 중 하나는 자기 사람들의 필요를 잘 아는 것이었다. 그는 먼저 자기 사람들이 무엇을 원하는지를 알아낸다. 그리고 나서 모든 방법을 동원하여 그들이 원하는 바를 이룰 수 있도록 도왔다. 그는 이렇게 하는 것이 그들에게 동기를 부여하는 최고의 방법이라는 것을 터득하였다. 지도자가 피지도자의 필요를 알고 그 필요를 채워줄 때 영향력을 행사할 수 있게 된다. 그러나 대부분의 지도자들은 이와 정 반대로 행동한다. 그들은 먼저 자기가 무엇을 원하는지를 결정한다. 그리고 나서 다른 사람들에게 자기가 원하는 것들을 자기만큼 바라도록 설득한다. 자기가 원하는 것을 이루기 위해 전력투구한다. 모든 영향력을 행세한다.

지도자가 추종자들을 많이 얻기 위해서는 탁월한 설득력을 가지고 있어야 한다. 딜렌슈나이더(Robert Dilenshneider)는 "Power and Influence"(힘과 영향력)이란 책을 썼다. 그는 이 책에서 '힘의 삼각구도' 개념을 소개하면서 이렇게 말했다. "삼각형에 있어서의 세 구도란 의사소

통(communication), 인식(recognition), 그리고 영향력(influence)이다"라고 했다. 그러면서 그는 "당신이 무슨 일을 하든 처음에는 그 내용을 효과적으로 전달하는 것부터 시작할 것이다. 그 전달을 통해 사람들은 인식하게 되고, 그렇게 되면 결국 영향을 받게 된다."

사람들과 의사소통, 인식, 그리고 영향력을 행사하며 개발하기 위한 원리는 다음과 같다.

① 사람들의 가치, 이것은 나의 태도에 관한 문제이다.
② 사람들에 대한 헌신, 이것은 나의 시간에 관한 문제이다.
③ 사람들에 대해 신실함, 이것은 인격에 관한 문제이다.
④ 사람들을 위한 기준, 이것은 나의 비전에 관한 문제이다.
⑤ 사람들에 대한 영향력, 이것은 나의 지도력에 관한 문제이다.

(9) 기독교 지도자는 감정과 느낌의 활용에 유의해야 한다.

① 감정표현을 너무 자주 활용하지 말아야 한다. 그러면 정신적으로 너무 변덕스러운 사람으로 비칠 것이다.
② 만일 감정을 표현하면 감정에 대한 이유를 충분히 설명해야 한다. 예를 들면 "이번에도 우리의 목표를 달성하지 못해서 너무나 실망스럽습니다.", "사람들이 생각한 것보다 30%나 초과 생산했다는 사실 때문에 너무나도 기분이 좋습니다." 등등
③ 정신을 집중하여 말할 때 신경계의 작용이 당신의 감정과 일치하도록 해야 한다. "Mixed message"(이중 메시지)란 입으로 말하는 내용이 어조나 신체 언어로 전달되는 내용과 다를 때 하는 말이다. "나는 정말로 당신을 믿습니다"라고 말하면서 얼굴을 찡그리고 팔짱을 낀 채 말하면 그것은 이중 메시지이다. 예를 들면, 소리를 지를 때에 눈이 커지고 피가 피부로 몰려서 얼굴이 붉어지면, 속으로는 전혀 화를 내지 않으면서도 소리만 지를 때보다 더 효과적이다.

④ 내면적으로는 긍정적이거나 부정적인 감정을 느끼지 않을지라도 그렇게 표현하는 연습을 하라. 지도자가 되려면 필요할 때마다 감정 표현을 할 수 있어야 한다. 그러나 항상 감정은 신앙과 이성의 통제를 받아야 한다.

제4장
성경적 지도자상과 기독교 지도자로서의 목사에게 주어진 칭호

1. 성경적 지도자상

성경에는 지도자(leader)와 인도자(guide)라는 말이 혼용되어 나온다.

1) 이 말의 성경적 모델은 삼위일체에서 찾을 수 있다.

(1) 하나님이 인도자(leader)요 지도자(guide)가 되신다.

하나님이 이스라엘 백성들을 애굽에서 인도하여 내셨다. 이스라엘 백성이 애굽에서 나온 것은 그들의 민족적 구원을 의미한다. 그러나 아직도 홍해를 건널 것과 광야를 통과해야 가나안 땅에 이를 것이었다. 그것이 역시 큰 문제였다. 그러므로 그들은 계속하여 하나님의 보호와 인도를 받아야 될 것이었다. 특히 광야 40년 간의 여행을 하나님께서 낮에는 구름 기둥으로 밤에는 불기둥으로 인도하셨다. 하나님께서는 그들에게 낮에는 구름 기둥으로 햇빛을 막아주시며 밤에는 불기둥으로 갈 길을 비취는 것이었다.

이스라엘 백성들이 통과해야 할 땅은 광야요 사막이었다. 예레미야 2:6절에 "그들이 우리를 애굽 땅에서 인도하여 내시고 광야 곧 사막과 구덩이 땅, 간조하고 사막의 음침한 땅, 사람이 다니지 아니하고 거주하지 아니하는 땅을 통과케 하시던 여호와께서 어디 계시냐 말하지 아니하였도다"하셨다고 했다. 하나님께서는 이런 곳을 인도하시는 인도자요 안내자가 되었다.

광야의 땅은 어떤 곳인가?

① 사막과 광야는 길이 없다. 그곳에는 심한 바람으로 인한 모래의 이동으로 말미암아 일정한 길이 없으므로 여행자들이 헤매다가 길을 잃는다.

② 광야와 사막에는 먹을 것과 물이 없다. 그래서 하갈도 가죽 부대를 가지고 광야 길을 떠났다(창 21:14).

③ 광야는 위험하다. 때로는 도적의 무리도 만날 수 있다. 사하라 사막에 깊이 들어갔던 프랑스 사람 플래티스(Paul Flatters)는 도적에게 피살되었다(188 A.D.).

④ 광야와 사막에는 아무 좋은 일이 없는 건건한 땅이요, 사람이 거하지 못할 땅이다(렘 2:6; 17:6).

광야와 사막 길을 가던 이스라엘 민족에게 하나님의 인도하심과 보호하심의 역사는 절대적으로 필요했다. 그의 인도하심과 보호하심은 구름기둥과 불기둥으로 실행이 되었다. 뿐만 아니라 하나님께서 이스라엘 백성들에게 베풀어주시는 온갖 은혜가 이 불기둥과 구름 기둥으로 상징되기도 했다. 모세를 인도자로 애굽에서 나온 이스라엘 백성들은 광야에서 하나님께 전적으로 매달렸다. 하나님께서는 그들의 매달림을 들어 주셨다. 오늘날 우리들도 하나님께 매달리기만 하면 이런 놀라운 역사가 일어날 수 있다. 우리에게 필요한 것은 무엇보다 하나님께 매달리는 신앙이다.

우리도 하나님을 전적으로 의지하면 도움을 받을 수 있다. 아모스 5:6절에 말하기를 "너희는 여호와를 찾으라 그리하면 살리라"고 하였다. 여기 이른바 찾는다는 것은 다른 것들을 찾지 아니하고 여호와만 찾는다는 뜻이다. 히브리서 11:6절에 "찾는 자들에게 상 주신다"는 문구에서 "찾는 자들"이란 말은 효과적으로 하나님을 찾으며 간절하게 찾는 것을 가리킨다.

사도 바울은 사도행전 27장에 276명과 함께 알렉산드리아 배를 타고 로마로 가던 도중 파선 지경의 위험을 당했다. 그러나 그는 두려워하지 않고 다른 사람을 위로하며 안심시켰고(행 27:22, 33-37), 또 그 배를 주장하던 백부장을 지도하기까지 했다(행 27:31).

출애굽기 13:17-18절 "바로가 백성을 보낸 후에 블레셋 사람의 땅의 길은 가까울지라도 하나님이 그들을 그 길로 인도하지 아니 하셨으니 이는 하나님이 말씀하시기를 이 백성이 전쟁을 보면 뉘우쳐 애굽으로 돌아갈까 하셨음이라 그러므로 하나님이 홍해의 광야 길로 돌려 백성을 인도하시매 이스라엘 자손이 애굽 땅에서 항오(行伍, 군대와 같이 질서정연함)를 지어 나올 때에" 하나님께서는 이스라엘 백성이 블레셋 족속을 두려워하여 후퇴할 줄 아시고, 그들을 블레셋 방면으로 인도하시지 않았다. 이렇게 하나님께서는 그 백성의 연약(煉藥)을 아시므로 그들로 하여금 감당할 수 있는 길을 가도록 하셨다. 그는 그 백성을 불쌍히 여기신다.

여호수아 24:3절 "내가 너희 조상 아브라함을 강 저편에서 이끌어 내어 가나안으로 인도하여 온 땅을 두루 행하게 하고 그 씨를 번성케 하려고 그에게 이삭을 주었고" 여기 "강 저편"이란 유프라테강 북동쪽 지역을 가리키는데 그곳은 갈대아 우르 지방이었다(창 11:31). 시편 25:9절 "온유한 자를 공의로 지도하심이여"라고 했다. "온유한 자"란 말은 하나님의 징계를 받고 심령이 겸손해진 자들을 의미한다. 하나님께서는 자기의 자녀들이 범과(犯過)할 때에는 그들을 징계하여 온유 겸비하게 만들고 그 뒤에는 섭리적으로 그들을 평안과 생명의 길로 인도하신다. "공의로 지도한다"함은 곧 그와 같은 하나님의 섭리행사를 가리킨다.

(2) 예수님이 인도자와 지도자가 되신다.

요한복음 10:3절 "그가 자기 양의 이름을 각각 불러 인도하여 내느니라" 이 점에 있어서 헹스텐벌그(Hengstenberg)은 시편 147편, 이사야 40:26; 출애굽기 33:12, 17; 이사야 43:2절을 인용하면서 하나님의 백성에 대한 주님의 지식이 친근하고 개별적인 사실을 지적하였다. "이름을 각각 불러 인도하여 낸다"는 것은 지도자로서 피지도자에게 대하여 심오(深奧)한 지식을 가질 뿐 아니라 뜨거운 사랑과 정성을 가지고 지도하며 인도하는 것을 가리킨다. 사람의 영혼을 목양하는 지도자는 대중 본위(大衆本位)로 사업의 동기를 삼지 아니하고 다만 한 사람의 영혼을 천하보다 귀히 여기는 마음으로 영혼 하나에게라도 모든 사랑과 성의와 정력을 기울여서 일하며 그들을 옳은 길로 인도하며 지도하는 자이다. 그렇게 할 때 진정 복음의 열매를 맺는다.

요한복음 10:3절의 중요한 핵심은 목자와 양과의 관계이다. 목자는 양의 이름을 개인적으로 불러낸다. 신앙은 개인적인 관계이다. 그리고 예수님은 부르실 자를 틀림없이 부르신다. 예수님은 자기 양 외에는 부르지 아니하신다. 반면에 양은 목자의 음성을 듣는다. 이는 강압에서가 아니고 지적인 탐구에서도 아니며 성령의 역사로 자연히 듣게 되는 것이다. 목자가 자기 양을 우리에서 인도하여 내듯 목자 되시는 예수님은 자기 양을 모아 이스라엘과 이방의 울타리로부터 인도해 내신다.

(3) 성령님이 인도자와 지도자가 되신다.

요한복음 16:13절 "진리의 영이 오시면 그가 너희를 진리 가운데로 인도하시리라" 이 말씀은 신자들이 직접 계시를 받을 수 있다는 것을 가리키지 않는다. 그 이유는 다음 두 가지에서 알 수 있다.

첫째는 이 말씀은 일차적으로 사도들에게 국한하여 주어진 말씀이다. 요한복음 14:26절에 "그가 너희에게 모든 것을 가르치시고 내가 너희에게 말한 모든 것을 생각나게 하시리라"고 한 말씀에서 "너희"는 사도들을 가리킨다. 그 이유는 그들이 예수님에게서 직접 들은 말씀을 기억하도록 하여 주시겠다고 하기 때문이다. 예수님의 말씀을 직접 들은 자들은 사도들이다. 성령의 가르침은 곧 예수님의 교훈을 중심하고 해설하는 것이니 만큼, 예수님의 교훈을 그들의 기억에 환기시켜 깨닫게 하는 운동이다.

둘째는 요한복음 16:13절 하반절의 말씀에 "그가 자의로 말하지 않고 오직 듣는 것을 말하시며"라고 한 것은 성령님께서 그리스도께서 이루신 구속사업에 대하여 설명하여 주시는 것이다. 그것은 사도들이 기록한 신약성경으로 나타났다. "그가 자의로 말하지 않고"란 말씀은 역시 계약체계에 맞는 계시원리를 보여준다. 곧 성령님은 어떤 새롭고 별다른 계시를 말씀하시지 않고 예수님의 속죄사업과 계시를 그대로 근거하여 해설하시는 것뿐이다.

요한복음 14:6절에 "내가 곧 길이요 진리요 생명이라"고 하였다. 이는 예수님이 친히 말씀하신 내용이다. 성령님은 사람을 그 예수님의 길로 인도하시며 그 예수님의 진리에로 도달케 하시며 그 예수님의 생명을 부여해 주시는 분이시다. 예수님은 길이라도 여러 길 중의 하나가 아니고 유일한 길(the only way)이시다. 그 유일한 길로 인도하시고 지도하시며 안내하시는 분은 오직 성령님이시다. 그리고 성자나 성령은 다 자의로 말하지 않으시고 성부에게서 들으시는 대로 말씀하신다(요 5:19; 7:17; 8:26;15:15). 여기서도 성 삼위의 신비로운 관계가 엿보인다.

"인도하시니라"란 말은 "길"에서 나온 낱말로서 여기에 적어도 세 가지의 사실이 엿보인다.

첫째는 성령의 인격성이다. 진리의 성령이란 성령의 별명 중의 하나로서 인도한다는 것은 그대로 인격자가 하는 일이다.

둘째는 성령의 역사의 성격을 말함으로써 그는 인도하시기만 한다. 성령의 역사는 간곡하지만 결코 강압하시지는 않는다.

셋째는 사람은 성령의 인도 없이는 진리를 깨닫지 못한다는 것이다. 필로(Philo)는 출애굽기 16:23절 "모세가 그들에게 이르되 여호와께서 이같이 말씀하셨느니라 내일은 휴식이니 여호와께 거룩한 안식일이라 너희가 구울 것은 굽고 삶을 것은 삶고 그 나머지는 다 너희를 위하여 아침까지 간수하라"란 구절을 "모세의 마음은 성령께서 진리 가운데로 인도하시기까지는 목표를 향하여 쉬지 않고 가지는 않았다"라고 주해했다.

요한복음 14:26절 "보혜사 곧 아버지께서 내 이름으로 보내실 성령 그가 너희에게 모든 것을 가르치시고 내가 너희에게 말한 모든 것을 생각나게 하시리라". 여기 보혜사는 곧 성령이시다. 성령이 오셔서 하시는 일은 성자가 하신 모든 교훈을 가르쳐 알게 하는 것이다. 그러므로 성령은 교사이다. 그것은 새로운 교훈이 아니다. 옛 교훈을 성령의 역사로써 새롭게 가르쳐 주시는 것이다. 웨스트코트(Westcott)는 "그리스도께서 그 인격과 일을 통해 주신 계시는 절대적이고 완전한 것이다. 그러나 성령의 점차적인 개발을 통하지 않고는 어느 정도 이해할 수도 관찰할 수도 없다"고 하였다.

가르치는 것이 성령의 역할 중의 하나이다. 성령은 성도들을 가르침으로 인도하신다. 성령은 단순히 인도만 하시는 것이 아니라 교훈을 통한 인도하심을 하신다. 성령은 진리, 구원, 하나님의 나라를 가르치는 역할을 하신다. 그러므로 성 삼위 하나님이 지도자의 모델이 되신다. 지도자는 그런 정신과 방법으로 피지도자를 인도하고 지도해야 한다. 히브리서 13:7,14,24절 "너희를 인도하던 자들" 이는 공동체의 지도자를 의미한다. 여기 공동체란 가정과 직장과 교회와 민족과 나라를 가리킨다. 성령은 개인뿐만 아니라 공동체도 인도하신다.

2) 성경이 말하는 기독교 지도자의 성격은 다음과 같다.

(1) 기독교 지도자는 섬기는 자이다.

① 성경적 지도자는 두목이 아니라 섬기는 자이다.
마태복음 20:28절 "인자가 온 것은 섬김을 받으려 함이 아니라 도리어 섬기려 하고 자기 목숨을 많은 사람의 대속물로 주려 함이니라"(Even as the Son of man came not to be ministered unto, but to minister, and to give his life a ransom for many). 벵겔(Bengel)은 이 사실을 가

리켜 "최고의 모본이다"라고 하였다. 하나님의 아들은 하늘의 영광을 비어 두시고 종이 되셔서 섬기셨다. 그러므로 하나님은 그를 지극히 높여 모든 이름 위에 뛰어난 이름을 주셨다. 이 말씀은 복음서에; 비로소 나타나는 그리스도의 수난의 신학적 의의이다. 이 성구가 속죄론 또는 구원론의 근거가 된다. 여기 "대속물"이란 "푼다"에서 나온 낱말이며 구약의 제사법전에서 출발을 한다(레 19:20; 출 21:30). 즉 이 말은 개인적이나(출 21:8), 국가적으로(출 6:6) 포로된 자를 구출하기 위한 대가를 뜻하였다. 이런 배경은 그대로 그리스도의 구속을 가리켜서 그가 보혈의 값을 지불하여 죄와 죽음의 노예상태에 있는 인류를 구원하신 것을 설명하는 것이다

이 속죄설(贖罪說)은 교회사를 통하여 크게 세 학설로 나타났다.

첫째는 안셈(Anselm)이 주장한 만족설(滿足說)이다. 이 설은 그리스도의 죽으심이 하나님의 공의에 만족을 주었다는 설이다.

둘째는 오리겐(Origen)이 주장한 대상설(代像說)이다. 이 설은 마귀에게 인간의 죄값을 지불하셨다는 설이다.

셋째는 웬드트(Wendt)가 주장한 감화설(感化說)이다.

이상의 세 가지 이론 중에서 셋째 설은 도외시되고 있다. 대속의 행위는 인간에게 대한 대속과 하나님께 대한 만족의 양면성에서 이해를 해야 할 것이다. 이처럼 예수님은 인간을 구원하시려는 섬기는 자로 이 세상에 오셨다.

빌립보서 2:6-9절에 "그는 근본 하나님의 본체시나 하나님과 동등됨을 취할 것으로 여기지 아니하시고 오히려 자기를 비어 종의 형체를 가져 사람들과 같이 되었고 사람의 모양으로 나타나셨으매 자기를 낮추시고 죽기까지 복종하셨으니 곧 십자가에 죽으심이라 이러므로 하나님이 그를 지극히 높여 모든 이름 위에 뛰어난 이름을 주사" 성육신 이전의 그리스도는 성부와 본체였다. 그러나 그리스도가 성육신 하였던 기간 중 그의 신성인 하나님의 본체는 그대로 유지를 하셨으나 성부와 동일시되는 존재양식은 비운 것이다. 이 일로 인하여 하나님께서는 하늘에 있는 자들과 땅에 있는

자들과 땅 아래 있는 자들로 모든 무릎을 예수의 이름에 꿇게 하셨다.
여기에서 몇 가지 짚고 넘어 갈 것은

첫째로 6절의 "그는 근본 하나님의 본체시나"이다.
이는 선재(先在)의 주님을 말하고 있다.

두 번째로 "6절의 "본체"이다.
이는 그리스도가 본질적으로 하나님이란 것이다. 그가 단지 하나님과 동일시 될 것이 아니라 그 자신이 하나님이시란 것이다.

세 번째로 6절의 "취할"이다.
이는 원래 맹수가 밥을, 또는 강도가 물건을 강탈하는 것 또는 전쟁의 전리품을 상으로 받는 것 등의 뜻이다.

네 번째로 7절의 "오히려 자기를 비어 종의 형체를 가져"이다.
이는 성육신의 비의는 그의 자기 소멸이나 신성이 인성으로 변화하는 것이 아니다(Vincent). 그는 하나님의 본체를 영원히 가지고 계시면서 종(사람의)의 형체를 덧 입으셨던 것이다. 여기에서 신인양성(神人兩性)을 가지신 그리스도의 독특한 인격이 탄생한 것이다. 종이란 그의 인성의 별명으로 본다. 라이트푸트(Lightfoot)는 "모든 자의 주인이신 주님은 모든 자의 종이 되신 것이다"라고 말했다. 이는 또한 여호와의 종(사 52:13ff)의 예언의 성취이기도 하다.

다섯 번째로 7절의 "사람과 같이 되셨고"이다.
여기에서 또 하나의 이설 도케테론(Decetism)이 발생한다. 이 이설에는 그가 진짜 사람이 아니라 사람과 같이 된 것이라 하여 그의 육체를 가현(假現)이라고 규정하는 것이다. 케노씨스설(Gnosticism)이 그리스도의 신성을 부인하는 결과가 되는 것에 비해 도케테론(Decetism)은 그의 인성을 부인하는 것이다. 동일한 절에서 그의 신인 양성을 부인하는 정반대의 설이 근거한다는 것은 기이한 일이다.

여섯 번째로 8절의 "자기를 낮추시고 죽기까지 복종하셨으니"이다.
이는 그리스도의 극도의 자기 비하를 말한다. 그는 이미 사람이 되셨으매 사람으로서 복종을 다 하셨다. 사람으로서의 복종의 끝은 죽음이다. 더구나 그는 십자가의 죽음까지 복종하셨다.

일곱 번째로 8절의 "십자가"이다.
여기 "십자가"는 관사가 없으므로 그가 일반적인 십자가에 죄수의 대우를 받으신 것을 표시한다. 십자가의 형은 유대인에게는 저주받은 자의 표지였다. 그리고 이방인에게는 모든 형벌 중에 가장 가혹한 것으로 중죄인에게나 노예들에게 과했던 것이다. 그러므로 십자가는 유대인에게는 거리끼는 것이요 이방인에게는 미련한 것이다(고전 1:23).

여덟 번째로 9절의 "모든 이름 위에 뛰어난 이름을 주사"이다.
그 이름은 "모든 정사와 권세와 능력과 주관하는 자와 이 세상 뿐 아니라 오는 세상에 일컫는 모든 이름 위에 뛰어난" 이름이다. 최저의 자리에까지 내려오신 주님은 최고의 자리에까지 올리우심을 받으셨다. 히브리인 사상에는 이름은 그 실체를 말하므로 모든 이름 위에 뛰어난 이름이란 결국 그리스도가 만물의 지배자이신 사실을 말한다.

예수님은 남을 섬기는 자로 이 세상에 오셨다. 그는 섬김을 받기 위해 오신 것이 아니라 도리어 남을 섬기기 위해 오셨다. 남을 섬긴다는 것이 말로는 쉬우나 실제는 어렵다. 지도자(목사)는 자아독존(自我獨存)이 되기 쉽다. 그 이유는 받아 드리는 것(Input)은 없고 내 보내는 것(output)만 있기 때문이다. 지도자는 남을 가르치는 일을 주로 하기 때문에 받아 드리는 것에 소극적이다. 지도자는 주로 자기 손으로 남을 축복만 하기 때문에 받아 드리는 일에 등한하다. 미국 예일대학의 노웬(Henry Nowen)은 "교회 지도자는 상처받은 치유자"라고 했다. 지도자는 말은 겸손하면서 실제는 교만 할 때가 많다.

② 기독교가 지도력 이론에 가장 큰 영향을 미친 것은 "섬기는 지도력"일 것이다.

요한복음 13:1-20절은 예수님이 제자들의 발을 씻기신 세족식(洗足式)에 관한 기록이다. 이 부분의 중심사상은 사랑이다. 그래서 1절에 "세상에 있는 자기 사람을 사랑하시되 끝까지 사랑하시니라"란 서론을 보아서 이 사랑이야말로 이 행위의 중심이 사랑이다. 이 부분에서는 발을 씻기신 행동의 첫째로 동기(1-3),

둘째로 의의(4-11),

셋째로 교훈(12-20)등이 기록되어 있다.

이 행위는 본을 보이기 위함이다. 여기 '본'이란 인격적인 겸손과 사랑의 봉사 정신을 말한다. 예수님이 제자들의 발을 씻기시는 이 장면은 사랑의 행동으로 보여주는 비유이다. 이는 또한 그의 겸손을 가르치는 것으로 그리스도의 자기 비하의 생생한 표현이다. 그런데 이 세족식을 전통적 행위로 간주해서는 안 될 것이다. 이 행위는 전통적으로 식사 전에 행해졌는데, 여기서는 식사 후에 이루어졌다. 예수님은 이것을 그의 제자들을 위한 특별한 교훈으로 행하셨다.

③ 섬김의 자질을 실체화하는 것은 다음과 같다.

첫째로 자신보다 남을 우선으로 하는 것이다. 섬김의 도가 갖는 첫 번째 표적은 자신과 자신의 개인적인 욕망보다 남을 우선으로 하는 능력이다. 이것은 자신의 사안을 잠시 유보하는 것 이상이다. 의도적으로 사람들의 필요를 알아내고, 그들을 도울 수 있으며, 그들이 원하는 것을 중요하게 받아들일 수 있는 것이다.

둘째로 섬기려는 확신을 갖는 것이다. 섬김의 자세를 갖는 진정한 본질은 안정이다. 우리가 남을 대하는 태도는 바로 우리 자신을 어떻게 생각하는가에 달려 있다. 철학자이자 시인인 에릭 호퍼는 이러한 생각에 잡혀 있었다. 주목할 만한 것은 우리가 우리 자신을 사랑하는 것만큼 이웃을 사랑한다는 것이다. 우리는 자신에게 대하는 것만큼 남에게 대한다. 우리는 스스로를 용납하는 것만큼 남을 용납한다. 우리는 자신을 용납하는 것만큼 남을 용서한다. 우리가 살고 있는 이 세상을 괴롭히는 고통, 그 뿌리에 있는 것은 자아에 대한 사랑이 아니라 자아에 대한 증오이다.

셋째로 솔선하여 섬기는 것이다. 사람들 중에는 어쩔 수 없어서 섬기는 사람이 있다. 사람들 중에는 위기에 처했기 때문에 섬기려는 사람이 있다. 반면에 솔선하여 섬기려는 사람도 우리는 볼 수 있다. 위대한 기독교 지도자는 필요를 보고 기회가 잡히면 대가를 바라지 않고 섬긴다. 솔선 봉사는 사랑에서 기인하는 것이지 의무감에서 생기는 것이 아니다.

넷째로 자리에 연연하지 않는다. 섬기는 기독교 지도자는 직급이나 자리에 연연해하지 않는다. 1992년 걸프 전쟁에서 공을 세웠던 노만 슈발츠코프(대장으로 전역함)는 대령시 그는 지뢰밭을 한 걸음씩 내 디딜 때, 그의 직급은 마음에 자리잡고 있지 않았다. 남을 섬기려는 한 인간이었을 뿐이었다. 그 외 다른 것은 그의 마음에 있지 않았다.

④ 사랑으로 섬기는 지도력은 어디서 나오는가?

첫째로 사랑에서 나온다. 섬김의 자세는 자신의 이익이나 의도적인 것에서 비롯되지 않는다. 섬김은 사랑을 먹는다. 결국, 우리가 갖는 영향력의 정도는 우리가 남에게 갖는 관심의 깊이에 좌우된다. 기독교 지도자에게 있어서 기꺼이 섬기려는 자세가 중요한 이유는 바로 이 때문이다. 우리는 이 놀라운 사랑을 예수님에게서 찾아 볼 수 있다. 요한복음 13:1절 "예수님께서 세상에 있는 자기 사람들을 사랑하시되 끝까지 사랑하시니라"

여기 "끝까지"란 말에는 여러 가지 의미가 내포되어 있다. 첫째로 그의 생애의 마지막까지, 둘째로 드디어, 셋째로 영원히, 넷째로 지극히란 뜻이 있다. 우리 주님은 성도들을 사랑하시되 이렇게 사랑하신다. 지도자가 피지도자를 사랑하지 않으면 사람들을 끝까지 섬길 수 없다. 섬김의 동작은 수행할 수 있으나 진정으로 섬길 수는 없다. 예수님은 모본을 보이셨다. 예수님은 유다도 다른 11제자와 같이 사랑으로 깨끗이 발을 씻기셨다.

버킹햄(Markus Buckingham)과 코프만(Curt Coffman)은 "First Break all the Rules(일단 모든 규칙을 깨라)"라는 책에서 이런 질문을 했다. 질문의 내용은 "직원들과 인간적으로 가까운 관계를 맺어야 할까? 친해지면 기어오르지 않을까?" 이 질문에 대한 답은 "가장 훌륭한 경영자들은 친해지는 것을 택한다. 지도자는 아랫사람들과 인간적 관계를 맺어야 한다. 후자는 아니다. 친해진다고 기어오르는 것은 아니다." "목표가 수단을 정당화하지 못한다"는 말은 종교 조직 못지 않게 일반 기업체에도 꼭 맞는 말이다.

둘째로 자기 자신을 아는 것이다. 기독교 지도자는 자신의 존재를 수용해야 한다. 섬기는 지도력에 대한 좋은 예는 다음과 같다. 투르먼(Harry Truman)대통령은 미국 역사상 가장 겸손한 대통령으로 알려져 있다. 대통령 집무실에는 비서를 부르는 단추가 있었다. 그는 그것을 없애버렸다. 그는 직접 문으로 가 사람들을 공손히 청해들였다.

투르먼이 스탈린과 처칠을 위해 마련한 환영 만찬에서 있었던 일이었다. 미국 군인 리스트(Eugene List)하사가 피아노(Grand Piano) 앞에서 특별 연주를 준비했다. 리스트가 아무나 악보를 넘겨 달라고 부탁하자 투르먼이 자청했다. 일게 하사가 연주를 하는 동안 군 통수권자가 옆에 서서 악보를 넘겨줬다. 나중에 리스트는 아내에게 쓴 편지에서 이렇게 감탄했다. "미국 대통령이 내 옆에서 악보를 넘겨주다니 한번 상상해 보시오... 우리 대통령은 그런 분이라오."

투르먼은 자신의 지도력 스타일을 회고하면 "나는 내가 누구이고 어디서 왔으며 어디로 돌아갈 것인지 절대 잊지 않으려 했다"고 말했다. 투르먼의 전기 작가는 투르먼이 각료들을 그렇게 대했기 때문에 "투르먼 주변 사람들의 충성은 전폭적이었고 절대 흔들리지 않았다. 이후로 투르먼 행정부에 속했던 이들 중 말로나 글로 그를 혹평하거나 어떤 식으로든 비하한 사람은 아무도 없었다."고 결론을 내렸다. 편안한 자기 정체감은 섬기는 리더의 필수 요건이다.

셋째로 예수님처럼 섬김의 대상을 알아야 한다. 섬기는 대상에는 다소 차이가 있다. 섬기는 사람들은 아랫사람들의 종이 아니라 하나님의 종이다. 요한복음 13장에서 예수님이 제자들의 발을 씻겨 주신 장면은, 예수님이 사람들의 종이 아니라 아버지의 종이었음을 나타내어 준다. 영적 기독교 지도자는 자기 사람들을 섬겨야 한다. 섬김의 행위는 시종 성령의 인도로 이루어짐을 기억해야 한다.

⑤ 섬김의 자세를 확립하기 위한 방법은

첫째로 작은 것부터 실행하라. 자신과 가장 가까이 있는 사람부터 시작하라. 배우자, 부모, 자녀, 남들에게 관심을 갖고 있다는 자세를 보여주는 작은 일을 지금부터 그리고 가까운 사람들로부터 찾아 시행하여 보라.

둘째로 군중 사이를 천천히 통과하는 방법을 배워라. 고객이나 동료 또는 종업원들이 많이 모이는 모임에 참석하게 될 경우에는,

그들 사이를 돌고 환담을 나누며 접촉점을 갖도록 하라.

만나는 사람마다 정신을 집중해서 대하라.

이름을 기억하도록 하라.

각 사람이 필요로 하는 것과 바라는 것을 알 수 있도록 비망록을 만들어 두어라.

집에 돌아온 후에도 그들 중 5-6명에게 도움이 되는 일을 할 수 있도록 기록을 해 놓아라.

셋째로 행동으로 옮겨라. 섬기는 자세를 갖지 않는 사람은 그 자세를 바

꾸기 위해서 먼저 섬기기를 시작하는 것이다. 먼저 몸으로 섬기기를 시작하면 우리의 마음도 결국은 따라가게 될 것이다. 교회나 사회 단체에서 6개월만 남을 돕는 일을 하라. 만일 봉사기간이 끝날 때까지 태도가 바뀌지 않는다면 다시 시작하라. 지도자는 시대를 앞서가는 사람이다. 그래서 피지도자들이 어떤 때는 외롭다. 오해를 받는다. 박해도 받는다. 따라 오지 못한다.

(2) 기독교 지도자는 다스리는 자이다.

다스리는 자를 독재사회는 통치자(ruler)라 부르고, 민주사회에서는 종(servant)이라고 부른다. 마태복음 2:6절 "베들레헴에서 한 다스리는 자가 나와서 내 백성의 목자가 되리라" 유대 땅 베들레헴에서 태어나실 예수님은 자기의 백성의 목자가 되셔서 그들을 다스릴 것이라고 했다. 예수님은 목자로서 그의 백성을 다스릴 것이다. 신구약 성경을 통하여 목자란 말이 수 없이 나타나 있다.

구역에서는 하나님 자신을 목자라고 하고(창 48:15; 시 23:1; 77:20; 80:1; 사 40:11; 겔 34:11-31), 왕은 목자라고 하기도 하였다(삼하 5:2). 후자의 경우는 하나님의 대리자의 뜻으로 그렇게 불리운 것이다.

신약에서는 사도들(요 20:10) 또는 장로들(벧전 5:2)이 목자의 직을 받았다. 예수님께서는 "선한 목자"(요 10:11)라고 지칭을 받았고, "영혼의 목자"(벧전 2:25), "목자장"(벧전 5:4)이라고 불리웠다. 목자는 양떼를 인도하고 먹여주고 지켜주고 우리에 넣어 안식케 하는 일을 한다.

사도행전 7:10절에 "요셉을 애굽과 자기 온 집의 치리자로 세웠느니라" 4족장 중에서 아브라함 다음으로 요셉의 역사가 특기된다. 믿음의 조상 아브라함에게 "언약"이 요점인 것처럼, 요셉에게는 "환난과 영광"이 요점인 것이다. 요셉은 구약의 인물 중에서도 가장 특출한 그리스도의 그림자였다. 요셉은 인간면에서 볼 때 죄 없는 인간상으로 부각되고 있다. 그는 죄 없이 형제들의 모략 때문에 애굽으로 팔려 환난을 받았으나 하나님은 그를 건져 내사 애굽의 총리로 옮기셨다. 이는 무죄하신 그리스도가 유대인 교권자들의 시기와 모략으로 십자가에 죽으시고, 다시 부활하신 일의 그림자가 되었다.

(3) 기독교 지도자는 예언적인 은사를 받아야 한다.

기독교 지도자는 예언적인 은사를 받은 사람이다. 디모데전서 6:19절 "이것이 장래에 자기를 위하여 좋은 터를 쌓아 참된 생명을 취하는 것이니라" 기독교 지도자는 장래에 자기를 위하여 좋은 터를 쌓고 참된 생명을 취해야 한다. 여기 "좋은 터를 쌓아 참된 생명을"이란 말은 자신을 위하여 현세에 보물을 쌓아두면 결국 인생의 허무성을 느끼면서 죽고 말 것이다. 그러나 남을 위해 재물을 나누어주면 천국에 터전을 닦는 것이 되고 결국 이것이 자기를 위하는 일이 된다는 말이다. 여기 "참된 생명"은 영생을 가리킨다. 지도자는 예언적 성격의 은사를 받아야 한다. 기독교 지도자는 방향감각과 목표를 잃은 배와 같이 좌왕 우왕 하면 안 된다.

(4) 기독교 지도자는 헌신적이어야 한다.

베드로전서 3:18절 "그리스도께서 한번 죄를 위하여 죽으사 의인으로서 불의한 자를 대신 하셨으니 이는 우리를 하나님 앞으로 인도하려 하심이라". 그리스도께서 먼저 의로운 고난을 당하셨으므로 그를 따르는 성도들도 고난을 받는 것이 마땅하다는 것이다.

그렇다면 그리스도의 고난과 성도들의 고난에는 많은 유사점이 있다.
① 의인이 불의한 자 때문에 고난을 받는 것
② 죄 때문에 고난을 받는 것
③ 한번 고난을 받는 것

④ 고난의 결과가 영광인 것
　이 중에서 현대의 많은 주석가들은 "한번"이라는 공통점을 발견한다. 알포스(Alford)란 신학자는 "그는 한번 고난을 받으셨다. 그의 고난을 닦이고 지나갔다. 그는 다시 고난을 받지 않을 것이다. 성도들도 고난을 받고 있다. 이는 곧 추상적이고 돌아다보는 과거사가 될 것이다"라고 말했다. 여기 "한번"(once for all)이란 한번 함으로 영원히 하는 행동을 표시하는 것이다. 구약의 제사는 속죄의 그림자로 반복되었다. 그러나 그리스도의 죽음은 한번으로 영원히 그리고 완전히 속죄하신 것을 표현한다(히 9:11-12). 기독교 지도자는 이런 희생적으로 모든 일에 책임을 지는 사람이어야 한다. 지도자는 앞서 가기 때문에 희생을 각오해야 한다.

(5) 기독교 지도자는 약한 자를 손으로 이끌어 주어야 한다.

　사도행전 9:8절 사도 바울이 다메섹 도상에서 눈이 멀었을 때 사람들이 그를 손으로 일으켜 세워 안내했다. 안내자는 이끌어 주는 사람이다. 하나님의 지도자 상은
　첫째로 시편 43:3절의 말씀대로 빛과 진리로 인도하시는 분이고,
　둘째로 마태복음 7:14절의 말씀대로 생명으로 인도하시는 분이시며,
　셋째로 요한계시록 7:17절의 말씀대로 생명수로 인도하는 목자이시다.
　교회 지도자는 하나님의 지도를 받는 자이며 하나님과 동역자이다.
　넷째로 고린도후서 5:17-19절의 말씀대로 화목의 지도자 "하나님이 그리스도 안에 있어서 세계를 자기와 화목 시켰다"

2. 기독교 지도자인 목사에게 주어진 칭호

　기독교 지도자인 목사에게 주어진 칭호가 시대와 학자에 따라 달리 사

용되었다. 사도 바울은 디모데전서 3장에서 교회의 목회적 지도체제와 교회 지도자들이 갖추어야 할 자격에 관해 논하고 있다. 교회의 건강은 안수 받은 교회 지도자들의 자격, 신실함, 그리고 그들의 가르침에 큰 영향을 받기 때문이다. 사도 바울은 디모데전서 제 3장에 있는 감독과 집사의 자격에 관하여 논하기 전에, 제 1장에서는 사도의 교리의 중요성을 다루었고, 제 2장에서는 공중예배의 질서에 대해 논하였다.

하나님께서는 당신이 피 흘려 세우신 교회(행 20:28)에 지도자를 세우시기를 원하신다. 바울과 바나바는 제 1차 선교 여행 때 "각 교회에서 장로를 택하여"(행 14:23)세웠다. 승천하신 그리스도께서 교회에 어떤 사람들을 "목사와 교사"(엡 4:11)로 세우셨다. 하나님께서는 하나님의 양떼들을 돌보도록 "감독자"(행 20:28)를 세우셨다. 바울은 빌립보 교회에 편지하면서 "감독들과 집사들"(빌 1:1)을 언급했다. 그가 여기서 장로를 빠트린 것은 그들이 감독과 같은 사람들이었기 때문인 것으로 안다.

사도 바울은 디도에게 "장로"를 세우라고 하면서 "감독은 책망할 것이 없어야 한다"(딛 1:5-7)고 했다. 문제는 왜 같은 시대에 두 개의 칭호가 주어졌는가? 여기에서 적어도 두 가지 이유를 생각할 수 있다. 하나는 "presbyteros"(장로, presbyter, elder)란 단어는 유대적 뿌리(각 회당에 장로가 있었다)를 갖고 있었으며 목회자가 연장자임을 보여주고 있다. 다른 하나는 "episkopos"(감독, overseer, bishop)는 헬라적 뿌리(시(市)의 관리나 종속된 도시(都市)를 다스리는 관원들을 일컫는 데 쓰인 말)를 갖고 있으며 목회자의 사역 중 감독하는 측면을 나타낸다.

감독(episkopos)란 칭호는 기능(function)을 나타내고 장로(presbyteros)란 칭호는 위엄(dignity)을 나타낸다. 전자는 헬라적 제도에서 따 온 것이고 후자는 유대적 제도에서 따 온 것이다. 켐벌(Alastair R. Campbell) 박사는 장로란 명칭은 "개인적으로 각 가정에서 모이는 교회의 감독으로 섬기던 자들을 집단적으로 가리키는 것이었다"고 말했다. 그는 또 말하기를 "각 개인은 감독이고, 그들이 함께 하면 연장자, 즉 장로가 되는 것이다"고 했다.

1) "감독자"(ruler)" 혹은 "돌보는 자"(overseer)"

초대교회에서는 감독자 혹은 돌보는 사람이란 뜻을 가진 ruler, overseer라고 했다. LXX역에서는 물건 사용을 맡고 돌보는 사람을 지칭했다. 감독은 교인을 돌아보는 자이다. 감독이란 단어가 신약에서는 9번 나온다(딛 1:5,7; 행 20:17, 28; 벧전 5:1-4).

디모데전서 3:1-7에서는 감독의 자격을 15가지로 나열하였다. 15종 중에서 6종은 소극적이고 9종은 적극적인 내용이다.

① 2절: "책망할 것이 없으며"(blameless)

이 말의 원 뜻은 "체포당한 일이 없는", "붙잡을 수 없는"이다. 그러니까 이 말의 뜻은 "잘못이 전혀 없는 것"을 의미하지 않는다. 만일 그렇다면 아담의 후손 가운데서 누구도 교회의 감독자가 될 구비조건을 갖출 자가 없을 것이다. 이 말의 뜻은 "욕먹을 일이 없는", 혹은 "평판에 흠 잡을 것이 없는"이란 말이 적합하다. 감독은 죄과가 전연 없어야 한다는 말이 아니라 사회적으로 거리끼는 죄책이 없음을 가리킨다. 만일 감독이 사회적으로 흠 잡힐 것이 있으면 신, 불신간의 입에 오르내리게 될 것이다. 그러면 결과적으로 하나님의 교회에 전도의 문이 닫히게 될 것이다.

② 2절: "한 아내의 남편이 되며"(the husband of one wife)

이 말은 문자 그대로 "한 아내의 남편"이란 뜻이다. 여기에 대한 해석이 크게 두 가지가 있다. 첫째는 "한번 결혼한 남자"이고, 둘째는 "한 아내의 한 남편"이다. 이 두 해석 중에서 후자가 더 타당하다고 보겠다. 감독은 오직 하나뿐인 아내에게 전적으로 참되고 도덕적으로 의심할 데가 없는 자여야 한다. 감독은 일부일처제 결혼을 서약하고 끝까지 그 서약에 충실한 자여야 한다. 교회의 감독은 중혼(重婚)이나 음행(淫行)을 금한다.

③ 2절: "절제하며"(vigilant)

이 말의 원 뜻은 "술을 멀리 하는 것"이다. 여기서는 육정을 멀리하는 뜻에서 절제를 의미한다. 이는 또한 경성하여 이 세상 것에 취하지 아니함을 가리킨다. 16세기 프랑스의 풍자 작가였던 라볼레(Francois Ralelais)는 "자신을 통제할 수 있는 충분한 힘을 갖고 있지 못하다면 어떻게 다른 사람을 다스릴 수 있겠는가? 지도자들은 많은 시간 동안 아무에게도 감독받지 않은 상태에 있게 된다. 그들은 스스로를 감독해야 한다. 왜냐하면 그들도 혈과 육을 가진 사람이며, 다른 사람들과 같은 감정과 정열을 가졌기 때문이다. 성령의 열매 중의 하나가 절제이다"라고 말하였다.

감독자는 많은 영혼들을 인도하는 자이므로 경성하지 아니하면 많은 영혼들을 사지(死地)에 빠트린다. 그는 마치 많은 여객을 싣고 험한 고개를 넘어가는 자동차 운전기사와 같고 많은 손님을 싣고 공중을 날아가는 비행기의 조종사와도 같다. "절제"는 우리 인간 생활에서 절대적으로 필요하다. 먹고 마시는 일로 시작을 해서 인간이 관계하는 모든 일에 절제는 가장 기본적인 윤리이다.

④ 2절: "근신하며"(sober)

이 말의 뜻은 "신중해야 하며", 또는 "건전한 마음가짐"이다. 앞에 나타난 절제와 근신은 불가분리의 관계이다. 화란의 신학자 그레다너스(Greijdanus)는 근신에 대해 다음과 같이 해석했다. "이것은 과도한 상상(想像)이나 무식이나 어리석음을 떠나 사색에 있어서 순전하고 단정함을 의미한다" 벵겔(Bengel)은 아담과 근신을 비교하면서 "근신은 속마음에 관한 것이고 아담은 외모에 관한 것이다"라고 했다.

⑤ 2절:"아담하며"(of good behaviour)

이는 "단정하며" 또는 "질서 있는"의 뜻이다. 이는 예절 바른이란 행동을 가리킨다. 감독은 의복이나 행동이 단정해야한다. 이것은 직업상에 가지는 규칙 생활보다 도덕상 규칙의 엄격미(嚴格美)를 염두에 두고 하는 말이다. 감독은 나약하거나 나태하며 편벽되거나 방종하면 안 된다. 감독은 규율을 중시한다는 이유로 남의 허물을 탐지하는 자가 되어서는 안 된다.

⑥ 2절: "나그네를 대접하며"(given to hospitality)

"나그네를 대접하는 일"은 이웃 사랑의 미덕이다. 이 일이 절제 다음으로 나오는 것은 자연스러운 일이다. 자기를 절제하며 아담한 자가 나그네를 대접할 수 있다. 바울 당시 핍박으로 인하여 의지할 곳이 없이 유리하는 기독 신자들이 많았는데 이들에 대한 대우 문제는 그 당시 교회가 당면한 문제였다. 감독은 이 일에 신경을 써야 한다. 나그네를 잘 대접하는 일은 감독의 가정 사정에 달려 있다. 특히 교역자의 아내가 이 일에 협력하지 않으면 안 된다. 나그네 대접을 권장한 신약의 교훈도 많다(롬 12:13; 히 13:2; 벧전 4:9). 아브라함은 나그네를 대접하다가 부지중에 천사를 대접했다(히 13:2). 크리소스톰(Chrysostom)은 친히 빈한 생활을 하면서 병자와 나그네들을 대접하였다고 한다.

⑦ 2절; "가르치기를 잘하며"(apt to teach)

이 말은 능변을 말하는 것이 아니라 주님을 믿는 믿음의 도리를 가르치는 것을 말한다. 주님의 도리를 가르치는 자는 입으로 뿐만 아니라 행동에서 모범이 되며 다른 사람들에게 감화를 줄 수 있어야 한다. 디모데후서 2:24절에 "마땅히 주의 종은 다투지 아니하고 모든 사람을 대하여 온유하며 가르치기를 잘하며 거역하는 자를 온유함으로 징계할지니 혹 하나님이 저희에게 회개함을 주사 진리를 알게 하실까 하며…"라고 하였다. 감독과 장로의 공통점 하나는 가르치기를 잘 해야 한다(딤전 5:17; 딛 1:9). 칼빈(John Calvin)은 "가르칠 줄 모르는 사람은 교역을 하지말고 차라리 다른 일을 하는 것이 좋다"란 말을 했다. 교역자는 하나님의 진리를 맡은 사람임으로 가르치기를 잘 해야 한다.

> **참고자료**

감독(목사와 장로)은 기독교 지도자요 가르치는 자로서 다음 3가지를 항상 명심해야 한다.

첫째로 지식이 있어야 한다. 그래서 먼저 배우는 일에 힘써야 한다.

둘째로 지식을 표현하는 표현력이 있어야 한다. "시인은 천재로 되는 것이나 웅변은 인력으로 될 수 있다"는 말이 있다. 데모스데네스는 천재적인 언재(言才)가 없었으나 해변의 파도소리 높은 곳에서 웅변을 연습하여 웅변가가 되었다고 한다.

셋째로 감화력이 있어야 한다. 감화력은 기도와 덕행이 있는 인격에서 나온다. 감화력은 인위적으로 되는 것이 아니고 주님과 깊은 교제에서 나오는 것이다.

⑧ 3절: "술을 즐기지 아니하며"(not given to wine)

이는 술에 가까이 있지 않은 상태를 뜻한다. 술은 여러 가지 부작용을 일으키고, 그것이 신앙에까지 치명적인 결함을 가져오기 때문에 이를 금지하는 것이다. 술은 인간의 판단력을 둔하고 흐리게 만든다. 술은 사람을 방종하게 만드는 것이니 만큼 진리의 파수군에게는 금물이다. "술 취함"은 육신의 오락을 탐하는 향락주의이니 하나님을 즐거워해야 할 교회 지도자에게는 우상이 된다.

구약에는 술의 해로운 영향에 대해 지도자들에게 주는 엄중한 경고가 여러 군데 나와 있다. 제사장은 직무를 행하는 동안 술을 마셔서는 안 된다. 아론의 아들들이었던 나답과 아비후가 "여호와의 명하시지 않은 다른 불"을 드리는 죄를 범한 것도 분명히 술 때문이었다(레 10:1-2). 회막 안

뜰에서 그들이 살해된 이유가 여러 가지로 추측이 된다.
 첫째는 그들은 향로에 넣는 숯불을 여호와께서 명하신 번제단으로부터 취하지 않았다(레 16:12; 민 16:46).
 둘째는 그들은 취해 있는 상태에서 교만하게 레위기9:22-24절에서 보여지는 기적적인 사건을 기대했다.
 셋째는 그들은 금지된 지성소에 들어가려고 했다(레 16:1,2).
 넷째는 그들의 제사 시간은 규정되어 있는 정상적인 시간이 아니었다(출 30:7,8).
 그들이 제사장의 아들이었다는 사실이 여기서는 아무런 특권이 될 수가 없었다.
 그 당시에도 왕이나 지도자들은 술을 멀리해야 했다. 그렇지 않으면 그들은 술을 마시다가 법을 잊어버리고 모든 간곤(艱困)한 백성에게 공의를 굽게 하게 되었던 것이다(잠 31:4-5). 잠언 31:4-9절의 내용은 임금으로서 술에 취하면 공의대로 나라는 다스리지 못하게 된다는 말이다. 임금이 술에 취하면 법을 잊어버리고 공궁한 백성에게 억울한 재판을 하기 쉽다.
 신약 시대의 신자들은 구약 시대의 신자들보다 하나님의 은혜를 더욱 많이 받았다. 그러므로 그 은혜에 보답하는 삶을 살기 위해서는 진리와 성령으로 근심을 이기고 절제하는 삶을 살아야 한다(엡 5:8). 술에 취하는 사람은 결국 그것이 습성이 되어 주광(酒狂)이 되어 버린다. 한 나라의 통치자는 언제나 불쌍한 자들을 돌봐야 한다. 지위가 높은 자들은 교만하여져서 약한 자들을 잊어버리기가 쉽다. 그러므로 통치자는 빈천한 서민들과 접촉하며 돕는 것을 정치의 첫 순서로 행해야 된다. 그렇게 하는 일이 나라를 견고케 하는 일이다. 또한 그렇게 함이 하나님을 기쁘시게 하는 일이다. 잠언 20:28절 "왕은 인자와 진리로 스스로 보호하고 그 위도 인자함으로 말미암아 견고하니라"고 하였다.

⑨ 3절: "구타하지 아니하며"(no striker)

이 말은 주먹질하며 싸운다는 뜻이다. 크리소스톰(Chrysostom)은 언사(言辭)로서 남을 치는 것을 가리킨다고 하였다. 그러나 여기서는 손으로 때림을 의미한다고 봄이 타당하다. 사람은 혈기가 있으니 이를 제어하지 못하면 남을 손으로 때리고 치는 죄에 빠지기 쉽다. 이런 사람은 감독의 자격이 없다. 사람이 음주를 하지 않고도 천성적으로 포악하여 사람을 구타할 수도 있다. 특별히 가정에서 부부간에 구타하는 일이 간혹 있다. 이런 일은 양식에 어긋나는 일이요 더욱이 감독으로는 더 그렇다.

⑩ 3절: "관용하며"(not greedy of filthy lucre)
이 말은 "잘 어울린다", "예절 바르다", "점잖으며"란 뜻이다. 이는 앞에서 말한 "술을 즐기거나" "구타하는 일"과 정 반대의 말로 관용해야할 것을 말하고 있다. 감독이 점잖다는 것이 얼마나 당연한가! 반대로 감독이 술 취하거나 혈기를 부리는 것이 얼마나 천한가! 내가 남을 잘 대해 주는데 남이 나에게 그렇게 하지 않을 때 나는 분풀이를 하는 경우가 있다. 그러나 이렇게 함이 주님에게도 나 자신에게도 해롭다는 사실을 기억해야 한다. 감독이 남에게서 해를 당할 때도 얼마든지 있다. 그러나 이럴 때도 관용해야 한다.

⑪ 3절 "다투지 아니하며"(not a brawler)
이는 처음에는 "대항하지 않는다"는 말이었으나 나중에는 "논쟁하지 않는다"는 뜻이 되었다. 이는 포악한 말과 태도로 쟁투하는 것을 금지하는 것이다. 이것은 위에서 말한 관용의 결과로 나타나는 것이다. 남을 너그럽게 대하는 자는 다투지 않는다. 감독에게 정당한 이유가 있다고 할지라도 논쟁을 일삼는 것은 있을 수 없다.

⑫ 3절: "돈을 사랑치 아니하며"(not covetous)
이는 문자 그대로 돈을 사랑하지 않음을 의미한다. 이 말은 정당하게 돈

을 벌어 쓰는 것을 반대하는 것은 아니다. 이는 물욕 때문에 정당하지 않은 방법으로 돈을 벌고 돈을 쓰는 것을 두고 말한다. 고대 세계에는 순회 교사인양 행동하며 편안한 생활을 했던 돌팔이들이 있었다.

구약 성경에서 미가는 예루살렘을 향해 분노를 발하는데, "그 두령은 뇌물을 위하여 재판하며 그 제사장은 삯을 위하여 교훈하며 그 선지자는 돈을 위하여 점을 쳤다"라고 말씀하고 있다(미 3:11). 재판하고 교훈하며 예언하는 일 등은 백성들로부터 마땅히 보상을 받을 만한 일들이었다. 그러나 이러한 일들이 또 다른 경제적 업종으로 전락하고 말았다. 그 결과로 불의와 거짓 예언이 성행하였기 때문에 미가는 하나님의 공의와 말씀대로 돌아올 것을 요청하고 있다.

신약에서는 베드로전서 5:2절에 "너희 중에 하나님의 양 무리를 치되....이(利)를 위하여 하지말고"라고 했다. 초대교회에서는 장로들이 보수를 받고 회중들을 양육했지만(고전 9:7-11; 딤전 5:17) 그 동기는 재정적인데 있지 않았다. 그들은 하나님과 그들의 일을 위한 열심과 정열로서 직무를 수행하였던 것이다. 이기주의의 동기 없이 교역자가 교역을 즐겁게 하려면 하늘 나라의 영적 기쁨이 공급되어야 한다. 이것은 주님을 위하여 전적으로 헌신하는 자가 체험하는 것이다.

⑬ 4절: "자기 집을 잘 다스려 자녀들로 모든 단정함으로 복종케 하는 자라하며" (one that ruleth well his own house, having his children in subjection with all gravity)

당시 로마사회는 자녀교육을 노예들에게 일임한 상태로 그 풍기와 정신상태는 말이 아니었다. 이런 일들로 인하여 사도 바울은 이런 말씀으로 감독의 자격을 말한 줄로 안다. 교회의 지도자들은 자기 자녀들을 잘 교육시켜야 한다. 교육 중에서 가장 어려운 교육이 자녀교육이다. 엘리 제사장은 그의 자녀들 교육에 실패했다. 사도 바울은 가정을 작은 교회처럼 생각하고 있다. 작은 자기 가정을 잘 다스리지 못하면 어떻게 큰 교회를 다스리겠는가? 란 논리이다. 이는 지극히 당연한 논리이고 주장이다. 부모는 자녀를 신앙적 존엄성을 가지고 길러야 한다.

⑭ 5절: "새로 입교한 자도 말지니"(not a novice)
이 말은 "갓 심은 나무"를 의미한다. 예수를 믿은지 얼만 안 되는 신자를 감독으로 세워서는 안 된다. 이것은 신앙의 전통과 역사를 중시하기 때문이다. 장로교에서 장로의 자격을 30세 이상 5년 무흠 세례교인으로 규정하는 것은 이런 이유 때문이다. 원래 장로는 "턱수염"이란 뜻이다. 이 말은 연장자를 의미한다. 장로의 자격에는 신앙의 년조, 경험, 역량 등이 중요하다. 그러므로 신자가 신속하게 교역자가 되려고 하는 것은 금물이고 어리석은 일이다.

아다나시우스((Athanasius)와 같은 위인도 감독으로 피택되는 때에 도망을 했다고 한다.

바질(Basil)은 웅변가요 신학자요 목회자였으나 처음에는 감독되기를 원치 않았다가 후에는 마지못해 되었다고 한다. 그는 병자들을 자기 형제로 알고 자기의 전 재산을 기울여 구제하였다고 한다.

그레고리(Gregory)는 자기도 모르게 감독직에 장립이 되었다.

에프레인(Ephrain)은 감독의 임명을 받을 때에 그것을 피하기 위하여 거짓으로 미친 사람의 행동을 했다고 한다.

암브로스(Ambrose)는 자기의 전 재산을 기울여서 가난한 자를 구제하며 밤 기도를 힘쓰던 분인데 감독의 임명을 받을 때에 두려워서 놀라 그것을 피하려고 하였다.

어거스틴(Augustine)은 주님을 봉사하기 위하여 자기의 재산을 드렸고 검소(儉素)한 생활을 하였는데 그가 감독이 된 것도 원치 않았던 바였다.

초신자가 감독이 되어서는 안 되는 이유를 여기서 말하고 있다. 6절에 "새로 입교한 자도 말지니 교만하여져서 마귀를 정죄하는 정죄에 빠질까 함이요"라고 했다. 여기 "마귀를 정죄하는 그 정죄"란 말은 마귀가 처음에 교만하여 하나님을 반대하였을 때에(유 1:6), 영원한 형벌을 받게 된 것을 가리킨다. 새로 입교한 자는 믿음이 유치하기 때문에 성직을 받은 후에 교만하여져서 실수를 하기 쉽다.

⑮ 7절: "외인에게도 선한 증거를 얻은 자라야 한다"(a person who must have a good report of them which are without).

여기 말하는 외인은 불신자를 가리킨다. 감독은 불신자에게서도 선한 증거를 얻은 자라야 한다. 일반 사회의 도덕관은 단순하고도 도의적이며, 윤리적이다. 그들의 판단에 시인되지 못하는 도덕을 가지고서는 교회를 지도하지 못하는 것이다. 그리스도인은 믿음을 중시하나 불신 사회는 도덕을 중시하며 정의감을 내세운다. 그리스도교의 믿음과 불신 사회의 도덕률이 상치가 될 때 바울은 불신 사회의 도덕률이 그리스도교의 윤리나 원칙이 된다고 말하지는 않았다. 그러나 불신 사회에서 악평을 받는 사람은 교회에서 감독이 되어서는 안 된다고 했다.

2) 장로(Elder)

여기 "장로"(elder)란 말은 위에서 언급한 대로 "턱수염"이란 뜻이다. 감독과 장로는 동일한 의미로 사용이 된다. 장로에는 두 반이 있다. 첫째는 "가르치는 장로"(Teaching elder)이고 둘째는 "치리하는 장로(Ruling elder)이다. 가르치는 장로를 "목사"라고 하고 치리하는 장로를 "장로"라고 한다. 목사는 가르치는 일과 치리하는 일을 하며 치리하는 장로는 치리하는 일만 한다. 목사가 치리회장이 되는 이유는, 치리는 말씀에 불순종하거나 거역하거나 위반했을 때 하기 때문이며 즉 말씀에 근거해야 하기 때문에 목사가 말씀을 가르치는 전문가로서 치리회장이 되고 당회장이 되는 것이다.

3) 신부(Father)

이는 천주교(Roman Catholic)에서 부르는 호칭이다.

4) 사제(Priest)

이는 뉴 잉글랜드(New England)에서 부르는 호칭이다.

5) 선생(Dominie)

이는 스코틀랜드(Scotland)에서 부르는 호칭이다.

6) 목회 지도자(Pastoral Director)

이 호칭은 니버(Niebuhr)가 했다.

7) 목사(Reverend)

이 단어는 목사에 대한 통칭이다. 일반적으로 이 호칭을 사용할 때는 영어의 "the"를 부쳐서 고유명사로 만든다. 혹자는 이 호칭은 사람에게 붙이면 안 된다고 한다. 그 근거는 시편 111:9절 "그 이름이 거룩하고 지존(至尊)하시도다(Holy and reverend is His name"이다.

8) 목사(Minister)

목사(minister)란 말은 장관이란 말에도 사용이 된다. 즉 이 단어를 교육부에 붙이면 "교육부 장관"(Minister of Education)이 된다. 뿐만 아니라 또한 종(Servant)이란 뜻도 있다.

"행정하다(administer)란 말은 "ad"(지도하다)란 접두어와 "minister"(종)이란 두 단어의 합성어이다. 그래서 "행정하다"란 말은 "종을 지도하다"(direct the minister)란 뜻이다.

목사가 하는 사역에는 크게 5가지가 있다.

① Preaching(=Homiletics) 즉 설교이다.
② Teaching(=Pedagogy) 즉 교육이다.
③ Counseling 즉 상담이다.
④ Adminstration 즉 행정이다.
⑤ Calling 즉 심방이다.

목회자가 설교를 잘못하면 강단에서 쫓겨나고 행정을 잘못하면 교회에서 쫓겨난다는 말이 있다. 모든 성도는 하나님의 종이다. 칼빈은 이 "종의 사상"이 강했다. 종에게는 자율권이 없다. 종은 주인이 시키는 대로 해야 하는 신분이다. 종은 신분 중에서 제일 낮은 지위이다. 보통 교회의 담임 목사를 큰 종, 부 목사는 작은 종이라고 한다. 혹은 어린 종, 젊은 종, 늙은 종(노종)이라고도 부른다. 우리는 모두가 하나님의 종임을 기억해야 한다.

마태복음 20:28절 "인자의 온 것은 섬김을 받으려 함이 아니라 도리어 섬기려하고". 여기 "섬김을 받으려 함이 아니라"란 말은 영어로 "not to be served" 즉 수동이고 "섬기려 하고"는 영어로 "but to serve" 혹은 "ministered unto" 즉 능동이다. 예수님은 하나님의 보좌를 버리시고 이 세상에 오셨을 때에 말구유에서 탄생하셨다. 이는 그의 겸손의 모범을 가리키신 것이다. 뿐만 아니라 예수님은 "여우도 굴이 있고 공중의 새도 깃드릴 집이 있지만 인자는 머리 둘 곳이 없으셨다고 하였다. 그는 수많은 병자를 고치셨다. 그는 무리를 불쌍히 여기심으로(compassion upon them) 5병 2어의 이적을 행하셨다. 이런 섬기는 자세가 바로 오늘날 목회자의 자세가 되어야 한다.

9) 설교자(Preacher)

목사가 하는 사역 중에서 가장 중요한 일은 말씀을 선포하는 일이다. 설교자로서의 목회자는 항상 3 가지를 기억해야 한다.

(1) 내용(contents)

내용이 성서적이어야 한다. 일반 예화, 통계, 시, 찬송, 간증 등등은 성경을 풀이하는데 도움이 되어야 한다.

(2) 전달(delivery)

전달이 단조(monotone)로우면 안 된다. 장단고저가 있어야 한다. 마치 음악의 음표와 같다.

(3) 적용(application)

우리 생활에 실제로 적용이 되어야 한다. 설교가 인간의 생활에 실제로 적용이 될 때 교인들이 내가 무엇을 하여야 할까? 란 고백을 하게 된다. 사도행전 2:14절 이하에 베드로의 오순절 설교가 기록되어 있다. 베드로의 설교를 들은 무리들은 "우리가 어떻게 하여야 구원을 얻으리이까? (what shall we do to be saved?)란 고백을 했다. 사도행전 7장에 스데반의 설교를 들은 무리들은 돌로 그를 쳐서 죽였다. 이는 마음의 상태가 달랐기 때문이다. 한 무리는 마음 문을 열고 말씀을 들었고 다른 한 무리는 마음 문을 닫고 들었기 때문이다.

10) 목사=목자(Pastor=Shepherd)

"목사"(Pastor)란 단어는 주로 감리교에서 사용되고 "목사"(Minister)란 단어는 주로 장로교회에서 사용이 되고 있었으나 그러나 현재는 혼용되고 있다. 목사(Pastor)"란 단어는 현재 목회 현장에서 목회하고 있는 목사에게 주어지는 칭호이며 이 단어는 항상 양(sheep)과 관계된다. 시편 23:1절에 "여호와는 나의 목자시니 내가 부족함이 없으리로다"(The Lord is my shepherd, I shall not want)에서 shepherd란 pastor와 동일한 말로서 그 뜻은 먹이다(to feed), 보호하다(to protect), to lead(인도하다)란 뜻이다. 이는 신약에서 18회 나타나 있다.

목사(牧師)란 말은 에베소서 4:11절에만 나타나 있다. 목회(牧會)는 목사(牧師)의 목(牧)과 교회(敎會)의 회(會)가 합친 단어이다. 목자(牧者)가 양을 떠나서는 붙여질 수 없음 같이 목사(牧師)도 교인이 없이 붙여질 수 없다.

신약에서 목사와 관계된 칭호들은 김병원저 "목회학" 21,22 페이지에 23가지로 나타나 있음을 참조하기를 바란다. 목사에 대한 종합적인 표현은 사자(messenger), 파숫군(watchman), 청지기(steward)이다. 목자는 양의 지도자임과 같이 목사는 교인의 지도자이다. 목사는 교인들의 상태와 관계(즉 하나님과의 관계, 이웃과의 관계, 자신과의 관계)를 항상 관찰해야 한다.

창세기 3:9절 "여호와 하나님이 아담을 부르시며 그에게 이르시되 네가 어디 있느냐?" 이는 하나님과의 종적인 관계설정을 의미한다. 창세기 4:9절 "여호와께서 가인에게 이르시되 네 아우 아벨이 어디 있느냐?" 이는 인간간의 횡적인 관계설정이다. 창세기 16:8절 "가로되 사래의 여종 하갈아 네가 어디서 왔으며 어디로 가느냐". 이는 인간의 출처와 가는 목적지가 어딘가를 말해 주는 아주 중요한 교훈이다. 창세기 18:9절 "네 아내 사라가 어디 있느냐 대답하되 장막에 있나이다". 이는 부부간의 관계설정이다.

이런 관계 설정을 목회자는 양들에게 바로 가르쳐 줘야한다.

기독교 지도자로서 목사가 교인들과의 관계에서 하는 일들은 다음과 같다.

① 사랑하다(love)
② 돌보다(care for)
③ 관심을 갖다(concern)
④ 보살피다(look after)

잠 27:23 "네 양떼의 형편을 부지런히 살피며 네 소 떼에 마음을 두라"

⑤ 먹이다(feed)
⑥ 보호하다(protect)
⑦ 인도하다(lead)

기독교 지도자로서의 목자는 양떼들을 집합적으로(collectively) 그리고 개인적으로(individually)돌봐야 한다. 성경은 집단적으로 보다 개인을 더 중시하고 있다. 골로새서 1:28절 "우리가 그를 전파하여 각 사람(every man)을 권하고 모든 지혜로 각 사람(every man)을 가르침은 각 사람(every man)을 그리스도 안에서 완전한 자로 세우려 함이라". 20c와 21c를 매스콤 시대(The Age of Mass)라고 한다. 대량생산(Mass Production), 대중 전달(Mass Communication), 언론 기관(Mass Media: 신문, 라디오, 텔레비전 등등은 매스콤 시대를 지칭하는 단어들이다. 그러나 우리가 비록 매스콤 시대에 살고 있지만 목회자의 목회는 개인에 치중해야 한다. 예수님은 12제자 중에서 7명을 개인전도로 부르셨다.

제 5 장

시편 23편과 요한복음 10장에 나타난 이상적인 기독교 지도자상(=목자)

성경 66권(구약 929장, 신약 260장 합 1,189장) 중에서 시편 119편은 말씀장이고, 마태복음 13장은 비유장이며, 고린도 전서 13장은 사랑장이며, 고린도 전서 15장은 부활장이고, 히브리서 11장은 믿음장이다. 그런데 하나님과 예수 그리스도를 가장 이상적인 지도자상(=목자상)으로 표현된 곳이 두 곳이 있다.

구약에는 시편 23편이고 신약은 요한복음 10장이다.

1. 시편 23편에 나타난 이상적인 지도자상(=목자상)

시편 23편은 모든 사람에게 가장 애송되는 시이다. 비쳐(Beecher)는 시편 23편에 대해 말하기를 "어두운 곳에서 수줍은 듯이 노래하는 평범한 빛깔의 깃털을 가진 작은 새이지만 아름다운 선율로써 온 세상에 기쁨으로 가득 채우는 나이팅게일(Nightingale) 시편"이라고 했다. 그는 또한 다음과 같이 말했다. "이 시편은 지금까지 들은 중에 가장 감미로운 노래를 부르면서 땅위에 오르락내리락하는 한 마리의 새와 같다. 그것은 세상 모든 철인들보다 인간의 비통을 안식으로 읊어주었다. 그것은 당신의 자녀들에 의하여 또 나의 자녀들과 그들의 자녀에 의해 이 세상 끝날 때까지 불러지리라. 그리고 그것의 일이 끝났을 때는 하나님의 품으로 다시 돌아들어 날개를 접고 그곳으로 오게 하려고 도왔던 분들의 기쁜 코러스(chorus)에서 영원히 노래하리라"

시편 23편은 전원목가요, 궁중의 합창이며, 천군의 찬양이요, 억천만 하늘 성도와 함께 영원히 노래할 테마(theme)이다. 이 시는 어린이들에게 동요를, 학생들에게 호기심을, 군인들에게 담력을, 정치가에겐 예지를, 시인에겐 이미지(image)를 주고 있다. 뿐만 아니라 신자에게는 반려를, 설교자에게는 본론을, 신학자에게는 조직신학을 이 짧은 6절 속에서 찾을 수 있다. 여호와 하나님을 나의 목자로 삼는 자는 이런 엄청난 축복을 받을 것이다. 이것이 바로 여호와 로이(Jehovah Loi)이다.

구약에서 하나님을 이상적인 목자상으로 표현된 대표적인 곳은 시편 23편 외에도 더 있으니 다음과 같다.

① 시편 23: 하나님은 목자
② 시편 80: 하나님은 이스라엘의 목자
③ 사 40:11 하나님은 목자와 같이 양 무리를 먹이시며
④ 겔 34:31 "내 양 곧 내 초장(草場)의 양 너희는 사람이요 나는 너희 하나님이라 나 주 여호와의 말이니라"

시편 23:1절 "여호와는 나의 목자시니 내가 부족함이 없으리로다"(The Lord is my shepherd; I shall not want). 퀘일(Quayle) 감독은 "주는 나의 목사(The Lord is my pastor)이시므로 내가 부족함이 없으리로다"라고 번역했다 즉 그는 목자와 목사를 동등시했다. 목자는 양과 관계되는 직종이다. 양이 없는 목자는 있을 수 없다. 마찬가지로 목사도 양이 없이는 존재할 수 없다. 목자가 양을 바로 먹이기 위해서는 양에 대해 바로 알아야 한다.

목자가 먹이는 양은 어떤 특성을 가지고 있는가?

① 사 53:7 "그가 곤욕을 당하여 괴로울 때에도 입을 열지 아니하였음이여 마치 도수장(屠獸場)으로 끌려가는 어린 양과 털 깎는 자 앞에 잠잠한 양같이 그 입을 열지 아니하였도다" 그는 목자 되시는 예수님의 무력함을 나타낸다. 이사야 53장은 앞으로 나타나실 그리스도를 종으로 표현했다.

53:1-3절은 종의 인격
53:4-6절은 종의 고난
53:7-9절은 종의 순종
53:10-12절은 종의 운명을 표현했다.

여기서 "종의 순종"은 그가 입을 열지 아니하였다. 그가 침묵한 것은 약하고 신중을 기하기 위해서가 아니라 사랑과 신앙 때문이었다.

② 요 10:4-5 "자기 양을 다 내어놓은 후에 앞서 가면 양들이 그의 음성을 아는 고로 따라 오되 타인의 음성은 알지 못하는 고로 타인을 따르지 아니하고 도리어 도망하느니라" 양들은 항상 그들의 목자를 따라간다. 그러나 낯설은 사람들에게는 음성을 알지 못하므로 따라가지 아니하고 도리어 도망한다.

③ 사 53:6 "우리는 다 양 같아서 그릇 행하여 각기 제 길로 갔거늘 여호와께서는 우리 무리의 죄악을 그에게 담당시키셨도다" "우리는 다"란 말은 한 사람도 제외시키지 않았다는 뜻이다. 로마서 3:10절에 "의인은 없나니 하나도 없으며"란 결론에 이르게 된다. 양은 목자가 돌보지 않으면 그릇 행하여 각기 제 길로 간다. 그러나 이런 특성을 가진 양이라도 목자의 돌봄으로 부족함이 없다. 채드위크(Chadwick)는 "우리 주님의 이 세상에서의 목회는 목사의 직무를 이행하신 것으로 간주된다"고 말했다.

하나님께서 이상적인 지도자(=목자)로서 하신 일들이 다음 9가지임을 알고, 기독교 지도자들도 이런 정신과 자세를 가지고 양떼를 대해야 할 것이다.

1) 양 한 마리 한 마리에 대한 깊은 관심(1절)

1절: "여호와는 나의 목자시니(The Lord is my shepherd)".

다윗은 여기 하나님을 목자로 비유한다. 목자는 양을 먹이고 인도한다.

그와 같이 하나님은 성도를 신령한 양식으로 먹이며(요 10:9) 또 구원의 길로 인도하신다(히 2:10; 12:2). 델리치(Delitzsch)는 "천지 만물을 지으시고 소유하신 하나님을 목자로 모신 성도에게는 부족함이 있을 이유가 없다"고 하였다. 다윗은 하나님을 하나의 이론 대상으로만 삼지 않았다. 그는 "나의" 목자라고 체험으로 하나님의 사랑을 느낀다.

여기 "나의 목자"란 말에는 여러 가지 의미가 내포되어 있다.

(1) 여기 "나의"(my)는 1인칭, 단수, 소유격이다. 기독교는 이기주의(egoism)는 아니나 개인주의(individualism)이다. 이 말은 구원은 하나님과 나의 관계에서 항상 이루어지는 1인칭이다. 기독교는 구원의 관점에서 보면 극단적인 개인주의이다. 내가 예수님을 믿어야 구원을 얻는다. 물론 가족이 기독교인이면 영향력은 행사할 수가 있지만 가족이 나 대신 구원을 얻어 줄 수가 없다. 그러므로 그리스도는 개별적인 방법(An individual manner)으로 모든 영혼을 1:1로 대하셨다.

예를 들면

요 3: 니고데모와의 대화

요 4: 사마리아 여인과의 대화

요 8: 간음하다 잡혀 온 여인과의 대화

눅 19: 삭개오와의 대화이다.

(2) 택함을 받은 성도만이 이렇게 고백할 수 있다(요 10:14, 15, 26-30). 그러면 누가 택함을 받았는가? 그것은 그렇게 어려운 문제가 아니다. 칼빈(John Calvin)은 말하기를 "그리스도는 예정 혹은 선택을 비추어 주는 거울"이라고 하였다. 이 말은 우리가 그리스도를 진실히 믿는다면 우리는 영원 전에 택함 받은 성도인 것이 드러난다.

(3) 하나님을 나의 목자로 고백하는 자는 고난을 많이 받음으로 겸손해진 자이다. 성도는 고난을 받기 전에는 평안의 맛을 잘 모른다. 하나님이 주시는 만물을 사용하면서도 고마운 줄 모르는 때가 있다. 그 이유는 인간의 무지 때문이다.

(4) 하나님을 나의 목자로 고백하는 자는 부족함이 없다. 그 이유는 그가 하나님과 같이 살기 때문이다. 하나님을 소유한 자는 천지만물을 소유한 자보다 더 큰 부자이다. 만물을 소유하는 것보다 만물을 창조하신 하나님을 소유하는 것이 더 큰 축복이다. 그는 물질적으로 가난하게 지낼 수 있으나 부족함을 느끼지 않을 것이다.

2) 쉴만한 물가와 일용할 양식(2절)

2절 "쉴만한 물가와 푸른 초장"(green pastures and still waters)

"쉴만한 물"은 "천천히 흐르는 물이니 양들이 마시기 편하고 그 건강에도 유익한 것이다"라고 칼빈(John Calvin)은 말했다. 하나님은 인간이 누울 장소 즉 "어디"(where)와 어느 때 즉 "언제"(when)를 잘 아신다. 하나님은 인간의 한계를 아신다. 기독교 지도자는 자신과 피지도자의 인간적인 한계를 알아야 한다. 인간은 무한한 잠재력은 가지고 있다는 말은 사실이나 그러나 어디까지나 한계(limit)가 있다는 사실도 인정해야 한다. 그러므로 양은 목자가 없으면 죽고 말 것이다.

"푸른 초장"은 영어로 "green pasture"로서 바로 일용할 양식으로 식(食)이다. "쉴만한 물가"는 영어로 "still water"로서 바로 음(飮)이다. 먹고 마시는 것을 식음(食飮)이라 한다. 마시고 먹는 것을 음식(飮食)이라 한다. 지도자는 피지도자를 먹이고 마실 곳으로 인도해야 한다. 지도자는 피지도자에게 먹고 마실 것을 주면서 인도해야 한다. 인간이 먹고 마시는 것은 생존권과 관계되어 있다. 이는 아주 중요한 것이다.

요한복음 4장에는 예수님을 생수로, 요한복음 6장에는 예수님을 하늘에서 온 떡으로 비유되었다. 예수님은 인간에게 식음이 되신다. 예수님은 인간에게 먹고 마실 것을 풍성하게 공급하고 계신다. 사람이 마시고 먹지 않고는 살수가 없다. 이 말은 인간은 영적으로 예수님 없이는 살수가 없다는 뜻이다. 예수님은 인류에게 영적 음식을 충분히 공급해 주신 것처럼 목사는 양떼들에게 영적으로 먹고 마실 것을 충분히 공급해야 한다.

주님이 목자가 되시어서 양떼들을 인도하시면 전연 부족함이 없다. 여기 부족함이 없다는 말은 만족하다는 뜻이다. 성도들이 만족한 삶을 사는 이유는 자기의 분정 밖의 것을 구하지 않기 때문이다. 시편 131:1절에 "여호와여 내 마음이 교만치 아니하고 내 눈이 높지 아니하오며 내가 큰 일과 미치지 못한 기이한 일을 힘쓰지 아니하나이다"라고 하였다. 시인은 세 가지 방면에서 그 겸비를 위주 하였다. 곧 "마음", "눈", "노력(행위)"이다. 이것은 점층식 묘사법이다. 교만의 활동 기지는 이렇게 마음, 눈, 행위이다.

마태복음 6:34절 "내일 일을 위하여 염려하지 말라 내일 일은 내일 염려할 것이요 한날 괴로움은 그 날에 족하니라" 여기 "내일 일은 내일 염려할 것이요"란 말은 "내일 일은 내일 스스로가 염려할 것이요"로서 내일 일을 위하여 미리 염려하지 말라는 것이다. 음식물과 의복을 위하여 염려하지 말라 하신 주님은 마지막으로 내일 일을 위해 염려하지 말라 하신다. 여기에 "내일"이 인격화되었다. 내일 일은 내일 그 자신이 처리할 것이라는 의미이다. "한 날 괴로움"이란 말은 보통 "악"으로 번역된다. 그러므로 이 어귀는 "한 날 당하는 괴로움"이란 뜻이다. 그런데 여기에 "한 날 염려"라고 하지 않으셨다. 즉 괴로움은 당하되 염려는 하지 말 것이다. 오늘의 일에는 최선을 다하고 그 후의 일은 하나님의 장중에 맡기고 안심하라는 것이다. 내일 일을 미리 걱정하는 것은 지혜가 없는 일이다. 위에서 언급한 성구들은 하나님께서 성도들에게 부족함이 없도록 채워주신다는 교훈이다.

무디(Dwight L. Moody)는 말하기를 "네 부요가 소유가 많은데 있지 않고 소원이 적은데 있다"(Let your riches consist, not in the largeness of your possessions, but in the fewness of your wants). 그러므로 신자들은 어디서나 족하게 살 줄 알아야 한다. 사도 바울은 빌립

보서 4:12절에 "내가 비천에 처할 줄도 알고 풍부에 처할 줄도 알아 모든 일에 배부르며 배고픔과 풍부와 궁핍에도 일체의 비결을 배웠노라"고 하였다. 바울과 실라는 옥중에서도 찬송하며 기도하였다. 우리는 하나님의 품속에서 잠자는 자와 같이 만족하는 자가 되어야 한다. 잠자는 자에게는 빈부의 차이가 없다. 그래서 시편 기자는 하나님께서 사랑하는 자에게 잠을 주신다고 하였다(시 127:2).

기독교 지도자요 설교자로서의 목사는 교인들에게 풍부한 양식 제공을 하도록 항상 힘을 써야 한다. 그러기 위해서는 성경을 연구하되 망원경 식 성경연구와 현미경 식 성경연구를 해서 교인들을 가르쳐야 할 것이다. 또한 목회자가 설교를 할 때 구속사적 성경해석(redemptive-historical Biblical exegesis)을 해야 한다. 이 해석법은 구약이나 신약이나 모든 해석의 초점이 그리스도를 중심하는 것이다. 설교자는 주일 오전 설교에 특별히 전력투구해야 한다. 교인들의 출석현황을 보면 주일 오후에 출석하는 수는 주일 오전의 2분의 1이고, 수요일은 주일 오후의 2분의 1이며, 새벽기도회는 주일 오전의 10분의 1이다. 이 통계에 의하면 설교자는 주일 오전 설교에 최선을 다 해야 할 것이다.

3) 인도와 지도(2절)

2절 "나를 인도 하시는도다(He leads me)".

선한 목자는 양떼들을 푸른 초장으로 잔잔한 물가로 인도하신다. 선한 목자는 양에게 육신의 양식뿐만이 아니라 영적 양식도 공급해 주신다. 이런 영 육간의 양식을 공급할 수 있는 곳으로 인도한다. 그러므로 선한 인도자는 예수님과 같이 뒤에서 몰지 말고 앞에서 인도해야 한다. 한국 전쟁시 소위를 하루살이라고 불렀다고 한다. 그 이유는 앞에서 소대를 이끌고 갔기 때문에 죽을 가능성이 높았기 때문이다. 지도자는 부하들을 앞에서 이끌고 가야한다. 뒤에서 몰고 가려고 해서는 안 된다. 요한 계시록 7:17

장 "어린양이 저희의 목자가 되사 생명수 샘으로 인도하신다" 여기 "어린양"은 예수님을 가리킨다. 그는 인류의 선한 목자가 되신다. 선한 목자이신 예수님은 성도들을 생명수 샘으로 인도하사 저희를 다시 주리지도 아니하며 목마르지도 아니하게 하신다. 이것은 요한 계시록 22:1-5절에 다시 구체적으로 설명하고 있다.

4) 원기 회복과 격려(3절)

3절 "내 영혼을 소생시키고"(He restores my soul).
여기 "restore"란 단어의 뜻은 회복이다. "영혼을 소생시킴"은 범죄 하였던 영혼을 회개하게 하여 진정한 생명을 맛보게 하심을 의미한다. 영혼은 죄 때문에 죽는 법이고 다시 살기는 죄를 회개함으로만 되어진다. 목자는 양이 피곤하고 낙심할 때 회복시켜야 한다. 죄는 관계 단절이다. 회복(소생)은 관계 회복(정상화)이다.

지도자로서의 그리스도는 인간을 설득하려고 노력했지 결코 강제나 폭력으로 하지 않으신다. 그리스도는 죄는 정죄 하셨으나 죄인은 사랑하시고 구원하신다. 그는 영혼의 구세주이심과 동시에 육체의 불행에도 관심을 가지고 계신다. 마태복음 9:2절에 예수님은 중풍병자의 병을 고치시기 전에 "소자여 안심하라, 네 죄 사함을 받았느니라"라고 하셨다. 그는 영·육 양면에 관심을 가지시고 고치신다. 예수님은 사람들을 대하실 때 사랑에서 출발하신다. 마태복음 9:36절 "무리를 보시고 민망히 여기시니 이는 저희가 목자 없는 양과 같이 고생하며 유리함이라". 목자 되신 우리 주님의 심정이 잘 나타나 있다. 예수님은 그 당시 사람들을 목자 없이 유리 하는 양과 같이 보셨다.

"유리 한다"란 말은 "고생하며 헤매다" 혹은 "버림을 받아 쇠약해진"이란 뜻도 된다. 피로에 지쳐 쓰러진 양떼와 같은 무리들에게는 목자와 같은 예수님이 필요하다. 마태복음 10장에는 12 제자를 부르시고 파송 하시면서 더러운 귀신을 쫓아내는 권능을 주셨고 모든 병과 약한 것을 고치는 권능을 주셨다. 이스라엘 집의 잃어버린 양에게로 가서 천국복음이 가까웠다고 전파하라 하셨다. 12제자들을 보내시면서 병든 자를 고치며, 죽은 자를 살리며, 문둥이를 깨끗하게 하며, 귀신을 쫓아내며, 거저 받았으니 거저 주라고 말씀하시면서 그들을 파송 하셨다. 전대(纏帶)에 금이나 은이나 동을 가지지 말라 하시면서 주머니에 두벌 옷이나 신이나 지팡이를 가지지 말라 하셨다. 합당한 자를 찾아내어 거기 머물라 하셨다. 집에 들어가면서 평안하기를 빌라 하셨다. 영접하지 않으면 발에 먼지도 털라 하셨다.

누가복음 10장은 예수님이 70인을 파송 하시면서 주신 내용으로, 이 부분이 바로 예수님의 목회학이다. 예수님은 70인을 각동(各洞) 각처(各處)로 둘씩 보내셨다. 추수할 것은 많되 일군이 적으니 그러므로 추수하는 주인에게 청하여 추수할 일군들을 보내어 주소서 하라고 하셨다. 전대를 가지지 말라, 주머니를 가지지 말라, 신을 가지지 말라, 길에서 아무에게도 문안하지 말라(불필요한 인사를 하지 말라는 뜻), 어느 집에 들어가면 이 집이 평안 할지어다 하라, 일군이 삯을 얻는 것이 마땅하니라, 병자들을 고치라, 하나님의 나라가 너희에게 가까이 왔다고 말하라, 이는 파송 받은 제자들이 "어떻게 행할 것인가"에 대한 지시의 기록이다.

5) 목표와 자극(3절)

3절 "자기 이름을 위하여(for his name's sake)".

기독신자들이 하는 모든 일의 궁극적인 목표는 "주의 이름"을 위하는 것이다. 십계명 중 제 3계명에 "하나님의 이름을 망령되이 일컫지 말라"고 하였다. 기독교 지도자는 목표를 정해 놓고 그곳으로 피지도자들을 인도해야 한다. 기독교 지도자에게는 목표설정이 분명해야 한다. 뿐만 아니라 그 목표에 이르는 방향이 바르지 않으면 안 된다. 그리고 그곳으로 인도하는데 따라 올 수 있도록 동기부여(motivation)를 주어야 한다. 이는 말씀과 성령으로만이 가능하다.

6) 의의 길로 인도하심(3절)

3절 "의의 길로 인도하시는도다(He leads me in the paths of righteousness)".

"의의 길로 인도함"은 곧은 길 즉 평탄한 길로 인도함을 의미한다. 하나님이 보시기에 평탄한 길이 사람 보기에는 험하고 좁은 길일 수도 있다. 그러나 그것이 천국에 들어가는 첩경이요 주님의 축복을 받는 비결이다. 하나님께서 이렇게 회개한 성도를 옳은 길로 인도하심이 인간편에서 어떤 공로가 있어서 그런 것이 아니고 하나님 자신의 공로 때문이다. 그는 절대적인 주권에 의하여 긍휼의 덕으로만 죄인들을 택하셨고 또 구원하신다.

"의의 길"은 사는 길이고 참된 길이다. 악인들이 악을 행하면서도 "의"를 행한다고 광고한다. 그것을 보면 그들도 무의식중에 "의"는 유일한 참된 길인 줄 아는 증표이다. 그러나 대부분의 경우 그들은 "의"의 간판을 도둑하여 사용한다. "예수님이 실패하지 않으신다"(Jesus never fails)란 말은 성도들이 사랑하는 표어이다. 예수님이 실패하지 않으신 이유는 의의 길을 걸으셨기 때문이다. 다윗도 마찬가지이다. 이 세상에는 사회정의, 정치계의 정의, 도덕상의 정의가 있다. 이런 종류의 의를 행할 기회는 얼마든지 있다. 그러나 하나님이 원하시는 의는 이런 유의 의가 아닌 아주 고차원적인 의다.

기독교 지도자는 피지도자들을 인도하되 의의 길로 인도해야 한다. 인도하되 교훈과 교육과 훈계를 목적으로 한 인도여야 한다. 디모데후서 3:16절 "모든 성경은 하나님의 감동으로 된 것으로 교훈과 책망과 바르게 함과 의로 교육하기에 유익하니" 이는 성경의 효능을 열거한다. 주님은 의의 길로 인도하시되 교훈과 책망과 바르게 함과 의로 교육을 하시면서 인도하신다.

① "교훈"이란 교리(doctrine)나 교훈(teaching)으로도 번역이 된다. 전자보다는 오히려 후자가 더 적합한 번역인 것 같다.

② "책망"은 확신(conviction)이란 뜻으로 확신을 주게 책망을 하는 것이다. 이는 이단에 대하여(딛 1:9, 13), 또는 죄에 대하여(살전 5:20; 딛 2:15) 책망하는 것이다. 요한복음 16:8절에는 "죄에 대하여" 책망하는 것이 성령의 역사로 지적되었다. 성경 역시 성령의 감동으로 된 것이요, 성경을 통해 성령께서 역사하셔서 위와 같은 책망을 하시는 것이다.

③ "바르게 함과"란 "다시 올바른 자세에 선다"는 뜻이다. 이 말은 도덕적 바른 자세에 선다는 말이다.

④ "의로 교육"하기란 의로 시정 또는 훈련한다는 뜻이다.

주님은 성령님을 통하여 성도들을 이런 모양으로 인도하신다.

참고자료 예수님과 제자들과의 관계에서 3가지

① 제자들을 부르시고(calling)

이것을 전도라고 한다. 이는 믿는 자 개인 개인이 나가서 전도해야 함을 말한다.

② 훈련시키시고(training)

이를 교육이라고 한다. 전도해서 교회로 데리고 온 사람을(새 신자)교회 지도자들이 시켜야 한다.

③ 파송하시고(sending out)

교인들이 전도해서 주님과 교회로 데리고 온 사람들을 교회 지도자가 훈련시켜서, 파송은 교회 이름으로(즉 주님의 이름으로) 시켜야 한다.

이 사이클이 잘 돌아가야 교회가 부흥이 된다. 그러므로 교회 지도자는 교육 프로그램을 잘 계획해서 추진해야 한다.

7) 안전과 안위(4절)

4절 "해를 두려워하지 않을 것은 주의 지팡이와 막대기가 나를 안위하시나이다 (I will fear no evil; for your rod and your staff they comfort me)".

다윗은 위험한 때에 주님의 보호로 구원받은 경험이 있으므로 죽을 지경의 위험 가운데서도 두려움이 없었다. 그는 젊었을 때에 골리앗 대장을 물 맷돌 하나로 죽이고 승리한 사람이었다. 그는 그 경험을 통하여 자기의 이력(履歷)을 믿지 않고 하나님의 도움을 믿어서 전쟁을 두려워하지 않았다. 그는 블레셋 지경에 망명하였던 일이 있었는데 마침 블레셋이 이스라엘을 칠 때에 군대에 나가기를 원하였다(삼상 29:). 그는 주님을 진실히 믿은 결과 하나님의 도우심을 체험한 사람인 고로 위험한 때에 주님을 의지하고 두려워하지 않았다.

목자가 양을 보호하기 위하여 지팡이와 막대기를 사용하는 것처럼 주님은 성도들을 보호하신다. 옛날 이스라엘 백성들을 낮에는 구름기둥으로 밤에는 불기둥으로 인도하시고 보호하신 것 같이 오늘날도 주님은 성도들을 이런 모양, 저런 모양으로 인도하시고 이끌어 주신다. 그러므로 성도들은 두려워할 하등의 이유가 없다. 다윗은 무서운 원수 앞에서도 하나님의 접대를 받았다. 상(table)을 베푸시고 기름으로 머리에 부음을 받은 것은 아주 귀한 대접을 의미한다. 시편 27:10절에 "내 부모는 나를 버렸으나 여호와는 나를 영접하시리라"고 하였다.

성도들은 사망의 음침한 골짜기로 다닐지라도 두려워할 하등의 이유가 없다. 성도들은 이 사실을 이론적으로만이 아닌 체험적으로 알아야 한다. 성도들은 어려움을 면하려고만 하지 말아야 한다. 어려운 역경에서 하나님을 향한 신앙과 하나님의 말씀에 대한 순종만 가지면 하나님과 동행하는 체험을 얻도록 해야 할 것이다. 문제는 우리가 하나님과 동행하는 체험을 얻느냐 얻지 못하느냐이다. 성도들의 성패는 바로 여기에 달려있다.

"안위"(comfort)는 넘어지지 않게 앞에 있는 장애물을 제거하고 이리의 침략에서 보호하는 것이다. 기독교 지도자들은 피지도자들에게 주님의 임재의 중요성을 항상 강조해야 한다. 마태복음 28:19-20절에 기록된 주님이 우리와 항상 함께 하신다는 임마누엘 사상을 갖도록 해야 한다. 성경에 우리에게 주는 귀한 교훈들이 많은 중 특별히 임마누엘, 브니엘, 그리고 코람데오의 사상을 강하게 가져야 한다.

"임마누엘"(Immanuel)은 하나님이 우리와 함께 하시다(God be with us)는 뜻이다. "브니엘"(Pniel)은 하나님의 얼굴(The face of God)이란 뜻이며 "코람데오"(Coram Deo)는 라틴어로서 하나님 앞에서(Before God)란 뜻이다. 성도들이 이런 사상만 강하게 가지면 두려워할 하등의 이유가 없다.

사도행전 20:28-30절에 "내가 떠난 후에 흉악한 이리가 들어와 제자들을 끌어 자기를 좇게 하려고 어그러진 말을 하는 사람들이 일어났다". 히브리서 13:17절 "너희를 인도하는 자들에게 순종하고 복종하라 저희는 너희 영혼을 위하여 경성하기를 자기가 회계(會計)할 자인 것같이 하느니라 저희로 하여금 즐거움으로 이것을 하게 하고 근심으로 하게 말라 그렇지 않으면 너희에게 유익이 없느니라". 요한복음 10:11절 "나는 선한 목자라 선한 목자는 양들을 위하여 목숨을 버리거니와". 베드로전서 2:25절 "너희가 전에는 양과 같이 길을 잃었더니 이제는 너희 영혼의 목자와 감독되신 이에게 돌아왔느니라"

8) 교제와 우정(6절)

6절 "내가 여호와의 집에 영원히 거하리로다(I will dwell in the house of the Lord for ever)".

다윗은 전날의 은혜 받은 체험에 의지하여 앞날을 내다본다. 1-5절까지의 내용대로 그는 과거에 하나님의 말할 수 없는 은혜를 받았다. 그 받은 은혜와 그가 믿은 하나님에 근거하여 그는 그의 앞날이 평탄할 줄 믿었다.

요 10:14-15 "나는 선한 목자라 내가 내 양을 알고 양도 나를 아는 것이 아버지께서 나를 아시고 내가 아버지를 아는 것 같으니 나는 양을 위하여 목숨을 버리노라." 이 성구는 요한복음 10:11절을 반복하면서 그 내용을 발전시켰다. 어떤 전도자가 레바논 산에서 목자를 만나 당신이 얼마나 양을 잘 아느냐라고 물으니, 답하기를 "당신이 내 눈을 가리워 두고 어느 양이든 데리고 오시오. 나는 내 손을 그의 머리에 한 번 대 보고는 즉시 그것이 내 것인지 아닌지를 말하지요"라고 하였다고 한다. 선한 목자이신 그리스도는 그의 모든 양의 모든 것을 익숙히 아신다.

시편 139편에는 하나님의 속성이 잘 나타나 있다. 그러나 이 시편에 묘사된 하나님의 속성은 신학적이 아닌 체험적이다. 특히 이 시는 만물에 대한 하나님의 전지하심과(1-6), 편재하심과(7-12), 인간을 창조하신 그의 능력과(13-18), 그의 거룩하심(19-24)이 강조되어 있다. 이러한 하나님은 악인을 멸망시키고 믿는 자의 마음을 감찰하신다. 예수 그리스도는 하나님으로서 이러한 전지하심의 속성을 가지고 계셔서 성도들을 잘 아신다.

동시에 양(羊)인 신자도 목자이신 그리스도를 익숙히 잘 알고 있다. 이것은 어떤 과학적인 지식에서가 아니라 성령을 통한 지식이다(고전 12:3). 양과 목자가 서로 아는 관계는 아주 귀한 관계이다. 마찬가지로 지도자와 피지도자와의 관계나 목자와 양의 관계는 사랑과 관심의 관계이다. 이는 완전한 이해와 교제의 관계이다.

소 목자인 목사는 대 목자장(chief and great shepherd)이신 예수 그리스도로부터 하나님의 양떼를 먹이는 책임을 부여받았다. 목자가 목양을 성실하게 잘 하면 베드로전서 5:4절에서 말씀한 바와 같이 "목자장이 나타나실 때에 시들지 아니하는 영광의 면류관을 얻으리라"라고 했다.

경기에서 승리하는 자가 영광의 표시로서 월계관을 받았다. 그러나 그것은 금방 시들어 버린다. 하나님은 시들지 않는 면류관을 주신다. 상급 즉 면류관에는 여러 종류가 있다.

① 고린도전서 9:25절에 썩지 아니할 면류관으로서 이는 절제하는 자가 받는다.
② 데살로니가전서 2:19절에 소망과 기쁨과 자랑의 면류관으로서 이는 그리스도의 재림을 대망하는 자가 받는 면류관이다.
③ 디모데후서 4:8절 의의 면류관으로서 하나님의 은혜 안에서 행한 의로운 일에 대한 상급이다.
④ 야고보서 1:12절 생명의 면류관으로서 이는 인내로 승리한 그리스도인들에게 주어지는 보상이다.
⑤ 베드로전서 5:4절 영광의 면류관으로서 이는 경기에서 승리한 자가 영광의 표시로서 받는 월계관이다.
⑥ 요한계시록 2:10절 생명의 면류관으로서 이는 죽도록 충성하는 자가 받는 상급이다.
⑦ 요한계시록 4:4절 금 면류관으로서 이는 그리스도의 보혈로 속량함을 받아 흰옷을 입은 성도가 받는 상급이다.
요한계시록 3:11절에 우리가 가진 면류관을 굳게 잡아 아무도 빼앗지 못하게 해야 한다.

2. 요한복음 10장에 나타난 예수님의 이상적인 지도자(목자)상

예수님은 우리의 위대한 영적인 조언자(the great spiritual advisor)이시고, 선한 목자(the good shepherd)이시며, 참 목자(the real shepherd)이시다. 반대로 바리새인과 사두개인은 살인자요(요 10:10), 삯군(요 10:12-13)이었다.
요한복음 10장은 선한 목자에 대한 최후의 공중강화이다. 요한복음 제9장에 나타난, 나면서 소경된 자의 눈을 뜨게 하신 표적은 그 가정에서 부모와 자녀, 사회에서 바리새인과 그리스도간의 영과 육의 두 갈래의 심판을 초래하였다. 이런 사실은 본장에서 말씀하시는 동방적인 아름다운 목자의 비유에 계승되어 있다고 몰간(Morgan)은 말했다. 이 비유에서는 선한 목자와 삯군 또는 강도, 그리스도의 양과 양 아닌 자의 대조에서, 선한 목자이신 그리스도를 통해 구원받을 성도의 행복과 그렇지 못한 자의 불행을 보이신다.

본장에서는 그리스도의 최후의 공중강화가 나타나 있고 그 후에 그의 공생애는 차차 막을 내리게 되었다. 이 부분은

① 목자와 양(1-6)
② 문 되신 예수님(7-10)
③ 선한 목자 예수님(11-18)
④ 그 비유의 결과(19-21) 등으로 구분되어 있다.

이상적인 목자이신 예수님의 목회 및 지도 방침은 다음과 같다.

1) 차별 없는 목회자로서의 지도자(3절)

3절 "자기 양의 이름을 각각 불러 인도하여 내느니라"(Jesus calls his own sheep by name, and leads them out).

여기에 나타난 문지기...양...그(목자)의 비유에 대해서는 대개 두 가지 해석이 있다.

① 마이어(Meyer)와 플럼머(Plummer)는 우리는 교회, 문은 그리스도, 양은 신자, 목자는 목사란 해석을 했다.

② 우리는 교회, 문은 하나님, 양은 신자, 목자는 그리스도요 문지기에 대해서는 람페(Lampe)는 세례 요한으로, 벵겔(Bengel)은 성부로, 랑게(lange)는 성령으로 해석을 했다. 그러나 본문에서 중요한 것은 목자와 양과의 관계이다. 목자는 양의 이름을 개인적으로 불러낸다. 목자는 양을 차별하지 않고 하나 하나 불러 인도하여 내었다. 신앙은 개인적인 관계이며, 또한 하나님은 부르실 자를 다 아시고 틀림없이 부르신다. 양은 목자의 음

성을 듣는다. 하나님께서 양에게 목자의 음성을 들을 수 있는 귀를 주셨다. 이는 어떤 강압에서가 아니고, 지적인 탐구에서도 아니며, 성령의 역사로 말미암아 알게 되는 것이다.

"그가 자기 양의 이름을 각각 불러 인도하여 내느니라"란 말씀에 대하여 헹그스텐벌그(Hengstenberg)은 시편 147편, 이사야 40:26; 출애굽기 33:12,17; 이사야 43:2절을 인용하면서 하나님의 백성에 대한 주님의 지식이 얼마나 친근하고 개별적인 사실인가를 지적하였다. 이름을 각각 불러낸다는 것은 지도자로서 피지도자에게 대하여 뜨거운 사랑과 정성을 가지고 지도하는 것을 가리킨다. 영혼을 목양하는 자는 한 사람의 영혼을 천하보다 귀히 여기는 마음을 가져야 한다. 한 사람의 영혼을 귀히 여기는 마음은 전도와 선교로 나타난다. 버마에 처음 선교사로 갔던 저드슨(Judson)이란 목사는 7년 만에 세례교인 한 사람을 얻었다고 한다. 그러나 그는 그것으로서도 천하를 얻은 듯이 기쁘게 느꼈다.

기독교 지도자는 피지도자를 차별하면 안 된다. 교회는 각계 각층의 사람들이 모인 곳이다. 남자와 여자, 지성인과 무식한 자, 부자와 가난한 자, 건강한 자와 약한 자, 신앙이 있는 자와 신앙이 없는 자 등등 각양 각색의 사람들이 모인 곳이 바로 교회이다. 특히 목회자는 양떼들을 차별하면 안 된다. 모든 사람들이 하나님의 형상으로 지음을 받은 고귀하고 소중한 생명들임을 기억하고 강한 인권사상을 가지고 사람을 대해야 할 것이다.

목회 원리는 차별 없이 대하는 것이다. 지도자로서의 예수님은 사람을 차별하지 않으셨다. 어부, 세리, 어린이, 농부, 과부, 여종, 각종 병자, 귀신 들린 자, 각계 각층의 사람들을 사랑으로 대하셨지 차별하지 않으셨다. 목회자가 교인을 심방할 때 먼 곳에 있는 자, 가난한 자, 신앙이 약한 자, 외로운 자, 병에 걸려 있는 자 등등을 먼저 심방을 해야 한다는 원칙을 세우면 아무런 부작용이 없을 것이다. 그러면 교인들 중에서 불평하는 사람은 한 사람도 없을 것이다.

예수님 당시에는 양에게 이름을 지어 주었다고 한다. 전설에 의하면 양의 이름을 첫째는 꽃 이름을 가지고 지었다고 한다. 그 이유는 꽃은 모두가 좋아하고 귀하게 여기기 때문이다. 마찬가지로 교역자들에게 교인들은 모두가 꽃이요 꽃과 같다. 둘째는 열매 이름 가지고 이름을 지었다고 한다. 열매는 땀의 결과로 얻어지는 것이다. 마찬가지로 교인들은 교역자의 땀의 결정체이다. 그래서 교역자는 교인 한 사람 한 사람을 아주 귀하게 여긴다. 성지에서는 지금도 양의 이름을 짓는 수가 많다고 한다.(Van Lennep, Bible Lands, I, 189).

2) 모범을 보이신 지도자(4절)

4절 "자기 양을 다 내어놓은 후에 앞서 가면 양들이 그의 음성을 아는 고로 따라오되"(When He putts forth his own sheep, he goes before them, and the sheep follow him: for they know his voice).

목회자는 안내자(leader)이지 추종자(follower)가 아니다. 양의 특징은 무력하고(사 53:7), 따르고 순종하며(요 10:3-5), 방심하면 제 길로 간다.(사 53:6). 목회자는 이런 양들을 안내하고 인도해야 한다. 뒤에서 채찍으로 모는 것이 아니라 앞에서 인도해야 한다. "자기 양을 다 내어놓은 후에 앞서가며"라는 말은 그가 우리에 있는 양들을 인도하여 푸른 초장으로 갈 때에 양 한 마리라도 빼놓지 않기 위하여 노력한 표를 보인다. 곧 "다 내어놓은 후에"란 것이 이 뜻을 명백히 보여준다. 그는 양 한 마리라도 등한시 여기지 않는다. 그와 같이 하나님의 백성을 목양하는 인도자는 소자 한 사람을 가볍게 여기지 않는다.

목자는 양보다 앞서가는 모범을 보여야 한다. 자녀의 교육 방법도 부모의 모범을 통한 교육이어야 한다. 말로만의 교육은 효과가 적다. 모범을 통한 교육이 말로만의 교육보다 훨씬 더 효과적이다. 지도자는 말과 행실에서 모범이 되어야 한다. 교수에게 주어진 격언은 "글을 쓰든지 그만 두든지"(Publish or perish)이다. 교수가 학술 논문을 쓰지 않으면 퇴보하고 만다. 교수는 책과 학술논문을 저술해야 한다. 그러므로 교수는 항상 책과 싸워야 한다. 그렇지 않으면 퇴출당하고 말 것이다. 교단에서 쫓겨날 것이다. 학생들로부터 불신임을 당하게 될 것이다.

목사에게 주어진 격언은 "믿는 것을 설교하고 실천하는 것을 설교하라"(Preach what you believe, preach what you practice)이다. 믿지 않은 것을 설교하면 외식이다. 또한 실천하지 않는 것을 설교하면 또한 가식이다. 목회자는 말하는 것을 가르치고, 믿는 것과 실천하는 것을 가르쳐야 한다. 목사뿐만이 아니라 일반 지도자도 마찬가지이다. 기독교 지도자는 항상 언행으로 모범이 되어야 한다.

목회자가 한 교회에 부임하면 첫 번째 해는 목사의 설교(preaching)로 교인들을 이끌고 나아간다고 한다. 두 번째 해는 목사의 인격(personality)으로, 세 번째 해부터는 언행일치(word and deed)(목사의 설교와 행동이 일치하느냐에 달림)로 교인들을 이끌어 간다.

제퍼슨(Charles F. Jefferson)은 "목회자인 목사 혹은 남 섬기는 목사"(The Ministry Shepherd)란 책에서 목사가 하는 일을 다음과 같이 7가지로 나누었다.

① 잘 살피는 일을 하는 사람
② 문지기 역할을 하는 사람
③ 앞장서 다니는 사람
④ 의사의 역할을 하는 사람
⑤ 남을 구제하는 일을 하는 사람
⑥ 먹여 주는 일을 하는 사람
⑦ 사랑해 주는 사람

이는 실천면을 강조한 내용이다.

기독교는 크게 두 가지로 나눌수 있다.

첫째는 교리(doctrine)이다. 이는 "무엇을 믿느냐"(What to believe)하는 문제로서 이는 하나님과의 종적인 문제이다. 둘째는 윤리(ethics)이다.

이는 "어떻게 사느냐"(How to live)하는 문제로서 이는 인간간의 횡적인 문제이다. 그러므로 기독교인들은 항상 종적이고 횡적인 관계에서 살고 있음을 알아야 한다.

예수님은 다른 사람들에게 역할 모델(role model)이 되셨다. 이는 본을 보임으로서 인도하는 기술이다. 목회자는 교인들에게 역할 모델이 되어야 한다. 역할모델(role model)의 내용은

① 강한 노동 윤리,
② 직업 전문성,
③ 따뜻한 인격,
④ 좋은 대화 술,
⑤ 탁월한 정보 기술 능력,
⑥ 강한 사업 능력,
⑦ 실천력 향상이다.

참고자료 : 신학(theology)을 크게 4 분야로 분류

① 성경신학(Biblical Theology) : 구약신학, 신약신학
② 조직신학(Systematic Theology)
③ 역사신학(The History of the Church)

이 세 분야는 진리를 발견(discover)하고 방어(defend)하는 일을 하는 학문이다.

④ 실천신학(Practical Theology)

발견되고 방어된 학문과 진리를 개인과 기관에게 적용(apply)하고 실천(practice)하는 학문이다. 그래서 실천신학을 다음과 같이 표현한다. 이론을 실천으로 옮기라(Put a theory into action). 자신이 믿는 대로 살아라(Live up to one's faith). 자신의 원리대로 행동하라(Act up to one's principle)

3) 정확하신 인도(7-8절)

7-8절 "나는 양의 문이라 나보다 먼저 온 자는 다 절도요 강도니"(I am the door of the sheep. All that ever come before me are thieves and robbers).

여기 "양의 문"이란 것은 하나님의 백성이 영적 세계에 들어갈 수 있는 길을 가리킨다. 그것은 곧 바로 하나님 아버지에게 가게 하는 통로를 의미한다(요 14:6). 로마의 클레멘트(Clement of Rome)는 시편 119:19,20절을 해석하면서 말하기를 "문은 의의 문 곧 그리스도라"하였고, 익나티오(Ignatius)는 그리스도께서 아버지에게로 가는 문이라고 하고 "그것을 통하여 아브라함, 이삭, 야곱, 선지자들, 사도들 또는 교회가 들어가느니라"고 하였다. 우리는 예수님의 교훈을 통해 이 문이 좁은 문이라는 것을 잘 안다(마 7:13; 눅 13:24).

이 "문"에 영어에는 "the"란 정관사가 붙어져 있다. 그래서 "the door"란 말은 유일한 문이란 의미이다. 즉 이 말은 예수님은 "나는 유일한 문"(I am the door)이란 뜻이다. 예수님은 많은 문들 중에서 한 문이 아니라 유일한 문이시다. 이 말의 뜻은 예수 그리스도를 통해서만이 구원을 얻을 수 있다. 예수님을 통해서만 하나님께로 갈 수 있다. 목회자가 목회를 할 때 그리스도의 유일성을 강조해야 한다. 그러므로 인간은 편법을 쓰거나 쉬운 길을 택해서는 안 된다.

지도자로서의 목회자가 좀 어리석게 보이는 것이 잔꾀를 부리는 것보다 훨씬 더 낫다. 목회자는 교인들을 목사 자신에게로 인도하려고 하지말고 예수님에게로 인도해야 한다. 목회자의 목회 평가는 그 목사가 그 교회를 떠난 후이다. 만일 목회자가 그 교회를 떠난 후에 교인들이 교회생활을 잘 하면 훌륭한 목회자이다. 그렇지 않으면 목사 자신에게로 인도함의 증거가 된다. 교회는 목회자가 떠난 후에 그 교회가 흔들리지 않아야 한다. 목회자는 오고 가지만 교회는 주님 오실 때까지 그 곳에 있을 것이다.

"나보다 먼저 온 자는 다 절도요 강도니"란 말씀이 우리들에게 시사하는 바가 크다. 혹설에 이것은 로마정부를 대항하여 폭동을 일으켰던 갈리리의 유다나 혹은 사도행전 5:36절에 기록된 드다(Theudas)를 가리킨 것이라고 하나, 차라리 예수님보다 먼저 유대의 종교 사회를 주장하고 있었던 바리새인들을 생각함이 합당하다. 바리새인들은 유대 종교의 권세를 잡고 많은 해독을 끼쳤으니 이런 칭호를 받아 마땅하다(마 23:13; 요 9:22; 마 23:8-10; 렘 23:1; 겔 34:2,3).

> **참고자료** 종교다원주의자들의 선구자들은 다음 두 사람이다.

① 슐라이막허(F. Schleiermacher; 1768-1834)

그는 기독교의 절대성과 우월성을 부인했다. 그의 주장으로 인하여 타종교에도 구원의 가능성을 인정하기 시작했다. 그의 신학은 신학적 주관주의(Theological Subjectivity)이며 주관주의적 신학(Subjective Theology)으로서 자유주의 신학에 커다란 영향을 미쳤다.

② 트롤취(E. Troeltsch; 1865-1923)

기독교를 상대화한 선구적 인물이었다. 어떤 특정 종교는 그 종교의 신봉자들에게만 절대적이거나 규범적일 수 있을 것이다.

종교다원주의(Religious Pluralism)는 기독교의 신론, 기독론, 구원론을 근본적으로 부인하고 타종교의 범신론을 수용한다. 모든 종교에 구원이 있다. 종교는 구원에 이를 수 있는 다른 길에 불과하다. 예수 그리스도의 유일성, 우월성, 규범성, 절대성을 부인한다. 결과적으로 그들은 선교의 무용론을 주장한다. 인도에는 85%의 힌두교도들이 그들의 종교를 포교하고 있다. 중동은 회교국이니 회교(22개 나라의 아랍국과 20개 나라의 회교국)신도들이 그들이 포교를 하고 있다는 지론이다. 태국과 미얀마는 불교국이니 그들은 그들의 종교를 포교하고 있다. 일본은 Shintoism의 나라이니 그들에게 복음을 전하려 갈 필요성이 없다는 지론이다. 이것이 바로 종교다원주의 지론이다.

그들은 성경이 신앙과 삶의 절대 규범임을 부인한다. 기독교의 계시인 성경은 타종교의 경전과 동일시한다. 종교간의 차이점을 무시한다. 모든 사람이 구원을 얻는다는 만인 구원론적(universal salvation) 입장을 취한다. 그러므로 종교다원주의는 범신론(pantheism)이다. 그러나 성경은 종교혼합주의 우상숭배를 배격한다. 십계명 중에서 제 1,2계명이 우상숭배를 배격하는 내용이다. 신앙은 예수 그리스도를 통해서만이 구원을 받을 수 있음을 보여 주고 있다. 예수님만이 유일한 구원자이시다.

참고자료 Post-Modernism

Post-Modernism을 우리말로는 초 후기 현대주의라고 번역이 된다. 이 이론은 다음 4가지로 정리를 할 수 있다.

① 인간의 전적 타락을 거부한다.

롬 3:10 "의인은 없나니 하나도 없다(There is none righteous, no, not one)

롬 3:23 "모든 사람이 죄를 범하였으매 하나님의 영광에 이르지 못하더니"(All have sinned and come short of the glory of God)

엡 2:1 "허물과 죄로 죽었던 너희를 살리셨도다(And you hath he quickened, who were dead in trespasses and sins" --He has quickened you who were dead in trespasses and sins) 칼빈(John Calvin)의 5대 교리(TULIP) 중 첫 번째가 인간의 전적 타락(Total Depravity of Mankind)이다.

② 인간의 이성(reason)을 믿음(faith)보다 더 중시한다.

기독교는 신앙과 계시의 종교이다. 타종교는 상행이지만 기독교는 하행의 종교이다. 이성(reason)은 지식(knowledge)에 바탕을 두지만 신앙(faith)은 비 지식이 아닌 초 지식에 바탕을 둔다. 요한복음 6:69절 "믿고 알아라"(And we believe and are sure that thou art that Christ, the Son of the living God)". 여기 "믿고 알아라"란 말은 확신하라는 뜻이다.

기독교는 지식 이전에 신앙이다. 창세기 1:1절 "태초에 하나님이 천지를 창조하시다". 루터(Martin Luther)는 삼위일체 교리가 믿어지지를 않아서 3일간 금식시도를 했다. 그는 나중에 무릎을 치면서 하는 말이 "믿으니까 알게 되더라"

③ 공동체성을 무시한 극단적인 개인주의요 냉소주의이다.

④ 성경과 전통적 교리를 무시하고 탈 성경, 탈 교리의 입장을 취한다. 교회는 성경을 바탕으로 하고 있다. 신앙은 바른 신학 위에 바탕하고 있어야 한다. 현대의 자유주의, 신 신학, 감정주의, 배금주의는 성서적 신학이 아니다.

참고자료 구속사적 성경해석이란?

구속사적 성경해석이란 신구약의 핵심사상이 예수 그리스도이다. 이런 차원에서 성경을 해석하는 것을 구속사적 성경해석(Redemptive-Historical-Biblical-Exegesis)이라고 한다.

① 칼빈(John Calvin) 은 말하기를 "성경 어느 부분을 해석할지라도 예수 그리스도를 보아야 한다고 한다. 우리가 성경에서 그리스도를 발견하지 못하면 아무런 의미가 없다. 성경적 설교란 바로 예수 그리스도를 선포하는 설교이다."

② 루터(Martin Luther)는 로마서를 강의하면서 "그리스도에 대한 참된 지식을 소유하게 되었다. 그리스도가 비유가 아니고 실제 누구인지를 알게 되었다."라고 고백했다.

③ 혹스트라(Hoekstra)는 "예수 그리스도가 없는 설교는 설교가 아니다."고 했다.

④ 스킬더(Skielder)는 "설교자는 구약 어디에서든지 '작은 메시야적 조명'을 발견해야 한다. 구약에서 그리스도를 보지 못하는 설교는 실패의 설교이다."고 하면서 그리스도 중심적 설교(Christ-centered preaching)를 강조했다.

⑤ 디핸(M.R. Dehan)은 "Portraits of Christ in Genesis"(창세기서에 나타난 그리스도의 상)에서 창세기에 나타난 신앙적 인물들과 중요한 사건들 모두가 그리스도를 예표(豫表=typology)한다고 했다.

⑥ 라이스(John R. Rice)는 "Christ in the Old Testament" (구약에 나타난 그리스도)란 책에서 창세기에서 말라기서 까지 전 구약은 그리스도를 보여주고 있다고 했다.

기독교는 계시의 종교이다. 그리스도를 통해서만 구원을 얻는다.

요 14:6 "Jesus saith unto him, I am the way, the truth, and the life: no man cometh unto the Father, but by me".

행 4:12 "Neither is there salvation in any other: for there is none other name under heaven given among men, whereby we must be saved".

행 16:31 "And they said, Believe on the Lord Jesus Christ, and thou shalt be saved, and thy house"

4) 만족한 인도(9절)

9절 "들어가며 나오며 꼴을 얻으리라(the sheep shall go in and out,

and find pasture)".

목장에는 항상 푸른 초장이 마련되어서 양들이 배가 부르도록 꼴을 뜯어먹을 수가 있다. 양떼들이 들어가도 나가도 꼴을 얻어먹을 수 있다. 여기 '꼴'은 하나님의 말씀이다. 목회자는 설교 준비를 하는데 시간을 아끼지 말아야 한다. 장기 목회는 말씀 중심의 목회가 되어야 한다. 양을 말씀으로 먹이지 않으면 세상 것으로 채워지게 된다.

"구원을 얻고 들어가며 나오며 꼴을 얻으리라"란 말을 웨스트코트(Westcott)는 "그리스도인의 생활의 삼 요소인 안전, 자유, 공급을 말한다"고 하였다. 안전이란 어두운 외계(마귀)의 침범을 받을 우려가 없는 것이다. 그러나 그것은 외계와의 절단을 말하지 않고, 외계에 들어가며 나오는 것을 말한다. 자유란 그리스도 안에서 자유로운 출입을 말한다. 뿐만아니라 "들어가며 나오며"란 것은 자유로운 활동을 의미한다(렘 37:4; 시 121:8; 신 28:6). 공급이란 영적인 꼴인 하나님의 말씀을 얻어먹음을 의미한다.

예수님을 유일한 구주로 믿고 그의 중보사역을 확실히 믿는 자는 들어가도 나가도 말씀과 은혜의 충만함을 받을 수 있다. 성도는 생명의 부요를 얻기 위하여 그 믿음 생활에서 영량(靈糧)을 자유롭게 받는다. 기독교인은 그리스도 안에서 자유로이 얼마든지 신령한 양식을 섭취할 수 있다. 그리고 주님이 주시는 양식은 영원한 만족을 주는 것이다.

땅에 있는 것들은 무엇이든지 인간이 가질수록 더 많이 가지고 싶다. 그것들은 인간의 갈증을 면케 하지 못한다. 그것들을 섭취하는 자는 소금물을 마셔 갈증을 없애려는 것과 같다. 그것을 마시면 마실수록 갈증은 더 심하여 진다. 그러나 그리스도 안에서 발견되는 꼴은 먹는 자마다 영원한 만족을 얻어서 모든 다른 것들을 진토와 같이 여기는 심리를 가지게 한다.

목회자는 교인들에게 풍성한 꼴로 들어가도 나가도 풍성하게 먹일 수 있어야 한다. 심방이나 상담은 개인이나 한 가정을 상대로 하나 설교는 전 교인을 상대한다. 개인 없는 가정이 있을 수 없고 가정 없는 교회는 있을 수 없지만 목회자는 항상 교회전체, 교인전체가 우선이 되어야 한다.
  설교자가 설교를 할 때 내용은 성경적이어야 함으로 신학(theology)을 연구해야 한다. 설교자가 설교를 할 때 전달방법은 교육적이어야 함으로 교육학(pedagogy)을 연구해야 한다. 아무리 좋은 내용이라 할지라도 그 좋은 내용을 전달하는 방법(;methodology)이 좋아야 하며 마지막으로 적용(application)을 잘 시켜야 한다. 설교의 적용은 지·정·의 중 의지적인 면에 해당이 된다. 지(知)는 머리(head)요, 정(情)은 가슴(heart)이며, 의(意)는 팔과 다리(arm and leg)이다.
  여기 의지적인 면이란 "우리가 어떻게 하여야 구원을 얻으리이까?"란 고백이다. 예를 들면, 행 2:14- 베드로의 오순절 설교가 나와 있다. 무리들은 베드로의 설교를 들은 후에 37절에 "형제들아 우리가 어찌할꼬?"라고 외쳤다. 그 때 베드로는 38절에 "너희가 회개하여 각각 예수 그리스도의 이름으로 세례를 받고 죄 사함을 얻으라 그리하면 성령을 선물로 받으리니"라고 했다. 간수가 "선생들아 내가 어떻게 하여야 구원을 얻으리이까?"(30절)라고 할 때 바울은 "주 예수를 믿으라 그리하면 너와 네 집이 구원을 얻으리라"(31절)라고 했다. 설교에는 반드시 적용이 있어야 한다.

참고자료 성경 연구 방법

  성경연구 방법에는 여러 가지가 있다.
  첫째는 망원경식 방법이 있다.
  망원경식 방법은 성경의 주류를 살펴보는 것이다.
  둘째는 현미경식 방법이 있다.
  현미경적 방법은 한 구절 혹은 한 장을 깊이 연구하는 방법이다.
  뿐만 아니라 성경을 연구하는 방법에는 주해와 주석이 있다. 주해는 통일synthesis)이고, 주석은 분석(analysis)이다. 주해는 설교하는데 좋고 주석은 성경공부에 좋다.

다른 차원에서의 성경 연구 방법에 두 가지가 있다.

첫째는 나비식 성경공부이다. 이는 나비가 이 꽃에서 저 꽃으로 펄펄 날아다니듯이 성경을 다독 및 속독하는 방식이다.

둘째는 벌식 성경공부이다. 이는 한 꽃에 머물러 꿀 빠는 바늘을 꽃 깊이 박고 꿀을 빨아올리듯 말씀의 한자 한자에 깊고도 오묘한 진리와 감미를 맛보는 정독방법이다.

> **참고자료 심방의 유익점**
>
> 교인의 사정을 잘 알기 위해서는 교인을 심방을 해야 한다. 심방의 유익점은 다음과 같다.
> ① 교인의 사정을 알게 된다.
> ② 설교 자료 수집의 기회가 된다.
> ③ 기도의 제목을 얻는다.
> ④ 교회 발전과 전도의 수단이 된다.
> ⑤ 교인간 유대강화를 갖는다.

5) 희생적인 인도(11, 15, 17)

11절 "나는 선한 목자라 선한 목자는 양들을 위하여 목숨을 버리거니와"(I am the good shepherd: the good shepherd gives his life for the sheep)".

본서에 "나는...이다"란 표현법은 강한 선언형이며 본서의 특징 중 하나로 7회나 나타난다.
① 6:35 나는 생명의 떡이라
② 8:12 나는 세상의 빛이라
③ 10:7,9 나는 문이라

④ 10:11,14 나는 선한 목자라
⑤ 11:15 나는 부활이요 생명이라
⑥ 14:6 나는 길이요 진리요 생명이라
⑦ 15;1,5 나는 참 포도나무라

예수 그리스도의 신분은 선한 목자요 그의 직책은 생명을 버려 속죄하는 것이다. 신약에서 이 낱말은
① 눅 21:5 성전처럼 외형적인 미
② 막 9:50 소금처럼 잘 사용되는 미
③ 딤전 4:6 집사들처럼 그 직책을 맡는 미
④ 마 5:16 도덕적인 미
⑤ 히 13:18 양심의 미
⑥ 막 9:43 완전성 등을 표시한다.

"목숨을 버리거니와"에서 목숨은 육적인 생명이지 영적이며 신적인 생명과는 다르다. "버린다"는 고전어에서는 세금을 내다시피 지불한다는 뜻을 가졌고, 신약에서는 옷을 벗어버리다시피 버린다는 뜻으로(요 13:14) 사용되어 있다. 그것은 그리스도가 그 생명을 버려 인류의 죄의 값을 지불하신 속죄의 죽음을 말하고 있으며, 공관복음에 나타나는 "속죄"(마 20:28)같은 뜻이면서 본서에서는 독특한 성경적인 깊이를 지닌 표현이다.

15절 "아버지께서 나를 아시고 내가 아버지를 아는 것 같으니 나는 양을 위하여 목숨을 버리노라(As the Father knows me, even so know I the Father: and I lay down my life for the sheep)".

17절 "아버지께서 나를 사랑하시는 것은 내가 다시 목숨을 얻기 위하여 목숨을 버림이라(Therefore doth my Father love me, because I lay down my life, that I might take it again)"

그의 죽으심은 모든 양떼의 죽음을 대신하신 것이며 그의 다시 사심은 그 양떼의 영생을 위한 것이다. 이런 아들의 희생을 아버지는 사랑하신다.

사람이 희생정신을 가지면 용기와 극기심과 내부 지향성을 가지게 된다. 내부 지향성이란 말은 교인들의 혹은 피지도자들의 내부를 꿰뚫어보고 희생하게 된다는 말이다. 예수님의 생애는 희생적인 생애이다. 이는 자신을 위한 것이 아니고 모두 남(양)을 위한 것이다. 이는 무기력하여 빼앗기는 것이 아니라 스스로 자발적으로 기쁜 마음으로 하는 것이다.

인간은 살기 위해 이 세상에 태어났지만 예수님은 죽으시기 위해 오셨다 (We are born to live, but Jesus was born to die). 인간은 섬김을 받기를 원하나 예수님은 섬기기 위해 오셨고 섬기기를 원하신다. 마태복음 20:28절에서 "섬김을 받기 위하여"(to be served)는 수동이고 "섬기기 위하여"(to serve)는 능동이다. 기독교 신자들은 항상 수동적이어서는 안되고 능동적이어야 한다. 예수님의 십자가상의 죽으심은 자발적인 죽으심이다. 그는 우리의 연약함과 질병을 담당하셨다. 그는 백성의 고통을 자기의 고통으로 생각하셨다. 그는 백성의 불행을 자기의 불행으로 여기셨다. 지도자인 목회자는 항상 희생적 정신을 가져야 한다.

요한복음 12장에 나타난 "한 알의 밀알이 땅에 ......" 마태복음 13장에 나타난 겨자씨의 특징은 생명(life)과 희생(sacrifice)과 성장(growth)이다. 밀알에는 생명이 있고 희생이 있다. 이 생명이 희생이 될 때 성장하여 많은 결실을 맺는다. 일반적으로 어머니가 아버지 보다 자녀에 대한 희생을 더 한다.

지도자로서의 예수님은 마을로 두루 다니시는 심방과, 여러 회당에서 가르치시는 교육과, 하나님의 나라의 복음을 전파하시는 전도와, 병들고 허약한 사람들을 고쳐주시는 치료 즉 봉사(마 9:35)의 삶을 사셨다. 하나님의 사랑은 대속적인 사랑(vicarious love)이며 희생적인 사랑(sacrificial love)이었다. 이 둘 중에서 인간은 대속적인 사랑은 절대 불가능하고 희생적인 사랑은 가능하다. 이 희생적인 사랑 실천에 우리는 혼신의 힘을 다해야 하겠다.

제 6 장 현대사회의 특징과 21세기의 기독교 지도자상

1. 현대사회의 일반적인 특징과 종교적인 특징

1) 현대사회의 일반적인 특징

현대 사회의 특징을 보아서 기독교 지도자 되기가 얼마나 힘들다는 사실을 알 수 있다. 기독교 지도자는 이 세상이 어떻게 돌아가고 있는지를 알아야 한다. 그래서 지도자는 긴급 뉴스(breaking news)에 민감해야 한다. 한시라도 이 세상 상황에 둔해서는 안 된다. 가능하면 매일 신문을 접해야 하며 텔레비전 뉴스를 접해야 한다.

(1) 역사의 변화 속도의 가속화

현대는 변화의 속도가 아주 빨라지는 시대이다. 이 변화의 속도는 시간이 가면 갈수록 계속 더 빨라지고 있는 형편이다. 맥헤일(John Mchale)은 현대의 변화속도가 과거 150년 사이에 약 90배 증가했다고 말했다.
한국의 경우도 마찬가지이다.
① 정치적으로는 민주화로 인한 각자의 목소리가 커지고 있다.
② 경제는 1인당 GNP가 $10,000까지 올라갔다. GNP와 구매력(purchasing power)은 다르다. 일본은 구매력이 약하고 미국은 강한 편이다.
③ 사회적으로 안 좋아지는 부분도 있지만 밝아지고 맑아지는 부분도 있음을 인정해야 한다. 반면에 고학력 시대를 맞이하여 지능적으로 범죄

자의 수가 증가함도 부인할 수 없다.

④ 농촌이 무너지고 도시화가 급 진척되고 있다. 그래서 농촌이 무너지고 있다. 시대의 변천을 살펴보면 다음과 같다.

처음에는 농경사회로 시작을 했다. 농경사회는 농토와 인력만 있으면 부자라고 했다. 그래서 자녀를 가능하면 많이 가지기를 원했다. 자녀를 많이 가지면서 하는 말이 제 먹을 것 제가 가지고 나온다고 했다.

그 다음에는 산업화 사회였다. 산업화 사회에서는 농토와 인력외에 자본이 있어야 부자라고 했다. 그래서 지금부터 약 200년 전에 자본주의가 시작이 되었다. 산업화된 결과 도시화가 되었다. 농어촌 교회는 비어가고 있다. 유년주일학교 학생수가 없어지고 있다.

현재는 지식 정보화사회시대를 맞이했다. 그래서 오늘날은 컴퓨터 시대를 맞이했다. 지식정보화 시대에는 국제어인 영어와 컴퓨터를 해야 직장을 구할 수 있게 되었다. 지식정보화 시대가 되니 생활수준이 향상되었다. 이제 보리 고개도 없어진 것 같다. 미국은 먹다 남는 음식의 양이 방글라데시 인구를 먹일 수 있는 양이라고 한다. 한국도 음식을 먹다가 남는 경우가 많다. 국제어가 영어가 되고 있다.

이는 정보화시대를 맞이해서이다. 지상에 많은 언어들 중에 살아남을 언어가 영어 밖에 없다고 한다. 그래서 자녀들을 영어권에서 교육을 시키기 위하여 소위 기러기 부부가 많은 형편이다. 물질적 생활 수준이 향상되니 고차원적인 정신적 욕구 충족을 위하여 노력하고 있다. 욕구에는 항상 "상승욕"이 생긴다. 의식주 문제가 해결되면 더 낳은 삶을 추구한다.

생활수준이 향상되면 정신병 환자가 많아진다. 자살자의 수가 많은 직종이 미국의 경우 치과의사라고 한다.

(2) 총체적 변화 현상

전근대 사회(Pre-modern society)는 역사변화가 한 부분 혹은 지역에만 국한되었다. 근대 사회(Modern society)는 역사변화가 모든 분야에서 폭발적으로 일어났다. 즉 모든 부분이 변함을 의미한다. John Naisbit(네이스비)는 현대를 "거류시대"(mega-trend)로 정의한다.

이를 7가지로 분류한다.

① 정치, ② 경제, ③ 사회, ④ 문화, ⑤ 도덕, ⑥ 윤리, ⑦ 종교,
7분야에서 변하고 있다.

(3) 지구촌적 변화

맥루한(Marshal Mcluhan)은 지금부터 30년 전에 지구촌 사회(earthly society)를 말하였는데 그 예언이 오늘날 현실화되었다. 이 동원 목사는 지구촌 교회(워싱톤 근교에서 지금은 한국에서 목회를 하고 있음)를 설립하여 현재 목회하고 있다. 우리가 살고 있는 사회는 지구촌의 일부분이다. 오늘날은 총체적인 변화이지 너와 나가 다르지 않는 시대이다.

① 걸프전이 일어나니 기름 값이 올라갔다. 1991년에 유엔이 이라크를 침공하였다.

② 소련이 붕괴되어 냉전이 종식되니 긴장이 해소되었다. 냉전 종식에는 당시 소련 대통령이었던 고르바쵸프가 큰 공헌자였다. 옛날 고레스왕이 이방나라 왕이었으나 선민을 해방시켰다. 고레스는 페르시아(=바사는 오늘날 이란)왕이었는데 바벨론(오늘날 이라크)을 정복하고 이스라엘을 해방시켰다.

③ 동구 공산권이 붕괴됨으로 무역량이 증가되고 복음이 전파되었다.

④ 미국과 일본의 경제는 우리에게 직접적으로 간접적으로 영향을 끼친다.

2000년 여름에 필립핀 단기선교를 다녀왔다. 장소는 뚜게가라오(Tugecarao)였다. 거리는 마닐라에서 뚜게가라오 까지는 비행기로 약 45분이 소요되었다. 그 곳 형편은 고신의 두 선교사가 이 곳에서 사역을 하

고 있다. 이 곳에 본부를 두고 다른 교회는 1시간씩 배와 1 시간 말을 타야 갈 수가 있는 거리이다. 이곳 주민들은 옥수수가 주식이다. 그래서 영양실조로 실명한 분들도 여러 명 있음을 보았다. 이 곳에는 전기도 없다. 집회 시에 종만 치면 삽시간에 온 동리 사람들이 모여들었다. 문화생활을 하는 사람들도 많이 있지만 아직도 이런 후진 생활을 하는 사람들도 지구상에는 얼마든지 있다.

(4) 질적 변화현상

사회의 변화는 양적으로 뿐만 아니라 질적으로도 변하고 있다. 질적 변화는 누에가 고치 속에서 나비로 변하는 것과 같다. 우리에게 다가온 근본적 변화(Metamorphosis)는 전근대, 근대, 현대, 초근대로 변화가 동일한 시공 속에서 일어나고 있다.

(5) 불확실한 시대(The Age of Uncertainty)

매코믹(Thomas McComic)은 오늘날의 변화상(變化像)을
첫째로 불균형
둘째로 다방형
셋째로 불가예측형의 시대라고 했다.
이 말은 앞날이 불투명하다는 뜻이다. 한치 앞을 볼 수 없다는 말이다. 혹자는 오늘의 사회를 이중성사회(Dual society)라고 한다. 서구 생활 양식(맥도날드)와 전통적 사고(젓 가락)를 혼용하고 있다. 이런 시대를 우리는 복합사회(multiple society) 시대라고도 부른다. 각계 각층의 발언권이 확대되고 있다. 특히 언론의 발언권도 확대되고 있다. 마찬가지로 교회 교인들의 발언권도 커지고 있다. 이런 매스콤 시대를 맞이 하여 지도자는 언론매체(Mass Communication)를 멀리 해서는 안 된다.

기독교 지도자는 다음을 명심해야 한다.
첫째로 정보수집을 빨리 빨리 해야 한다.
둘째로 상황판단을 신속히 해야 한다.
셋째로 모험의 예상을 감수해야 한다.
넷째로 박력 있게 일을 추진해야 한다.

① 경제적인 측면
경제적인 측면으로는 농경시대는 단순하다. 괭이나 호미를 가지고 농사만 지으면 된다. 그러나 오늘날은 자본가, 기업가, 금융가, 전문 경영가, 기술자, 노동자들의 전문화와 분업화 시대를 맞이했다. 그래서 예를 들면, 회사들도 회사 이름 뒤에 "Limited"란 표기를 사용한다. 오늘날은 한가지만 잘 하면 살 수 있다. 예를 들면, 운동도 한가지만 잘 하면 유명해 진다.

② 정치적인 측면
민주 사회에서는 3 기관이 분리되어 있다. 입법부는 법을 제정하는 기관이고 사법부는 법을 위반 시 처벌하는 기관이며 행정부는 법을 집행하는 기관이다. 독재 사회에서는 분리가 안되어 있으나 민주 사회에서는 엄연히 분리가 되어 있다.

③ 문화적인 측면
문화에도 각양 각색의 문화가 있다. 즉 전통문화, 서양문화, 청년문화, 여성문화, 학생들의 저항문화(Counter-culture) 등등이 있다.

2) 현대사회의 종교적인 특징

오늘날은 종교적으로는 심히 혼란시대를 맞이했다. 지상에는 정통종교 뿐만이 아니라 유사종교, 사이비 종파, 이단 등등이 390여 개나 된다고 한다.

(1) 이단의 분류

첫째로 수입품

이는 외국에서 들어온 이단으로서 우리나라에도 엄청나게 포교가 되어 있다. 이들은 주로 기존 신자들을 접촉하고 있다. 스미스(Joseph Smith)가 창시한 몰몬교(Mormon)=말일 성도 예수 그리스도교, 밀러(William Miller)가 창시한 안식교, 럿설(Charles Russel)이 창시한 여호와 증인 (Jehovah's Witness), 에디(Mary Baker Eddy)가 창시한 기독 과학파 (Christian Science) 등등이 있다.

여러 사이비 종파 중에서 몰몬교(Mormon)에 대해서 좀더 구체적인 내용을 살펴보면

① 몰몬은 몰몬교 예언자의 이름이다. 몰몬의 아들은 '모로나이'로 성전 꼭대기 동쪽을 바라보고 나팔을 부는 천사이다. 이 '모로나이'가 꿈에 나타나 요셉 스미스(Joseph Smith)에게 계시를 내려 새로운 종교가 1830년에 뉴욕주에서 창설되었다.

② 창시자 스미스는 구약과 신약을 간추린 몰몬성경(Mormon Bible)을 새로 썼기 때문에 기성 기독교인들에게 사교로 몰려 일리노이(Illinois)주로 교회를 옮겼다. 그는 거기서 비참하게 피살되었다.

③ 종교 박해가 심해지자 몰몬 신자들을 이끌고 록키 산맥을 넘어 솔트 레이크 밸리(Salt Lake Valley)에 정착한 지도자가 바로 브리그함 영 (Brigham Young)이었다. 그들이 여행한 거리는 약 1300마일이었다. 그가 그곳에 도착한 후에 외친 말이 "바로 이 장소다"(This is the place)였다. 이 말이 몰몬의 개척 선언처럼 되어 버렸다. 몰몬 교인들이 신앙의 자유를 위해 목숨을 걸고 서부로 향했으며 이들이 겨울철 록키 산맥을 넘을 때는 동상에 걸리거나 아사한 수가 7,000여명이나 되었다. 몰몬의 성지 솔트 레이크 성전(Salt Lake Temple)은 40년에 걸쳐 건축을 완공하였으며 세계 1,000만 몰몬 교인들의 정신적 기둥이 되었다.

④ 몰몬교는 굉장히 보수적이고 중앙집권적이기 때문에 조직의 힘이 대단하다. 십일조를 지키지 않는 신자는 교회는 다녀도 성전에는 발을 들여놓을 수가 없다. 교회에서 건축기금을 일체 걷지 않는다. 솔트 레이크 성전(Salt Lake Temple)은 예배드리는 교회가 아니라 몰몬 신자들의 신앙고백, 사망 및 결혼관계 행사 등을 거행하는 성전이다. 이 성전은 외부인에게는 공개되지 않으며 일반 몰몬 교회 건물과 다른 점은 꼭대기에 나팔부는 모로나이 천사장이 있다는 것이다. 이곳은 합창단으로 유명하다. 이곳의 오르간은 11,623개의 파이프를 갖고 있으며 325명의 합창대원들은 전원 자원봉사자들이다. 실업자는 교회에서 책임을 지고 취업알선을 해주고 있다.

⑤ 몰몬교에서는 목사를 비숍(Bishop)이라고 부르는데 무보수이며 평신도들이 돌아가면서 이 직책을 맡는다. 따라서 의사, 변호사, 교사 등 각 분야의 전문인들이 비숍이다. 한인 사회에서는 '말일 성도 예수 그리스도 교회' 가 몰몬교회이다.

⑥ 개척 초기 인구부족으로 일부다처제를 허용하는 바람에 몰몬교가 미국 사회로부터 배척을 당한다. 1890년 일부다처제가 교리에 어긋난다는 선언을 해 지금은 아내를 여러 명 거느리면 파문을 당한다고 한다.

⑦ 몰몬교인들은 후손을 위해 죽어 가면서도 씨앗은 절대 먹지 않을 만큼 교리에 충실했다.

⑧ 몰몬교는 박해를 받고 일어난 종교이기 때문에 신자들간에 단결력이 대단하다.

⑨ 커피, 술, 담배를 하지 않는다.

⑩ 준법정신이 강하다. 이 때문에 FBI와 CIA에서 우선적으로 채용된다고 한다. 워싱톤 정치인들의 보좌관들의 다수가 몰몬교 신자들이라고 한다. 몰몬교 재단인 브리그햄 영(Brigham Young) 대학(BYU)에서는 여학생들이 진 바지를 못 입으며 남학생은 술을 입에 대면 퇴학을 당한다. 아직도 여성 성직자는 인정하지 않는다.

⑪ 교회가 명령하면 어디 가서나 봉사하는 종교, 십일조를 잘 지키는 종교, 세계에서 가장 돈이 많은 교회로 알려져 있다. 몰몬 교인들의 봉사기간은 남자는 2년, 여자는 2년 반으로 되어 있다. 서부지역에서 경제적으로 정치적으로 막강한 영향력을 갖고 있다.

⑫ 미국에서 가장 교육수준이 높은 주가 유타(Utah)주이다. 출산율도 가장 높아 미국인 평균 출산율의 2배다. 실업률이 가장 낮은 곳이 유타주이다. 연방정부의 후생복지(welfare)를 타는 것을 부끄럽게 생각해 될 수 있는 대로 타지 않으려 한다. 몰몬이 경제 대공황 때 정부의 신세를 지지 않고 자체적으로 빈민을 구제한 것은 유명한 이야기이다. 몰몬 교도들은 유타주를 위시하여 아이오와주와, 와이오밍주, 네바다주에 많다.

둘째로 국산품

국산품으로는 한국에 재림 예수가 16명이고, 신흥 종교가 314개나 된다고 한다. 가짜일수록 이름이 길다. 사이비 종파들은 좋은 이름들은 다 이용한다. 예를 들면,

① 통일교(세계 기독교 통일 신령 협회): 교주 문선명,
② 전도관(한국 예수교 전도관 부흥협회): 교주 박태선,
③ 천도교(동학계): 교주 최제우,
④ 증산교(훔치교계): 교주 강일순,
⑤ 한얼교(단군교): 교주 신정일,
⑥ 세계 엘리야 복음 선교원: 교주 박명호(강원도 원성군 소초면 둔두리 산 속에 본부),
⑦ 하나님의 교회: 교주 안상홍(서울 관악구 봉천동에 본부),
⑧ 장막성전: 교주 유재열(경기도 과천 소재),
⑨ 한국 예수교 신천지 교회: 교주 홍종효(서울 세검정 소재),
⑩ 실로 성전: 교주 김풍일(박태선 계통에서 영향을 받음),
⑪ 예수교 대한 감리회 낙성대 교회: 교주 정명석(통일교계, 서울 관악

구 봉천동 낙성대 전철역),
⑫ 대성교회 원로목사: 교주 박윤식,
⑬ 대한 예수교 신천지 교회: 교주 이만희,
⑭ 한국 예루살렘 교회: 이초석(비 성서적인 귀신론 주장),
⑮ 다미선교회: 땅 끝 예수 전도단 대표 이장림(1992. 10. 28 밤 12시 예수님의 공중 재림과 성도들의 휴거: 불발로 끝나고 쇠고랑),
① 지방교회(일명 회복교회): Watchman Nee,
② 베뢰아 아카데미: 창시자 김기동(기독교 남침례회 총회장, 성락교회 담임목사),
③ 서울 부활의 교회(Grace Academy): 한만영(김기동의 제자요 동역자),
④ 능력전도 치유학교: 김남수
⑤ 원불교 등이다.

이들 20개의 이단 종파들 중에서 몇 개만 간단하게 설명하면 다음과 같다.

① 통일교

문선명(文鮮明)은 통일교의 창교자요 교주이다. 그의 본명은 문용명이다. 그는 1920년 1월 6일(음) 평북 정주군 덕언리 상사리2221에서 태어났다. 그가 창교한 통일교는 종교집단이라기보다 경제집단이라는 말을 듣고 있다. 현재 종교단체가 5개요, 교육기관이 18개이며, 언론기관이 11개이고, 사회단체가 2개이고, 문화사업단체가 8개이고, 기업체가 150개를 갖고 있는 것으로 전해지고 있다. 그런데 규모에 있어서는 방대한 것으로 알려지고 있다.

통일교는 세계복귀를 위해서는 4권(權)을 잡으라는 문선명 교주의 명령에 따라 사상, 과학, 언론 및 경제 등의 각 분야에 걸쳐 침투한 결과 오늘의 엄청난 성과를 거두었다는 것이다. 세계 어느 곳이든 통일교의 재산과 기업체가 있다는 사실이다. 그들은 공장을 세우고 돈을 벌어가면서 전도

활동을 한다. 여건이 여의치 않을 때는 꽃장수를 하고, 폐품수집을 해서라고 돈을 번다. 그래서 통일교의 재산 총액은 천문학적인 숫자에 이른다고 하지만 그러나 그들의 진짜 재산은 "원리강론"이라는 책이다. 이 책은 통일교의 밑천이요 뿌리이다. "원리강론"이라는 그 책 때문에 기독교로부터 이단이라는 낙인이 찍히기도 했지만 바로 이 책이 통일교를 있게 한 것이다.

② 전도관

창시자요 교주인 박태선은 1915년 평안북도 영변군 구장면 구장리의 한 농가에서 출생했다. 그는 "한국 예수교 전도관 부흥협회"라는 명칭을 지니고 있었지만 1980년 8월 23일자로 그 칭호를 천부교(天父敎)로 개명을 했다. 그는 기성교회로부터 이단이라는 지탄을 받아왔지만 자기 나름대로는 "예수교"라는 간판을 붙이고 나온 것만은 사실이다.

그는 1950년대 처음으로 집회를 인도했을 때는 예수 그리스도의 보혈을 증거 하였다. 그의 설교집 제2집을 보면 "그리스도의 피는 흠과 티가 없는 순결한 피인 것이다. 거룩한 피인 것이다"라고 했다. 그러나 그는 1980년 초부터 예수님의 십자가와 성경을 기반으로 한 기독교 노선에서 서서히 이탈하여 나가기 시작했다. 그러면서 그는 예수님의 구주성을 부정하고 성경을 부인하면서 이름을 고치고 간판을 바꾸어 달았다. 그러면서 그는 탈 예수 그리스도 노선을 걷게 되었다.

그는 자신의 카리스마적인 권위를 다음과 같이 내세우고 있다.

첫째로 이사야 41:1-29절을 근거로 "동방의 일인"이라고 했다.

둘째로 요한 계시록 2:17절을 근거로 "이기는 자"라고 했다.

셋째로 요한 계시록 10장을 근거로 "힘센 천사"를 "감람나무"로 해석했다.

넷째로 요한 계시록 19:11-16절에 나오는 "백마를 탄 자"를 자기에 대한 서술이라고 주장하고 있다.

다섯째로 그는 자신을 "영모(靈母)", "예언자", "구원자", "신판주"라고 부르고 있다.

여섯째로 그는 자기 자신에게는 "이슬 같은 은혜", "생수", "향취(향기)"를 소유하고 있다고 내세우고 있다.

일곱째로 그는 안찰을 했다.

여덟째로 그는 사람이 살아있는 그대로 영원히 죽지 않는 세상을 이룬다고 가르쳤다.

③ 천도교

천도교를 일명 동학계라고 한다. 동학의 창시자 및 교주는 최제우(崔濟愚)이다. 그는 1824년(순조 24년)에 경주군 구미산 아래 가정리에서 태어났다. 본관은 경주이고 그의 28대 조상은 신라 통일시대 말엽에 문명(文名)을 떨친 최치원이고 13대 조상은 성균관 사정을 지낸 최눌(崔訥)이라고 했다.

19세기 중엽에 일어난 동학은 한국 신흥종교의 효시라고 할 수 있을 뿐만 아니라 그 사상과 운동이 당시의 시대적 상황과 밀착된 관계에서 일어났고 또 그것은 신앙과 종교사상으로서의 의미뿐이 아니라 사회적, 정치적으로 큰 충격과 영향을 주었다는 점에서 무시할 수 없는 위치를 갖고 있다고 하겠다. 동학은 단지 종교 뿐의 것이 아니고 민중운동 내지 혁명운동의 성격을 지니고 있다. 그리고 이 동학을 서두로 해서 많은 신흥종교들이 접종해서 일어난 것이다.

④ 증산교

증산교의 교주 강일순(1871-1909)은 조선 왕조 고종 8년 신미년 1871년 11월 1일생이요 출생한 곳은 전라도 고부군 답내면 서산리이다. 그는 조선말엽 전라도 고부 지방을 거점으로 하고 일으킨 민중 종교 운동으로서 동학 운동과 함께 한국 민족종교의 중요한 위치를 차지하고 있다. 이 종단이 한창 전성기에 있을 때에는 100여 개의 교파와 400만의 교도를 갖고 있을 정도로 그 교세가 대단했다. 이 종단의 교리사상은 한국 재래의 샤마니즘과 민속 신앙을 바탕으로 하고 있다. 여기에 유교와 불교사상을 적당하게 융합한 것이라고 하겠다. 증산교 종교운동은 조선말엽의 극도로 혼란한 국가 사회적 형편과 또 당신의 동학 혁명의 실패로 인한 민심의 피폐에 대응해서 발생한 종교운동이다.

강일순은 당시의 사회적 병폐와 민심의 소외현상을 자기 나름대로 분석 해명하고, 거기에 대한 처방과 대책을 자기 나름대로 해 놓은 것이다. 그는 부적(符籍)을 썼고 주문(呪文)을 가르쳤으며 병을 고쳐준다고 하면서 자신이 무당이 되어 춤을 추고 굿을 했다. 자기를 따르면 신통(神通)과 도통(道統)을 할 수 있다고 했다. 또 그의 추종자들은 그가 생전에 많은 기행(奇行)과 이적(異蹟)을 행했다고 말하고 있다. 그는 예상밖에 39세의 젊은 나이로 허술하게 죽고 말았다.

⑤ 한얼교

한얼교를 일명 단군계라고도 하는데 이 종파는 국조 단군이 이념에 뿌리를 둔 종교로서, 그 뿌리에서 생겨지고 이룩된 결실임을 주장하고 있다. 한얼교의 교주 신정일(申正一)은 단군의 개교를 전승하여 한얼교를 창교했노라고 주장하고 있다. 단군의 개교를 전승했다는 뜻에서 신 교주는 법통(法統)이요 정임(正任)이라고 하면서 자부하고 있다. 환언하면, 한얼교는 지금부터 4300년, 단군이 세운 종교인데, 그 단군이 세운 한얼교가 땅 속에 묻혀졌던 것을 오늘에 와서 신 교주가 부활시켰다는 것이다.

한얼교의 경전은 천부경(天符經), 삼일신고(三一神誥), 팔리훈(八理訓) 등 예전부터 내려오는 문헌들을 자기들의 교전으로 받아들이고 거기에 신정일 교주가 저술한 "한경"을 갖고 있으며 그 밖에도 삼대 경서(정학경서, 한얼경서, 민족성전)이라는 것이 있다.

⑥ 원불교

　원불교의 창시자인 박중빈(朴重彬)은 전라남도 영광군 백수면 길룡리에서 태어났다. 이 종파는 1916년 소태산에서 일어난 교단이다. 이 교파의 교리는 우주의 근본 진리는 일원(一圓)이라고 하여 그것을 신앙 및 수행의 주체로 하여 현실 생활 속에서 항상 사은(四恩)에 보답케 하며 원만한 진리를 본받는 생활을 하게 하는 것이다.

　그는 한국의 신흥종교 중 재래의 한국 불교와는 달리 하나의 종단을 조직하고 혹은 새로이 불교적 색채를 가지고 교단을 만든 것도 적지 않았다. 원불교는 그러한 불교계 종교단체 중 대표적인 것이라고 할 수 있다. 원불교는 그 중에서 가장 건설적 발전 계단을 거쳐 나왔다는 평을 받고 있다.

　원불교는 실학적(實學的)인 색채를 많이 지니고 있다. 과학사상을 수용하여 종교의 사회기여도를 높이려는 것도 그러한 일면에서 하는 일이라 하겠다. 또 그들의 목적은 인권평등, 지식평등, 교육평등의 이상사회의 실현을 추구하고 있다.

　원불교의 경제관의 특징은 다음과 같다.

　첫째로 자립경제의 정신

　둘째로 근검절약의 정신

　셋째로 일심협력의 정신

　넷째로 수지대조의 정신: 지출을 억제하고 수입을 늘려야 한다.

　다섯째로 정당한 이윤추구의 정신

　여섯째로 경제의 적당한 활용의 정신

　원불교의 교화활동은 교주 박중빈이 1917년 7월 9인의 제자를 선정하여 교단 최초의 교화단을 조직한데서 시작되었다. 그 후 1919년 12월 구간도실(九間道室)을 건축하여 교단 최초의 회당을 설치했다. 포교활동의 뿌리를 내린 곳은 발상지인 전남과 현 본부가 있는 전북이며 그 외에도 서울과 경남, 부산 등이다.

(2) 마태복음 24장과 25장에 나타난 말세의 징조들

마태복음 24장과 25장은 말세에 일어날 일들을 예수님이 친히 말씀하셨다. 특히 24장은 예수님의 재림의 징조에 관해 언급하고 있다.

① 전쟁이 많이 일어날 것이다. 민족이 민족을 나라가 나라를 대적하여 일어날 것이다. 난리와 난리 소문을 들을 것이다.

이 때부터 주후 70년 예루살렘 함락 때까지 유다에는 작은 난리들이 너무도 많다. 그 후 국지전은 수 없이 많았다. 큰 전쟁: 제 1차 전쟁(the World War I), 제 2차 전쟁(the World War II), 한국 전쟁(Korean War-1950, 6.25-1953,6.27), 월남 전쟁(Vietnam War-1975), 이라크와 쿠웨이트 전쟁이 있었으며 이는 미국이 개입하여 걸프전쟁이 되어 미국의 승리로 끝이 났다. 그 후에 2002년도에는 미국과 영국을 위시한 연합군이 이라크와 싸워 연합군의 승리로 끝이 났다. 제3차 대전을 어디에서 일어날지 모르는 상황이다.

② 천재 지변이 많이 일어날 것이다.

도처에 기근과 지진이 많이 일어나고 있다. 예루살렘 성이 포위되었을 때 수많은 시민이 굶어 죽었다. 아프리카에는 수많은 사람들이 굶어 죽어가고 있다. 현재 세계 도처에 한발, 홍수 등으로 인하여 흉년이 들고 있다. 북한은 아사자가 많아서 세계적으로 구호를 위하여 손을 벌리고 있다. 각처에서 지진이 많이 일어나고 있다. 2003년 12월에 이란에서는 밤에 지진이 일어나서 약 50,000명의 사망자가 발생했다.

③ 거짓 그리스도와 거짓 선지자가 많이 일어날 것이다.

5절에 보면 "많은 사람이 내 이름으로 와서 이르되 나는 그리스도라 하고, 많은 사람을 미혹케 하리라". 이는 종말론적 징조 가운데서 제일 큰 것이다. 거짓 그리스도와 거짓 선지자는 기독교 초기부터 나타났다. 사마리아 사람들이었던 도디테우스와 시몬 등이 그리스도로 가장했다. 역사가 요세푸스(Josephus)는 주후 67-70년 간에 많은 거짓 그리스도가 출현했다고 한다.

요한일서 2:18절 "아이들아 이것이 마지막 때라 적 그리스도가 이르겠다함을 너희가 들은 것과 지금도 많은 적 그리스도가 일어났으니 이러므로 우리가 마지막 때 인줄 아노라" 적 그리스도(Anti-Christ)는 일반적인 배교자를 가리킨다. 적 그리스도의 특징은 진정한 교회의 권속이 아니다. 교회를 배반하고 나간 자들이다. 예수가 그리스도임을 부인하는 자들이다. 지금 세계 각처에서 거짓 그리스도가 속출하고 있다.

이단을 규정하는 기준은
① 성경 가감, ② 그리스도의 구속 사역을 부인 혹은 약화, ③ 계속적인 계시 주장이다.

(3) 이단을 부추기는 요인들

첫째로 미혹하는 사단의 활동 때문이다.

성경은 사단이 이단을 조종하고 있음을 가르치고 있다. 이단은 사단의 앞잡이다. 고린도후서 11:13-15절 "저런 사람들은 거짓 사도요 궤휼의 역군이니 자기를 그리스도의 사도로 가장하는 자들이니라, 이것이 이상한 일이 아니라 사단도 자기를 광명의 천사로 가장하나니, 15 그러므로 사단의 일군들도 자기를 의의 일군으로 가장하는 것이 또한 큰 일이 아니라 저희의 결국은 그 행위대로 되리라" 여기 "저런 사람들은"은 누구를 두고 하는 말인가? 바로 거짓 선지자, 거짓 교사, 속이는 자를 두고 하는 말이다. 사단은 광명의 천사로 가장한다.

요한복음 8:44절 "너희는 너희 아비 마귀에게서 났으니 너희 아비의 욕심을 너희도 행하고자 하느니라 저는 처음부터 살인한 자요 진리가 그 속에 없으므로 진리에 서지 못하고 거짓을 말할 때마다 제 것으로 말하나니 이는 저가 거짓말쟁이요 거짓의 아비가 되었음이니라" 이 말은 유대인들이 아브라함의 참 자녀가 아니라 마귀의 참 자녀인 것을 선포한다. 여기에서 하나님의 보편적 부성론(universal fatherhood)이란 성립되지 못한다.

지상의 모든 사람은 다음 셋으로 구분된다.

① 하나님의 독생자 즉 예수님이시다.

② 하나님의 자녀 즉 참 신자이다.

③ 마귀의 자녀 곧 불신자들이다.

요한복음 8:44절에 나타난 마귀의 특성은 다음과 같다.

① 살인자이다(창 4:8). 그리스도는 사람을 살리는 분이시나 마귀는 처음부터 아담을 꾀어 사망으로 인도했다(롬 7:8,11).

② 그는 거짓말쟁이다(창 3:4,5; 요일 1:10). 그것은 참이신(14:6; 계 3:14) 그리스도의 속성과는 반대이다.

이단들이 그리스도를 영접하는 데 실패한 주된 이유는 그들이 마귀와 관련되고 있기 때문이다. 이와 유사한 엄한 정죄가 마 23:15에 나와 있다. "욕심"이란 말의 헬라어 '에피투미아'는 '욕망', '갈망', '정욕'이라는 뜻이다. 마귀의 정욕은 사람들의 정욕과 같으나 그보다 훨씬 강하다. 그 이유는 그들의 영적 힘에 선동되기 때문이다.

둘째로 미래 공포증 때문((Future Fright)이다.

사람이 삶의 목적과 의미를 추구할 때 막연한 불확실성에 직면한다. 인간은 변화에 적응해야하고 미래 통로를 결정해야 한다. 인구 폭발, 공해, 핵전쟁의 위협 등으로 핵을 가진 나라: 미국, 소련, 영국, 중국, 프랑스, 파키스탄, 인도, 북한, 이스라엘, 등등. 사회의 붕괴, 전쟁 발발 가능성, 많은 이들이 이와 같은 불안정 속에서 안정을 찾고 있다.

이단은 이들에게 안정감을 제공하고 있다고 자부하고 있다. "목회와 신학"잡지의 조사에 의하면 18.3%가 미래에 대한 불안 의식 때문에 이단을 찾고 있는 것으로 나타난다. 구원파, 여호와의 증인, 안식교, 다미 선교회, 통일교 등은 미래 의식을 고조시킨다. 그들은 자기들을 통해서만 구원을 얻을 수 있다는 "피난처에의 희망"을 안겨줌으로 기존신자를 유혹한다. 영생교는 영생불사를 약속한다. 여호와의 증인은 지상천국을 약속한다.

셋째로 과학 기술의 발달에 의해 사회가 비인간화(depersonalization) 되고 있기 때문이다.

과학은 1969년에 인간을 달에 착륙시켰다(Neil Armstrong). 뿐만 아니라 심장이식을 통해 생명을 연장시킨다. 컴퓨터를 양산한다. 1969년 미 국무성에서 각 기관과의 원활한 교류를 위해 1989년 WWW(World Wide Web)을 발명했다. 오웰(George Owell)은 "과학의 잠재력은 많은 현대인들로 하여금 과학에 환멸을 느끼게 하고 있다"라고 말했다. 과학 발달에 비례해서 인간을 비인간화시키고 있다.

넷째로 가정의 붕괴 때문이다.

송길원 목사(가정사역 연구소(Christian Family Ministry)는 가정을 붕괴시키는 요인들을 다음과 같이 들었다.

① 핵가족화 현상,
② 산업화에 따른 잦은 이동과 전근,
③ 성적인 도덕 문란,
④ 불건전한 비디오, 영화, 만화,
⑤ 증가하는 청소년 가출,
⑥ 상승 일로에 있는 이혼율이다.

세계에서 이혼율이 제일 높은 나라: 미국, 영국, 스웨덴, 한국이라고 한다. 근간의 소식에 의하면 한국이 미국 다음이라고도 한다. 그리고 2008년도에는 가장 높은 나라가 될 것이라는 어두운 전망도 나와 있다. 이단들은 이들을 이끌어 내어 똘똘 뭉치게 한다. 이단들은 이들을 상호 의존성을 깊이 인식케 한다. 이단들은 이들을 서로 돌아보는 교제로 뭉쳐 있다.

다섯째로 인간의 욕구를 충족시키는데 초점을 맞춘다.
많은 이들이 이단을 따를 때 진리냐 비진리냐가 기준이 아니고 감정적, 심리적, 사회적 욕구를 채워주느냐가 기준이 된다. 예를 들면:
① 몰몬교는 "가정은 지상의 천국"이란 슬로건을 걸고 사회사업을 한다.
② 안식교는 건강에 집중적인 관심을 가지고 병원사업을 통해 포교를 한다.
③ 구원파는 각종 사업에 자기 교파 교인들을 투입시켜 생계 보장을 시킨다.
④ 이단의 가르침은 만병통치, 만사형통, 소원성취, 사업성공, 건강장수, 영생불사 등이다.
⑤ 김기동, 김광신, 김요한, 한만영의 베뢰아 운동과 이초석의 한국 예루살렘 교회는 신유를 주장한다.
⑥ 구원파, 다미선교회, 여호와의 증인은 말세와 예수 재림을 주장한다.
⑦ 몰몬교와 안식교는 가정생활과 건강을 강조(마약, 섹스, 알코올, 담배, 커피를 금함)하고 자기 욕망을 부인한다.

여섯째로 극단적인 자유주의와 다원주의 때문이다.
그 외에도 영지주의, 신비주의, 쾌락주의, 금욕주의, 율법주의, 반 율법주의, 몬타니즘(Montanism), 말시오니즘(Marcionism), 아리아니즘(Arianism) 등등이 있다. 이단 교주들이 받았다고 주장하는 특별계시와 깨달음은 추종자들의 기분을 좋게 만들어 주고 안정감을 준다.

일곱 번째로 교회의 부패와 분열현상 때문이다.
이단을 부추기는 가장 중요한 요인들은 다음과 같다.

① 많은 교회는 예배, 전도, 교육, 교제, 봉사의 사명에 충실하지 못하다.
② 교회가 교인들에게 삶의 의미와 목적을 심어주는데 실패한다.
③ 소속감을 심어주지 못하고 있다.

이단들은 항상 기성교회의 부정, 부패, 무기력을 들고 나온다. 이단들은 항상 기성교회의 부정, 부패, 무기력한 제도적 결함과 부패를 공격한다.

① 새벽기도회에 안나오는 사람은 신앙이 없다고 비판한다. 거리, 직업, 신앙의 정도에 따라 못 나올 수도 있다.

② 헌금을 많이 할 수 없는 교회지도급에 있는 직분자를 비판한다. 무직자, 생활이 어려운 자도 있다.

③ 교회 직분의 계급화 및 배분화를 비판한다. 갈라 먹기식, 교회직분은 명예직이 아닌 봉사직이므로 계급이 있을 수 없다.

④ 명분 없는 교파분열이 그들에게 빌미를 주고 있다. 교파분리의 유일한 이유는 교리문제이다. 그러나 교리 문제 외에의 문제로 교단이 분리되는 일들이 허다하다.

⑤ 교권싸움. 교권 싸움이 교회를 망하게 하고 교파를 망하게 함, 교권주의자들은 하나님 앞에서 심판을 받을 것이다.

이단이 생기는 이유는 "기존 기독교의 모순과 문제" 때문이라고 대답하는 사람이 21.3%라고 한다. 대부분의 신흥종교들이 기성세대에 대해 갈등과 불만을 느끼는 젊은층과 청소년을 상대로 포교함으로 이단을 청소년종교(Jegendreligion)이라고 부른다.

여덟 번째로 성경해석의 오류 때문이다.

성경을 해석하는데 본래의 뜻과 다르게 해석하면 이단이다. 사도 베드로는 "무식한 자들이 성경을 억지로 자의적으로 해석하므로 이단이 된다"고 하였다. 베드로후서 3:16절 "그 중에 알기 어려운 것이 더러 있으니 무식한 자들과 굳세지 못한 자들이 다른 성경과 같이 그것도 억지로 풀다가 스스로 멸망에 이르느니라" 성경은 억지로 풀면 안 된다. "억지로 푼다"란 말은 잘못 푼다는 말이다. 성경은 기도하는 중 성령의 조명으로 풀어야 한다. 베드로후서 2:3절과 디도서 1:11절에 거짓 선지자들은 성경을 엉뚱하게 해석하고 성경에 없는 내용을 조작하여 가르치면서 하나님의 말씀이라고 한다. 이단자들은 언제나 성경난해 구절을 자기중심적으로 해석한다. 우리 교회 목사님은 특별계시로 이 구절을 깨닫게 되었다. 이런 식으로 성경을 해석하면서 교인들을 유혹한다. 그들이 즐겨하는 말은 우리 교회 나와야만 들을 수 있다. 예를 들면 계 7:4; 14:1-5 144,000명에 대한 해석 등이다.

2. 21세기의 기독교 지도자상(像)

규모의 크고 작음을 막론하고 지도급에 있는 사람은 "기독교 지도자상"에 대해 철저하게 연구할 필요성이 있다. 제5장에서 시편 23편에 나타난 하나님의 이상적인 목자(지도자)상과 요한복음 10장에 나타난 예수님의 목자(지도자)상에 관해 고찰한바와 같이 21세기에 살고 있는 우리들에게는 이 시대에 걸 맞는 기독교 지도자상을 재정립해야 할 것이다.

지도자(Leader)는 영어로 통치자, 감독자, 다스리는 자(Ruler)이다. 기독교 지도자란 기독교의 정신으로 즉 성경의 정신으로 피지도자들을 통치하며 다스리며 감독해야 함을 의미한다.

독재사회에서의 통치자는 철권 통치자(iron ruler)들로서 이들은 그들의 말이 바로 법이다. 대표적인 예로는 독일의 히틀러(Hitler), 소련의 스탈린(Stalin), 중국의 모택동(Mao), 이탈리아의 무솔린(Mussolin), 북한의 김일성(Kim, Il Sung(1945년에 집권), 그리고 지금의 북한의 최고 통치자 김정일이다. 그 외에도 지구상에 철권통치를 하는 나라는 많다. 북한은 김정일의 말이 바로 법이다. 현지 답사 중 그가 한 한마디가 바로 법이 되며 김정일과 악수 한번 하면 평생 생활이 보장이 된다고 한다. 김정일에 대한 호칭이 39개나 된다고 한다. 쿠바의 카스트로(Castro)는 1959년에 집권하여 지금까지 통치하고 있다. 리비아의 카다피도 마찬가지다. 그러나 그는 경제적인 어려움을 극복하기 위하여 2003년도 말에 대량살상무기(weapons of mass destruction)를 폐기하기로 하기로 선언했다. 독재 사회에서의 통치자는 받아들이는 것(input)은 없고 내보내는 것(output)만 있다. 그러나 민주 사회에서는 양자가 다 병행한다.

그러나 미국이나 영국 같은 민주사회에서는 통치자가 종(servant)이요 섬기는 자이다. 지도자는 다스리는 일과 섬기는 일을 겸하여 해야 하므로 어렵고 힘이 드는 직무이다. 민주 사회에서는 삼권(입법, 사법, 행정)이 완전히 분리되어 있음으로 대통령도 자기에게 부여된 권한 이상을 행세하지 못한다. 민주주의 사회에서는 대통령이 지도자+섬기는 자(leader+servant)이기 때문에 어떤 때는 봉사를 해야하고 어떤 때는 지도자로서의 임무를 감당해야 한다.

필자가 군복무시절에 카투사(KATUSA=Korean Augmentation Troops to United States Army)로 미군부대에게 근무한 경험이 있었다. 그 때 알게 된 것은 장교가 사병들과 커피를 마시는데 사석에서는 장교가 서서 마시고 사병들은 앉아서 마시는 광경을 보았다. 한국적인 관념으로는 이해가 되지를 않았다. 그러나 공석에서는 사병들이 장교에 대해 예의와 절도가 있는 태도를 보였다. 미국의 닉슨(Richard Nixon) 대통령은 워터게이트(Watergate) 건물에 도청장치를 한 것이 발각이 되어 탄핵(impeachment)을 당하기 전에 사임하고 백악관을 떠났다. 당시 미국 만화는 아프리카의 한 정치가가 이 광경을 보고 이 나라는 정치 할 나라가 아니라고 하면서 짐을 싸 가지고 본국으로 돌아갔다고 한다.

1) 피지도자의 다양한 성향과 특성

(1) 플라톤(Platon)은 사람을 3 group으로 나누었다.

① 배(腹)와 같이 육체적 욕구를 따라 사는 사람
② 가슴과 같이 용기만 가지고 사는 사람
③ 머리(頭)와 같이 생각하고 행동하는 사람

(2) 미국 콜롬비아(Columbia)대학 총장을 역임한 버틀러(William Butler) 박사는 다음과 같이 구분했다.

① 주변에 무엇이 일어나고 있는지 관심이 없는 사람
② 주변의 변화를 보면서 남을 비난하는 사람
③ 주변 사정을 보고 무엇이 필요한지를 찾아 대처하는 사람

(3) 배를 탄 사람을 3 구룹으로 나누면

① 선실에서 먹고 마시고 노는 사람
② 갑판에 서서 사방의 경치를 구경하는 사람
③ 방향을 정하고 그곳을 향하여 노를 젓는 사람

(4) 일반적인 피지도자의 3 구룹

(1) 방해자 = 비평가
한 단체에서는 지도자가 하는 일을 방해하든지 혹은 비평하는 무리들이다. 교회로 말하면 목사의 목회를 비평하는 교인들이 있다. 예를 들면, 설교에 대해 비평을 할 때 특히 설교의 내용을 가지고 비평을 한다. 비평하

는 내용은 목사의 설교가 구속사적인 설교가 아니다. 혹은 문맥(context)에 대해, 혹은 설교 시간을 가지고 이의를 제기한다. 길면 길다고 하고 짧으면 짧다고 한다. 특히 심방문제를 가지고 비평을 하는 교인들이 있다. 행정능력을 가지고 비판을 한다.

(2) 방관자
 지도자가 한 단체를 이끌어 나갈 때에 지도자의 지도력에 대해 전연 방관을 하고 무관심 하는 사람들이 있다. 교회의 경우 목사가 설교를 잘 하든 못하든 전연 상관하지 않은 무리들이다. 사실 이들의 자세가 좋은 것 같지만 결코 그렇지 않다. 모든 일에 방관하고 등한하기 때문에 아이디어도, 견해도, 의견도 제의도 전연 없는 무리들로서 자기뿐 아니라 단체나 교회에도 아무런 도움이 되지 않으며 그 결과 발전이 없게 된다.

(3) 협력자
 행 18장에 보면 고린도 전도사역에서 사도 바울을 도운 사람들이 많다. 아굴라와 브리스길라 부부는 장막제조의 업이 같았다. 실라는 옥중에서 생사를 같이 한 사람이다. 디모데는 믿음의 아들이다. 유스도는 바울이 유할 수 있는 집을 빌려 준 사람이다. 그리스보는 회당장이다. 8절 "회당장 그리스보가 온 집으로 더불어 주를 믿었다. 수다한 고린도 사람도 듣고 믿어 세례를 받더라". 이들은 사도 바울을 적극적으로 도와 그의 복음사역에 크게 이바지했다. 마찬가지로 교회도 서로 협력하는 정신을 가져야 한다. 아론과 훌도 모세를 도와 전쟁을 크게 승리로 이끌었다.
 이와 같이 피지도자의 성향이 다양하다. 협력자만 있는 것이 아니라 방관자가 있고, 방관자만 있는 것이 아니라 방해자도 있다는 사실을 알아야 한다. 어떤 이는 말로는 협력을 한다고 하나 마음으로는 그렇지 않는다. 어떤 이는 지도자 앞에서는 협력을 한다고 하나 뒤돌아서면 협력을 안 한다. 종합해보면

① 머리와 같이 생각하는 사람--사고자(思考者)
② 무엇이 필요한 것인가를 보고 행동하는 사람--행동자(行動者)
③ 배의 사공과 같이 방향을 정해 노를 저어 가는 사람--추진자

(5) 오순절계통의 교회들이 교인 수가 많은 이유

일반적으로 오순절계통의 교회들이 성장하는 이유는 무엇보다 "하면 된다". 혹은 "불가능은 없다"란 확신 때문이다. 확신에 찬 지도자가 피지도자를 묶을 수 있다. 미국 수정교회(Chrystal Church)의 담임 목사 슐러(Robert Schuller)의 적극적 사고방식(Positive Thinking)은 그의 교회가 급성장하는 이유중의 하나이다. 많은 사람들이 몰려드는 이유는 적극적 사고방식을 가르치기 때문이다. 그의 적극적 사고의 성경적 근거는 바로 빌립보서 4:13절이다. "네게 능력주시는 자 안에서 내가 모든 것을 할 수 있느니라"(I can do all things through Him who gives us strength). 그런데 그가 약간의 비판을 받는 이유는 이 성구에서 슐러는 "내가 모든 것을 할 수 있다(I can do all things)만 강조한다는 것이다. 만일 이 부분만 강조하면 인위적이 된다. 성도들은 이 성구 앞에 있는 "내게 능력 주시는 자 안에서 혹은 내게 능력 주시는 자를 통해서(through Him(Jesus Christ who gives us strength))를 강조해야 한다. 인간은 모두 미약하다. 그러나 주님이 능력을 주실 때에 모든 것을 할 수 있다.

(6) 칼리간(Carnegie Caligan)의 저서 "내일의 세계에서 오늘의 목사"(Today's Pastor in Tomorrow's World)에서

기독교 지도자는 자신감(自信感=confidence)을 찾아서 가져야 할 것을 강조하고있다. 자신이 있는 지도자는 피지도자가 믿을 수 있다. 피지도자가 불안해하지 않는다. 이것이 소위 카리스마틱한 지도자(charismatic leader)이다.

칼리간은 지도자와 피지도자간의 신뢰와 지시를 향상할 수 있는 지침을

7가지로 요약을 했다.

① 기독교 지도자는 피지도자와 상호 불신에 대해 공개적으로 토론하고 대화하는 기회를 가져야 한다. 이들은 서로간에 상호 불신을 서로 공개하고 깊은 대화를 나누어야 한다. 그렇지 않으면 지도자는 자기에게 주어진 역할을 잘 감당하기가 어렵다. 교회에서도 당회장과 당회원 간에 서로의 잘못을 고백함으로 격을 좁힐 수 있다. 단체에서도 지도자와 피지도자간의 격을 좁힐 수 있는 것은 바로 이런 대화를 통해서이다. 이 원리는 목사와 교인 그리고 장로와 교인도 마찬가지이다. 특히 기독교 지도자는 피지도자간에 격을 좁히기 위해서 많은 대화를 나누며 대화의 창구가 항상 열려 있어야 하겠다.

② 기독교 지도자와 피지도자가 어떤 일을 추진할 때 갈등(conflict)을 일으키는 요인을 극복해야 한다. 지도자로서의 목사가 무슨 일을 하려고 할 때 피지도자는 무조건 안 된다고 하며 사사건건 충돌 및 방해하는 습관을 극복해야 한다. 그래야 지도력이 효과적으로 나타날 수 있다. 한국의 모 교회 장로는 목사가 무슨 일을 하려고 하면 무조건 반대하였다고 한다. 나중에는 목사가 반대로 하자고 해서 그 일을 극복했다고 한다.

③ 기독교 지도자가 프로그램을 제시할 때 수용할 수 있는 것을 제시해야 한다. 그렇지 않으면 문제에 봉착하게 된다. 지도자가 프로그램을 개발할 때 치밀하게 그리고 확신에 찬 것을 해야 한다. 막연한 프로그램 이치에 맞지도 않은 프로그램이나 상식에 맞지 않은 것을 개발해서 피지도자들에게 수용하도록 강권하면 안 된다.

④ 기독교 지도자는 신앙을 생활로 옮길 때에 목적과 그 목적을 이루는 수단 사이에 긴장(tension)이 있을 수 있다. 예를 들면, 목회자의 세금을 바치는 (tax-paying)문제나 장사를 하는 교인들이 주일에 문을 여는 문제 등이다. 특히 이 가운데서 국가에 세금을 바치는 문제는 법으로 비록 제정이 되어 있다고 할지라도 논란의 여지가 있는 문제이다. 그래서 어떤 목사들은 자발적으로 세금을 바치고 있는 분들이 있다고 한다. 목사도 국

가로부터 모든 혜택은 다 받고 있다는 측면에서 토론의 여지가 있다.

⑤ 기독교 지도자는 지도력을 어떻게 수행해야 될 지를 피지도자와 함께 토의하고 결정해야 한다. 이 말은 지도자가 지도력을 혼자 독점하지 말라는 말이다. 지도자와 피지도자는 순례자요 천국에서 만날 사람들이다. 토의가 없는 일은 부작용만 생길 뿐이다. 목회자가 교회당 건축을 하려면 교회 형편이 되는데도 반대하는 분들이 있다. 그런 분들과는 서로 의논하고 같이 기도하는 자세가 필요하다. 특히 목회자가 그 교회를 떠날 때는 의자 하나 가지고 가지 않는다는 사실을 주지시켜야 한다.

⑥ 기독교 지도자는 평생교육을 받도록 해야 한다.

칼빈(John Calvin)은 "목회자는 신학자"이어야 한다고 했고 카이퍼(Abraham Kuyper)는 목회자요 설교가였을 뿐만이 아니라 신학자였다. 신학교를 졸업했다고 모든 학문이 다 필한 것은 아니다. 목회를 하면서 평생교육(life-long education)을 받아야 한다. 그러므로 목회를 하면서 각종 세미나 등에 열심히 참석하는 학구적 자세를 항상 가져야 할 것이다.

⑦ 기독교 지도자는 영성관리를 잘 해야 한다. 기독교 지도자가 구비해야 할 일들 중에서 가장 중요하고 급선무는 바로 영성관리이다. 영적인 지도자가 영적으로 죽어 있으면 그 임무를 수행할 수 없다. 기도와 말씀상고와 성령을 전적으로 의지함으로 영성관리를 잘 해야 하는 일은 가장 중요하고 필수적인 일이다.

2) 기독교 지도자의 3대 필수요건

기독교 지도자가 갖추어야 할 요건들이 많이 있지만 그 중에서 더 중요한 것은 다음의 3가지이다. 이것을 영어로 "3V"라고 한다.

(1) 활력(Vitality)

여기 "vitality"를 활력이라고 번역이 될 뿐만 아니라 박력, 추진력이라고도 번역이 될 수 있다.

여기 활력, 박력, 추진력은 기독교의 여러 가지 특징 중의 하나이다. 디모데전서 1:18절 "선한 싸움을 싸우며"란 말씀이 있다. 신앙과 진리의 명목아래 무서운 미움과 살육행위가 감행된 전례가 많았다. 심지어 종교전쟁이 감행되었고, 하나님의 이름으로 종교재판이 열리고 사형을 집행한 역사까지 남아 있다. 이런 일들이 선한 싸움이 될 수는 없다. 여기서 말하는 "선한 싸움"이란 바로 활력이다.

그러면 여기서 말하는 "선한 싸움" 즉 "활력"이란 무엇을 뜻하는가?

① 그 목표가 성경적 원리를 위한 것이어야지 혈육을 상대하는 것이면 안 된다. 에베소서 6:12절 "우리의 씨름은 혈과 육에 대한 것이 아니요 정사와 권세와 이 어두움의 세상 주관자들과 하늘에 있는 악의 영들에게 대함이라" 믿는 자들이 대적해야만 하는 상대는 "혈과 육", 즉 인간적인 요소가 아니다. 이런 것은 "육에 대한 것"이며 눈에 보이는 것이므로 구체적인 대처를 할 수 있다. 그러나 "정사와 권세와 어두움의 세상 주관자들과 하늘에 있는 악한 영들", 즉 악령들은 영적인 실체이므로 눈에 보이는 대적들보다 훨씬 강하다. 이러한 영적인 대적들을 물리치기 위해서는 인간의 능력으로는 불가능하다. 오직 하나님의 능력을 의지함으로써 물리칠 수 있다. 즉 "하나님의 전신갑주"를 입어야 한다. 마귀를 물리치기 위해서 전력투구해야 한다.

② 그 방법에 있어서 그리스도의 사랑의 구현이어야 하고, 무저항적이어야 하며, 성경의 교훈 그대로 행해야 한다. 마태복음 5:38-42절까지는 원수를 향해 복수를 하지 말라는 권면의 말씀이 나온다. 이는 구약의 복수법(lex talionis, 이는 동해(同害) 복수법으로 피해자의 손해와 똑같은 손해를 가해자에게 입히는 것으로 구약 레위기서 24:17-21절에 나타나 있

다)에 대한 교훈으로 무저항주의를 제창하신 것이다.

③ 궁극적 목적은 하나님의 영광을 위하고, 하나님의 뜻이 성취되는 것이어야 하고, 자기의 고집이나 뜻을 성취시키는 것이면 안 된다. 바울은 이런 선한 싸움을 싸운 투사였다. 디모데후서 4:7절 "내가 선한 싸움을 싸우고 나의 달려갈 길을 마치고 믿음을 지켰으니" 바울은 그의 지나온 신앙의 일생을 회고하면서 자신이 최선을 다한 것을 상기하면서 만족감에 잠겨 있다. 생의 종국에서 이런 개가를 부를 수 있는 사람은 참으로 행복한 사람일 것이다. 록(Lock)은 "이는 그리스도가 주신 능력으로 참된 성취를 이룩한데서 오는 참된 사랑이다"라고 말했다. 크리소스톰(Chrysostom)은 "이는 임종의 벼개 곁에 앉아 슬픔에 어쩔 줄 모르는 아들을 위로하는 아버지와 같다. 내 아들아 울지 말라. 나는 명예롭게 살았고 이제 나이가 많아 너를 떠난다. 너도 내가 성취한 일들에게 영예를 얻을 것이라"고 하였다.

사도 바울이 "선한 싸움을 싸웠다"는 말은 그가 달려갈 길을 다 달렸다는 뜻이다. 그는 정해진 코스를 주파했다. 그는 유감 없이 다 마쳤다. 그가 달려간 길은 비록 원거리 경주였고 장애물 경기였지만 잘 달렸다. 그는 끝까지 달렸다. 그는 또한 믿음을 지켰다. 그는 그리스도께 충성했다. 그는 전도적 사명을 잘 완수했다. 그는 신실하고 온전한 삶을 살았다.

여기서 "활력" 또는 박력이나 추진력"이란 전투에 임하는 군사를 염두에 두고 한 말인 줄 안다. 전투에 임하는 군인은 상황판단을 빨리하고 재치있게 움직여 적군을 무찌르는데 활력을 발휘해야 한다. 군인들은 행동이 민첩해야 한다. 군인들은 적의 동태를 빨리 관찰하고 그들의 움직임에 대처해야할 것이다. 만일 군인들에게 정보능력이 없다든지 부족하면 전투에서 승리하지 못할 것이다. 요사이는 정보전쟁이다. 특히 기독교인들이 마귀와 싸울 때 정보에 뒤떨어지면 절대로 안 된다. 그들의 동태를 면밀히 살펴서 거기에 대처하지 않으면 안 된다.

활력 있는 생활은 창조하는 생활이요, 용감한 생활이며, 보람 있는 생활이다. 활력 있는 생활이란 수동적인 생활이 아닌 능동적인 생활이다. 인간이 노예생활을 싫어하는 이유는 끌려 다니는 수동의 생활이기 때문이다. 인간이 공산주의를 싫어하는 이유는 인간의 두뇌를 활용 못하는 비생산적인 제도이기 때문이다. 노예 생활이란 주인이 하라하면 하고 하지 말라 하면 안 하는 생활이다. 노예 생활이란 주인이 가라하면 가고 가지 말라하면 안가는 생활이다. 노예 생활이란 주인이 서라 하면 서고 서지 말라 하면 안서는 생활이다. 여기에는 창의적인 사고가 불필요하다. 소련의 대통령이었던 고르바쵸프가 개혁(페레스트로이카)과 개방(글라스노스트)을 했던 것이 공산주의가 무너진 요인이었다. 소련이 붕괴된 이유는 바로 그들을 노예로 삼았기 때문이다. 여기에는 창의적인 사고나 날 수가 없다.

예수님의 초상화를 그리는 화가들의 공통적인 고민은 인자하고 온화한 얼굴과 발랄하고 창조적인 모습을 동시에 표현하는 것이었다. 역대의 위대한 지도자들은 활력을 강조했다. 독일의 수상 비스마크(Bismark)는 독일 청년들에게 준 유명한 연설 중 다음과 같은 대목이 있다. "청년들이여! 내가 여러분들에게 줄 수 있는 말은 이 세 마디뿐이다. 뛰어라(run), 더 뛰어라(run faster), 끝까지 뛰어라(run to the end)" 야구에 "전력투구"란 말이 있다. 이 말은 공을 하나 던져도 자기의 힘과 정성을 몽땅 기울여서 던지는 투수(pitcher)의 정신자세를 말한다.

지도자는 박력과 추진력이 있어야 한다. 지도자는 100% 옳다고 판단이 되면 누구나 그 무엇이든 의식하지 말고 추진해야 한다. 5.16 군사 혁명이 일어났을 때에 부산 시장 김현옥씨를 불도저 시장이라고 했다. 그는 부산에서 일을 잘 해서 서울 시장으로 영전되었다. 그는 서울에서 와우 아파트 붕괴로 물러나고 말았다.

사람이 아무리 권력에 눈이 어두워 있다고 할지라도 권력은 합법적으로 쟁취해야 한다. 합법적 권력이란 다음 몇 가지 방법으로만 얻을 수 있다.

① 열심히 일해서 얻어야 한다. 상위 직급으로 승진하기 위해서 열심히 일하라.

② 좋은 인간관계를 맺어야 한다. 종적으로 횡적으로 좋은 인간관계를 맺어라.
③ 최선을 다하라. 더 많은 권위부여를 위해서 노력하라.
④ 자리를 요구하라. 대주주가 되어 자리를 요구하라
⑤ 벤처기업을 창설하라. 벤처 기업을 만들어 그것을 견실한 기업으로 만들라.

목회자가 소신대로 일을 해야 한다. 그러나 그것도 좌우를 살피면서 해야한다. 한 목회자가 목회 세미나에 가서 강사가 "소신대로 하라"는 말을 듣고 소신대로 하다가 그 교회에서 쫓겨났다고 한다. 사도 바울이 성도들의 신앙생활에 대해서 디모데후서 4:7절에 "나의 달려갈 길을 마치고 믿음을 지켰으니"라고 했다. 이는 중도하차 하지 않했다는 말이다. 가나안 농군학교 설립자 고 김용기 장로는 30년 간 복 받는 비결을 연구한 결과" 복 받을 짓을 해야 한다"는 결론을 내렸다고 한다.

> **참고자료) 예수님이 가르쳐주신 무저항주의 사상의 5가지에 관하여**

첫째는 "눈은 눈으로 이는 이로"란 말씀이다.
이 말씀은 출애굽기 21:22-25절과 레위기 24:20절과 신명기 19:21절 등을 가리킨다. 구약의 법은 보복을 정당시하였고 여기에 따르는 치밀한 세칙까지 마련되었다. 예를 들면, 도피성 같은 것이다. 이 법은 가장 정당하고 공평하게 보였으나 그러나 복수는 새로운 복수를 일으켜 근본적 해결은 되지 않는다. 현재의 중동의 사건은 이 사실을 말하고 있다.

둘째는 "오른편 뺨을 치거든 왼편도 돌려대며"란 말씀이다.
사람은 보통 오른손으로 치는 법이니, 오른편 뺨을 뒤에서 돌연히 친 경우도 참으라, 또는 마주서서 오른편을 손바닥으로 맞고도 더 세게 손바닥으로 맞기 위해 왼편을 돌려 대라는 등의 해석은 본의를 잃어버린 것이다.

오른편을 우선적으로 말하는 것은 습관을 따른 것뿐이다. 그리스도 자신도 뺨을 맞고 다른 편을 돌려 대지는 않으셨다(26:67). 바울의 대제사장을 대하는 반항은 더욱 주목할 만하다(행 23:2-3). 요는 악한 자를 상대하지 않는 마음의 태도를 가리킨다. 그러나 악에 무관심한 것이나, 악에서 도피하는 것은 아니다. 오히려 악을 시정하는 진정한 방법인 것이다. 같은 교훈은 바울에게서도(살전 5:15), 베드로에게서도(벧전 3:9) 볼 수 있다.

셋째는 "속옷을 가지고자 자에게 겉옷까지도 가지게 하며"
누가복음 6:29절에는 이 순서가 반대로 되어 있다. 유대인의 속옷은 통으로 짜고, 겉옷은 네모난 것으로(요 19:23) 낮에는 입고 밤에는 이불 대신으로 덮기도 한다. 그러므로 가난한 사람의 겉옷을 전당잡았을 경우, 밤이 되면 돌려주게 되어 있었다(출 22:26-27; 신 24:10-13). 결국, 송사하여 취하려는 자에게 더 주라는 뜻이다.

넷째는 "억지로 오리를 가게 하거든 그 사람과 십리를 동행하고"
"억지로 가게 함"이란 파사 기원의 낱말로 강제 징용을 뜻한다. 당시의 로마법으로는 군인들이 행군할 때 백성을 강제 징용하여 "한 밀리온"(한 마일, 약 3리)을 끌고 가서 다음 부락인과 교대시켰다. 유대인은 특히 로마의 이런 강제 징용을 싫어하고 반항하였으므로 데메트리어스 황제 때는 유대인 소유의 짐을 진 짐승은 징발하지 않았다는 약속까지 하였다고 한다. 이런 경우 요구하는 거리의 배나 주라는 뜻이다.
이상 세 가지는 사람의 육체, 재산, 자유에 관한 것이다. 그리고 모두 구하는 것보다 더 많이 수용하라는 뜻이다. 그러나 그것은 문자적으로 적용할 것이 아니라 악한 자를 대적하지 말며 오히려 관대한 마음으로 그를 정복할 것을 교훈한 것으로 해석해야 한다.

다섯째는 네게 구하는 자에게 주며 네게 꾸고자 하는 자에게 거절하지 말라"

누가복음 6:30절에는 "네게 구하는 자에게 주며 네 것을 가져가는 자에게 다시 달라지 말며"로 되어 있다. "구하는 자에게 준다면 살인자에게 칼도 줄 것이냐"? 대답은 아니다. 성령께서 이 예외를 가르쳐 주신 것이다. 이 예외를 규명하는 것이 초대 교회로부터 지금까지의 고민이다. 혹은 이단자는 대접하지 말라고 하였고(요일 4:2), 혹은 거짓 선지자를 시험하여 금전을 주지 말라고 하였다.

그러나 이런 구구한 예외를 가정하여 이 교훈의 실천여부를 논할 수는 없을 것이다. 이는 이 부분의 결론으로, 요는 널리 수용하려는 마음이 태세를 가르친 것이다. 하나님은 구제하는 자에게 주신다(마 7:7-8). 이와 같이 그리스도인도 수용의 태도로 모든 사람을 대하라는 것이다.

참고자료: 인류역사상 과학계의 3대 정상에 관하여

첫째는 갈릴레오(Galileo; 이탈리아의 천문학자로서 지동설을 주장한 사람 (1564-1642)

둘째는 뉴톤(John Newton, 영국의 물리학자, 수학자로서 만유인력설을 주장한 사람(1642-1727)

셋째는 아인슈타인(Albert Einstein; 독일 태생의 미국 물리학자로서 상대성 원리를 발명한 사람이다(1879-1955).

참고자료: 20세기 인류에게 가장 영향력을 끼친 3 사람에 관하여

① 자본론(capitalism) 책을 저술한 칼 막스(Karl Marx(Capitalism)
영국 시립 도서관에서 자본론을 집필했다. 집필하면서 배가 고프면 고플수록 자본론을 더 강하게 비판했다. 그의 친구 엥겔스가 비판의 강도를 보고 돈을 보내주었다고 한다. 이 책이 1917년 소련에서 볼세비키 운동을 일으키게 하였다. 그 결과 소련이 공산화되었다. 이로 인하여 소련을 위시

하여 북한, 동구권의 나라들, 아프리카의 일부 나라들, 쿠바 등이 공산화 되었다.

② 정신분석학(psychoanalysis)을 창안한 시그몬드 프로이드(Sigmund Freud)

1900년에 "꿈의 해석"(The Interpretation of Dream)이란 책을 저술한 프로이드는 꿈을 중시했다. 구약 시대는 꿈이 하나님의 계시의 한 방편이었다. 그러나 오늘날은 꿈에 대한 비중을 크게 두지 않는다. 구약 시대에는 꿈이나 환상이나 육성을 통하여 하나님께서 자기의 뜻을 보여 주셨다. 그러나 성경이 완성된 이 때는 성경을 통하여 보여주신다.

③ 상대성 원리(relative theory)를 발명한 알버트 아인슈타인(Albert Einstein)

그는 독일 태생의 유대인으로 미국에 이민 와서 뉴저지주 프린스톤(Princeton)에서 연구생활을 하였다. 지금도 그 곳에 아인슈타인의 연구소가 있다. 이 세 사람 공통분모는 모두가 유대인이다.

> **참고자료** 미국 뉴저지(New Jersey)주에 소재한 프린스톤(Princeton)에 있는 유명한 것 몇 가지에 관하여

① 아인슈타인 박사

아인슈타인은 유명한 수학자(mathematician)요 물리학자(physician)로 독일의 나치정권하의 핍박으로 미국으로 이민 온 유대인이다. 그는 당대 최고의 천재였다. 그는 1940년 미국 시민이 되었고 26세 때 상대성 원리(relative theory)를 발표하여 노벨상(Nobel Prize)을 수상했다. 그는 4살 때까지 말도 못했고 7살 때까지 글을 읽지 못하였다. 그는 나중에 위대한 학자가 되어 그가 발명한 상대성 원리는 핵무기 개발에 중요한 역할을

하게 되었다. 그는 후에 그가 발명한 상대성 원리가 핵무기 개발에 기여를 했다는 말을 듣고 "그럴줄 알았으면 시계 수선하는 일이나 할걸"이라고 개탄했다고 한다.

그는 1955년 4월 18일 새벽 1:15분에 76세의 나이로 프린스톤 병원(Princeton Hospital)에서 Gall Inflame Patient로 사망했다. 그래서 그곳에 가면 지금도 아인슈타인 연구소가 있어서 세계의 석학들이 모여 연구를 하고 있고 거리에는 아인슈타인 거리가 있다.

가드너(Howard Gardner)는 "지도자의 지성"(Leading Minds)이란 책에서 지도력에는 직접적인 형태와 간접적인 형태가 있다고 말했다. 직접적인 형태의 사람은 루주벨트(Franklin Roosevelt), 처칠(Winston Churchill), 스탈린(Joseph Stalin)과 같은 사람이고 간접적인 형태는 아인슈타인(Albert Einstein)과 같은 사람이었다고 했다. 여러 면에서 직접적인 영향력보다 간접적 영향력이 사람들에게 더 많은 영향력을 끼치고 그 수명이 길다고 한다.

아인슈타인은 당대의 최고의 천재이다. 그런데도 그가 한번 연구를 하면 거기에 얼마만큼 집중하는지 그 뒤에는 한 사흘씩 누워 있어야만 했다고 한다. 상대성 원리는 이론이 너무 깊어서 지금도 그 이론을 완전히 해득하는 자가 손꼽을 정도이다. 그는 유대인이었다.

② 미국의 22대와 24대의 대통령이었던 클리브랜드(Grove Cleveland)가 퇴임 후에 이곳에 와서 여생을 살았다. 그가 살았던 집은 그가 서거하고 난 후 2000년 7월에 250만 불(한화로 약 30억원)에 팔렸다. 그의 집이 그렇게까지 좋은 집도 아니었는데 대통령이 소유했고 대통령이 살았던 집이라고 하여 그렇게 비싸게 팔렸다.

③ 프린스톤 대학교(Princeton University)이다.
프린스톤 대학교는 미국에서 하버드(Harvard) 대학교와 예일(Yale) 대

학교와 같은 순위에 있으며 8개의 아이비 대학(Ivy College) 중에서 특히 인문계통(Liberal Arts)은 최고로 손꼽히고 있다. 프린스톤 대학교는 1746년에 시작되어 250년의 역사를 가지고 있는 미국에서 네 번째로 오래된 학교이다. 윌슨(Woodrow Wilson, 전임 총장, 뉴저지 주지사, 전 미국 대통령)이 '프린스톤은 나라를 섬기는 학교(Princeton in the Nation's Service)라고 건국 150주년 축하행사에서 연설하였다. 그 후 샤피로(Harold T. Shapiro)총장은 윌슨의 정신을 확대시켜 "모든 나라들을 섬기는 프린스톤(Princeton in the Service of All Nations)"라고 하였다.

현재 학부 재학생수가 4600명이고 전임교수는 700명이 넘는다. 4600명의 재학생 가운데 남자가 52%이고 여자가 48%이다. 학생들은 미국 50개 주와 세계 60개 나라에서 왔다. 학생들의 구성 배경은 경제적, 인종적, 사회적, 문화적, 그리고 종교적으로 다양한 배경을 가진 사람들이 모여 수학하고 있다. 프린스톤 대학이 위치한 이 도시는 인구가 약 3만 명이 살고 있으며 주로 가게, 음식점, 극장 등등이 있다. 뉴욕과 필라델피아는 자동차로 약 1시간 거리이고 워싱톤은 약 4시간 거리이다. 프린스톤에는 프린스톤 신학교(Princeton Theological Seminary)가 아주 유명하다. 한국에서는 한경직 목사님을 위시하여 장상 전 이화여대 총장 등 많은 분들이 이 학교 출신이다.

참고자료: 미국의 최고의 5대 사립학교에 관하여

① 앤도버(Andover; 부시(Bush)현 대통령이 다닌 학교로 예일대학에 많이 입학을 한다.),
② 엑서터(Philips Exerter; 보스톤에에 위치하고 있다)
③ 세인트 폴(St. Paul; 로스 아일랜드((Rhode Island에 위치하고 있다)
④ 쵸트(Choate; 코네티컷(Connecticut)주 뉴 헤븐(New Haven) 근처에 있는 워링포드(Wallingford)에 소재하며 하바드 대학에 많이 입학을 한다).

⑤ 로렌스(Lawrenceville; 뉴 저지주 프린스톤에 위치하고 있는데 죤 에프 케네디(John F. Kennedy)전 미국 대통령이 다닌 학교이다.

> **참고자료** 미국에서 돈을 잘 버는 세 국민에 관하여

① 유대인

미국의 상업을 유대인이 장악하고 있다. 미국에서 시카고(Chicago)는 공업도시이고 뉴욕(New York)은 상업도시이다. 그런데 뉴욕의 상권은 유대인이 장악하고 있다. 월 스트리트(Wall Street)와 은행 등등 모두 유대인의 손에 들어 있다. 미국에서 최고의 경영자(Chief Executive Officer), 사업가, 대학 교수 및 총장들 중에 상당수가 유대인들이다.

② 화교

국제 대회시 언어는 영어요 음식은 중국음식이란 말이 있다. 지금은 중국 음식은 기름기가 많다고 하여 일식으로 선회하고 있는 형편이다. 중국 음식을 먹을 때 차를 많이 마시는 이유는 기름기를 없애기 때문이다.

③ 한국인

사업을 할 때 유대인은 "너 살고 나 살고"의 식이고, 중국인은 "너 죽고 나 살고"식이지만 한국인은 "너 죽고 나 죽고"'의 식이라고 한다. 그러니 한국 사람에게는 당할 민족이 없다는 말이다. 부부싸움을 해도 너 죽고 나 죽자는 식으로 한다. 죽음으로 끝장을 내려는 민족이다. 이 세 민족은 모두 추진력과 박력이 있는 민족들이다.

(2) 모험(Venture)

요사이 벤처(venture) 기업을 시작하는 사람도 많고 벤처 기업을 시작

했다가 망하는 사람도 많음을 매스콤을 통해서 듣고 있고 실제로 우리 주위에 그런 사람들이 있음을 볼 수 있다. 벤처(venture)란 단어의 여러 가지 뜻 가운데서 하나는 "모험"이란 뜻이다. 모험은 약간의 위험부담을 감수해야 한다. 모험을 하는 사람이 100% 성공을 할 것이라고 기대해서는 안 된다. 그러나 이런 모험이 없이는 성공할 수가 없다. 벤처기업은 위험을 안고 하는 투자기업이다.

군인 생활은 모험적인 생활이다. 군인은 고통과 죽음을 각오해야 한다. 전쟁이 일어나면 죽음을 각오해야 한다. 이런 모험적 정신이 없으면 군인 생활을 할 수 없다. 인간의 지상의 삶은 마치 군인생활과 같다. 실제로 인생에게는 하루 하루의 삶이 모험이다. 언제 무슨 일이 어떻게 일어날지 모른다. 모든 것이 위험하다. 다음의 글은 우리에게 좋은 교훈을 준다.

만일 모든 위험을 피하고 싶다면, 다음의 어떤 것도 하지 말라.

① 자동차를 타지 말라. 이것은 사망 사고원인의 20%나 된다.

② 비행기나 열차나 배로 여행하지 말라. 모든 사고의 16%가 이런 행동으로 인해 일어난다.

③ 거리를 걸어다니지말라. 모든 사고의 17%가 거기서 일어난다.

인생에게 있어서, 안전한 장소는 아무 데도 없고 위험 부담이 없는 활동은 아무 것도 없다. 저술가이자 연설가이며 장애인의 대변인인 켈러(Helen Keller)는 이렇게 단언했다. "안전이란 것은 대개 미신이다. 자연 현상에는 존재하지 않으며 아무도 경험하지 못하는 것이다. 장기적으로 봤을 때, 위험을 피하는 것은 위험에 자신을 드러내는 것보다 안전하지 않다. 인생은 대담한 모험이든지, 아무것도 아니든지 둘 중 하나다."

늙은이는 돌다리를 건널 때 계속 돌다리만 두드리고 있고, 젊은이는 돌다리를 두드리지도 않고 건너 가다가 넘어진다. 일반적으로 노년층은 보수적이고 청년층은 진보적이다. 그래서 지도자는 조심성 있는 늙은이와 모험성 있는 젊은이를 동시에 활용해야 한다.

성경에 기록된 신앙의 위대한 인물들은 모두 모험의 사람들이었다.

① 아브라함

아브라함은 두 종류의 "조상"이었다.

첫 번째는 히브리 민족의 조상이었다. 히브리 민족은 아브라함의 후손을 일컬어 말하고, 이스라엘 민족은 야곱의 후손이고, 유대인은 야곱의 4째 아들인 유다의 후손(예수님이 그의 후손으로 태어나심)이다. 아브라함이 히브리 민족의 조상이 된 이유는 하나님께서 그를 그의 고향이었던 갈대아 우르를 떠나라고 했을 때 그는 무조건 떠났다. 아무 조건도 제시하지 않으셨는데도 그는 하나님만 믿고 의지하면서 하나님의 손만 붙들고 떠났다. 하나님은 그에게 "내가 네게 지시하는 땅으로 가라"(창 12:1)고 명령하셨다. 그는 이곳을 떠나서 즉 갈대아 우르 하란 애굽 가나안으로 가게 되었다. 그래서 그는 히브리 민족의 조상이 되었다. 그는 실로 하나님의 말씀을 전적으로 믿은 믿음의 사람이었고 그는 하나님의 말씀만 전적으로 순종한 순종의 사람이었다.

우리가 애창하는 복음송(gospel song) 중에 "내일 일은 난 몰라요"(I do not know about tomorrow)가 있다. 이 복음 송의 가사의 내용은 다음과 같다.

"내일 일은 난 몰라요 하루하루 살아요
불행이나 요행함도 내 뜻대로 못해요
험한 이 길 가고 가도 끝은 없고 곤해요
주님 예수 팔 내 미사 내 손잡아 주소서
내일 일은 난 몰라요 장래 일도 몰라요
아버지여 날 붙드사 평탄한 길 주옵소서"

좁은 이 길 진리의 길 주님 가신 그 옛길
힘이 들고 어려워도 찬송하며 갑시다
성령이여 그 음성을 항상 들려주소서

내 마음은 정했어요 변치 말게 하소서
내일 일은 난 몰라요 장래 일도 몰라요
아버지여 아버지여 주신 소명 이루소서

만왕의 왕 예수께서 이 세상에 오셔서
만백성을 구속하니 참 구주가 되시네
순교자의 본을 받아 나의 믿음 지키고
순교자의 신앙 따라 이 복음을 전하세
불과 같은 성령이여 내 맘에 항상 계셔
천국 가는 그 날까지 주여 지켜 주옵소서

성경에 보면 아브라함은 가는 곳곳마다 제단을 쌓았다. 아브라함이 가는 곳곳마다 제단을 쌓았다는 말은 그는 예배의 중요성을 알았다는 말이다. 성도들이 해야 할 일들 중에 가장 중요한 일은 하나님께 예배하는 일이다. 이 일보다 더 귀하고 더 중요하고 더 가치가 있는 일은 없다. 그러므로 우리도 항상 예배중심으로 살아야 한다. 모든 일들을 하기 전에 하나님께 예배하는 일을 우선으로 해야 한다. 신자가 새집 혹은 새 사업처를 구했을 때 예배하는 이유는 하나님 중심의 삶을 살겠다는 결의이고 각오이다. 하나님 중심, 성경중심, 교회중심이 개혁주의 삶의 기본 원칙이다.

두 번째는 믿음의 조상이었다. 시험에는 크게 두 종류가 있다. 하나는 마귀가 하는 시험으로 이를 영어로는 "temptation"이라고 하고, 둘째는 하나님이 하시는 시험으로 이는 영어로 "test"라고 한다. 하나님이 하시는 시험을 일명 시련이라고도 한다. 마귀만 인간을 시험하는 것이 아니라 하나님도 시험하신다. 그런데 하나님이 인간을 시험하시는 목적은 믿음의 연단과 최후의 승리를 위해서이다.

금은 30번의 연단을 받아야 순금이 된다고 한다. 순금은 24금인데 성도들이 24금이 되지 못하는 경우에는 시련의 도가니에 넣어서 연단을 함으로 순금을 만드시는 작업이 바로 시련이고 시험이다. 이런 목적으로 성도들에게 환란과 질병과 빈곤과 실패와 재앙과 핍박도 주신다. 모세도 젊은 시절에 혈기로 애굽사람을 죽여 살인죄를 범하였으므로 미디안 광야에서 40년 간 목자로서 시련을 받고 지냈다. 그는 그 곳에서 회개하고 낮아져서 지상에서 가장 온유한 자가 되었다(민 12:3). 그 후에 그는 이스라엘 백성들의 지도자가 되었다.

욥의 경우도 그는 순전하고 정직하며 하나님을 경외한 사람이었고 특별히 죄를 범한 일이 없었지만 시련이 와서 10자녀와 가축이 죽는 어려움을 당했다. 그러나 그는 인내로 이 모든 일을 참고 견디어 결국에는 자녀의 축복, 가축의 축복, 장수의 축복을 받았다. 그는 욥기서 제 1장에서 받은 시련을 믿음으로 참았음으로 42장에서 말할 수 없는 축복을 받은 인내의 사람이 되었다.

아브라함은 75세가 되었을 때에 자녀가 하늘의 별과 바다의 모래와 같이 많을 것이라는 하나님의 약속을 받고, 25년 후인 100세에 아들 이삭을 얻었다. 이렇게 늦게 얻은 이삭을 하나님께서는 아브라함에게 독자 이삭을 번제(burnt-offering)로 바치라고 명령을 하셨다. 그는 모리아 산으로 이삭을 데리고 가서 바침으로 하나님의 명령에 순종하였다. 그는 결국 아들도 얻고 믿음의 조상이라는 축복도 받게 되었다.

② 이삭

하나님의 명령을 좇아 아버지 아브라함이 독자 이삭을 데리고 모리아 산으로 갔었다. 이삭은 아버지 아브라함과 같이 모리아 산으로 가면서 아버지 아브라함에게 "번제에 쓸 나무는 여기 있는데 번제에 쓸 어린양은 어디에 있느냐"고 물었다. 그때 아브라함은 "번제에 쓸 어린양은 하나님이 자기를 위하여 친히 예비하시리라"고 대답했다. 여기서 우리는 이삭의 신앙의 위대함을 볼 수 있다. 이 때 그의 나이 학자들에 의하면 17-8세였다고 한다. 그는 연령적으로 얼마든지 도망을 칠 수 있는 나이였으나 도망치지 않았다. 뿐만 아니라 아브라함의 답변은 아주 지혜로운 답변이었다. 그래서 아브라함의 믿음은 확증이 되었고 이삭은 살았다. 신앙은 모험이다. 모험도 무모한 모험이 아니라 하나님의 말씀에 근거한 모험이었다.

이삭은 가는 곳곳마다 우물을 파서 자기와 자기 가족과 거느리고 있는 짐승과 심지어는 원수들에게까지 마시게 했다. 이삭은 우리에게 아주 중요한 교훈을 주고 있다. 물은 요한복음 4장에 의하면 예수님을 생수로 비유가 되었다. 사람이 물을 마시지 않으면 못산다. 인체의 약 80%가 물이라고 한다. 요한복음 6장에는 예수님을 하늘에서 내려온 떡으로 비유를 했다. 사람이 먹고 마시는 것을 인간의 삶에 있어서 절대적이다. 이삭이 가는 곳곳마다 우물을 팠다는 말은 오늘날 성도들이 가는 곳곳마다 생수 되시는 예수 그리스도를 전해야 한다는 교훈이다.

② 야곱
야곱은 70여명의 식구들을 거느리고 애굽으로 내려갔다. 창세기 32장에 야곱이란 이름이 "이스라엘"이란 이름으로 바뀌었다. 야곱은 이스라엘의 뿌리가 되었다. 뿌리는 아주 중요하다. 뿌리가 없는 나무는 살수가 없다. 성도들은 예수님을 구세주로 영접을 하고 난 후에 그리스도를 믿는 신자(christian)가 되었다. 신자란 이름은 예수님을 믿고 난 후에 얻은 가장 아름다운 이름이다.

③ 모세
그는 선민을 구출하기 위하여 애굽으로 내려갔다. 그는 위대한 선교사였을 뿐만 아니라 그는 또한 위대한 민족 해방자였다. 그 때 그의 나이는 80세였다. 그는 애굽에서의 모든 학문을 연마하였고 광야에서 목자로서 경험을 쌓아 가지고 애굽으로 가게 되었다. 하나님은 아무나 지도자로 부르지 않으신다. 자격이 갖추어져 있는 사람을 찾으시고 부르신다. 그는 위대한 지도자뿐만이 아니라 구약에서 가장 위대한 학자였다.

④ 여호수아와 갈렙

이 두 사람은 12명의 가나안 정탐꾼들 중의 2사람이었다. 10정탐꾼들은 보고의 내용이 부정적이었으나 여호수아와 갈렙은 긍정적인 보고를 했다. 이런 보고를 한 이유는 그들이 사물을 신앙으로 본 증거이다. 이들의 사물관은 성경적이었고 하나님 중심의 보고였기 때문이다. 이들의 보고의 내용은 "그들은 우리의 밥이라"라고 했다. 이 말은 그들을 무찌르는데 아무 문제가 없다는 뜻이다. 서양인들의 주식은 고기, 감자, 우유 빵 등등이나 동양인의 주식은 밥(boiled rice)이다. 사람이 밥은 문제없이 먹는다. 이와 마찬가지로 문제없이 그들을 이길 수 있다는 뜻으로 말을 한 줄로 안다. 지도자는 사물을 긍정적이요 낙관적으로 보아야 한다. 오직 신앙인만이 이런 사물관을 가질 수 있다.

여호수아와 갈렙 같이 긍정적이고 적극적인 자세를 가지고 인생을 살아가는 사람이라면 그는 참으로 복된 삶을 사는 사람이다. 일반적으로 사람들이 문제라고 말하는 것은 사실 문제가 아니다. 문제는 그들의 마음 자세이다. 인생을 살아가는 자세가 긍정적이고 적극적인 사람은 그 자체만으로도 무한한 가능성을 지지고 있다. 인생이 실패했다고 낙심하기 전에 자기가 가진 가능성을 최대한 발휘하고 잠재력을 개발하는 강한 의지를 가져야 한다. 이런 긍정적이고 적극적인 자세를 가진 사람들은 다른 사람들이 이를 수 없는 일을 해 낼 수 있다. 긍정적인 자세를 가진 사람은 꿀벌과도 같다. 공기 역학적 측면에서 보면 꿀벌은 몸체, 몸무게, 날개의 폭과 크기 때문에 나는 것 자체가 불가능하다. 하지만 꿀벌은 이런 이론도 모르고 매일 열심히 날아다니며 꿀을 모으기에 분주하기만 하다. 지도자는 특히 이 면에 신경을 써야 한다.

여호수아와 갈렙의 긍정적인 사고를 근거하여 설교자는 다음 사항을 꼭 기억해야 한다.

첫째로 부정적인 메시지라도 긍정적인 용어로 표현을 하라. "새"와 같이 생긴 선비가 있었다. 그를 "새와 같이 생긴 선비"라고 하니 화를 내었다. 그러나 그를 '조자(鳥子)'이라고 부르니 그렇게도 기뻐했다고 한다.

둘째로 할 수 있는 일이나 이루어질 일이라는 표현으로 시나리오를 구성하여 말하라. 물품 판매자가 앞으로 호전될 것이라는 예측을 말하라.

셋째로 분명한 행동 방안들을 제시하라

넷째로 실현 가능해 보일 때는 부정적인 용어들을 긍정적인 용어들로 대체하라. 예를 들면, 문제 도전 과제(문제 대신 도전 과제로 표현하라), 큰비용 큰 투자, 개인적 취약성 발전의 기회, 구시대적 과거에 가장 적합했던 도전 과제들이라고 하면 더 낳은 용어들이 될 것이다.

⑤ 다니엘

다니엘은 사자굴에 들어갔으나 굶은 사자는 입이 봉해졌다. 사자의 힘은 대단했다. 그것도 굶은 사자의 굶주림이었다. 그가 사자굴에 들어간 것은 신앙을 지키기 위함이었다.

⑥ 세청년

세 청년은 풀무불에 들어갔다. 그러나 그렇게 뜨거웠던 풀무불이 그들을 태우지 못했다. 아프리카의 더위를 상상해 보라! 한국이나 미국의 더위를 상상해 보라. 목욕탕이나 사우나 탕(sauna)의 더움을 상상해 보라.

⑦ 다윗

다윗은 골리앗을 죽인 사람이다. 다윗은 대장이었던 골리앗을 대항해서 싸움을 했다. 다윗의 용단과 모험은 바로 하나님을 믿는 신앙 때문이었다. 주님과 나와의 관계가 이렇게 되어야 주님이 나를 도우신다.

⑧ 에스더

에스더도 모험적 삶을 산 사람이다. 그는 "죽으면 죽으리라"는 신앙을 가졌었다.

⑨ 주기철 목사님은 "일사각오"(一死覺悟)의 정신을 가진 분이었다.
교회당을 건축하는데도 약간의 모험이 있어야 한다. 여기 '모험'은 신앙적 모험이다. 필자가 부산 대신동교회 건축시의 형편도 약간 모험성이 있었다.

모험을 하는데 두 부류의 사람들이 있다. 두 부류의 사람들이란 새 일을 감히 시도하지 않는 사람과 새 일을 감히 놓치려하지 않는 사람이다.

첫째로 기회에 저항한다(persist)-기회를 발견한다(find).

둘째로 그들의 책임을 합리화한다(rationalize)-그들의 책임을 완수한(finish).

셋째로 불가능을 늘어놓는다(rehearse)-불가능을 먹이로 삼는다(feed).

넷째로 열정에 비를 뿌린다(rain)-열정의 불길에 더욱 부채질한다(fan).

다섯째로 자신의 부적당한 점을 재음미한다(review)-자신의 부적당한 점과 직면한다(face).

여섯째로 다른 사람들의 실패를 보고 움찔한다(recoil)-다른 사람들이 실패한 이유를 알아낸다(figure).

일곱째로 개인적인 비용을 지불하길 거절한다(reject)-그들의 생활 속에서 그 비용을 조달한다(finance).

여덟째로 목표를 쾌락으로 대체한다(replace)-목표에서 기쁨을 찾는다(find).

아홉째로 실패하지 않았다고 즐거워한다(rejoice)-실패가 아닌 무익함을 두려워한다(fear).

열 번째로 일을 마치기도 전에 휴식한다(rest)-휴식하기 전에 일을 마친다(finish).

열한 번째로 지도력에 저항한다(resist)-지도자를 따른다(follow).

열두 번째로 변화 없이 그대로 있다(remain)-변화하게 만든다(force).

열세 번째로 문제를 재연한다(replay)-해결책을 낚아낸다(finish).

열네 번째로 자신의 약속을 재고한다(rethink)-자신의 약속을 완수한다(fulfill).

열다섯 번째로 자신의 결정을 바꾼다(reverse)-자신의 결정을 결말짓는다(finalize).

새로운 일을 감히 시도해 보려고도 하지 않는 사람의 좌우명은 "어떤 일을 시도 하다가 실패하는 것보다 아무런 큰일도 않고 성공하는 편이 더 낫다"이다. 새로운 일을 감히 놓치려 하지 않는 사람의 좌우명은 "아무런 큰일도 하지 않고 성공하는 것보다 어떤 큰 일을 하다가 실패하는 것이 더 낫다."

참고자료: 월마트(Wal-Mart)의 창시자인 샘 월튼(Sam Walton)에 관하여

사업을 하는 사람도 항상 위험부담을 안고 시작을 하며 경영을 하고 있다. 그 대표적인 예가 바로 미국의 월마트(Wal-Mart)의 창업이다. 이 회사의 창업자인 월튼(Sam Walton)은 미국 소매상의 적(enemy of small town America), 주요 거리상가의 파괴자(destroyer of Main Street merchants) 등 여러 가지 별명이 붙은 사람이었다.

월튼은 오크라호마(Oklahoma)주 킹피쉬(Kingfish)에서 태어나 미조리(Missouri)주 콜롬보스(Columbus)에서 자라났다. 고등학교 시절 그는 학생회장으로 시즌 내내 무패로 주(洲) 챔피언이 되었던 미식 축구팀의 쿼터백이었다. 대학을 졸업한 뒤 몇 년간 직장생활을 하던 그는 2차 대전에 참전하였다. 그는 제대 후 자신이 그토록 원하는 현장에서 소매업을 하기로 작정하였다. 아내를 데리고 알칸사스(Arkansas)주로 간 그는 작은 마을에서 "Walton's Five and Dime"이란 잡화점을 시작했다. 사업은 잘 되었다. 그의 부지런함도 있었지만, 당시로써는 신 개념이라 할 수 있는 셀프 서비스(self-service)방식으로 가게를 운영하는 선견지명을 갖고 있었기 때문이었다. 그는 열심히 일을 했고, 계속해서 가게를 벌려나갔다. 1960년까지는 그는 15개의 점포를 갖게 되었다.

그때 새로운 경쟁자가 나타났다. 깁슨(Herb Gibbson)이라는 할인매장들이 알칸사스주의 북서지역에 생겨난 것이다. 이들은 서로 경쟁하기 시작을 했다. 그는 1962년 7월 2일 알칸사스주 로저스(Rogers)에 월마트 1호 점을 만들었다. 월튼은 곧 연쇄점을 추가로 열기 시작하였다. 그의 월마트 연쇄점점은 같은 시기에 시작했던 케이마트(K-Mart)나 울코(Woolco)의 체인점에 비해 규모가 작았다. 하지만 점점 강해졌다. 그는 창고계획과 분배에 대한 개선의 필요성을 느끼게 되었다. 그와 월마트 사람들은 중앙 분배 센터들을 만들어 이 문제를 해결하였다. 뿐만 아니라 컴퓨터를 이용하여 각 점포마다 필요한 것을 찾으며 물건을 대량으로 구입하고, 또 그것을 신속하고 효율적으로 분배하게 하였다. 새로운 장비와 상품 분배창고 구입으로 버거운 이자를 지출하게 되었지만, 월튼은 1970년 주식을 상장함으로써 그 문제를 해결하였다.

1992년 그가 세상을 떠났을 때, 회사는 42개 주와 멕시코에 1,700개의 연쇄점을 운영하게 되었다. 동네 잡화점 주인이었던 월튼이 미국의 제일의 소매상이 되었던 것이다. 그가 죽고 난 이후에도 회사는 계속해서 성장하고 있다. 경영진들은 계속해서 일어나는 문제를 해결하며 월마트와 다른 소매 연쇄점인 샘스클럽(Sam's Club)의 계속적인 성장을 추진하고 있다.

참고자료 베토벤에 관하여

음악계의 3대 악성(樂聖)은 베토벤Beethoven), 모차르트(Mozart), 슈베르트(Schubert)이다. 이 세 사람 중 베토벤(Ludwig Van Beethoven 1770-1827)은 악성(樂聖)의 대명사나 다름없다. 음악사적으로 그는 하이든(Haydn) 과 모차르트(Mozart)를 이어 오스트리아의 비엔나 고전파의 음악을 대성시키고 다가올 낭만파 음악의 선구자가 되었다. 베토벤 음악의 진수(眞髓)는 9개의 교향곡이다. '열정' '월광곡' 등 32곡의 피아노 소나타(Piano Sonata)도 매우 중요하지만 이 역시 교향곡의 축도라 할 수 있다. 그는 죽을 때까지 35년을 비엔나에 머무는 동안 근교의 여름 거처까지 합쳐 도합 79회나 옮겨 다녔다. 당시의 비엔나 시내에만도 살던 집이 27곳이나 된다. 그는 독신으로 평생 제 집이 없이 지냈다.

그는 사람을 잘 못 사귀는 천성 때문에 방을 빌린 집 주인과 잘 싸웠다. 그는 귓병을 가지고 있어서 사람들로부터 격리되었다. 그는 산보자였다. 하루의 일과는 매일 일찍 일어나 작곡을 시작해서는 하오까지 계속하다가 점심을 먹은 뒤에는 산보에 나섰다. 비가와도 계속했고 귀가 들리지 않게 되면서 더 강행을 했다. 기대했던 청력의 회복은 가망이 없었고 인근 미하엘 교회의 종소리도 들리지 않게 되었다. 그가 전원 교향곡을 쓸 때(1808)는 이미 귀가 멀어 새 소리를 들을 수 없었다.

1824년 5월 7일 교향곡 제 9번이 비엔나의 케른트너토르 극장에서 초연 되었다. 연주가 끝나자 청중들의 우레 같은 박수 소리가 들리자 않아 멍청히 서 있는 지휘대의 베토벤을 가수 하나가 청중석으로 돌려 세워 주었다고 한다. 그러면서도 그는 산보로를 걸으며 "신이여, 나는 숲 속에서 행복하다. 나무들이 내게 말을 걸어오고 있지 않은가"하고 신에 감사해 했다고 한다. 뿐만 아니라 그는 다른 지병(장염과 류머티즘)을 가지고 있었다.

그는 제 2번의 교향곡을 스케치하고 난 후에 쓴 좌절을 맛보았다. 만일 그가 이 때 죽기라도 했으면 교향곡 제 3번 이하의 명 교향곡들을 들을 수 없을 뻔했다는 생각을 한다. 베토벤의 진정한 정점은 교향곡 제 3번부터 9번까지라고 할 수가 있다. 베토벤은 이런 많은 곡들을 작곡하면서 심한 역경에 처했을 때 "나는 운명의 목덜미를 꼭 붙잡았다"고 했다. 그러나 베토벤은 절망을 극복했다. 모든 악 조건에서도 도전하는 용기와 모험적 정신으로 위대한 작품을 남겼다.

베토벤의 장례가 치러진 곳은 알저 교회로 임종의 집에서 약 1킬로미터의 거리였다. 베토벤의 관은 슈베르트 등에 의해 호송되고, 집에서 교회까지는 2만 명을 넘는 조객이 넘는 긴 행렬을 지었다. 당시 비엔나 인구가 29만 명일 때였다.

독일에는 3B 음악가가 있었다. 그들은 베토벤과 브람스와 바하였다. 이 세 사람 중에서 바하(Bach)는 9세 때에 어머니를 잃었다. 10세에 아버지를 잃었다. 결혼 13년 만에 부인을 잃었다. 재혼을 해서 합 20명의 자녀를 가졌다. 그 중 10명은 어려서 죽었다. 바하 자신도 장님이 되었고 뇌일혈과 반신불수가 되었다. 그런 중에도 많은 칸타타(Cantata)와 오라토리오(Oratorio)를 작곡했다. 그 곡들 뒤에는 반드시 "SDG"(Soli Deo Gloria) (오직 하나님의 영광을 위하여) "The Most High God"(지극히 존귀하신 하나님께)를 붙였다.

참고자료 | 성경에 나타난 3대 학자에 관하여

첫째는 모세다.

사도행전 7:22절 "모세가 애굽 사람의 학술(學術)을 다 배워 그 말과 행사가 능하더라". 고대 애굽은 세계 문명의 발상지요 선구자였다. 그래서 그들은 높은 수준의 문화 생활을 향유했다. 그 범위는 자연과학, 천문학, 지리학, 의학, 수학 등이 크게 발전을 보였다. 그 당시 애굽에는 나일강이 자주 범람했기 때문에 측량술도 발전을 했다. 모세는 이런 인류 최고의 문화를 터득하였으며 애굽 사람의 학술을 다 배워 장차 이스라엘의 지도자가 될 준비를 갖추었다.

그래서 그는 말과 행사가 능하게 되었다. 이 말은 모세가 하나님을 두려워하는 영력(靈力)을 가졌던 까닭이다. 사람이 하나님의 선한 일에 실행력을 가지려면 영력이 있어야 한다. 크로솨이데(Grosheide)는, "그 말과 행사가 능하더라"고 한 말이 그 윗말(학술을 다 배워라는 말)과는 관계없이 별개의 표현이라고 하면서 말하기를, "그 말과 행사에 능함은 교육의 결과가 아니고 하나님의 은혜로 된 선물이다"고 하였다. 모세는 언행에 능하였으니 그야말로 언행이 일치한 지도자였다. 이는 모든 지도자에게 절대적이고 필수적인 자격이다.

출애굽기 4:10절에 "나는 본래 말에 능치 못한 자라"란 말은 그의 겸손으로 볼 것이다. 약 200만의 백성을 영도하고 신명기의 대 설교를 한 모세는 능변 능사 했을 것으로 추측이 된다. 전설에는 그가 또 위대한 장수로 애굽 군대를 거느리고 에디오피아군을 격파하였다고 한다. 그는 실로 "하나님과 모든 백성 앞에서 말과 일에 능하신 선지자(눅 24:19)이신 그리스도의 그림자였다.

사도행전 7:22절의 증거대로 모세는 5경을 기록하기에 충분한 자격자였다. 그는 학만(애굽의 모든 학술) 소유한 것이 아니라 의를 행하는 능력(그 말과 행사가 능하더라)이 있었다. 모세의 높은 학문에 대하여 아르타바누스(Artabanus)는 애굽의 문명이 모세에게 발원되었다고 하였으며, 유포레무스(Eupolemus)는 말하기를, 문자 발명이 모세로 말미암아 되었다고 하였고, 파일로(Philo)는 말하기를, 산술, 기하학, 시문학, 음악, 철학, 천문학 등도 모세로 말미암아 발명되었다고 하였다(F.F. Bruce, the Book of the Acts, p. 15). 우리는 이들의 주장에서 모세가 이스라엘의 지도자로서 상당한 식견과 견문을 가지고 있었다는 사실을 알 수가 있다.

둘째는 다니엘이다.

다니엘은 다니엘 1:17, 20절에 "하나님이 이 네 소년에게 지식을 얻게 하시며 모든 학문과 재주에 명철하게 하신 외에 다니엘은 또 모든 이상(異像)과 몽조(夢兆)를 깨달아 알게 하더라". 20절 "왕이 그들에게 모든 일을 묻는 중에 그 지혜와 총명이 온 나라 박수와 술객 보다 십 배나 나은 줄을 알더라" 하나님께서 승리한 네 소년에게 새로운 하나님의 은혜를 주셨다. 하나냐, 미사엘, 아사랴에게는 지식과 명철을 더하여 주셨고, 다니엘에게는 이상(visions)과 몽조(dreams)를 깨달아 알게 하는 은혜를 주셨다.

셋째는 바울이다.

바울은 위대한 철학자였다. 그는 사도행전 17장에 스토이고(Stoicks) 철학자들과 에비구레오(Epicureans) 철학자들과 쟁론을 했다고 했다. 그 정도로 그는 철학에 조예가 있었다. 뿐만 아니라 그는 또한 위대한 언어학자였다. 당시 가는 곳곳마다 통역의 도움 없이 말씀을 전할 수 있었던 사람이었다. 당시의 언어는 코이네 헬라어였다.

그는 위대한 시인이었다. 디도서 1:12절 "그레데인 중에 어떤 선지자가 말하되 그레데인들은 항상 거짓말장이며 악한 짐승이며 배만 위하는 게으름장이라"란 한 구절의 시를 인용했다. 바울은 여기서 시인의 글을 인용하면서 거짓교사들을 공격하고 있다.

바울은 에피메니데스를 선지자라고 함은 구약의 선지자와 같은 엄격한 의미에서는 아니다. 당시 그레코·로마사회에서 그를 선지자로 부르는 기록들이 있었으므로 단순히 그런 표현을 따른 것이다(Calvin, Gealy). 다른 말로 표현을 하면 에피메니데스는 그리스도교에서 말하는 전통적 성격을 띤 예언자라고 하여 이 말을 쓴 것은 아니라, 그가 말한 것이 그대로 적중이 되었다고 하여 이 말을 풍자적으로 쓴 것으로 해석을 하는 것이 옳을 것이다.

실로 고대 서구에서 그레데인 만큼 악평을 받은 민족은 없었다. 그대 사회에서 악명으로 이름난 3C라는 것이 있었다.

ⓐ 그레데인(the Cretans)
ⓑ 길리기안인(the Cilicians)
ⓒ 갑바도기아인(the Cappadocians)이었다.

사도 바울이 에피메니데스의 시의 한 구절을 인용한 내용은 크게 3가지이다.

ⓐ 그레데인들은 항상 거짓말쟁이(liars)며

그레데인들이 거짓말쟁이인 것을 풍자하는 몇 가지 기록들이 있다.
그레데인은 고질적 거짓말쟁이다.
그들은 무덤을 만들고
이를 당신의 것이라 합니다.
그러나, 오오 왕이여
당신은 죽지 않으며
당신의 생명은 영원하나이다.
"그레데 사람은 거짓말쟁이라"하고
그렇다면 이 말도 거짓말이 아닌가?
그러나 불행하게도
이 말만은 참말이다.

ⓑ 악한 짐승(evil beasts)

이는 악한 맹수 같은 인간이란 뜻이다. 이는 또한 괴물을 뜻하기도 한다. 에피메니데스는 "악한 짐승"이라는 표현을 사용하면서 그 섬에 야수가 없는 대신 주민들이 그 자리를 메우고 있다는 우스갯소리를 했다. 이는 남을 괴롭히는 잔인 무도한 사람을 비유한다. 그러므로 거짓교사들의 정체는 맹수와 같이 목적을 위하여서는 수단과 방법을 가리지 않는 존재를 가리킨다.

ⓒ 배만 위하는 게으름장이라(slow bellies)

이는 "먹기를 탐하는 게으름장이라"는 뜻이다. 그들은 게으른 탐욕가들이었다. 폴리비우스(Polybius)는 "욕심과 탐욕은 그레데의 토양에 너무나 본질적이지 않는 유일한 민족이다"라고 말했다. 바울은 빌립보 교회에 편지하면서, "저희의 신은 배요, 그 영광은 저희의 부끄러움에 있고 땅의 일을 생각하는 자라"(빌 3:19)라고 하면서 경건에 대하여 반대하는 세력에 대하여 날카롭게 비판을 가하였다.

바울은 여러 소식들을 종합하여 "이 증거가 참 되도다"(this witness is true)라고 하며, 그레데인들의 잘못을 재확인하며, "네가 저희를 엄히 꾸짖으라"(rebuke them sharply)라고 단단히 일렀다.

참고자료) 에피메니데스에 관하여

바울이 말하는 선지자는 거짓교사들 중에 속하는 인물로서 주전 6세기의 "크노소스의 에피메니데스"(Epimenides)라고 하는 사람을 가리킨다고 알렉산더의 클레멘트(Clement), 제롬(Jerome), 크리소스톰(Chrysostom), 어거스틴(Augustine) 같은 고대 교부들은 말한다.

그는 동료들로부터 시인이며, 선지자이고, 종교개혁자요 기적을 행하는 자로 높임을 받았다. 그 당시 이방의 풍속은 철학자나 시인은 "선지자"라고 불렀다. 그는 또한 유명한 법률가 소론(Solon)과 동시대인으로 주전 659년 그레데(Crete)의 페스터스(Phaestus)에서 태어난 신화적 인물이었다. 그라 그레데인의 성품을 세 가지로 평가한 것을 보면 전혀 호의적이지 않았다.

전설에 의하면 그는 어릴 때 아버지의 명으로 양을 찾으러 가서 어떤 동굴 안에서 잠이 들어 무려 50년 간 잠을 잤다는 것이다. 잠이 깨었을 때에 긴 머리와 흰 수염을 휘날리며 동굴에서 나왔고 그 때부터 의학과 자연역사에 걸쳐서 놀라운 지식을 보였다고 한다. 그는 아덴에 가서 병을 고치고 도로를 포장하며 정치적 문제들을 해결하여 주었다고 한다. 그는 아데네인의 모든 보상과 영예를 거절하고 다만 아데네와 자기의 고향인 그레데 간의 영구한 평화의 약속을 요구하였다고 한다. 그는 157년을 살았으며, 죽은 후에는 그레데 사람들로부터 신으로 숭배되었고, 플라톤(Platon)도 그를 신인(神人)이라 불렀다.

> **참고자료** 고대 헬라의 7현

그는 고대의 헬라의 7현인 중에 든다. 고대의 헬라의 7현이란
ⓐ 아데네의 법률가 소론(Solon)
ⓑ 스팔타의 행정가 치론(Chilon)
ⓒ 철학자 비아스(Bias)
ⓓ 철학자 클레오부러스(Cleobulus)
ⓔ 천문학자 달레스(Thales)
ⓕ 그레데의 에피메미데스(Epimenides)
ⓖ 주전 7세기의 미들레네의 정치가 피타쿠스(Pittacus) 등이다.

(3) 묵시, 꿈, 환상, 비전(Vision)

장군 나폴레옹이 남긴 명언에 "인류의 장래는 인간의 상상력과 비전에 달려 있다"는 말이 있다.

(1) 기독교 지도자는 비전을 가져야 하고 그 비전을 제시해야 한다.
① 비전을 제시하라. 미래에 대한 꿈을 제시하라.
　이 꿈에 대해 토론하라.
② 은유적 표현을 자주 사용하라.
　다른 사람의 사기를 북돋을 수 있는 표현을 만들어 내라.
③ 신뢰감과 믿음을 형성하라.
　지도자는 일관되게 약속을 지켜라. 예의 바르고 지혜로운 방법으로 성과를 알리라.
④ 사람들에게 자신의 유능함을 느끼게 해 주라.
　성취할 수 있는 임무를 부여하고 성공하면 칭찬을 아끼지 말라.
⑤ 매우 활기차고 목표 지향적인 사람이 되라.

활기찬 기지를 보여줌으로 좋은 인상을 심어 주라. 건강 관리에 신경을 써라. 운동을 정규적으로 하고 영양을 잘 섭취하라. 깊은 낮잠 등으로 충분한 휴식을 취하라.
⑥ 감정과 기분을 자주 표현하라.
따뜻한 마음, 기쁨, 행복, 열정 등을 자유롭게 표현하라.
⑦ 기분이 좋지 않더라도 자주 미소를 지으라.
포근한 미소는 보통 자신감 있고 남을 배려하는 사람으로 보이게 한다. 카리스마적인 사람이란 인상과 인식을 주는데도 도움이 된다.
⑧ 모든 사람들이 중요하다는 사실을 느끼도록 하라.
회의에 참석한 모든 사람들과 인사하고 악수를 하라.

(2) 미국의 흑인 지도자 말틴 루터 킹(Martin Luther King)은 미국의 흑인뿐 아니라 전 세계 흑인들에게 우상적인 존재가 된 것은 그에게 꿈(vision or dream)이 있었기 때문이다.

1963년 8월 28일 미국 워싱톤에 있는 링컨 기념관 앞에서 흑인 노예 해방 100주년 기념 연설에서 그는 25만의 흑인과 5만의 백인 앞에서 "I have a dream(나는 꿈을 가지고 있다)"라는 주제로 연설을 했다.

그의 연설의 내용은 "절망의 계곡에서 허우적거리지 맙시다. 나는 오늘 나의 친구인 여러분들에게 우리가 오늘, 그리고 내일 어려움을 겪게 될지라도 이렇게 말하겠습니다. 나에게는 여전히 꿈이 있다고 말입니다. 그것은 미국인의 꿈(American Dream) 속에 뿌리 박힌 꿈입니다. 나에게는 꿈이 있습니다. 언젠가는 이 나라가 일어나게 될 것이며, 이 나라가 믿고 있는 '모든 인간은 평등하게 태어난다는 진리를 우리는 굳게 믿는다'는 말의 참뜻을 실행하게 될 것이라는 꿈을 나는 갖고 있습니다. 나에게는 꿈이 있습니다. 언젠가는 죠지아(Georgia)의 붉은 언덕 위에서 노예였던 사람들의 후손과 노예를 소유했던 사람들의 후손이 형제의 식탁에 함께 앉게 되리라는 꿈이 있습니다. 나에게는 꿈이 있습니다. 불의의 열기에 지치고 압박의 열기가 들끓는 미시시피(Mississippi)주조차도 언젠가 자유와 정의의 오아시스(oasis)로 변할 것이라는 꿈이 있습니다. 나에게는 꿈이 있습니다. 네 명의 내 아이들이 언젠가는 피부색이 아니라 개성에 의해 능력이 평가되는 나라에 살게 되리라는 꿈이 있습니다."

그의 꿈을 요약하면 다음과 같다. "언젠가는 이 나라가 만인이 평등하게 창조되었다는 사실을 진리로 알게 될 것이다" 그는 백인 사회에서 박해 당하고 투옥 당하는 이상으로 참기 어려운 동족의 중상과 배신, 위협에 부단히 직면하였다. 그러나 그는 끝까지 그의 꿈을 버리지 않았다. 현 미국 부시행정부의 국무장관인 파월(Colin Powell)도 흑인 계통(자메이카인)이다.

기독교 지도자는 꿈을 가져야 한다. 꿈이 없는 지도자는 더 이상 지도자가 아닌 것 같이 꿈이 없는 청년은 더 이상 청년이 아니다.

(3) 지도자는 비전 선언문을 만들어서 피지도자들에게 제시해야 한다.
비전 선언문을 만들 때에 다음 사항들을 유의해야 한다.
① 원기와 흥분을 불러일으키고 방향성을 제시해야 한다.
② 보통 25단어 내외로 간단 명료해야 한다.
③ 쉽게 기억할 수 있어야 한다.
④ 현 상태에 대한 개선 사항을 제시해야 한다.
⑤ 조직 전체의 전략과 연계성을 가져야 한다.
⑥ 고객들 및 관련 계층의 필요를 반영해야 한다.
⑦ 그룹의 가치관 및 열망을 반영해야 한다.
⑧ 그룹의 미래에 대한 긍정적인 청사진을 제시해야 한다.
⑨ 일상 활동과 관련한 자질구레한 업무들을 초월해야 한다.
⑩ 터무니없이 훌륭한 것이어서 달성하기 불가능한 것으로 비쳐져서는 안 된다.
⑪ 너무 광범위하고 일반적이어서는 안 된다.

(4) 비전이나 사명을 수행하는데 관련된 몇 가지 구체적인 제안들은 다음과 같다.
① 사람들에게 자주 비전이나 사명을 상기시켜라
② 비전 수행 후에는 모든 직원들이 더 많은 보상과 인정 얻음을 언급하라
③ 비전 수행을 주기적으로 점검하고 측정하라
④ 비전 수립자들에게 주인 의식을 갖도록 하라
⑤ 조직의 비전을 개인의 비전과 결부 시켜라
⑥ 환경의 변화에 맞추어 선언문을 수정함으로써 생생하고 유용한 비전과 사명이 되게 하라

(5) 비전은 어디서 나오는가?
① 나누스(Burt Nanus)는 말하기를 비전의 출처는 "약간의 선견지명과 통찰력, 풍부한 상상력과 판단력, 상당량의 배짱이라"고 하였다.
② 코제스(Kouzes)와 포즈너(Posner)는 말하기를 "비전은 인간의 지식 경험의 저수지에서 흘러나온다"고 하였다.
③ 디즈니(Walt Disney)는 모든 사람을 행복하게 해 준다는 원대한 비전을 품고 오락 산업의 정의를 바꾸어 놓았다.
④ 포드(Henry Ford)는 자동차의 대중화를 꿈꾸었고 그 결과 자동차 산업에서 경이적 성공을 거두었다.
⑤ 마샬(George Marshall)은 세계 최강의 군대를 목표로 삼았다. 1939년에 20만 명이었던 그의 군대는 1945년에는 830명이었다.
⑥ 게이트(Bill Gate)의 비전은 세상 모든 컴퓨터 마이크로소프트웨어(Computer Microsoftware)를 사용하는 것이었다.
⑦ 디프리(Max Depree)는 "성공은 편견보다도 빨리 사람의 마음을 닫을 수 있다."고 경고했다.
⑧ 드러커(Peter Drucker)는 "비참한 실패라면 어렵지 않게 떨쳐 내고 정리할 수 있지만 어제의 성공은 오래오래 떠나지 않는다."고 하였다.

(6) 아프리카에 선교사로 갔던 스코틀랜드의 리빙스톤은 비전의 사람이었다.

아프리카에 선교사로 갔던 리빙스톤(David Livingstone)은 그가 아프리카로 가려고 하자 그의 부모와 형제, 친구와 교인들이 못 가게 만류하였다. 그 이유는 그곳에는 식인종, 맹수, 각종 해충의 위험, 교통불편, 기후, 질병, 부족간의 싸움 등등을 이유로 들었다. 그러나 그는 그 모든 만류에도 불구하고 떠났다. 그는 그를 만류하는 사람들에게 제시한 이유는 아프리카에 노예를 잡아 돈을 벌기 위해서, 또는 금을 캐기 위해서는 생명을 내어놓고 간다. 그런데 나는 노예도 금도 아닌 그들의 영혼을 구원하기 위해서 가려고 하였다. 그는 그곳에서 여생을 보냈다.

그가 세상을 떠난 후에 그의 업적을 추모하기 위해 동상을 세웠다. 그 동상의 모습은 한 손에는 성경을 들고, 다른 한 손에는 총을 들며, 목에는 망원경을 걸친 모습이었다. 그 의미는 "성경"은 기독교의 경전이고, "총"은 살인이 목적이 아닌 자기 방어의 목적으로 식인종과 사나운 동물들이 득실거리는 나라와 지역에서는 절대적으로 필요했다.. "망원경"은 미래를 내다보는 비전을 의미한다.

시편 119편은 176절이 모두 성경에 관한 내용이다. 외국에 선교사로 가실 분들은 이 세 가지를 꼭 명심해야 할 것이다. 총은 그 나라의 문화, 음식 문화, 언어 습득, 생활양식 등등이다. 언어를 빨리 익히기 위해서는 젊어서 가야 한다. 외국 선교 본부는 연령을 상당히 중시한다. 문화도 나라마다 다르다.

필리핀의 신문 문화는 아들 딸 아버지 어머니의 순서라고 한다. 여자를 과소평가 하는 나라가 있는가 하면 그렇지 않는 나라가 있다. 주로 서양 문화는 여자를 귀하게 여기는 문화이다. 자동차를 탈 때나 문을 열 때나 극장에 들어 갈 때 먼저 들어가게 한다.

망원경은 미래를 내다보는 비전이다. 기독교 지도자는 현미경과 망원경을 동시에 가져야 한다. 목회자는 장 단기 계획을 세워야 한다. 한국의 정치인들은 장관이 자주 바뀌기 때문에 장기 계획을 세우지 못한다. 그들은 장기 계획을 세울 수 없다. 이것이 한국이 발전하는데 있어 걸림돌이요 폐단 중의 하나이다. 미국은 장관이 주로 대통령과 수명을 같이 한다.

기독교 지도자는 치밀한 계획을 세워야 한다. 지도자가 계획을 세울 때 두 방면에서 세워야 한다.

첫 번째는 단기 계획별 계획서(hourly worksheet), 날짜별 계획서(daily worksheet), 주간별 계획서(weekly worksheet), 월간별 계획서(monthly worksheet)를 가리킨다.

두 번째는 장기계획이다.

이는 5년, 10년, 50년, 100년 계획을 세워야 한다는 말이다. 나의 임시 때만이 아니라 몇 십년 후나 몇 백년 후를 생각하고 계획을 세워야 한다.

1867년 제정 러시아는 국토가 너무 커서 관리하기가 힘이 들자 알라스카(Alaska)를 미국에 팔아 넘기려고 8년 간이나 교섭을 했다. 그 결과 720만불을 받고 미국에 팔았다. 이 땅을 판 러시아는 쓸모 없이 돋아난 혹을 떼 낸 것처럼 아주 시원하게 생각했다. 그 당시 미국 국무장관이었던 시워드(William Seward)는 주말이었는데도 전 국무성 직원을 다 불러서 작업을 하고 서명을 했다. 당시 미국 국민들 중에 어떤 이들은 얼음과 눈만 있는 냉장고(ice box)를 샀다고 비난했다. 그래서 알라스카를 한 때는 "Seward Folly"(시워드 장관의 어리석음)이라고 불렀다.

그러나 이들은 미래를 내다보는 비전과 용단과 혜안이 있었다. 알라스카는 면적이 우리나라 전체면적의 7배가 넘는다. 당신 국무장관이었던 시워드는 앞으로 100년이 지나면 저 알라스카는 "황금의 보고"가 될 것이라고 예견했다. 오늘날 이 알라스카는 "얼음 박스"가 아닌 "황금 박스"가 되었다.

여기에는 엄청난 자원을 보유하고 있다.
① 1천억 배럴이 넘는 석유가 매장되어 있다.
② 무진장한 산림(목재)이 있다.

③ 엄청난 석탄이 매장되어 있다.
④ 엄청난 양의 광물과 무기물(minerals)이 매장되어 있다.
⑤ 많은 고기가 있는 중 특히 은어(salmon)가 있으며 외국으로 수출하고 있다.
⑥ 금이 많이 채광되어 년 5억 4천만 불을 수출하고 있다.
⑦ 군사적 전력지로 중요한 위치를 차지하고 있다.
이런 땅을 제정 러시아는 가치가 없다고 팔아 버렸다.

"지도자 연구 센터"를 운영하고 있는 미국 하버드 대학교(Harvard University) 교수와 신시내티 대학교(Cincinnati University) 총장을 역임한 워런 베니스 박사는 미국 최고의 기업인 500명을 선발하고 그 500명 가운데 다시 비약적으로 성장하고 있는 회사 경영자 90명을 선발하여 그들이 직접 그들을 방문하여 설문조사를 했다. 그 설문조사의 공통점을 다음 3가지로 발견했다.

① 이들은 다 비전의 사람들이었다. 이들은 꿈이 있었기에 성공을 했다.
② 이들은 끈기의 사람들이었다. 이들은 아무리 절망적 위기가 닥쳐오고 부정적 파도가 몰려와도 낙심하지 않았던 사람들이었다.
③ 이들은 주님을 주인으로 모시고 그의 통치를 받으며 마태복음 6:33절 "너희는 먼저 그의 나라와 그의 의를 구하라 그리하면 이 모든 것을 너희에게 더하시리라"는 말씀대로 살았던 사람들이었다.

잠언 29:18절 "묵시가 없으면 백성이 방자히 행하거니와 율법을 지키는 자는 복이 있느니라". 흠정역(King James Version)에는 "비전이 없으면 백성이 망한다". 신국제역(New International Version)에는 "계시가 없으면 백성이 방자히 행한다.".

비전과 계시(Revelation)의 차이는 "비전"은 사람들이 만들어 내는 것이고 "계시"는 하나님으로부터 받는 것이다. 지도자는 비전을 꿈꿀 수는 있지만 하나님이 계시를 주시기까지 하나님의 뜻을 발견할 수는 없다.

> **참고자료** 미국 역대 대통령의 비교

　미국 대통령들 중 가장 대조적인 두 분이 있다. 카터(Jimmy Carter)는 조그마한 일 가지고도 혼자 궁리하는 스타일이었다. 레이건(Ronald Reagan)은 큰 일만하고 작은 일은 전부 부하에게 맡기는 스타일이였다. 레이건에 관한 에피소드가 많은 중 의회에서 M.X. 미사일에 관한 토론이 있을 때 그는 대답하기를 나는 군 비타민(Military vitamin)에 관해 말하는 것으로 알았다, 별들의 전쟁(Star Wars), 레이건 경제정책(Reagannomics) 등등은 아주 유명하다. 그는 유머와와 죠크에 능난한 분이었다.

(7) 비전의 영상화와 이야기화

　"백문이 불여일견"이란 말과 같이 이론보다는 영상화로 비전을 제시하는 것이 더 효과적이다. 여기에 효과적인 도구를 사용하는 것이 좋다. 예를 들면 주민들에게 다목적 오락과 교육의 기회를 제공, 실내 육상경기장과 실내 축구장 등 운동시설을 마련함, 다양한 주제들로 강연 등이다. 시설의 조감도는 교인들에게 아주 중요하다. 간디(Mahatma Gandhi)는 상징을 사용하여 사람들을 동원한 대표적인 사람이다. 영국의 지배로부터 해방을 꾀하던 상징물로 물레를 활용하였다. 물레로 수제품을 만들어 경제적으로 자립할 수 있었고 동시에 영국산 제품 거부 운동도 벌릴 수 있었다.

　조국의 자유를 원하는 국민 염원을 소금으로 구체화했다. 영국은 인도 내 소금의 전매권을 장악한 채 인도인의 소금 생산을 불법화했다. 간디는 1930년 3월 12일 "소금 행진"을 벌여 수백 명의 사람들과 함께 바다까지 행진했다. 거기서 그가 들어올린 해변의 마른 소금은 인도 국민들이 갈망하던 자유의 애절한 상징이 되었다.

　처칠(Winston Churchill)은 영국이 가장 황량하던 시절, 결의에 찬 처칠이 들어 올린 승리의 "V"자는 사기가 저하된 사람을 일으켜 세우는 재

단합의 상징이 되었다. 이것은 2차 세계대전을 통틀어 가장 강렬한 이미지이기도 하다. 캄벌(Duncan Campbell)은 스코틀랜드의 위대한 부흥운동가였다. 1969년 캐나다의 사스카툰(Saskatoon)을 방문했을 때 하나님이 주신 비전을 캐나다 서부지역에 번져 나가는 불꽃으로 묘사했다. 그런 후에 5년도 안되어서 부흥이 캐나다 서부를 휩쓸었다.

가드너(Howard Gardner)는 "지도자는 훌륭한 이야기꾼이어야 한다고 하며 그 이야기대로 사는 것도 똑같이 중요하다."고 말했다. 이는 훌륭한 이야기꾼이란 간증을 의미한다. 부흥이란 삶이 변화된 자들의 간증이다. 이야기는 비전을 전달하는 필수 불가결한 방법이다. 뿐만 아니라 그래프와 도표는 사람의 생각을 자극한다. 이야기(세상에서 역사 하시는 하나님에 관한 이야기)는 사람들의 가슴에 닿아 헌신을 이끌어 낸다.

기독교 지도자에게는 시상이 중요하다.

① 과거

모세와 여호수아처럼 과거 이야기를 들려줘야 한다. 하나님이 지금까지 우리 조직을 위해 어떤 일을 해 오셨는가? 시편 111:3-4절을 보면 3절 "그 행사가 존귀하고 엄위하며 그 의가 영원히 있도다.", 4절 "그 기이한 일을 사람으로 기억케 하셨으니 여호와는 은혜로우시고 자비 하시도다.". 시편 111편은 저자를 알 수 없는 시이다. 하나님의 행사의 위대함을 찬송하는 시이다. 하나님의 크신 행사가 하나님의 능력과 의와 진실과 공의를 나타나기 때문이다(2-9). 이 시는 히브리 알파벳 22자를 각 행의 첫 자를 사용하고 있다.

하나님의 활동에는 결코 우연이 없다. 하나님은 언제나 이전에 하신 일을 바탕으로 다음 일을 하신다. 처칠(Winston Churchill)은 역사를 멀리 되돌아볼수록 미래를 멀리 내다볼 수 있다고 말했다. 그는 말하기를 만일 히틀러(Ludolf Hitler(나찌당의 영수로 독일의 총통, 1889-1945)가 영국 역사를 읽었더라면 자기 운명이 결국 어떻게 될지 알았을 것이라고 하기도 했다.

② 현재

기독교 지도자는 현재와 관련된 이야기들을 해 주어야 한다. 하나님은 지금 이 순간 어떤 일을 하고 계시는가? 기독교 지도자의 역할은 하나님의 섭리와 인간이 하는 일이 연결(무리한 연결은 안됨)이 되어야 한다.

③ 미래

기독교 지도자는 사람들에게 미래를 그려 주어야 한다. 하나님은 이스라엘 백성들에게 약속의 땅 "젖과 꿀이 흐르는 땅"이라고 이미지를 심어 주었다. 코카콜라(Coca Cola) 회사가 전 세계인이 코카콜라를 마시는 광경을 꿈을 꾸었다. 위에서 말한 대로 케이트(Bill Gate)가 전 세계 PC(personal computer)에 마이크로소프트 제품이 내장된 것을 그렸다. 그러나 영적 지도자가 전하는 미래 이야기는 단순히 희망사항이 아니라 하나님이 하시겠다고 말씀하신 일이어야 한다. 영적 지도자는 항상 말씀에 근거해야 한다.

제 7 장

기독교 지도자의 구비요건

우리가 살고 있는 이 세상은 어떤 종류의 사람들을 요구하는지를 알아야 한다. 이 세상에 있는 기관이나 단체가 요구하는 20가지의 개인적인 요구사항은 다음과 같다.

1. 긍정적 태도: 사람이나 환경을 긍정적으로 보는 능력
2. 강력한 에너지: 강하고 정력이 좋아서 일을 열심히 할 수 있고 지치지 않음
3. 인간적인 호감: 사람들을 끄는 태도
4. 통전성: 진실되고 확고한 성격, 말과 행동의 일치
5. 책임감: 항상 책임을 감수하고 변명하지 않으며 위임 맡은 일을 완수함
6. 건전한 자아상: 자신과 이웃 그리고 인생에 대한 좋은 느낌을 가지고 있음
7. 강한 정신력: 일이 확정될 때 그 일을 수행하는 데 필요한 것을 배울 수 있는 능력
8. 지도력: 사람들에게 영향을 미칠 수 있는 지도력
9. 복종하는 능력: 기꺼이 복종하고 함께 일하며 지도자를 따르는 능력
10. 개인적 문제가 없음: 개인적, 가정적, 업무적인 삶에 질서가 있음
11. 인간관계 기술: 사람들을 가장 가까이 하고 그들을 발전시키는 능력
12. 유머 감각: 인생을 즐기고, 자신을 너무 심각하게 생각하지 않음
13. 탄력성: 문제가 생겨도 다시 재기할 수 있음
14. 좋은 경력: 가능하다면 같은 업무에 두 번 이상의 경험과 성공의 경력을 가짐

15. 큰 열망: 개인의 발전과 성장을 향한 열망
16. 자기 훈련: 성공을 위해 기꺼이 값을 지불할 뿐만 아니라 성공을 다룰 줄 아는 자제력
17. 창조력: 문제의 해결책을 보고 문제를 해결할 수 있는 능력
18. 유연성: 변화를 두려워하지 않고 물처럼 조직의 성장에 따라 흘러감
19. 전체를 보는 능력: 개인적 관심을 넘어서 전체를 볼 수 있는 능력
20. 직관: 눈에 보이는 정보 없이도 상황을 분별하고 느낄 수 있는 능력

영적 지도자는 위에서 언급한 20가지 이외에 영적 지도력(spiritual leadership)이 있어야 한다. 이는 하나님이 주시는 힘으로 하나님이 맡기신 일을 잘 감당하는 것이다.

샌더스(Oswald Sanders)는 사람이 직책을 구하는 것이 아니라 직책이 사람을 구하는 것이라고 하였다. 영적 지도자는 성령의 사역과 성품에 근거한다. 성령이 인도하시고 성령이 능력을 주시지 않으면 영적 권위를 얻을 수 없다. 목사가 되었다고 지도자가 되는 것은 아니다. 신학교를 나왔다고 자동적으로 영적 지도자가 되는 것은 아니다. 지도자의 힘은 하나님과 피지도자로부터 온다.

1980년대 3번이나 영국 수상으로 재선될 때만 해도 대처(Margaret Thatcher)는 난공불락의 정치가로 여겨졌다. 그는 보수당 당원들의 신념이 강한 지도자 밑에서 고생이 많았다. 결국 대처는 자기 당의 압력에 못이겨 사임하고 말았다. 중국의 마오쩌뚱은 힘이 총에서 나온다고 떠벌렸다. 그러나 총에서 힘이 나오는 것이 아니라 사람들이 따를 때 비로소 권위가 생기는 법이다. 포드(Henry Ford)는 독불장군형 지도자였다. 그는 노동 운동을 짓밟았다. "고객들은 자기가 원하는 색상의 차를 마음대로 가질 수 있으나 단 검은색이어야 한다는 식의 오만한 발언"을 암시했다. 디프리(Max Depree)는 "기업 지도자들은 임원들을 자원 봉사자처럼 대해야 한다"고 주장했다. 목회자들도 자기 지도력에 따르는 사람들에게는 성

격이 부드럽고 친절하다.
 목회자는 자기의 지도력에 반항하는 자들에게는 다음과 같은 양상으로 나타난다.
 ① 그를 따르지 않으면 화를 불끈 내고 질책한다.
 ② 강단이 선거 유세장과 같다.
 ③ 설교 시간은 자기의 스트레스를 푸는 시간이다.
 ④ 다른 목사와 다른 교회를 비난하는 설교가 허다하다.
 ⑤ 자기 생각을 관철시키기 위해서 영향력 있는 교인을 로비 한다.
 ⑥ 목사의 의견에 따르지 않으면 양이 아니라 늑대로 취급한다.
 ⑦ 교인들을 윽박지르며 복종을 강요한다.
 ⑧ 평안했던 교회를 네편 내편으로 만드는 교역자가 된다.
 ⑨ 가는 곳곳마다 불화를 일으키고 편을 가르는 일을 한다.
 중국의 영성가이자 작가인 니(Watchman Nee)는 "Spiritual Authority(영적 권위)란 책에서 하나님이 지도자들에게 당신의 권위를 위임하셨기 때문에 "우리는 사람에게 순종하는 것이 아니라 그 사람 안에 있는 하나님의 권위에 순종하는 것"이라고 주장했다.
 로마서 13:1-2절 "각 사람은 위에 있는 권세들에게 굴복하라 권세는 하나님께로 나지 않음이 없나니 모든 권세는 다 하나님의 정하신 바라.". 2절 "그러므로 권세를 거스리는 자는 하나님의 명을 거스림이니 거스리는 자들은 심판을 자취(自取)하리라". '굴복하라' 란 말은 디도서 3:1절에서는 바울에 의해 그리고 베드로전서 2:13절에서는 베드로에 의해 동일한 헬라어 동사가 사용되었다. 이 두 곳에도 이 구절과 같이 국가에 대한 개인의 자세에 있어서의 본질적인 원리가 언급되어 있다. '모든 권세는 다 하나님의 정하신 바라' 란 말은 단지 어떤 특정한 정부만이 하나님께서 정하신 것이라는 제한적인 의미는 아니다. 하나님은 비록 어떤 정부가 그의 요구를 다 실현하지 못할지라도 그 정부의 기강을 세우셨으며 그것을 유지시킨다. 이런 말이 있다. 영적 지도자의 권위는 저절로 오지도 않고(지위), 떼를 써도 되지 않는다면(힘) 애교 작전을 펴면 된다(성격). 여기 "애교"란 하나님께 애교를 부려서 잘 보여야 한다는 말이다. 지도자의 인기는 그 자체로는 나쁜 것이 아니지만 전부도 아니다.

1. 공동체 의식

유대인들이 즐겨 읽는 12,000 페이지 되는 탈무드(Talmud)경에 "몸은 하나인데 머리가 둘인 기형아"가 있다. "이 사람이 한 사람인가 두 사람인가"란 질문이 나온다. 이 질문에 대한 랍비(Rabbi)의 대답은 "물을 뜨겁게 하여 한쪽 머리에 부어 보라. 그 때 다른 쪽 머리가 뜨겁다고 하면 한 사람이고 그렇지 않으면 두 사람이다" 이는 공동체 의식을 말해주는 좋은 예이다. 이 세상은 더불어 사는 세상이다. 서로가 서로에게 도움을 주면서 살고 있다.

오슬러(William Osler)는 의학박사이자 대학교수였다. 1919년 70세를 일기로 세상을 마감할 때까지 강단에서 가르치고 병원을 운영했던 의사이자 작가였다. 그의 저서 "Principles and Practice of Medicine"(의학의 원칙과 실습)란 책은 모든 영어권 국가는 물론 중국과 일본의 내과의(內科醫) 수련과정에 40년 이상이나 그 영향을 미쳤다. 그는 의사가 되자 미국 내과의사 협회를 결성하였다. 전문의들이 함께 모이고 정보를 나누며 서로를 돕기 위함이었다. 그는 또한 교수로서 당시 의사들이 따르던 방식을 바꾸어 놓았다. 그는 강의실에서 병동으로 데리고 나와 환자들과 교류를 하게 하였다. 그는 학생들이 환자로부터 가장 빨리 가장 확실하게 배운다는 신념을 갖고 있었다.

오슬러의 열정은 의사들에게 긍휼(mercy)을 가르치는 것이었다. 의대생들에게 그는 이렇게 말했다. "우리 의사들이 과학에만 치우쳐 있어 환자 개인보다는 질병과 질병의 과학적인 측면에 더 많은 관심을 기울이고 있다는 생각이 사람들 사이에 널리 퍼져 있다. 환자 개인에게 더 특별한 관심을 갖기를 강력히 권고하는 바이다." 긍휼을 보이며 관계를 형성해 가는 오슬러의 능력은 1918년 유행성 폐렴이 만연하던 때, 그가 환자를 다루던 모습으로 잘 요약될 수 있을 것이다.

유행병의 문제가 심각해지자 오슬러는 병원활동을 제한하고, 많은 환자들을 직접 방문하여 치료하였다. 어린 딸을 둔 한 어머니는 오슬러가 어떻게 하루에 두 번씩 딸아이를 찾아와 부드러운 말로 함께 놀아주며 그 증상을 진단하였는지를 자세히 말해 주었다. 어린 아이의 죽음이 임박한 것을 알게 되자, 오슬러는 어느 날 종이에 포장된 예쁜 붉은 장미 한 송이를 가져갔다. 오슬러는 그 장미를 소녀에게 주면서 장미들도 자신의 원하는 만큼 한 곳에 오래있지 못하고 새로운 집으로 가야만 한다는 것을 설명하였다. 오슬러의 말과 장미에 소녀는 위안을 받은 듯 하였다. 그리고 며칠 후 소녀는 죽고 말았다.

오슬러는 그 다음 해 세상을 떠났고, 그의 한 영국 친구는 오슬러에 대해 이렇게 말했다. "너무 빨리 그는 역사 속으로 살아졌다. 그는 위대한 의사로의 직분을 다 하였다. 우정에 관한 한 우리 세대에 있어서 그 어떤 사람보다 천재성을 간직하였던 사람이었다. 그의 다른 능력 또한 모두 이러한 그의 인간애(humanity)와 동료에 대한 놀라운 관심에서 비롯된 것이다." 의사 오슬러는 진정 공동체의식을 가진 사람이었다. 남의 고통을 자기 고통으로 여긴 사람이었다. 남의 아픔을 자기의 아픔으로 여긴 사람이었다. 의학계에서 그가 이룩한 공로는 말로 표현할 수 없을 만큼 크다. 그러나 무엇보다 그의 박애 애와 타인에 대한 관심은 아주 지대하다. 우리도 공동체 의식을 가지고 살아야 하겠다.

공동체의식의 첫 번째 요인이 남을 도와주는 것이다. 제너럴 모토 (General Motor) 회사의 로이 H. 쿠르츠는 "산업사회의 들판에서 내부의 사회적 도덕적 부패(dryout)로 들끓는 리더십과 주는 것 대신 받는 것을 신봉하고, 쉽게 대처할 수 없는 자산이 사람이라는 것을 깨닫지 못하는 지도력으로 구성되었던 조직들의 유골들이 여기 저기 산재해 있다." 사람들은 자신들이 가지고 있는 관심을 마음속에 담아두고 있는 리더를 존경한다. 사람들로부터 무엇을 얻어낼 수 있을까보다 무엇을 그들의 마음속에 심어줄 수 있을까 에 초점을 맞추는 리더가 존경을 받는다. 이것은 공동체 형성에 가장 확실한 토대를 마련해 주는 것이다.

공동체 의식에서 우리가 생각해야 할 것이 크게 3가지이다.

첫째는 다른 사람을 이해해야 한다.

둘째는 다른 사람을 사랑해야 한다.

셋째는 다른 사람을 도와야 한다.

2. 높은 도덕 감각과 인권 존중

미국사의 권위자인 모리슨(Richard Morrison)교수는 미국 건국의 7대 인물들을 다음과 같이 열거했다.

① 프랭크린(Benjamin Franklin; 미국의 정치가, 물리학자, 저술가, 1706-1790),

② 워싱톤(George Washington; 미국 초대 대통령, 1732-1799),

③ 아담스(John Adams; 법률가, 외교관, 미국 제 2대 대통령, 1735-1826),

④ 제퍼슨(Thomas Jefferson; 미국의 3대 대통령, 1743-1826),

⑤ 매디슨(James Madison; 미국 제 4대 대통령, 1751-1836),

⑥ 제이(John Jay; 미국 정치가, 초대 대법관, 1745-1829),

⑦ 하밀톤(Alexander Hamilton; 미국 개척자, 초대 재무장관, 1755-1804)라고 했다.

모리슨 교수는 이들의 공통분모를 높은 도덕감각과 높은 인권감각이라고 했다.

첫째로 높은 도덕감각이란 성경을 삶의 목적과 원리와 철학과 표준과 기초로 삼고 사는 삶을 가리킨다. 말씀에는 크게 기록된 말씀(Written Word)과 살아 계신 말씀(Living Word)이 있다. 기록된 말씀은 성경이고 살아 계신 말씀은 예수 그리스도이다. 예수 그리스도는 성경에 나타나 있다. 예수 그리스도를 바로 알기 위해서는 성경을 살펴봐야 한다. 성경을 떠난 예수 그리스도는 올바른 그리스도가 아니다. 인류 역사상 귀한 일을 한 사람들은 거의가 이 성경과 예수 그리스도의 영향을 받은 사람들이다.

세계 역사상 유명한 사회 사업가와 과학자 10명 중 8명이 성경을 삶의 철학으로 삼고 산 사람들이다. 미국의 카네기(Andrew Carnegie), 켈러(Helen Keller), 부라운(Brown), 루주벨트(Roosevelt)여사, 덴마크의 그룬드비, 폴랜드의 큐리(Curie)부인, 독일의 슈바이쳐, 독일에서 태어나서 미국으로 귀화한 아인슈타인 등은 모두 성경을 삶의 기초와 표준으로 삶고 산 사람들이다. 이들은 모두 성경과 예수 그리스도의 영향을 받고 주님 나라의 확장과 이 세상의 평화와 번영을 위하여 크게 공헌한 사람들이다.

성경과 예수 그리스도의 영향을 받은 톨스토이는 "부활"이란 책을, 도스토에프스키는 "죄와 벌"이란 책을, 단테는 "신곡"이란 책을, 앙드레 지드는 "좁은 문"이란 책을 썼다. 진실로 책은 사상을 낳고, 사상은 정치를 움직이며 백성은 정치의 흐름에서 웃기도 하고 울기도 한다. 이 한 권의 책이 때로는 민족의 운명을 결정할 뿐만 아니라 인간은 그 책을 읽는 대로 만들어진다. "불경"은 오늘의 인도를 낳았고, "코란"은 오늘의 중동을 낳았으며, 모택동이의 "붉은 책"은 오늘의 중화인민 공화국을 낳았으나 "성경"은 오늘의 스위스와 영국과 미국과 한국과 우리들을 낳았다.

영국은 원래 해적의 나라였지만 이 성경으로 신사 나라가 되었고 케리와 린다를 인도에, 테일러와 모리슨을 중국에, 리빙스톤을 아프리카에 선교사로 파송 했다. 영국은 많은 선교사를 외국에 보낸 선교의 종주국이 되었다. 그런데 그 선교의 종주국의 바톤이 미국으로 건너 왔고 그 바톤이 한국으로 건너 왔다고 세계 선교학자들이 말하고 있다. 이렇게 보면 우리

한국은 기독교국은 아니지만 하나님의 축복을 얼마나 받았는지 모른다. 이는 심히 감사할 일이다.

성경은 정치가들에게는 지략을, 고고학자들에게는 좋은 재료를, 역사에겐 산 증거를, 철인에겐 사상을, 도덕가들에겐 계율을, 죽어 가는 사람들에겐 소망을, 미련한 자에겐 지혜를, 죄인에겐 구원과 영생을 주시는 책이다. 성경은 왕들을 지배하지는 않았으나 성경 앞에 왕들이 무릎을 꿇게 되고 성경엔 악보가 없으나 성경을 읽으면 헨델(George F. Handel)의 메시야가 튀쳐나온다.

설교는 성경 해석이고, 목회는 성경의 적용이며, 신조는 성경의 총화요, 찬송은 성경의 시적 운율이고, 교회는 성경의 아들과 딸들이며, 목사는 성경의 심부름꾼이고, 신자는 성경의 후예이다. 66권으로 된 성경은 한 권의 책으로 묶어졌고 한 권의 책은 모든 나라들을 하나로 만들었으며 5대양 6대주를 하나로 결속시켰다.

이 성경의 위력을 확실히 믿은 미국의 첫 번째 대통령이었던 워싱톤(George Washington)은 건국 후 첫 회의를 소집하고 난 후 시편 127:1절 "여호와께서 집을 세우지 아니하시면 세우는 자의 수고가 헛되며 여호와께서 성을 지키지 아니하시면 파수꾼의 경성함이 허사로다"라는 성구를 읽고 회의를 진행했다고 한다.

한국에 기독교가 들어 온지 금년으로 119년이 되었다. 그런데 이 말씀에는 위력이 있어서 한국 인구의 4분의 1인 1200만 명이 주님을 믿는 놀라운 축복이 있게 되었다. 그런데 한국도 이 숫자가 줄어져서 지금은 800만 명이 되었다고 한다. 그러면 400만 명은 어디로 갔는가? 200만 명은 천주교로, 100만 명은 불교로, 나머지 100만 명은 흩어졌다고 한다. 진실로 한국 교회의 성장은 "경이적이다"(It is wonderful)란 말이 나올 정도이다. 성경에서 인권감각이 나온 것이다.

둘째로 높은 인권감각이란 인간의 생명, 생존, 그리고 자유에 대한 하나님이 주신 권리를 인정하고 존중하는 것이다. 102명의 영국 청교도들은 종교박해로 인하여 메이플라워(Mayflower)호를 타고 미국 동부에 있는 마사츄세스(Massachusetts)주 플리마우스(Plymouth)란 조그마한 항구에 도착하기 전에 배 안에서 나라를 건설하는 신조(creed)같은 것을 만들었다. 그 내용이 동등권(equality)과 인권(human right)이었다고 한다. 그래서 기독교 국가는 동등권과 인권을 강조하며 존중하고 있다. 이것이 바로 성경의 사상이다.

도덕감각은 "무엇을 믿느냐?"(what to believe)믿느냐)하는 교리 문제이고 인권 감각은 "어떻게 사느냐?"(how to live)하는 윤리 문제이다. 교리(doctrine)는 하나님과의 종적인 관계이고 윤리(ethics)는 이웃과의 횡적인 관계이다. 예수 그리스도의 십자가는 바로 종과 횡의 관계를 바로 설정하고 종횡의 문제를 해결하시기 위함이었다. 그래서 종교 개혁자 칼빈(John Calvin)은 "내가 어떻게 구원받을까?"란 물음에만 머물지 말고 "구원받은 성도가 어떻게 살아야 할 것인가?"라고 물어야 한다고 했다. 원을 그리는데 구심점이 있어야 하듯이 인간이 사는데 구심점이 있어야 한다. 그 구심점이 바로 "성경과 예수 그리스도"이다.

기독교인은 바로 믿어야 하고 믿는 대로 바로 살아야 한다. 로마서는 믿음을 강조하고 야고보서는 행함을 강조한다. 그렇다고 이 두권의 책이 서로 상치되는 것이 아니다. 야보고서에서 야고보가 말하는 행함도 바울이 로마서에서 말한 믿음에 근거해야 한다. 믿음에 근거하지 않은 행함도 유교에서 말하는 도덕철학이나 다름이 없다. 기독교에서 강조하는 행함은 항상 성경적인 믿음, 하나님을 믿는 믿음에 근거하고 있음을 알아야 할 것이다.

높은 도덕감각과 높은 인권감각은 하나님과의 올바른 관계가 정립이 될 때 가질 수 있다. 신학자 부버(Martin Bubber)는 "태초에 관계가 있었다"란 말을 했다. 인간은 창조함을 받을 때부터 관계 속에서 살고 있다. 그 관계를 크게 다음 세 가지로 구분할 수 있다.

첫째로 대신관계(對神關係)

창 3:9 하나님께서 아담에게 "아담아 네가 어디 있느냐?"(Adam, where are you?)란 질문을 하셨다. 이는 죄인에 대한 하나님의 첫 음성이었다. 이는 하나님께서 아담이 어디에 있었는지 몰라서 물으신 것이 아니었다. 다만 죄인에게 반성과 회개의 기회를 주시기 위함이었다. 노벨(Knobel)은 말하기를 "하나님을 떠난 모든 사람에게 반드시 부르시는 음성이다"라고 하였고, 랑게(Lange)는 이 음성은 전 인류를 거쳐 각 개인에게 메아리치는 음성 이다"라고 하였다.

이 음성은 또한 나와 하나님과의 관계에 대한 심문이다. 하나님의 말씀을 두고, 나와 하나님과의 관계가 정상적인 상태인지, 그 말씀을 이탈하여 죄인된 상태인지를 물으시는 심문이기도 한다. 인간은 자기 자신을 알아야 한다. 범죄한 아담이 하나님의 낯을 피하여 동산 나무 사이에 숨었을 때 하나님께서는 그를 찾으시면서 아담아 네가 어디 있느냐? 라고 하셨다.

하나님은 창조주이시고 인간은 피조물이다. 이런 생사가 걸린 관계이기 때문에 인간은 하나님께 전적으로 의존해 있다. 하나님을 떠난 인간은 물을 떠난 고기와 같다. 사도행전 17:24-25절 "만유를 지으신 신께서는 천지의 주재시니……만민에게 생명과 호흡과 만물을 친히 주시는 자이심이라" 이 내용이 우리에게 다음 두 가지의 교훈을 주고 있다.

① 하나님은 천지만물의 창조자이신 것을 밝히고 있다.

불신자를 상대하는 전도강연에서는 이것이 중요한 사실이다. B.C. 600년에 살았던 탈레스(Thales)는 만물의 근원을 물이라고 했고, 아낙시메네스(Anaximenes)는 공기라고 하였으며, B.C. 536-470년에 살았던 헤라클레이토스(Herakleitos)는 "만물은 유전한다"고 하였다. 그러나 바울은 만물은 하나님이 지으신 바라고 단정하였다. 이것이 바른 신앙에서의 출발인 것이다(시 42:16; 사 42:5; 롬 8:38; 히 1:10).

② 하나님은 인간의 창조자이시다.

하나님은 창조자로서 사람에게 생명과 호흡을 주시고, 만물의 영장이 되게 하사, 만물을 지배하게 하신다(창 2:7; 욥 33:4; 사 42:5). 이는 스도이고 철학자들과 부합한다. 저들도 하나님이 생명의 근원이라고 주장한 것이다. 실로 하나님은 우주의 소유자이시며 생명의 근원이시다. 사도행전 17:28절 "우리가 그를 힘입어 살며 기동하며 있느니라 너희 시인 중에도 어떤 사람들이 말과 같이 우리가 그의 소생이라 하니"

하나님은 범죄한 아담을 버려 두시지 않으시고 "아담아 네가 어디 있느냐?"라고 찾으신 것이다. 범죄자는 반드시 붙잡히는 법이다. 이 점에 있어서 우리가 주목할 만한 것은, 하나님께서 어떤 형상(形象)으로 나타나시지 않고 다만 말씀으로 사람을 접촉하여 주신 일이다. 그는 이렇게 인류 역사의 처음부터 자기의 말씀을 자기의 대리(代理)로 세우시고 그 말씀으로 역사 하신다.

하나님께서 아담에게 "네가 어디 있느냐"라고 물으신 물음은 하나님께서 몰라서 물으신 물음이 아니라 아담 자신이 모르기 때문에 물으신 것이다. 사람은 너무나 무지해서 하나님만 모르는 것이 아니라 자기 자신도 모르고 있다. 사람은 자기의 영혼의 형편을 보지 못하고 육의 모양만 본다. 사람은 사실주의(事實主義)에서 살지 않고, 자기 자신을 딴 것으로 가리운다. 사람은 항상 자기 자신을 적나라(赤裸裸)하게 하나님 앞에 내어놓고 "내가 여기 있나이다"란 고백을 해야 한다. 사람은 날마다 자기 자신을 다른 것으로 가리워서는 안 된다. 사람은 자신을 무엇으로 가리워 놓고 하나님을 멀리 계시는 분으로 착각해서는 안 된다. 하나님은 언제나 우리에게 이인칭(二人稱)으로 불리워져야 할 직접 상대자이시다. 사람은 아무리 이런 관계를 피하려고 해도 절대로 피할 수 없다.

아담은 어찌하여 자기가 범죄한 것을 양심적으로 취급하지 않았던가? 왜 그는 숨어 있었던가? 왜 그는 자기의 양심을 억눌렀던가? 이렇게 자기의 양심을 억압하는 것이 자기의 영혼을 죽이는 일인 줄 몰랐던가? 왜 그는 양심의 지시대로 믿음에 의하여 영생을 얻는 법을 따르지 않았던가? 이런 질문을 아담에게만 할 것이 아니라 우리 자신에게도 해 봐야 할 것이다.

양심대로 행한다는 것은 무엇인가? 이 문제를 다음과 같은 실례로 답을 하고자 한다. 독일이 통일이 되기 전의 일이다. 동독(東獨)의 오토 디벨리우스(Otto Dibelius)라는 목사가 히틀러 정권에서 체포되었을 때에 판사가 그의 무죄를 알고 그를 석방시켜 주었다. 물론 그 판사는 그 일 때문에 자신이 파면을 당할 줄 알면서도 그 일이 선하다고 생각했는 고로 그의 양심대로 판결을 했던 것이다. 미국 남방에서 어떤 신자가 송아지 한 마리를 선교비로 바치기로 작정을 하였다. 그 후에 소 값이 오르니 그의 마음이 변했다. 그런데 어떤 주일 예배시에 한 성도의 독창하는 찬송소리를 듣고 자기의 잘못을 뉘우치고 전에 작정했던 작정헌금을 그대로 했다고 한다. 그는 그의 양심의 소리에 귀를 기울이고 그대로 실천했던 것이다. 이 모두가 양심의 행동이다. 성도들은 양심을 지켜야 믿음도 지킬 수 있다.

"유대인의 왕으로 나신이가 어디 계시뇨"(마 2:2)한 동방박사의 물음이나, "랍비여 어디 계시오니이까"(요 1:38) 한 안드레의 물음은 인간이 하나님을 찾는 음성이었다. 죄인을 찾는 하나님의 소원과 하나님을 찾는 인간의 소원은 다 같이 그리스도 안에서 성취된다.

둘째로 대인관계(對人關係)

창세기 4:9절 "네 아우 아벨이 어디 있느냐?" 이 하나님의 말씀에 관하여 보나(Bonar)라는 신학자는 아마 살인 사건이 일어난 직후에 다음 제사를 드릴 때에 그 제사를 드리는 장소에서 이 말씀을 하셨을 것이라고 했다. 이는 아담에게 물으신 말씀 "네가 어디 있느냐"(3:9)에 이어 두 번째 창조의 심문이다.

첫째는 자신과 하나님과의 관계를 물으신 물음이었으나 두 번째는 자신과 이웃과의 관계를 물으신 물음이다. 첫 번째는 신앙 즉 교리(doctrine)에 관하고, 두 번째는 윤리(ethics)에 관한 질문이다. 이 두 가지는 신자의 이대 의무로 신약의 서신들도 언제나 이 두 가지로 나타나고 있다. 예를 들면, 로마서에는 1장에서 11장까지는 "무엇을 믿느냐"는 교리문제를 다루었고, 12장부터 16장까지는 "어떻게 사느냐"는 윤리문제를 다루었다. 에베소서는 1장에서 3장까지는 교리문제를 4장에서 6장까지는 윤리문제를 다루었다. 성경 전체가 사실은 교리와 윤리문제를 취급했다.

하나님의 질문에 대한 가인의 대답은 "내가 알지 못하나이다"와 "내가 내 아우를 지키는 자니이까?"였다. 가인은 "내가 알지 못하나이다"라고 먼저 거짓말을 했고 "내가 내 아우를 지키는 자니이까?"라고 반항을 했다. 이 말은 나도 내 아우처럼 양을 지키는 자니이까?"의 뜻이다. 모파트(Moffatt)는 "내가 내 형제의 목자니이까?"(Am I my brother's shepherd?")라고 번역을 하였다. 가인은 아직도 농부의 우월감과 목자인 아우에 대한 멸시감에 사로 잡혀 있었고 그와 같이 천한 아우를 열납하시는 하나님께도 반항하는 것이다. 하나님의 창조의 심문에 대해 아담은 숨기고, 책임을 전가했으나, 가인은 속이고 반항한 것이다. 인간의 죄성이 현저해진 것이다.

가인은 자기가 받는 벌이 가중 하다고 생각하면서도 회개치 않았음으로 결국 벌을 받았다. 무엇보다도 그가 받은 큰 벌은 하나님을 떠난 그의 비참한 생활이었다. 16절에 말하기를, "가인이 여호와의 앞을 떠나"라고 하였다. 15절에 의하면 그가 죽임이 되지는 않았으나 하나님 없이 사는 생활을 하였다. 하나님이 없는 생활은 영적인 죽음의 삶이다. 만일 그가 회개하고 하나님을 영원히 모시고 사는 삶을 살았더라면 차라리 만나는 사람들에게 죽임이 되어도 좋을 번하였다. 그러나 그는 영원히 사는 영생의 축복은 받았을 것이다.

셋째로 인간의 출처와 목적지

창세기 16:8절에 하갈에게 "네가 어디서 왔으며 어디로 가느냐?" (Where have you come from and where are you going)란 질문을 하셨다. 여호와의 사자는 그녀의 이름과 환경을 익숙히 알면서 그녀의 고백을 유인함으로 그의 초연성을 나타낸다. 이 질문은 주님이 우리 모두에게 물으시는 물음이다. 우리는 이 질문에 항상 명확한 답을 할 준비를 하고 있어야 한다. 이 질문은 인간의 출처와 목적지를 말해 주는 질문으로서 모든 인류에게 아주 중요한 질문이다.

"어디에서 왔느냐?"란 질문은 과거(past)에 관한 질문이고, "어디에서 왔느냐?"란 질문은 미래(future)에 관하여 묻는 질문이다. 전자는 원인이고 후자는 결과이기도 한다. 전자보다 후자가 우리들에게는 더 중요하다. 신앙을 떠난 인간적인 방법이 이런 가정 풍랑과 광야의 도주의 원인이었고, 결과는 광야에서의 죽음이 명백했다. 광야 길이란 물과 양식과 약대와 안내원이 필요했으나 하갈은 아무 준비도 하지 않은 채 괴로운 현실에서 맹목적인 도피를 했던 것이다. 그녀의 앞길에는 죽음만이 기다리고 있었다.

이 두 질문 중에서 전자의 질문보다 후자의 질문이 더 중요하다. 인간의 출처는 창세기 2장에 보면 남자는 흙이요 여자는 남자의 갈비뼈이다. 이렇게 태어난 인간이 범죄 함으로 하나님과 거리가 멀어졌을 뿐만이 아니라 완전히 죽음이라는 운명밖에 당할 길이 없었다. 이런 인간에게 하나님께서는 독생자 예수 그리스도를 보내셔서 십자가상에서 죽게 하시고 그로 하여금 우리의 대속자가 되게 하셨다.

그러므로 이제 구원의 길은 열려 있게 되었다. "누구든지 저를 믿는 자는 구원을 얻으리라"(요 3:16). 인간이 이 세상을 마치고 가는 곳이 천국이냐? 지옥이냐? 는 영원을 결정하는 분기점은 그리스도를 구세주로 믿느냐 믿지 않느냐에 달려 있다. 우리 모두는 "어디로 가느냐"란 질문에 대한 답을 명확하게 할 수 있어야 한다. 이 질문에 대해 하갈의 대답은 "나는 나의 여주인 사래를 피하여 도망하나이다"라고 하였다. 랑게(Lange)는 "그것은 그녀의 체험한 압제의 간증인 동시에 그녀의 양심의 소리였다"라고 하였다.

인간이 하나님과 올바른 관계를 맺을 때, 남의 눈에 티를 보기 전에 자기 눈에 들보를 보게 된다(마 7:5). 형제가 범죄하면 자신을 돌아보고 시험을 받을까 두려워하게 된다(갈 6:1). 이 폭풍을 만난 것이 나의 연고라고 고백하게 된다(욘 1:12). 성경에서 인권을 가장 강조한 곳이 마태복음 25:31-46이다. 내가 주릴 때에 너희가 먹을 것을 주었다. 내가 목마를 때에 너희가 마시게 하였다. 내가 나그네 되었을 때에 너희가 영접하였다. 내가 벗었을 때에 너희가 옷을 입혔다. 내가 병들었을 때에 너희가 돌아보았다. 내가 옥에 갇혔을 때에 너희가 와서 보았다. 기독교는 이렇게 인권을 존중하는 종교이다.

기독교가 들어가는 곳마다 어린 아이와 여성의 지위가 향상되었다. 과거 스파르타에서는 아이가 출생하면 검사관에게 맡겨서 약하거나 불구자면 산이나 들에 갔다 버렸다. 아이가 죽으면 그냥 버려서 짐승의 밥이 되게 하였다. 아이를 제사의식의 제물로 드리기도 했다. 아이들의 인격이나 한 인간으로서의 존엄성은 용납될 자리가 전연 없었다. 이처럼 아이들은 학대와 불인정을 받았다.

성경에도 아이들과 여성들은 사람의 수를 헤아리는데 제외되기도 했다. 이스라엘 백성들이 출애굽 시 장정만 60만 명이라고 하였으니 이 수에서 여자와 아이들은 제외되었다. 5병2어의 이적을 행하였을 때 장정만 5,000명이라고 하였다. 그러나 주님이 이 세상에 오셔서 어린이들을 존귀하게 여기시는 교훈을 주셨다. 복음을 받아드린 사회는 어린이를 소중하게 생각하며 어린이를 보호하며 어린이 교육에 전력을 다 하며 어린이 중심의 생활을 할 정도의 사회가 되었다. 그래서 유교를 할아버지의 종교라면, 불교는 할머니의 종교라 하고, 기독교는 어린이의 종교라고 부를 정도로 어린이를 귀하게 여긴다.

이 대표적인 성경적 예는 제자들이 무시하고 꾸짖은 어린이들에 대하여 "어린 아이들을 용납하고 내게 오는 것을 금하지 말라 천국은 이런 자의 것이니라"고 하셨다(마 18장). 마태복음 18:3절에 "너희가 도리어 어린 아이들과 같이 되지 아니하면 결단코 천국에 들어가지 못하리라". 마태복음 18:5절에 "또 누구든지 내 이름으로 이 어린아이 하나를 영접하면 곧 나를 영접함이니". 예수님은 어린 아이들을 통하여 천국에 들어갈 자격을 가르치셨다. 어린이의 특징은 단순성, 솔직성, 순진성, 신뢰성, 순종성, 겸손성 등이다.

세상에서 가장 아름답고 고귀한 것 3가지는 첫째로 아름다운 꽃, 둘째로 어린 아기의 웃음, 셋째로 어머니의 사랑이라고 한다. 기독교가 한국에 들어오기 전에는 어린이가 인간다운 대접을 받지 못했다. 우리 한국에서도 남아이면 살리고 여아이면 버리든지 죽였다. 그러나 기독교가 들어온 이후에는 어린이들의 지위가 향상되었다.

지금도 지상에는 아동학대를 하는 나라와 민족이 많다. 세계적으로 14세 미만 어린이의 수가 2억 5000만 명이라고 한다. 그들 중에는 부모나 어른들에 의해서 학교도 제대로 못 가고 노동력이 착취당하고 상품화되는 데 이용되고 있는 수가 많다고 한다. 한국은 아이를 구타, 성희롱, 언어폭력, 굶김, 치료 소홀, 구걸 등을 시키면 그 어린이를 강제로 부모와 격리시킬 수 있다. 그런 경우 부모는 5년 이하의 징역이나 1500만원 이하의 벌금형을 받는다고 한다.

만일 복음이 한국에 들어오지 않았더라면 아이들의 지위는 아주 형편이 없었을 것이다. 그러나 모든 인간은 하나님 앞에서 동등권을 갖는다는 기독교의 영향으로 어린이의 지위가 이 만큼 향상이 되었음을 감사치 않을 수 없다. 인권은 미국의 대통령이었던 카터(Jimmy Carter)가 창안한 말이 아니라 바로 성경의 기본 사상이다.

뿐만 아니라 기독교는 여성의 지위를 바꾸어 놓았다. 옛날 여성의 지위는 제일 밑바닥에 있었다. 유대인들은 아침 예배에서 하나님이 자기를 이방인과 노예와 여자로 만드시지 않은 것을 감사했다고 한다. 헬라 철인들의 감사함 3가지는 첫째로 동물로 태어나지 않고 사람으로 태어난 것, 둘째로 여자로 태어나지 않고 남자로 태어난 것, 셋째로 보통 사람으로 태어나지 않고 헬라 철인으로 태어난 것.

헬라 문명사회에서는 여자는 집안 일 외에는 아무 일도 할 수 없고 철저한 은거생활을 했다. 극동의 문화권에서도 여성의 존재는 인간다운 대접을 받지 못했다. 옛날 중국에서는 여자가 도망을 못 가게 발을 크지 못하도록 작은 신을 신게 했다. 한국에서도 여자는 글을 가르치지 않았다. 옛날 한국에서는 밥도 부엌에서나 상 밑에서 먹는 남존여비의 사상이 강했다.

칠거지악(七去之惡)은 여성에 해당되는 말로서 아내를 내 쫓는 이유로서의 7가지 사실이다.

① 불순구고(不順舅姑) : 시아비나 시어머니와 불순한 관계를 맺는 일
② 무자
③ 음행
④ 질투
⑤ 악질
⑥ 구설
⑦ 도절

이 7개의 죄악 중에서 한가지만 범해도 쫓겨났다.

그러나 기독교가 들어옴으로 큰 변화가 일어났다. 여성도 남성과 같은 교육을 받을 수 있게 되었다. 여성도 남성과 같은 사랑과 존경을 받게 되었다. 여성도 남성과 같은 사회활동을 하게 되었다.

성경에 보면 예수님의 조상으로 5명의 여성 이름이 나타나 있다.

① 다말: 시아버지와 불결한 관계를 맺은 여성
② 라합: 기생
③ 룻: 이방 여인
④ 밧세바: 우리아의 아내로서 다윗의 아내가 된 여성
⑤ 마리아: 경건한 여인으로서 예수님의 어머니

진실로 예수님은 죄인의 친구였다. 예수님의 공생애 기간 중 많은 여성들이 예수님의 사역을 도왔다. 예수님은 사마리아 여인에게 복음을 전했고 그와의 대화 중에 "하나님은 영이시니 예배하는 자는 신령과 진정으로 예배할지니라"란 귀한 말씀을 하셨다(요 4:24). 예수님의 부활시 막달라 마리아와 야고보의 어머니 마리아와 살로메가 그의 무덤을 찾았다(막 16:1). 사도 바울의 선교시에 자주장사 루디아와 같은 여성의 헌신적인 노력이 복음확장에 크게 기여를 하였다. 루디아는 직업이 자주장사로서 유럽에서 첫 개종자였다. 그는 바울의 선교를 많이 도운 여성이었다.

신앙인의 배후에는 여성의 기도의 힘이 컸다. 모세의 어머니 요게벳, 사무엘의 어머니 한나, 디모데의 외조모 로이스와 어머니 유니게의 기도의 힘이 있었기에 이들이 위대한 신앙의 인물들이 되었다. 실로 이들은 본인도 신앙인들이었지만 그들의 어머니와 외조모가 기도의 사람들이었고 헌신적인 사람들이었다. 하나님의 말씀으로 이들을 잘 길렀다. 그들의 성장 과정에서 항상 성경말씀으로 가르침을 받았고 성경이 그들의 영의 양식이 되었다.

특히 18세기 감리교 운동을 일으킨 영국인 웨슬리(John Wesley)는 한평생 헌신적으로 하나님을 섬긴 지도자였다. 그런데 그의 배후에는 그의 어머니 수잔나 웨슬리가 있었다. 1669년 런던에서 유복한 가정의 24번째 아이로 태어난 그녀는 아주 명석했으며 성직자였던 아버지 사무엘 애니슬리(Samuel Annesley)의 귀여움을 독차지했다.

그 당시 영국 여성들은 대개 공식교육을 받지 못했지만 수잔나는 아버지로부터 뛰어난 가르침을 받았고, 그 시대의 많은 유명한 사람들이 당대의 문제와 철학을 논의하기 위해 모였을 때에 그의 연구에 함께 참여하도록 허락되었다. 그 결과 그녀는 많은 지식을 얻었고 그녀의 지성은 날카로웠다.

19살에 그녀는 그 시대의 아주 똑똑한 학자로 여겨졌던 젊은 성직자 사무엘 웨슬리와 결혼했다. 그들은 가정을 이루고 행복한 삶을 살았다. 얼마 안 되어서 수잔나는 첫째 아기를 가졌고 그 후에도 많은 아이들을 낳았다. 그들 부부는 경제적으로 어려움 중에서도 50년 가까이 결혼생활을 영위해 나갔다.

수잔나는 가족을 돌보는 일에 자신을 헌신적으로 바쳤다. 가정 살림을 꾸려 나가고, 재정을 담당했으며, 그들의 아담한 농장 일도 도왔다. 그녀는 19명의 아이들을 낳았는데 그 중 10명만 살아 남았다. 그녀가 가장 중요하게 여긴 것은 아이들 교육이었다. 주일을 제외하고 매일 6시간 동안 3명의 아들들과 7명의 딸들에게 도덕적이고 지식적인 면 그리고 성경을 가르치는데 혼신을 다 했다.

그녀의 헌신의 결과가 자녀들에게 나타났다. 챨스 스펄젼(Charles Spurgeon)은 영향력 있는 성직자였고 시대를 초월한 위대한 찬송작사가로 손꼽히게 되었다. 그리고 죤 웨슬레(John Wesley)는 당대에 그 누구보다도 지대한 영향력을 끼친 사람으로 평가받고 있다. 그리고 특별히 개신교에 끼친 그의 영향력은 아직도 놀랄 만하다.

이스라엘의 수상 메어(Golda Meir)는 이스라엘 국가건설의 기초를 놓았다. 영국의 여왕들 중 빅토리아(Victoria)여왕 때가 가장 전성기였다. 이 때는 영국이 해지는 날이 없었다고 한다. 영국의 수상 Margaret Thatcher는 대영제국을 10여 년 간 이끌어간 위대한 지도자였다.

세계에서 최고의 여성 갑부가 많았다. 미국 월마트(Walt Mart) 창업자 월튼(Sam Walton)의 미망인 월튼(Helen Walton)은 그의 재산이 한화로 약 45조원을 가지고 있었다. 프랑스 화장품 업체인 로레알 그룹 창업주인의 딸인 릴리안 베탕쿠르는 한화로 약 15조원의 재산을 소유하고 있었다. 엘리자벳(Elizabeth) 영국 여왕도 갑부의 명단에 들어 있다.

미국은 최초의 여성 3성 장군(중장)이었던 클로리다 케네디 장군은 군 복무 31년 만에 전역했다. 세계 최강의 여군을 보유하고 있는 이스라엘 나라는 여군이 전체 병력의 30%나 된다. 캐나다는 여군의 수가 전체의 10.1%이다. 유럽은 여군의 수가 전체의 5-6%이다. 일본은 3.9%, 북한은 2%, 한국은 0.3%이다. 여자 군인의 체력은 남자 군인의 체력에 비해 85%에 이르기가 힘이 든다고 한다. 하지만 현대전은 백병전이 아니다. 첨단기술을 운용하는 정보와 통신전쟁이라 할 수 있다. 섬세한 분석과 치밀한 판단력을 갖춘 군인을 육성하는데 성의 구별은 무의미하다.

기독교 문명이 일찍 발달한 서양사회는 여성을 우대한다. 예를 들면, 여자를 앞세운다든지 여자를 오른쪽에 세우고 길을 걷는다. 여자가 집에 들어오면 코트를 받아 걸어준다. 여자가 앉으려면 의자를 끌어 당겨준다. 자동차를 탈 때문을 열어준다. 필리핀의 문화도 여성우대문화이다. 남아보다 여아를 더 귀하게 여긴다. 신문을 볼 때 아들이 보다가 딸이 들어오면 넘겨주고 딸이 보다가 아버지가 들어오면 넘겨주며 아버지가 보다가 어머니가 들어오면 넘겨준다고 한다. 이는 여성문화를 대변하는 한 예이다. 인권은 성경사상이며 기독교가 들어가는 곳은 이렇게 아이들과 여성의 인권이 존중이 되고 있다.

3. 대화와 의사전달

지도자와 피지도자 간에 많은 대화를 통한 의사전달이 있어야 한다. 대화는 주고받는 것이다. 일방적인 것은 강연이나 설교이지 대화가 아니다. 강의는 일방적이거나 쌍방적이다. 상담은 상담자가 내담자의 말을 많이 들어야 한다. 대화는 듣고 말하는 50:50 즉 쌍방적이다. 기독교 지도자는 대화술을 알아야 한다. 지도자는 말을 많이 한다고 반드시 좋은 것은 아니다. 할 때하고 해서는 안될 때는 안 해야 한다. 여기에는 재치가 있어야 한다. 이것이 바로 지혜이다.

　미국의 많은 대통령들은 뛰어난 의사전달자로서 큰 영향을 주었다. 그 대표적인 인물로는 케네디(John F. Kenndy), 루주벨트(Franklin D. Roosevelt), 링컨(Abraham Lincoln) 등이다. 그 중에서 근대에 와서 뛰어난 의사 전달자는 레이건(Ronald Reagan)이다. 그의 의사전달 재능은 초년병시절부터 나타나기 시작했다. 그의 첫 출발은 라디오 방송에서 시작이 되었다. 그는 20대 초반, 빠르게 미 중서부의 유명한 아나운서가 되었고 주로 운동경기를 생방송으로 중계하였다. 레이건은 사람들과 대화하고 의사를 전달하는 데 남다른 능력이 있음을 보여 주고 있다. 그 중에도 1980년 대통령 출마를 선포했을 때, 그는 다음과 같은 말을 함으로써 자신의 선거운동에 대한 비전을 분명하고 간결하게 보여주었다.

　"우리가 전하는 메시지의 핵심은 간단하고, 친숙한 다섯 단어로 구성되어야 할 것입니다. 그것은 결코 대단한 경제 원리도 아니며, 정치 철학에 대한 설교도 아닙니다. 단지 다섯 개의 짧은 단어일 뿐입니다. 바로 가정, 직장, 이웃, 자유, 평화입니다." 레이건은 단체에게 말을 하건, 카메라를 바라보건, 또는 일대 일로 대화를 나누건, 언제나 의사전달에 있어서 최대의 효과를 끌어낼 수 있었다. 심지어는 총상을 입고, 수술실에 들어가는 동안에도, 그는 다른 사람들을 편하게 하려하였다. 수술을 집도하려는 외과의사들에게 이렇게 말했다고 한다. "제발, 당신네들이 모두 공화당원이라고 말해주시구려." 그는 뚜렷한 비전을 가지고 있었으며, 결정을 쉽게 내리고, 직무를 아주 효과적으로 위임하였다. 그 이유는 그의 능란한 의사 전달의 재능 때문이었다.

　효과적인 의사전달자가 되기 위해서는 다음의 4가지를 항상 기억해야 한다.

1) 메시지를 단순화시켜라.

의사전달은 단지 우리가 말하는 내용만을 의미하는 것이 아니다. 내용을 말하는 방법이 중요하다. 효과적인 의사전달의 열쇠는 "간단함"(simplicity)에 있다. "거창한 말"이나 "무슨 무슨 …적"하는 복잡한 문장으로 사람들에게 깊은 인상을 주려는 생각을 가져서는 안 된다. 나폴레옹(Napoleon Bonaparte)은 그의 부관들에게 늘 이렇게 말했다. "누구나 알 수 있게, 누구나 알 수 있게, 누구나 알 수 있게 하라구."

2) 사람을 이해 시켜라.

뛰어난 의사전달자는 자신과 대화 할 사람들에게 초점을 맞춘다. 청중들에게 대해 아무것도 알지 못한 상태에선 효과적인 의사전달(communication)이 불가능하다는 것을 알기 때문이다. 효과적인 의사전달을 가질 때는 다음의 질문을 해야 한다.
나의 청중은 어떤 사람들인가?
그들의 질문은 무엇인가?
그것을 이루기 위해서는 무엇이 필요한가?
그리고 나에게는 얼마만큼의 시간이 있는가?
더 뛰어난 의사전달자가 되기 위해서는 청중 지향적이 되어야 한다.

3) 진실을 보여 주라.

신뢰감은 그 어떤 의사전달보다 우선된다. 청중에게 신뢰를 주는 방법에는 두 가지가 있다.

(1) 자신이 말하는 것을 믿는 것이다.

보통 사람이라 할지라도 확신으로 불타오르게 되면 놀라운 의사전달자가 된다. 육군 원수였던 휘르디난드 포취는 이런 말을 남겼다. "세상에서 가장 강력한 무기는 불붙은 인간의 영혼이다"

(2) 자신이 말하는 대로 사는 것이다.

행동으로 보여주는 확신보다 더 신뢰감을 주는 것은 아무것도 없다. 즉 언행일치가 되어야 한다는 말이다. 목회자에게 주어진 격언은 "믿는 것을 전하시오"(Preach what you believe)이다 그 다음으로는 "실천하는 것을 전하시오"(Preach what you practice). 이 말은 언행일치가 되어야 한다는 말이다. 교역자가 한 교회에 부임한 후에 첫해는 설교로 교인들을 이끌어 나가고, 두 번째 해는 인격으로, 세 번째 해부터는 언행의 일치냐 불일치냐 로 이끌어 나간다고 한다.

4) 반응을 구하라.

의사전달자는 목표가 분명해야 한다. 막연히 정보를 무더기로 쏟아 붓는다면, 그것은 의사전달이 아니다. 사람들에게 말할 때마다 그들이 "느끼고"(feel), "기억하고"(memorize), "행할 무엇인가?"(what to do)를 주어라. "대화의 기술"(The Art of Communication)을 연구 요망해야 한다. 대화의 일차적인 장소는 부부간이며, 그 다음으로는 부모와 자녀간, 지도자와 피지도자간, 그리고 교역자와 교인간 등등이다.

4. 이해

"이해"란 영어의 "understand"로서 이 단어를 분해해보면 "아래"와 "선다"란 두 단어의 합성어이다. 상대방을 이해하기 위해서는 상대방의 위치에 서 봐야 한다. 부모가 자녀를 이해하기 위해서는 자녀의 위치에 서 봐야 한다. 부자가 가난한 자를 이해하기 위해서는 가난한 자의 위치에 서 봐야 한다. 지도자가 피지도자를 이해하기 위해서는 피지도자의 위치에서 봐야 한다. 기독교 지도자는 피지도자들이 어떻게 느끼고 어떻게 생각하는지를 이해하는 것이 중요하다.

우리가 같이 일을 할 때 같이 일하는 사람들에게 몇 가지 공통점이 있다는 것을 발견하게 된다.

① 사람들은 자신이 특별하다는 느낌을 받고 싶어한다. 진심으로 그들을 칭찬하라.
② 사람들은 더 낳은 내일을 원한다. 그들에게 희망을 보여라.
③ 사람들은 방향을 원한다. 그들을 위해 방향을 조정해 주어라.
④ 사람들은 이기적이다. 그들이 필요로 하는 것을 먼저 언급하라.
⑤ 사람들은 감정적으로 활력을 잃기 마련이다. 그들을 격려하라.
⑥ 사람들은 성공을 원한다. 그들이 성공하도록 도움을 주어라.

지도자는 항상 사람들을 개인적으로 대해야만 한다. 각 사람에게 눈을 맞추고, 그들 각각을 이해하며, 관계를 갖는 능력은 대인관계의 성공에 있어서 주 요소이다.

마케팅 전문가 롯 니콜스는 사업에 있어서 다음과 같은 점은 항상 중요시된다고 하였다. "만일 모든 고객을 똑 같은 방법으로 대한다면, 그것은 당신이 만나는 고객의 25-30%에게만 적합한 것이 될 것이다. 왜냐하면 그 방법이 한가지 타입의 사람에게만 적합하기 때문이다. 하지만 4가지 유형을 모두 활용할 수 있도록 익힌다면, 만나는 고객의 거의 100%를 포용할 수 있을 것이다."

한국 군목이 미국 군목에게 우리 주위에 가난한 자들이 많은데 먹을 쌀이 없다고 하였다. 미국 군목이 하는 말이 "왜 한국 사람들은 밥만 먹으려고 하느냐? 빵도 먹고, 고기도 먹고, 우유도 마시고 하지"라고 대답을 했다고 한다. 상처한 목사가 몇 주 내에 재혼하기를 원했다. 다른 목사가 그래도 6개월은 지나야 되지 않느냐고 하니, 그 법은 부인이 있는 사람들이 만든 법이지 라고 하였다고 한다. 이런 예는 상대방을 전연 이해 못하는 말이다.

5. 사랑

Definitive Computer Service의 회장이자 최고 경영자인 헨리 그루랜드는 다음과 같은 말을 했다. "지도자가 된다는 것은 단지 선두에서 이끌기를 원하는 것, 그 이상을 말한다. 지도자들은 다른 사람에게 대한 감정이입(empathy)과 각 사람이 갖고 있는 최고의 것을 찾아내는 예리한 능력이 있어야 한다. 가장 나쁜 것이 아니라, 진심으로 남을 아끼는 마음에서 말이다." 스위스의 교육가인 페스탈로치(1746-1827)는 말하기를 "가정은 최상의 학교이다. 이 학교의 교과과정은 사랑이다"고 했다. 한국 전쟁 후 포로교환 때 미국군인 21명이 본국으로 돌아가기를 거절하고 중립국이나 공산국으로 가기를 원했다. 이유는 21명 중 19명이 가정적으로 파탄이 되어 부모의 사랑을 받지 못하고 자라났다고 한다. 존경받는 지도자, 효과적인 지도자가 되기 위해서는 사랑이 중요하다.

신약성경이 기록되어진 헬라어에 의하면 사랑이 4가지로 나타나 있다.

1) 에로스 사랑

이는 남녀간의 사랑이요 이성간의 사랑이다. 하나님께서 아담을 창조하신 후 독처하는 것이 좋지 못하여 돕는 배필을 주셨다. 교회에서도 남녀가 같이 일을 하면 더 효과적이다. 가정에도 아들만 있으면 분위기가 살벌하다. 여동생이 있는 오빠가 결혼을 하면 부인에게 잘 대한다고 한다.

2) 필리아 사랑

이는 우정적인 사랑으로 친구간의 사랑이다. 친구를 사귀는데는 금전과 시간과 정력이 필요하다. 친구는 고독을 해소하고 나를 이해해 주는 존재이다. 친구가 없으면 군중 속의 고독을 느끼게 된다. 목회자는 교인들로 둘러싸여 있어도 고독한 존재이다. 그러므로 그 고독을 해소하기 위해서는 첫째로 하나님과 가까이 해야 한다.
둘째로 가족들과 가까이 해야 한다.
셋째로 가까운 친구가 있어야 한다.

3) 스톨게 사랑

이는 동족간의 사랑이다. 이 사랑은 국내에서보다 국외에 있는 국민들이 더 강하게 느낀다. 그래서 외국에 나가면 더 애국자가 된다는 말이 있다.

4) 아가페 사랑

이는 하나님의 사랑, 신적인 사랑, 특수한 사랑이다. 이 사랑은 다른 유의 사랑과는 차원이 다른 사랑이다. 아가페 사랑은 무조건적인 사랑이요, 일방적인 사랑이며, 희생적인 사랑으로 줄이나 끈을 맨 사랑이 아니다. 일본에서 일어난 일이다. 한 남자가 미인 여성과 결혼을 했다. 그런데 부인이 보일러의 폭발로 얼굴에 화상을 심하게 입었다고 한다. 그 남자는 이혼을 하고 말았다. 이는 아가페 사랑이 아니다.
　성경이 말하는 진정한 사랑이란 무엇인가?
　①마태복음 22:37-40 율법과 선지자의 대 강령이다. "마음과 목숨과 뜻을 다하여 하나님을 사랑하는 것이 크고 첫째 되는 계명이요 네 이웃을 네 몸과 같이 사랑하는 것이 둘째이니 이 두 가지가 온 율법과 선지자의 강령이라"고 하였다.
　②고린도전서 13:1-13 모든 은사보다 우월한 것이 사랑이라고 하였다.
　③베드로전서 4:8 사랑은 허다한 죄를 덮는다고 하였다. 믿음이 뼈라고 한다면 사랑은 살로 비유가 된다. 사람은 뼈와 살이 적당하게 있어야 한다. 믿음이 사랑으로 나타나야 한다. 교회 안에서 성도들이 서로 시기, 중상, 모략, 헐뜯음, 교만, 냉담함은 한마디로 사랑이 없어서이다. 사랑은 눈(snow)과 같아야 허다한 허물을 덮어준다. 사랑이 식어지면 분쟁이 일어난다. 그래서 마태복음 24:12절에 "불법이 성하므로 많은 사람의 사랑이 식어지니라"고 하였다.
　사랑의 극치는 요한복음 3:16절에 나타나 있다. 하나님이 세상을 이처럼 사랑하사 독생자를 주셨으니 이는 저를 믿는 자마다 누구든지 멸망치 않고 영생을 얻으리라고 하였다. 이는 성경전체의 요절이다. 성경에서 많이 나오는 단어를 컴퓨터로 빼어보니 여호와가 7020회, 하나님이 4068회, 예수 그리스도가 2468회, 예수가 1331회, 사랑이 357회이다. 이렇게 많이 나온 숫자를 연결시켜보면 "여호와 하나님이 이스라엘(인간=죄인)을 사랑하시므로 독생자 예수님을 보내셨다"이다. 이 내용이 바로 요한복음 3:16절이다.
　요한복음 3:16절에 나타난 사랑을 크게 4가지로 나누면 다음과 같다.
　① 주권적인 사랑(sovereign love)이다.
　② 희생적인 사랑(sacrificial love)이다.
　③ 구원하시는 사랑(saving love)이다.
　④ 우주적인 사랑(universal love)이다.

사랑은 정의에 있지 않고 실천에 있다. 사랑의 정의도 모르는 어머니는 포탄을 피해가며 보리쌀 한 되를 구해 와서 자녀들을 먹였다. 사랑 애(愛)자를 한번도 말해본 적이 없는 시골 자부는 80노부모의 대소변을 수년간 받아냈다. 괴테는 80에 18소녀를 사랑했다. 야곱은 14년을 연애했고 그의 할아버지 아브라함은 삼각관계(아브라함, 사라, 하갈)로 가출 사건과 쟁탈전이 있었다.

의학박사요 신학박사였으며 음악박사였던 슈바이쳐는 사랑과 자비와 긍휼을 행동으로 실천한 분이다. 그는 누가복음 16장에 나타난 "부자와 나사로"를 기사를 읽다가 부자는 미국 백인이요 나사로는 흑인임을 깨닫고 아프리카인들에게 속죄하는 의미로 복음을 전하기 위해서 갔다.

① 그는 사랑의 눈으로 아프리카 흑인들을 불쌍히 보았다.
② 그는 사랑의 귀로 아프리카 흑인들이 병들어 신음하는 소리를 들었다.
③ 그는 사랑의 발로 아프리카 오고웨 강가로 찾아 갔다.
④ 그는 사랑의 혀로 불쌍한 흑인들에게 복음을 전하며 기도해 주었다.
⑤ 그는 사랑의 손으로 아프리카 흑인들의 병을 무료로 치료해 주며 봉사했다.

손양원 목사는 전라도 소록도 나병환자 촌에 가서 일평생 교회를 섬기며 봉사를 하다가 순교를 당했다. 여수 순천 반란 사건 때 그의 두 아들 동신이와 동인이를 죽인 안재선이란 사람을 양자로 삼아 전도사를 만들었다. 이는 그리스도의 사랑이 없이는 할 수 없는 일이다.

6. 긍정적 사고방식

비관적 지도자란 표현 자체가 모순이다. 영적 지도자는 본질상 긍정적 태도를 심어줘야 한다. 성공의 가능성을 의심하고 최악의 사태를 겁내는 지도자는 올바른 자세와 태도가 아니다. 로마서 8:31절 "만일 하나님이 우리를 위하시면 누가 우리를 대적하리요". 당면한 과제가 아무리 어려워도 성령의 인도를 받는 자들은 하나님이 원하시는 일을 뭐든지 해낼 수 있다는 확신을 가져야 한다. 지도자가 긍정적 태도를 유지하는 것이 아주 중요하다.

미국 국무부 장관이 된 마샬(George Marshall)은 국무부의 사기가 낮다는 말을 듣고 간부들에게 이렇게 말했다. "여러분! 사병이라면 얼마든지 사기 문제에 빠질 수 있으나 장교는 그렇지 않습니다. 국무부의 모든 장교는 자신의 사기를 스스로 챙기십시오. 내 사기는 내가 챙깁니다." 자신의 태도를 관리할 수 없는 지도자에게는 다른 사람들의 사기도 맡길 수 없다. 지도자가 불가능이 없다고 믿으면 추종자들도 그렇게 믿게 돼 있다. 웨링턴(Wellington)공작은 나폴레옹의 존재가 자기 병력의 사기에 미친 영향이 4만 병사의 가치에 맞먹는다고 주장했다.

잭슨(Stonewall Jackson)장군은 남부군에 어찌나 감화력이 컸던지, 진 안에서 갑자기 병사들의 고함소리가 들리면 그것은 존경하는 잭슨장군이 막 진 안으로 들어왔거나 누군가 토끼를 발견해서거나 둘 중의 하나였다고 한다. 처칠(Winston Churchill)도 비슷한 존경을 받았다. 그를 만나고 가는 사람마다 한층 용기가 생겼다고 한다. 지도자는 두려움이나 비관론이 아니라 자신감을 심어 주어야 한다.

건강한 사기는 본래 멋진 유머 감각과 연결돼 있다. 디프리(Depree)는 "기쁨은 지도력에서 빠져서는 안 되는 성분이다. 지도자는 기쁨을 주어야 할 의무가 있다."고 말했다. 부정적 경험에서 긍정적인 유익을 얻어 낼 수 있다. 월풀(Horace Walpole)은 "과학에서 실수는 항상 진리를 앞서간다"란 말을 했다. 그것이 바로 독일계 스위스 화학자인 숀바인(Christian Friedrick Schonbein)에게 일어난 일이었다. 하루는 그가 부엌에서 황산과 질산을 가지고 실험을 하고 있었다. 그런데 우연히 식탁 위에 혼합물을 약간 엎질렀고 그는 큰 일 났다고 생각했다. 그는 급하게 앞치마를 벗어 엎질러진 것을 닦고, 말리기 위해 난로 옆에 걸어두었다. 갑자기 격렬한 폭발이 일어났다. 그 면에 있는 섬유소가 질화(질산염으로 바뀌는 것)라고 불리는 과정을 통과한 것이다. 그는 자기도 모르게 무연 화학, 또는 솜화약이라 불리는 니트로세룰로스를 발명했던 것이다. 그는 자신의 발명품을 시장에 내놓아 많은 돈을 벌었다. 그러므로 우리는 부정적인 경험을 반드시 부정적으로만 볼 것이 아니다

7. 뛰어난 유머 감각을 가져야 한다.

위대한 지도자들 중에는 유머 감각이 뛰어났던 사람들이 많다. 링컨(Abraham Lincoln)은 재미난 이야기를 들려주는 것을 즐겨했다. 처칠(Winston Churchill)은 민첩한 재치를 가진 사람으로 유명했다. 1차 대전 중 처칠은 고생하는 장교들에게 "좀 웃으십시오. 그리고 부하들에게도 웃도록 가르치십시오. 그것도 안 되거든 될 때까지 밖에 나오지 마십시오"라고 훈시했다. "최고의 유머를 이해할 수 없다면 세상의 가장 심각한 일도 처리할 수 없다."고 믿었다.

위대한 지도자들은 웃어야 할 때를 알고 다른 사람들을 웃길줄 알았다. 레이건(Ronald Reagan)은 미국 대통령 재선에 출마했다. 그 때 그의 나이 73세였다. 상대 진영에서는 "노쇠"를 들먹이며 그를 비웃었다. 상대 후보인 부통령 민주당의 몬데일(Walter Mondale)과 TV 대담에서 한 기자가 레이건에게 연령이 선거 운동에 불리하게 작용하지 않겠느냐고 물었다. 레이건은 "나는 내 상대의 연소함과 무경험을 정치적 목적으로 이용하지는 않겠다"고 답했다. 레이건의 민첩한 답변에 상대 후보도 웃지 않을 수 없었고 그것이 전국에 TV로 방송됐다. 이는 레이건의 재선에 크게 도움이 되었다.

레이건의 첫 임기 중에 힝크리(John Hinkley Jr.)는 힐튼 호텔에서 나오는 대통령을 암살하려 해서 전국을 충격에 몰아 넣었다. 심장에서 2cm

떨어진 위치에 총알이 박혀 있는데도 레이건은 유머를 잃지 않았다. 충격 후 아내 낸시(Nancy)를 만난 레이건은 "여보 몸을 굽히는 걸 깜박했소"라고 말했다. 좋은 유머 감각은 훌륭한 지도력에 필수이다. 지도자가 조직의 분위기를 정하기 때문이다. 사람들은 웃을 줄 아는 사람을 좋아한다. 사람들은 함께 일하기를 즐거워하는 사람을 따른다.

이 유머를 웃음 혹은 기쁨으로 해석을 한다면 예수님의 사역에도 기쁨은 본질적 부분이었다. 요한복음 15:11절 "내가 이것을 너희에게 이름은 내 기쁨이 너희 안에 있어 너희 기쁨을 충만하게 하려함이니라."---이는 약속된 기쁨이다. 요한복음 16:24절 "너의 기쁨이 충만하리라."---이도 약속된 기쁨이다. 요한복음 17:13절 "지금 내가 아버지께로 가오니 내가 세상에서 이 말을 하옵는 것은 저희로 내 기쁨을 저희 안에 충만히 가지게 하려 함이니이다." ---이는 그리스도의 기쁨이다. 로마서 14:17절 "하나님의 나라는 먹는 것과 마시는 것이 아니요 오직 성령 안에서 의와 평강과 희락이라."---이는 영적이고 약속된 기쁨이다.

기독교 지도자가 낙관적 태도를 갖는 것은 하나님과 동행하기 때문이다. 영적 지도자는 하나님의 임재 속에서 지내고 있다. 이사야 40:28-31을 보면, 28절 "너는 알지 못하였느냐 듣지 못하였느냐 영원하신 하나님 내 여호와, 땅 끝까지 창조하신 자는 피곤(疲困)치 아니하시며 곤비(困憊)치 않으시며 명철이 한이 없으시며", 29절 "피곤한 자에게는 능력을 주시며 무능한 자에게는 힘을 더하시나니", 30절 "소년이라도 피곤하며 곤비하며 장정이라도 넘어지며 자빠지되", 31절 "오직 여호와를 앙망(仰望)하는 자는 새 힘을 얻으리니 독수리의 날개 치며 올라감 같을 것이요 달음박질하여도 곤비치 아니하겠고 걸어가도 피곤치 아니하리로다", 하나님은 세심한 부분에도 관심을 가지시는 분이시다. 하나님은 그를 기다리고 바라는 자들에게 능력을 주시는 분이시다. 그러므로 그들은 자신의 능력대신 하나님의 능력으로 일을 하게 된다.

"여호와를 앙망(仰望)하는 자"란 말은 "여호와를 기다린다"는 뜻이다.

이것은 여호와께서 도와주시는 때를 기다리는 것 즉 신앙이다. 이러한 신앙은 "독수리의 날개 치며 올라감 같이" 하나님을 향하여 영적인 성숙을 계속 할 수 있다. 그것은 여호와께서 그에게 계속해서 새 힘을 주시기 때문이다. 그러므로 그는 피곤치 않을 것이다.

  위대한 기독교 지도자는 변명하지 않는다. 어떤 목사는 교세가 급속도로 약해지자 교인들 탓으로 돌린다. 교회당의 위치를 탓한다. 이전 지도자를 탓한다. 사단을 탓한다. 영적 전투를 탓한다. 지도자는 자신의 태도에 각별히 유의해야 한다. 기독교 지도자는 자신에게 비관적, 냉소적, 비판적 태도가 생기면 그 원인을 따져 봐야 한다. 그 이유는 교만 때문에 사고력이 흐려 질 수가 있다. 하나님보다 인간에게 초점을 맞춘다. 정서 불안이 생겨서이다. 훌륭한 지도력은 우연히 생기지 않는다. 훌륭한 지도력은 의도적 노력의 산물이다.

제 8 장

기독교 지도자의 목표

지도자는 목표를 위한 수단과 목표 자체를 혼동해서는 안 된다. 기독교 지도자는 목표 자체에 대한 분명한 정체를 파악하고 그 목표를 향하는 수단이 설정되어 있어야 한다. 그러므로 지도자는 자기가 속해 있는 기관이나 조직이 가고 있는 방향을 바로 파악해야 할 것이다. 기독교 지도자는 올바른 방향감각을 가지고 그 방향으로 피지도자들을 이끌고 나가야 할 것이다.

1. 가치 없는 목표

1) 결과 지향주의를 지향한다.

피지도자들은 지도자에게서 보고 싶어하는 것은 일에 대한 결과이다. 조직의 성공을 측정하기 위해서 목표를 세운다. 그리고 그 목표는 결과를 향하여 나아간다. 예를 들면 교회의 경우는 예배당 좌석 수, 헌금 액수, 프로그램 수 등이 교회가 세운 목표로 간주한다. 이들은 주로 숫자로 표현될 수 있는 것들이다.

드러커(Peter Drucker)는 "지도력의 궁극적 척도는 "결과"라고 했다. 성공하는 지도자란 일을 이뤄 내는 자이다. 결과를 산출하지 않으면 지도자 역할이 아니다. 결과 지향적 철학 때문에 많은 지도자들이 미리 목표를 정하고 새 임지로 부임한다. 이는 마치 마차를 말 앞에 두는 셈이다. 목표설정은 자신의 성공을 측정하고 사람들에게 동기를 부여하는 일이 된다.

코린스(James E. Collins) 와 포라스(Jerry I. Porass)는 "Built to Last: Successful Habits of Visionary Companies"(성공하는 기업들의 8가지 습관: 김영사 역간)에서 위대한 지도자는 목표 달성에 초점을 맞추지 않는다고 주장한다. 그들은 오히려 위대한 조직을 세우는데 주력한다는 것이다. 세운 목표를 달성하는 일도 중요하지만 그 목표를 이루는 과정 또한 중요하다. 디프리(Max Depree; 구 회사 Herman Miller의 대표 이사이기도 했던)는 지도력이란 "빚진 자의 자세"라고 말했다. 이 말은 지도자란 자기 밑에서 일하는 사람들에게 무엇인가 제공해야 할 도덕적 의무가 있다는 것이다.

디프리는 피지도자가 지도자에게 다음과 같은 몇 가지 질문을 던질 권리가 있다고 말했다.

① 내가 당신을 기대할 수 있는가?
② 내가 당신을 따름으로서 내 자신의 목표를 달성할 수 있는가?
③ 내가 당신과 함께 일을 함으로 내 잠재력을 발휘할 수 있는가?
④ 내가 내 미래를 당신에게 맡길 수 있는가?
⑤ 당신은 내 지도자가 되기 위해 지금까지 준비한 것이 무엇인가?
⑥ 당신은 정직한 지도자라고 할 수가 있는가?
⑦ 당신은 내게 일을 맡길 만큼 나에 대한 자신감과 신뢰가 있는가?
⑧ 당신이 믿는바가 무엇인가?

사람들은 지도자를 무턱대고 따르지 않는다. 오늘날은 옛날과 달리 인재도 많고 훌륭한 지도자도 많기 때문에 선택의 폭이 넓어진 것은 사실이다. 그래서 사람들은 위의 8가지를 따져 보지 않고 따르는 시대는 이미 지났다. 피지도자는 지도자로부터 만족스러운 답을 들을 때에 비로소 중심에서 존경을 하면서 따르게 될 것이다. 세상의 기업체가 그렇다면 보수도 사례도 월급도 받지 않은 기독교 기관이나 교회는 더 말할 것도 없다. 사람이 시간과 금전과 에너지를 쏟을 때는 그럴만한 이유가 있다. 그 이유는 바로 지도자의 자격이다.

기독교 지도자의 일차적인 목표는 단순한 목표 달성이 아니라 하나님의 뜻을 이루는 것이다. 디프리는 "목표 달성은 연간 계획이지만 평생 목표가 될 만한 것은 사람의 잠재력 실현이다."라고 말했다. 세상에는 종교계든 일반 기업체이든 직원들과 "계약 관계"를 맺는다. 계약 관계에는 아이디어, 이슈(issue), 가치관, 목표, 경영과정에 대한 공동 헌신에 기초를 둔다. 그러나 이런 일들이 궁극적으로 화평함으로 하나님의 영광이 들어 나는 일이 되어야 할 것이다.

기독교 지도자는 목표를 달성하고도 하나님의 목표에서 벗어날 수가 있다. 목표 달성이 반드시 하나님이 복을 주시는 징표는 아니다. 영적 지도자는 자기의 목표를 이루려고 사람을 이용해서는 안 된다. 영적 지도자는 하나님의 목표를 이루려고 사람을 이용해야 한다. 아무리 목표에 매달려 성취했다 해도 혹시 그 과정에서 아랫사람들이 고통 당하고 뒷전으로 밀려났다면 그는 실패한 리더이다. 교회가 성공리에 예배당 신축을 마쳤다고 해도 그 과정에서 분쟁이 일어나서 교인들을 잃게 되었다면 실패한 것이다. 하나님께는 어떤 일을 하는가 못지 않게 그것을 어떻게 하는가가 중요하다. 하나님의 나라에서는 목표가 수단을 정당화하지 못한다.

2) 완벽주의를 지향한다.

"탁월하지 못하면 하나님께 합당치 않다"는 말은 고상하고 옳은 말 같지만 이 표현에는 위험이 있다. 하나님은 신자들에게 높은 기대를 갖고 계시는 것은 사실이다. 예를 들면 베드로전서 1:15-16절 "오직 너희를 부르신 거룩한 자처럼 너희도 모든 행실에 거룩한 자가 되라. 기록하였으되 내가 거룩하니 너희도 거룩할지어다 하셨느니라" 하나님이 거룩한 것처럼 우리도 거룩하라고 명하신다. 마태복음 5:48절 "그러므로 하늘에 계신 너희 아버지의 온전하심과 같이 너희도 온전하라" 하나님은 성도들이 영적으로 성숙하고 온전하기 원하신다. 말라기서 1:6-14절의 말씀은 하나님은 우리가 당신께 최선의 것을 드리기 원하신다. 하나님은 더러운 떡이나 흠이 있는 동물이나 치욕적인 예배를 드림이나 무성의하게 아무것이나 드리는 것이나 무성의하게 외식적으로 제사를 드리는 것을 원치 않으신다.

완벽함은 탁월함이 아니다(완벽함 탁월함). 탁월함은 최선을 다하는 것이 아니다(탁월함 최선을 다하는 것). 탁월함은 매사에 하나님을 높이는 방식으로 하라는 뜻이다. 일은 목표를 이루는 수단일 뿐 목표는 사람이다. 사람보다 일에 치중하고 있다면 하나님의 원하심이 아니다.

기독교 지도자는 하나님의 뜻을 구해야 한다. 예수님은 최고의 지도자였다. 역사상 예수님처럼 주변의 요구가 많았던 사람도 없다.

① 예수님의 제자들은 그분의 시간 투자에 대해 제각각 의견이 달랐다(눅 9:12, 33; 마 10:13,37).

② 종교 지도자들도 예수님에 대한 구상이 있었다(마 12:38; 눅 13:14).

③ 병들고 가난하고 굶주린 자들도 예수님이 하루 일과를 어떻게 보내셔야 하는지 분명한 기준이 있었다(막1:37; 눅 18:35-43; 요 6:15).

④ 예수님의 제자들도 그분이 하실 일에 대해 의견을 내 놓았다.

⑤ 예수님이 한곳에 머물러 자신들을 가르쳐 주기를 바라는 사람이 있었다.

⑥ 예수님과 함께 다니고 싶어한 사람도 있었다.

⑦ 예수님은 언제나 사람들을 도울 기회에 둘러싸여 계셨다.

이런 가운데서도 그는 하나님의 뜻을 따르는 데 결코 초점을 잃지 않았다.

사도 바울은 자기 목표가 매사를 완벽하게 하는 것이라고 주장하지 않았다. 그는 자기 목표를 골로새서 1:28-29절에 다음과 같이 설정했다. "그를 전파하여 각 사람을 권하고 모든 지혜로 각 사람을 가르침은 각 사람을 그리스도 안에서 완전한 자로 세우려 함이니 이를 위하여 나도 내 속에서 능력으로 역사 하시는 이의 역사를 따라 힘을 다하여 수고하노라."

위의 세 구절에서 우리는 3가지 사실을 알 수 있다.

첫째는 그리스도를 전파하는 것이 그의 사명의 내용이다.

그는 "우리를 전파하는 것이 아니라 오직 그리스도 예수의 주되신 것을 전파함이라"(고후 4:5)고 하였다.

둘째는 그의 사명이행의 방법이다.

모든 지혜를 기울여 인간적 최선을 다하는 모습을 볼 수 있다. 그러나 이 지혜는 인간적 지혜가 아니라(고전 1:17) 하나님께로서 받은 지혜이다(고전 2:6). "전도의 방법에 대한 이 명세서(明細書)는 복음전파의 2대 요소인 회개와 신앙과 일치한다"라고 마이어(Meyer)는 말했다.

셋째는 그의 사명의 목적이다.

즉 모든 사람으로 믿고, 흠 없고, 책망할 것 없이 주 앞에 서게 하는 것이다(22절).

29절은 아름다운 결귀이다. 여기에 하나님의 힘과 사람의 힘이 혼연일체가 되어 교회의 힘이 되는 사실을 본다. 자기의 힘을 전적으로 하나님께 의탁함으로써 그의 힘으로 나타나는 전도자의 긍지를 본다. 또한 옥중에 자유 없는 몸으로서 아직도 교회를 위해 분투하고 있는 노사도의 충성을 본다.

바울의 초점은 사람을 키우는데 있었다. 그는 사람을 영적 미성숙의 자리에서 성숙의 자리로 키우려고 했다. 뿐만 아니라 불순종의 사람을 순종의 사람으로, 불신앙의 사람을 신앙의 사람으로 키우려고 하는 것이 바울의 목적이었다. 자신을 따르는 사람들이 하나님이 원하시는 사람으로 만드는 것이 그의 교육의 목적이었다. 이것이 바로 주님이 원하시는 일이다. 그러므로 교회도 이 정신에 맞게 사람을 키우고 일자리를 주는 것이 합당하다.

교회 찬양 시간에 성가 대원이 잘 못한다고 신앙이 없는 전문가를 채용하는 것은 문제라도 보통 문제가 아니다. 피아노 반주자, 음향 담당자, 청소년 사역자 등 전문가를 채용한다고 반드시 잘 하는 것은 아니다. 교회는 선택의 여지가 있을 때는 더 낳은 사람, 탁월한 사람, 전문가를 채용해야 한다. 그러나 주님의 교회는 전문가가 기준이 아니다. 교회 교육은 하나님이 원하시는 자리로 데려 가는 것이다. 하나님의 영광을 위해 기술과 재능과 은사를 개발해야 한다. 지도자는 이들의 영적 성장을 도우려면 이들의 실수의 여지를 허용해야 한다. 교회 봉사자들은 일반적으로 아마츄어들이다. 아마추어라도 믿음과 성실로 일하면 그것이 바로 하나님의 뜻을 이루는 것이다. 그러므로 언제나 성과가 좋을 수는 없다. 훌륭한 지도자는 장기적 유익을 볼 줄 알아야 한다.

대형교회는 비교적 탁월한 인재를 구하기가 용이하다. 특히 수도권 지역에 있는 교회는 더욱 그러하다. 수도권에 있는 대형교회는 사역자의 수도 많다. 예산 규모도 크다. 시설도 넓다. 첨단 장비도 구비되어 있다. 그러나 이렇게 갖추어졌다고 반드시 주님이 원하시는 일을 한다고 단언하기는 어렵다. 주님은 탁월한 사람을 찾으시기보다 믿음이 있고 충성된 종을 찾으신다. 주님은 음성을 통해서 영광을 받으시는 것이 아니라 그의 마음을 통하여 영광을 받으신다. 그 마음이 진정 주님을 사랑하는 믿음의 마음인지 아닌지가 중요하다. 그러므로 탁월함이 절대적인 일군 선발의 기준이 되는 것이 아님을 기억해야 할 것이다.

3) 더 크게, 더 빨리, 더 많이를 지향한다.

동양이나 서양이나 이 지상 사회는 규모에 매혹을 느낀다. 크기로 모든 것을 정당화할 수 있는 사회가 되어졌고 되어지고 있다. 대형교회나 대기업 지도자는 자동적으로 전문가로서 영적 영웅(spiritual hero)으로 통한다. 성공담을 책으로 내라는 권유를 받기도 한다. 교회성장 세미나 강사로는 단골로 등장한다. 그들은 부도덕한 삶에 빠져도 웬만하면 해임 당하지 않는다. 우리 목사님이 그런 일을 했으면 하나님께서 왜 복을 주시겠는가? 란 말을 한다. 복을 받는 징표를 규모로 결정을 한다. 그러나 반드시 그런 것만은 아니다.

성장은 건강한 교회에 불가피한 형상이기도 하다. 사도행전의 예는 우리들에게 성경적인 성장에 대해 교훈하고 있다. 교회는 성경과 성령으로 성장해야 한다. 그러나 교회는 하나님의 복 주심이 없어도 수적으로 얼마든지 성장할 수가 있다. 사람을 끌어 모으는 것과 교회를 세우는 것과는 큰 차이가 있다. 숫자적 성장이 하나님의 큰 축복이라면 성장하는 이단은 어떻게 해석할 것인가? 문선명파의 천문학적인 재정이나 몰몬교의 포교를 어떻게 해석을 할 것인가? 우리는 성장의 척도를 반드시 숫자로나 규모로 규정해서는 안 될 것이다.

요한복음 6:66절 "이러므로 제자 중에 많이 물러가고 다시 그와 함께 다니지 아니하더라". 요한복음 6:67절 "예수께서 열 두 제자에게 이르시되 너희도 가려느냐?" 마가복음 1:37-38절 "모든 사람이 주를 찾나이다", "이르시되 우리가 다른 가까운 마을들로 가자 거기서도 전도하리니 내가 이를 위하여 왔노라" 하나님은 군중과는 다르다. 하나님은 인간처럼 군중에 감격하시는 분이 아니시다. 군중을 많이 모은다고 반드시 주님이 원하시는 일이라고 생각해서는 안 된다. 예수님이 5000명을 먹이신 후에 그들은 그를 왕으로 모시려고 했다. 이는 억지였다. 이에 대한 예수님의 반응은 진정한 제자의 도를 가르치셨다. 그러니 그들 대부분이 물러가고 말았다. 그러니 예수님은 "너희도 가려느냐?"고 말씀하셨다. 육신의 떡을 얻어 먹기 위해 모인 군중은 예수님을 믿은 무리들이 아니었다. 단지 빵을 얻어 먹기 위해서이다.

하나님의 교회는 세상적인 방법으로 사람을 끌어 모으려고 해서는 안 된다. 첨단 흡향 기기와 조명 시설이 필요하다. 사람들의 눈에 띌 수 있도록 팜플렛을 만들어 홍보하는 일도 필요하다. 교회에서 대형공연도 필요하다. 교회가 이런 일들을 해서는 안 된다는 말은 아니다. 그러나 교회는 하나님의 말씀에 근거한 부흥이 되어야 하며 성령님이 역사하시는 교회가 되어야 한다. 성령의 역사가 없는 조명 시설은 무의미하다. 성령님의 역사가 없는 홍보도 무의미하다. 조명 시설은 무엇 때문에 하는가? 팜플렛을 무엇 때문에 만드는가? 란 질문을 심각하게 생각해 봐야 할 것이다. 지도자의 머리가 교회를 지배해서는 안 된다. 교회는 지도자의 잔꾀에 의해서 지배되는 것이 아니라 주님의 지배로 운영이 되어야 한다. 교인수가 늘고 재정이 는다고 해서 교회가 건강한 교회라고 자부해서는 안 된다. 교회 지도자는 항상 세상의 기준에 맞출 것이 아니라 하나님의 기준에 맞추어서 성공을 평가해야 할 것이다.

2. 가치 있는 목표

1) 영적 성숙을 지향한다.

영적인 성숙에서 가장 중요한 것은 주님과 올바른 관계를 맺는 것이다. 영적 지도력의 궁극적인 목표는 숫자적 결과가 아니다. 교회 지도력의 궁극적인 목표는 완벽한 일 처리가 아니다. 영적 지도력의 궁극적인 목표는 사람들을 하나님의 자리로 인도하는데 있다. 영적 지도력의 궁극적인 목표는 사람의 영혼을 주님의 말씀 안에서 성숙(mature)되게 하는 것이다. 하나님이 원하시는 것은 결과가 아니라 관계이며 과정이다. 하나님의 일에는 과정이 결과 못지 않게 중요하며 그 일을 이루는데 있어서 주님과의 관계 설정이 아주 중요함을 알아야 한다.

시편 23:1절 '여호와는 나의 목자시니" 다윗은 하나님을 "나의 목자"(my shepherd)라고 했다. 다윗은 하나님과의 관계를 일인칭, 단수, 소유격으로 삼았다. 이는 인격적이고 개인적이며 다정한 관계를 의미한다. 이런 관계가 되어야 주님이 들어 쓰시는 주님의 일군이 될 수 있다. 요한복음 21:15-18절에 예수님이 베드로에게 "네가 나를 사랑하느냐? 내 양을 먹이라."라고 하셨다. 이는 주님을 사랑하는 관계가 목양보다 우선한다는 뜻이다. 양을 사랑해야 하지만 그 이전에 주님을 사랑해야 한다. 주님의 사랑이 없는 목양은 아무런 의미가 없다.

이스라엘 백성을 광야에 40년 간 두신 것은 하나님과의 바른 관계를 맺기 위함이었다. 목회자는 교인들을 하나님과 올바른 관계를 맺도록 하는 것이다. 영적 지도자가 자라야 피지도자가 자랄 수 있다. 피지도자는 지도자 이상 자랄 수 없다. 지도자는 하나님의 음성을 전달하는 것만으로는 부족하다. 모든 사람이 하나님의 음성을 식별하고 말씀 듣는 법을 가르쳐 주어야 한다. 지도자는 자신의 비전을 주입하지 않아도 된다. 하나님의 말씀을 가르쳐 주면 된다. 데프리(Max Depree)는 지도자의 첫 번째 책임은 "현실을 파악하는 것"이라고 했다. 지도자는 항해하는 배의 선장과 같다. 선장보다 선원들은 경험이 적다. 멀리 있는 형체가 육지인지 고래인지를 선원들에게 가르쳐 주어야 한다. 선장은 세미한 음성도 듣는다. 지도자는 피지도자들에게 세미(細微)한 음성을 듣는 법을 가르쳐 주어야 한다. 유대인들의 자녀 교육방법은 고기를 잡아주지 않고 고기를 잡는 법을 가르쳐 준다.

2) 차기 지도자 즉 후임자 선발을 지향한다.

일반적으로 지도자에게 있어서 하나의 단점은 "내가 없으면 안 된다"는 교만한 생각을 가지는 것이다. 이 "교회는 내가 없으면 안 된다"고 말하는 교인은 교만의 죄를 범하는 것이요 하나님을 만홀히 여기는 죄를 범하는 일이 된다. 교회는 하나님의 교회이다. 하나님이 세워서 이끌어 가신다. 하나님은 시대를 따라 다른 일군을 세워 교회를 이끌어 가신다. 이는 지도력의 기회를 자기 혼자 독점하려는 처사이다. 이는 자신의 일에 너무 파묻혀 있는 증거이다. 자기 자신을 과시하는 과오를 범해서는 안 된다.

세상 지도자도 그렇지만 기독교 지도자도 후임자를 키워야 한다. 후임자는 키우는 일은 지도자가 해야 할 일들 중의 하나이다. 아니 이는 아주 중요한 일이다. 여기 후임자는 전임자의 바톤을 이어받아 일을 할 사람을 가리킨다. 전임자가 열심히 일을 하면 후임자도 열심히 일을 하게 될 것이다. 전임자가 후임자를 선발하고 양육을 잘 하면 그 후임자는 전임자의 일들을 모방해서 또 후임자를 키울 것이다.

보엣커(William H. Boetcker)에 의하면, 사람들은 자신들을 4 부류로 나눈다.

첫째는 자신에게 주어진 일보다 항상 더 적게 하는 사람들
둘째는 자신에게 주어진 일만 하는 사람들
셋째는 필요한 일들을 스스로 찾아서 하는 사람들
넷째는 자신은 물론 다른 사람들이 일을 하도록 고무시키는 사람들 등이다.

당신에게 모든 것이 달려있다. 즉 지도자에게 모든 일이 달려 있다는 말이다. 에머슨(Ralph Waldo Emerson)이 말했던 것처럼, "사람들을 신뢰하라. 그러면 그들이 당신을 신뢰할 것이다. 그들을 위대한 사람처럼 대하라. 그들이 자신들의 위대함을 보여줄 것이다." 나폴레옹(Napoleon)은 워터루(Waterloo) 전투에서 휘하 장군들에게 독립적 사고력을 길러 주지 못한 것이 그의 최대 실수였다. 그는 병력 3만 4천과 총포 108정을 갖춘 그라우치 장군이 교전에 들어갈 줄로 믿고 있었는데 그라우치는 꼼짝도 않고 있었다. 그의 전기 작가 말크함(Felix Markham)은 이렇게 썼다. "주도권과 권위와 활동성이 없던 그라우치는 명령에의 문자적 복종에만 의지하고 있었다. 그가 나폴레옹에게서 받은 명령은 정확하지 않았고 너무 늦었다." 거기에는 이유가 있었다. "나폴레옹은 걸핏하면 휘하 장군들의 실수를 책잡았지만 그들에게 자신의 전술을 가르치거나 참모 학교를 세우려고 조직적으로 시도해 본 일은 한번도 없었다." 나폴레옹은 후임자를 키우지 않았기 때문에 제국을 몽땅 잃고 말았다.

1944년 루주벨트(Franklin Roosevelt)가 4번 연속 대통령으로 당선되었다. 많은 사람들은 그가 임기 말까지 가기가 힘들 것이라고 생각했다. 그의 대통령직은 부통령이었던 투르먼(Harry Truman)에게 넘어가리라

점쳤다. 그때는 미국 역사상 가장 중대한 고비였다. 세계 최초의 핵폭탄이 거의 완성 단계였다. 핵 폭탄의 사용여부를 두고 대통령의 결정이 필요했다. 유럽은 폐허가 되었다. 연합국 열강들은 패전국 처리에 골몰했다. 소련은 공산주의 촉구를 전 세계에 퍼트리면서 세계 초강대국으로 떠올랐다. 미국 대통령은 부통령에게 정황을 알린 적이 한번도 없었다. 투르먼이 부통령으로 지낸 86일 동안 루주벨트 대통령은 짤막하게 그를 두 차례 만났다. 루주벨트는 후계자를 키우는데 실패했다.

마샬(George Marshall)장군은 리더십의 유망주라 생각하는 군인들을 수첩에 적어 두었다. 그리고 그런 사람들을 만날 때마다 이름을 추가했다. 장교들 중 공석이 생기면 그는 그 수첩을 보았다. 이렇게 해서 그는 수완과 능력을 갖춘 장교들로 가득한 거대한 군사 조직을 키울 수 있었다.

사무엘(Samuel)은 이스라엘의 역사상 가장 경건한 리더였다. 사무엘상 12:1-5절의 내용은 그의 곁에 있던 사람들 중에서 그 누구도 그의 흠을 찾지 못했다. 그러나 그는 후임자를 키우지 못해서 리더로서 실패했다. 사무엘상 8:1-6절에 의하면 사무엘의 아들들(장자의 이름은 요엘, 차자의 이름은 아비야)이 브엘세바에서 사사가 되었다. 아들들이 아비의 행위를 따르지 아니했다. 이(利)를 따라서 뇌물(賂物)을 취하고 판결을 굽게 하였다.

우리는 여기서 하나님을 향한 신앙은 세습적이 아님을 알 수가 있다. 사무엘의 아들들이 이렇게 부패하게 된 것은 사무엘의 가정교육이 부족한 까닭이 아니었다. 그는 자기 집에서도 이스라엘을 다스렸고 또 신앙적으로 행하였다. 사무엘상 7:17절 "라마로 돌아왔으니 이는 거기 자기 집이 있음이라 거기서도 이스라엘을 다스렸으며 또 거기 여호와를 위하여 단을 쌓았더라" 그는 모범을 보여준 사사였다. 사무엘의 두 자녀의 경우는 부모나 주위 사람의 신앙이 아무리 커도 자기 자신이 진실하지 못하고 경건생활에 힘을 쓰지 않으면 소용이 없음을 보여준다. 사람들이 하나님의 은혜를 받으려면 각자가 올바로 서서 그 은혜를 사모해야 한다. 사무엘은 자신이 할 수 있는 모든 일을 한 선지자였다. 그는 순회사사였다. 그는 공민적 (7:16), 종교적(7:6,17), 그리고 군사적(12:11) 의무를 가졌다.

위에서 말한 내용을 우리가 충분히 감안한다고 할지라도 결과적으로 사무엘은 두 가지 점에서 실패했다고 말 할 수 있다. 아버지로서 실패와 지도자로서의 실패했다. 이스라엘 백성들은 이의 없이 사무엘을 따랐으나 그의 두 아들 요엘과 아비야를 후임자로 지명하자 저항했다. 그래서 이스라엘 장로들이 사무엘의 두 아들들로 인하여 사무엘에게 왕을 구했다. 이스라엘 백성들은 이방의 왕을 더 좋아할 정도로 하나님이 세운 지도력을 거부했다. 사무엘이 원만히 후임자를 훈련시켜 놓았다면 백성들도 왕을 달라고 부르짖지 않았을지 모른다. 이런 면에서 사무엘은 후임자를 기르는 면에서는 실패를 했다고 말을 할 수 있다.

3) 후임자를 양성하는데 있어서 5가지 조건

(1) 위임을 할 줄 알아야 한다.

지도자는 일을 위임한다는 것이 말만큼 쉬운 일이 아니다. 이는 아주 어려운 일이다. 조직의 성장이 지도자의 시간과 에너지에 직결된다는 것이다. 지도자는 결정권이 있지만 모든 일에 결정을 내리는 것은 아니다. 지도자의 업무량은 타인에게 업무를 위임할 수 있는 능력에 정비례한다. 위임을 꺼리는 지도자는 자신의 생산성을 자기 혼자 성취할 수 있는 일의 분량으로 제한하는 것이다. 위임하는 지도자가 달성할 수 있는 생산성은 무한하다.

그 대표적이 예가 바로 모세이다. 모세는 이스라엘 민족의 지도자였다. 그는 위대한 지도자였음에 틀림없다. 그는 전장에서 말 한대로 위대한 학자였다(행 7:22). 그는 하나님과 대면한 사람이었다. 분쟁이 생길 때마다 모세는 문제의 해결자였다. 출애굽기 18:13절 백성들은 모세를 만나기 위해 장사진을 치며 자기 차례를 기다렸다. 이때에 장인 이드로(Jethro)는 사위 모세의 하는 일에 개입을 했다. 이드로는 민족의 지도자인 모세의 업무의 비능률적인 면을 충고하고 있다. 출애굽기 18:18절에 "그대가 혼자 할 수 없으리라"고 하면서 21절과 22절에는 "천부장과 백부장과 오십부장과 십부장을 삼아 그들로 때를 따라 백성을 재판하게 하라"고 충언을 하였다.

선한 목적도 올바른 과정을 통하여 수정이 되어야 한다. 이드로의 충고는 첫째로는 백성들에게 근본적인 법도와 율례를 먼저 가르치는 일이다(20절). 둘째로는 행정조직을 세워(21절) 업무를 효과적으로 분담하는 것이다. 특히 모세가 선택할 지도자의 자격은

① 유능한 사람
② 하나님을 두려워하는 경건한 사람
③ 진실하며 공정한 사람
④ 불의를 미워하는 사람 등이다.

모세는 자기의 책임을 다른 이들에게 대폭 위임했다. 그래서 장인 이드로의 충언대로 그는 10부장, 50부장, 100부장, 1000부장을 세웠다. 그 후에 그는 사무를 훨씬 신속하고 효율성 있게 처리됐다. 드러커(Peter Drucker)는 말하기를 "훌륭한 지도자는 많은 결정을 내리는 것이 아니라 중요한 결정에 집중한다"

(2) 실수를 허용할 줄 알아야 한다.

지도자의 자격 중의 하나는 일단 위임한 일은 간섭하지 말아야 한다. 위임받은 자와 지도자와의 의견이 다를 수 있다. 양자간에 견해가 다르고 방법이 다를 수 있다. 그러나 일을 위임해 놓고 방법과 견해가 다르다고 이것이 갈등으로 비화해서는 안 된다. 일을 위임해 놓고 계속 간섭하면 위임받은 자의 사기를 떨어뜨린다. 맡겨진 일은 그 사람의 소관이 되어야 한

다. 후임자가 비록 실수를 하더라도 그럴 때에 실수를 허용하는 아량을 가져야 한다.

포드(Henry Ford)는 외아들 에드셀(Edsel)에게 자동차 산업의 책임을 맡겼다. 그 아들은 치열해질 경쟁을 앞두고 회사에 효율성을 더 해줄 몇 가지 혁신적이고 실용적인 아이디어를 가지고 있었다. 그 아버지는 아들의 아이디어를 말살했고 일을 추진하려고 하면 계속 취소시켰다. 이는 결과적으로 아버지는 모든 방법을 동원해 아들의 권위를 깎아 내렸다. 부자간의 관계는 돌이킬 수 없이 나빠졌다. 결국 아들은 건강이 나빠져 주저앉고 말았다. 이들의 갈등과 실수를 허용하지 않은 결과로 포드d 자동차 회사는 경영 난맥으로 어려움을 당하게 되었다.

(3) 후임자의 성공을 인정 할 줄 알아야 한다.

지도자는 다른 사람의 공로를 가로채서는 안 된다. 훌륭한 지도자는 위임한 일은 간섭하지 않으며 일이 끝났을 때에 후임자가 이룩한 공로를 일한 사람에게 돌려야 한다. 지도자는 타인을 인정해 줄 수 있어야 한다. 이는 급료 인상보다 더 가치가 있다. 지도자는 타인의 공로를 인정해 줄 수 있어야 한다. 그들의 기관이나 단체에 대한 기여를 인정하고 공석이나 사석에서 칭찬을 아끼지 말아야 한다. 특히 공로자의 이름을 거명 하면서 칭찬을 하지 않으면 결국 지도자 자신이 그 공로와 칭찬을 받게 되는 것이므로 공로자를 명시하는 것이 좋다.

일반적으로 지도자는 자화자찬을 일삼는다. 실수는 부하 직원에게 돌리고 칭찬 받을 일은 자기가 차지하는 경우가 허다하다. 지도자가 공로자를 명시하지 않으면 그 공로가 지도자에게 돌아간다는 사실을 명시해야 할 것이다. 만일 공로를 인정해 주지 않으면 지도자에 대한 억울한 감정이 생기게 된다. 결과적으로 다음부터는 맡은 일에 대해 최선을 다하지 않게 된다. 인정과 칭찬과 감사는 특히 자원봉사자들에게 절대적으로 필요하다. 자원봉사자들은 수고에 대한 보상이 없다. 연말 상여금도 없다. 봉급 인상도 없다. 그래서 그들을 위하여 감사를 표현할 길을 찾아야 한다. 그들을 칭찬하는 일은 반드시 있어야 한다.

간혹 지도자는 "주님을 위하여 일을 하니까 인간의 인정을 필요 없다"는 논리를 펼 때가 있다. 이런 억지 논리로 봉사자들이 하는 일을 영화(靈化) 할 수 없다. 사람은 누구나 자신이 희생한 시간과 에너지가 그만큼 가치 있기를 바란다. 사람은 누구나 자신의 수고에 대해 긍정적 평가를 받기를 원한다. 이들에게 공적인 인정과 감사가 필요하다.

투르먼(Harry Truman)이 백악관에 있을 때 주방 직원들이 그에게 생일 케이크를 만들어 주었다. 식사가 끝난 후에 그는 주방으로 들어가 감사를 표했다. 백악관 역사상 어떤 이유로든 주방에 들어간 대통령은 그가 처음이었다고 한다. 그 보다 더 큰 일도 있었다. 제 2차 세계 대전 후 유럽에는 복구가 절실했다. 투르먼 정부의 국무장관 마샬(George Marshall)은 유럽 재건과 미국의 신속한 세계열강 진입에 도움이 될 만한 170억 달러 규모의 유럽 복구 계획안을 제출했다. 투르먼의 참모들은 이것을 대통령의 이름을 따 'Truman Plan'으로 명명하자고 했지만, 투르먼은 제안자의 이름을 따 'Marshall Plan'이라 부를 것을 고집했다. 이렇게 자신을 내세우지 않는 지도력 때문에 그는 국민의 사랑을 받았다.

할리(Edmond Hally)는 뉴톤(Newton)의 법칙을 세상에 알린 천문학자였다. 할리는 할리 혜성을 발견한 학자이다. 할리는 뉴톤에게 그의 기본 이론을 더 깊이 있게 사고하도록 도전을 준 사람이다. 이 법칙을 설명하기 위해 잘못 사용된 수학적 계산을 고쳐 주고 뉴톤의 법칙을 확고하게 하는 기하학적 공식들을 제공해 주었다. 그는 뉴톤으로 하여금 "Mathematical Principles of Natural Philosophy"(자연 철학의 수학적 원리)를 쓰도록 격려했다. 그는 뉴톤의 책을 편집해 주고, 출판을 감독하고, 뉴톤이 출판비를 혼자 감당할 만한 부자였지만 그의 출판 비용을 대 주었다. 할리는 뉴톤에게 꿈을 실현하도록 격려하고, 뉴톤의 생애에 이루 말할 수 없는 가치를 부여하였다. 뉴톤은 즉시 그의 탁월함에 대한 보상을 받기 시작하였다. 반면 할리에게는 뉴톤에 필적할 만한 큰 영광이 돌아가지 않았다. 그럴지라도 그의 혁명적인 과학 법칙을 통해 과학적 사고가 발전하게 되도록 뉴톤에게 영감을 불어넣어 주었다는 큰 보람을 가지고 살았다.

(4) 인정하고 격려하며 지원할 줄 알아야 한다.

지도자는 일을 일단 위임했으면 너무 간섭을 해서도 안 되지만 그렇다고 전연 몰라라 하는 자세도 맞지 않다. 지도자는 일을 맡길 때에도 투르먼의 표현대로 "모든 책임은 내가 진다"란 분명한 인식을 심어 주어야 한다. 지도자가 일을 위임한다는 것은 그렇게 쉬운 일은 아니다. 여기에는 약간의 위험부담이 따른다는 사실을 항상 기억해야 할 것이다. 위임을 받은 자가 일을 잘 하면 괜찮지만 그렇지 못한 경우에는 그 책임을 지도자가 져야 하기 때문이다.

스포츠 팀이 우승하면 공로는 선수들 몫이다. 연봉 인상이 거론된다. 팀이 실패하면 코치가 해고된다. 훌륭한 지도자는 변명하지 않는다. 일이 잘 못되면 부하들의 책임으로 돌리는 것은 지도력이 부족하다는 증거이다. 일을 제대로 추진하지 못하는 경우의 여러 가지 원인이 있다. 준비가 안된 사람에게 일을 맡긴다. 훈련이나 평가가 충분하지 못한 사람에게 일을 맡긴다. 의사소통의 문제로 처음부터 설명이 필요했던 사람이다. 담당자의 실수로 인해서이다. 그래서 지도자는 피지도자들이 일을 잘 하기 위해서는 부하들을 인정해야 한다. 부하들을 격려해야 한다. 부하들을 인정할 줄 알아야 한다.

IBM의 창설자 왓슨(Thomas J. Watson. Sr)은 사무실이나 공장을 시찰할 때 항상 수표를 가지고 다녔다고 한다. 시찰을 다니다 일을 특별히 잘 하고 있는 사람을 만나면 그 사람에게 즉시 수표를 끊어주었다. 5달러, 10달러, 25달러 정도로서 큰돈은 아니었다. 그가 끊어준 액수는 작은 액수였다. 그러나 그 결과는 상상을 초월하는 수준으로 나타났다. 직원들은 대부분 창업자가 써 준 수표를 현금으로 바꾸지 않고 액자에 넣어 벽에 걸어 두었다. 직원들은 자기가 하는 일에 대한 금전적인 보상보다는 창업주가 자기를 인정해 준 데 대해 더 큰 보람을 느꼈다. 바로 그 점이 중요하다. 이렇게 자기가 하는 일에 대해 인정을 받게 되면 그 직원은 자신의 최선을 다하고자 노력할 것이다.

개리스버그(Garrisburg)전투에서 리(Robert Lee)장군은 롱스트리트(Longstreet)장군에게 병력을 이끌고 전진하라는 명령을 내렸다. 롱스트리트 장군은 꾸물거렸다. 이 결정적인 전투에서 남군은 졌다. 항명한 롱스트리트 장군을 징계할 구실은 얼마든지 있었다. 그러나 리장군은 패전의 책임을 자기가 졌다.

지도자가 지원해 주지 않을 때 사람들은 불안해한다. 지도자가 자기를 버릴 수 있다는 가능성 때문이다. 지도자는 부하들에게 확신을 심어 주어야 한다. 모세가 이끌었던 이스라엘 백성은 범죄에서 벗어나지 못했다. 대제사장 아론도 책임을 소홀히 했다. 그래서 이스라엘 백성들은 약속의 땅에 들어가지 못하고 광야에서 방황했다. 이 경우 불순종한 것은 모세가 아니었다. 그는 충성했다. 그러나 하나님은 모세만 놓아주시지 않았다. 모세는 그들의 지도자였기 때문이었다. 모세는 백성들의 잘못 때문에 약속의 땅에 들어가지 못했다.

(5) 사람들이 따를 수 있는 모델(model)이 되어야 한다.

세상에서 가장 중요한 동기 부여(motivation)의 원리는 사람들은 자기가 보는 대로 행한다는 것이다. 지도자의 속도가 피지도자의 속도를 결정한다. 그리고 피지도자들은 결코 지도자보다 멀리 갈 수 없다. 다음의 원리는 우리들에게 시사하는 바가 크다.

① 행동: 내가 어떤 것을 실행한다.

결과: 나는 모범이 된다.
② 행동: 내가 그것을 실행하고 당신은 내게서 배우고 있다.
결과: 나는 지도한다.
③ 행동: 당신이 내게서 배운 그것을 실행하고 나는 당신과 함께 있다.
결과: 나는 감독한다.
④ 행동: 당신이 배운 그것을 몸소 실행한다.
결과: 당신은 앞으로 전진한다.
⑤ 행동: 당신이 실행하고 다른 누군가가 당신에게서 배우고 있다.
결과: 우리는 배가된다.

4) 하나님의 영광을 지향한다.

성경 전체(신·구약)는 철저하게 하나님의 영광을 위해 살도록 권면하고 있다. 하나님의 지으신 모든 우주 삼라만상도 하나님의 영광을 들어낸다고 했다. 시편 19:1절에 "하늘이 하나님의 영광을 선포하고 궁창이 그 손으로 하신 일을 나타내는도다." 여기 "하늘"은 일월성신(日月星辰)과 같은 모든 빛을 가지고 나타나는 천체들을 이름이고 "궁창"은 영어로 "Firmament"로서 색벽(塞壁)이라고 번역이 되었다. 이는 개장(開張=환하게 펴인 것)이라고 번역함이 원어에 가까운 번역이다. 이런 하늘과 궁창이 하나님의 영광을 선포하고 하나님의 손으로 하신 일을 나타내신다고 했다.

기독교에 있어서 신앙의 근거는 하나님이 우리에게 주신 이중계시(二重啓示)이다. 그것은 천연계시(天然啓示)와 특수계시(特殊啓示)이다. 천연계시란 우주에 나타난 현상이고 특수계시란 바로 성경이다. 태양은 인류가 사는 이 지구의 130만 배나 되는 큰 덩어리이다. 그 거리는 특급열차를 타고 태양을 향해 간다면 240년이 걸린다고 한다. 이 태양을 중심으로 이 지구만 한 혹은 더 큰 혹은 더 작은 유성(流星)(지구, 달, 수성, 금성, 화성,

목성, 토성, 천왕성, 해왕성, 프로토 성들)이 빙빙 돌고 있다. 이 태양계가 너무 커서 그 정체를 우리의 목전에 놓고 볼 수 없다. 이런 천체운행의 장관을 보고 아는 자는 하나님의 위대하심을 아는 겸비에 처하게 되며 동시에 그 위대하신 하나님을 신앙하며 찬양하게 된다. 그와 반면에 자기의 부족과 무능과 무지를 깨닫게 될 것이다. 이런 천체가 하나님의 영광을 나타내고 있다.

이사야 43:7절에 "무릇 내 이름으로 일컫는 자 곧 내가 내 영광을 위하여 창조한 자를 오게 하라 그들은 내가 지었고 내가 만들었느니라." 여기 "내 이름으로 일컫는 자"란 말은 하나님의 이름으로 불러내신다는 의미인데 이렇게 불러 낸 자들을 보호하시며 사랑하는 것은 그들을 통하여 하나님 자신의 영광을 나타내려는 것이다. 그 근거는 하나님은 창조주이시고 보호자이시며 섭리자이시고 공급자이시기 때문이다.

천국에서는 하나님의 영광을 드러내는 찬송만 있다. 하나님의 보좌에 둘린 24 장로들이 보좌 앞에 자기의 면류관을 던지며 말한다. 요한계시록 4:11절 "우리 주 하나님이여 영광과 존귀와 능력을 받으시는 것이 합당하오니 주께서 만물을 지으신지라. 만물이 주의 뜻대로 있었고 또 지으심을 받았나이다 하더라." 성도에게는 경배와 더불어 찬미가 필요하다. 네 생물의 찬미에서는 "감사" 대신 "능력"을 첨가했다. 자연 피조물들은 감사만 하면 되겠으나 성도들은 보다 황제의 핍박에서 구원되는 하나님의 능력이 절실했던 것이다. 4 생물의 찬미는 하나님의 본질과 관계되었으나 24장로의 것은 그의 역사에 관한 것이다. 벵겔(Bengel)은 "창조는 하나님의 모든 역사의 기초이다. 이는 또한 그의 피조물의 모든 감사의 기초가 되는 것이다"

이사야 6:1-5절에는 스랍들(하나님을 가까이 모시는 근위 천사들)은 3절에 "거룩하다 거룩하다 만군의 여호와여 그 영광이 온 땅에 충만하도다"라고 노래했다. 이 찬송소리로 인하여 성전문지방의 터가 요동하여 집에 연기가 충만하더라 했는데 이때 스랍들의 두 날개는 얼굴을 가리우고 둘로는 발로 가리었다는 말은 하나님의 영광을 드러나게 하는 모습이다. 세 번씩이나 거룩하다라고 말한 것은 삼위일체 되신 하나님을 가리킨다고 하나 그보다 하나님에 대해 말할 수 없는 힘을 다하여 말한 것을 가리킨다. "거룩하다"는 것은 그가 피조(被造) 세계에 속하지 않고 초월하여 계심을 말하는 것이다. 이는 또한 죄를 전연 용납하지 않으신다는 그의 성품을 말하는 것이다. 이렇게 거룩된 하나님을 땅에 있는 만물이 칭송한다.

범죄한 인간들은 하나님의 능력과 지혜를 잘 모르나 만물은 피조 성격에서 하나님의 지혜와 권능을 보여주고 있다. 보이는 만물은 보이지 않는 하나님의 거룩하신 초자연적인 권능으로 말미암아 나타나게 된 것이다(히 11:3). 스랍들은 이 말로써 은근히 유대인들의 좁은 생각을 꾸짖는다. 유대인들은 하나님을 자기들에게 전속시켜 교만하였음으로 도리어 하나님의 말씀에 대하여 생명 있는 반응을 가지지 못하게 되었다. 스랍들도 하나님의 권능을 찬양하며 하나님의 영광을 들어내는데 하물며 만물의 영장으로 창조함을 받은 인간은 그 영광을 가리울 때가 많다.

이스라엘에는 왕들의 묘지가 보관되지 않음을 알 수 있다. 애굽의 거대한 피라밋 문명이나 룩소(Luxor)의 화려한 지하동굴무덤이 전혀 없다. 한국은 왕릉은 두말할 것 없고 조상들의 무덤에 대해서도 신경을 많이 쓴다. 이스라엘에서 이런 왕의 무덤이 알려지지 않는데도 특별한 신학적 의미가 있다. 즉 죽어서까지 하나님의 영광을 드러내는데 초점을 맞춘 것이다. 종교개혁자 루터(Martin Luther)는 후배 설교자에게 권면하기를 "사람들의 칭찬보다 하나님의 영광을 생각하라. 최선을 다해 준비하고 모든 것을 주께 맡겨라. 나는 48세가 되었어도 설교할 때마다 걱정이다."고 했다고 한다.

장로교 창시자 칼빈(John Calvin)은 그의 삶의 목표를 "오직 하나님께만 영광"(Solam Deo Gloria)으로 정한 것이 오늘날까지 모든 장로교회의 표어가 되고 있다. 칼빈 선생에 의하면 우리는 우리를 기쁘게 하는 것을 추구해서는 안되고 다만 하나님을 기쁘시게 하며 그의 영광을 존귀하게 하는 일을 힘써야 한다는 것이다. 기독교 지도자가 하는 일들 중에는 숫자적 성장, 교회당 신축, 프로그램 운영 등을 하면서 실제로 하나님이 아닌 인간을 높이는 일이 허다하다. 이는 기독교 교육면에서와 기독교 자선 단체에서 하는 일도 마찬가지이다.

1970년대에 아이아코카(Lee Iacocca)는 포드 자동차 회사의 진취적이고 성공적인 사장이었다. 그는 손수 머스탱(Ford Mustang) 개발에 책임을 맡았는데 이것은 처녀 시판되었을 때의 판매 실적 가운데 최고를 기록했다. 그는 연간 18억 달러의 흑자를 남겼다. 그래서 그가 받은 연봉은 97만 달러였다. 1978년 미국의 크라이슬러(Chrysler Auto Corporation) 자동차 회사는 절체절명의 위기를 맞았다. 수백만 달러의 손실을 봤다. 15만명의 직원을 해고할 위기에 있었다. 이때 아이아코카가 등장했다. 이 회사는 그를 회장으로 채용했다. 그의 성공은 전설적이었다. 그의 이름은 극적인 기업 희생과 경영 천재의 동의어가 되었다. 그는 책들을 펴냈다. 대통령 후보로까지 거론되었다. 이 일로 그는 영광을 받았다. 이는 인간 세계에서나 통하는 말이다. 영적 지도자는 그렇지 않다. 영광은 하나님께 돌려야 한다. 영적 리더는 공적이고 사적인 면에서 영광은 하나님께 돌려야 한다.

파킨(Carol Parkin)은 부동산업자이다. 그는 주택 매매가 가장 많이 성사되는 일요일에 아예 호출기(cellular phone)를 지참하지 않았다. 하나님께서 일요일 영업을 기뻐하지 않으신다는 확신 때문이었다. 그는 가장 성공하는 매매업자중의 하나가 되었다. 지역사회에서 존경을 받았다. 훌륭한 부동산 업자로 뽑히기도 했다. 그의 신앙적인 결단을 통해 하나님께 영광을 돌렸다.

Chapter 9

제 9 장
교회사에 나타난 기독교 지도자의 유형별 분석

지도자의 유형은 여러 가지로 분류된다.

1. 가장 단순한 분류는 다음과 같다.
① 자기 마음대로 하려는 독재형
② 항상 다른 사람과 의논하는 민주형
③ 모든 것을 내버려두는 방임형

2. 어떤 이는 다음과 같이 분류했다.
④ 가부장형
⑤ 당파주의형
⑥ 전문가형

3. 블레인 리는 그의 저서 "지도력의 원칙"에서 다음과 같이 분류를 했다.
① 강압적 지도자
② 실리적 지도자
③ 원칙적 지도자
이 세 종류의 지도자 중 마지막 원칙적 지도자가 제일 존경받는 리더십이라고 주장했다.

4. 부라운(Andrew Brown)은 "현대사를 이끄는 리더십의 6가지 유형"에서 다음과 같이 분류를 했다.

① 영웅
② 배우
③ 명성가
④ 권력 중개인
⑤ 대사
⑥ 자발적 희생자

그에 의하면 가장 탁월한 지도자가 되기 위해서는 이 모든 유형에 정통해야 한다. 그는 지도자가 빠지기 쉬운 함정은 단 한 가지 역할에만 사로잡히는 것이라고 했다.

5. 미국 최대의 교회를 목회하는 하이블리스(Bill Hybliss)는 기독교 지도자를 10가지 유형으로 분류했다.
① 환상적 지도자
② 방향 지향적 지도자
③ 전략적 지도자
④ 경쟁자적 지도자
⑤ 동기부여자적 지도자
⑥ 목양적 지도자
⑦ 팀 사역적 지도자
⑧ 창업주적 지도자
⑨ 구조조정적 지도자
⑩ 상호조정적 지도자

6. 서울 할렐루야 교회의 담임목사인 김상복 목사는 그의 저서 "목회자 리더십"에서 교회 규모에 따라 6가지로 분류를 했다.
① 가장 작은 교회의 노동자형
② 수 십 명의 조장형

③ 백 명 정도의 감독형
④ 5백 명 미만의 중급 경영자형
⑤ 5백 명 이상의 상급 경영자형
⑥ 1천 명 이상의 회장형

7. 교회성장연구소장인 명성훈 목사는 7가지로 리더십 유형을 "7P leadership유형"이라고 부른다.
① Plan: 계획중심의 전략가형
② Program: 일 중심의 전문가형
③ Process: 과정 중심의 관리자형
④ Purpose: 목적 중심의 개혁자형
⑤ Production: 결과 중심의 성취가형
⑥ People: 사람 중심의 구비자형
⑦ Power: 능력 중심의 최고 경영자형

8. 미국 아이오와 대학(Iowa University)의 교수 레윈(K. Lewin)과 립핱(R. Lippitt)에 의하면 지도자의 유형 혹은 지도력에는 크게 3가지가 있다고 했다.
① 민주주의 형(Democratic)인데 이는 지도자가 피지도자의 의사를 존중하고 그들의 의사를 정책 결정에 적극 반영한다. 이런 형은 독재형이 아니다.
② 권위주의형(Authoritarian)인데 이는 권위적으로 피지도자를 인도한다. 여기 권위는 제도적 권위가 아닌 신적인 권위임을 모르고 있다. 목사도 교단이 세우면 권위가 주어지나 이 권위보다는 하나님의 권위가 우선한다. 신적 권위는 영적 권위이다(Divine authority is spiritual authority)란 말을 유념해야 할 것이다. 기도생활을 많이 하는 사람이 영적으로 권위가 있는 사람이다.
③ 자유방임주의형(Laissez-faire)인데 이는 무 간섭주의다.

9. 샌더스(Oswald Sanders)는 "Natural Leadership and Spiritual Leadership (Chicago: Moody Press, n.d. p. 21)에서 기독교 지도자들과 비기독교 지도자들과의 차이점을 6가지로 지적을 했다.
비기독교 지도자=일반 지도자=세상 지도자
기독교지도자=영적지도자

10. 비기독교 지도력과 기독교 지도력의 차이점은 다음과 같다.
① 비기독교 리더십은 공동 목표를 수행하기 위해 다른 사람에게 영향을 주는 행위이다. 기독교 지도력은 하나님의 거룩한 목적을 위해 사람에게 영향을 주는 행위이다. 기독교 지도자의 영향은 영적인 영향이고 사람들의 동참과 협력을 구하는 행위를 말한다.
② 기독교 지도자는 자기확신(self-confidence)을 지도력의 모체로 삼는다.
기독교 지도자는 신적 확신(God-confidence)을 지도력의 모체로 삼는다.
③ 비기독교 지도자는 인간(man)에 관해서만 알면 된다.
기독교 지도자는 인간(man)뿐 아니라 하나님(God)도 알아야 한다. 즉 인간+하나님(man+God)이다.
④ 비기독교 지도자는 자아 의지(self-will)가 주체가 된다.
기독교 지도자는 하나님의 뜻(God's Will)을 추구한다. 비기독교 지도자는 결단이 자기의 의지에서 비롯된다. 십자가를 앞둔 예수님의 기도 마태복음 6:33절 "너희는 먼저 그의 나라와 그의 의를 구하라 그리하면 이 모든 것을 더하시리라"
⑤ 비기독교 지도자는 지도력의 방법론(methodology)은 자기 중심적(self-centered)이다.
기독교 지도자는 지도력의 방법론은 하나님 중심적(God-centered)이다. 지도력의 방법론을 택하고 추구하는데 이렇게 차이가 있다.

⑥ 비기독교 지도자는 동기부여(motivation)가 주로 성취욕(performance or achievement)에서 비롯된다.

기독교 지도자는 동기부여가 하나님의 사랑과 소명(God's Love and Calling)에서 비롯된다.

⑦ 비기독교 지도자는 일의 계획 및 추진에서 자기 의존적 혹은 인간 의존적(self-dependent)이다.

기독교 지도자는 일의 계획 및 추진에서 하나님 의존적임(God-dependent)이다.

11. 김용규 목사는 기독교 역사에 나타난 지도자의 유형을

① 지성주의형
② 행동주의형
③ 부흥운동형 이 세 가지로 나누었다.

위의 여러 종류들 중에서 마지막 종류를 가지고 나열해 보고자 한다.

1. 지성주의형 지도자

지성주의형 지도자들은 하나님이 사용하시고 들어 쓰신 자들이다. 하나님께서 이들을 들어 쓰신 목적이 크게 두 가지이다.

① 하나님 나라 확장과 발전을 위하여
② 신학적인 혹은 기독교적인 험증과 변증을 위하여

기독교 험증학(Christian Evidence)은 기독교의 기본 사상은 방어(defence)함이고 기독교 변증학(Christian Apologetics)은 기독교의 기본 사상을 보존하기 위한 공격(attack)이다. 이들은 기독교의 사상을 험증도 하고 변증한 사람들이다.

지성주의형 지도자들은 하나님의 말씀에 대한 확신을 가진 사람들이다. 신구약 66권의 성경을 정확무오한 하나님의 절대적인 말씀으로 믿었던 사람들이다. 이들은 자유주의, 신신학, 신정통주의, 신복음주의, 신비주의 사상을 배격한 사람들이다. 이들은 디모데후서 3:16절 "모든 성경은 하나님의 감동으로 된 것으로"(All scripture is given by the inspiration of God)를 확실히 믿은 사람들이다. 이들은 시편 19:7-8의 다윗의 고백대로 여호와의 율법은 완전하여 영혼을 소성케 하고 (The Law of the Lord is perfect, converting the soul), 여호와의 증거는 확실하여 우둔한 자로 지혜롭게 하며(the Testimony of the Lord is sure, making wise the simple), 여호와의 교훈은 정직하여 마음을 기쁘게 하고(the statutes of the Lord are right, rejoicing the heart), 여호와의 계명은 순결하여 눈을 밝게 하도다 (the commandment of the Lord is pure, enlightening the eyes)를 확실히 믿은 사람들이다.

1) 어거스틴(Aurelius Augustine; 354-430)

(1) 어거스틴의 생애

성직자이며 신학자인 어거스틴의 생애는 사도 바울의 경우처럼 갑작스럽고도 극적인 회심에 의하여 시작이 되었다. 바울과 어거스틴의 체험은 나머지 생애와 사상을 결정시켜 주었다. 그는 초대교부들 중 최후의 인물이었고 가장 위대한 인물이었다. 그는 라틴어를 사용하는 카르타고(Cartage)에 가서 공부를 했다. 당시 성공하기 위해 꼭 필요한 과목은 수사학과 라틴어에 능통해야 했다. 어거스틴은 두 과목 모두에 있어서 탁월했다.

어거스틴은 풍부한 학식 특히 그의 신학, 성경, 철학적 지식을 바탕으로 기독교 신앙을 당대와 후대에게 영향을 끼쳤던 사람들이다. 그는 아마 초대교회의 가장 두드러진 교부였다. 그의 역사철학은 중세를 지배했고 그의 은총교리는 종교개혁의 사상적 지주가 되었다.

어거스틴은 힙포(Hippo) 근처에 있는 북아프리카의 작은 마을 타가스트(Tagaste 혹은 Thagaste)에서 354년에 태어났다. 그의 아버지는 처음은 이교도였으나 죽기 직전에 믿고 세례를 받았다. 그의 아버지 파트리시우스는 아들에게 큰 영향을 끼치지 못했던 것 같다. 그러나 그의 어머니 모니카(Monica)는 경건하며 기도의 사람으로 교회사에서 드물게 보는 신앙의 어머니로 알려지고 있다. 어거스틴은 처음은 법관이 되기 위하여 칼카고에서 수사학을 공부하는 동안 자기보다 사회적 신분이 낮은 여인을 사랑하게 되어 아들을 낳았다. 불륜으로 얻은 아들의 이름은 아데오다투스(Adeotatus) 곧 "하나님의 선물"이었다.

이창석 교수는 말하기를 "그들(바울과 어거스틴)의 회심 역정 연구는 그들의 사상과 신학과 생활의 연구의 준비 또는 서론이 된다고"고 했다. 우리는 어거스틴에게서 배울 것이 대단히 많다. 그의 많은 신학 서적들과 성서 주석과 편지들에서 기독교 교리와 신앙적 교양과 신앙생활과 목회생활에 관해 많은 것을 배울 수 있으나, 그의 회심의 역정에서 우리가 배울 것은 그의 진리애(眞理愛)인데 진리애가 결국 하나님을 사랑하게 된 것이다.

(2) 어거스틴의 회심

첫째로 그의 어머님의 기도였다.

어거스틴의 어머니는 그의 아들의 회심을 위하여 간절히 기도하였다. 기도의 힘이 크다. 영국의 뮬러(George Muller)는 간절한 기도로 영국 무리스톨에 고아원을 설립했다. 그의 사역은 5개 고아원에서 2,000명이었고 여행거리만도 20만 마일이었으며 전 세계 42개국에서 복음을 전했고 그는 단 한번도 돈을 구한 적이 없었고 대규모 사역을 오직 기도에만 의존했다. 사람들의 구원을 위해서도 신실하게 기도할 뿐이다.

그는 1844년 11월 5사람의 회심을 위해 기도하기 시작하였다. 단 하루도 빼먹지 않고 날마다 기도했다고 한다. 18개월이 지나서 처음으로 한 사람이 회심했다. 5년 후 2번째 사람이 회심했다. 6년이 지나서 3번 째 사람이 회심했다. 남은 2사람을 위해 36년 간 기도했다. 1사람은 그가 세상을 떠나기 전에 회심했다고 한다. 남은 1사람은 뮬러가 세상을 떠난 후였다. 결국 5사람이 다 회심했다. 뮬러의 믿음과 끈질긴 기도의 결과였다. 뮬러는 "수만 번이나 내 기도를 하나님은 응답하셨다"고 간증했다.

한국의 김모 목사를 위해 그의 어머님은 일평생 기도하였다. 그 기도의 결과가 나타나기 전에 어머님은 별세했다. 아들은 군인 대위로 제대 한 불신자였다. 어머니는 그의 회심을 위해 부엌에서 매일 밤 기도하였다고 한다. 그 기간은 아주 오랜 기간이었다. 어머님이 세상을 떠난 오랜 후에 그는 회심하여 예수 믿고 목사가 되어 원주에서 개척교회를 시작했다. 지금은 은퇴하여 서울에서 지내고 있다. 모니카도 그의 아들 어거스틴의 회심을 위하여 눈물을 흘리며 기도하였다고 한다. 그는 결국 개종했다.

여행 중 어머니 모니카는 개종한 아들의 품에서 행복한 최후의 순간을 보냈다. 어거스틴이 전하는 그 어머니의 죽음은 고대 기독교 문화에서 가장 고상한 기념비에 속하는 것이리라. 죽음을 예상한 어머니는 아들과 함께 창가에 나란히 앉아 아름다운 석양의 지는 해를 보며 마음속의 기쁨과 감격을 이렇게 술회했다. "아들아, 나는 더 없이 행복하다. 하나님께서 나의 소원을 다 이루어 주셨기 때문이다. 이제 나는 이 세상에서 할 일을 다 하였다"

둘째로 성경말씀이었다.

어거스틴은 어린 아이와 같이 되어지는 겸손을 배우기 시작했다. 아프리카에서 여행은 폰티티아너스(Pontitianus)에서 애굽의 수도원 생활에 대하여 듣고 더욱 그 마음에 성결을 향한 간절함이 용솟음 쳤다. 무식한 수도사들도 육체의 유혹을 이기고 그처럼 성결 생활을 하는데 자기가 많이 배웠다면서 육체의 정욕을 이기지 못하고 타락한 삶을 살아온 것을 몹시도 부끄럽게 느꼈다. 그는 폰티아너스와 헤어진 뒤 수치감과 죄책감에 쫓기어 정원으로 뛰었다.

그가 정원으로 뛰어간 때가 386년 8월의 어느 날이었다. 그는 밀라노에 있는 그의 집 정원의 무화과나무 밑에 앉아 "하나님 언제까지 이렇게 시간만 낭비해야 합니까? 라고 부르짖었다. 그 때 그의 부르짖음에 대해 답변이라고 하듯 어린아이들이 담 넘어 부르는 노래 속에 "펴서 읽으라, 펴서 읽으라"는 구절이 자기를 향한 음성으로 여겨졌다. 그는 즉시 성경을 펼쳐 들고는 눈에 띄는 말씀 몇 절을 읽었다. 그가 읽은 말씀이 바로 로마서 13:12-14이었다.

"밤이 깊고 낮이 가까웠으니 그러므로 우리가
어두움의 일을 벗고 빛의 갑옷을 입자
낮에와 같이 단정히 행하고 방탕과 술 취하지 말며
음란과 호색하지 말며 쟁투와 시기하지 말고
오직 주 예수 그리스도로 옷 입고
정욕을 위하여 육신의 일을 도모하지 말라".

여기 "밤"은 무지와 불 신앙의 때(살전 5:5)요, 역경(사 21:22)이요, 죽음의 때(요 9:4)를 가리킨다. "낮"은 의의 태양이신 그리스도의 재림으로 밝아질 시기를 말한다(말 4:2; 살전 5:1,2) 14절의 명령을 순종한 한 실례가 사도행전 19:19절에 나온다. "또 마술을 행하던 많은 사람이 그 책을 모아 가지고 와서 모든 사람 앞에서 불사르니 그 책값을 계산한즉 은 오만이나 되더라" 당시의 사람들이 마술을 할 때 사용하는 주문을 기록한 두루마리를 의미한다. "은 오만"은 만약 이 은돈이 드라크마였다면 시골 노동자 138년 간 일한 임금에 해당하는 거액이다. "정욕"은 금지된 것에 대한 지독한 욕심(1:24)이다.

그는 성경책을 덮고 나서 그때부터 "나도 그리스도인이 되었다"라고 말하기 시작했다. 주후 386년 그가 33세가 되었을 때에 그는 외쳤다. "나는 이제야 주님을 사랑하게 되었다. 그는 언제나 내 안에 계셨고 나는 다른데서 주님을 찾고 있었다."

어거스틴이 힘을 얻은 성구는 시편 62:1,2절 "나의 영혼이 잠잠히 하나님만 바람이여 나의 구원이 그에게서 나는도다. 오직 저만 나의 반석이시오 나의 구원이시오, 나의 산성이시니 내가 크게 요동치 아니하리로다." 이는 낙심하고 낙담한 다윗이 힘과 안전보장을 간구한 내용이다.

어거스틴에게 있어서 이 체험은 사도 바울의 다메섹 도상의 체험과도 같았다. 이 일이 있은 후 그는 그의 아들과 함께 암스로스(Ambrose) 감독에 의해 세례를 받았다. 그 때는 그가 34세였던 부활절이었다. 세례를 받은 후에 그는 어머니와 아들과 함께 고향으로 떠났다.

그는 성공적인 삶을 살면서도 그가 가입한 마니교에 대해 의구심을 품고 있었다. 그는 진리에 대한 새로운 빛을 찾아 383년 로마로 떠났고 다음 해엔 친구들의 도움으로 밀란의 수사학 교사로 임명되었다. 이미 빛은 밀란에서 어거스틴을 기다리고 있었다. 기회를 놓칠세라 고향에서 달려온 어머니 모니카의 권유에 의하여 어거스틴은 암브로스 감독을 만나게 되었다. 그는 그 당시 유명한 설교가 암브로스(Ambrose) 감독의 설교를 듣게 되었다. 그는 여기서 영적인 전기를 맞이 했다. 어거스틴은 당대의 유명한 설교가 암브로스의 인격에 감화를 받았다. 특별히 그의 인간성, 언변, 설교의 내용에 감화를 받았다. 어거스틴은 그 후 북아프리카의 한교구의 감독이 되었다. 그는 지성적 통찰력과 영적 통찰력을 모두 소유한 사람이었다. 이것이 그의 지도력의 원천이었다. 불륜으로 18세에 아이를 낳았는데 그의 이름은 "아데오다투스"였다.

어머님을 잃은지 얼마 후에 388년에 그 아들 아데오다투스도 주님의 품으로 갔다. 가족과 세상 줄이 끊긴 그는 수도원을 세울 것을 결심하고 힙포(Hippo)로 갔다. 그는 거기서 계획대로 수도원을 세우고 교육자 양성소를 세워 후진들을 키우는 한편 저서에 힘썼다. 396년에 힙포의 감독이 되어 교회행정가로 목사로 신학자로 힘찬 생애를 엮어나가다 430년에 힙포를 포위한 반달 야만족의 말발굽 소리를 들으며 죽었다.

(3) 어거스틴의 마니교에의 심체

그는 칼타고에 살고 있었던 젊은 시절 심한 영적 갈등을 겪었다. 이때 그는 시세로(Cicero)의 홀텐시어스(Hortenisius)을 읽고 더욱 진리 탐구에 열정을 갖고 방황하게 되었다. 그러나 그 진리는 어머니가 가르쳐준 성경이 아니고 끝내는 페르시아에서 들어온 이원론 종교인 마니교(Manichaeism)였다.

당시 북아프리카에는 마니교라는 종교가 번창하고 있었다. 어거스틴은 마니교에 매력을 느낀 나머지 마니교(Manichaeism)의 신봉자가 되었다. 마니교는 그노시스주의보다 더 강한 이원론(二元論) 사상을 가르쳤다. 모든 보이는 물체를 악으로 단정했다. 결혼도 정죄하고 어린아이를 낳는 것은 더 큰 죄라 하였다. 그 이유는 죄 있는 육체 속에 또 하나의 어린 영혼을 가두어 두는 결과를 낳게 하기 때문이라 하였다.

이런 사상 속에 자신의 가정생활이 행복 했을리 없다. 어거스틴은 9년 동안 마니교를 따르면서 저작활동을 했으나 지적인 배회는 계속되었다. 당시 마니교의 대가인 파우스터스(Faustus)를 만나 마니교의 깊은 진리를 듣기도 했다. 그러나 그 결과는 오히려 정신적 혼란과 희의가 더할 뿐이었다. 그는 드디어 플라톤(Platon)과 신플라톤의 철학을 따르기로 하여 철학을 통한 진리탐구의 길을 택했다.

어거스틴의 지성적 통찰력은
① 저술을 통하여
② 마니교와의 논쟁을 통하여
③ 도나티스파와의 논쟁을 통하여
도나티스는 정부가 교회에 간섭하는 것을 반대했다. 범죄한 교사에게

서 받은 세례는 무효란 이론을 펼쳤다.
 ④ 펠라기우스와의 논쟁을 통해서였다. 어거스틴은 도나티스와의 논쟁과 펠라기우스와의 논쟁에서 비 신앙적인 사상을 비판하였다. 그는 아주 포용적인 지도자였다. 이는 그의 역사관에서 잘 나타나 있다.

(4) 어거스틴의 저서들

어거스틴은 많은 저서를 남겼다.

① 참회록(Confessions)
 그 중에서 가장 유명한 것은 자신의 생의 체험을 담은 "참회록"(Confessions)으로 주후 400년경에 저술되었다. 이 책에서 그의 기독교 역사관이 잘 표현되어 있다. 그의 고백록(Confession)은 자신의 도덕적, 영적 갈등과 투쟁의 경험에 근거하여 개인의 삶과 역사에 개입하시는 하나님을 변호한 내용이다. 이 책은 가장 감화력이 큰 자서전 중의 하나로 읽는 자에게 깊은 종교적인 감명을 주는 고전(古典)이라 할 수 있다.
 "당신은 당신을 위하여 우리를 지으셨으니 우리의 마음이 당신 안에 쉼을 찾을 때까지는 언제나 불안합니다. 그러므로 하나님의 품에 있는 것이 내게는 좋사오니 내가 그분 안에 있지 아니하면 나는 내 안에도 있지 못할 것이기 때문입니다. 나의 모든 소망은 당신의 풍성하고 크신 자비에만 있습니다. 주여! 명령하실 일을 알려주시고 원하시는 것을 명령하시옵소서. 오 주님! 나는 당신을 사랑하고 당신께 감사하고 당신의 이름 앞에 참회하리이다. 당신은 흉악한 죄와 악을 내게서 제하여 주셨기 때문입니다. 당신이 내 죄를 얼음처럼 녹여버리신 것은 오직 당신의 은혜요 자비로소이다" 이와 같은 참회의 고백은 그가 믿는 진리가 얼마나 그의 인격의 금선을 건드리며 그의 생명의 깊은 데로 사로잡았는가를 잘 알려준다.

② 신의 도성(The City of God)

다음으로 "신의 도성"(The City of God)은 어거스틴의 필생의 대작으로 주후 413년에 시작하여 426년 즉 13년 만에 탈고했다. 이 책의 내용은 하나님의 도성과 인간의 도성과의 상호관계를 통하여 하나님께서는 세계 역사 속에 개입하시며 인류역사를 이끌어 가신다는 기독교 역사철학을 변호하였을 뿐만 아니라 이 책은 당시의 지적 도전에 답하는 하나의 역사철학이다.

그것은 로마가 기독교를 받아들여서가 아니라 이미 기독교가 들어오기 전에도 로마 제국에 무한한 재앙이 있어왔다. 오히려 기독교를 받아들이기 전에는 로마는 도덕적으로 타락했었으나 기독교로 말미암아 로마가 큰 유익을 얻게 된 사실을 지적했다.

옛날에 로마의 신들을 섬길 때는 평안하던 로마가 기독교를 국교로 삼은 뒤로 로마의 신들이 노하여 로마가 멸망하였다는 비난에 답하여 기독교의 입장을 답한 책이다. 왜 하나님이 로마의 멸망을 허락하셨을까? 그는 교회일치를 위해서는 포용력을 보였으나 진리문제에서는 전혀 타협하지 않았다.

그는 로마의 위대성을 인정하면서도 땅의 도성이나 제국은 다 멸망하기 마련이다. 오직 하늘에서 내려오는 새 예루살렘에로서의 신의 도성만이 영원할 뿐이다. 그 하늘 도성은 지상교회 속에서 이미 시작되었다. 교회는 지상도성 속에 있는 한 도성이다. 그러나 이 교회 안에 있는 자가 다 하늘나라의 시민이 되는 것은 아니다. 오직 하나님이 예정한 자만이 그 나라에 속한 것이다. 언젠가는 인간의 나라, 악의 도성은 다 멸망할 것이나 주의 나라는 영원히 설 것이다. 로마의 멸망도 그 역사 과정의 하나에 불과할 뿐이다. 세상의 나라는 무너져도 하나님의 나라는 영원 무궁하리라는 역사철학의 걸작이었다.

물론 지상의 도성은 상대적인 선을 가지고 있다. 정의의 질서가 중요시된다. 그러나 이 정의와 질서는 불완전하기 때문에 하나님의 도성이 자라는 대로 몰락되어야 한다. 이 하나님의 도성의 도래를 꿈꾸고 중세 천년의 동이 트게 되었다. 바로 신의 도성의 사상이 교황권 확장의 이론적 근거가 된 셈이다. 이런 이론에 근거하여 나시(Ronald H. Nash)는 어거스틴을 "변증가 어거스틴"이라고 했다.

③ 삼위일체론(On the Trinity)

이는 그의 세 번째 명작이다. 어거스틴은 삼위일체론에 관하여 서방의 신학을 최후로 확정시킨데 이를 만큼 발전시켰다. 터틀리안(Tertullian)이나 오리겐(Origen)은 다소 종속설(從屬說)에서 완전히 벗어나지 못하였다. 어거스틴은 삼위일체 교리를 다룰 때에 신의 단일성(單一性)을 먼저 강조했다. "아버지와 아들과 성신은 같은 한 본질에 속하여 창조자 하나님과 전능한 삼위일체가 구별될 수 없이 일하고 계신다" "아버지와 아들과 성신은 한 하나님이시다. 그 분은 홀로 계시며 위대하시고 전능하시며 선하시고 의로우시고 자비하시며 보이는 것과 보이지 않은 것을 다 지으신 분이시다"라고 그의 책에서 말하고 있다.

이렇게 삼위가 동등하시며 먼저와 나중이 서로 사이에 없으시고 더 높고 더 낮음이 없으심을 주장했다. 다만 그의 활동에 있어 어거스틴은 인간 부자관계를 들어 비유했다. 아버지는 사랑하는 자요 아들은 사랑을 받은 자요 성령은 그 두 사이를 잇는 사랑이라고 보았다. 다음으로 성령이 아버지와 아들에게 함께 관련이 있음을 주장했다. 성령은 아버지에게서만 나온 것이 아니라 아들에게서도 (filioque) 나온다고 가르쳤다.

동방교회에서는 이에 반하여 아버지만이 만물의 유일한 근원이므로 성령은 오직 아버지에게서만 나온다고 가르친다. 어거스틴은 삼위일체론을 다루는 것을 좋아서 쓴 것이 아니고 성경에 있기 때문에 침묵을 할 수가 없어서 쓴 사실을 밝히고 있다. 그러므로 삼위일체 하나님은 이론적 추리의 대상이 아니라 오직 예배의 대상이어야 하며 삼위일체의 이론도 그런 정신으로 받아져야 함을 강조했다.

(5) 어거스틴의 사상

어거스틴의 사상을 크게 6분야로 나누면 다음과 같다.

① 개혁사상의 기초
그의 사상은 역사적 기독교와 개혁사상의 기초를 다진 사람이다.

② 정통신학의 정립자
그는 바울 이후의 정통신학의 정립자이다.

③ 신인양성이신 하나님
예수 그리스도는 신인양성(神人兩性)의 하나님이시다 라고 믿고 가르쳤다. 예수님은 먼저 계셨고 인간세계에 오신 사람이다. 하나님과 인간 사이의 중보자이시다. 예수 그리스도의 죽음은 하나님께 드린 희생제물이요 대속의 제물이다.

④ 원죄론
인간은 하나님의 형상대로 창조되었다. 그 형상이 아담과 하와의 타락으로 상실되었다. 그 영향은 온 인류에게 미쳤다. 그러나 하나님이 형상이 값없이 주시는 하나님의 은혜로 예수 그리스도를 통하여 회복되었다. 이 문제에 있어서 인간의 행위와 공로는 무용하다. 오직 하나님의 은혜로만 인간이 구원을 얻게 되었다. 어거스틴은 우리가 죄에 빠져 있으므로 그 죄의 권세로부터 해방될 수 없다는 기본 사상을 전개하였다.

당시의 펠라기우스는 우리의 모든 행위가 완전히 자유롭다고 주장했다. 우리가 우리 자신의 운명을 지배하는 주인이라는 것이다. 그러나 어거스틴은 바울의 저작들을 보면서 성경은 그러한 주장들과 다르게 말하고 있음을 알았다. 어거스틴이 볼 때, 인간 본성에 대한 펠라기우스의 견해는 위험할 정도로 순진한 것이었고 또한 성경의 가르침이나 인간의 경험과도 조화되지 않았다. 어거스틴이 발전시킨 사상은 특히 로마서에서 발견된다. 율법은 우리가 마땅히 어떻게 해야 하는가를 가르쳐 주지만 우리가 그것을 행할 수 있도록 힘을 주지는 못한다. 인간의 본성에는 나쁜 것인 줄을 알면서도 그것을 따라가도록 하는 힘이 있기 때문이다. 그러므로 우리는 복음의 도움을 받아야 한다. 하나님께서는 친히 간섭하셔서 우리로 하여금 죄를 분별할 수 있게 하셨을 뿐만 아니라, 그 속박으로부터 벗어날 수 있는 길을 제공해 주셨다.

⑤ 교회론

유형교회는 택함을 받은 백성이 모여 하나님께 예배하는 곳이다. 무형교회는 하나님의 나라이다.

⑥ 성례전

하나님의 주권적 성령의 역사로 되어지지 집례자의 성격과는 상관없다. 성례 자체의 유효성을 주장한다.

그는 초대교회의 유명한 교부요 가장 위대한 사상가였으며 교사요 문필가였으며 교회지도자였다. 그는 지성적인 결단력과 감화력을 완전히 갖춘 사람이었다.

참고자료: 마니교의 역사와 신조

마니교의 역사와 신조는 다음과 같다. 마니(Mani; 216-276)는 페르시아(Persia)의 귀족의 아들로 태어났다. 그는 19세에 계시를 받았다고 주장하면서 포교를 하기 시작을 했다. 그는. 인도와 동남아에 여행하여 많은 추종자를 얻었다. 마니교는 불교와 조로아스트와 기독교를 융합한 교리와 신조였다. 계시의 내용은 이원론(二元論)을 근거하고 있다. 광명과 흑암의 투쟁이다. 인간의 구원은 불교에서 말하는 해탈에 있다고 한다. 해탈을 하기 위해서는 육식, 결혼, 망언을 해서는 안 된다. 즉 고행주의와 영지주의 사상을 따른다. 물질과 섹스를 악한 것으로 본다.

최고의 도덕인 삼봉인(三封印)은
① 입: 육식과 망언을 하지 말라
② 손: 악한 일을 하지 말라
③ 가슴: 정욕과 사욕을 용납하지 말라.

마니교의 의식과 조직은 기독교의 것을 본을 땄다.
① 주일: 예배＋ 기름으로 세례＋ 성찬에는 떡만 사용한다.
② 직원: 교조아래 12사도가 있고 그 아래 교사가 있고 그 아래 행자가 있으며 그 아래 독자와 선지가 있었다. 이 마니교는 13세기에 잔멸했다.

2) 칼빈(John Calvin, 1509-1564)

칼빈은 1509년 프랑스 파리에서 동북쪽으로 60마일 떨어진 곳인 피카르디(Picardy)의 노용(Noyon)의 마을에 제라드 꼬뱅(Gerard cauvin) 혹은 소뱅(Chauvin)이라는 유덕한 집에 다섯 아들 중 쟝이라 불리는 둘째 아들로 태어났다. 그의 어머니 쟌느 르 프랑(Jeanne le Franc)은 폴란드 출신 여성으로서 여관업자의 딸이었는데 이들은 1500년 이전에 결혼한 것으로 알려져 있다. 칼빈의 어머니에 대해서는 자료가 빈약하지만 아름답고 경건했던 여인으로 알려져 있다. 칼빈의 어머니는 칼빈이 6세 때인 1515년에 세상을 떠났고 그의 아버지는 곧 재혼하였으므로 그는 어린 시절 다른 형제들과 더불어 지방학교를 다녔다.

그가 태어난 생가는 성당의 그림자를 받는 곳에 위치할 만큼 교회와 인접한 곳이었고 그의 가정환경은 교회적 생활과 밀접한 관련을 맺고 있었다. 이 아이는 가냘픈 체구였지만 날카로운 천재 소년이었다. 1523년 8월에는 대학교육을 받는데 필요한 라틴어를 배우기 위해 파리로 갔다. 그가 이 곳에 가서 공부를 하는데 특히 논리학과 그와 관련된 과목에서 두각을 나타내었다. 20세가 되기도 전에 노용(Noyon)과 뽕레베끄(Pont pl' Evegue) 두 곳에서 성직을 맡아보았다.

그는 이때부터 27년 후에 "데살로니가전서 주석"(Commentary on the first epistle to the Thessalonians)을 집필했는데 칼빈은 이 책을 꼬르디에게 헌정하였고 그를 "경과 학문에 뛰어난 인물"이라고 칭송하였다.

1532년에는 오르레앙 대학으로 돌아가서 이듬해인 1533년에는 법합박사 학위를 받았다. 이 당시 칼빈에게 많은 영향을 준 사람은 볼마르였다. 칼빈보다 3년 연상이자 호머(Homer)에 관한 책을 저술했던 볼마르는 칼빈에게 헬라어 원어로 신약을 읽도록 가르쳤고 성경 원전에 대한 지적 열정을 이끌어 주었다. 아마도 볼마르를 통해 칼빈은 루터의 신학을 접한 것으로 보인다. 후일 칼빈이 "고린도후서 주석"을 볼마르에게 헌정한 것을 보면 그에게서 적지 않은 영향을 받았음을 알 수 있다.

칼빈은 루터와 쯔빙글리와 더불어 종교개혁의 3대 인물로 불리워지고 있다. 그러나 칼빈은 루터와 쯔빙글리에 비해 한 세대 후배로서 이전 시대의 개혁정신을 근간으로 하면서도 나름대로의 독특한 사상을 발전시킨 신학자였다. 루터는 오랜 번민과 정신적 고통을 거쳐 복음주의적 구원교리, 곧 칭의(稱義)의 교리를 발견하였기 때문에 이신득의(以信得義)의 교리는 항상 그의 신학을 압도하였다. 그러나 칼빈은 칭의론 중심의 신학에서 진일보하여 루터가 무시하였거나 정당하게 강조하지 못했던 다른 측면들에도 깊은 통찰력을 지니고 있었다.

루터의 아버지가 루터의 성직투신을 극력 반대한 것과 대조적으로 칼빈의 아버지는 칼빈을 신부로 만들기를 원하여 파리대학으로 보냈다. 칼빈의 아버지는 당시 노용의 감독 서기겸 보좌관으로 일하는 동안 감독의 권위에 매력을 느낀 나머지 그랬는지도 모를 것이다. 그러나 섬기던 상사인 감독과의 충돌사건 이후 칼빈을 신부로 보다 법률가로 교육시키기를 결심하여 오르레앙(Oreleans) 대학으로 전학시켰다. 칼빈의 천재성은 이미 이 때부터 나타나기 시작했다. 인문주의 학자들로부터 감화를 받으며 고전 연구에 전념하였다.

1531년 아버지가 별세하자 칼빈은 다시 파리로 돌아가 헬라어와 히브리어를 전공하였다. 칼빈의 최초의 저술은 그이 나이 23세 때인 1532년 4월에 출판된 세네카(Seneca)의 관용론(De Clementia)의 주해를 출판하여 그의 실력을 나타냈다. 23세의 약관으로 이렇게 고전 연구의 결정을 보인 것은 학계를 놀라게 할만한 일이다. 세네카는 기독교 인문주의자들에게 사랑 받는 "선한 이교도"였으며 당시 추세로 보아 관용의 문제는 흥미를 불러일으키는 주제였다. 그러나 이 책에서 칼빈이 종교개혁 정신을 암시하지는 않았다.

그가 언제 어떤 계기로 천주교에서 신교로 개심하게 되었는가는 알 길이 없다. 다만 후에 그의 시편주석 서문에서 자기의 개심을 체험을 약간 비춘 것뿐이다. "나는 아버지를 기쁘게 하기 위하여 법률공부를 하고 있었으나 하나님께서는 비밀한 섭리로서 다른 길로 나의 가던 길을 돌리셨다. 아직도 내가 교황 종교의 미신에 빠져있을 때 하나님께서는 돌연한 회심으로 나이에 비하여 완고하였던 나의 마음을 인도하여 주셨다"고 고백했다. 그는 복음적 설교에 접촉하기 시작한 후 성경 연구에 관심을 가지게 되었고 확고한 개혁주의 신앙으로 돌아서게 되었다.

이런 회심은 일반적으로 1529년에서 1533년 사이에 회심하지 않았나 하는 견해가 지배적이나 어떤 이들은 1532년에서 1533년 사이에 일어났을 것이다라고 말하는 사람도 있다. 칼빈의 회심 시기에 대하여 종교개혁자 랑(Lang)와 도멜구(Doumergue)사이에도 의견이 있다. 랑은 1533년 8월 23일에서 11월 1일 사이에 일어나 급격한 회심으로 보는 반면 도멜구는 점차적 회심 투쟁을 거쳐 1533년 11월 1일 사건 이후에 있었던 것으로 본다. 그러나 칼빈이 1557년에 출판했던 "시편주석"(Commentary on the

Psalms)의 서문은 그의 회심에 관해 추적해 볼 수 있는 단서를 제공하고 있다.

칼빈의 생애에 결정적인 전환점이 된 사건은 그가 "세네카의 관용론 주석"을 출판한 후 약 18개월이 지난 1533년 10월에 일어났다. 칼빈은 오르레앙 지방에 가서 1년 간 체류하였고 1533년 8월에는 그의 고향인 노용을 방문한 후 다시 파리로 돌아갔다. 이 때가 1533년 10월이었다. 칼빈은 이 곳에서 이전의 친구였던 콥(Nicholas Cop)을 만나 교제하게 되었다.

1533년 10월 31일, 곧 "모든 성자의 날"(All Saints' Day)에 친구 니콜라스 콥(Nicholas Cop)이 파리대학의 학장 취임을 하게 되었다. 이 때 취임 연설문이 칼빈에게 의뢰되어 쓰게 되었다. 그런데 칼빈이 이 연설문을 직접 썼는지 혹은 영향을 미쳤는지는 분명치 않다. 아무튼 칼빈은 이 연설문에서 루터와 에라스무스의 말을 인용하여 개혁의 필요성을 강조하여 복음주의 사상을 고취시켰다. 이 연설문에서는 소르본느 대학과 그 신학자들의 완고함을 비판하였다.

이 사건 때문에 그가 받은 대가는 그의 신변의 불안전이었다. 연설문의 초안자임이 밝혀지자 칼빈은 신변의 불안을 느끼게 되었다. 이 연설문 속에 복음주의적 성격이 강하게 나타나므로 니콜라스 콥은 곧 당국의 소환을 받았고 상황이 불리하게 전개되자 그는 곧 바젤로 도피하였다. 칼빈도 역시 가택수색을 받았으며 그의 책들과 서신들은 압류된 상태였다. 그래서 칼빈은 일정기간 파리에 숨어 있었으나 1534년 초 가명을 쓰고 루이 뒤 틸레(Louis du Tillet) 집에 은신해 있기도 했다. 이 기간 동안 칼빈은 루이 뒤 틸레의 장서들을 이용하여 지적 성숙을 이루어 갔으며 이 때의 공부는 후일 "기독교강요"를 집필하는데 적지 않은 도움을 받은 것으로 알려져 있다.

칼빈이 바젤에 머물러 있는 동안에 교회의 바른 신앙을 명백하게 제시하기 위하여 많은 논문들을 저술하기를 원했다. 이 당시의 시대적인 상황은 프랑스의 왕 프랜시스 1세는 개혁운동을 막기 위해 박해를 시작하여 칼빈의 친구 포르쥬(Forge)를 비롯 많은 신교도들이 화형에 처형됐다. 이 곳에서 그는 1년도 안 되는 기간 동안의 엄청난 노력의 대가로 또 한 권의 책을 저술했는데 그것이 바로 "기독교 강요"(Institutes of the Christian Religion)이다. 이 책은 1535년에 완성했으나 출판이 된 것은 이듬해 1536년 3월에 라틴어로 출판되었다. 불후의 명작으로 알려진 이 책은 그가 27세 때에 기록했다. 516쪽으로 구성된 이 책은 전 6장으로 구성되어 있다. 첫 4장에는 율법, 신조, 주기도문, 성례를 취급했고 마지막 2장에는 다소 논쟁적인 주제였던 로마 카톨릭의 오도된 성례관을 비판했고 그리스도인의 자유의 문제를 요약했다. 첫 4장이 내용이나 형식을 볼 때 이것은 루터가 1529년에 썼던 소신앙 학습서를 모방한 것으로 추측이 된다.

이 책이 출간되자마자 커다란 반향을 불러 일으켰다. 라틴어로 저술되었던 이 책 초판은 9개월만에 매진되었고 그 수요는 확대되어 갔다. 칼빈은 이 책을 1539년 증보하여 제 2판을 스트라스부르크에서 출판하였고, 이 때부터 계속하여 개정과 증보를 거쳐 1559년에는 결정판을 냈는데 이것이 오늘 우리에게 알려진 "기독교강요"이다.

서문에서 프랜시스 1세에게 드리는 글을 써서 개혁주의 운동의 목적을 밝혀 순교한 친구의 입장을 설명하였다. 개혁주의 신앙의 변증을 위한 교리서이기도 하다. 칼빈은 일생동안 이 책을 손질하여 기독교 문헌에 있어서 불후(不朽)의 거작(巨作)으로 만들었다. 그러나 1559년 증보판이 나오기까지 초판에서 밝혀진 기본사상의 변화는 찾아 볼 수 없다. 칼빈은 그의 사상적 일관성을 유지하고 있었다. 루이스 스피츠는 "칼빈은 30년 이상의 기간 동안 글을 쓰고, 책을 저술했지만 그가 남긴 작품들은 놀랄만한 동질성(homogeneity)을 유지하고 있다"고 했다. 특히 그가 저술한 기독교 강요는 "100만의 설교보다 더 많은 영향을 미쳤다"고 미국 시카고에 있는 트리니티 복음주의 신학교(Trinity Evangelical Seminary) 밴 후저 교수가 말한다. 이 책은 칼빈 자신이 가지고 있던 신앙을 지성으로 표현한 책이다.

종교개혁을 평할 때 흔히들 루터를 개혁운동의 행동적 주역을 맡은 주동자(promotor)로 보는 반면, 칼빈을 사상적 주역을 맡은 사상가(brain)으로 평한다. 루터를 가리켜 종교개혁을 일으킨 사람이요, 칼빈을 가리켜 종교개혁을 신학적으로 정리한 사람이라고 한다. 그렇게 보는 이유 가운데 가장 큰 이유는 바로 그가 저술한 기독교강요 때문이라고 보는 사람이 적지 않다. 이 기독교강요가 다룬 주제는 신학 전반에 이른다. 그 포괄성은 어떤 신학 사전에도 뒤질 수 없으며 그 성서 인용의 정확성은 어떤 성서신학의 추종을 불허할 것이다.

그 논리의 정연성은 어떤 조직신학도 능가하며 교부문서(敎父文書)에 대한 정통성은 고전적 가치를 더욱 높여준다. 아퀴나스의 신학대전 이후 칼빈의 기독교강요만큼 후대에 심원한 영향과 영속적인 감화를 남긴 책은 없을 것이다. 그 이유는 단순한 신학대전(Summa theologia)에서 끝나는 것이 아니라 경건대전(Summa Pretatis)로 보아지기 때문이다. 이 책이 나오자 개혁운동은 대변자를 얻은 셈이 되었다.

칼빈은 기독교강요를 출판한 후 1536년 봄에 이탈리아 여행길을 서둘렀다. 이탈리아에서 복음주의에 동조하는 페라라(Ferara) 공비(公妃) 루네(Renee)를 만나 개혁운동의 지원을 약속받고 비밀리에 고향을 방문했다. 동생 안토니(Antonie)와 누이 마리(Marie)를 데리고 바젤이나 스트라스벅을 가려고 길을 떠났으나 독불(獨佛)간의 전쟁으로 지름길을 피하여 1536년 7월에 스윗즈랜드의 제네바에 들렀다. 제네바는 하룻밤만 묵어갈 예정이었으나 제네바의 개혁자 파렐(William Farel)이 찾아와 칼빈이 제네바에 머물러 종교개혁을 계승하여 주기를 간청했다. 칼빈은 이때의 파렐과의 역사적인 만남을 그의 시편주석 서문에 다음과 같이 기록했다.

페렐은 복음사업을 위한 비상한 열심에 불타 있었다. 그는 나를 붙잡기 위하여 몹시 애를 썼다. 나의 뜻은 조용히 학문 연구에 있기 때문에 다른 사업에 관계하지 않는다는 사실을 들자 그는 간청만 가지고 목적을 이룰 수 없음을 알고 드디어 저주하는 말을 쓰기 시작했다. 내가 이렇게 절박한 필요를 눈앞에 보면서도 도움을 주지 않는다면 하나님은 반드시 나의 조용한 생활과 학문 연구를 기뻐하지 않으실 것이라는 협박이었다. 이 말을 듣고 나는 두려움을 느껴 계획했던 여행을 포기하고 말았다. 이렇게 하여 27세의 칼빈은 자기보다 20세나 연장자인 파렐의 권유를 받아들여 제네바 개혁운동의 전열에 참가하게 되었다.

칼빈은 바울 서신을 가르치며 제네바 개혁의 청사진을 작성했다. 1537년 1월에 칼빈에 의하여 3가지 초안이 소 의회에 제출되었다.

첫째는 신앙요리문답이다.

둘째는 신앙문답에 동의하지 못할 때에는 추방조치를 취할 것이다.

셋째는 성찬식을 매월 거행할 것 등이다.

약간의 수정을 거쳐 제의는 받아 들여졌으나 그 시행에 있어서 난관이 적지 아니하였다.

그는 신학 논문을 쓰고 성경주석을 집필하였다. 유럽 각국 종교개혁의 고문으로 있으면서 신학 강의를 했다. 로마 카톨릭 신학자들과 신학 논쟁을 벌이면서도 그의 주된 임무는 설교에 심혈을 기울였다. 그는 정치적인 수완(administrative ability)도 뛰어났다. 당시 국제적인 인물로 평가된 것은 영국, 스코틀랜드, 프랑스에 종교개혁을 고무시켰던 것도 그의 탁월한 지성적 지도력 때문이었다. 그의 지도력이 실천이나 사랑과 동떨어지지 않았다. 그는 교회의 담임목사였고 학교의 설립자였다. 그의 지성은 목회현장에서 쌓은 경험에서 나타났다. 그는 제네바의 목회자였는데 스코틀랜드의 개혁자 낙스(John Knox)는 칼빈의 제네바 목회현장을 목격하고 난 후 "사도시대 이후 가장 완벽한 그리스도의 학교"였다고 증언했다. 그는 1536년에 목회를 시작하여 1564년 죽을 때까지 28년 간 목회를 계속했다.

파렐은 뇌샤텔(Neuchatel)의 목사로 부임하게 되고 칼빈은 프랑스 피난민이 많이 있는 스트라스벅(Strasburg)으로 갔다. 칼빈은 거기서 프랑스 피난민 교회 목회를 하면서 저술에 힘썼다. 젊은 칼빈은 연구와 개혁운동의 지도자들과의 교제가 필요한 때였다. 여기서 그는 두 가지를 다 얻은 셈이다. 기독교강요를 증보하여 다시 출판(1539)하였고 로마서 주석을 썼다. 이때에 로마 교회 주교 사도레토(Jacopo Sadoleto, 1477-1547)에게 보낸 반박문은 기독교 변증의 고전에 속할만 하다.

당시 스트라스버그의 개혁자 부서(Buccer)와 카피토(Capito)를 사귀며 그들과 함께 레겐스벅(Regensburg) 회의를 비롯 여러 국제회의에 참석하여 여러 개혁운동 지도자들과 친밀한 교제를 넓힐 수 있는 기회를 가졌다. 루터를 제외한 모든 중요한 지도자들과 사귈 수 있었으며 멜랑톤(Melanchton)과는 오랫동안 친교를 나누었다.

칼빈은 스트라스부르크에서 그의 나이 31세 때인 1540년 8월 파랄의 주례로 결혼을 했다. 그의 아내는 화란에서 온 무명의 과부(Idelette de Bure)이들레뜨 드 뷔레(Ldelette de Bure)였다. 그녀는 남편과 함께 재세례파였으나 칼빈의 인도로 개혁교회로 돌아왔고 남편이 전염병(흑사병)으로 죽고 혼자 두 남매를 키우고 있던 과부였다. 칼빈은 부인상을 "정숙하고 자상하며 까다롭지 않고 검소하고 인내성 있는 성격의 소유자로서 자기 건강을 보살펴 줄 수 있는 여인이라"고 하였다.

칼빈의 결혼생활은 건강 외에는 행복하였다고 한다. 불행하게도 부인마저 건강이 좋지 못하고 결혼한지 겨우 9년 뒤인 1549년 4월 초에 아내마저 세상을 떠나고 말았다. 그는 아내의 사별에 대해 인간적인 아픔과 슬픔에 대해 말했으며 아들의 죽음에 대해서는 "심한 상처"였다고 비레와 파렐에게 보낸 편지에서 기록하고 있다. 그는 아내 뷔레와 사별한 후 다시 결혼하지 않고 평생을 독신으로 지냈다.

스트라스버그에서의 칼빈의 삶은 신학교 교수로 목회자로 저술가로 분주하고 고달픈 생활이었다. 그는 위대한 설교자였다. 그는 스트라스버그에서 1538년 9월부터 1541년 8월까지 만 3년 간 활동했다. 이 기간 동안의 칼빈의 삶과 목회, 연구와 저술은 그 자신의 생애에 엄청난 영향을 주었다. 이 기간 동안의 목회와 연구는 성경에 대한 해박한 이해와 신학적 깊이를 더해주었고 신앙적 성숙과 더불어 보다 원숙한 지도자로 이끌어 갔다.

칼빈이 스트라스부르크에 체류하고 있었을 때에 저술한 중요한 저서는 "사돌레토에 대한 답변"(Reply to Satoleto)인데, 이 책은 칼빈의 가장 중요한 작품 중의 하나로 알려져 있다. 특히 칼빈이 남긴 논쟁적 저술 중에서 이 책은 종교개혁의 의의와 목적, 필요성을 설득력 있는 필치로 서술하였다.

다음으로 그가 1540년에 집필한 "기도서"(Form of Prayers)와 1545년에 집필한 "우리 주님의 성만찬에 관한 소논문"(Little Treatise of the Holy Supper of Our Lord)이다. 특히 후자의 책은 성만찬에 대한 견해차가 개혁을 지지하는 이들을 분리하고 있는 현실을 염려하면서 쓴 작품인데 60개항으로 이루어진 간단하고도 명료한 저술이다.

칼빈은 이 책에서 로마 카톨릭의 성찬관을 비판하였고 루터와 쯔빙글리의 간의 견해차에 대해 상호 이해와 동의를 모색하고 있다. 특히 그는 이 책에서 성찬의 빈번한 시행의 필요성을 강조하고 있다. 이 책은 라틴어로 출판이 되었는데 이 책을 루터가 읽었던 것으로 알려져 있다. 멜랑톤의 사위였던 크리스토프 페첼(Christoph Pezel)의 기록에 의하면 루터는 이 책을 읽고 크게 칭찬을 하면서 "나의 논적이 이전에 이와 같은 훌륭한 저서를 발견했더라면 우리는 그들과 일찍부터 화해했을 것이다"라고 말했다고 한다. 특히 주목할 만한 한가지는 이 성만찬에 관한 칼빈의 글 속에는 성례에 있어서 그리스도의 영적 임재를 주장한 마르틴 부쩌의 영향이 나타나 있다는 점이다.

그 동안에 제네바에서는 칼빈을 추방한 파가 실권을 하고 온건파가 승리하여 칼빈의 제네바 귀환을 요청하였다. 칼빈은 다시 제네바로 돌아가기를 주저하였다. 이 때 파헬은 다시 칼빈에게 글로서 귀환을 강권하였다. 드디어 1541년에 제네바에 다시 돌아왔다.

이제 그는 제네바의 교회를 하나님의 말씀 위에 바로 세우기를 결심했다. 이런 신앙을 실천하는 첫 단계로 그는 교회 헌법(ordinances)을 기초하여 200인 의회의 결의를 얻어 공포하였다. 이 법은 사도시대를 본받아 감독이 없으며 국가의 간섭을 배제하였다. 교회의 직분은 목사, 신학교수를 포함한 교사, 장로, 집사로 된 네 종류이다. 이 중에서 설교를 맡은 목사의 직분이 가장 중요한 지위를 차지했다.

다음으로 교리문답서를 작성하여 교인들을 교리적으로 훈련시켰다. 칼빈의 성경 생활원리가 전 시민들의 것으로 받아들여지는 영적 이상향에 이르도록 힘을 다해 노력했다. 그러나 그의 엄정주의적(嚴正主義的)인 지도노선은 적지 않은 반대를 겪어야만 했다. 때로는 신학적인 도전을 받고 고전을 면치 못했다. 그 논쟁의 대표적인 것들은 카스텔리오(Sabastian Castellio, 1515-1563), 볼섹(Jerome Bolsec)과 셀베터스(Michael Servetus, 1519-1553) 등과의 충돌이다.

칼빈은 소명에 투철하고 연학에 뼈를 깎으며 하나님의 말씀을 위한 생산이 수고에서 사람을 두려워하지 않은 소신(所信)의 사람이었다. 그는 목회와 저서와 교정(敎政)과 교수 일로 몸을 돌보지 않고 지나치게 헌신했다. 그래서 그의 나이보다 훨씬 늙게 보였고 몸에는 질환이 떠나지 않았다. 거리에 나가면 만나는 사람들은 말하기를 마치 송장이 걸어가는 것 같다고 하였을 정도였다. 그런 체질을 가지고도 의연히 제네바의 개혁운동을 거뜬히 지도하였다.

그는 제네바에서 20년 간 설교했다. 그의 설교는 듣는 이에게 감화를 주었고, 그 감화의 여파는 제네바뿐만 아니라 전 스위스, 프랑스, 영국, 스코틀랜드에까지 미쳤다. 그의 말은 사도적 권위를 가지고 임했다. 그리고 그의 설교는 나팔의 권위를 나타냈다. 칼빈은 격주로 매일 설교했으며 그의 설교는 제네바에서만 2,304회를 넘게 했다. 그는 신학교에서 정규적으로 성경강해를 하였다. 그의 주석은 이 강해들을 수록한 것이다.

그의 설교 원고는 종교 핍박을 받아 제네바로 피난 온 프랑스인이며 설교의 속기사인 라퀘니어(Danis Raquenier)가 속사로서 1549-1560년 11

월 3일까지 낮은 월급으로 속기를 했다. 칼빈의 진정한 설교기간은 이 때였다. 칼빈의 보존된 설교가 약 2,050편이다. 칼빈의 사망 후 종교개혁 저작집(Corpus Reforma Forum)이 편집될 때 신약 397편(어떤 기록에는 297편), 구약이 571편 합 868편(397편이면 968편)이 수록되어 있다.

주일에는 두 번(아침에 신약, 오후에는 시편)을 강해했다. 평일(월, 수, 금)에는 구약을 강해했다. 기도와 찬송을 포함시켜 설교는 약 1시간 정도였다. 말은 비교적 빠른 편이었다. 연속적인 강해 설교(스데반에 관한 설교는 행 7장을 본문으로 연속)였다. 칼빈은 기도와 명상으로 설교를 준비했다. 조용하고 조심스럽게 설교했다. 노트는 없고 놀라운 암기력으로 설교했다. 듣는 자의 형편을 잘 살펴 합당한 어법과 비유를 사용했다. 칼빈은 루터처럼 열정적인 설교자도 웅변가도 아니었다. 그의 설교는 차분하고 논리적이며 확신에 차 있었다. 칼빈은 명쾌하고 이해가 잘 되도록 설교를 구성했다. 그의 설교는 많은 청중들을 감동시켰다.

1559년 아카데미가 개교된 이래 5년간 1,300명이 넘는 학생들이 칼빈의 강의를 들으려고 프랑스, 독일, 헝가리, 이탈리아, 폴란드, 스페인 등지에서 몰려들었다. 그들은 칼빈의 강의 노트와 제네바의 개혁 결실을 가지고 모국으로 귀국하여 개혁운동을 전개하였다. 그 중에 대표적인 인물로 스코틀랜드의 낙스(John Knox)를 손꼽을 수 있을 것이다.

칼빈은 교회 역사상 크리소스톰(Chrysostom)이래 가장 위대한 성경강해 설교자로 말 할 수 있다. 칼빈의 저술 활동을 보면 "기독교강요"외에도 성경주석을 집필하였다. 그가 최초로 쓴 주석은 "로마서주석"이었다. 이 책은 1539년에 출판되었는데 칼빈이 제네바에서 시작을 하였고 스트라스부르크에서 계속했던 바울 서신 강의의 산물이었다. 그의 주석집필은 일차적으로 목회적 필요에 의하여 저술된 것이었다.

그럼에도 불구하고 그의 주석은 학문적 깊이가 있는 주석이었다. 일반적으로 그의 주석은 루터의 주석에 비해 역사적이고 철학적 깊이가 있으며 멜랑톤의 주석과는 달리 난해 구절 해설에 집중하지 않았다는 평을 받고 있다. 칼빈의 "로마서주석"은 복음적 신앙의 기초이자 칼빈 신학 연구의 구원론적 요체를 해명해 주는 책이 되었다. 그는 이 책에서 로마서의 주제들을 교리적으로 분석하고, 그 신학적 의미를 해명하였다. 칼빈은 제롬의 라틴어 성경(the Vulgate)에 의존하지 않고 에르스무스가 편집한 "희랍어 신약성경"(1527) 등 원어성경을 근거로 주석한 것은 당시로는 획기적인 일이었다.

칼빈의 성경주석 집필은 그의 생애동안 계속되었다. 요한계시록을 제외한 모든 성경을 집필하였다. 창, 신, 욥, 삿, 삼상, 삼하, 대선지서 전권, 소선지서 전권, 복음서 전권, 행, 고전, 고후, 갈, 엡, 살전, 살후, 딤전, 딤후, 딛, 히브리서 등을 완전히 강해했다. 신약성경주석은 대부분이 1550년까지 출판되었고 구약주석은 1554년에 출판된 창세기가 첫 주석이었다. 칼빈이 약 20년 간에 걸친 긴 기간동안 방대한 주석서를 집필하였는데 그가 쓴 마지막 주석은 "여호수아 주석"이었다.

그의 설교는 성경에 원문에 충실했고 시대에 적용시키는 예민한 시선을 가졌었다. 칼빈은 뛰어난 어학 자질을 가졌었다. 라틴어로 성경 주석을 했다. 라틴어 성경을 번역을 하기도 했다. 탁월한 성경 원어에 대한 지식으로 성경을 깊이 연구하고 설교를 했다. 칼빈은 성경 한 구절 한 구절만 해석한 것이 아니고 신속한 지각, 능력 있는 표현, 현실에 대한 센스가 한데 어울려져 성경의 깊은 뜻이 들어 나도록 해서 설교자의 기교의 도움 없이도 청중들에게 깊은 인상을 심어 주었다. 기침과 신병의 고통을 당하면서까지 설교에 전력했다. 그래서 그는 "걸어 다니는 병원(walking hospital)"이란 별명까지 들었다. 칼빈은 그의 설교에서 성경의 표현으로 성경의 사상을 드러내는데 날카로운 지각과 명확한 이해 그리고 예리한 표현력이 총 동원되어 있다.

칼빈의 설교 양식은 명쾌하고, 박력이 있었고, 예리했으며, 꾸밈이 없었고, 순결하였으며, 엄격하였고, 우아함이 있었으며, 따스함은 없지만 열정과 힘이 있는 설교였다 칼빈의 설교의 자세는 진지함과 솔직함과 단순함 그리고 명백함이었다. 칼빈은 예화 사용도 일상적으로 평범한 것이었으며 비유도 장황하게 늘어놓지 않았다. 칼빈의 설교의 특징은 설교 전편에 나타나는 하나님 중심적인 신학사상이다. 그의 설교에서 하나님의 절대 주권에 대한 분명한 사상과 고백이 듣는 자들과 읽는 자들이 느낄 수 있게 강하게 담겨져 있다. 칼빈의 목회활동에서 중심적으로 취급한 것은 항상 말씀의 선포였다. 그의 설교 중심의 삶에서 나타나는 그의 신념은 "하나님께 영광을"(Soli Deo Gloria)돌리는 것이다.

칼빈은 어린 아이들의 울음소리를 책망했다. 조는 사람을 엄격히 책망했다. 가정방문도 했는데 그 이유는 선포되어진 말씀이 개인의 생활에 적용되어지고 있는가를 알기 위해서였다. 교회간의 친교도 했다고 한다. 그는 형식주의(formalism) 딱딱하다(harshness)는 비난을 받았으나 마음이 사랑스러웠고 부드러웠으며 타인과 접촉하기를 좋아했다. 제네바로 몰려든 수천의 난민들을 돌보았다. 상담도 많이 했다고 한다. 특히 의상(fashion)과 예절(manner)에 관한 상담을 했다. 칼빈의 지성적 지도력은 목회, 설교, 학교교육을 통하여 다양하게 표현되었다. 칼빈은 아퀴나스(Thomas Aquinas)와 버금가는 조직력의 소유자요 위대한 성경교사였으나 이단에 대해서는 전연 양보가 없었다.

칼빈의 학식과 웅변술과 설교는 데오도레 베자(1605년 사망)에 큰 영향을 끼쳤다. 그는 칼빈의 후계자요, 동료요, 친구요, 칼빈의 예찬론자요, 지칠 줄 모르는 설교자였다. 칼빈은 "오직 성경만"(Sola Scriptura)과 성경 전부(Scriptura Tota)의 설교자였다. 칼빈은 개혁파 설교의 모델을 제시한 설교자였다.

도우메르그(E. Doumergue)라는 학자의 칼빈에 대한 표현은 "내가 보는 바에 의하면 칼빈의 참 모습은 설교자였다. 16세기 개혁의 기치를 말씀으로 체계화한 제네바의 설교자, 그가 바로 칼빈이다"라고 했다. 그러나 어떤 이는 그의 설교에 냉담하였고 무관심했다. 그런 경우 칼빈은 거침없이 비난했다. 공개적으로 적의를 나타냈다고 한다. 칼빈은 주의 만찬을 경시하지는 않았지만 하나님의 말씀 즉 성경의 증거이며 설명인 설교야말로 예배의 주요 부분이라고 천명했다. 성례전은 하나님의 말씀의 보증의 표요 이 보다 한 거름 더 나아간 것이 설교라고 했다.

칼빈의 영향이 크게 평가되는 이유가 크게 두 가지가 잇다

첫째는 칼빈의 영향이 칼빈 생존 당시에 이미 확대된 이유는 칼빈의 인격의 감화와 사상의 정연성(整然性)과 철저한 후진양성 등에서 찾아야 할 것이다.

둘째로 칼빈이 비록 종교개혁운동 대열에서 뒤늦은 후배였음에도 그처럼 크게 쓰임 받은 또 다른 이유는 무엇보다 그의 신학적 공적에서 찾아야 할 것이다. 그는 일찍이 법학 공부에서 습득한 논리적 사고 능력과 조직적 능력을 활용하여 신학 사상을 체계화하였고 교회 정치를 바로 세웠다.

칼빈은 교회와 공동체를 연결시키는 탁월한 지도자였다. 패커(James I. Packer) 교수는 말하기를 "칼빈은 교회와 공동체 속에서 사심 없이 하나님의 명예와 그의 영광을 추구했던 말씀의 설교자, 교사, 목사, 개혁자, 그리고 영원한 기독교 상담자였다"고 술회했다. 그는 수고와 슬픔, 나쁜 건강, 과로한 업무 등으로 인해 극도로 쇠약하게 된 몸으로 1546년 2월 마지막 설교를 하고 1546년 5월 27일 길고 고통스러운 지상의 싸움에서 풀려나 영원한 안식 속으로 들어갔다.

그는 죽기 전날 그의 침대 곁에 모인 사람들에게 설교자로써의 그의 마지막 말을 남겼다.

"저는 하나님 앞에서 여러분이 저에게서 들은 교리를 경솔함 없이, 진리에 대한 확신으로 가르쳤으며, 순수하고 신실하게 하나님께서 저에게 맡기신 책임을 따라 하나님의 말씀을 선포했습니다.'

칼빈은 종교개혁자요 조직신학자였으며 주경신학자요 목회자로서 강해설교자였다. 그는 하나님의 영광과 주권과 말씀선포와 교회의 권징을 강조했다. 칼빈의 영향을 받은 사람들은 청교도 설교가 박스터(Richard Baxter), 천로역정의 저자 번연(John Bunyun), 칼빈주의 설교가 휫필드

(George Whitfield), 미국 지성의 초석이라고 칭하는 에드워드(Jonathan Edwards), 영국의 명 설교가들 스펄젼(Charles Spurgeon), 로이드 죤스(Martyn Lloyd Jones 그리고 켈리(William Kelly) 등이다.

참고자료 위대한 신앙가들의 한계성

칼빈은 모세와 엘리야와 요나와 같이 죽고 싶다는 말을 했다고 한다. 첫째로 모세는 민수기 11:10-15절에는 이스라엘 백성의 원망으로 번민에 쌓인 모세의 연약한 인간으로서의 호소가 기록되어 있다.

① 10-12절: 모든 백성의 책임을 홀로 질 수 없다
② 13절: 백성에게 줄 고기가 없더라
③ 15절: 차라리 죽기를 원한다.

특히 이 여섯 절 중에서 15절에는 "주께서 내게 이같이 행하실진대 구하옵나니 내게 은혜를 베푸사 즉시 나를 죽여 나로 나의 곤고함을 보지 않게 하옵소서" 이스라엘 백성의 원망으로 번민에 쌓인 모세의 연약한 인간으로서의 호소가 기록되어 있다.

그러나 이것은 모세의 신앙이 완전하지 않음을 보여주는 증거이다. 비록 모세가 백성의 지도자로 세워졌으나 민족의 난제들은 오로지 하나님께서 해결하시며 또 만나를 주신 하나님은 분명히 고기도 주실 수 있다. 그리고 고기를 원하는 것은 하나님의 사역자로서 하나님에 대한 믿음이 없음을 보이는 것이다. 이처럼 믿음의 종도 시험에 들면 부족한 인간의 모습을 보이게 된다. 그러나 하나님은 이것을 용서하시고 문제를 해결해 주셨다.

둘째로 엘리야는 열왕기상 19:3,4절에 "저가 이 형편을 보고 일어나 그 생명을 위하여 도망하여 유다에 속한 브엘세바에 이르러 자기의 사환을 그 곳에 머물게 하고 스스로 광야(曠野)로 들어가 하룻길쯤 행하고 한 로뎀 나무 아래 앉아서 죽기를 구하여 가로되 여호와여 넉넉하오니 지금 내

생명을 취하옵소서 나는 내 열조(列祖)보다 낫지 못하니이다 하고". 이세벨의 단호한 경고에 맞설 수 없는 엘리야는 목숨을 건지기 위해 이세벨의 권세가 미치지 못하는 남 왕국으로 도망하여 그 남쪽 국경지대인 브엘세바에 이르렀다. 그리고 다시 광야로 들어갔다(4절).

이러한 엘리야의 행동은 망명하려는 것이 아니라 고요한 광야에서 기도하면서 그 생명을 하나님께 맡기기 위함인 것으로 생각된다. 4절의 '로뎀나무'란 사막의 물 마른 골짜기에서 흔히 볼 수 있는 흰 꽃이 피는 나무이며 그 높이는 3.5m 정도인데 사해 주변과 아라비아 사막 그리고 유대 광야에 많이 있다. 지금도 아라비아인들은 이 나무 밑에서 햇빛을 피해 쉬곤 한다. 그런데 엘리야가 여기서 죽기를 구한 것은 자살하려는 것도 아니고 생명을 저주함도 아니다. 그것은 하나님께 가서 살 수 있는 생명을 구한 것과 같다. 이 기도는 생명의 주관자는 자신이 아니고 하나님이신 사실을 고백한 것이다.

셋째로 요나는 요나서 4: 3, 8-9절에 "여호와여 원컨대 이제 내 생명을 취하소서 사는 것보다 죽는 것이 내게 나음이니이다", 8절 "해가 뜰 때에 하나님이 뜨거운 동풍을 준비하셨고 해는 요나의 머리에 쬐매 요나가 혼곤(昏困)하여 스스로 죽기를 구하여 가로되 사는 것보다 죽는 것이 내게 나으니이다", 9절 "하나님이 요나에게 이르시되 네가 이 박 넝쿨로 인하여 성냄이 어찌 합당하냐 그가 대답하되 내가 성내어 죽기까지 할지라도 합당하니이다"

요나가 자살을 하려고 했던 것은 아니다. 이유는 3절에 생명의 주관자이신 하나님께 자기의 생명을 취하여 주십사고 간구하고 있는 것이기 때문이다.

넷째로 칼빈은 제네바에서 그의 설교의 감화가 식어지자 이럴 바에는 나를 죽여 달라는 기도를 올렸다고 한다. 청중에게 퍽 엄격했다.

3) 쉐이퍼(Francis Schaeffer, 1912-1984)

쉐이퍼는 18세에 활동한 지적인 대 학자였다. 그는 L'Ari(라브리)의 설립자이며 지금도 라브리는 활발하게 운영이 되고 있다고 한다. 포터(David Porter)는 말하기를 "그는 영성과 지성이 실천적이고 사랑 어린 관심으로 결합하여 성서적인 진리와 예수 그리스도의 복음을 선포하는 능력이 있었다"했다. 그의 저서 중 23권이 25개국으로 번역되었다. 그는 지성적이면서도 실천과 사랑이 동반되어 생명력이 있었던 사람이었다. 그는 영성과 지성과 실천이 겸비한자였으므로 호소력이 있었다. 저서로는 1968년에 "거기 계신 하나님", 1977년에 "그러면 어떻게 살아야 하는가?, "이성으로부터의 도피" 등이 있다.

그는 성서진리에 대해선 타협하지 않았다.
지성주의형 지도자들의 공통적인 특징은
① 기독교 진리뿐만 아니라 당대의 세상 학문에도 통달하면서 그 세속 학문을 기독교 진리를 밝히는데 사용했다.
② 지성적 지도력의 영향은 당대뿐만 아니라 후대까지 미쳤다.
③ 분명한 회심의 체험을 하면서 계시 의존적인 신앙으로 바꿨다.
④ 삶의 형장을 통과했기 때문에 생명력이 있었다.

2. 행동주의형 지도자

행동주의형 지도자들은 불의와 타협하지 않고 자신의 신앙을 실행에 옮기면서 지도력을 발휘한 지도자들이다. 이들은 그리스도만 존귀케 하고 하나님의 영광만 들어내는 사람들이다. 목숨까지도 불사한 사람들이다. 에스더의 "죽으면 죽으리라" 주기철 목사의 "일사각오"의 정신은 행동주의형 지도자의 대표적인 형이다. 요한계시록 2:10절 "하나님을 사랑하되 마음과 목숨과 뜻을 다하여 사랑하고 이웃을 사랑하되 네 몸과 같이" 사랑한 사람들이었다.

이들의 공통적인 특징은 다음과 같다.
① 이들은 흔들리지 않은 확신을 가지고 있었다.
② 이들의 신앙은 반석 위에 서 있는 신앙이었다.
③ 이들은 주로 옥중 성도들이었다.
④ 이들은 우유 부단하지 않은 사람들이었다.
⑤ 이들은 "예"(yes)와 "아니오(no)가 분명한 사람들이었다.
⑥ 이들은 판단력과 실천력이 분명한 사람들이었다.
⑦ 이들에게는 추종자들도 많았지만 적들도 많았다.
⑧ 이들은 기독교 신앙을 행동으로 보여 준 사람이었다.

그러므로 이들은 당대뿐만 아니라 사후에 더 영향을 미쳤다. 대표적인 인물들은 다음과 같다.

1) 순교자 저스틴(Justin Martyr, 125-166)

변증가 중에서 가장 대표적인 존재로 꼽히는 저스틴은 125년경에 출생하여 166년경에 순교하였다. 샤프가 지적한 대로 그는 "그의 문학적인 변론보다도 죽음으로써 더 익숙하게 기독교를 증거한 사람이다"라고 하였다. 그는 주후 130년경에 기독교로 회심한 사람으로 알려져 있으며 에베소에서 로마로 이사했다. 그는 로마에서 기독교 철학 학교를 개설했다.

그는 처음에는 당시 유행하던 스토아파의 철학을 따랐으나 아리스토텔레스, 피타고라스 학파 또는 플라톤 학파로 전전하면서 공부하였다. 그의 철학연구가 극치에 이르렀다고 자부할 무렵 바닷가를 거니는 유식한 노인과 마주쳤다. 그 노인은 성경을 그에게 풀이하며 구약의 약속과 신약의 성취를 설명하여 주었다. 이 해변대화는 저스틴의 생의 코스를 바꾸어 놓았다. 그는 계속해서 성경을 연구한 후 신자가 되고 철학자의 복장으로 각처에 다니며 죽는 날까지 지성인들에게 전도하는데 여생을 보냈다.

그의 전도를 위한 변증서는 세 가지가 있다.
① 대 변증서-안토니어스 파이어스 황제에게 보내는 글
② 소 변증거-로마의 원로원에게 보내는 글
③ 트리포(Trypho)와의 대화-유대인 트리포와의 대화를 실은 것으로 두 변증서를 합한 것보다 곱절이나 될 만큼 내용이 긴 변증서이다. 유세비우스에 의하면 트리포는 "그 당시 유대인 중에 가장 뛰어난 인물"이었으며 그가 저스틴과의 대화를 통하여 그리스도를 영접하였는지는 모른다. 이 책은 성경 예언에 대한 해석 연구의 보고(寶庫)가 될 것이다.

2) 폴리캅(Polycap)

서머니 교회의 감독이며 사도 요한의 제자이기도 한 폴리캅은 이그나시우스의 젊은 친구요 이레니우스(Ireanaeus)의 스승이었다. 그는 사랑의 사도로 존경을 받았으나 이단을 가르치는 자에게는 냉정하고 단호하였다. 이레니우스의 증언에 의하면 당시 로마에서 활약한 말시온(Marcion)을 가리켜 "사단의 맏아들"이라고 잘라 말했다. 그가 빌립보에 보낸 그의 서신에 의하면 구약보다 신약을 더 많이 인용하였으며 이 점에서 이 서신이 정경사에 중요한 재료가 된다. 그는 순교를 하면서 한 말은 유명하다 "86년 간을 나를 사랑하시면서 한번도 나를 배반치 않은 주님을 어떻게 배반하겠느냐? 고 하였다. 화형의 이슬로 사라진 속 사도였다.

3) 이그나시우스(Ignatius)

트리얀 황제때 안디옥 감독으로 봉직하던 중 순교하였다. 그는 로마로 끌려가던 중 7통의 편지를 쓴 것이 전해 오고 있다. 그는 10명의 군인에 의해 포박된 채 로마로 압송된 뒤 로마의 사자들에 던져질 때(115)까지 순교의 영광을 노래하기를 그치지 않았다. 그는 로마에 가서 짐승들의 이빨에 빠져서 "그리스도를 위한 순전한 빵"이 되고 싶다고 하였다.

그의 주요 사상은
① 이단 경계
② 교회의 조직적 통일
③ 감독의 권위에 대한 승부
④ 순교자의 영광 등이다.

4) 파피어스(Papius)

브루기아(Phrygia) 지방 히에라폴리스(Hierapolis)의 감독 파피어스는 2세기 중엽까지 교회를 봉사했다. 전하는 바에 의하면 그는 폴리캅 감독과 함께 버가모에서 순교했다고 한다. 그는 사도들과 제자들의 구전(口傳)을 모아 5권으로 된 "주의 가르침의 설명"을 썼다. 이 책이 지금은 전해지고 있지 않으나 역사적 단편일지라도 역사적 참고를 위해 중요한 위치를 차지하고 있다.

5) 이레니우스(Irenaeus)

폴리캅의 제자였던 이레니우스는 헬라고전과 신구약 성경에 정통한 학자였다. 뿐만 아니라 그 당시의 이단들의 여러 문헌들을 익숙하게 취급하여 이단들의 주장을 논박하여 정통교리를 수호한 고대 카톨릭 교회의 신학상 비조였다. 그는 소아시아에서 주후 115-119사이에 태어나서 교육을 받고 지금의 프랑스 리용(Lyon)지방에 선교사로 갔다. 177년 리용에 박해가 일어났을 때에 로마로 파견되어 난을 피했다.

로마에서 돌아온 뒤에 박해시 순교한 리용 감독 폰티너스(Pontinus)의 뒤를 이어 죽을 때까지 리용의 감독으로 일했다. 그는 세베레스 황제 때 순교하였다고 전해지고 있다. 그는 헬라 사상에 익숙하면서도 활동은 서방에서 했고 라틴신학의 발전에 크게 공헌을 했다.

6) 오리겐(Origen)

오리겐은 185년경에 알렉산드리아에서 기독교인의 부모에게서 태어났다. 아버지는 셀베루스 황제의 박해(202-203)로 인해 순교했다. 어머니의 지혜로 오리겐은 간신히 죽음을 면했다. 그는 이미 어릴 때부터 그의 돈독한 신앙과 명석한 두뇌는 널리 알려졌다. 그는 오늘날 교리문답학교에 입학하여 클레멘트 밑에서 가르침을 배웠다. 그는 박해로 인하여 신학교의 교수들이 흩어지자 학교를 인수받아 학교의 책임을 맡고 가르치게 되었다. 그때 그의 나이는 겨우 18세였다.

그는 가르치며 동시에 배우는 사람이었다. 당시의 철학의 권위자였던 암모니어스 삭가스에게서 철학을 배웠다. 그의 연학(研學)은 눈부실 만한 것이었다. 그는 일생을 홀로 지내며 극한 가난과 싸우며 저서와 교수에 주력했다. 211년에는 로마를 방문하고 215년에 카라칼라 황제의 축출명령으로 알렉산드리아를 떠나 아라비아로 가서 전도했으며 다시 돌아와서 신학교에서 가르쳤다.

230년경에 팔레스타인과 헬라를 방문하는 중 가이사랴에서 장로 안수를 받았다. 그러자 처음엔 그를 천거한 바 있는 알렉산드리아의 감독 디미트리어스(Demetrius)는 자기의 권리가 팔레스타인의 감독에게 침해당했다고 판단하고 오리겐을 알렉산드리아에서 축출하여 버렸다. 오리겐은 다시 가이사랴로 돌아가 신학교를 개설하고 후배 양성에 힘썼다. 이 때는 그의 학문활동이 절정에 이르렀다. 244년 데시우스(Decius)황제의 박해 때의 악형과 고문을 받고 두로 감옥에 갇혔다가 254년경에 순교했다.

다 작가로서 오리겐은 그의 저서를 세 종류로 나눌 수 있다.
① 성경주석류의 책이다.

그의 성경주석은 신구약 전부에 걸쳤으며 은유적 해석방법을 사용하였다. 그는 본문 비평을 위해 헥사플라(Hexapla)를 27년간에 걸쳐 완성했다.

② 조직신학 저서이다.

원리(the principle)는 그의 해박한 신학지식과 헬라적 사고방식을 보여주었다.

③ 변증적 작품이다.

셀세스(Selsus) 반박문은 신 플라톤 철학과 스토아 사상을 가지고 기독교를 과학적 입장에서 변증한 책이다. 전부 8권이 지금까지 전해지고 있다.

7) 터틀리안(Tertulian, 150-)

터틀리안은 라틴교부로서 150년경에 칼타고에서 태어났다. 아버지는 그 당시 로마 군대의 백부장이었으며 아버지의 강한 교육열로 인해 터틀리안은 그 당시 최고의 학문을 닦을 수 있었다. 그는 법학을 전공하여 로마에서 이름난 법률가로 활약하였다. 193년에 그는 기독교로 개종하여 복음의 변증과 선포에 헌신했다. 그는 라틴신학의 아버지라고도 불리운다. 그는 어거스틴을 제외하고는 라틴계에서 가장 독창적이고 중요한 신학자일 것이다. 그는 꺾이지 않는 의지력, 번득이는 지성, 불태우는 웅변의 사람이었다. 그는 이 모든 은사를 가지고 저술을 통하여 기독교의 진리를 수호했다.

그의 저서는 주로 세 종류로 나눌 수 있다.

① 기독교의 변증: 유대인, 이교도, 그노시스교도, 말시온, 로마정부에 보낸 변증서

② 기독교의 교리: 그리스도의 인격, 부활 등에 관한 신학

③ 기독교의 윤리: 독신생활, 옷차림, 일부일처주의, 성적 순결, 금식,

극장 관람 등

8) 키프리안(Cyprian)

키프리안은 터툴리안 다음으로 위대한 칼타고의 신학자였다. 148년에서 258년까지 칼타고의 감독으로 활약하면서 박해 중에도 분열주의자들의 도전에도 잘 싸워나가다 끝내 순교하였다. 그는 비교적 부유한 가정에 태어나 문학과 법학을 공부하고 수사학의 교사로서 변호사로서 이름을 떨쳤다. 246년에 그가 45세에 개종하여 교회봉사를 헌신적으로 하였다. 2년 후에 칼타고의 시민들의 추천에 의하여 감독회의에서 감독으로 안수를 받았다.

250년 데시우스 황제의 박해가 일어나자 사막으로 피난하여 편지로 교회를 지도했다. 박해가 끝난 뒤 흐트러진 교회를 재조직하며 저술에 힘썼다. 그의 사상은 터툴리안을 벗어나지 못했다. 그의 가장 중요 저서로는 교회일치론(敎會一致論)이었다. 그는 교회의 일치연합을 강조하며 교회 분열을 사단의 장난이라고 했다. 분열은 교회에서 박해보다 더 위험한 것이라고 했다. 분열은 교회를 어지럽히는 것이며 신앙을 타락시키는 것이라고 했다. 교회밖에는 구원이 없으며 교회를 어머니라고 부르지 않는 자는 하나님을 아버지라고 부를 수 없다고 했다. 노아의 방주 밖에는 구원이 없었던 것처럼 교회를 떠나서는 구원이 없다고 단정했다.

9) 쯔빙글리(Ulrich Zwingli, 1484-1531)

루터와 칼빈과 더불어 교회개혁의 제3의 인물로 불리우는 쯔빙글리는 스콜라 철학과 인문주의적 교육을 받은 박식한 인문주의자였다.

쯔빙글리는 루터가 태어난지 두 달 후인 1484년 1월 1일 스위스(Switzerland)의 고지대에 위치한 토겐부르그(Toggenbrug)라는 도시의 빌트하우스(Wildhaus)에서 한 농부의 3남으로 태어났다. 그의 아버지는 농부이자 마을 행정서기로 일을 했기 때문에 경제적 여유가 있었고 힘이 미치는 한 좋은 학교에 보내고자 노력을 했다. 쯔빙글리는 뛰어난 재능을 지니고 있었기 때문에 아버지는 그에게 큰 소망과 기대를 가지고 있었다.

쯔빙글리는 8세에 그의 삼촌이 교장으로 있던 베젠(Wesen)학교에 입학을 했으며 10세 때인 1494년에는 바젤(Basel)로 가서 성 데오도르(St. Theodore)학교에 입학을 했다. 이곳에서 라틴어 변증법 그리고 음악 등을 공부했다. 1498년 가을에는 비엔나(Vienna)로 가서 비엔나 대학에서 수학하였는데(1498-1502) 이곳에서도 고전어와 음악에 대한 깊은 지식을 쌓았다. 1502년 다시 스위스로 돌아와 바젤대학으로 갔고 이곳에서 1504년에는 문학사(B.A.)학위를, 1506년에는 문학석사(M.A.)학위를 받은 후에 글라루스(Glarus)의 사제가 되었다.

쯔빙글리는 에라스무스(Erasmus, 1469-1536)의 사상을 접하게 되었는데 이것은 그의 생애에 있어서 커다란 변화였다. 에라스무스는 쯔빙글리의 지적 우상이 되었다. 그는 해박한 고전어 능력으로 성경과 교부들의 작품을 읽고 연구할 수 있었다. 그는 모든 학문을 성경에 기초하여 연구하게 되었다.

쯔빙글리는 1516년부터 1518년까지는 소위 순례자의 중심지, 곧 마리아 숭배의 중심지로 알려진 아인지델른(Einsiedeln)의 수도원에서 사제로 지냈다. 이곳에는 소위 "동정녀 마리아"의 조상(Black image of the virgin Mary)이 있었는데 이를 보려고 수많은 순례자들이 찾아들고 있었다. 그는 이곳에서 공로사상과 선행에 의한 구원교리 등 당시 교회의 문제점들을 보기 시작하였고 이들을 비판하기 시작하였다.

쯔빙글리는 1518년 12월 27일 아인지델른을 떠나 취리히(Zurich)로 이사를 했다. 이때부터 취리히는 쯔빙글리의 삶과 목회, 그리고 개혁운동의 중심지가 된 것이다. 1519년 1월 1일, 그의 생일에 쯔빙글리는 사제 평의회에서 기존 예배의 성무 일과에 구애됨이 없이 직접, 연쇄적인 마태복음

강해 설교를 할 것을 선언하였다. 그리고 그는 사도행전, 바울서신, 공동서신 순으로 설교하기 시작했다. 그는 강단에서 헬라어 성경을 본문으로 하여 직접 해설하는 강해설교를 실시하였다. 그는 스위스 사람들이 이해할 수 있는 독일어로 설교를 하였다. 그래서 쯔빙글리는 그의 뛰어난 설교로 존경을 받게 되었고 1519년부터 1526년 사이에는 신약성경 전권을 강해했다. 그는 이런 목회활동을 통해 로마 카톨릭교회의 신앙의 오류와 종교적 남용을 비판하였다. 1521년 교황청의 용병파병 요청이 있었을 때에 그는 설교를 통하여 비판했을 뿐만이 아니라 용병파병반대운동을 주도하였다.

스위스의 종교개혁은 이와 같이 하나님의 말씀의 선포로 시작이 된 것이다. 1523년 그의 교리의 요약서인 67개 명제로 출판했다. 취리히 제 1차 논쟁에서 자신의 입장을 취리히 의회에 천명하고 자신의 견해의 정당성을 인정받았다. 예배 의식도 개혁되어 로마 카톨릭적인 행사가 하나 하나씩 폐지되고, 대신 보다 더 단순한 예배의식을 갖추게 되었다. 결국 미사가 폐지되었다.

쯔빙글리의 교회 비판은 그 범위를 넓혀갔다. 성직자의 독신제도가 비성경적임을 비판하였고 1522년 7월에는 취리히 의회와 콘스탄즈 주교에게 복음에 대한 자유로운 설교를 보장할 것과 성직자의 결혼허용을 정식으로 요청하였다. 이 청원은 거절되었지만 쯔빙글리는 안나 라인하르트 (Anna Reinhart)와 비밀리 결혼하였고 1524년에는 그의 결혼이 공개되었다. 쯔빙글리와 안나 사이에는 8명의 자녀가 있었다.

1522년 쯔빙글리는 "처음과 끝"이라는 뜻의 제목의 한편의 글을 발표했다. 이 글은 교회개혁운동에 중요한 의미를 갖는다. 이 책이 "하나님의 말씀의 명확성과 확실성"(The Clarity and Certainty of God's Word)이란 제목으로 번역이 되기도 하였다. 쯔빙글리는 이 책을 통해 주교들로부터의 영적 해방을 주장하였다. 하나님의 말씀을 제대로 전달하기 위해서는 오직 성경만이 필요한 것이라고 주장하였다. 교회나 종교회의나 교황이 성경해석을 독점하는 것은 정당하지 않은 일이라고 주장하였다. 그리고 성경의 우월성, 곧 성경의 명료성과 확실성과 성경의 권위를 강조하였다.

쯔빙글리는 많은 책들을 저술하였다. "세례에 관하여"(On Baptism), "재세례와 유아세례에 관하여"(On Rebaptism and Infant Baptism, 1525, 4월), "세례에 관한 휴프마이어의 소책자에 답하여"(Answer to Hubmaier's Booklet on Baptism, 11월) 등이 그것이다. 특히 그의 아주 위대한 작품은 1525년 3월에 출판된 "참된 종교와 거짓된 종교에 관한 주석"(Commentary on the True and False Religion)이다. 이 책은 프랑스 국왕 프란소와 1세에게 헌정된 대표적인 책으로서 특히 기념과 상징적인 의미가 있는 성찬식을 통해 신자들은 오직 믿음에 의해 그리스도에게 나아간다는 자신의 성찬관을 명료하게 서술하였다. 그는 위의 책에서 참된 성경의 종교와 미신 또는 전통과 이성에 근거한 거짓 종교를 구분하였다.

취리히에서는 시의회의 지원하에 괄목할만한 개혁이 이루어지고 있었다. 교회당에서 성상(우상)이 제거되었고 오르간의 사용도 금지되었다. 오르간은 성경에서 찾아 볼 수 없다는 이유에서이다. 1525년 4월에는 천주교의 미사가 폐지되었고 그 대신 성경적인 성찬예식이 시행되었다. 많은 사제들, 수도사들, 그리고 수녀들은 독신제도의 굴레를 벗고 결혼하였다.

1525년 부활절에는 성만찬도 신약 성경의 가르침에 따라 보다 단순한 성경적인 방식으로 대체되었다.

1529년에 독일 마르부르크에서 루터와 멜랑톤과 만나 종교개혁자의 동지서에 서명을 했다.

1531년 로마 카톨릭측을 대항하여 싸웠다.

1531년 11월 11일 카펠(Cappel)이라는 도시에서 벌어진 전투에서 수적 열세로 패배했고 쯔빙글리는 칼을 손에 든 채로 쓰러졌다.

쯔빙글리의 성품과 개혁 사역의 성격은 다른 개혁자들과 여러 점에서 차이가 있다. 그의 신앙적 삶은 루터나 칼빈처럼 심오하지도 순결하지도 않았으나 신실하고 진실해서 성직에 대한 그의 양심적인 헌신은 두드러졌다. 그에게는 구원하는 복음의 능력에 대한 개인적인 체험도 증대되었다. 쯔빙글리의 개혁은 주로 인문주의적, 도덕적, 그리고 지적인 성격을 띠었다. 쯔빙글리의 정치적 성향은 열렬한 애국심과 그가 대했던 사람들과 제도와 장소의 성격에 의해 규명되었다.

설교가로서의 쯔빙글리는 설교가 그의 사역의 중심이었고 설교에 의해 사람들을 얻고 지켰으며 개혁을 성취했다. 그의 사역의 제일 목적은 하나님의 말씀을 사람들의 마음속에 깊이 새겨 주는 일이었다. 그의 설교의 형식과 방법은 스콜라주의의 영향을 거의 받지 않았기 때문에 분석을 그렇게 중요시하지 않았다. 그의 설교의 논리의 전개는 인문주의적 요소가 담겨있으면서도 고전적 설교에 보다 가까웠다. 그의 설교의 용어는 이해하기 쉬웠고 명쾌하며 감동적이었다. 그는 원고 없이 설교했다. 출판도 거의 하지 않았다. 기록으로 내려오는 설교는 소수에 불과했다. 다만 전해오는 그의 설교 방법과 능력에 대한 이야기들은 한결 같이 강단에서 놀라운 능력에 관한 것들이었다.

쯔빙글리는 키가 크고 강건한 외모와 밝은 얼굴과 상냥한 태도를 지녔다. 그의 목소리는 그리 크지 않았다. 그의 설교는 진실하였다. 사람을 끄는 힘이 있었다. 사람들은 그의 설교를 듣기를 좋아했다. 그의 말씀은 큰 영향을 미쳤다. 그는 펜을 잡고 있기보다는 많은 시간을 깊은 명상에 잠겼다. 연극조의 설교나 수사적 기법을 삼가 했다. 학생들에게 과장된 몸짓을 피한 것과 너무 빠르거나 너무 느리게도 크게도 작게도 하지 말 것을 가르쳤다.

그의 설교 속에는 국가관과 민족관이 가득 채워져 있었다. 그는 정치적 재능을 가진 사람이었다. 그래서 설교를 교회적, 민주적 투쟁을 위하여 하나의 도구로 사용했던 것도 사실이다. 그러나 그의 설교의 핵심은 말씀의 진수를 해설하는데 노력했다. 그는 당시의 페리콥(Pericope)이나 표준적 주석들을 버리고 성경의 재발견을 과감히 시도했다. 그는 성령의 감화에 의지하여 성경을 해설하려는 노력을 했다. 그는 설교를 통하여 많은 사람들에게 영향을 미쳤다. 그는 설교를 통하여 개혁을 부르짖었다. 쮜리히(Zurich)에서 쯔빙글리를 돕고 따른 주요한 인물들은 에오유드(Leo Jud, 1482-1542)와 헨리 불링거(Henry Bullinger, 1514-1575)였다.

그는 전형적인 행동주의형 지도자였다. 칼빈은 지성을 통하여, 루터는 황금의 입을 통하여 개혁의지를 피력하였으나 쯔빙글리는 행동으로 자신의 의지를 피력하였다. 그의 지도력의 원천은 타협할 줄 모르는 진리에 대한 확신이었다. 이런 확신 때문에 루터파와 재 침례파와 로마 카톨릭과 논쟁을 벌였다. 그의 지도력의 원천은 2 가지(성경연구와 흑사병의 위기) 전환점을 거치면서 성숙되었다

그는 성직자의 결혼을 허용했다. 그는 새로운 세례 조례를 허용했다. 그는 신학교를 개혁했다. 그는 미사를 폐지했다. 그는 권징을 설정했다. 그는 그리스도만이 구원의 유일한 길임을 확신하였고 목회현장에서 말씀과 성령의 역할의 중요성을 강조하였다. 그는 면제부와 행위구원과 교권주의와 비성경적인 전통을 배격하였다 그는 목회, 예배, 행정, 권징 등을 본질적으로 재구성했다. 그의 지도력의 영향은 다른 지역으로 확산되었다.

쯔빙글리가 죽은 후 스위스의 개혁운동은 레오 쥬드(Leo Jud)와 불링거(Heinrich Bullinger, 1504-1575)에 의해 계승이 되었다. 불링거는 브렘가르텐(Bremgarten) 출신의 성직자로서 쯔빙글리의 후계자이며, 자위이며, 쯔빙글리의 전기 작가이기도 했다.

10) 낙스(John knox, 1514-1572)

낙스는 스코틀랜드의 개혁자로서 장로교회의 초석을 놓은 사람이며 행동파 지도자들 중에 대표적인 인물이다. 그는 스코틀랜드의 동부 동 로디안(East Lothian)의 해딩톤(Hadington)에서 그리 멀지 않은 기포오드

(Gifford) 출신인 것으로 기록되어 있다. 그의 출생 년도는 정확하지 않으며 여러 기록 년도를 보면 1512년경에서 1515년경에 출생한 것으로 나타나 있다.

그는 중류층 가정의 존경할 만한 부모 아래서 1514년에 출생했다. 서류상으로 남아 있는 증거는 없으나 낙스는 해딩톤에 소재한 지방학교에 취학했던 것으로 보인다. 1529년에 성 앤드류서(St. Andrews)대학에 입학하였는데, 그때 그의 나이는 16세 전후였다. 그러나 그가 대학을 졸업했는지에 대해서는 분명치 않다. 그 이유는 성 앤드류스 대학교의 졸업생 명단에 그의 이름이 기재되어 있지 않기 때문이다. 그가 대학에서 수학한 것은 분명하나 졸업은 하지 못하고 가정교사가 된 것으로 보인다.

낙스는 1540년 이후 가정교사로서 그리고 공증인으로 생활하였는데 비교적 안정되고 평안한 생활을 했으나 이러한 생활은 오래 계속되지는 못했다. 그가 공증한 서류 중에 현재까지 남아 있는 것 중의 하나인 1543년 3월 27일자의 문서를 보면 "그리스도를 통한 신실한 증인, 그리스도에게 영광을 돌릴찌어다"라는 구절이 나오는데, 이 점은 그가 이 때에 이미 프로테스탄트로 개종했을지도 모른다는 점을 시사해 준다. 다른 개혁자들과 마찬가지로 낙스도 자신의 회심에 대해 아무런 기록도 남기도 않았다.

1547년 4월 10일 그가 가르치던 세 학생을 데리고 성 앤드류스에 도착을 했다. 이 곳에 도착한 낙스는 스스로는 원치 않았음에도 불구하고 이곳의 프로테스탄트의 목회자로 부름 받았고 4개월 간 설교자로 봉사를 했다. 그 후부터는 스코틀랜드 종교개혁을 위한 가장 중요한 대변자가 되었다.

1547년 7월 30일 프랑스 함대는 성 앤드류스 앞 바다까지 공격해 와서 이 성은 함락이 되었다. 많은 사람들이 피살되었고 120명에 달하는 젊은 이들이 체포되어 프랑스 전함의 노예로 끌 갔는데 낙스도 그들 중의 한 사람이었다. 이때부터 낙스는 갈리선의 노예(the Galley slave)로 19개월 동안 중노동에 시달리게 되었다. 특히 첫 1년 동안의 고통은 이루 말할 수 없었다. 그러나 그는 이 기간동안 강인한 지도자로 성장하게 되었다. 그리고 그는 개신교 신앙에 대해 보다 확고한 신념으로 무장했다.

그는 19개월 동안 노예로서의 생활을 마친 후 정치적 변화 속에서 석방될 수 있었다. 석방된 낙스는 영국으로 갔다. 정식으로 영국교회 성직자가 된 그는 스코틀랜드와 영국의 가장 북쪽에 위치한 버위크(Berwick)에 정착하였다. 이곳은 영국의 가장 북쪽에 위한 항구도시였다. 그는 1549년부터 이곳에서 1553년까지 영국교회 안의 저명한 설교자로 활약하였다. 그는 여기서 생명의 위협을 느끼고 유럽대륙으로 망명할 것을 결심했다.

1554년 1월 낙스는 템스강에서 배를 타고 영국을 탈출하여 프랑스의 항구도시 디에프(Dieppe)에 도착을 했다. 디에프에 잠시 머문 낙스는 제네바로 갔다. 여기서 그는 칼빈을 만났고 칼빈으로부터 많은 것을 배우게 되었다. 낙스는 제네바를 떠나 프랑크푸르트로 가서 영국인 망명자 교회에 목회자로 체류했다.

1555년 3월 다시 제네바를 거쳐 그 해 가을에 조국 스코틀랜드에 비밀리에 입국하여 그곳의 정치상황을 살펴보는 한편 마조리 양(Miss Marjorie Bowes)과 결혼을 하였다. 낙스는 40세가 넘었으나 마조리 양은 20세 전후였다. 불행하게도 결혼한지 5년이 지난 1560년에 그녀는 세상을 떠나고 말았다. 칼빈은 그녀를 가리켜 "가장 사랑스러운 여인"(the most sweet wife)이었다고 말하면서 낙스를 위로했다고 한다.

1556년 9월 낙스는 제네바로 다시 돌아가서 그 해 12월에 그 곳 영국인들의 교회에 목사로 취임했다. 낙스는 1556년부터 1559년 1월 제네바를 떠나 조국 스코틀랜드로 돌아오기까지 2년 6개월 동안 목회자로 일했던 것이다. 그는 칼빈과의 교제를 통해 개혁사상을 많이 터득하고 목사, 장로, 집사는 세워 장로정치를 실현했다.

결국 낙스는 1559년 5월 2일 아내와 두 아들을 데리고 스코틀랜드로 돌아왔다. 이 시기까지 낙스는 폭넓은 경험을 하였다. 영국과 독일과 스위스의 개혁자들과 교제하였고 특히 칼빈과는 깊은 관계를 유지하며 그의 사상과 개혁운동을 직접 보고 배웠다. 낙스는 칼빈을 "하나님의 유일하신 도구"라고 불렀다. 그는 칼빈에게서 예배와 신학, 예전과 행정 그리고 개혁정신을 배웠다. 스코틀랜드로 귀국한 낙스는 종교개혁추진 동맹을 관장하고 동시에 에딘버러시의 목사가 되었다. 이제 그의 개혁운동이 시작된 것이다.

낙스가 1559년 스코틀랜드로 돌아온 이후 종교개혁이 성공적으로 진행되고 있었으나 1561년 8월 19일 스코틀랜드 여왕 메리 스튜어트의 프랑스로부터의 귀국은 문제를 야기시켰다. 그녀는 스코틀랜드 왕 제임스 5세의 딸로서 1542년 12월 7일에 태어났다. 그녀가 태어난지 꼭 일주일 후인 12월 14일에 그의 아버지는 사망했다. 그래서 그녀는 어린 나이에 여왕이 되었으나 그의 어머니 기즈가(家)의 메리(Mary of Guise)가 섭정을 하였다. 명목사의 여왕에 지나지 않았던 어린 메리는 6살 때 어머니의 나라인 프랑스로 가서 살게 되었다.

1558년에는 그곳에서 프랑스의 황태자인 프란소와 결혼했다. 그는 앙리 2세에 이어 프란소와 2세란 이름으로 왕이 되었으나 1560년 12월 5일 사망하였다. 스코틀랜드에서는 섭정이던 기즈의 메리가 1560년 6월 10일에 사망하였다. 이렇게 되자 스코틀랜드에서는 부재국왕인 메리의 귀국을 요청하게 되었다. 메리는 13년간의 프랑스 생활을 청산하고 스코틀랜드로 돌아오게 되었다. 이 때가 1561년 8월 19일 그의 나이 18세 때였다.

그런데 귀국한 메리 여왕은 로마 카톨릭 신자여서 귀국 후 첫 일요일에 국법으로 금지한 미사를 드렸고 계속해서 미사를 드리겠다고 고집했다. 이것은 갓 이루어진 교회개혁을 부정하는 일이었다. 낙스는 성 가일교회 강단에서 메리의 미사를 비난하는 설교를 하면서 메리의 미사는 "새 이세벨"(New Iezebel)의 우상숭배라고 공격하였다. 여왕 메리는 낙스를 소환하여 경고하였다. 그 해 9월 4일에는 양자간의 토론도 있었다. 낙스는 이 날의 대화에 대한 기록을 남겼다.

여왕 메리는 미사와 카톨릭 의식을 고집하였다. 그래서 여왕과 개혁자 사이에 영적 전쟁이 시작되었다. 메리의 미사는 낙스에게는 침공해오는 군대보다 더 심각한 문제였다. 두 사람 사이에는 5차례의 면담이 있었다. 사실 낙스의 확신과 용기, 그리고 그의 투쟁은 대단한 것이었다. 랜돌프는 9월 24일자로 쓴 편지에서 낙스의 영향력에 대하여 다음과 같은 기록을 남겨두고 있다. "저는 계속 불어제치는 500개의 나팔들보다도 오히려 한 개인의 한 시간 동안 외치는 목소리가 더욱 힘이 있다는 것을 확신하게 되었다"

스코틀랜드 장로교회 총회는 1567년 6월 25일 메리의 왕위 상실을 선언하고 그녀의 아들을 제임스 6세로 공식 옹위하였다. 제임스 6세의 대관식 때 설교를 했던 사람은 낙스였다. 낙스는 어린 요시야 왕에 대한 설교를 통해 개혁운동을 국가적 과제로 확고히 했다. 1567년 12월에 소집된 그 코트랜드 의회는 1560년의 정책을 재확인했고, 앞으로 모든 왕들은 프로테스탄트 신앙을 유지하겠다고 서약하는 것을 의무화하였다. 그래서 스코틀랜드는 강력한 장로교 국가가 된 것이다.

낙스는 1559년 5월 스코틀랜드로 돌아온 이후 13년간 교회개혁을 위한 나팔수(trumpeter)의 사명을 감당하고 1572년 11월 24일 하나님의 부르심을 받았다. 낙스는 전 생애를 살면서 자기의 설교를 "주인(주님)의 나팔을 부는 것"(blowing the Master's trumpet)으로 묘사하였다. 그는 실로 군사적 기질을 가졌던 사람이었다. 그는 당대의 뛰어난 설교가였으며 애국자였고 개혁자였다. 앤드류 멜빌(Andrew Melville)은 낙스를 가리켜 "우리 민족의 가장 고귀한 예언자이자 사도"라고 불렀다. 몰톤(Morton)은 낙스의 장례식에서 다음과 같이 말했다고 한다.

"여기 이 자리에 그의 전 생애를 통해 인간의 얼굴을 두려워하지 않았던 한 사람이 누워 있다(Here lies a man who never feared faces of human flesh in all his life). 너도나도 많은 날 동안 단도와 검의 위협에 시달렸으나 그는 평화와 영예 속에 이 세상을 떠났다. 죽음의 위협 속에서도 하나님의 섭리가 그를 특별히 보호하였기 때문이다"

낙스는 걸출하고도 열정적인 사람이었다. 그는 강한 개성과 진실한 위대함이 명확하게 들어 났다. 그의 지도력은 확신, 영성, 그리고 개혁에 대한 의지에 뿌리를 내렸다. 그는 힘이 있고 호소력이 있으며 설득력이 있었다. 그는 스코틀랜드의 개혁 설교가들 중에 가장 탁월한 사람이었다. 그는 루터나 쯔빙글리나 칼빈과 같이 독창적이거나 위대하지는 않는다 할지라도, 스코틀랜드 개신교 확립에 있어서는 그들과 버금가는 위치에 있었다. 다른 개혁자들과 비교해 볼 때 그의 설교는 얼마 남아 있지 않다. 맥크리는 그가 남긴 설교는 오직 한 '편만 출판되었다고 한다. 다른 학자들은 그가 남긴 설교는 3편으로 보고 있다. 이사야서 26:13-21에 관한 설교, 마태복음 4:1에 관한 2 편의 설교만 남아 있다.

이 두 편의 설교는 스코틀랜드 자유교회 총회에서 편집하여 1845년 에딘버러(Edinburgh)에서 출판된 요한 낙스(John Knox)의 작품전(The Select Practical Writings of John Knox)에 수록되었다. 달곤(Dargan)은 낙스가 남긴 몇몇 강해들과 경건하면서도 교훈적인 소 논문들이 있다고 한다. 이런 설교문과 소 논문들이 낙스의 성경을 밝혀주는 적응력과 그의 능력에 대한 일반적인 평가가 정당함을 보여준다.

그는 칼빈과 같이 작은 체구와 연약한 몸을 가졌기 때문에 설교하러 강단에 오를 때 부축을 받기도 하였다. 그러나 그의 설교는 놀라운 능력이 나타났다. 그는 칼빈보다 훨씬 더 정열적이고 흥분을 잘하는 사람이었다. 그는 부드러운 말과 행동을 한 사람이었다. 그는 타고난 웅변가의 능력을 가지고 청중들에게 설교했다. 그의 설교는 생동감이 넘쳤고 힘이 있었으며 많은 사람들에게 기대함으로 부풀게 했다.

그가 성 자인스 교회에서 설교한 이사야 26장에 대한 설교에 첨가한 서문에서 설교자로서의 그의 모습을 확인할 수 있다. 그는 다음과 같이 말했다.

"나는 오늘날 성경에 대한 수많은 작품이 나오고 있기는 하지만 성경 말씀의 내용이 거의 지켜지지 않고 있다는 점을 생각해 볼 때, 내가 다음에 올 세대를 위하여 책을 저술하는 것보다는 오히려 무지한 자를 일깨워 주고 슬픔에 잠긴 자들을 위로해 주고 연약한 자들을 강건하게 하며 이 타락한 시대에 있어서 죄악과 오만에 빠져 있는 사람들을 견책하는 것이 하나님께서 내리신 소명이라고 생각하고, 내가 받은 이러한 특별한 소명에 전념키로 하나님께 서약했습니다. 나는 하나님께서 나의 혀를 하나님을 두려워하지 않는 이 세대를 향하여, 이 세상의 권세자들과 국가들에게 변화와 개혁을 선포하며 하나님의 말씀이 완전히 성취되리라는 사실을 알리는 나팔로 삼으셨다는 사실을 결코 부인할 수가 없습니다."

낙스는 평생을 두고 두려움을 가진 것이 프랑스 군대도 아니었고, 지옥 같은 노예선도 아니었으며, 자신을 핍박하는 메리 여왕(Queen Mary)도 아니었다. 그가 두려워 한 것은 설교에 대한 두려움이었다. 많은 사람들은 고난을 두려워하고 설교를 가볍게 여겼으나 낙스는 사람은 두려워하지 않고 설교만 두렵게 여겼다. 그의 설교자로서의 확신에 찬 사명은 "언제나 나는 하나님께서 맡겨 주신 나의 일들을 더 없는 기쁨으로 행하려 한다. 그리고 그의 거룩하신 이름에 감사 드린다. 나를 높은 감독과 같은 자리에 두지 않으시고 주의 복음을 외치는 고난의 설교자로 세우신 그 은혜에 감사를 돌릴 뿐이다."라는 고백을 했다.

그의 설교문이 많이 남아 있지 않은 것은 안타까운 일이나 분명히 그는 그의 전 생애를 통하여 개혁주의 설교를 위해 그의 생애를 다 바친 훌륭한 설교자로서 기억이 될 것이다. 그는 타협은 배교(背敎)를 의미한다고 했다. 그는 "단 한번의 미사는 백만의 적보다 무섭다"고 말했다. 다글러스(J. D. Douglas)가 낙스에 대하여 그의 행동주의 지도력은 다음과 같은 확신에 기초하고 있었기 때문에 더욱 영향력이 있었다고 하였다.

① 성경은 신앙과 행위의 유일하고 충분한 법칙이다.
② 오직 믿음으로 말미암아 의(義)롭다 하심을 받는다.
③ 목사는 단지 말씀의 선포(宣布)자요 말씀의 종이요 말씀의 청지기이다.

④ 목사 선택권은 교인이 가지고 있다.

요한 낙스는 교인들은 목사의 양이 아니라 그리스도의 양이라는 확신을 가졌다. 요한복음 21장에 나타난 예수님이 베드로에게 "내 양을 먹이라, 내 양을 치라"라고 했다. 그는 모든 사람을 공평하게 사랑했다. 1527년 11월 24일 에딘버러에서 낙스가 죽었을 때에 장례식에 참석했던 한 사람이 이렇게 말했다. "여기 어느 누구에게 아첨하지도 과찬하지도 않았던 그 삶이 누어 있노라"

11) 디트히리트 본 훼퍼(D. Bonnheoffer, 1906-1945)

본 훼퍼는 1945년 4월 9일 종려주일에 나찌당에 의해 사형을 당했다. 이 날은 히틀러가 자살하기 3주전이며 나찌당이 붕괴되기 4주전이었다. 1906년에 태어나서 베르린 대학에서 20대에 박사학위를 받았다. 그 후에 그는 교수생활을 하던 중 나찌의 히틀러가 등극했는데 처음부터 여기에 항거했다. 그는 1928-1929 바르셀로나(Barcelona, 스페인 북동부의 항구)에서 목회도 하였다. 그는 루터교의 신학자요 목회자였다. 그는 현실 속에서 실천을 강조한 사람이었다. 그는 남을 위한 고통을 당하다가 39세를 일기로 죽었다. 그러나 그의 정신은 오늘날까지 살아 있다.

그가 1939년 뉴욕 유니온(New York Union) 신학교에 강의 왔다가 미국에 주저앉았더라면 히틀러에게 어려움을 당하지 않았을 것이다. 그는 주변의 권유에도 불구하고 같은 해 고국으로 가면서 남긴 유명한 말이 있다. "내가 나의 민족의 고난을 받고 있을 때에 그들의 어려움에 동참하지 않는다면 크리스챤의 삶을 재구성하는데 참여할 수 없을 것이다."(I will have no right to participate in the reconstruction of christian life in Germany if I do not share the trial of this time with my people).

펠프스(William Phelps)의 말대로 인생의 가는 길에 고난의 돌을 만나게 되는데 신앙의 눈으로 보면 이를 디딤돌(stepping stone)로 삼을 수 있는가 하면, 비관적인 눈으로는 이것이 걸림돌(stumbling stone)이 된다는 것이다.

그의 저서는 "제자의 도의 대가"(The Cost of Discipleship)였다. 그는 공개적으로 히틀러와 나찌의 반 유대주의 정책에 반대하여 죽음을 당했다.

그의 행동주의 지도력은 3가지 만남에서 발전을 했다.
① 학문적인 만남
② 현장과의 만남
③ 세계와의 만남

1933년 4월에 그는
① 만일 정부가 법과 질서를 유지하는데 실패했다고 확신이 들면 교회가 정부의 부당한 행위를 비판할 수 있다.
② 부당한 행위로 희생이 된 사람들을 도울 수 있다.
③ 직접적인 정치적 행동을 취할 수 있다고 선언하였다.

12) 재세례파(Anabaptist)

재 세례파를 가르켜 샤프(Philip Schaff)는 "과격한 복음주의자들"이며 "극단의 프로테스탄트"(Ultra protestants)라고 불렀다. 칼빈과 쯔빙글리가 주장한 개혁파에서 루터의 종교개혁을 재 개혁하는 뜻에서 개혁교리(Reformed doctrine)을 강조하여 개혁파라 불리우듯 재 세례파는 로마 카톨릭과 루터파 및 개혁파들의 유아 세례를 반대하고 성인 세례만을 인정하여 재 세례를 주장함으로 재 세례파라 불리운다. 재 세례파라는 이름은 자신들은 침례파(Baptist)로 부른다.

재 세례파는 루터파와 개혁파에서 로마 카톨릭 교회의 역사적 계속성(Historical Continuity)을 인정하며 개혁하려는 입장을 거절한다. 개혁자들이 성경에 의하여(by) 로마 카톨릭을 개혁시켜 초대교회로 돌아가려는 것보다 한 거름 더 나아가 성경으로부터(from) 얻은 진리로 새로운 교회 건설을 시도한다. 중세교회가 완전히 타락하여 교회의 역사적 계속성을 잃어 버렸음으로 오직 초대 교회를 모델로 개혁 아닌 혁명을 지향하려 하였다. 이 운동은 쮜리히(Zurich)시를 중심으로 일어났다.

이 운동의 대표적인 인물로는 그레벨(Conrad Grebel)과 만츠(Felix Manz)와 후브마이엘(Balthasan Hubmaier)을 손 꼽을 수 있다. 1525년에 쯔빙글리는 그들과 공개토론을 한 끝에 그들의 주장이 잘못됨을 지적하고 시정부로 하여 유아 세례령을 내리게 하고 재 세례를 받는 자는 엄벌에 처할 것을 경고하였다. 그러나 그들은 이러한 명령은 하나님의 말씀에 어긋나는 것으로 알고 행동으로 맞섰다. 만즈(Manz)는 반 재 세례령이 내린 이후에 다시 세례를 받음으로 인해 체포되어 다음해 3월에 익살형(溺殺刑)으로 순교를 당했다.

후브마이엘(Hubmaier)은 1523년 부활절 직후 뢰우블리(Roubli) 목사에게 재 세례를 받고 제 세례의 정당성을 글로 변증하였다. 1525년에 "신자의 세례에 대하여"란 글을 써 보냈고 1526년에는 "쯔빙글리와의 대담"이라는 글을 써서 쯔빙글리의 입장을 공격했다. 끝내는 모라비아로 추방을 당하여 재 세례파 운동을 거기서 전개하여 많은 추종자들을 얻었다. 마치 그 때 농민반란에서 실패한 자들은 루터에게 실망하여 재 세례파에 많이 가담하였기 때문에 독일과 화란에서 재 세례파 운동은 크게 성공을 거두었다.

그들은 아우구스베르그에서 1527년에 지도자 회의를 열고 사틀리(Michael Sattler)가 기초한 7개조의 신앙선언 초안을 통과했다. 신앙선언의 내용은 다음과 같다. "우리는 신자 세례를 믿는다. 교회는 성만찬으로 결합된 모임이다. 성경은 축자 영감으로 받을 것이다. 권징은 파문 이상 다른 처형을 내릴 수 없다. 교역자는 개 교회가 선택하여야 한다. 신자의 정치 참여는 있을 수 없다. 신자는 맹세할 수 없다"

이들의 주장은 신구교 양 교회에서 다 배척을 받았다. 대부분의 지도자들은 그들의 주장을 피로써 확증하기를 주저하지 않았다. 1529년에는 스파이엘 국회(Diet of Speier)에서 모든 재 세례파의 사형령을 가결하였다.

13) 퀘이커파(The Quakers)

친우회(The Society of Friends)라고 불리우는 이 퀘이커파는 조지 폭스(George Fox, 1624-1690)에 의하여 영국 노팅헴(Nottingham)에서 출발했다. 그들이 퀘이커로 불리운 것은 그들을 재판하려는 판사가 "당신은 장차 심판 때에 떨게 될 것이다"고 협박을 받게 되자, "너희들이 떠는 자(the quaker)가 될 것이다"고 답변한 데서 연유했다. 처음에는 그들에게 불명예스러운 별명이었으나 그들은 명예스럽게 받아들여 애칭으로 삼게 되었다.

퀘이커를 창시한 폭스는 드레이톤(Drayton)에서 직조업을 한 장로교인의 아들로 태어났다. 그는 정직하고 성실했으나 극단적인 성격을 소유하고 있었다. 청교도적 가정 배경에서 철저하게 교육을 받으며 자라났다. 19세 때 친구의 강권에 술집에 한번 가서 음주한 것이 계기가 되어 그는 죄책감으로 고민 끝에 교회 목사를 찾아다니며 시원한 답을 구하려고 했으나 답을 얻지 못하자 영적 방랑의 길을 걸었다. 1646년에 성령의 세례를 받고 하나님의 특별한 계시를 받은 것으로 확신하고 다음해부터 노방전도를 시작했다.

1649년에 설교를 듣는 중에 성령의 충동을 받은 것으로 알고 일어서서 설교자에게 성령의 빛을 받고 설교하여야 한다고 소리쳤다. 이 사건으로 그는 정신병자로 몰려 감옥에 끌려갔다. 그는 감옥에서 석방된 이후에도 종종 이런 일을 했다. 그는 가죽옷을 입고 영국 전역뿐 아니라 스코틀랜드, 화란, 미국에도 다니면서 자기의 체험을 말로 그리고 붓으로 전했다. 1656년엔 그와 뜻을 같이하여 따르는 자가 56명이었다. 그는 서약을 거절하고 병역을 기피하며 모든 교회의 조직과 예배의 형식을 거절하였다.

1660년에 런던에서 교파형성의 기초 헌법을 만들고 1661년에 총회가 모이고 퀘이커 자유교화라는 이름으로 출범하였다. 이 교단의 신학자 바크리(Robert Barclay)는 교파의 신학을 체계화시켜 1673년에 교리문답을 출판하였고, 1675년엔 15조 신조를 펴냈다. 바크리의 신학과 펜의 행정력으로 퀘이커파는 크게 발전하였다. 그 후에 장로제를 설치하고 그 위에 감독을 두어 교파로서의 행정 체제를 갖추었다.

이 교파의 특색을 간추리면 다음과 같다

① 성경은 하나님의 말씀이나 그 말씀의 권위는 인간 속에 있는 "속빛"(Inner light)을 통하여 나타나는 성령의 계시에 종속적인 권위이다.

② 성례는 영적이며 상징적인데 불과하다. 그러므로 성례와 성찬은 베풀 필요가 없다.

③ 모든 교인이 제사장이므로 목사의 제도나 신학교는 필요 없다.

④ 성령은 남자나 여자나 분간 없이 고루 주심으로 여자도 성령의 인도함을 따라 가르치며 설교할 수 있다.

⑤ 예배의식은 우상숭배가 됨으로 사회나 음악이나, 노래 부르는 것을 금지한다. 오직 조용히 묵상 중 성령의 감동과 지시에 따라 설교하며 권면하며 기도할 뿐이다. 만일 성령의 감동이 없으면 조용히 묵상 후 떠날 것이다.

⑥ 절제운동, 구제운동에 힘쓰며 평화주의를 표방한다.

⑦ 검소한 생활을 강조하며 요일(曜日)은 다신교 시대의 유물이므로 사용치 않고 주(週)의 1일 2일 등으로 표현한다.

퀘이커 교도들은 종교개혁의 후예로 자처한다. 청교도들은 죄를 마음속에서 찾으려 했으나 그들은 죄 대신 하나님을 직접 찾는다고 했다. 마음속에 있는 죄를 찾기를 거절한 이유는 인간의 전적 타락을 믿지 않기 때문이다. 이 점에서 청교도들과의 인간관에 있어서 차이점을 발견할 수 있다. 하나님은 마음속에서 직접 찾아야 함으로 진리 발견과 진리 표현의 책임은 인간 각자에게 있다. 여기에서 퀘이커는 무 교회주의에서 한 걸음 나아가 무 교리주의로 빠져 들어간다. 오늘날 퀘이커파 교도들이 자유주의 신학이나 타종교와의 타협을 쉽게 따르는 이유도 바로 여기에 있다.

14) 진젠돌프(Ludwig von Zinzendorf, 1700-1760)

진젠돌프는 할레의 산물이다. 그는 10세에 할레 신학교에 들어가 푸랑케에게 교육을 받았다. 그때부터 동료들과 겨자씨회(Order of the Grain of Mustard Seed)를 조직하여 그 단체를 이끌어 갔다. 그는 그의 신앙관이 확립되고 해외선교에 관심을 갖게 된 것이다. 그는 가족들의 반대로 비텐베르그(Wittenburg) 대학에 가서 법률 공부를 하게 됐다.

그는 대학을 졸업하고 1721년에 삭손의 정부기관 관리가 되었다. 관리로 있으면서도 그의 꿈은 선교사업이었다. 그는 유산으로 받은 재산을 정리하여 넓은 땅을 사서 "제2의 할레"의 계획을 세웠다. 1727년엔 자기 집을 내 놓아 종교적 박해를 피해 피난 온 피난민들의 안식처로 제공했다. 그 안식처로 모여든 피난민들은 주로 죤 후쓰(John Huss)의 추종자들로 그 수가 300명이나 되었다. 그는 피난민들을 위하여 만든 촌을 "주님의 망대"란 이름을 붙였다. 이 마을은 진젠돌프를 지도자로 모시고 초대교회와 같은 공동사회를 이루었다. 진젠돌프는 1734년에 루터파의 목사로서 안수를 받았다. 그는 프랑스와 스칸디나비아를 여행하면서 선교의 비전을 넓히고 국제적인 선교를 위한 조직을 시도했다.

그러나 1736년에 평화교란의 이유로 삭손에서 추방된 진젠돌프는 유럽의 여러 나라와 영국과 미국에까지 가서 선교하였다. 1741년에는 미국에 건너가 그는 인디언들에게 선교하는 반면 식민지에 있는 교회들을 연합시키는데 사명을 느꼈다. 그의 연합운동은 성공하여 펜실베니아에 흩어져 난립한 독일계 복음주의 교회들을 연합시켜 거기에서 얻은 힘으로 인디언 선교에 주력하도록 힘썼다. 10년간의 해외활동을 마치고 추방령이 취소됨에 따라 고향인 헤른후트로 돌아와서 4년 간 더 활동하다 60세를 일기로 세상을 떠나고 말았다.

진젠돌프가 이끄는 모라비안파는 수적으로 아주 극소수였다 할지라도 그들이 남긴 영적 유산은 과소평가 할 수 없다. 존 웨슬레를 비롯하여 세계의 많은 전도자들이 이들이 열심과 선교 비전에서 영감을 받아 헌신을 다짐했다. "모라비안 성도들이야말로 경건주의의 최상의 결실이다"고 한 말은 결코 과언이 아닐 것이다. 그는 말하기를 "나는 오직 한 가지 열정만 가지고 있을 뿐이다. 그것은 그리스도 오직 그분이시다"라고 했다.

15) 주기철 목사(1897-1944)

소양 주기철 목사는 1897년 11월 25일 경남 창원군 웅천면 북부리에서 주현성 장로와 조재선 여사의 넷째 아들로 태어났다. 그의 나이 8세 때인 1906년에는 고향의 개통(開通)학교에 입학하여 초등 보통과 3년, 고등 보통과 4년, 도합 7년을 수학하고 1912년에 졸업을 하였다. 소양의 부친 주현성이 1919년에 웅천교회 장로로 피택된 것을 보면 그 가족이 이 교회에서 중추적 역할을 감당했음을 짐작할 수 있다. 그러나 주기철이 세례를 받았던 때는 오산학교 3학년에 재학 중이었던 1915년 11월 7일이었다.

소양은 1916년 3월 23일 오산학교를 졸업한 후 연희전문학교 상과에 입학하였다. 연희전문학교는 1915년에 언더우드(H. G. Underwood, 1859-1916)에 의해 설립된 학교였으므로 소양이 이 학교에 입학하였을 때가 설립 이듬해였다. 가정 형편상 연희전문학교를 중퇴한 소양은 고향에 내려왔고 이 때부터 약 4년 6개월 간 좌절과 실의의 날을 보냈다. 그는 안갑수 여사와 결혼하여 5남 1녀를 두었다. 그러나 불행하게도 1933년 5월 16일 부인 안갑수 여사와 사별하고 2년 후인 1935년에 오정모와 결혼했다. 결혼한 후 웅천에서 칩거했던 소양은 1920년 5월 27일 마산 문창교회에서 열린 김익두 목사의 부흥집회에서 참석을 하여 큰 은혜를 받았다.

1922년 3월 평양의 장로회 신학교에 입학 할 수 있게 되었다. 그는 신학교에 재학하는 동안 양산교회 전도사(1922-1925), 반희교회, 석계교회, 조자삼교회, 배내교회 그리고 원동교회 등 6교회를 겸임 사역한 것으로 알려졌다. 그는 평양 신학교를 1925년 9월 제19회로 졸업했다. 신학교를 졸업한 소양은 그 해 12월 30일에 경남노회에서 안수를 받고 곧 부산 초량교회(1926-1931), 마산 문창교회(1931-1936), 평양 산정현교회(1936-1944)에서 목회하였다. 1938년 2월 제1차 검속이후 약 5년 간 옥중에서 투쟁한 후 1944년 4월 21일 밤 순교하게 되었다. 그 때 그의 나이는 49세였다.

그는 목회자로서 짧은 생애를 살았으나 "20세기 그리스도교에 중요한 존재였다" 그리고 김인서의 말처럼 "그는 잘 믿었고, 잘 살았으며, 잘 싸웠고 잘 죽었다. 그의 믿음은 하나님 앞에서 진실하였고 그의 생활은 억만 사람 앞에 청청 백백하였고, 그 죽음은 허다한 간증자들이 보증하는 바"가 되었다.

소양 주기철목사는 신사참배문제와 관련하여 산정현 교우들에게 다음과 같은 3가지 점을 주시했다.

첫째는 신사참배는 제1계명과 제2계명을 동시에 범하는 것이므로 철저히 배격해야 한다.

둘째는 신사참배에 호응하는 신도는 지위나 신분을 불문하고 공개, 제명, 출교한다.

셋째는 신사참배 거부로 인한 모든 책임은 당회장인 본인이 진다.

제2차 투옥직전에 한 설교인 "죽음의 준비"라는 제목의 설교에서는 "사람이 한번 죽고 그 후에 심판 받는 것은 정한 것이나"(히 9:27)라는 말씀을 인용하면서 개인이나 나라에 대한 하나님의 공의로운 심판을 언급했다. 그의 삶 그리고 목회활동은 하나의 일관된 정신을 보여주고 있다.

이 점을 4가지로 정리를 하면 다음과 같다.

첫째는 성경중심적인 생활과 신앙정신이다. 소양의 생애와 목회활동에서 가장 기초이자 동기, 그리고 그 과정을 결정했던 것은 성경 중심(Bible-centered)이었다.

둘째는 그의 목회활동의 일관된 정신은 참다운 교회건설이었다. 참된 하나님의 교회를 세우고자 했던 열망은 그의 목회활동의 중요한 기초가 되었다. 그가 교회쇄신을 추구하고, 교회교육을 강조하며, 엄격한 치리를 시행하고, 이단 척결에 관심을 기울인 것은 바른 교회를 세우고자 하는 교회건설 의지의 표출이었다.

셋째는 그는 신앙입국(信仰立國)의 길을 모색하였다. 그에게서 일차적인 중요성은 주님의 교회였다. 그는 하나님의 말씀과 교회건설, 그 자체가 바로 애국의 길이라고 이해했다. 그는 기독교 신앙을 애국의 통로로 이해하지 않고 기독교 신앙 그 자체가 진정한 애국의 길임을 보여 주었다. 이 점이 바로 당시 민족주의자들과 다른 점이다.

넷째로 그의 목회사역은 선한 싸움이었다. 그는 하나님 아닌 모든 것을 상대화했다. 그는 피조물 중에 어느 하나를 절대화 하고자 하는 이데올로기에 맞서 싸웠다. 그는 신앙과 양심의 자유를 위해 싸웠던 진실한 목회자였고 그의 설교는 바로 그의 일상의 삶이었다. 소양은 일사각오(一死覺悟)의 신앙과 정신으로 우리 모두에게 도전을 주신 귀한 분이시다.

3. 부흥운동형 지도자

부흥운동(Evangelistic Movement)을 일명 각성운동(Awakening Movement)이라고도 한다. 부흥운동형에 속하는 사람들은 뜨거운 가슴을 안고 있는 기독교 지도자들이다. 지성주의형 지도자들은 학식과 사상을 모체로, 행동주의형 지도자들은 흔들리지 않은 신앙고백과 실천을 모체로 부흥운동형 지도자들은 영적 각성을 모체로 운동을 전개한 사람들이다. 부흥운동형 지도자들의 지도력의 핵심은 설교이다. 그들의 설교의 특징은 쉽고 단순할 뿐만 아니라 영적인 힘이 있었다. 대중을 감동시킨다. 심령 속에 영적인 감흥을 일으킨다. 하나님의 나라 확장을 위해 방향을 제시한다.

그들에게는 분명한 이념이 있었고 포용력이 있었다. 무디(Dwight L. Moody)는 학생운동(Student Volunteer Movement)을 통하여, 그래함(Billy Graham)은 복음주의 운동을 통하여 부흥의 불길을 일으켰다. 부흥운동형의 지도자들 중에는 크게 두 종류가 있다.

첫째는 한 교회에 몸을 담고 있으면서 교단과 교계에 영향을 미쳤던 교파형이 있다. 초대교부 황금의 입으로 알려진 크리소스톰(Chrysostom), 영국의 침체된 교회의 영적인 활력을 불어 넣어준 감리교의 존 웨슬레(John Wesley)와 챨스 웨슬레(Charles Wesley) 형제와 스펄젼(Charles Spurgeon)은 설교를 통하여 잠자고 있던 영국 신도들을 각성시켰다.

둘째는 교회에 몸을 담고 있으면서 교파와 교단을 초월하여 초 교파적으로 영향을 미쳤던 초 교파형인데 미국과 대영제국과 캐나다 등 영어권에서 강력하고 도전적인 설교를 한 무디(Dwight L. Moody)와 1950년대 이후 세계 복음을 위하여 새로운 물결을 일으킨 빌리 그래함이다. 부흥운동형에 속하는 기독교 지도자들은 대략 다음과 같다.

1) 박스터(Richard Baxter, 1615-1691)

리챠드 박스터는 요한 번연과는 달리 뛰어난 신학자였다. 그는 슈롭샤어(Shropshire)에서 태어나 주로 사사를 받으며 공부했다. 유명한 허버트 경(Sir Henry Herbert) 밑에서 개인 교육을 받으며 청교도적 신학을 닦았다. 그래서 그는 영국 청교도주의에 있어서 가장 위대한 독보적인 인물로 손꼽히고 있다. 1634년에 청교도 신학자들 세이몬드(Joseph Seymonds)와 크래독(Walter Cradock)과 깊은 교제를 나누며 진리를 위한 비국교 분리운동에 가담을 결심했다.

그는 1638년에 목사로 안수를 받고 청교도적 입장을 취하면서도 과격주의를 배격하고 온건한 관용주의를 내세웠다. 왕정시대에는 국교주의를 배격하여 헤레포드(Hereford)의 감독직을 사양하고 은퇴하여 문필에 종사했다.

그는 전형적인 목회자였다. 지성이나 학식의 능력보다 오히려 덕스러운 성품에 의해서 더욱 더 많은 영향을 미쳤다. 그는 약한 신체를 가졌던 사람이었다. 그는 밝게 말하는 눈과 감미롭고도 설득력 있는 목소리를 가졌다. 그의 설교는 깊었고 자세하며 지겹게 했다. 그의 설교의 두 가지 특이한 점은

① 설교 스타일이 명쾌하고 강했다.

② 무섭고도 근본적으로 흔드는 열심이었다.

그가 자주 인용하는 구절은 "나는 마지막 설교를 하는 것처럼 설교를 하였고, 죽어 가는 사람이 죽어 가는 사람에게 하는 것처럼 설교하였다." 였다. 박스터의 열정에 대해 부라운(Brown)은 "이 사람의 능력과 그의 성공의 비밀은 그가 사람들에게 말하는 자연스러운 인간적인 방법과 그의 영혼을 사로잡은 거룩한 열정에 놓여 있다. 그는 그리스도로부터 직접 사람들에게 말하였다. 기독교는 그에게 있어서 단지 받아들여야 될 일단의 교리 묶음이나 따라야 할 윤리 조항이 아니었다."

그의 저서 중 청교도들이 받은 고난을 기록한 것이 문제가 되어 필화사건으로 재판을 받고 70의 고령에 투옥되기 까지 했다. 그가 쓴 저서는 약 200종이 되지만 가장 유명하고 최고로 사랑을 받는 것으로는

① "성도의 영원한 안식"(The Saint's Everlasting Rest),

② "참 목자상 혹은 개혁주의 목사"(Reformed Pastor)는 많은 사람에게 감동을 주고 있다. 이 책은 우리말로 박형룡 교수에 의해 번역이 되었으며 출판사는 생명의 말씀사이다. 여러 신학교에서 부교재 도서목록 속에 포함되어 읽히고 있다. 그는 그의 자서전적인 설명, 그의 심방, 윤리 문답, 그리고 가르침의 방법에 대한 좋은 통찰력을 제공해 주고 있다.

2) 번연(John Bunyan, 1628-1688)

"천로역정"(The Pilgrim's Progress, 1678), "거룩한 전쟁=성전"(The Holy War, 1682), "죄인의 괴수에게 넘치는 은혜"(Grace Abounding to the Chief of Sinners, 1666)의 저자인 요한 번연의 생애는 자세히 알려져 있지 않다. 가난한 농부의 아들로 벧포드샤이어(Bedfordshire)에서 태어나 성경을 읽는 것으로 문맹을 깨칠 정도였다. 내란이 일 때 국회군 편에서 싸웠다(1644-1646). 1649년에 결혼하여 아내의 내조로 영적 성장에 크게 도움을 입었다.

1653년에 소명감을 깨닫고 베드포드 독립교회에서 설교하기 시작했으며, 1657년에는 정식 목사로 취임하게 되었다. 1660년 왕정복귀와 더불어 독립교회를 따른다는 죄목으로 투옥되어 12년간 옥중생활을 했다. 그는 옥중에서뿐만 아니라 출옥 후에도 저술에 힘을 썼다. 그의 유작으로는 "적그리스도와 그 멸망"(Anti-Christ and her ruin, 1692)을 남겨 제임스 2세 치하의 영국교회에 로마 카톨릭교회의 타락을 공격하였다. 그의 생애보다 그의 글이 남긴 감화는 청교도 운동에 결정적인 것이었다.

그는 확실히 놀라운 능력과 힘을 지닌 설교가였다. 1660년 왕정복고 때 설교를 금지 당했다. 그는 불순종으로 체포되어 베드포드(Bedford) 감옥에 던져졌다. 그는 12년 동안의 감옥생활에서 유명한 "천로역정"을 기록했다. 그의 설교는 영적인 능력의 생생함을 보여 주고 있으며 솔직하고 단순하게 청중들의 마음을 사로잡았다.

부라운(Brown) 박사는 요한 번연의 설교에 대한 심정을 이렇게 표현했다. "나는 내가 느꼈던 것을 설교하였고, 심지어 나의 비천한 영혼이 괴로워하고 놀람으로 떨 때조차도 내가 날카롭게 느꼈던 것을 설교했다." 그는 복음주의적 설교가였다. 그에 대한 평은 다음과 같다. "그는 은혜를 통하여 그리스도와의 연합, 성령의 기름부음, 사단이 유혹을 경험하는 이 세 가지 천상의 학위를 받았다."

그는 댄트(Dent)작 "범인의 하늘 가는 길"(Plainman's Pathway to Heaven), 베일리(Baley)작 "경건의 연습"(Practice of Peity) 폭스(Fox)의 "순교보"(Book of Martyrs) 등은 아내의 소개로 알게 되었고 애독 끝에 깊은 신앙적 체험과 확신을 얻게 되었다. 그것들은 대학의 학식과 학위보다도 복음을 설교하는 강력한 사역을 위하여 더 적합한 것이었다. 그는 설교자로 그리고 경건한 작품으로서 많은 영향을 끼친 청교도 설교자였다.

3) 스팬너(Philip Jacop Spener, 1633-1705)

경건주의 운동은 17세기 후반기부터 루터파 교회를 배경으로 일어나기 시작했다. 이 운동의 주도자는 스펜너(Philip Jacop Spener, 1633-1705)였다. 그는 경건한 부모 슬하에서 자라났으며 그트라스버그 대학 유학시절부터 경건한 생활에 힘쓰며 그의 스승들의 영적인 감화를 크게 받았다. 그는 석사학위 논문에서 창조주 하나님을 닮아야 할 것을 강조하여 경건주의적 경향을 보이기 시작했다. 제네바를 방문하여 라비디(Jean Le Labadie)를 만난 일은 그의 생의 코스를 바꿀만큼 큰 변화를 가져오게 했다. 예수회(Jesuits)에서 탈회한 후 제네바에 머물면서 회개를 외친 제네바의 세례요한이었다. 초대교회로 돌아가 회개하며 거듭난 삶을 강조하여 큰 회개운동을 일으키고 있었다.

스펜너는 이 라바디 집회에 자주 참석하면서 곧 은혜를 받고 이런 순수한 교회운동을 조국에서 펼칠 것을 결심했음이 틀림없다. 그가 후에 내세운 "교회 안의 소교회" 운동도 여기에서 이미 설계 했었을른지도 모른다. 스펜너를 감동시킨 또 다른 사람이 있으니 그 사람은 안다트(John Arndt)이었다. 그는 안다트가 쓴 "참 기독교"란 책을 읽고 크게 감명을 받았다. 이 책의 목적은 당시의 신학자들로 하여금 지나친 교회논쟁에서 돌이켜 사랑과 교제를 힘쓰고 신앙의 고백에서 참 신앙생활로 돌아올 것을 권하는데 있었다. 교리의 정통성에서 한 걸음 더 나아가 생활의 경건에 힘써야 할 것을 강조했다. 그는 그의 목회시절에 부서(Martin Bucer)의 목회 방법을 모방하여 성도의 교제를 강조하고 그룹 모임에서 서로 가르치는 방법을 따랐다.

그는 스트라버그의 목회 중 1664년 5월에 스잔나 엘하드(Susana Erhard)와 결혼하고 다음 달에 신학박사 학위를 수여 받았다. 1666년에 푸랑크프르트(Frankfurt)로 목회지를 옮겨 19년간 성공적인 목회를 하면서 독일의 경건주의 운동을 전개하였다. 그가 이곳에 옮긴 후 3년 만에 마태복음 5:20-26절을 본문으로 삼고 완전한 회개와 새로운 믿음을 가져야 할 필요성에 대하여 설교할 때 교인들의 놀라운 반응이 일어났다. 이때 교인들이 기도하고 회개하는 운동이 일어났다. 이런 무리들이 경건주의 운동의 핵심을 이루었다. 그는 성경공부를 강조하되 특히 말세론을 즐겨 다루었다.

1674년에 안드트(Arndt)의 설교집에 서문을 써 달라는 요청을 받고 긴 서문을 통하여 경건주의 운동의 요강을 발표하였다. 뒤에 이 글은 따로 1675년에 "경건한 열망"이란 표제로 출판되었다. 이 책으로 인하여 그는 일약 경건주의 운동의 창시자로 인정을 받게 되고 이 책의 출판과 함께 경건주의 운동의 새 시대가 도래하게 되었다. 이때부터 경건주(Pietists)란 말이 스펜너를 따르는 사람들에게 적용되기 시작했다.

그는 이 책에서 교회의 경건주의 운동을 계속하기 위하여 6가지 제의를 내 놓았다.

① 성경연구

먼저 소그룹으로 시작하여 서로 해석하며 연구의 열매를 나누어 영적인 충족을 찾는다. 이런 모임은 초대교회운동으로 다시 돌아가게 하는 길이다.

② 신자의 영적 제사장직 활용

신자 서로 기도하고 선행을 베풀며 서로 권면하고 책망함으로 영적으로 제사를 드리게 한다.

③ 기독교의 실천적 성격

기독교 진리는 지적으로 아는데 그치지 않고 서로 사랑하며 봉사하는 행동에서 실증된다.

④ 종교적 논쟁의 비유익성

신학적 논쟁을 피하고 논쟁이 필요할 때는 기도하는 마음으로 의견을 교환하고 잘못 믿는 사람을 사랑으로 인도할 것이다.

⑤ 신학교육의 혁명

신학 교수들은 경건생활에 모범이 되어야 하며 신학 지식의 전수뿐만 아니라 신학생들의 영혼 속에 파고 들어가야 한다. 중세말의 경건 서적들 "그리스도를 본받아"(Imitation of Christ) "독일 신학"(Theologia Germanica), 타울러(John Tauler)의 "설교집"등을 읽도록 권하며 신학 준비 기간 중 실천신학을 실습하도록 한다.

⑥ 설교의 개혁

설교는 박식을 자랑하는 어려운 설교보다 쉽고 단순해야 한다. 설교는 신앙을 일깨워주고 믿음의 열매를 맺도록 감동적이어야 한다.

이 여섯 번째 문제를 다룬 본문을 소개하면 다음과 같다.

기독교는 속 사람을 상대하며 새 사람의 핵은 신앙이다. 이 신앙을 아는 길은 생활의 열매뿐이다. 그러므로 설교도 생활의 열매를 맺도록 하는 것이 중요한 일이다. 한편 설교는 속 사람에게 미치는 하나님의 풍요한 축복을 설명하는 것이어야 한다. 그래야 신앙이 자라고 속 사람이 성장한다. 또 한편으로 설교는 이방 철학자들이 하는 것처럼 단순히 외적인 도덕적 미덕을 권장하여 밖으로 나타나는 죄를 피하도록 하는데 그치지 않는다. 오히려 사람들의 마음속의 문제를 다루어야 한다. 바른 설교자는 마음에서 나오지 않는 모든 도덕적 미덕은 다 의식에 불과하며 오직 하나님을 사랑하며 이웃을 사랑하도록 그것도 마음 속으로부터 그러하도록 하는데 익숙해지기를 가르쳐야 한다.

이 책은 비록 부피는 작아도 그 시대의 종교적 필요를 감당하는데 큰 역할을 했고 이 책에서 강조한 것들이 경건주의 운동의 특색들이 되어지기도 했다.
그 특색들을 간추려 보면 다음과 같다.
① 경건생활을 위한 성경연구
② 교리적 논쟁회피
③ 회개와 인격적 신앙 강조
④ 교회 안에 핵심체의 인정
⑤ 독립적 평신도 운동
이 5가지 특색들 중에 가장 경건주의 운동이 교회사적으로 공헌한 것이 있다면 평신도 운동이라 할 수 있다. 경건주의 운동은 당시의 성직자들의 간섭을 받지 않고 또 기성교회에 대한 위협적인 도전으로 여겨지지도 않은 채 누룩처럼 조용히 형식화되어 가는 독일 교회를 변화시켜가고 있었다.

4) 요한 웨슬레(John Wesley, 1703-1791)

웨슬레는 "세계는 나의 교구"(The world is my parish)라고 외쳤던 감리교의 창시자로서 복음운동형 지도력을 대표하는 인물이었다. 감리교회의 창설자요 위대한 설교가였으며 증조부, 할아버지, 아버지가 모두 목사였다. 그의 외할아버지인 사무엘 앤슬리(Samuel Annesley)박사 역시 런던의 유명한 미국 교회의 목사였다.
영국에서 복음주의 운동에 헌신한 웨슬레의 배후에는 두 가지 영향을 손꼽을 수 있다.
첫째는 로우(William Law)의 감화이다.
둘째는 독일 경건주의 운동의 영향이다.
런던에 있는 모라비안파 형제들과의 접촉에서 얻은 영적 감화는 헌신의 결정적인 요인이 되었다.

1703년 6월 28일 태어난 웨슬레는 그의 어머니의 영향을 받았다. 영국 웹스터(Webster)교구 목사 사무엘 웨슬레(Samuel Wesley)와 그의 아내 수잔나(Suzana)와의 사이에서 15번째 아이로 태어났다. 만일 산하제한을 했더라면 이런 아이가 태어나지 않았을 것이다란 말을 산하제한을 반대하는 사람들이 이구동성으로 하는 말이다. 수잔나는 친가의 독실한 종교생활 환경에서 자라났다. 집 안에 '종교학교'를 만들어 19명의 자녀를 직접 가르치며 교수과목과 교육방침도 결정했다. 자녀교육의 제 1의 목표는 규칙생활로 방종을 제재하는 일이었다. 매일 저녁에 개별상담과 기도생활을 하였다. 요한 웨슬레는 아버지의 뒤를 잇기 위하여 아버지 밑에서 부목으로 목회까지 한바 있는 헌신자였다.

　요한 웨슬레(John Wesley)의 동생 챨스 웨슬레(Charles Wesley)가 옥스포드(Oxford)대학에 입학한 것은 1726년 그의 나이 20세가 되지 않았을 때였다. 그는 남달리 영리한 비상한 재사였다. 그는 교내에서 몇 명의 동지들과 종교모임을 가졌다. 그는 신앙생활을 위하여 많은 시간을 투자했다. 이러한 규칙생활로 인하여 동지들로부터 규칙장이들((mothodists)란 별명까지 듣게 되었다.

　요한 웨슬레가 옥스포드로 돌아온 후에 즉시 동생이 조직한 신성구락부(Holy Club) 혹은 메소디스트 클럽(Methodist Club)의 지도자로 추대되었다. 당시 회원은 모두 4명이었다. 4명 중 3명은 조교수였고 1명은 대학 재학생이었다. 요한 웨슬레의 지도방침은 하나님 경외, 사람의 의견 그리고 존중과 겸손이었다.

　이들은 매일 밤에 모여 기도하였고 희랍어를 배웠으며 성경과 고전학문을 연구하였다. 성경 연구의 첫 열매는 구제 운동이었다. 대상은 옥중에서 신음하는 죄수들, 부채가 있는 자들 그리고 병자위문이었다. 그들은 수입 중에서 생활비를 제외하고는 잔액 전부를 구제비로 사용했다. 요한 웨슬레의 첫해 년 수입은 30 파운드였다. 그는 생활비 28파운드를 제하고 2파운드를 구제비로 사용했다. 이듬해는 년 수입이 60파운드였는데 생활비

28파운드를 제하고 나머지 32파운드를 구제비로 사용했다. 그 다음해는 년 수입이 90파운드였는데 생활비 29파운드는 제하고 나머지 62파운드를 구제비로 사용했다.

요한 웨슬레의 부친 사무엘 웨슬레는 1735년 4월 25일 72세를 일기로 별세하였다. 요한 웨슬레는 옥스포드대학을 졸업하고 1725년 9월 19일 즉 그가 22세 때 옥스포드 그리스도 교회 대학 교회당에서 옥스포드 감독 피터(John Peter)에게 집사로 안수를 받았다. 목사 안수는 3년 후에 받았다. 1725년에 영국 국교회 사제로 임명되어 설교자로써의 첫걸음을 내디뎠다.

웨슬레가 이 길을 걷기로 작정하는데 큰 영향을 받은 책은 두 권이었다.

① 토마스 아킴퍼스(Thomas A. Kempis)의 "그리스도를 본받아"(The Imitation of Christ)로서 그는 하나님의 인도로 이 책을 읽게 되었다고 간증하였다.

② 제레미 테일러(Jeremy Taylor)의 "거룩한 삶과 죽음"(The Holy Life and Death)이었다.

그는 내적 성결을 위해 힘을 썼고 기도를 많이 했다. 저서로는 "그리스도인의 완전론"(perfectionism)이 있다. 이 책은 "그리스도를 본받아"의 책에 영향을 받아 쓴 책이다.

처음에 그의 설교는 힘도 감화력도 별로 없는 지극히 평범한 설교였다. 부친 사무엘 웨슬레(Samuel Wesley)가 65세 때 요한 웨슬레(John Wesley)는 2년 3개월 동안 부친 교회에서 같이 봉사했다. 그는 1729년 옥스포드대학 조교수로 피선되었다. 요한 웨슬레와 찰스 웨슬레는 몇몇 신성구랍부회원들과 함께 미국 죠지아(Georgia)주에 선교 여행을 떠나고 남은 회원들은 목사 안수를 받고 흩어졌다. 감리교가 처음 일어난 곳이 바로 이 신성구랍부이었다.

미국 죠지아주에 선교를 목적으로 떠나는 이들은

① 1735년 10월 18일 시몬즈 호를 탔다.

② 이 시몬즈 호에 모라비아(Morabia)인들과 80명의 영국 이민자들이

타고 있었다.

③ 8주간이 걸렸다. 이 기간에 웨슬레는 모라비안 사람들과 많은 교제를 나누었다. 웨슬레는 그들의 신앙과 용감한 정신에 깊은 강동을 받았다.

④ 풍랑이 일어났는데 모라비안들은 두려워하지 않았다. 여기서 웨슬레는 큰 교훈을 받았다. 이 때 그는 구원의 빛을 보고 구원의 빛이 존재함을 믿게 되었다.

⑤ 1736년에 2월 6일에 웨슬레가 탄 배는 죠지아주에 도착했다. 도착 후 웨슬레는 모라비아교 목사 스팽겐베르코에게 신앙상담을 요청했다.

⑥ 그 목사는 웨슬레에게 "예수 그리스도가 웨슬레의 개인의 구세주임을 확신 시켰다.

⑦ 그 후에 웨슬레는 사바나 시에 도착한 첫 주일에 고전 13장을 낭독하고 "사랑"이란 제목으로 설교했다.

⑧ 그의 매 주일 스케줄은 오전 5:00에 새벽기도회, 오전 11:00에 성찬식과 설교, 오후 1:00에 프랑스인 예배에 참석, 오후 2:00에 유년들에게 교리문답을 가르침, 오후 3:00에 기도회 인도, 오후 6:00에 모라비아인들의 교회에 나갔다.

⑨ 토요일은 2개의 마을에 둘러 독일, 불인들의 기도회를 인도했다.

⑩ 평일: 스페인 출생의 유대인에게 전도할 목적으로 서반아어를 공부했다. 그들은 엄격한 교리와 금욕주의를 강조했다.

그들은 다음의 이유들로 일반 신도들의 호감을 잃게 되었다.

① 영국 교회에서 세례를 받지 않은 사람들에게 성찬을 허락하지 않았다.

② 영국 교회에서 세례를 받지 않은 사람들에게는 장례식 예배를 거절했다.

③ 세례는 반드시 침례로 받도록 했다.

④ 불행한 연애사건이 있었다. 그는 서바나 식민지 장관의 딸 소피아 합키라는 미모의 여인과 사랑을 하게되었다. 결혼은 못했다. 그 여자는 다른 남자와 결혼하였다. 성찬식 때 신혼부부가 나타났다. 웨슬레는 그들을 좇

아내었다. 그의 남편이 고소를 했다. 그 결과 신도들의 불만이 노골적으로 표시되었다.

그는 1737년 12월 2일 귀국의 길에 올랐다. 1738년 2월 1일 고국에 도착했다. 귀국 후 그의 일기장에 "나는 아메리칸 인디언(American Indian)들을 회개시키려고 미국으로 갔다. 그들은 실패하고 얼마 후에 귀국하게 되었다. 그들은 이런 질문을 하게 되었다. 나를 회개시킬 자는 누구인가? 나는 외관상으로는 훌륭한 신자였다. 설교도 잘하고 믿음도 좋았다. 그러나 나는 모든 사람에게 "내가 사는 것이 아니라 내 안에 그리스도께서 사신다"라고 외칠 수 있는 신앙을 원한다.

1738년 5월 24일 웨슬레는 중생의 기쁨을 체험했다. 그는 1738년 5월 24일 밤에 런던시 올더스게이트(Aldersgate)의 성경연구와 기도를 목적으로 한 작은 집회에 참석했다. 한 낭독자가 루터의 로마서 서문을 읽고 있었다. 그 시간이 바로 9시 15분쯤이었다. "하나님께서는 그리스도를 믿는 믿음을 통해서 사람의 심령속에 역사하심으로 변화를 일으키신다는 루터의 고백을 들을 때에 내 마음은 이상하게 뜨거워짐을 느꼈다. 나는 이때 그리스도를 믿고 있음을 느꼈다. 그리스도만이 나를 구원하심과 그가 나의 죄를, 나 같은 죄인의 죄를 다 씻어 주시고 죄의 율법과 죽음에서 나를 구원하신 사실에 대한 확신을 깨달았다"

그 때 웨슬레의 마음엔 동요가 일기 시작했다. 그는 증언하기를 "예수를 믿음으로 일어나는 마음의 변화에 대한 부분을 읽을 때 이상스럽게도 나의 마음이 뜨거워짐을 느꼈다. 그리고 그리스도만을 나의 구주로 신뢰하는 마음이 생겼다. 또한 그리스도가 나의 죄를 사하시고 나를 구원하셨다는 확신을 갖게 됐다."고 술회했다.

웨슬레가 중생한지 18일 후 옥스퍼드 대학 앞뜰에서 "너희가 은혜로 말미암아 믿음으로 구원을 얻으리라"는 제목으로 설교를 했다. 이 설교의 내용은 감리회 신앙개조의 표준이 되었다. 이 설교는 그의 중생의 경험을 토대로 한 것인 만큼 그의 중생 이전의 이론과 그 내용이 완전히 달랐다. 이

중생의 경험은 웨슬레의 성격과 전도방법에 큰 변화를 주었다. 이때부터 엄격한 의식주의자였던 요한 웨슬레는 복음주의의 구원과 생명을 전도하는 위대한 전도자가 되었다.

1739년 초부터 휫필드(George Whitfield)는 부리스톨 광부들에게 전도하기 시작한 후 웨슬레를 초청했다. 웨슬레는 처음엔 옥외 전도를 주저하였으나 큰 성과에 격려를 받고 그때부터 50년 동안 잉글랜드, 스코틀랜드, 웨일즈, 그리고 아일랜드의 도시와 마을을 두루 다니며 설교하였다. 그는 교외에서, 야외에서 설교를 했다. 웨슬레의 설교를 듣고 많은 개종자가 생기게 되자 이들을 규합할 필요를 느끼게 되었다. 조직은 필요를 따라 진행이 된다. 1739년 5월 12일에 최초로 부리스톨에 제일 감리교회를 세웠다.

그는 회심 후 모라비안파의 경건생활을 직접 더 배우려고 독일로 갔다. 그는 진젠돌프를 만나 헤른후트에서 2주일을 지낸 다음 런던으로 돌아왔다. 이 방문은 웨슬레에게 큰 활기를 불어 넣었다. 그때부터 본격적인 전도 생활이 전개되었다. 어디든지 기회만 주어지면 설교를 하였다.

그는 때로는 수 천명에게, 때로는 개인 가정집이나 작은 단체들이 모인 몇 사람에게 설교했다. 그는 새벽 5시에 설교를 하기를 좋아했다고 한다. 그 이유는 일을 나가는 사람들이 하루 일을 시작하기 전에 나올 수가 있었기 때문이다. 주일에는 일반적으로 2번 설교와 다른 기도회와 강론을 했다. 그의 일기 외에 수많은 소책자들, 논문들, 편지, 팜플렛과 설교집 그리고 논쟁한 내용들이 남아 있다. 놀랄만한 건강으로 인내와 수고로 초인적인 일을 해낸 분이었다.

영국교회는 웨슬레를 의식을 깨트리는 자로 간주, 그를 배척하기 시작했다. 벌써 런던에 있는 교회들도 그에게 강단을 허락하지 않았다. 그래서 뉴게이트(Newgate) 감옥에 수용된 죄수들에게만 복음을 전할 수 있게 되었다. 그러므로 종전에 해오던 방법으로는 복음을 전할 수 없게돼 그는 야외설교를 시작했다. 웨슬레는 영국교회 지도자들의 반대에 개의치 않고

1739년 4월 2일부터 야외설교를 시작했다. 예의범절만 찾던 영국교회 목사들은 제복차림으로 노천에서 전도하는 그를 매우 못마땅하게 생각했다. 웨슬레는 "다른 목사들의 비위를 상하게 했지만 그 날 오후 4시 나는 거리에서 복음을 선포했다. 약 3,000명의 군중들이 모였다"라고 술회했다.

웨슬레는 야외설교의 기쁨을 맛보았다. 그의 새로운 선교방법에 대해 성도들이 걱정을 하자 그는 다음과 같이 말했다. "성경말씀에 하나님은 나에게 내 능력에 따라 무지한 자를 가르치고 약한 자를 바로 잡고 덕이 있는 자를 견고하게 해 주라고 명령하십니다. 그런데 내가 다른 교구에서 일하는 것을 막는 사람도 있습니다. 나는 누구의 말을 들어야 합니까. 나는 이 세계를 나의 교구로 생각을 합니다. 그렇게 때문에 내가 세상 어느 곳에 있더라도 기쁜 구원의 소식을 듣기 원하는 모든 사람에게 그것을 선포하는 것이 나의 의무라고 생각합니다." 이것이 웨슬레의 대헌장의 요지다. 그러던 중 웨슬레 일행에게 일대 수난이 다가왔다.

스튜얼트(Charles Stewart)가 영국 왕위에 오르자 감리교도들에게 박해가 심했다. 그들이 갖는 '속회'와 '야간집회'를 교황권 운동이나 왕권회복운동으로 오인, 교구 목사들과 지주들이 폭도를 매수해 집회를 방해했다. 이러한 폭도들의 방해는 1757년까지 계속됐다. 1742년 웨슬레는 부리스톨에서 속회를 조직하고 첫 모임을 가졌다. 속회는 대략 12명이 한 팀으로 일주일에 한번씩 간증과 성경공부 모임을 갖는다. 이 모임은 오늘날까지 감리교의 중추역할을 하고 있다. 1776년 처음 발표된 총회통계를 보면 감리교엔 목사97명, 성도 1만9천7백61명, 순회지구 40개로 나타났다. 그 1년 후에는 성도가 2만5천9백11명으로 증가했다. 조직이 커지고 양적으로 발전한 감리교는 1784년 3월 28일 영국교회와 분리했다.

웨슬레는 기독교사에 빛나는 업적을 남겼지만 그의 가정생활은 불행했다. 그는 첫 사랑의 상처 때문에 평생을 독신으로 살려고 했으나 나이 48세 때 미망인인 파질 부인과 사랑에 빠져 결혼했다. 그러나 부인의 변태 행각과 질투로 별거하게 됐으며 얼마 후 부인은 병으로 세상을 떠났다. 결혼생활이 불행으로 끝난 반면 웨슬레가 받은 복은 컸다. 건강한 몸으로 장수한 그는 그 시대에서 가장 분주하고 가장 많은 일을 했다. 영국전역과 스코틀랜드, 웨일즈, 아일랜드 등을 순회하면서 전도집회를 열었으며 4,000번 이상의 설교를 했고 일생을 통해 선교여행을 한 총 거리가 40만 km에 달한다.

1790년 6월 28일 87회 생일을 맞은 웨슬레는 그의 일기에 다음과 같이 기록했다. "오늘부터 나는 87세가 된다. 체력이 현저히 떨어지는 것을 느끼겠다. 그러나 신체 어느 부분이 고통을 느끼는 것이 아니고 생명의 물결이 멈추기까지 육체가 점점 쇠약해져 가는 것뿐이다." 그 해 10월 웨슬레는 수섹스주 윈첼시 교회 뜰에서 마지막 야외설교를 했다. 그 날 설교의 제목은 "만날만한 때 주를 찾으며 그가 가까이 계실 때 부르라"는 것이었다. 다음날부터 그는 심한 열로 앓기 시작을 했다. 그는 모든 일을 중지하고 시티 로드교회에 있는 집으로 돌아와 병석에 눕게 됐다. 1791년 3월 2일 그의 작은 방에는 열 한사람이 모여 있었다. 침상 위에 누운 웨슬레는 친지들에게 "평안히 계시오"라는 말을 남기고 눈을 감았다. 그리고 그의 유언 중에 가장 귀한 것은 "내 호흡 있는 동안 내 창조주를 찬양하리라"와 "가장 값진 것은 하나님 우리와 함께 하시는 것일세"이다.

요한 웨슬레의 설교는 알미니안(Arminian)적이고, 교리는 복음적(Evangelical)이었으며, 내용은 성경적(Biblical)이었다. 그의 사상은 풍부하고 논리적이며 명료하고 힘이 있었다. 감정은 뜨거웠으나 열정적이지는 않았고, 문제는 주목할 만한 웅변이나 열정보다는 명료하고 부드러움이었다. 그래서 그의 설교는 논리적 순서, 주의 깊은 묵상, 폭 넓은 지식, 훌륭한 문체, 풍부한 상상력, 그리고 깊은 감동 등이 나타난다.

웨슬레의 설교는 먼저 개인의 회개 문제에 역점을 두었다. 그는 믿음이 의롭다 함을 얻는 유일한 길이지만 믿음 전에 회개와 회개에 합당한 열매가 있어야 한다고 강조했다. 그의 설교는 개인의 회개에 못지 않게 기독교의 사회성이 강조되어 있다. 그의 설교의 내용은 영적 세계와 인간 사회에 깊은 관심을 가졌다. 그는 그의 진실성을 입증하려고 할 때 가끔 성경과 이성에, 때로는 성경과 경험에 호소했다. 그의 설교는 이성의 역할을 중시하였을 뿐 아니라 경험주의적 바탕에 근거했다.

웨슬레의 생애를 연구한 후우즈(Hugh P. Hughes)는 요한 웨슬레를 의미 있게 평가하였다. "웨슬레 자신이 18세기 영국에 있어서 가장 위대한 세력이었다. 오직 한 사람의 목소리가 그렇게 많은 사람들의 가슴에 감동을 준 일은 없었다. 어느 누구도 평생을 두고 영국을 위하여 그 만큼 일한 사람은 일찍이 없었다. 웨슬레야 말로 하나님이 진정한 예언자 한 사람이 모든 정치와 군대와 백만장자들을 합친 것 보다 더 큰 영향력을 갖는다는 사실을 과시하였다."

그의 설교의 영향 아래에서 감리교가 탄생하였고, 뿐만 아니라 구세군과 복음주의 연합 형제단과 나사렛과 한국의 성결교 등 헤아릴 수 없는 결실이 나타났다. 웨슬레의 불같은 열정의 설교는 전 세계에 급속하게 전파되었다. 그는 "전 세계는 나의 교구다"라는 슬로건을 내 걸었다. 그는 아주 광활한 지역에 복음의 흔적을 남겼다. 그가 하나님이 부르심을 받았을 때에 그의 나이 88세였다. 그의 유해는 시티 로드교회 뒤뜰에 안장되었다.

그러나 웨슬에 대한 반대는 조직적으로 일어나지는 않았다. 그 이유는 그는 기성교회를 의식하고 단체를 운영했기 때문이다. 그러나 오히려 웨슬레의 신학사상 문제로 논쟁이 일어났다.

첫째는 그의 "완전론"(Perfectionism)이다.

하나님의 은혜로만 구원을 얻는 점은 루터와 같으나 구원의 본질을 해석하는 점에 있어서 루터와 달리했다. 웨슬레의 관심은 스펜너의 경우에서와 같이 윤리적인 면이 있었다. 신자는 현세에서 죄를 멀리하여 성결한 생활에 들어가야 하며 마음속에 사랑이 지배할 때 완전한 자리에 들어갈 수 있다고 보았다. 하나님을 사랑하고 사람을 사랑하는 사랑이 끊임없이 마음을 지배하여 성내는 것이나 미움이 없이 생각과 말과 행동 전부를 순수한 사랑으로 다스릴 때 완전한 자리에 들어갈 수 있다고 보았다.

둘째는 "예정론"(Predestination) 논쟁이다.

그는 예정(豫定)보다는 예지(豫知)를 강조하고 동시에 인간의 타락과 스스로 구원을 얻을 수 있는 힘이 전혀 없음을 주장했다. 인간의 타락과 무능을 주장한 점에서는 역사적 칼빈주의와 비슷하나 이상하게도 웨슬레는 알미니안주의(Arminianism)를 따랐다. 그 이유는 부모들의 영향과 로우(Willaim Law)의 영향 때문일 것이다. 이는 그가 자란 영국 국교중고교회(The High Church) 배경에서 이해를 해야 할 것이다. 영국 국교회에서는 청교도주의를 배격하고 특히 청교도들의 기본 입장인 칼빈주의를 싫어했다. 이런 견해 차이 때문에 휫필드와 자주 논쟁을 했다. 그럼에도 불구하고 세계복음화의 대명제 아래 서로 협력하여 친구로써 전도를 같이 했다.

참고자료 | 18세기 영국의 사회현상과 정신적 파산

18세기 초엽의 영국의 사회는 정신적 파산에 직면했다. 윌리암 로우(William Law, 1686-1761)가 이성론(理性論 Case of Reason)을 써내고 존 버틀러(John Butler, 1692-1752)가 종교의 유추론(Analogy of Religion)을 써서 당신 지성의 회의(懷疑)를 막으려 했으나 대세는 이미 만회하기 어려운 절망 상태로 기울어져 있었다. 이때 영국은 사회적으로 산업혁명을 겪어 공업화시대에 돌입하였다.

인간의 가능성, 과학의 만능, 공업의 발달 이 모든 것들이 종교에 대한 무관심을 자아내게 하는 또 하나의 계기를 만들었다. 제임스 왓트(James Watt, 1736-1819)는 1769년에 증기 기관차를 발명하고 제임스 할그리브스(James Hargreaves)는 1770년에 다축 방적기를 리차드 아크라잇(Richard Arkwright, 1732-1792)은 1768년에 방적기를 각각 발명하여 수공업에서 중공업으로 산업제도의 변화를 초래하게 하였다. 이러한 사회적, 정신적 변화의 과정에서 새로운 영풍(靈風)운동이 어느 때 보다도 절실히 요구되었다.

5) 에드워드(Jonathan Edwards, 1703-1758)

에드워드는 6세 때부터 아버지를 통하여 강한 교육을 받았다. 그 중에 하나로 그는 6세 때부터 라틴어를 배우기 시작했다. 10세 때는 라틴어와 희랍어와 히브리어 등을 배웠다. 24세 때에 목사가 되어 23년 간 목회에 전념했다. 그의 설교는 매세체츄스(Massachusetts, 미 동북부에 있는 조그마한 주)주 노스햄톤(Northampton)에서 놀라운 반응으로 나타났다. 그는 평범한 신앙 부흥 운동자가 아니라 미국이 낳은 칼빈주의 신학자요, 목회자요, 철학자였다. 그의 설교는 교리적으로 맞추어졌고 교인들에게 개인주의적 적용을 하여 놀라운 결과를 얻었다.

1734년 12월 에드워드가 "믿음으로 의롭게"라는 제목의 연속 설교를 하면서부터 대 각성운동(The Great Awakening)이 불붙기 시작했다. 그의 설교를 듣고 한 창녀가 회개하므로 수많은 사람들이 성령의 감화로 변화되는 역사가 일어났다. 교회마다 회개의 눈물과 울부짖는 기도가 넘치게 되었다. 부흥의 불길은 코네티컷(Connecticut)주와 뉴저지(New Jersey)시에까지 타올랐다. 그의 설교는 거의 제스처 없이 했고 원고를 그대로 읽는 설교였으나 대단한 능력을 소유하였고 분명한 논리와 진실한 헌신과 영적인 통찰력은 대단했다. 사람들의 머리에 지식을 채우기 보다 영혼이 하나님의 감동으로 뜨거워지기를 원했다. 그의 설교에는 열정이 있었다. 그는 오직 성경중심의 선포자였다.

그는 1758년 프린스톤 대학(Princeton University)의 초대 총장이 되었다. 총장이 된 한달 만에 천연두 접종을 잘못해 별안간 세상을 떠나고 말았다. 그는 미국의 복음주의 신교의 아버지, 위대한 칼빈주의 학자, 목회자, 영적이고 지성적인 강단의 거성, 하나님의 주권과 영광을 강단에서 외친 위대한 설교자였다.

　미국의 대 각성 운동(The Great Awakening)은 독일의 경건파의 목사 프렐링하이센(Theodore Jacob Frelinghuyesen, 1691-1748)이 1720년에 뉴 저지의 레이톤(Lehighton) 강 유역에 거주하는 화란(Netherland)계 이주민들의 3개의 교구를 담당하기 위해 부임함으로 시작되었다. 그는 "내적 체험"의 신앙을 전했다. 교인들의 신앙심의 눈을 뜨게 하려고 노력을 했다. 그 결과 자연히 논쟁이 일어났다. 젊은이들과 가난한 자들은 대체로 그를 지지하며 따랐다. 상류 계층과 부유 계급은 실망을 했다. 그러나 그의 교구 가운데서 전체적인 부흥이 일어났는데 이것이 첫 번째 "대 각성"(The Great Awakening)이 일어났다.

　여기 "대 각성 운동"이란 영적 각성 운동을 가리킨다. 이 때 미국교회에 많은 인재를 배출한 프린스톤 대학(Princeton College)의 전신인 통나무 대학(Log College)이라고 조롱받던 학교가 세워졌다. 이 "통나무 학교"는 펜실베니아주 네샤미니의 델라워어 강 건너편에 장로교 목사 테넨트(William Tennent)가 그의 자녀들을 교육시키기 위해 작은 통나무학교를 세운 것이 그 기원이다. 여기에서 장로교 목회를 지망하는 젊은이들을 가르치기 시작했다. 이 작은 학교가 결국은 프린스톤 대학으로 발전하게 되었다. 그 후에 '통나무 대학'들이 계속 세워지게 되었다.

　뉴저지주에서 교구를 맡아 있는 Frelinghuyesen목사는 교회 내부뿐만 아니라 뉴욕시 근처의 다른 화란 목사들로부터 심한 반대에 부딪쳤다. 그러나 그는 반대자들을 회심시키면서 그 부흥 운동을 계속 추진하여 많은 새로운 교인들을 거두어 들였다. 이 부흥운동이 인근 네덜란드 개혁 교회로 번져서 1726년 절정에 달했다. 통나무 학교의 설립자인 테넨트의 아들이자 통나무 대학의 학생이었던 길버트 테넨트(Gilbert Tennent, 1703-1764)가 뉴저지의 뉴 부른스위크(New Brunswick)의 장로교회의 담임 목사로 청빙을 받아 신앙 운동을 진행하고 있던 Frelinghuyesen과 합세하여 부흥 운동을 더 크게 일으키게 되었다. 뿐만 아니라 뉴잉글랜드에서는 이민 1세 중 청교도(Puritan)의 인구의 전체의 10%에 불과 했으나 이들이 문화를 지배하고 있었다. 한 나라의 문화지배가 아주 중요하다. 일본 사람들이 다른 나라에 가면 문화점령에 독을 올리고 있다

1710년경에는 교인이 전체 인구의 5%에 불과했으며 사람들의 도덕적 수준도 너무나 저속적인 상태에 있었다. 이때 유럽에서 많은 사람들이 이 새로운 지역으로 들어오게 되었으며, 이 옛 세계의 공동사회의 생활의 속박으로부터 본질적으로 벗어난 이 사람들의 마음을 움직이기 위해서 새로운 어떤 방법이 필요하게 되었다. 이때 나타난 것이 '순회 설교자'였다. 이 새로운 대륙에서 일어난 부흥 운동은 칼빈주의자들의 조직적 분석과 상반되는 경건주의가 시작되었다. 즉 내적 체험을 강조하는 것이었다. 그러나 칼빈주의자들에게 적용될 때에는 경건주의적 방법이 채택되었으며 신앙 부흥가들이 하나님 앞에서 만민의 평등을 강조할 때 사람들의 마음이 움직이고 감동되는 놀라운 효과가 나타났다.

18세기 초엽에 이르러 뉴잉글랜드 지역은 종교적인 침체 형상이 일반화 되었다. 처음 청교도적인 신앙과 열심이 해이(解弛) 하여 갔다. 세속향락이 국민들의 관심거리가 되고 교회 출석이 감소되기 시작했다. 이런 때에 에드워드에 의해 대각성 운동이 시작이 되었다. 그의 설교를 통하여 16세 이상의 대부분의 노스햄튼의 성인들이 교회에 나오는 부흥형상이 일어났다. 이 새로운 부흥운동은 불길처럼 번져갔다. 뉴저지와 뉴욕 및 펜실베니아를 거쳐 버지니아까지 번졌다.

대각성 운동은 중부 식민지에서 시작하여 뉴잉글랜드(New England, 미국 동북부 13개 주: 성조기의 13개의 별) 그리고 남부 지역 전체로 확산되었다. 이 신앙부흥운동은 새로운 교파들의 성장에 자극을 주었다. 그 운동이 변경의 상황에 적응할 수 있는 새로운 목회 방식을 제공했다는 그 하나의 측면도 있다. 직선적 표현과 즉흥적 설교는 당시에 널리 애용되었다. 미국의 독립전쟁이 끝난 후 새 나라의 건설은 프로테스탄스의 예배에 자유를 주었다. 신앙의 자유시대가 도래한 것이다. 1791년의 권리장전(the

Bill of Rights)에 명시된 종교적 자유는 모든 교파가 동등한 관계에 놓이게 하는 계기가 되었다.

버지니아에서는 스턴스(Shubal Stearns) 목사와 마샬(Daniel Marshall) 목사의 영향으로 주로 침례교회에서 부흥운동이 일어났다. 이 운동의 절정은 1740년에서 1741년까지 휘필드(George Whitfield)가 미국을 두 번째 방문하여 집회를 인도할 때이다. 그의 집회에는 수 천명의 군중이 모였고 그의 감화는 미국 교계를 휩쓸었다. 이 운동으로 뉴잉글랜드에서는 5만명 이사의 개종자가 생겼다. 그 결과 기독교 대학들과 전도소들이 창설되었다. 이로 인하여 사회양심이 일깨워지고 인권에 대한 새로운 인식을 통하여 노예 제도에 대한 자성이 일게 되었다.

이렇게 부흥과 더불어 반발과 분열을 수반하기도 했다. 찬시(Charles Chauncy)는 부흥운동의 무질서를 비난하고 조용하고 경건한 그리스도인 정상생활을 옹호했다. 변화를 원치 않는 기성교회 일부에서는 부흥운동을 따르는 세력과 분열하는 비극이 개교회적으로 일어나기 시작했다. 서부지역으로 인구 이동이 생기면서 열심 있는 많은 교인들이 교회를 세우는 일에 힘을 썼으며 주로 침례교회와 감리교회의 발전이 이때부터 현저했다. 장로교회에서는 부흥파(신파)와 온건파(구파)로 대립 현상이 생겨 하버드와 예일이 온건파에 남고 부흥파는 프린스톤 대학을 설립하여 초대 학장에 에드워드를 추대하였다.

부흥운동의 결과로 많은 목회자의 양성이 필요하게 됐다. 그러나 목사 영성의 교육 규준에 문제가 생겼다. 남부교회의 필요에 따라 목사 교육의 단기화를 주장하는 일부는 "컴버랜드 장로교회"(Cumberland Presbyterian)를 세워 갈라 나가고 말았다(1810). 이러한 교파 분열을 싫어하여 캄프벨(A Campbell, 1788-1866) 목사는 장로교회를 탈퇴하여 "그리스도의 제자"(Disciple of Christ) 교회를 세웠다. 그는 장로교회의 정치에 환멸을 느껴 교파주의에 반대하고 오직 "성경 말씀만 가르친다", "그리스도의 제자"만 될 뿐이라고 주장했다. 그러나 얼마 안 가서 그를 따르는 자들을 중심으로 또 하나의 교파를 세우고 말았다. 교회정치는 회중정치를 택하고 유아세례를 부인함으로 장로교회와의 다른 교단의 특색을 나타냈다.

참고자료 천막집회

천막 집회란 이동하는 주민들의 신앙적 욕구를 맞춘 독특한 형식의 예배였다. 이것은 1797년 장로교 목사 맥그레디(James Mcgready, 1758-1817)에 의해 소개 야외 집회를 매년 신앙 대회로 이용하려는 이 운동은 켄터키(Kentucky)주에서 테네시(Tennessee)주까지 그리고 결국에는 최남부 지방은 물론 오하이오(Ohio)주의 북쪽 변경 지방까지로 퍼져 나갔다. 이 천막 집회에 가장 많은 사람이 모인 것은 1801년 8월 6일 켄터키에서의 집회였는데 10,000-25,000명의 청중이 모였다.

그 당시 이 주의 가장 큰 도시인 렉싱톤(Lexington) 인구가 약 20,000명 정도였다. 이 집회에 평신도, 성직자, 등 모든 교파에서 참석하였으며 심지어는 불신자들도 수 천명 참석했다. 여기서 일어난 집회에 성령의 역사가 충만히 일어났다. 6, 7명의 설교자가 똑같은 시간에 서로 다른 장소에서 모인 사람들에게 설교를 했으며 많은 청중들이 땅에 쓰러지기도 했다. 그들 중에는 경련을 일으키는 사람도 있었다. 이 운동은 오순절 이후 성령이 가장 크게 부어진 곳으로 언급되었다. 이것은 미국교회 역사의 하나의 분수령이다. 이 천막 집회는 미국의 첫 번 대 각성 운동 때와 비슷했으나 단지 청중들을 결신 시키기 위해 수단을 사용하는 것이 그 전의 부흥사들과 다른 점이다.

6) 휫필드(George Whitfield, 1714-1770)

죠지 휫필드(George Whitfield는 1714년에 글라우-세스터(Gloucester)

에서 한 여관 집 주인의 막내아들로 태어났다. 그는 좋지 못한 환경 속에서 '불량 소년'의 대명사가 되는 문제아였다. 그 후 그는 옥스포드 대학에 입학하였다. 그는 웨슬레 형제와 가까이 하고 거룩한 구룹(Holy Club=Methodist Club)에 가입해서 경건한 체험을 얻고 고귀한 사역에 동참하게 되었다. 그는 진리의 도를 열심히 찾던 중 결국 구원은 그리스도만을 진심을 다하며 인격적으로 신뢰해야 된다는 사실에 도달하게 되었다.

그는 1736년에 사제 안수를 받고 설교자로써 불타는 능력의 종이 되었다. 그는 옥스포드에서 학위를 받은 후에 여러 유명한 강단에 서서 수많은 회중을 매료시키고 굉장한 열매를 거두었다. 고향에서 그의 첫 설교가 얼마나 감동을 주었던지 화제거리가 되기도 했다. 라일(J.C. Ryle)이 말한 대로 "휫필드는 청중들을 완전히 사로잡은 당대 가장 위대한 설교가였다"고 하였다." 런던에서 설교를 하다가 얼마 후에는 미국 죠지아주로 선교사의 길을 떠났다. 거기서 고아원을 설치하고 다시 고국으로 가서 설교를 하게 되었다.

그는 광신자로 취급을 받고 목회자들의 반대로 교회에서 설교 초청을 받지 못하게 되자 그는 유명한 옥외 설교를 하게 된다. 영국에서 온 성공회의 순회 복음 전도자였다. 1739년 8월부터 1741년 1월까지 그의 첫 번째 전도 여행을 하여 상당한 호응을 얻었다. 아주 열정적인 사람으로 강단 주위를 마음대로 돌아다니면서 원고 없이 즉흥적으로 설교를 했다. 인간미 있는 이야기와 몸짓을 섞어 가면서 연극을 실연해 보임으로 했다. 반대도 있었으나 많은 호응이 있었다. 그가 설교를 할 때마다 많은 청중들이 모여들었고 놀라운 회개운동이 일어났다. 고아원을 위한 모금도 성공적이었으나 국교회의 지도자들에게 배척을 받아 어려움을 겪었다. 그가 받은 어려움은 그가 전한 메시지가 칼빈주의적이었기 때문이었다.

그는 거의 10년에 걸쳐 7차례의 여행을 하면서 미국의 이곳 저곳을 다니면서 설교했으며 한 주에 평균 40시간씩 설교했다. 그는 스코틀랜드에서도 수 천 곳의 마을과 지방에서 쉬지 않고 설교하여 많은 열매를 맺었다. 1741년 칼빈주의자요 열정적인 휫필드와 알미니안주의자요 조직적인 웨슬레는 슬픈 분열을 하게 되었다. 그들은 죽음을 앞두고 화해했고 그 친구를 위해 훌륭한 고별 설교를 하였다. 웨슬레는 그의 일기 "저널"(Journal)에서 휫필드의 가치에 경의를 표하는 아름다운 모습을 보여 주었다.

휫필드는 1769년 9월 마지막 미국에서의 집회를 위해 길에 올랐을 때에 기력이 탕진되고 너무나 지쳐 있었다. 그때 그의 동료 중 한 사람이 "선생님 설교보다도 침대에 가서 쉬시는 게 좋겠습니다"라고 말했을 때 그는 유명한 말을 남겼다. "주 예수여, 저는 당신의 사역으로 지쳐 있습니다. 그러나 당신의 일에 대해서 지친 것은 아닙니다. 저의 달려 갈 길을 끝낼 때가 아니라면 저로 가서 다시 한 번 야외에서 주를 위하여 증거 하게 하시고 당신의 진리로 인 치시고, 집으로 돌아와 숨을 거두게 하옵소서." 그의 기도는 응답되었으며 허다한 무리들 앞에서 고린도 후서 13:5절 "너희가 믿음에 있는가 너희 자신을 시험하고"라는 제목의 놀라운 열정적인 설교를 하고 난 후 많은 열매를 거두고 주일 아침 일찍 1770년 9월 30일 면류관을 쓰려고 이 세상을 떠났다. 그는 성공회 교인이었으나 매우 포용적이었다.

그는 칼빈주의자였지만 결신을 할 때 강하게 촉구(dash)하는 알미니안적 사상도 내포되었다. 휫필드는 많은 사람들에게 가장 효과적으로 복음을 선포하므로 사람들을 회심시킨 사람이었다. 그의 메시지의 초점은 "하나님의 용서하시는 은혜와 그리스도를 믿음으로 얻는 평화와 그리스도를 위한 봉사의 기쁨"이었다. 그는 확신에 찬 능력 있는 설교를 했다. 그는 어떤 교파에서나 초청하면 사양치 않았다. 미국을 7번이나 건너가는 전도열을 보였다.

그는 런던에 본거지(Tabernacle)를 세우고 세계적으로 활동을 했으나 웨슬레와 같이 자기 단체를 조직하지는 않았다. 휫필드와 많은 점에서 의견을 달리한 카우퍼(William Cowper, 1731-1800)까지도 휫필드의 영전에 다음가 같은 조시(弔詩)를 보냈다. "횟필드는 바울을 따랐다. 그의 열심과 정절, 그의 사도적인 사랑, 그것은 바울과 비기리"

비평가들은 횟필드가 자신의 인기를 위해서 본문을 본래의 의미와 다르게 함부로 해석하고 있다는 비난을 했다. 성경에 접근하는 방법이 자유롭다는 비판을 받았다. 그러나 본질적으로 성경해석에 문제가 있는 것은 아니었다. 그는 설교자로서 완벽한 음성을 가지고 있었다. 그는 뛰어난 정감이 넘치는 설교자였다. 그는 아주 열정적이며 진실하였다. 그는 많은 청중들을 설교 속으로 빠지게 하였다.

패티선(Pattisan)은 횟필드에 대하여 다음과 같이 말했다. "그의 얼굴은 언어였고 그의 억양은 음악이었고 그의 행위는 열정이었다." 그의 설교는 "온전하고 거룩한 열심, 그의 겸손과 자기 확신, 그의 넘치는 근면함과 수고, 사역에 있어서의 기쁨과 인간을 위한 그 사역의 가치에 대한 확신 등 내적 정신과 외적 효과가 한데 어울려 된 것이라고 표현할 수 있을 것이다." 그의 웅변적인 재능은 수 천, 수만의 사람들의 마음을 사로잡아 그리스도에게로 회심시키는 뛰어난 것이었으며 설교자로서의 열정, 청중을 사로잡는 예리함과 제스처 그리고 목소리의 조화, 뛰어난 상상력과 표현의 능력은 더욱 더 그의 설교의 효과를 드높인 것이라 말할 수 있을 것이다.

뉴톤(John Newton)은 "횟필드는 진정 모범적인 명설교가였으며, 오늘의 명설교가들은 모두가 그의 복사판에 불과하다"고 하였다. 불행한 것은 이 시기에 부흥 운동은 미국 교회에 분열을 가져오기 시작했다. 장로교는 신·구파로 나뉘어졌다. 회중 교회 부흥 운동가들은 지지를 받기도 했으나 비난을 받기도 했다.

7) 데이번포트(John Davenport, 1716-1767)

데이번포트는 대각성 시대의 순회 설교자 중의 한 사람이었다. 그는 가장 괴상한 행동으로 대각성 부흥 운동의 평판을 떨어뜨리는 불명예를 남긴 부흥 운동가였다. 1740년에 휫필드의 영향을 받고 그의 순회 전도를 모방하게 되었다. 1741년에 코네티컷(Connecticut)주 스토닝톤(Stonington)에 도착해서 전도를 했다. 약 1년 후인 1742년에는 보스톤에 도착해서 부흥회를 인도했다. 그는 자기 앞서 무장군인들을 보내어 찬송을 부르며 거리를 행진하게 했다. 그는 그의 추종자들의 뒤를 따라 그 도시에 입성했다. 그는 하나님의 계시가 감정을 통해서 임하는 것이다라고 가르쳤다. 그는 강렬한 감정이나 생각은 어떤 것이든 계시로 해석했다.

그는 성령에 대한 완전한 복종을 강조하기 시작했으며, 점차적으로 그의 설교 내용은 점차 무의식중에 나타나는 계시에 의존했다. 결과적으로 그의 설교는 질서가 없이 정연함과 균형을 잃게 되었다. 그는 24시간 동안 계속해서 설교한 적도 있었다. 부산 거제교회 원로목사였던 고 김종한 목사님의 경우도 부흥집회시 저녁시간 집회가 그 다음날 새벽까지 계속 되었다고 한다. 데이번포트는 책과 가발과 반지와 깃발 등 소위 헛된 것들을 태워 버리기도 했다. 그는 대 각성 시대의 최악의 잘못된 설교자의 상징이 되고 말았다.

8) 뉴톤(John Newton, 1722-1807)

뉴톤은 영국 런던에서 선장의 아들로 태어났다. 일찍이 어머니를 여의고 올바른 교육을 재대로 받지 못하여 거칠고 반항적 청소년기를 보냈다. 해군에 입대하여 탈영을 하기도 했다. 아프리카 연안에서 죽을 고비를 넘기기도 했다. 그는 혹독한 고난을 겪은 후 결국은 회개하고 예수님을 믿게 되었다.

그 후 그는 항해를 하면서 라틴어와 희랍어를 배웠고 경건 훈련을 쌓아 1779년 12월 런던의 울노드(St. Mary Woolnoth) 교구의 목사가 되어 설교자로써 여생을 보내게 되었다. 그의 설교가 힘이 있고 영향력이 있었다.

그 이유는 그가 가진 재능이라기 보다 그의 특별한 체험 그의 건전하고 확실한 회심 그리고 자신의 직무에 대한 완전한 헌신 등이었다. 그는 독학자였으나 그의 설교문들은 전형적인 해석학적인 형태를 갖춘 건전함과 성실함, 구성의 탁월함을 인정받았다.

9) 피니(Charles Grandision Finny, 1792-1875)

피니는 19세기의 가장 성공적인 복음 전도자였다. 뉴욕의 변호사로서 교회에서는 아주 활동적이었다. 그는 개종 이후 목사가 되려고 공부하였으며 그는 설교자가 된 후에 매우 유능한 설교자가 되었다. 그는 표현을 단순하게 했지만 법률학을 공부한 그의 설교는 수준이 높은 편이었다. 그의 설교는 정확하게 표현되었으며 청중들이 쉽게 이해되었다. 그는 복음적인 설교로 서부 뉴욕 지방을 불바다로 만들었다. 그는 미국의 여러 지역과 영국을 돌아다니며 신앙 부흥 운동을 일으켰다. 강단에 선 피니는 언제나 가득한 눈물과 가슴속에 사무친 연민의 정을 안고 죄와 심판을 선포했다.

그의 설교활동은 두 가지로 구분되었다.

① 금식과 철야 기도를 통해 경건의 훈련을 닦으며 자기 부정과 인격의 거룩성을 도야하기 위한 노력을 끝없이 기울였다. 그 결과는 수많은 사람이 회심하게 되고 1858년의 대 부흥 운동에 하나의 전기를 마련하게 되었다.

② 사회를 향한 그의 관심은 노예제도라는 죄악이 사라지지 않으면 전쟁과 파멸이 닥쳐 올 것이라는 준엄한 경고의 내용이었다.

피니는 마치 배심원들에게 이야기하는 방식으로 청중들에게 설교하였다. 성경본문의 해석은 삶의 현장에 사는 사람들에게 개인적으로 적용시키는 방법을 우선으로 했다. 죄를 여지없이 통박하였다. 그로인해 청중들은 몸을 떨고 고백의 시간을 가지지 않을 수가 없을 정도였다. 그는 음주에 대한 각성을 말했다. 그는 인권 존중과 미국의 현실적 이익이 부딪히게 하는 문제에 이르게 되면 하나님의 의를 불같이 강조했다. 피니는 원래 칼빈주의자였으나 자신의 신학을 새로이 건설하였다. 그는 많은 비방을 받았지만 참아 내고 극복하며 건강한 설교 사역을 계속하다가 83세에 갑작스런 심장 마비로 세상을 떠났다. 이때 동부에서는 단일신론(Unitarianism), 보편구원설(Universalism), 자연신론(Deism)이 교회 안에 침투하여 삼위일체론을 거부하고 인간의 자유의지를 주장하고 하나님의 절대주권에 도전하게 되었다.

10) 스펄젼(Charles Spurgeon, 1834-1892)

설교자의 황태자 또는 설교의 천재라 불리는 스펄젼은 천부적인 설교의 은사를 받은 사람이었다. 1850년 16세 때 캠브리지(Cambridge) 근처의 테버샴(Telversham)의 한 농가에서 처음 설교를 하여 청중을 놀라게 하였다. 그는 청교도 신학을 깊이 연구하였다. 그의 신학은 칼빈주의였다. 진리를 위하여 한 치의 양보도 없이 싸우는 철저히 성격적이며 교리적인 설교가였다. 그의 설교는 꾸밈이 없이 솔직하고 담백했으며 완숙한 웅변술과 명확한 연기능력과 분명하고 확실한 목소리 가지고 있었으며 청중을 자유롭게 다룰 줄 아는 설교가였다. 그는 마치 루터의 "탁상 담화"란 책을 읽었는지 그의 설교는 분명했다.

스펄젼도 34년 간의 목회 기간 중 1,000만 명의 사람들에게 설교를 하였다. 1855년부터 자기가 설교한 설교를 출판하였다. 설교 사상 누구보다도 많은 양의 설교집을 출판하였다. 전 세계적으로 그의 설교가 번역되어 베스트 셀러(best seller)의 자리를 차지했다. 그의 설교가 얼마나 인기가 있었든지 헬무트 틸리케(Helmut Thielicke)는 "당신이 갖고 있는 것(물론 지금 유행 중인 설교학의 문헌 몇 권을 포함해서)을 모두 팔아 버리고 스펄젼을 사라(그러기 위해서는 헌 책방을 뒤지며 돌아다니지 않으면 안 된다 하더라도)."라고 다소 과장되게 표현을 했다.

불같은 정열의 소유자 스펄젼의 설교는 주권자이신 하나님 앞에서 설교를 했고 병든 영혼이 하나님을 만나도록 했다. 스펄젼은 19세기의 '황금의 입'이라고 불렀다. 1865년에 출판된 그의 설교집은 일주일에 25,000부가 팔렸다. 그의 지도력의 원천은 복음에 대한 확신이었다. 그에게는 그 확신을 전달하는 탁월한 능력을 소유하고 있었다. 그는 후진 양성과 설교집과 서적을 통하여 영향을 미쳤다. 평범한 어휘와 뛰어난 유머 감각은 그의 설교를 빛나게 했다.

그의 지도력은 기도와 말씀 연구와 구원의 확신과 그의 인격적인 면이었다. 1854년 232명의 교인이 1891년에는 5311명으로 증가했고 그를 통하여 14,460명이 세례를 받았다. 1850년에 신학교를 설립했고 그가 죽기 전에 900명의 목회자를 배출했다.

11) 부룩스(Phillips Brooks, 1835-1893)

부룩스는 1835년 12월 13일 미국의 동부의 도시인 보스톤에서 출생하였다. 그는 그의 생애와 목회생활의 거의 대부분을 여기에서 끝맺음했다. 그는 설교자인 동시에 설교 학자였다. 그는 성경, 고전, 및 학자들의 저서를 헬라어, 히브리어, 라틴어, 독일어, 불어 등 원서로 읽었다. 그는 평생 독신으로 지냈다. 그는 명문 하바드(Harvard)대학의 수재였다. 그는 고급 영어로 쓰인 깊은 연구로 가득 찬 원고를 만들어서 강단에 올라가서 외쳤다.

그의 설교 철학은 다음과 같았다.
① 설교란 인격을 통해서 신적 진리를 전달하는 것이라고 했다.
② 그는 사람을 사랑하는 설교자였다.
③ 그는 설교와 목회활동의 조화를 말했다.
④ 그의 설교에는 실제적 문제를 잘 적용할 수 있었다.

그는 200파운드가 넘는 거대한 체구에서 터져 나오는 우렁찬 목소리와 뜨거운 가슴으로 복음 진리를 선포하는 불타는 설교자였다. 대부분의 설교자들이 1분에 120단어 정도의 말을 하지만 그는 매분 190-215단어 사이를 구사하는 빠른 속도의 웅변적인 설교를 했다. 그의 설교는 깊은 성경 연구에서 나오는 학자적인 설교였다. 그는 목회자의 뜨거운 심령이 담긴 설교를 했다. 그는 해박하고 감동적인 설교를 한 사람이었다. 그는 주의 깊은 성경 연구와 열정적인 목회자의 심정을 가지고 설교한 강단의 거성이었다.

참고자료 루터의 탁상담화

중세기의 종교개혁자 말틴 루터(Martin Luther)는 "탁상 담화"(Tabletalk)라는 책에서 "설교자와 설교에 관하여"(on Preacher and Preaching) 설교자가 지켜야 할 덕목을 다음 9가지로 열거했다.

① 조직적이어야 한다(to teach systematically)
② 위트가 있어야 한다(ready to have a wit)
③ 능변가여야 한다(be eloquent)
④ 좋은 음성을 가져야 한다(have a good voice)
⑤ 기억력이 좋아야 한다(have a good memory)
⑥ 끝마무리를 잘 해야 한다(to make an end)
⑦ 자기의 하는 말에 확신이 있어야 한다(be sure of his doctrine)
⑧ 자기가 하는 설교에 심혈을 기울여야 한다(venture and engage body and blood)
⑨ 타인의 조롱과 조소를 감내할 것이다(suffer himself to be mocked and jeered by every one)

루터는 설교자는 수사학자(rhetorician)이어야 할 뿐 아니라 논리학자(logician) 이어야 한다고 했다.

12) 무디(Dwight L. Moody, 1837-1899)

무디는 1837년 2월 5일 미국 매세체츄스(Massachusetts)주 놀스필드(Northfield)에서 에드윈(Edwin)과 벳시(Betsey)부부 사이에서 6번 째 아들로 태어났다. 어머니는 청교도의 혈통을 받은 독실한 기독교 신자였다. 무디가 5세 되던 1841년에 부친이 과로로 별세했다. 어머니는 남편이 죽은 후 1개월만에 쌍둥이 딸을 낳아 총 7명의 아들과 2명의 딸을 부양했다. 무디의 어린 시절은 평범했으며 그는 장난을 몹시 좋아했다.

무디의 가정에 있던 책은 2권뿐이었다. 즉 성경과 경건 주석이었다. 어머니는 매일 아침 이 책들을 읽어주었다. 주일이면 1마일 거리의 유니테리언 교회(Unitarian Church) 출석했다. 무디의 형제들은 신발과 양말을 손에 들고 걸어가다가 교회가 보이면 신고 걸어갔다. 무디의 어머니는 무디가 기도생활을 착실히 하도록 설득했다. 그러나 그는 장난이 더 흥미로웠다. 그는 동료에게 리더십을 보였다.

Moody가 17세 되던 1854년에 형이 살고 있는 클린톤(Clinton)으로 일자리를 구하러 갔다.

① 첫 번째로 얻은 직장은 발송할 신문 봉투에 주소를 쓰는 일이었는데 그곳에서는 그가 실수를 하여 쫓겨났다.

② 두 번째로 얻은 직장은 가계점원이었다. 여기서는 일을 잘 해서 인기를 얻었다.

③ 세 번째로 얻은 직장은 보스톤에서 양화점 견습공이었다. 주인의 이름은 사무엘이었다. 그는 교회 주일학교에 정기적으로 나가는 조건으로 채용이 되었다. 이 때 그는 영적인 체험 즉 거듭남을 맞게 되었다. 중생은 그의 판매 방법에도 성실과 공신력으로 나타났다. 그는 6개월 간의 실적을 3개월만에 달성했다. 그는 모든 것을 하나님께 맡기면 성공한다는 확신을 가졌다. 그의 최고의 목표가 10만 달러 저축이었다.

④ 네 번째 얻은 직장은 제화점이었다. 1856년에 기차를 타고 미국의

중부 시카고로 갔다. 도착 다음날 숙소 근처의 기도회에 참석했다. 출석한 교회는 제일 침례교회였다. 이곳에서 그는 엠마 찰롯데란 평생의 반려자를 만났다. 보스톤에서 1개월 동안 벌어야 할 돈을 이제는 1주일이면 벌 수 있었다. 그는 YMCA 회원으로 가입을 했다. 그는 YMCA의 매우 유능한 기금 조달자였다. 그의 결심은 하나님이 일의 먼저이고 자기의 일은 나중이었다.

그는 이웃의 불우 아동을 모아놓고 성경을 가르치기 시작했다. 그는 여기서 죤 포월(John Powell)이란 동역자를 만났다. 그가 시작한 주일학교는 급성장했다. 처음에는 의자 4개와 18명의 아이들이었으나 나중엔 1000명으로 늘어났다. 그는 전도하기 위하여 항상 구두를 눈 부실만큼 닦아 신고 다녔다. 윤이 나는 구두를 보고 몰려든 아이들에게 성경을 가르쳤다.

시카고에 온지 6년 만에 100여명의 교사와 80여 개의 학교를 가진 시카고 최대의 주일학교가 되었다. 아브라함 링컨(Abraham Lincoln) 대통령이 시카고를 방문하게 되었다. 그가 연설하지 않겠다는 조건으로 주일학교를 방문했다. 무디가 대통령을 소개할 때 "만일 대통령이 우리들의 환영에 감동되어 몇 말씀 해 주신다면 더욱 영광으로 여길 것입니다"라고 말했다. 이때 대통령은 자기의 어린 시절을 이야기했다. 주일학교 선생님의 말씀을 잘 듣고 따르면 언젠가는 여러분도 자신처럼 대통령이 될 수가 있다는 아주 짧은 연설을 했다.

무디는 학생들을 사랑했지만 엄할 때는 몹시 엄했다. 교사도 무능한 교사는 스스로 물러가게 했다. 한 반의 여 선생이 몸이 아파 결근을 했다. 무디는 그 반 학생들을 가르치기 위하여 반에 들어갔다. 학생들은 공부는 하지 않고 떠들기만 했다. 무디는 학생들을 몽땅 좇아냈다. 여선생은 폐출혈 증세로 학생 한 사람도 구원하지 못했다. 무디는 그 여선생과 함께 10개월간 학생들을 찾아다니며 구원에 관해 설명하고 기도했다. 학생들을 모두 구원시켰다. 창백했던 선생의 얼굴이 환하게 밝아졌다.

무디는 전에 목표한 10만 달러보다 구령사업의 중요성을 깨닫고 생의 전부를 하나님께 바쳤다. 1862년 8월 28일 시카고 제일 침례교회당에서 엠마와 하나님 제일 주의 원칙으로 살 것을 맹세하고 결혼했다. 그는 결혼하기 전에 이런 말을 했다. "나는 엠마와 결혼을 할 것입니다. 이제부터 아무 여자도 나와 만나자고 하지 마십시오" 시간이 갈수록 그의 명성이 높아져 선교단체와 교회에서 설교자로 초청을 받았다. 주일학교도 성장을 해서 하나의 교회를 조직해야 할 처지가 되었다. 1864년 무디는 그의 최초의 교회인 일리노이 교회당(Illinois Street Church)을 하나님 앞에 헌당했다. 그는 신자들을 모두 전도자로 훈련시켰다. 교회에서는 언제나 특별집회를 열었다. 수천 권의 성경과 복음전도지가 시카고전역과 이웃 도시에 배부되었다. 당시는 남북 전쟁 때였다. 이것이 선교활동을 가져오게 했다. 75명의 학생이 자원 입대했다. 무디는 시카고 신병훈련소에 교회를 만들어 75명의 학생을 위해 첫 집회를 가졌다. 이들에게 "형제의 띠"란 명칭을 주어 부대 내에서 전도활동을 하게 했다. 이들의 활동으로 매일 20여명의 병사들이 변화되어 일리노이 72연대는 YMCA라고 불릴 정도가 되었다. 병사는 환자에게 요한복음 3:14절 "모세가 광야에서 뱀을 든 것같이 인자도 들려야 하리니"를 읽어주었다. 1865년에 남북전쟁이 끝났다. 흩어진 옛날 주일학교 교사들을 모았다. YMCA 회장은 무디였고 부회장은 파월이었다. YMCA 건물에는 부회장 "파월 홀"(Powell Hall)이란 이름을 붙였다. 제 3의 "파월 홀"을 건립했다. 1871년 이 파월 홀에서 설교했다.

무디가 전 세계적인 인물이 되기는 두 번째의 영국여행을 마친 후였다. 그는 영국에서 스펄젼과 뮬러(Muller)를 만났다. 무디는 뮬러가 1,000명 이상의 고아들을 돌보고 있는 모습을 보고 감동을 받았다. 무디는 뮬러 집(Muller House)을 방문했다. 뮬러는 시카고 주일학교에 찾아와 요한복음 3:16절 "하나님의 사랑"이란 제목으로 6일간 매일 설교했다. 무디는 그를 동역자(同役者)로 삼았다.

무디는 그 다음에 생키(Ira D. Sankey)를 만났다. 그는 평범한 공무원이었다. 그는 하늘 목소리의 소유자였다. 그를 만난 것은 1870년 어느 주일 인디애나포리스(Indianapolis)의 한 주일학교 집회였다. 그를 만난 무디는 첫 마디가 "직업을 바꿔야겠습니다, 생키(Sankey)씨 당신은 노래하고 나는 복음을 전합시다" 1872년 6월 무디는 두 번째로 영국으로 향했다. 영국의 레시 목사는 무디를 자기 교회에 설교를 시켰다. 평상시의 배가되는 200명이 모였다. 성령의 역사가 일어났다. 올터 콜(Altar Call; 회심자는 강단 앞으로 나와서 신앙을 고백하는 순서) 때 많은 사람들이 앞으로 나왔다. 10일간의 부흥회에 엄청난 사람들이 모였다.

무디는 세 번째로 영국을 갔다. 무디를 초청한 3명의 목사 중에서 2명은 별세하고 1명은 연락이 두절되었다. 그는 YMCA에 가서 설교를 했다. 5주간 설교를 계속했다. 이는 요한 웨슬레(John Wesley) 이후 가장 큰 부흥운동이었다. 매일 수백 명씩 변화를 받았다. 거리에 붙어있는 포스트에는 "무디는 설교하고 생키는 복음을 노래한다"라고 쓰여 있었다. 그는 여러 지방에 다니면서 설교를 하니 수천 명의 개종자가 생겼다. 그는 영국의 매스콤(Mass Com.)의 주목을 받게 되었다. 영국에서 그의 설교를 들은 사람은 모두 약 3-400만 명에 이르렀다고 한다.

그의 설교는 부정적이고 긍정적인 두 가지로 나타났다. 무디의 메시지는 낙관주의와 하나님의 사랑을 자유의지로 받아들이는 것을 섞는 것으로 그의 설교의 최대 관심은 죄인들의 회개였다. 그는 급속적으로 성장하는 도시들의 사회적, 도덕적 상태는 변화되어야 하는데 그것은 부흥되고 중생된 사람들에 의해서 가능한 것이라고 믿었다. 무디는 예수님께서 피로사신 모든 사람들을 거듭나게 하시는 하나님의 도움으로써 그의 본분을 다하려고 노력했다. 그런 설교를 듣기 위해 모여든 인파는 인산인해(人山人海)를 이루었다.

무디는 필립 부룩스(Phillip Brooks)와는 대조적인 설교자였다. 그의 설교 스타일은 평범한 가정적인 예화와 단순한 복음을 가지고 대중들에게 호소했다. 글라스고우 수정궁에서 5만 명이 모인 가운데서 무디는 마차에 올랐다. 첫째 날은 "그리스도의 나라와 의"에 대해 설교를 했다, 둘째 날은 "그리스도의 보혈"에 관해, 셋째 날은 "그리스도의 대인 속죄"에 관해, 넷째 날은 "그리스도의 공의와 권능"에 관해, 다섯째 날은 "하나님의 전지전능"에 관해, 여섯째 날은 "하나님의 구원은혜"에 관해 설교를 했다. 이 때 생키는 찬송을 인도했으며 7000명으로 된 성가대를 조직해서 지휘했다. 결신자의 수는 2000명이었다.

그 후에 에버디인 집회는 2만 명이 모였었다. 리버풀 집회는 기도회 모임 때만 17000명이 모였다. 그 많은 청중을 움직여 믿음을 갖게 하는 비결을 묻는 물음에 그의 답은 디모데후서 4:2절 "너는 말씀을 전파하라 때를 얻든지 못 얻든지 항상 힘쓰라 범사에 오래 참음과 가르침으로 경책하며 경계하며 권하라"는 말씀으로 답을 했다고 한다.

무디는 노스필드에서 2개월 간의 휴식 후에 미국 뉴욕의 부륵클린 스케이트((New York Brooklyn Skate)장에 서 설교를 하게 되었는데 그 곳에는 5000명이 모였고 그리고 필라델피아 철도 정류장에는 13000명이 모였다. 매일 수 천명의 결신자가 일어났다. 2개월 반 동안 결신자 대 홍수가 일어났다.

그는 설교만 한 것이 아니라 1879년에는 여성신학교를 세웠다. 그리고 1880년에는 그리스도 공동 수양관을 건립했다. 1881년에는 헬몬 산(Mt. Hermon) 남자 학교도 건립했다. 1886년에는 세계학교 연맹을 조직했다. 1890년에는 부인 협의회를 창설하였고, 1894년에는 노스필드(Northfield)의 메아리잡지를 발간했다. 1899년에는 시카고에 성경학교(Bible School)을 발족하여 전도훈련을 시켰다. 무디의 설교가 지성인들에게는 부족함을 느꼈다. 특히 그의 설교의 대한 반응이 캠브리지대학, 프린스톤대학, 예일대학 학생들에게는 냉냉했다. 그러나 5일 째부터는 반응이 나타나기 시작해서 많은 결신자가 일어났다. 1891년 성지 순례를 했다.

시카고집회를 위하여 무디가 탄 노스 저만 엘로이드 호는 대서양을 횡단하게 되였다. 그가 탄 배가 거의 침몰하게 되었다. 배 안은 수라장이 되었다. 선장은 무디에게 예배를 드려 달라는 부탁을 했다. 찬송가를 부르고 성경 시편 91:11 "저가 너를 위하여 그 사자들을 명하여 네 모든 길에 너를 지키게 하심이라"을 읽었다. 구조선이 와서 배를 견인하는 기적이 일어났다.

1893년 시카고는 만국 박람회를 앞둔 축제무드였는데 전도 집회를 가졌다. 무디는 어떤 때는 하루 125회의 집회를 시내 곳곳에서 가졌다. 1899년 건강이 쇠약해졌다. 캔사스(Kansas) 집회 시에는 15000명이 모인 가운데 "세 가지 은혜"란 제목으로 설교했다.

1899년12월 22일 새벽 6시 "천국 문이 내 앞에 열리는구나 참 아름답구나 이제 나는 하나님의 뜻을 따라 갑니다 잠시 동안 당신과 헤어지지만 천국에서 다시 만납시다 너무 염려말고 주만 의지하고 살아가시오"는 말을 남기고 별세하였다. 그가 평소에 남기던 말 중에 이런 말이 있다. "언젠가 여러분은 동 노스필드(Northfield)의 무디의 죽음에 대한 기록을 읽을 것입니다. 그러나 여러분은 그 기록을 믿지 마십시오. 그때는 내가 죽지 아니한 지금보다도 더 확실하게 살아 있을 것입니다. 나는 육신으로는 1837년에 태어났고 영혼으로는 1855에 다시 태어 났습니다. 육신의 나는 죽을 것이지만 영혼의 나는 영원히 살아 있을 것입니다."

13) 선데이(William Sunday, 1863-1935)

무디(D. L. Moody)의 후계자로 꼽히는 윌리암 선데이(William Sunday)는 시카고 와잇 삭스(Chicago White Sox)의 팀의 포로야구 선수로도 명성을 날린 적이 있었다. 그는 YMCA에서 샤프먼(J. Wilbur Shapman)과 함께 신앙 부흥 캠페인의 준비를 도왔다. 그는 1895년부터 대도시 순회 부흥 운동을 시작했다. 1917년 뉴욕의 10주 캠페인에 거의 150만 청중을 끌어내었다. 그 때 개종자는 98,264명에 달했다. 그는 독특한 선교 스타일을 사용한 것이 집회 성공의 요인이었다.

그의 집회 성공 요인은
① 강단에서 몸을 비꼬면서 극적인 표현을 하는 연극적인 재능을 가졌다.
② 강단 위를 뛰어 달려와서 강대상을 치기도 했다.
③ 쉴새 없이 쏟아져 나오는 말을 했다.
④ 노골적이며 사실적인 단어의 선택으로 엘리트와 서민들을 자극했다.

그는 결심한 자들을 제단 앞으로 불러내는 초청 형식(altar call)을 취하여 예배의 분위기를 절정을 이루게 하였다. 기록에 의하면 참석자들 10명 중 1사람은 초청에 응답하고 나왔다고 한다.

참고자료 미국 대중 부흥사들의 숫자

미국의 대중 신앙 부흥 운동은 적어도 650명의 전임(full time) 부흥사들과 약 1,200명의 part-time 부흥사들이 있다. 이들은 제 1차 세계 대전 직전에 절정을 이루었다. 제 1차 대전이 시작되자 신앙 운동은 약해졌고, 전쟁 후에도 종교적 분위기는 급진적으로 변하여 신앙 부흥 캠페인은 쇠퇴해졌다. 그 후 남 침례 교회를 제외하고는 복음주의 교회들과 더불어 사라졌다. 노예해방 이전에는 독립된 흑인 교회는 거의 없었다. 그리고 흑인들은 주로 정해진 뒷좌석에나 현관에서 백인들과 함께 예배를 드렸다. 1950년 흑인 혁명이 있었다. 1970년 흑인 신학의 혁명이 있었다.

14) 그래함(Billy Graham, 1918. 11.7-)

빌리 그래함은 20세기 최대의 전도 설교자요 금세기의 위대한 설교자였다. 그는 가장 효과적인 복음 전도단의 중심 선포자였다. 지금부터 10년 전에 회심자의 수가 약 100만 명이었다고 한다. 그의 출생지는 미국 노스 캐롤라이너(North Carolina)주 챠롯(Charlotte)이었다. 본명은 윌리엄 프랭크린 그래함(William Franklin Graham)이고 부친은 농부이며 모친은 신실한 장로교인이었다. 어머니는 아들이 회심하고 설교자가 되는데 기도로 길을 닦아준 믿음의 사람이었다. 모친의 기도의 내용은 "하나님의 사업(God's Service) 바로 그것에 우리 가족을 사용하여 주옵소서"였다. 그의 성품은 부지런하였고 부드러웠으며 애정이 넘쳤고 이해심이 강했다. 독서는 역사책을 애독했다. 그는 14세 때 100여권의 책을 독파했다고 한다. 그의 집안은 가난했다.

그래함은 1934년 고향에서 열린 '장막 부흥집회'(Tent-Revival Meeting)에 참석했다. 그의 회심 때 설교자는 햄(Mordeca Ham)목사님이었다. 당시 햄 목사님은 "지옥과 심판"이란 제목으로 설교했다. 그는 이 설교를 통하여 은혜를 받았으며 주님의 일을 하기로 결심을 하게 되었다.

그가 받은 교육적인 영향은 플로리다 성경 신학교(Florida Bible Theological Seminary), 밥 죤스 대학교(Bob Jones University, Greenville, South Carolina), 그리고 횟튼 대학(Wheaton College)에서 받았다. 목사 안수는 남침례교단(Southern Baptist Denomination)에서 받았고 목회는 일리노이주 웨스턴 스피링 제일 침례교회(Western Spring 1st Baptist Church)에서 했다.

그는 국제 10대 선교회(Y.F.C.)운동을 했고 노스웨스턴 성경학교(Northwestern Bible School)의 학교장이 되었다. 그가 일약 두각을 나타내게 된 것은 1949년 로스 안젤레스(Los Angeles)전도집회였다. 그는 이 집회에서 설교를 함으로 큰 회개의 운동이 일어났다. 이 집회는 8주간 연장이 되었다. 그는 "성경이 말씀하신다"(The Bible speaks)고 외쳤다. 그는 밤마다 수풀 사이에 나가 나무 등걸과 악어 떼 그리고 캄캄한 어두움을 향하여 피나는 설교를 했다.

그는 1950년에 미네소타(Minnesota)주 미네아폴리스(Minneapolis)에 "빌리 그래함 복음 전도협회(Billy Graham Evangelistic Crusade Association)를 설립했다. 뿐만 아니라 그는 "결단의 시간(The Hour of Decision)방송 프로그램을 개설했다. 그의 1954년 London 집회는 영국

교회의 새로운 이정표를 이루었다. 무디의 설교와 비교되었다. 그는 위정자들과도 가까이 지냈다. 특히 그는 대통령의 영적 고문이었다. 한국에는 1952년, 1956년, 1974년 이때의 슬로건은 "500만 복음화 운동"이었고 1980년대에도 한국을 방문하여 큰 부흥을 불길이 일어났었다. 그 당신 한국 국영방송이 실황 중계하였다. 현재도 그는 생존해 있으면서 정기적으로 텔레비전에서 대 집회를 인도하고 있다.

제 10 장

기독교 지도자로서의 목회자의 비전

목회자의 지도력이 교회 성장에 미치는 영향은 대단하다. 이를 부인할 사람은 아무도 없다. 목회자와 평신도 모두 이를 인정해야 하며 실제로 인정하고 있다. 결과적으로 목회자의 지도력과 교회 성장은 정비례한다. 하나님은 자신이 피 흘려 세운 교회(행 20:28)를 목회자를 통해서 이끌어 가신다. 교회는 목회자 이상 성장할 수 없고 교인은 목사 이상 성장 할 수 없다는 말은 만고불변의 진리이다. 그러므로 목회자의 성장이 아주 중요하다. 이상적인 목회자(목자)상이 시편 23편에는 하나님이 이상적인 목회자(목자)상으로 나타나 있고 요한복음 10장에는 예수님이 이상적인 목회자(목자)상으로 나타나 있다는 사실은 이미 전장에서 언급했다.

신약에 보면 예수님의 목자상에 관하여 여러 각도와 호칭으로 언급이 되어 있다.

① 요 10:11,14 "선한 목자"(the Good Shepherd)
11절 "나는 선한 목자라 선한 목자는 양들을 위하여 목숨을 버리거니와"
14절 "나는 선한 목자라 내가 내 양을 알고 양도 나를 아는 것 같이"
예수님의 신분은 "선한 목자"요 그의 신분은 "생명을 버려 속죄하는 것"이다. "선한 목자"는 문자적으로 "그 목자, 그 선한 자"란 뜻이다. 여기 "선한"이란 헬러어 "칼로스"는 같은 뜻을 가진 "아가도스"(내적 미)에 비해 그 뜻이 더욱 풍부하다.

신약에서 이 뜻은 다음과 같이 사용이 되었다.

첫째는 성전처럼 외형적인 미(눅 21:5)
둘째는 소금처럼 잘 사용되는 미(막 9:50)
셋째는 집사들처럼 그 직책을 맡는 미(눅 21:5)
넷째는 도덕적인 미(마 5:16)
다섯째는 양심의 미(히 13:18)
여섯째는 완전성(막 9:43) 등을 표시한다.
이는 외적으로 내적으로 그리스도의 목자로서의 완전성을 말하고 있다.

② 히 13:20-21 "큰 목자"(Great Shepherd)
20절 "양의 큰 목자이신 우리 주 예수를 영원한 언약의 피로 죽은 자 가운데서 이끌어 내신 평강의 하나님이"
21절 "모든 선한 일에 너희를 온전케 하사 자기 뜻을 행하게 하시고 그 앞에 즐거운 것을 예수 그리스도로 말미암아 우리 속에 이루시기를 원하노라 영광이 그에게 세세무궁(世世無窮)토록 있을지어다 아멘"
여기 "양의 큰 목자이신"이란 말은 문자적 순서로는 "양의 목자, 큰 자"로 특히 "큰 자"에 강조점이 있어 히 4:14절과 히10:21절 등의 "큰 제사장"과 상통한다. 이는 이사야 63:11절 "양 무리의 목자를 바다에서 올라오게 하신 자가 이제 어디 계시뇨"의 반영이다. 거기에는 하나님을 가리키고, 에스겔서 34장에는 이스라엘의 통치자를 "양의 목자"로 부른다. 여기에서는 그리스도를 가리킨다. 선한 목자는 양을 위하여 생명을 버리신다. 그는 언약의 피를 흘리심으로 양의 큰 목자가 되신 것이다.
22절의 "온전케 하사 자기 뜻을 행하게 하시고"란 말씀에서 "온전케 하사"에 해당하는 헬라어 "카타르티조"는 "충분히 공급하다", "구비하게 하다", "조절하다", "예비하다"의 뜻이 있다. 이 단어는 마 4:21절과 갈 6:1절과 살전 3:10절에도 나타나 있다. 큰 목자이신 주님은 성도들에게 필요한 것들을 충분히 공급하시고, 구비해 주시며, 조절하시고, 예비하시면서 성도들로 하여금 자기의 뜻을 행하게 하신다. 그러므로 하나님의 뜻을 행하는 일은 인간의 노력으로만 되는 것이 아니라 주님의 도우심으로 되는 일이다. 이 놀라운 사실을 성도들이 알 때 주님을 더욱 의지하고 바라보게 된다. 그래서 히브리서 12:2절에는 "믿음의 주요 또 온전케 하시는 이인 예수를 바라보자"라고 했다.

③ 벧전 2:25 "영혼의 목자"(Shepherd of Soul)
"너희가 전에는 양과 같이 길을 잃었더니 이제는 너희 영혼의 목자와 감독 되신 이에게 돌아왔느니라"

이 구절은 구약 이사야서 53:6절의 반영이다. 여기 "목자"는 구약에서는 이스라엘에 대한 하나님(시 23:1; 사 40:11; 겔 34:23), 신약에서는 신자에 대한 그리스도(벧전 5:4; 마 25:32; 히 13:20)를 표시하였다. 주님은 우리의 선한 목자가 되신다고 요한복음 10:14절이 말씀하고 있다. 여기 "영혼의 목자"란 이곳 독특한 표현으로서 신자의 영을 보호하시며 인도하시며 구원하시는 주님의 역사를 잘 표현하고 있다. 그리고 여기 "감독"이란 목자와 거의 동의어이다(Bengel, Bigg).

④ 벧전 5:4 "목자장"(Chief Shepherd)
"그리하면 목자장이 나타나실 때에 시들지 아니하는 영광의 면류관을 얻으리라"

여기 "목자장"은 신약에서 이곳에만 보이는 낱말이다. 장로는 목자요 주님은 그 목자들이 목자이다. 주님은 자신을 위에서 언급한 대로 "나는 선한 목자", "영혼의 목자", "큰 목자"라고 불리운다. 쿡(Cook)은 "이 명칭이 그 자신에게나 소위 그의 후계자(법황)에게 적응 되리라고는 베드로는 끝까지 상상 못했을 것이다"라고 했다.

이런 목자장이 나타나실 때에 시들지 아니하는 영광의 면류관을 주실 것이라고 했다. 목자장은 상급의 보상을 주시는 분이시다. 상급을 주시는 분은 그리스도이며, 이 때는 재림의 때요, 이 상급은 시들지 아니하는 면류관이다. 우리는 이 광경을 요한 계시록 4:4, 10-11절에서 볼 수 있다.

목자장이 우리에게 주시는 면류관은 시들지 아니하는 면류관이다. 여기 "시들지 아니하는"이란 "아마란트"라는 시들지 아니하는 꽃에서 온 낱말이다. 그러므로 이는 아마란트로 만든 면류관이란 뜻이다. 그러나 아마란트이든 황금이든 세상에서 받는 면류관은 한때 영광스럽지만 그 영광은 곧 시들고 만다. 성도들이 하늘에서 목자장이 주시는 면류관은 영원불멸의 영광의 면류관인 것이다.

성경에 의하면 예수님은 대목자장이요, 목사는 목자이며 교인은 양에 비유했다 요한복음 20장에는 예수님께서 베드로에게 "네가 나를 사랑하느냐? 이는 종적인 관계(vertical relationship)로서 모든 관계에서 가장 우선을 가리킨다. 다윗은 시편 118:1에 "나의 힘이 되신 여호와여 내가 주를 사랑하니이다"라고 고백을 했다. 그리고 "내 양을 먹이라"는 말씀은 횡적인 관계(horizontal relationship)로서 차선이다. 목양 사역은 예수님 사랑이 우선되어야 한다.

목자는 목자장 되시는 예수님을 먼저 그리고 우선적으로 사랑해야 한다. 그러므로 목자는 항상 주님을 사랑하는 꿈을 가져야 한다. 꿈속에서도 주님을 사랑해야 한다. 림(Clarence Lim, 싱가포르에서 교회 성장을 연구하는 사람)은 말하기를 "교회성장이나 쇠퇴를 결정하는 중요한 요인은 지도력(Leadership)이다"라고 한다. 지도자의 지도 철학이 제일 중요하다. 그 철학에 의해서 피지도자의 방향이 결정이 되는 것이다. 지도자의 지도 철학이 바로 예수님을 사랑하는 것이다. 지도자는 피지도자를 사랑하기 전에 먼저 예수님을 사랑해야 한다. 목자는 양떼를 사랑하기 전에 먼저 양떼를 맡기신 목자장 되시는 예수님을 사랑해야 한다. 목자장을 사랑하지 않은 양 사랑은 순서가 바뀐 것이다.

지도력은 하나님이 주신 특권(privilege)과 의무(responsibility)가 합친 것이다. 지도자는 하나님이 주신 특권과 의무를 남용해서는 안 된다.

지도력의 수준은 하나님이 원하시는 수준까지 개발되기를 원하신다. 만일 그런 수준까지 개발되지 않으면 하나님이 실망하실 것이다. 그러므로 하나님이 주신 지도력을 무시하거나 남용되어서는 안 된다. 이 지도력을 개발하기 위해서는 분명한 원칙이 있어야 한다. 그 원칙을 다음과 같이 표현할 수가 있다.

① 하나님 앞에서(Coram Deo)
② 오직 하나님의 영광을 위하여(Sola Deo Gloria)
③ 오직 믿음으로(Sola Fide)
④ 오직 성경으로(Sola Scriptura)
⑤ 오직 은혜로(Sola Gratia)

이런 철학과 정신과 기준으로 지도자가 피지도자를 인도한다면 잘 못될 수가 없을 것이다.

참고자료: 면류관의 성격과 종류

면류관은 탁월한 신분 또는 상급을 표시한다. 면류관이 사용된 경우를 세 부분으로 나누면 다음과 같다.

첫째는 왕에게 씌워 주권을 표시한 것(왕하 11:12; 시 21:3; 렘 13:18).
둘째는 그리스의 경주에서 승리한 자에게 준 것(고전 9:25; 딤후 2:5).
셋째는 공적인 영광이나 기쁨을 표시한 것 등이다.

면류관의 재료는 그 사용된 경우에 따라 다르나 혹은 나무 잎이나 꽃으로나 금으로 만들어졌다. 구약에서는 면류관은 실상을 표시한 경우가 많으나 "종경한 장식으로" 또는 "존귀의 표시" 등의 상징적인 뜻으로 사용된 경우도 많다(잠 1:9; 4:9; 16:31; 욥 19:9; 사 28:5). 이 낱말의 신약의 사용법은 위에 지적된바 그 배경에 비추어 상징적인 경우가 많다. 그리스도의 머리에 씌어졌던 가시 면류관 같은 생생한 것도 있으나(막 15:17) 대략의 경우는 상징적, 또는 교훈적인 것이며 미래에 받을 성도의 상급을 가리키고 있다.

면류관의 종류에는 다음 여러 가지가 있다.

첫째로 약 1:12 "생명의 면류관"

둘째로 고전 9:25 "썩지 않는 면류관"

셋째로 살전 2:19 "자랑의 면류관"

넷째로 딤후 4:8 "의의 면류관"

다섯째로 벧전 5:4 "영광의 면류관" 등이 있다.

위에 서술한 면류관들은 성도들이 내세에 받을 상급의 성격을 다면적으로 표시한 것으로 보인다.

1. 기독교 지도자로서의 목회자는 선교 비전을 가져야 한다.

목회자가 지도자로서 가져야 할 능력은 크게 다음과 같은 2 가지이다.

① 지도자(leadership)로서의 지도력(leadership)

② 관리자(manager)로서의 행정력(administrative ability)

지도력은 하나님의 영광과 설정된 목표를 성취하기 위해 하나님께서 교회의 특정인에게 주신 능력이다. 지도자와 지도력은 다르다. 행정능력(Administrative ability)은 다스리는 은사로서 하나님께서 그리스도의 몸인 교회를 위하여 특정인에게 주신 능력이다. 그러므로 지도자로서의 목회자는 무엇보다 선교에 대한 비전을 가져야 한다.

1) 기독교 지도자는 비전을 가져야 한다.

그 비전은 교회를 성장시키려는 비전과 그 여러 비전 중에서 무엇보다 선교적 비전이다. 교회를 성장시키기 위해서는 현 상태를 개선해야 한다. 지도자는 현 상태에서 안주하는 것으로 만족하지 말고 전진하려는 의욕과 비전을 가져야 한다. 여기에는 분명히 모험(venture)이 뒤따른다. 그러나 지도자는 이런 모험을 감수해야 한다. 이런 모험을 감수하지 않으면 교회성장은 있을 수 없다. Leader → vision → 개선 → 모험 → 감수 → 이런 과정 없이 교회성장은 있을 수 없다. 역사상 위대한 일을 한 사람들은 모두가 나이에 관계없이 끝까지 비전을 가지고 노력한 사람들이다.

노년에 이르기까지 쉬지 않고 꿈(vision)을 추구했던 위인들이 많다.

① 80세의 고령에도 불구하고 이스라엘 백성들을 애굽에서 이끌어 낸 모세

② 85세에 "저 산을 나에게 달라"고 한 갈렙

③ 75세에 뉴욕 양키(New York Yankee) 야구팀의 관리자가 된 스테걸(Casey Stengel)

④ 88세에도 그림을 그렸던 피카소(Picaso)

⑤ 81세에 농무성 장관이 된 칼버(George Washington Carver)

⑥ 85세에 등사기를 발명한 에디슨(Thomas Edison)

⑦ 88세에 말을 타고 전도를 다닌 웨슬레(John Wesley) 등이 있음을 기억해야 한다.

비전이 있는 사람은 어려운 인생 길을 헤쳐 나갔다. 많은 위대한 사람이 아주 가난하고 참으로 비천한 집에서, 교육을 거의 받지 못한 채 어려운 환경에서 그들의 인생을 시작했다.

① 에디슨(Thomas Edison)은 기차에서 신문 파는 소년이었다.

② 카네기(Andrew Carnegie)는 한 달에 4달러씩 받고 일했다.

③ 록펠러(John D. Rockefeller)는 주당 6달러씩 받고 일했다.

④ 링컨(Abraham Lincoln)은 통나무집에서 태어났다. 그러나 중요한 것은 그가 그 통나무집에서 밖으로 나왔다는 점이다. 이들은 모두 비전을 가졌던 사람들이었다. 이들은 모두 주어진 여건에서 미래를 내다보고 현실을 헤쳐 나간 믿음의 사람들이었다.

여기서 말하는 비전이란 무엇인가? 에스겔 선지자는 비전을 본 사람이

었다. 에스겔이 본 비전은 에스겔서 1:1-4절 의하면 그는 "열린 하늘을 통해서 하나님의 이상(異像)"을 보았다. 5절에 "네 생물의 형상"이 나타났다. 6-14절에 네 생물의 형상에서 그는 네 종류의 이상을 보았다.

첫 번째로 본 이상은 사람이다.

여기 사람은 지혜를 상징한다. 인간은 하나님의 형상(the image of God)으로 창조되었다. 여기 하나님의 형상이란 의(righteousness, 엡 4:24)와 성(holiness, 엡 4:24)과 지식(knowledge, 골 3:10)이다. 하나님은 지혜의 하나님이시다. 그러므로 그의 형상으로 창조함을 받은 인간은 지혜가 있어야 한다.

두 번째로 본 이상은 사자이다.

사자는 주권(sovereignty)과 왕권(kingship)을 상징한다. 주권과 왕권은 힘을 상징한다. 이 사실을 신자들에게 적용을 시키면 인간에게는 힘이 있어야 한다는 교훈이다. 인간에게는 반드시 3가지의 힘이 있어야 한다. 지력(知力)과 체력(體力)과 영력(靈力)이다. 아는 것이 힘, 배워야 산다는 말은 우리가 잘 알고 있는 말이다. 건강한 체력에 건강한 정신이 깃든다는 말이 있다. 영력은 영적인 힘(spiritual power)이다. 하나님의 일은 인간의 힘으로 하는 것이 아니라 하나님이 주시는 힘, 즉 영력으로 해야 하고 할 수가 있다.

인간생존 3대 요인은 호흡과 음식과 운동이다. 호흡은 기도이고 음식은 하나님의 말씀이며 운동은 봉사이다. 베드로전서 5:11절에 "만일 누가 말하려면 하나님의 말씀을 하는 것 같이 하고 만일 누가 봉사하려면 하나님의 공급하시는 힘으로 하는 것 같이 하라" 기독교는 말하는 은사에 봉사하는 은사가 뒤따라야 한다. 기독교는 믿음을 강조한 로마서만 필요한 것이 아니라 행함을 강조한 야고보서도 필요한 종교이다. 인간의 힘과 지식과 인격과 사랑과 정력과 열심에는 한계가 있다. 모세(민 11:15)나 엘리야(왕상 19:3)나 요나(욘 4:8)도 인간의 한계를 느낀 사람들이었다. 칼빈도 제네바에서 그의 설교의 열의가 식어지자 나의 생명을 거두어 달라는 기도까지 했다고 한다.

바울의 빌립보 4:12,13절 "내가 비천에 처할 줄도 알고 풍부에 처할 줄도 알아 모든 일에 배부르며 배고픔과 풍부와 궁핍에도 일체의 비결을 배웠노라 내게 능력주시는 자 안에서 내가 모든 것을 할 수 있느니라"란 고백은 아주 위대한 고백이었다. 그래서 그는 고린도전서 15:10절 "나의 나된 것은 하나님의 은혜로 된 것이니"라고 했다. 예수님의 12제자들도 주님이 주시는 힘으로 새 힘을 얻고 복음전파에 진력하다가 사도 요한 외에는 모두가 순교의 제물로 바쳐졌다는 전설이 있다. 사도행전 1:8절에 나타난 "증인"(witness)이란 단어는 "순교자"(martyr)란 단어와 어원이 같다. 이런 힘은 영력을 가리킨다.

세 번째로 본 이상은 소이다.

인간이 소에게서 배울 수 있는 교훈은 크게 3가지이다. 인내심과 근면심과 새김질과 충성심이다. 주님의 일은 인내심이 있어야 한다. 성경은 중도하차 하는 것을 기뻐하지 않으신다. 인내심을 가지고 끝가지 달리는 선수가 될 것을 권하고 있다. 주님의 일은 근면해야 한다. 부지런하여 열심히 주를 섬길 것을 권하고 있다. 새김질은 주님의 말씀을 항상 묵상하라는 교훈이고 충성심은 맡은 자들에게 구할 것은 충성이라고 하였다. 이런 귀한 교훈들을 소를 통해서 배울 수 있다.

네 번째로 본 이상은 독수리다.

독수리는 날개를 가진 가장 고상한 동물로서 믿음과 민첩성을 나타낸다. 믿음은 형이상학 세계 즉 천국을 바라보게 하는 눈이다. 인간은 지상에 발붙이고 살고 있지만 영원하고 아름다운 세계를 믿음이란 눈으로 바라보면서 살고 있다. 히브리서 11장을 "믿음장"이라고 한다. 이들 모두의 공통분모는 "믿음으로"이다. 그들은 현세에 발 부치고 살고 있지만 모두가 천국을 향하여 이 세상을 초월하고 살았던 믿음의 대장부들이다.

도마는 예수님의 부활을 의심하였으므로 "의심하는 도마"(doubting Thomas)란 별명을 가졌다. 예수님의 부활 사건은 초자연적(supernatural)인 사건이므로 이성(reason)이나 두뇌(brain)로는 알 수가 없다. 이것이 바로 에스겔이 본 환상(vision)이었다. 이런 환상을 교회 지도자들이 가져야 한다.

비전의 단계를 크게 5단계로 나눈다.

① 사고의 단계

이 사고의 단계란 그것이 가능할까? 누구를 위한 것인가? 가능하다면 무슨 일이 생길까? 등이다.

② 포착의 단계

우리가 가진 꿈과 하나님이 주진 비전을 이야기를 하면서 그 꿈이 실현되었을 때의 자신의 모습을 그려보는 것이다.

③ 구매의 단계

우리가 꿈을 잡은 후에는 그 꿈을 위한 계약금을 치러야만 한다. 그 꿈이 실현되도록 하려면 그것에 투자를 해야 한다. 그 꿈을 사야 한다.

④ 추구의 단계

꿈에 대한 욕구가 생긴다. 그 꿈은 우리의 모든 부분을 사로잡는다.

⑤ 획득의 단계

자기 손으로 꿈을 만질 수 있다. 이 꿈으로 행복해 하는 단계이다.

기독교 지도자는 비전에 대해 전심전력하는 실천이 있어야 한다. 이것을 사명이라고 한다. 사명은 실천과 연결이 되어야 한다(즉 실천=사명). 이 사명을 수행하기 위한 구체적인 계획을 가져야 한다. 지도자는 비전을 가지고 밤마다 꿈을 꾸어야 한다. 지도자는 비전을 교인들에게 전해야 한다. 피지도가 협력하지 않으면 지도자 혼자만으로는 자기가 가진 꿈을 실현될 수가 없다. 그래서 기도가 필요하고 홍보가 필요하다. 홍보(P.

R.(Public Relations)는 설교, 교회 주보, 교회 소식지 등을 통해서 집단적(collectively)으로 혹은 개인적(individually)으로 전해야 한다. 그러므로 교역자는 비전을 갖기 위해서 전력투구해야 하지만 이 비전을 교인들에게 홍보하는데도 전력투구해야 한다.

하가이(John E. Hoggai는 말하기를 "가치 있는 비전은 하나님의 선물이다 그러므로 지도자는 자신의 능력을 의지하지 않고 하나님의 능력을 의지해야 한다"고 하였다. 스코틀랜드의 리빙스톤(David Livingstone)은 사후 그를 추모하기 위해 빅토리아 폭포에 그의 동상을 세웠다. 한 손에는 성경(하나님의 말씀), 다른 한 손에는 총(문화), 목에는 망원경(비전)을 건 동상이였다. 이것을 위에서 이미 언급한 3V(Vision, Vitality, Venture)라고 한다.

캘러한(Kennon L. Callahan)은 그의 저서 "12 Keys to an Effective Church"(효과적인 교회의 12가지 열쇠)에서 선교 비전이 교회의 성장에 중요한 열쇠가 됨을 지적하였다. 이 책의 내용은 다음과 같다.

첫째, 사람들은 나누어주는 교회를 찾는다.

둘째, 사람들은 교회 안에만 관심을 두는 교회로부터 멀어진다.

셋째, 효과적으로 선교에 참여하고 있는 교회는 안정되고 성장한다"는 것이다.

캘러한은 교회에서 꼭 해야할 5가지 엘(M)은
첫째, 선교(Mission)
둘째, 경영(Management)
셋째, 교인(Member)
넷째, 재정(Money)(재정)
다섯째, 유지(Maintenance)이다.
이 중에서 더 중요한 것은 선교라고 했다. 선교가 모든 일들 중에서 우선되어야 한다고 했다.

그러므로 오늘날 우리는 국내와 세계 선교에 대한 비전을 가져야 한다. 오늘날 우리는 중국선교에 대한 비전을 가져야 한다. 오늘날 우리는 인도 선교에 대한 비전을 가져야 한다. 교회 지도자가 가져야 할 많은 비전 중에서 선교에 대한 비전을 갖는 것은 절대적이고 필수적이다. 이것이 주님의 명령이다. 교회는 오는 교회(Coming church)가 아닌 가는 교회(Going church)가 되어야 한다. 성경에 '가라'는 말이 많이 나온다. 요나서 1:2절"일어나라"(arise), "가라"(go), "외치라"(cry out)고 했다. 마태복음 28:19절 "그러므로 너희는 가서(go)라고 명령하셨다. 이는 예수님의 최후의 지상명령 중에서 하신 한 말씀이다. "가서"는 헬라어 분사(participle)로 나타난다. '분사'는 계속을 뜻한다.

마태복음 28:19-20절에 나타난 중요한 동사 3개가 있다. '가서', '세례를 주고', '가르쳐'인데 이 세 단어는 모두 분사로 나타나 있다. 그러나 '제자를 삼아'는 명령형(imperative)으로 나타나 있다. 기독교는 복음을 듣기 위해 오는 사람들을 기다리는 종교가 아니라 복음을 들고 가는 종교이다. 성도들은 가는 것도 중요하고 세례를 주는 것도 중요하지만 제자를 삼는 일은 더 중요하다. 이 단어는 명령형으로 나타나 있기 때문이다. 명령은 순종하면 복을 받을 것이고 불순종하면 벌을 받게 될 것이기 때문이다.

선교와 전도는 복음을 들고 복음이 필요한 사람들에게 가야 한다. 누가복음 19:10절 "인자의 온 것은 잃어버린 자를 찾아 구원하기 위해서 오셨다" 예수님은 하늘 보좌를 버리시고 밤 같은 이 세상에 오셨다. 말구유에서 탄생하시고 일찍이 헤롯의 박해로 애굽으로 피난을 가셨고 나중에 나사렛으로 돌아 오셔서 그 곳에서 자라나셨다. 마지막에는 십자가상에서 못 박힘을 받으시고 피를 흘려 죽으셨다. 이런 고난과 치욕을 당하시면서 지상의 33년간의 생활을 하신 이유는 복음을 전하시기 위함이었다.

교역자가 행정을 잘하는 것과 행정을 적당하게 해도 선교를 강조하는 것과의 차이는 오히려 후자가 더 성장하고 발전한다는 통계가 나왔다. 그러므로 지도자로서의 목회자가 교회성장을 위하여 가져야할 선교적 비전은 다음과 같다. 웨슬레(John Wesley)가 "세계가 나의 교구다"(The World is my parish")라고 말한 것처럼 지도자는 선교에 대한 꿈을 가져야 한다. 사도행전 전체의 요절이 되는 1:8절 "예루살렘, 온 유대, 사마리아, 땅끝까지"란 표어를 가지고 복음을 전해야 한다. 이는 점진적이란 뜻보다는 동시적인 해석이 옳다. 만일 예루살렘에 사는 사람들을 모두 신자화 시켜놓은 후에 온 유다로 가려고 했다 라면 아직도 복음은 예루살렘에만 머물러 있을 것이다. 동시 다발적으로 복음을 전해야 한다. 복음은 쭉쭉 뻗어 나가야 한다.

참고자료 전도와 선교의 차이점

전도와 선교의 차이점은 웨스터민스터 신학교의 실천신학 교수였던 카이퍼(R. B. Kuiper)가 내린 정의에 의하면 언어와 문화로 구분했다. 언어와 문화가 다른 민족에게 복음을 전할 때 선교사라고 하고 언어와 문화가 같은 사람에게 복음을 전하는 것을 전도라고 한다고 정의를 내렸다. 이 정위에 의하면 한국 사람이 제주도에 가서 복음을 전하면 전도이고 대마도에 가서 복음을 전하면 선교이다. 그러므로 전도와 선교는 급수로 따질 것이 아니다. 선교사는 전도자보다 급이 높은 것으로 생각하면 안 된다. 다같이 사도행전 16:31절 "주 예수를 믿으라 그리하면 너와 네 집이 구원을 얻으리라"는 말씀과 같이 예수와 믿음과 구원을 바로 연결시켜 전하면 사명을 다하는 것이다.

2) 끊임없는 쇄신운동(Renewal Movement)이다.

미국 감리교 지도자인 윌크(Wilke) 감독은 "미국 감리교회의 문제는 조직(organization)이 선교운동(mission movement)보다 앞서기 때문에 갱신이 어렵다"란 말을 하였다. 조직이 물론 중요하다. 교회나 단체에서는 조직을 해야 한다. 그러나 조직만 해 놓고 선교운동을 하지 않으면 안 된다. 그러나 선교운동은 조직보다 더 중요하다. 선교운동 없는 조직만 가지고는 선교가 안 된다. 선교를 하려고 할 때 조직을 해야 되지만 선교운동이 뒤따르지 않으면 조직은 아무 효력이 없을 것이다.

3) 교회 내에 있는 선교기관을 활성화시키고 선교회를 적절하게 관리하며 효과적으로 운영해야 한다.

기독교 기관이나 교회에서는 선교회를 다 조직하고 체제를 갖추고 있다. 그러나 그 선교 기관을 활성화 시켜야 한다. 활성화 시키지 않으면 무용지물이 된다. 선교부의 임원들과 부원들에게 동기부여(motivation)를 해서 이를 위하여 기도하며 적극성을 띠고 활성화시키도록 힘을 쓰지 않으면 죽은 체제가 되고 말 것이다. 뿐만 아니라 적절하게 효과적으로 운영을 해야 한다. 아무리 좋은 규정이나 규칙을 가지고 있다고 할지라도 효과적으로 운영을 하지 않으면 결과는 아무것도 얻는 것이 없을 것이다.

4) 미래를 향한 구체적인 선교활동을 계획해서 제시해야 한다.

복음이 전해지지 않은 나라들에 대한 선교 비전을 구체적으로 제시해야 한다. 러시아, 중국, 북한, 동구권, 아프리카, 남미, 유럽, 중동 등등에 대한 선교 비전을 제시해야 한다. 저자는 1999년도와 2000년도에 중국의 청도(친다우), 베이징, 계림, 서안 등을 방문할 기회를 가졌었다. 중국은 보이는 것이 사람이다. 14억의 인구를 가진 중국은 복음전도의 거대한 시장이다. 중국인은 세계 각국에 흩어져 살고 있다. 그들에게 복음을 전할 기회는 얼마든지 있다. 이런 국민들에게 복음을 전할 계획을 구체적으로 세움이 바람직하다.

5) 선교는 항상 하나님 중심의 선교(God-Centered Mission)와 성경중심의 선교(BiFble-Centered Mission)이어야 한다.

위에서 언급한 카이퍼(R. B. Kuiper)는 학자요 저술가요 설교자요 교사와 행정가였는데 그가 저술한 아주 유명한 책이 3권이다.

첫째, "The Glorious Body of Christ"(영광스러운 그리스도의 몸)이다.

그는 이 책에서 "예수 그리스도가 교회의 머리이시다"란 단순한 진리가 신학을 풀어 나가는 기준이 된다고 했다. 교회 직분자는 명예직이 아닌 봉사직이다. 그러므로 교회를 통해서 자기의 이름을 들어내려고 해서는 안 된다. 올바른 성경관을 갖지 않으면 올바른 교회관을 가질 수 없고 올바른 교회관을 갖지 않으면 올바른 봉사관을 가질 수 있다. 봉사도 나무의 뿌리와 같이 해야 한다. 그러기 위해서는 하나님 앞에서(Coram Deo)의 정신이 투철해야 한다. 교회 성장은 인위적이고 세속적인 방법으로 해서는 안 된다. 교회 성장은 하나님의 방법, 성경적인 방법으로 해야 한다. 숫자만을 늘리려고 하는 것은 오히려 그리스도의 몸된 교회에 욕을 돌린다. 교회의 참된 부흥은 영광에서 영광으로(from glory to glory)이다.

둘째, "To be or not to be reformed"(개혁이 되어져야 하느냐 혹은 개혁이 되어져서는 안 되느냐)란 책의 핵심사상은 크게 두 가지이다. 첫째는 오직 하나님의 말씀만 선포할 것이다.(Scriptura Sola)이고 두 번째는 오직 하나님의 말씀 전부를 선포할 것이다(Scriptura Tota)이다. 구약과 신약의 분량의 비율은 구약은 3분의 2, 신약은 3분의 1이다. 그러나 구약과 신약의 설교의 비율은 구약 3분의 1신약은 3분의 2로 해야 할 것이다. 구약의 12권의 소선지서를 가지고도 설교를 해야 한다.

셋째, "God-Centered Evangelism"(하나님 중심의 전도)이다. 이 책의 핵심사상은 전도와 선교는 복음 선포의 기술(technique)이나 방법(method)으로 다루지 않고 성경적이고 신학적인 기술과 방법으로 다루는 것이다. 그는 성경중심의 방법(Bible-Centered Method)을 그의 학문의 틀로 삼았다. 전도와 선교의 창시자는 삼위일체 하나님이시다. 전도는 하나님께서 죄인들을 주권적으로 사랑하신데 그 근거를 두고 있다(God loves sinful man sovereignly). 그의 책에서 성경을 500회 이상 인용 언급하였다. 구약에서 25권, 신약에서 24권을 인용하였다.

그가 말한 하나님 중심의 전도의 핵심사상은 바로 "개혁신학" (Reformed Theology)이다. 그러면 개혁신학이란 무엇인가?

첫째로 하나님의 영광이다.
대소교리문답 제1문은 인간이 제일 되는 목적이 인간 자신의 행복을 위한 것이 아니라 하나님의 영광을 위한 것이라고 못 박았다(롬 11:36).

둘째로 하나님의 주권이다.
모든 피조물을 지배하시는 하나님의 주권은 절대적이다. 하나님의 창조, 섭리, 통치, 지배, 그리고 심판을 믿는 개혁주의는 자연법칙에 의해 우주(만물)가 통치된다는 자연신교주의의 이론과는 다르다. 하나님의 주권은 신학이나 교회뿐만 아니라 철학, 예술, 문학, 음악, 과학, 정치, 상업 등 이외에도 미친다.

셋째로 하나님의 예정
하나님의 예정에 관한 대표적인 성구는 에베소서 1:4절 "곧 창세 전에 그리스도 안에서 우리를 택하사 우리로 사랑 안에서 그 앞에 거룩하고 흠이 없게 하시려고"이다. 이 성구에서 나타난 3가지 사실은 창세 전에, 그리스도 안에서, 우리를 택하사이다. 그리고 에베소서 1:4-6절에 예정의 교리에 대해 나타나고 있다.

① 이유: 거룩하고 흠이 없게 하시려고
② 시기: 창세 전에

③ 방법: 그리스도 안에서
④ 주제: 하나님의 뜻
⑤ 내용: 아들이 되게
⑥ 목적: 영광을 찬미하게 함

넷째로 인간의 전적타락

칼빈의 5대교리 중 첫 번째가 인간의 전적 타락이다(엡 2:1; 롬 3:23; 6:23). 벨카우어(G.C. Berkouwer)란 신학자는 14권에 이르는 "교의학 연구"란 책 중 "죄"란 제목으로 600페이지를 기록했다.

다섯째로 하나님의 은혜

하나님의 은혜에는 일반은혜와 특별은혜가 있다. 일반은혜는 신자와 불신자가 같이 받는 은혜이고 특별은혜는 신자만 받는 은혜를 이름이다.

여섯째로 올바른 성경관

개혁주의는 일명 성경주의로서 성경전부를 하나님의 말씀으로 믿는다. 인간이 올바른 그리스도관을 갖기를 원하면 올바른 성경관을 가져야 한다. 인간이 올바른 신관이나 올바른 구원관을 갖기 위해서는 올바른 성경관을 가져야 한다. 잘못된 성경관을 가지면 잘못된 결론이 나오며 잘못된 길로 가게 된다.

개혁주의자들은 시편 19:7-9절 "여호와의 율법은 완전하여 영혼을 소성하게 하고 여호와의 증거는 확실하여 우둔한 자로 지혜롭게 하며 여호와의 교훈은 정직하여 마음을 기쁘게 하고 여호와의 계명은 순결하여 눈을 밝게 하도다 여호와를 경외하는 도는 정결하여 영원까지 이르고 여호와의 규례는 확실하여 다 의로우니" 여기에 하나님의 특별계시가 6가지의 서로 다른 표현으로 묘사되었다. 율법(law), 증거(testimony), 교훈(statutes), 계명(commandment), 경외하는 도(fear), 규례(judgements)

등이다.

디모데후서 3:16-17절 "모든 성경은 하나님의 감동으로 된 것으로 교훈과 책망과 바르게 함과 위로 교육하기에 유익하니 이는 하나님의 사람으로 온전케 하며 모든 선한 일을 행하기에 온전케 하려 함이니라" 여기 "모든 성경은 하나님의 감동으로 된 것"이란 말은 문자적으로 "모든 성경은 하나님의 감동으로 된 것"이라는 의미이다. 성경의 출처는 하나님이시다(벧후 1:21). 성경은 성경저자들이 인격을 통하여 하나님의 말씀을 오류 없이 기록하도록 이 사람들을 감동하셨다. 그리스도께서도 영감이 각 단어 하나하나에 역사하셨다는 사실을 증거 하셨다(마 5:18; 요 10:35). 바울이 동일한 구절에서 신명기와 누가복음을 성경으로 인용하셨고(딤전 5:18), 베드로도 바울의 서신을 성경이라고 선언했다(벧후 3:16). 성경의 영감은 하나님께서 사람을 기계적으로 이용하셨다는 의미가 아니다.

성경이 하시는 일은 다음과 같다.

교훈: 이는 성경의 효능을 말한다.

책망: 확신을 주게 책망을 하신다.

바르게 함: 도덕적 바른 자세에 서게 한다.

의로 교육하기에 유익함: 의로 시정 또는 훈련한다는 뜻이다.

"하나님 중심의 전도"(God-centered evangelism)이란 책의 전체적인 내용은 다음과 같다.

① 전도의 정의: 도처에 있는 불신자들에게 복음을 전하는 것
② 전도의 목적: 하나님의 영광과 모든 영역(every domain of human life)에 그리스도의 왕권을 인식시키는 것
③ 전도의 출발점과 귀결점: 삼위 하나님
④ 전도의 강조점: 하나님의 주권사역
⑤ 전도의 방법: 폭력이 아닌 사랑
⑥ 전도의 유산: 은혜계약(the covenant of grace)
⑦ 전도의 위임받은 범위: 모든 신자들이 하나님으로부터 받은 명령

교회가 성장하기 위해서는 성경적인 토대 위에서 모든 것을 희생할 각오를 해야한다. 영적 지도자는 영적 성장의 의욕과 선교에 대한 비전을 가져야 한다. 교회가 성장하기 위해서는 현재 상태와 현재하고 있는 방법에 만족해서는 안 된다. 대가를 치러야 한다. 선교를 하려면 선교를 위한 기도와 선교를 위한 헌금과 선교에 대한 설교가 필요하다. 미국 리챠드(Larry Richards)가 "Inter Change Newsletter Step 2"란 책에서 초 교파적으로 5,000명의 목회자를 대상으로 "당신 교회의 프로그램을 강화하기 위해서 가장 필요한 것"의 우선 순위를 정하라고 했다. 이에 대해 "50%이하가 교회성장을 원했고 50%이상이 현재의 목회를 유지하는 것(현상유지)이라고 답했다고 한다. 교회성장은 값싸게 얻어지는 것이 아니다. 희생을 치러야 한다. 괴롭고 힘드는 변화가 요구된다. 시간과 정력과 금전을 투자해야 한다. 이런 일을 위해서 목사가 선교에 대한 비전을 가져야 하고 이 비전을 교인들에게 심어주어야 한다.

영적 지도자로서의 목회자가 가져야할 희생목록 5가지가 있다.

첫째, 내 꿈과 비전을 쏟아 부어야 한다.

둘째, 교회 성장을 위한 대가를 지불해야 한다. "No gain without pain"(희생 없이는 아무것도 얻을 수 없다)이란 말이 있다. 이 말은 물질과 시간과 에너지 등등을 온전히 그리고 지속적으로 지불해야 한다.

셋째, 하나님과의 진실하고 조용한 기도 시간을 가져야 한다. 기도해야 열매가 맺어진다. 교인은 목사가 기도하는 그 이상은 기도하지 않는다.

넷째, 사람에게 관심을 가져야 한다. 목회는 "Projected Ministry"(계획과 조직 목회)보다 "People-Oriented Ministry"(개개인 중심의 목회)를 해야 한다. 여기에서 목회의 아이디어(idea)와 융통성(flexibility)과 창의성creativity)이 나온다. 누가복음 15:1-32절에 3개의 비유가 나타나 있다. 잃은 양의 비유에서 잃은 양(Lost sheep)은 100마리의 양들 중 한 마리를 잃었으므로 100분의 1이다. 잃은 동전의 비유에서 잃은 동전(Lost coin)은 10개 중에서 1개를 잃었으므로 10분의 1)이다. 잃은 아들의 비유에서는 잃은 아들(Lost son)은 두명 중에서 한 명을 잃었으므로 2분의 1이다. 이 비유에서 인간은 100, 10, 2이라는 분모를 보지만 예수님은 1이라는 분자만을 보신다. 이 세 비유를 똑같이 보신다. 그래서 예수님에게는 100마리 중의 1마리나 10개 중에서 1개나 2사람 중에서 1사람이나 똑같이 취급하시고 똑같이 중요하게 여기신다. 모두가 똑같이 중요하다.

예수님은 지극히 작은 자 하나를 중시하신다. 만일 이 세상에 모든 사람이 의인이고 나 혼자만 죄인이라면 나 한사람을 위해서도 하나님께서 독생자 예수 그리스도를 보내셨을까? 란 질문을 던진다면 "그렇게 하실 것이다"라고 답을 할 수가 있다.

다섯째, 포기하지 않는 열심이다. "결코 포기하지 말라"(Never give up) 란 말을 명심해야 할 것이다. 인내력이 있는 지도자가 되라. 지도자는 무슨 일을 하다가 중도에 포기해서는 안 된다. 호프만(Richard Hoffman)은 "현대 문명에는 인간을 살해하는 3가지 요인이 있는데 그것은 심장병과 암과 교통사고가 아니라 달력과 전화와 시계이다"라고 했다. 사람이 관계하는 일들이 너무나 많아서 일을 하다가 중도에 포기하는 일이 비일비재하다.

2. 기독교 지도자로서의 목회자는 피지도자들의 필요(need)를 알아야 한다.

사회학에 "엔 바이러스"(N Virus)란 말이 있다. 이 말은 다른 사람이 "좋다 좋다"라고 하면 다른 많은 사람도 따라간다는 것이다. 이 말은 기독교 지도자는 원리와 원칙에 의해서 피지도들이 수긍을 하는 일들을 해야한다. 그렇게 다른 많은 사람들이 이 말을 듣고 호평을 하게 될 것이다. 지도자에게 피지도자가 반드시 있어야 함과 같이 목회자에게는 반드시 양이 있어야 한다. 목회자의 목회 방편은 말씀과 성령이다. 목회의 대상은 사람이다. 그러므로 사람들의 요구를 알아야 효과적인 목회를 할 수 있다.

미국 수정교회(Crystal Church) 목사 슐러(Robert Schuller)는 목회 성공의 비결은 "사람들의 요구를 채워 주는 것이다"라고 했다. 사람들의 요구를 알기 위해서는 심방을 통해서 사람을 알아야 한다. 목회자가 심방을 하는 이유 중의 하나가 바로 이것이다. 목회자에게는 심방이 절대적으로 필요하다. 목회자는 각계 각층의 사람들과 대화가 필요하다. 심방을 하지 않은 목회자는 기도도 추상적이고 적당하게 할 수 밖에 없다. 교인들의 사정을 잘 모르는 목회자는 구체적인 기도를 할 수가 없다.

목회자는 양떼들을 먹이고(feed), 돌보며(care), 보호하고(protect), 가르쳐야(teach)한다. 목자와 양과의 관계는 하나님과 성도간의 관계와 같아야 한다. 하나님과 성도와의 관계는 시편 23: 1절 "여호와는 나의 목자이시니". 목자(shepherd)는 목사(pastor)이다. Shepherding은 목양이다. 목회는 목사가 교인을 먹이는 목양의 의미이다. 그러므로 목자는 양과 불가분리의 관계이다. '목회(牧會)'란 목사의 목(牧)과 회중이란 회(會)가 합쳐져서 목회인데 이는 '교회를 먹이다'란 뜻이다.

목회자는 목양하는 방법론(the shepherding methodology)에 신경을 써야 한다. 옛날에는 목자가 막대기와 지팡이를 들고 양떼를 초장과 그늘진 곳으로 인도했다. 그러나 오늘날에는 초장에 물과 비료를 부어 가꾸고 풀의 종류도 선택해야 한다. 구유에 비타민이나 항생제까지 주어 사육해야 한다. 목양의 내용은 동일하나 방법은 달라야 한다. 오버스트리트(Overstreet)은 "현대의 언어가 과거 어느 때보다 훨씬더 "심리적 깊이" (psychological depth)가 있어야 한다고 했다.

헌터(George G. Hunter)는 "To Spread the Power-Church Growth in the Wesleyan Spirit"(교회 성장과 전략이란 명칭으로 번역이 됨)에서 6가지로 성장 전략을 말하고 있다.

첫째, 공동체 안에서 일어나는 변화를 문제로 인식하지 말고 기회로 인식을 하라

둘째, 순종형의 사람을 훈련시키기 위해서는 아주 민첩하고 재치 있게 움직여라.

셋째, 교회의 예배 순서, 찬송가, 운영형태, 그리고 이미지를 그 지역의 문화에 맞게 대처하라.

넷째, 초신자의 친척이나 친구를 교회로 초대하라.

다섯째, 받은 달란트에 맞는 직무를 수행하도록 노력하라.

여섯째, 초신자들을 훈련시켜 앞으로 지도자가 될 수 있도록 하는 것을 목표로 하라.

3. 기독교 지도자로써의 목회자는 지도력을 개발해야 한다.

1) 지도력은 신장되어야 한다.

윌더(Oscar Wilde)는 "사회주의 체제 하에서 인간은 영혼"이란 책에서 인간의 본성은 변하고 있다고 하였다. 1980년 하버드 비즈니스 리뷰(Harvard Business Review)지는 "개인적인 진보를 향한 길"이란 제목에서 지도력에 대해 15가지 기사를 실었다. 이 기사들은 외과의사, 우주비행사, 강연자(연설자), 지도자 등을 열거하면서 사람은 태어날 때 특별한 은사를 받지만 이러한 은사들을 개발하고 발휘하려는 노력이 없다면 결코 표면에 나타나지 않는다고 하였다. 어떤 목회자는 전통 지향적이며 개혁을 불편하게 느낀다. 지도력은 타고난 것도 유전도 아니다. 지도력은 태어나는 것이 아니라 만들어지는 것이다. (Leadership is not to be born, but to be made) 헨드릭센(Walter A. Henrichsen은 "Disciples are made, not born"(제자는 만들어지는 것이지 태어나는 것이 아니다)이란 책을 저술했다.

2) 지도력은 지속되어야 한다.

목회자는 하나님을 의지하는 믿음의 결단으로, 계속되는 훈련의 삶을 통하여 강력한 기도와 간구로, 역경에 대한 감사를 통하여, 마음을 다스림으로, 비전에 대한 일관된 초점을 가짐으로, 성령의 인도를 받음으로 지도력을 지속하여야 한다. 영국 뮤레이(Murray)와 윌킨스(Wilkins)의 조사에 의하면 "목회자가 한 교회에서 5-10년 간 일했을 때에야 비로소 성장하는 경향이 분명해진다"고 하였다.

4. 기독교 지도자로써의 목회자는 올바른 성경관을 가져야 한다.

성경을 기초한 기독교 교육이란 성경을 어떻게 믿느냐 하는 문제가 뒤따른다. 신구약 전부(창 1:1-계 22:21)를 하나님의 말씀으로 믿느냐 혹은 부분적으로만 믿느냐 하는 문제는 아주 중요하다.

Jay E. Adams의 권면적 상담(nouthetic counseling)의 방법론은 크게 3가지이다.

첫째, 전제론(presupposition 요 6:69)이다.
둘째, 성경은 신앙과 행위의 표준으로 정확무오한 책이다.
셋째, 말씀과 성령의 역사를 강조한다.
잘못된 성경관을 가진 구룹들은 다음과 같다.

(1) 자유주의, 신 복음주의, 신 정통주의

성경을 객관적으로 보지 않고 주관적으로 보고 해석한다. 그러므로 사람마다 성경을 보는 견해가 다르다. 이들은 성경의 기본 교리를 부인 혹은 약화시킨다. 예를 들면

① "Good News for Modern Man"(현대인을 위한 복음)이란 영어 성서번역은 "동정녀"(virgin)란 말을 "젊은 소녀"(young girl) 혹은 미혼소녀(unmarried girl)로 번역한다.

② 성경에 나타난 보혈(blood)을 삭제했다. 요한 일서 1:7절 "그 아들 예수의 피가 우리를 모든 죄에서 깨끗하게 하실 것이요"라고 했다. 그리스도의 보혈의 중요성을 깨닫지 못하고 그 단어를 성경에서 빼어 버리려고 하면 엄청난 과오를 범하는 일이 된다.

③ 그리스도의 죽음이 온전한 죽음(pass away)이 아니라 기절상태(pass out or swoon)에 빠졌다가 깨어난 것이라고 한다.

④ 그리스도의 부활과 승천과 재림도 부인한다.

⑤ 5병 2어의 이적도 이 이적에 참석한 사람들이 모두 점심을 지참했는데 내 놓지 않고 있다가 소녀의 정성 어린 바침에 감화 감동이 되어서 모두 끌어내어 먹고 남은 것이 12바구니였다고 한다.

⑥ 예수님이 바다위로 걸으심에 대해서도 달빛으로 말미암아 예수님이 바다위로 걸으신 것같이 보여진 것이다 라고 말한다.

⑦ 홍해를 육지 같이 건넌 사건은 무릎까지 온 홍해의 발원지를 걸었다고 한다.

⑧ 롯의 아내가 소금 기둥이 된 이적, 타지 않은 가시나무, 10가지 재앙, 홍해가 갈라짐, 아론의 싹 난 지팡이, 여리고 성이 무너짐, 나귀가 사람의 말을 함, 태양이 멈춤, 엘리야의 승천, 요나의 고기 뱃속, 물로 포도주를 만드심, 죽은 사람을 살리심, 고기의 입에서 은전, 무화과나무를 저주하시니 말라죽음 등등 모두 인간이 이성과 두뇌로 이해가 되지 않으니 부인하려고 한다.

이들은 성경에 기록된 초자연적인 사건들을 인위적으로 해석한다. 예수님이 행하신 35번의 이적도 부인 혹은 약화시킨다. 성경에서 이적을 제일 행하신 분이 예수님으로 35번이다. 그 다음으로 행하신 분이 엘리사로 13번이다.

(2) 신비주의자들

신비주의자들은 계시의 종결성을 믿지 않고 개인의 경험을 중시한다. 현재 신학의 아버지요 감정의 신학자인 독일의 슐라이엘막허(Friedrich Daniel Schleiermacher(1768-1834)는 낭만주의의 꽃을 피운 주관주의적인 방법론 (subjective methodology)과 사고방식으로 성경을 해석한다. 그의 주관주의적인 방법은 신비주의적인 경향으로 흐른다. 오늘날 자유주의의 아버지, 현대신학의 아버지, 감정의 신학자라 불리운다. 슐라일막허는 1799년에 종교론을 저술하고 1800년엔 독백(獨白, Monologen)을 써냈다. 그는 베를린 대학에서 교수직을 맡고 있는 21년 동안 줄곧 주일마다 교회에서 설교를 했다. 1821년에 신학을 계통적으로 다룬 대작(大作) "기독교 신앙"을 출판하여 후에 다시 증보하여 재판을 내었다.

슐라이막허에 의하면 종교란 사유(思惟)도 아니며 행위만도 아니다. 양자가 다 분립되지 않는 상태에 놓인 직관(直觀)과 감정이다. 종교의 본질은 하나님에 대한 절대적인 의존감정(依存感情, the feeling of absolute dependence)에 있다. 이 의존 감정은 세상의 존재의식이 아니라 신과 인간이 절대적으로 연합되어 있는 신존재 의식이다. 슐라일막허는 "내 어떻게 체험하느냐는 내가 어떻게 믿느냐보다 더 중요하다"고 말했다. 그는 이렇게 교리의 중요성을 외면하고 종교를 하나의 감정의 작용에 불과한 것으로 본데서 자유신학의 아버지라고 부르게까지 되었다.

신비주의자들은 계시의 종결성을 믿지 않고 계속성을 믿고 있다. 오늘날도 특정인을 통하여 계시를 주실 수 있다고 주장한다. 몰몬교의 창시자인 요셉 스미스의 몰몬경이 그 하나이다.

> **참고자료** 18세기의 특징

만일 18세기를 합리주의 시대라고 한다면 19세기는 낭만주의

(Romanticism)시대라고 할 수도 있을 것이다. 18세기의 계몽주의는 이성이 지배한 시대로 종교의 초자연성을 말살시키려 했던 때였다. 이에 대한 반동으로 정서를 중요시하고 자연으로 돌아가자는 소위 낭만주의가 대두되었다. 낭만주의란 삶의 모든 영역에서 감정을 되찾고 종교에 대한 새로운 관심을 기울이며 역사와 사회에 대한 유기적인 해석을 시도한 새로운 운동이다. 가장 유명한 낭만주의의 최초의 사도는 프랑스의 룻소(Jean Jacques Rousseau, 1712-78)였다. 그의 지나친 자연주의와 인본주의는 그로 하여금 마침내 프랑스에서 추방을 당하게 하였고 그의 영향은 신학계보다 문학계와 정치분야에 더 미치게 되었다.

(3) 로마 카톨릭

이들은 정경뿐 아니라 14권의 가경을 믿으며 뿐만 아니라 사도적 유전인 교리, 교회적 유전인 각종의식, 종교회의에서 채택된 각종 신조, 역대 교황의 교시, 기도서, 순교록, 고대 기독교인의 미술이나 비석에 새겨진 것들 등도 믿는다.

(4) 사마리아인들

사마라이인들은 모세 5경인 창세기, 출애굽기, 레위기, 민수기 및 신명기만 믿었다.

(5) 유대인들

유대인들은 신약은 믿지 않고 구약만 믿으며 하나님은 믿어도 예수 그리스도를 메시야로 믿지 않는다. 유대인들 중에서 그리스도를 메시야로 믿는 이들을 Messianic Jew(예수님을 메시야로 믿는 유대인) 혹은

Converted Jew(개종된 유대인)라고 한다.

(6) 보수 정통주의 자들(개혁주의자들)

이들은 성경이 정확하고 무오함을 믿을 뿐만 아니라 신앙과 생활의 유일한 법칙임을 믿는다. 디모데후서 3:16절 "모든 성경은 하나님의 감동으로 된 것으로 교훈과 책망과 바르게 함과 의로 교육하기에 유익하니"란 말씀을 믿는다. 시편 19:7-9절 "여호와의 율법은 완전하여 영혼을 소성케 하고, 여호와의 증거는 확실하여 우둔한 자로 지혜롭게 하며, 여호와의 교훈은 정직하여 마음을 기쁘게 하고, 여호와의 계명은 순결하여 눈을 밝게 하도다 여호와를 경외하는 도는 정결하여 영원까지 이르고 여호와는 규례(規例)는 확실하여 의로우니"

5. 기독교 지도자로써의 목회자는 영성(spirituality)을 중요시해야 한다.

1) 기도생활(payer life)

창세기 30:1절에서 라헬(Rachel)의 기도를 보면 "나로 자식을 낳게 하라. 그렇지 아니하면 내가 죽겠노라" 레아가 아들을 낳기 시잘할 때부터 정열적인 라헬은 시기심이 생겼고, 레아가 네 아들까지 낳자 그 시기심은 고조하여 죽을 지경에 이르러 그 분풀이를 야곱에게 한 것이다. 리브가는 그와 비등한 사정에 있을 때 그 구제와 기도를 하나님의 계시에서 찾았다. 목회자는 "내 마음과 육체가 생존하시는 하나님께 부르짖나이다"란 기도가 있어야 한다. 이런 기도가 없는 목회자는 주님의 양떼들을 바로 먹일 수 없다.

바운스(E. M. Bounds)는 "우리의 기도는 지칠 줄 모르는 힘과 거부될 수 없는 인내와 꺾어지지 않는 용기로 강하게 간구 해야 된다"고 한다고 했다. 목회자는 기도로 목회의 성패를 가름한다는 말이 있다. 목회자는 새벽기도를 열심히 해야 한다. 특히 목회자는 새벽기도회를 잘 해야 한다. 새벽 기도회 시간에 교회당에 제일 먼저 가고 제일 늦게 나와야 한다는 원칙을 세우고 시행하도록 해야 할 것이다. 그래함(Billy Graham)은 1979년 11월 영국 런던에서 600명이 모인 성직자들에게 한 연설에서 자신이 다시 사역을 한다면 2 가지를 바꿀 것이라고 했다.

첫째, 지금까지 자기가 연구한 것보다 세배나 더 연구할 것이고 떠맡은 일을 줄이겠다는 것이다. 이 말은 '나는 너무 많이 설교했고 너무 적게 연구했다' 는 의미이다.

둘째, 기도에 더 많은 시간을 할애하겠다고 했다. 서울 순복음교회 조용기 목사는 국내집회를 위해서는 매일 3시간을, 국제집회를 위해서는 매일 5시간을 기도한다고 한다.

참고자료 길선주 목사에 대하여

여기서는 기도의 사도 길선주 목사에 대해 말씀드리고자 한다. 1905년에 길선주 목사님은 평양신학교 제 1회 졸업생으로서 평양 장대현교회를 시무하였다. 그는 박치록 장로님과 함께 새벽기도회를 시작했다. 이것이 한국의 새벽기도회의 효시이다. 그는 기도만 많이 했을 뿐 아니라 성경도 많이 읽은 목사님이었다. 그는 구약성경을 30번 이상 읽었다. 창세기와 에스더는 540번 이상 읽었다고 한다. 신약성경은 100회 이상 읽었으며 그 중에 요한 계시록은 10,000이상 읽었다고 한다. 20,000번 이상 설교를 들은 회중의 수는 380만 명, 설교에 감화를 받고 목사, 장로, 교사가 된 사람의 수는 800명, 그의 손에 세례를 받은 사람은 30,000명이나 되었다고 한다. 70,000명을 신실한 신자로 만들었다.

길선주는 1869년 3월 25일 평안북도 안주에서 출생하였다. 청년시절에 거상이 되고자 장사에 몰두했다. 그러나 곧 부자가 되리란 욕심으로 돈만 바라보고 살다가 실패했다. 그는 생의 의미를 발견치 못하고 고뇌하다가 평양 부근에 있는 용악사라는 절에 입산 수도케 되었다. 그는 중병에 걸려 집에 들어오게 되었다. 얼마간 집에서 요양한 그는 선도에 입문하여 선술과 수법을 통달하고 다시 상업에 종사했다. 그는 그의 친구인 김종섭의 전도를 받고 기독교 신자가 되었다.

길선주는 1901년에 장대현 교회 초대 장로가 되었다. 그는 월수입 10만원 이상인 약국업을 팽개치고 5만원의 수입인 조사생활을 시작했다. 그는 평양 선교의 아버지인 마포삼열 선교사를 도우면서 황해도, 평안도 지방의 순회 조사로 복음을 전하며 나날을 보냈다. 그는 마포삼열 선교사가 세운 평양장로회 신학교에 수업을 받은 후에 1907년에 평양신학교 제 1회 졸업과 함께 꿈에 그리던 목사가 된 것이다. 길선주 목사는 기도와 선경 읽는 것 그리고 설교와 글 쓰는 것이 그의 전부였다.

그는 가는 곳마다 7가지 덕목을 강조했다.
① 거짓 말을 하지 말아라.
② 시간을 지키고 아껴라.
③ 제 할 일은 제가 하라.
④ 기도하고 성경을 읽어라.
⑤ 학교에 성실하고 책을 읽어라.
⑥ 친구들과 잘 어울려라.
⑦ 운동을 해라.

길선주 목사의 삶 속에는 거룩한 애국, 애족의 정신이 깃들어 있었다. 그가 1907년 평양 장대현교회에서 성령운동을 일으킬 때도 그것을 민족의 회개 운동으로 전개시켰던 것이다. 그때는 을사보호조약이 체결 된지 2년 후의 상황이라 나라는 점점 어두움을 향해서 줄달음치고 있던 때였다. 이 어두움을 헤쳐갈 수 있는 길은 민족적 차원의 회개의 길뿐이었다.

그는 민족대표 33인의 하나로 참가했다. 그러나 3 . 1 운동이 일어나던 1919년 3월 1일 그는 민족대표들이 모인 장소에는 참석치 못했다. 2월 마지막 주간에 황해도 장연읍 교회에서 부흥 사경회를 인도했던 그는 토요일 새벽에 집회를 마치고 그 길로 서울을 향했지만 시간을 맞출 수 가 없었다. 길선주 목사의 아들 길진경은 그가 독립선언식에 참석하지 못한 이유를 다음과 같이 설명했다.

"기차시간이 늦어져 식장에는 참석치 못하고 서울역에서 곧바로 자수하였다. 영문을 모르는 총독부 직원들이 머뭇거리자 내가 독립선언서에 민족대표 33인 가운데 한 사람으로 서명한 길선주라고 당당히 밝히셨고 그 길로 감옥에 갇히셨다."

길선주 목사는 감옥에 있으면서도 가혹한 고문과 고통을 오히려 하나님께 더 가까이 갈 수 있는 귀한 일로 여기며 낮이면 성경을 읽었고 밤이면 기도와 묵상, 성경 암송으로 시간을 보냈다. 출옥 후에도 조금도 쉬지 않고 전국 복음화를 앞당겨야 한다면서 다시 부흥 사경회 강사로 동분서주하였다. 그의 힘찬 외침은 나라를 잃고 추운 지방으로 쫓겨간 간도지망 동포에게까지 울려 펴졌다. 그곳 동포들의 간절한 요망에 그는 간도로 달려가 그 곳 용정 중앙교회에서 부흥회를 인도했다. 그의 영력(靈力) 있는 외침은 용정지방을 성령의 불바다로 만들었다. 주의 일이라면 어디든지 달려가던 그도 마침내 쓰러지고 말았다.

1933년 8월 선천지방에 있는 월곡교회에서 부흥회를 인도하다가 과로에 겹쳐 그만 뇌일혈로 강단에서 쓰러지고 만 것이다. 곧바로 교인들의 도움으로 선천 기독병원으로 옮겨져 13일간의 치료 끝에 어느 정도 회복이 되었다. 그런데 건강이 회복되었다는 소식이 나가자, 평서 노회에서 사경회를 개최하겠다며 교섭을 해 왔다. 당분간 집에서 절대 안정을 취해야 된다는 의사의 간곡한 부탁이 있었지만 그는 그냥 앉아 있을 수가 없었다. 그는 의사의 말보다는 하나님의 말씀을 더 중히 여기고 곧 바로 사경회 장소로 달려갔다. 사경회는 은혜롭게 진행이 되었다. 그러나 결국 그는

1933년 11월 26일 이 사경회의 마지막 폐회 축도를 마치고 그 자리에서 쓰러지고 말았다. 그는 마지막 순간까지도 주님만 외치다가 주님의 부르심을 받은 것이다.

1933년 12월 4일 그의 신앙의 고향인 장대현교회에서 수많은 사람이 운집한 가운데 장례식이 치러졌다. 식장에는 그가 즐겨 부르던 "내 주를 가까이 하려함은" 찬송이 울려 퍼졌다. 모든 사람의 눈에는 소리 없이 눈물이 흘러 내렸다. 길선주 목사는 장대현교회를 담임하면서 새벽기도회를 실시했다. 그 자신이 일주일 내내 기도에 전념했다. 한 주간의 그의 기도의 일정은 다음과 같았으니

월요일은 식구를 위해
화요일은 친족
수요일은 불신자를 포함한 친구들
목요일은 나라와 민족
금요일은 교육기관과 자선사업기관
토요일은 해외에 있는 동포와 혁명 유지들을 위하여
주일은 국내, 국외, 세계교회를 위하여 새벽마다 하나님께 간절히 호소했다.

참고자료 | 새벽시간을 잘 이용한 사람들

유명한 지도자들은 새벽 시간을 잘 이용한 사람들이다.
① 중국의 장개석 총통은 아침 동틀 때부터 아침식사 때까지 일을 했다고 한다.
② 미국의 정치가였던 웨스터(Daniel Webster)는 매일 새벽 4시에 일어나 연구를 했다.
③ 실낙원의 저자 밀톤(John Milton)은 여름에는 새벽 4시에, 겨울에는 새벽 5시에 기상하여 12시까지 연구를 했고 점심 후에는 2시부터 6시

까지 연구를 했다.

④ 기독교 강요의 저자인 칼빈(John Calvin)은 아침 6시에 일어나 연구하기 시작을 했다.

⑤ 길선주 목사는 위에서 말한 대로 평양신학교 제 1회 졸업하였으며, 한국 최초의 목사 7인 중 한 사람이었으며 민족 대표 33인 중의 한사람이었고 그는 기도의 사람이었다.

한국 교회가 새벽기도회를 통하여 이렇게 발전했다. 시편 119:147절 "내가 새벽 전에 부르짖으며 주의 말씀을 바랐사오며". 시편 88:13절 "여호와여 오직 주께 내가 부르짖었사오니 아침에 나의 기도가 주의 앞에 달하리이다"

2) 영감 있는 예배(inspirational worship)

"정신위생"(Mental hygiene)을 연구하는 핑크(David Fink) 박사는 "안정을 위한 4박자 균형"이란 내용을 발표했다. 인간이 정신적 안정과 평화를 얻기 위해서는 다음 4가지 요소가 절대적으로 필요하다.

① 일(Work)
② 놀이(Play)
③ 사랑(Love)
④ 예배(Worship)

목사도 아닌 의학자가 안정을 위한 4대 균형요소 중에 예배를 넣었다. 예배가 이렇게도 중요한데 어떤 이는 "예배당에 가는 이유는 빨리 마치고 오기 위해서임"이라고 했다.

3) 설교(preaching)

교역자 청빙시 다른 면도 보지만 무엇보다 설교를 첫째로 본다. 목회자에게는 설교가 제일 중요하다. 설교는 하나님의 말씀을 강론하는 일이기 때문이다. 사람의 영혼이 하나님의 말씀을 양식으로 삼는다. 그러므로 설교자는 설교할 때마다 이것이 나의 생애의 마지막 설교란 생각으로 해야 한다. 그만큼 강단이 중요하다.

① 설교를 크게 3부분으로 나눈다. 이것을 영어로 표현하면 다음과 같다.

첫째는 설교(sermon)이다. 이를 담화나 연설이라고 하는데 공식적인 강화(formal address)이다.
둘째, 설교하기(preaching)이다. 이는 설교를 하는 행위로서 헬라어로 '케루소' 말씀 선포이다.
셋째, 설교학 혹은 설교술(homiletics)이다. 이는 설교학 혹은 설교술로서 실천신학의 한 과목으로써 신학적 연구과목이다.

② 심슨(Matthew Simpson)은 "Lectures on Preaching"(설교학의 강의)에서 "설교자의 왕좌는 설교단이다.

그는 그리스도의 자리에 서 있다. 그의 메시지는 하나님의 말씀이다. 그의 주위에는 불멸의 영혼들이 있다. 보이지 않는 구세주께서 그의 곁에 계신다. 성령께서 회중들에게 역사하고 계신다. 천사들이 그 광경을 보고 있다. 천국이냐 지옥이냐의 결과를 기다리고 있다. 얼마나 큰 특권이며 얼마나 막대한 책임인가?"라고 했다.

③ 1976년에 하나님이 부르심을 받은 웨덜헤드(Leslie Weatherhead)의 설교는 빈부노소, 학식의 구분 없이 큰 감명을 주었다.

그의 설교의 매력의 비밀을 한 사람이 그에게 20번이나 물었다. 그는 그 때마다 '준비' (preparation)라고 대답했다.

④ 대설교가 비쳐(H. W. Beecher)목사에게

어떤 이가 "설교준비는 얼마나 합니까? 라고 물으니 "네 45년 간 걸리더군요"라고 대답했다. 이 45년 간은 그의 나이였다.

⑤ 고 주기철 목사님의 설교준비는 명상과 묵상과 기도와 성경연구로 항상 능력 있는 설교를 했다고 한다.

⑥ 스펄젼(Charles Spurgeon)은 책을 읽을 때 한번 앉으면 5, 6권을 읽었다고 한다.

그는 주로 스킴(skim, 대충 읽다, 스쳐 지나가다)했다. 주일 낮 설교준비를 위해서는 토요일 저녁에 주일 저녁 설교준비를 위해서는 주일 오후에 했다고 한다.

⑦ 청중들에게 감화를 주는 설교의 4가지 특징은

첫째, 현대인들의 감각에 맞는 적합한 제목과 내용
둘째, 현대 사상과 삶의 양식들에 대한 언급
셋째, 긍정적인 설교로서 할 수 없다 보다는 할 수 있다, 어두운 면보다 밝은 면, 부정적인 면보다 긍정적인 면, 소극적인 면보다 적극적인 면이어야 한다.
넷째, 그리스도에 대한 헌신이다.

⑧ 캘러한(Callahan)이 말한 설교의 3대 자세는

첫째, 쉽게 하여 청중들이 알아듣고 이해할 수 있는 설교, 정확하고 명료한 표준말을 사용, 목안에서 내는 소리나 입안에서 우물거리는 소리나 비음이나 우는 소리는 안 된다.

둘째, 유모어가 있는 설교나 교인들이 당하고 있는 갈등 등 현재의 삶에 대한 모든 것이 포함되어 있는 것이 좋다. 설교는 하나님의 말씀을 주축으로 해서 풀이하는데 찬송, 예화, 통계, 경험 등 적절히 가미하게 하는 것이 좋다.

셋째, 희망을 주는 설교를 해야 한다. 이 세상은 고통과 불의가 있는 곳이다. 기독교 초기에는 염세적인 내용의 설교가 많았다. 예를 들면 "세상 만사 살피니 참 헛되구나" 등 성결교 이성봉 목사님이 미주 집회시에 차남 진 박사님이 통역했다. 설교 중 갑자기 "세상 만사 살피니 참 헛되구나"란 찬송을 불렀다. 차 목사님은 "vanity, vanity, vanity, all is vanity"라고 통역을 했다고 한다. 그리스도의 재림에 대한 복음송(Gospel Song)을 많이 불렀다.

⑨ 부룩스(Phillips Brooks)는 "설교의 기본적인 두 요소는 진리(truth)와 인격(personality)이라"고 했다.

시골교회 목사님 한 분이 설교를 한 후에 장로님 한 분이 "목사님 설교가 은혜가 없다"고 했다. 그 때 목사님은 오늘 이 설교가 서울 영락교회 한경직 목사님의 설교라고 했다. 설교는 한경직 목사님의 것이라도 설교자는 한경직 목사님이 아니다.

⑩ 갈비(A. E. Garvie)는 "설교는 설교자의 전인격이 교인들의 전인격에로 전달되는 행위"라고 한다.

목회자(pastor)는 학생(student), 선생(teacher), 학자(scholar), 설교가(preacher)이어야 한다. 에베소 4:11절에는 "혹은 목사와 교사로 주셨으니"라고 하였다. 목사(Pastor)와 교사(teacher)는 깊은 연관이 있다.

⑪ 클라우니(Ed Clowney)는 미국 웨스터민스터 신학교의 실천신학 교수로서

그의 저서 "Preaching and Biblical Theology"(설교와 성경신학)와 "Called to the Ministry"(목회로서의 부르심)에서 설교의 원리를 피력했다.

첫째, 그는 사도들의 설교를 원리로 삼았다. 사도들은 예수님이 하나님이시고 구주이심과 하나님의 주권적인 능력과 그리스도의 죽으심과 부활을 설교했다. 사도행전에 21편의 설교가 기록되어 있다. 9편의 베드로의 설교, 9편의 바울의 설교, 1편의 스데반의 설교, 1편의 빌립의 설교, 1편의 야고보의 설교 등이다. 이들 설교의 핵심사상은 그리스도의 죽으심과 부활이었다.

둘째, "The Structure of Redemptive History"(구속사의 구조)에 따른 설교를 하였다. 구속사적인 설교란 하나님 중심설교(Theocentric Preaching), 그리스도 중심 설교(Christo-centric Preaching), 성경중심의 설교(Bible-centric Preaching)를 말한다.

베드로의 오순절 설교는 사도행전 2:14절 이하에 나타나 있다. 그가 선포한 설교의 제목은 "말씀"이었는데 이 제목을 가지고 크게 2대지로 나누어서 설교했다. 첫 번째 대지는 기록된 말씀 즉 성경이고, 두 번째는 살아계신 말씀 즉 예수 그리스도이다. 기록된 말씀에는 시편 16편과 요엘서 2장을 인용했고 살아계신 말씀에는 예수 그리스도의 죽으심과 부활과 승천을 언급했다.

⑫ 구속사적인 설교란 무엇인가? 에 대한 학자들의 견해는 다음과 같다.

(1) 칼빈(John Calvin)

그는 말하기를 "성경의 어느 부분(구약과 신약)을 해석할지라도 그리스도를 보아야 한다. 우리가 성경에서 그리스도를 발견하지 못하면 아무런 의미가 없다. 그러므로 성서적 설교란 바로 예수 그리스도를 선포하는 설교이다"라고 말했다.

(2) 루터(Martin Luther)

루터는 로마서를 강의하면서 "그리스도에 대한 참된 지식을 소유하게 되었고 그리스도는 비유가 아니라 실제로 누구인지 알게 되었다"고 고백하였다. 그는 성경전체의 핵심을 그리스도에게 두었다.

(3) 게하드(Andreas Gerhard)

설교의 목적은 "예수 그리스도를 통해 하나님과 인간을 화목시키는 것이다. 그러므로 설교자는 예수 그리스도를 통한 구원을 선포해야 한다. 그리스도의 화목사역 없이 인간의 구원이 있을 수 없다"고 하였다.

(4) 혹스트라(Hoekstra)

그는 말하기를 "그리스도가 없는 설교는 설교가 아니다"라고 하였다. 그는 우화(allegory)의 위험성이 있음을 지적했다.

(5) 스킬더(Skielder)

그는 말하기를 설교자는 "구약 어디에서든지 '작은 메시야적인 조명'을 발견해야 한다. 구약에서 그리스도를 보지 못하는 설교는 실패의 설교"라고 하였다. 그는 그리스도 중심적 설교를 강조했다.

(6) 디핸(M. R. Dehan)

그는 "Portraits of Christ in Genesis"(창세기에 나타난 그리스도의

상(像)이라는 책에서 창세기에 나타난 신앙의 인물들과 사건들은 그리스도를 예표(豫表, typology)하는 것으로 보았다. 예를 들면, 구약성경 창세기 6장에 나타난 노아 방주의 사건을 가지고 해석하면 이는 실제적인 사건임과 동시에 앞으로 나타나실 예수 그리스도를 예표(typology)한 것이다. 이 부분을 바로 해석하려면 그 당시로 우리들을 끌어 올려야 하며 그 내용을 우리들에게 적용을 시키기 위해서는 21세기로 끌어내려야 한다.

기독교는 계시의 종교이다. 구원은 예수 그리스도를 통해서만이 가능하다. 시편 23:2에 나타난 "식음"(푸른 초장으로와 잔잔한 물가)은 요한복음 4장에 나타난 '생수'와 요한복음 6장에 나타난 '떡'인 즉 예수 그리스도를 예표하는 것이다. 시편 23:3에 나타난 '소생'(restoration)은 구원과 회복을 상징한다.

(7) 라이스(John R. Rice)

그가 저술한 "Christ in the Old Testament"(구약에 나타난 그리스도)란 책에서 구약은 창세기에서 말라기서까지 나타난 그리스도를 보여 주고 있다. 특히 이 가운데서 이사야서 53장은 예수님의 수난을 생생하게 묘사했다.

> **참고자료 종교다원주의**

종교다원주의(religious pluralism)는 모든 종교를 상대적으로 본다. 그 결과 기독교의 신론, 기독론, 구원론을 부인한다. 그러므로 종교다원주의는 범신론이다. 그들은 기독교의 유일성과 절대성을 부인함으로 기독교의 상대화를 열어 놓았다. 모든 종교가 상대적이기 때문에 선교 무용론을 주장한다. 인도의 힌두교, 미얀마와 태국의 불교 중동의 회교인데 그들은 그들대로 열심히 전도하고 있는데 그곳에 가서 선교할 필요가 없다는 지론이다. 그러나 성경은 사도행전 1:8절에 국내 선교에서 세계선교를 가르치고 있다. 성경은 종교 혼합주의를 배격한다. 성경은 우상숭배를 배격한다. 성경은 종교 다원주의를 배격한다. 이 모든 것의 잘못의 원천은 성경을 잘못 해석함으로 시작을 한다.

⑬ 설교자는 하나님의 말씀을 조직적으로 연구해야 한다.

설교자는 설교를 준비할 때 설교의 내용이 풍부해진다. 그러기 위해서는 설교자 자신이 영적으로 성장해야 한다. 설교자가 설교준비를 충분히 하면 다른 취미에서 멀어지게 한다. 설교자가 설교를 내용 있게 잘 하면 교인들로 하여금 설교자가 아닌 하나님의 말씀에 취미가 붙게 한다. 이는 바로 교인들로 하여금 성경의 진리를 아는 기회가 되게 한다. 뿐만 아니라 설교자는 많은 도서를 갖추는 기회를 갖게 된다.

그러므로 설교자는 성경연구의 장소, 방법, 내용, 시간에 관심을 가져야 한다. 설교자는 성경을 정독 및 다독해야 한다. 설교자는 66권의 성경 중에서 특별히 전문적으로 연구하는 성경이 있어야 한다. 몰간(G. Camphell Morgan)은 그의 목회 초기에 2년 간 복음서만 읽으면서 깊이 연구를 했다. 그 결과 그의 최대 걸작이 바로 "복음서"이다. 사도행전 17:18절에 "말쟁이"(babbler)란 말을 들었다. 이 말의 뜻은 "모이는 주어 먹는 자"(seed-picker)란 뜻이다. 있다. 이는 아덴에 있는 두 철학파들(스도이고 철학파와 에비구레오 철학파)과 바울이 논쟁을 하고 난 후에 그들이 바울에게 한 말이다. 그들은 바울과의 경쟁에서 도무지 이길 수가 없으니 이런 말을 했다. 이 말을 하게 된 이유는 바울이 하는 말은 창의적이 아닌 남의 것을 모아 옮기는 사람이란 말이다. 사실 바울은 남의 말을 옮기는 정도의 지식을 가진 사람은 아니었다. 우리도 하나님의 말씀을 자신이 전문적으로 연구해서 설교를 해야 한다. 남의 설교를 옮기는 식의 설교자는 발전이 없다.

⑭ 설교에 대해 오늘날 강해 설교(expository sermon)가 유행이다.

한국에도 처음에 선교사들이 들어와서 주로 제목설교를 했다. 그래서 한국의 설교자들도 주로 제목설교를 한 것이 사실이다. 그러나 1970년대 이후에는 강해설교 바람이 불었다. 그래서 지금은 너도나도 강해 설교를 하려고 한다. 그러나 강해 설교는 할 줄 알아야 한다. 인간은 각자가 맡은 달란트가 있다. 그 받은 달란트를 잘 다듬어 나아가야 한다. 그런데 다른 사람이 하니까 나도 따라서 하는 식으로 설교를 해서는 안 된다. 강해설교란 성경본문에서 제목과 대지와 소지를 가지며 성경본문을 풀이해 나가는 것을 두고 말한다. 설교자가 강해설교를 하면 장기간 설교를 해도 자료의 부족을 덜 느낄 것이다.

⑮ 설교의 기본적인 3형태

첫째, 제목설교(Topical Sermon)
1900년대 초에서 반세기 이상 계속되어 온 우화, 풍유, 비유설교 (allegorical sermon)가 성행했다. 예를 들면, 야곱이 돌을 베개하고 잤다는 내용을 가지고 성경에는 예수님이 돌로 표현되고 있으니 예수님을 베고 잤다고 해석. 독수리는 죽을 때 바위 위에서 하늘을 쳐다보고 죽는다고 하니 성도들이 죽을 때 하늘을 쳐다보고 죽어야 한다고 해석한다. 이런 알레고리컬한 설교는 위험성이 많다. 성경의 원 뜻을 해석하지 못하는 경우가 많으니 조심해야 할 것이다. 제목 설교는 본문을 가지고 자료는 다른 곳에서 끌어 온다.

둘째, 본문설교(Texual Sermon)
성경본문을 가지고 설교를 하는데 그 형태는 설교자가 한 본문을 가지고 설교를 하는데 만일 3대로 나누어서 설교를 한다면 적어도 2개 이상은 본문에서 취해야한다.

셋째, Expository Sermon(강해설교)
이를 주행설교 혹은 강해설교라고 한다. 이 설교의 방법은 본문에서 제목을 취하고 대지를 취하며 본문을 가지고 설명을 하는 성경해석 방법을 가리킨다. 이 방법은 본문에 충실해야 한다. 싱가폴의 OMF본부에서 상담역을 맡은 레인(J. V. Lane)이 강해 설교의 붐을 일으켰다. 그는 성경적인 설교는 강해설교라고 했다(Biblical preaching is expository preaching).

강해설교를 잘 하려면 다음 3가지가 필요하다.

첫째로 성경지식이 풍부해야 한다. 성경지식이란 성경을 현미경식 방법과 망원경식 방법으로 성경을 공부해야 한다.

둘째로 영해를 잘 해야 한다. 그러기 위해서는 기도와 성령의 조명하심과 인도하심을 받아야 한다

셋째로 가르치는 은사를 받아야 한다. 잘 가르치기 위해서는 성경에 근거한 신학적인 지식이 있어야 하며 가르치는 방법을 알기 위해서는 교육학에 대한 지식이 있어야 한다.

교역자는 책을 구입할 때 주로 주석류, 강해류, 성경사전, 원어설명 등을 담은 책을 구입해야 할 것이다. 그리고 성경을 연구할 때 성경주석(exegesis)은 분석(analysis)이며 성경주해(exposition)는 종합(sysnthesis)임을 알고 맞게 연구를 해야 할 것이다. 주해와 주석의 차이점은 무엇인가? 성경주석은 예를 들면, 시편 23편을 본문으로 삼을 때 주석은 구구절절이 해석하는 것이고 주해는 통일성 있게 주해를 하는 것이다. 영적 지도자로서의 목회자는 기도와 예배와 설교와 겸손과 강한 지도력에서 영성이 나온다는 사실을 알아야 한다.

제11장
기독교 지도자로써의 목회자의 시간 활용

미국 대통령이었던 투르먼(Harry Truman)은 그의 재임 후반기에 더욱 시간을 의식하며 살았다. 해가 갈수록 백악관 인사들은 대통령 집무실 책상 위에 시계가 점점 많아지는 것을 보았다고 한다. 일정에 따라 시간을 가리키는 시계가 각각 달랐다고 한다. 그는 시간이 소중한 자원임을 알았다. 지도자의 효율성은 시간 관리 능력에 비례한다는 말이 있다.

사람은 무슨 일을 하든지 먼저 그 일의 우선순위(priority)를 정하는 것이 중요하며 그 우선순위에 맞추어서 일을 진행하고 추진해야 한다. 그런데 우선순위는 그 원리는 동일하나 그 원리를 인간이 해석하고 적용하는 데는 형편과 상황에 따라 그리고 사람에 따라 다를 수 있다는 사실을 알아야 할 것이다. 우선순위를 정하는데는 끊임없는 노력이 필요하다. 지도자는 아무리 잘 세운 우선 순위도 늘 다시 살펴야 한다.

우선순위를 지키기 위해서는 다음 3가지를 기억해야 한다.

① 평가하라.

이를 영어로 "3R"이라고 한다. 여기 "3R"은 첫째는 필수성(Requirements)과 성과성(Return)과 보상성(Reward)인데 이를 매달 되 새겨야 한다.

② 제거하라.

당신 자신에게 "다른 사람도 할 수 있는 일을 하고 있지는 않은가?"란 질문을 하라.

③ 예상하라.

이번 달에 하게 될 가장 중요한 일은 무엇이며, 시간은 또 얼마나 많이 걸리겠는가? 를 질문해 보라는 것이다.

여기에서는 "파레토 원리"(Pareto Principle)를 언급하지 않을 수 없다. 이말은 경영학에서 나오는 말이다. 이것을 흔히 "20/80 원리"라고 부른다. 우리가 소유하고 있는 시간과 에너지와 돈과 사람을 우리가 해야 할 일에 20%만 투자하면 80%의 성과를 안겨다 준다는 원리이다. 실례를 들면,

① 시간: 우리가 가지고 있는 20%의 시간이 80%의 성과를 가져온다.
② 상담: 20%의 사람이 우리가 가지고 있는 80%의 시간을 줄인다.
③ 생산: 20%의 생산품이 80%의 이윤을 가져온다.
④ 독서: 20%의 책이 80%의 내용을 포함한다.
⑤ 일: 20%의 일이 80%의 만족을 준다.
⑥ 화술: 20%의 연설이 80%의 영향력을 행사한다.
⑦ 기부금: 20%의 사람이 80%의 기부금을 담당한다.
⑧ 리더십: 20%의 사람이 80%를 결정한다.
⑨ 야유회: 20%의 사람이 80%의 음식을 먹어버린다.

모든 지도자는 사람들을 감독하고 지도하는 분야에서 파레토 원리(Pareto Principle)를 이해하고 있어야 한다. 다음 제시된 전략은 지도자가 조직의 생산성을 높일 수 있도록 도와 준다.

① 어떤 사람들이 20%에 속하는 상위 그룹의 자들인지 결정하라.
② 상위 20%의 사람들에게 투자하는 교제 시간 중 80%를 할애하라.
③ 상위 그룹 20% 사람들을 계발(계몽하고 발전시키는 일)하는 일에 비용의 80%를 투자하라.
④ 20%의 사람 중 80%의 일을 할 수 있는 사람을 훈련시켜라.
⑤ 상위 20% 그룹이 그 다음 순위 20%의 사람들을 위해 업무 처리하도록 훈련하라.

사람은 일을 열심히 하는 것도 중요하지만 보다 현명하게 하는 것이 더 낫다. 그래서 지도자뿐만 아니라 피지도자도 지혜를 가져야 한다. 솔로몬은 이스라엘의 왕이 되었을 때에 무엇보다 먼저 지혜를 구했다. 사람은 일

을 현명하게 하는 것도 중요하지만 그 보다 더 중요한 것은 하나님의 뜻을 추구하는 것이다. 현명한 사람은 우선순위를 바로 정하고 일을 바로 하게 된다. 하나님의 뜻을 발견한 후에 우선순위를 바로 정하고 바로 정한 일을 바로 하는 사람은 시간을 단축시킬 수가 있다. 일단 하나님의 뜻을 분명히 알면 시간을 어떻게 투자할지 결정하는 일은 훨씬 쉬워진다.

새 역사를 창출해 내는 지도자나 비생산적인 지도자나 시간의 분량은 똑같다. 수면을 취하고 음식을 먹는 시간은 같다. 운동과 가정 일로 인하여 제약을 받기는 마찬가지이다. 예기치 않은 일로 압력을 받는 것도 비슷하다. 이 두 사람의 차이는 현명한 지도자는 이런 일들이 자기가 설정한 일들을 추진하는데 방해를 주지 않는 것이고 어리석은 지도자는 주변의 압력과 유혹에 시간을 빼앗기기 때문에 시간 활용이 자기가 세운 일들을 추진하는데 지장을 준다. 지혜로운 지도자는 자기가 세운 일에 방해가 되는 일은 제쳐놓고 우선순위를 바로 정하고 그대로 추진하는 지도자이다.

영적 지도자와 피지도자 간의 시간 활용에는 차이가 있다.

① 지도자는 주도권을 가진다. 피지도자는 반응한다.

② 지도자는 인도한다. 전화기를 들고 연락한다. 피지도자는 듣는다. 전화기가 울리기를 기다린다.

③ 지도자는 계획을 세우는 데 시간을 투자한다. 문제를 예상한다. 피지도자는 하루 하루를 살아가는데 시간을 보낸다. 문제에 반응한다.

④ 지도자는 사람들에게 시간을 투자한다. 피지도자는 사람과 함께 시간을 보낸다.

⑤ 지도자는 우선순위에 따라 계획을 짠다. 피지도자는 요청에 의해서 계획을 짠다. 메모지와 서류로 뒤덮인 책상을 한심스럽게 바라보고 있을 때 전화가 울리고 동시에 문이 열리며 누가 들어오는 것을 본 경험이 있을 것이다. 이럴 때는 무기력한 감정을 갖게 될 것이다.

윌리암 힌슨은 동물 조련사가 사자 집에 들어갈 때 왜 의자를 들고 가는지를 설명한다. 조련사는 물론 회초리를 가지고 있다. 옆구리에 권총도 차고 있다. 그러나 한결같이 의자를 들고 들어간다. 힌슨은 그 의자가 조련사에게는 아주 중요한 도구라고 말한다. 조련사는 먼저 의자의 뒤를 붙잡고 의자 다리를 야수의 얼굴로 향하게 한다. 그 이유는 동물은 의자 다리 네 개에 동시적으로 초점을 맞추려 한다는 사실을 알기 때문이다. 그러는 동안 일종의 무기력증이 사자를 압도하게 된다. 그 결과 집중력이 분산되어 온순하고 유약한 사자가 된다.

지도자가 스스로 던져야 할 질문은 "나는 올바른 일로 바쁜가?" 올바른 지도자는 심각한 일을 덜 중요한 일보다 먼저 하는 사람이다. 지도자는 제일 먼저 긴급한 일(imperative)을 하고 그 다음으로 중요한(important) 일을 하며 마지막으로 해도 되고 안 해도(optional) 되는 일을 해야 한다. 이 순서는 지혜자가 일의 순서를 정할 때 반드시 필요한 것이다. 마샬(George Marshall)장군은 제2차 세계 대전 중 훌륭한 지도자였다. 그가 이렇게 중요한 지도자가 된 이유는 중요한 일과 중요치 않은 일을 가릴 줄 아는 능력 때문이라는 것이다.

중요하지 않은 것에 너무 많은 관심을 두다 보면 큰 문제가 발생한다. 맥케인(Robert J. McKain)은 "대부분의 주된 목표들이 성취되지 않는 이유는 차선의 것을 우선적으로 하느라 시간을 보내기 때문이다"라고 말했다. 얼마 전 신문에 고래 300마리가 갑자기 죽었다는 기사가 실린 적이 있다. 고래들이 정어리를 쫓아가다가 갑자기 어느 만(灣)에 갇힌 것이다. 이 사건에 대해 해리스(Frederick Broan Harris)는 이런 논평을 썼다. "그 조그마한 고기가 바다 거인들을 죽음으로 인도했다. 고래들은 하찮은 목표를 추구하다가 참변을 당하기에 이르렀다. 하찮은 목표를 위해 거대한 힘을 남용하다가 말이다." 그러므로 차선은 최선의 적이다. 대부분의 사람들은 옳고 그른 문제에 직면할 때 우선 순위를 정한다. 그러나 두 가지 모두 옳은 경우라면 그 중 하나를 선택할 수밖에 없다.

두 가지 좋은 일 중 한 가지를 선택하는 법은 다음과 같다.

① 당신의 감독관이나 동료에게 그들이 좋아하는 것을 질문해 보라.

② 둘 중 어느 한 가지가 다른 사람에 의해서 처리될 수 있는 것인가? 만일 그렇다면 그것을 버리고 오직 당신만이 할 수 있는 일을 택하라.
③ 어떤 선택이 고객에게 더 유익을 줄 것인가?
가게를 청소하는 것은 가게를 운영하는 진정한 목적은 아니다. 다만 손님이 가게에 들어오도록 만드는 것이다.
④ 조직체의 목적에 기초를 두고 당신의 결정을 시도하라.

일반적으로 조직이 안고 있는 문제점은 다음 세 가지이다.
① 남용(Abuse): 고용자 수는 적은데 일은 지나치게 많은 것이다.
② 불용(Disuse): 고용자 수는 많은데 하는 일은 너무 적은 것이다.
③ 오용(Misuse): 고용자 수는 많은데 잘못된 일을 하고 있는 것이다.

투자된 노력은 기대치에 근접해야 한다. 자신에게 끊임없이 "나는 내가 가장 잘 하는 일을 하고 있으며 조직을 위해 좋은 성과를 거두고 있는가?"란 질문을 해야 한다. 실제로 중요하지 않는 일에 너무 비중을 두어서는 안 된다. 제임스(William James)는 '지혜롭게 되는 기술은 무엇을 간과해야 되는지를 아는 기술"이라고 말했다. 사소하고 하찮은 일들이 많은 시간을 빼앗아 간다. 많은 사람들이 잘못된 것을 추구하며 살고 있다.

1912년 4월 14일 밤 거대한 여객선 타이타닉(Titanic)호가 대서양의 빙산에 부딪혀 침몰했다. 이는 수많은 인명 피해를 낸 참사였다. 이 사고와 관련된 일화가 지금까지 전해지고 있다. 구명 보트를 타고 있던 한 여인이 가져올 것이 있다고 하면서 특실로 갔다. 그는 3분 안에 돌아오라는 허락을 받았다. 복도를 통과할 때 그녀는 승객들이 급하게 움직이면서 버린 돈과 보석들을 밟게 되었다. 자신의 특실에 들어갔을 때 그녀는 자신의 보석에 관심을 기울이지 않았다. 그 대신 그녀는 방안에 있는 오렌지 세 개를 거머쥐었다. 그리고는 황급히 구명 보트로 되돌아 왔다. 그녀는 순식간에 물건의 가치를 뒤바꾸어 놓았다. 다이아몬드와 생명과는 비교도 할 수 없을 만큼 차이가 있다. 그녀는 긴급한 상황에서 우선순위를 바로 정했다.

하나님께서는 각 사람을 위한 분명한 계획을 가지고 계신다. 하나님이 설정하신 계획은 그 사람에게 꼭 맞는 계획이다. 하나님은 그 사람이 할 수 없는 일을 하라고 하시지 않으신다. 하나님은 사람이 일을 하다가 탈진해서 쓰러지도록 하지 않으신다. 하나님은 각 사람에게 적당한 양의 일만 주신다. 인간이 가진 능력 이상의 일감을 맡기시지 않으신다. 사도 바울은 에베소 5:15-17절에 "너희가 어떻게 행할 것을 자세히 주의하여 지혜 없는 자 같이 하지말고 오직 지혜 있는 자 같이 하여 세월을 아끼라 때가 악하니라 그러므로 어리석은 자가 되지 말고 오직 주님의 뜻이 무엇인지 이해하라"고 가르쳤다.

이 원리는 목회자에게도 적용이 된다. 목회자들은 항상 바쁜척한다. 실제로 바빠서 그럴 수도 있지만 많은 경우에 그렇지 않은 경우도 있다. 어떤 목회자들은 실제로 자신이 해서는 안 될 일 혹은 안 해도 될 일을 하다가 지치는 일이 있다. 목회사역에는 끝이 없다. 목회자는 목회사역을 주어진 시간에 분배를 하여 우선순위를 정하고 일을 바로 하는 것이 지혜로운 목회자이다. 그런데 별로 목회에 도움이 되지도 않은 곳에 전화를 건다든지, 덜 중요한 상회의 일에 시간을 투자를 한다든지, 필요도 없는 모임에 참석을 한다든지 하는 일은 시간 활용을 잘 못 하는 것이다. 교회 지도자가 과로를 벗어나는 열쇠는 현재의 책임을 낱낱이 살펴보면서 하나님이 맡기시지 않은 일까지 하려고 하는지를 따져 보는 일이다.

캠폴로(Anthony Campolo)박사가 95세 이상 50명을 대상으로 실시한 사회학적 연구결과를 다음과 같이 발표를 했다. 그는 대상자들에게 "만일 인생을 다시 살 수 있다면 무엇을 바꾸겠습니까?" 하고 질문했다. 이는 주관식 질문이었다. 이 질문에 대한 그들의 응답은 매우 다양했으나, 세 가지 응답이 계속 반복되는 것을 그는 발견했다.

① 만일 인생을 다시 살게 된다면, 좀더 심사 숙고하는 삶을 살겠다.
② 만일 인생을 다시 살게 된다면, 좀더 모험적인 삶을 살겠다.
③ 만일 인생을 다시 살게 된다면, 내가 죽은 후에도 계속될 일들을 더

많이 하겠다.

　세 종류의 대답의 핵심은 "심사 숙고"와 "모험"과 "내가 죽은 후에도 계속될 일들을 하는 것"이고 했다. 이는 우리 모두가 숙고해야 할 일이다. 우리는 무슨 일을 할 때 심사숙고해야 한다. 믿음의 모험이 있어야 하겠다. 그리고 이 세상에 뿐만 아니라 내세에 가서도 계속될 일을 하는 것이다. 내세에서도 계속될 일은 주님을 찬양하는 일이다. 주님께 경배하는 일이다. 이런 일들은 우리가 영원히 할 일들이다.

　한 젊은 바이올린이스트(Violinist)에게 성공의 비결이 무엇이냐고 물었다. 그는 다음과 같이 대답했다. "의도적으로 무시하는 것이다. 학교에 다닐 때는 내 시간을 많은 일에 할애했다. 아침 식사 후에 내 방에 들어가서 온 방을 깨끗이 청소했다. 마루에 먼지까지 털었다. 시야에 들어오는 것은 무엇이든지 다 치웠다. 그랬더니 내가 생각하는 만큼 바이올린 연주에는 진전이 없었다. 그래서 마음을 바꿨다. 연습 시간이 끝날 때까지는 나머지 일들을 의도적으로 무시하기로 했다. 다른 일들에 대해서는 의도적으로 무시하고자 했던 그 전략이 성공하여 오늘날의 내가 있다고 생각한다." 지도자는 자신의 달력에 중요한 활동들을 미리 정리해야 한다.

1. 시간 선용

　베니스(Warren Bennis)는 "나는 고위직 사람들이 엉뚱한 일을 훌륭히 해내는 것을 많이 보았다고 말했다. 그러나 사람이 그냥 바쁜가 그렇지 않으면 올바른 일에 바쁜가란 질문을 해야 할 것이다. 심각한 일이 덜 중요한 일로 대치가 되어서는 안 된다. 자신은 열심히 일을 하는데 조직이나 기관이나 맡은 일이 전연 변화가 없고 달라지지 않은 것은 현명한 지도자로서의 자격이 구비되지 못했기 때문이다.

1) 하나님과의 충분한 시간

영적 지도자는 하나님과의 관계를 무시하면 영적 권위를 상실한다. 하나님과 교제하는 시간은 시간 낭비가 아니다. 영적 지도자가 하는 모든 일은 하나님과의 관계에서 흘러와야 한다. 조직을 향한 리더의 비전, 하루의 일정, 조직의 가치관, 인선, 하루의 첫 회의 등은 하나님을 떠나서는 일을 올바르게 처리할 수가 없다. 하나님은 우롱 당하지 않는다. 갈라디아 6:7절 사람은 심은 대로 거둔다고 말씀했다. 인간은 인간의 지혜와 힘으로 일을 하면 인간의 삶을 거둘 것이다. 그러나 하나님을 바라보는 자는 하나님의 일을 볼 것이다. 사울은 하나님의 시간표를 앞지르다 일대 몰락을 맞았다.

사무엘 상 13:5-14절에 의하면 이스라엘 백성은 길갈에서 블레셋 군대와 맞서 있었다. 보병부대와 병거 3만명과 마병 6천명을 동원했다. 그런데 10-13절에 의하며 이례되는 날 사무엘이 와서 사울을 책망하였는데 사울이 책망을 받은 이유가 무엇인가? 사울이 범한 과오는 제사장만이 드릴 수 있는 제사를 자기가 직접 드렸을 뿐만 아니라 사무엘을 믿지 않고 끝까지 기다리지 않은 것이다. 사울이 사무엘의 약속대로 이레를 기다리기는 하였지만 완전한 이레를 기다리지 않은 것이 분명하다. 그것은 사울이 번제 드리기를 필하자 사무엘이 그곳에 도착한 것을 보아 알 수 있다. 그것은 신성한 제사법을 무시한 그의 불신앙이며 교만이다. 이런 의미에서 사무엘은 사울을 향하여 13절에 의하면 "왕이 망령되이 행하였도다"라고 꾸짖었다. "망령되다"라고 함은 "어리석게 행하였다"는 뜻이다. 이는 곧 하나님의 명령을 지키지 아니하였다는 것이다.

하나님은 사울에게 사무엘이 도착해서 제사를 드릴 때까지 전투에 나서지 말라고 명했다. 사울은 하나님이 자기 군대에게 능력을 주시기 원했지만 그것을 받기까지 충분히 기다릴 만큼의 참을성이 없었다. 그래서 그는 직접 제사를 드렸다. 사무엘이 도착즉시 교만한 사울을 꾸짖었다. 사울은 그 날 전투에서 이겼지만 인내심의 부족 때문에 결국 왕위는 물론 자기 목숨마저 잃게 되었다.

　기독교 지도자는 사울의 실수에서 귀한 교훈을 배워야 한다. 영적 지도자는 인내심을 가져야 한다. 그리기 위해서는 하나님과 깊은 교제의 시간을 많이 가져야 한다. 하나님은 당신의 진리를 인간의 기준에 맞춰 계시하는 것이 아니라 당신의 기준에 따라 알려 주신다. 그러므로 인간은 하나님의 기준에 맞춰야 한다. 영적 지도자는 기도함으로 하나님의 음성을 듣고 하나님의 뜻을 알 때까지 기다려야 한다. 하나님과 깊은 교제의 시간을 가질 때 남은 하루가 더 효율적이 되어 사실상 시간이 절약되는 것이다. 열쇠는 지도자가 단지 하나님과 시간을 보내는 자가 아니라 시간을 보내도 충분한 시간을 보내야 한다. 지도자가 시간을 더 드릴수록 하나님은 더 많이 말씀하신다.

　이사야 40:31절 "오직 여호와를 앙망(仰望)하는 자는 새 힘을 얻으리니 독수리의 날개 치며 올라감 같을 것이요 달음박질하여도 곤비치 아니하겠고 걸어가도 피곤치 아니하리로다" 여기 "여호와를 앙망하는 자"란 여호와를 기다린다는 뜻이다. 이것은 여호와께서 도와주시는 때를 기다리는 것 곧 신앙이다. 이러한 신앙은 독수리의 날개 치며 올라감 같이 하나님을 향하여 영적인 성숙을 계속 할 수 있다. 독수리가 홀로 상공을 향하여 올라가는 것처럼 성도가 때로는 고독을 무릎 쓰고 주님만 의지하고 달음질 한다. 그것은 여호와께서 그에게 계속하여 새 힘을 주시기 때문이다. 그러므로 그는 피곤치 않을 것이다.

2) 가족들과 알찬 시간

　영적 지도자는 주어진 직장 일에만 치중할 것이 아니라 거기에 못지 않게 중요한 일이 있으니 바로 가정이다. 지도자는 조직을 이끄는 일에 치중하느라 가장 중요한 가정을 무시하기 쉽다. 가정은 봉사하는 기관 못지 않게 중요하다. 그러므로 가정을 등한시해서는 안 된다. 조직에 총책임을 지고 이끌어 나가다보니 이럴 때가 가끔 있을 수 있다. 그러나 그런 가운데서도 가정의 중요성을 깨닫고 가정의 가족들에 대한 관심을 가져야 할 것이다.

미국 크라이슬러(Chrysler) 자동차 회장이었던 아이아코카(Lee Iacocca)는 지도자에게 맡겨진 책임이 많을수록 가족들이 고생하게 된다는 통념에 이의를 제기했다. "그는 회사 내에서 직위가 높을수록 그만큼 가족을 소홀히 해야 한다고 생각하는 이들이 있지만 절대 그렇지 않다. 사실 고위직 사람들이야말로 아내와 자녀들과 충분한 시간을 보낼 재량과 유연성이 있다"고 말했다. 목사나 일반 회사의 사장을 포함한 지도자는 스케줄을 짤 때 얼마든지 재량과 유연성 있게 할 수가 있다. 예를 들면 목사는 대부분 저녁 시간이 바쁘므로 아침에 집에 머물면서 가족들과 식사도 함께 하고 아이들 등교하는 모습도 지켜볼 수 있다. 그리고 아내와는 일대일로 점심 약속을 할 수도 있다.

지도자의 압박감은 보통 조직에서 오는 것이 아니라 자기 자신의 안에서 온다. 직위가 지도자에게 언제나 과중한 짐을 지우는 것은 아니다. 계속해서 사무실에 있어야 된다는 사고가 강박관념을 갖게 한다. 지도자는 우선순위를 정해야 한다. 가정을 돌아보고 가족들과 함께 하는 것이 우선순위에서 상위권에 속한다는 사실을 알아야 한다. 현명한 지도자는 가족들과 알찬 시간을 보낸다. 그들은 의도적으로 배우자와 데이트 시간을 정한다. 아이들의 특별한 학교나 교회행사에도 참석한다. 그들은 가정의 프라이비시(privacy)를 지키려고 노력한다. 업무를 가능하면 집에 가지고 오지 않는다. 식사 때 가족들과 함께 하려고 노력한다.

투르먼은 미국 대통령의 역할에도 불구하고 가정에 대해 결코 소홀히 하지 않았다. 베드 트루먼은 "인생에서 가장 기억에 남는 것이 무엇이냐는 질문에 이렇게 답했다." "해리(자기 남편의 이름)와 저는 연인과 부부로 40년 넘게 지내왔어요. 어디를 가든 손만 내밀면 남편이 곁에 있어 제 손을 잡아 주었지요." 역사상 가장 중대한 고비에 미국 대통령 직을 맡았으면서도 투르먼은 삶에서 가장 중요한 관계와 본분 면에서 흔들리지 않았다. 현명한 지도자는 십대들이 자신과 대화를 거절하면 문제가 있음을 알게 된다. 만일 자녀가 마약 중독에 빠진다면 자신의 출세가 아무것도 아님을 알게 된다. 어떤 지도자는 자녀를 위해서 출장이 잦은 직장을 포기하는 경우가 있다. 이런 이유 때문에 승진을 포기하는 경우도 있다. 가정을 출세나 승진보다 더 중요하게 생각하는 지도자도 있다. 지도자는 항상 가정의 중요성을 느껴야 한다.

3) 건강관리에 적당한 시간

① 지도자는 자기 몸을 잘 관리 할 줄 알아야 한다. 체력은 국력이란 말이 있다. 지도자가 업무수행을 이유로 체중 초과, 이상 체형, 탈진, 질병 등 취약한 상태로 방치해서는 안 된다. 지도자가 건강관리를 잘 하지 못하면 맡은 일을 올바른 사고로 처리할 수가 없다.

② 스웬슨(Richard Swenson) 박사는 "마진"(Margin, 여백 주기: 과중한 삶의 정서적, 신체적, 재정적, 시간적 여력 회복)이라는 책에서 아주 단순한 주제를 다루고 있다. 그의 명제는 인간에게는 한계가 있다는 것이다. 재정, 시간, 잠, 정신, 건강 무엇이든지 자신의 감당 능력의 한계를 벗어날 때 인간은 큰 위험을 자초한다. 정비 없이 계속 전속력으로 달리는 자동차처럼 인체도 계속 극한으로 밀어붙이면 고장이 나게 돼 있다.

의사인 스웬슨은 인간이란 뜻밖의 위기나 기회에 대비해 삶에 여유(여백)를 두어야 한다고 강조했다. 그의 공식은 "힘-짐=여백"이다. 여백이란 인간이 건강을 지키기 위해 여유분으로 유지하는 시간과 돈과 에너지와 정서적 힘을 말한다. 수면이 부족할 때 장기적으로 인체는 고생(=고장)하게 돼 있다. 인간이란 취미, 우정, 휴가, 웃음 등을 통한 정서적 회복 없이 무한정한 정서적 소모를 견딜 수 없다. 마지막 한푼 없이 돈을 쓰는 사람은 재정적 파탄을 맞게 된다. 돌발적 사태의 여지를 남겨 두지 않고 스케 쥴을 채우는 사람은 위기를 자초하게 된다.

③ 일년에 휴가 시간표를 세워야 한다. 그렇게 하지 않으면 배가 침몰하듯이 침몰하게 되고 말 것이다. 인간의 삶에는 항상 여백이 있어야 한다. 유럽인들은 휴가를 빈틈 없이 그리고 철저히 하는 나라 사람들이다. 옛날에 한국 목회자들은 휴가 없이 일을 했다. 휴가를 하면 하나님 앞에 죄를 짓는 것과 같은 느낌을 가지기고 했다. 그러나 오늘날은 상황이 많이 바뀌었다. 정식으로 휴가를 하는 목회자들이 많아지고 있다. 휴가는 노는 것이 아니라 다음에 할 일을 위하여 에너지 저장이라고 생각하면 된다. 특히 가족들과 조용한 곳에 가서 즐기는 시간은 일을 더 잘하기 위한 에너지 저축임을 알아야 한다.

④ 인간이 휴식을 취하는 것은 성경적이다. 하나님은 태초부터 휴식의 필요성을 강조하셨다. 창세기 2:2-3절에 "일곱째 날에 안식하시니라 하나님이 일곱째 날을 복 주사 거룩하게 사셨으니 이는 하나님이 그 창조하시며 만드시던 모든 일을 마치시고 이 날에 안식하셨음이더라" 여기 "안식하시니라"란 말은 하나님은 6일만에 모든 창조 사역을 마치시고 기뻐하셨다. 그리고 안식하셨다. 하나님은 6일간의 창조의 역사를 완성하시고 안식을 하셨다.

하나님이 안식일에 하신 일이 크게 3가지이다.

첫째는 안식하셨다.

안식일의 유래는 여기에서 시작이 되나 그것이 법제화되고 실행된 것은 모세때였다(출 3:12; 35:1). 그리고 안식일은 그리스도의 부활하신 주일의 그림자이며, 신약시대에 와서 부활을 기념하기 위한 모임에 이르러 주일로 확정되었다. "쉬셨다"는 말은 피곤해서 중단한 것이 아니라 일을 마치고 기쁜 마음으로 휴식을 취함을 의미한다. "안식하다"란 히브리어 '사바트'는 훗날 이스라엘 민족에게 이상생활을 멈추고 즐겁게 쉬도록 주어진 날의 이름이 되었다.

출애굽기 16:29절 "볼지어다 여호와가 너희에게 안식일을 줌으로 제 육일에는 이틀 양식을 너희에게 주는 것이니 너희는 각기 처소에 있고 제 칠일에는 아무도 그 처소에서 나오지 말지니라". 신명기 5:15절 "너는 기억하라 네가 애굽 땅에서 종이 되었더니 너의 하나님 여호와가 강한 손과 편 팔로 너를 거기서 인도하여 내었나니 그러므로 너의 하나님 여호와가 너를 명하여 안식일을 지키라 하느니라". 예레미야 17:21절 "여호와께서 이같이 말씀하시되 너희는 스스로 삼가서 안식일에 짐을 지고 예루살렘 문으로 들어오지 말며"

둘째는 복을 주셨다.

"축복"은 선의의 효과적 발동이다(창 27:27; 출 23:25; 신 28:12). 하나님은 7번째 날에 창조의 과업을 쉬시고, 모든 피조물에게 복을 내리셨다.

셋째는 거룩하게 하셨다.

거룩이란 "구별되는 것"이고, 특히 하나님과의 관계에 놓여지는 것이다. 즉 안식일은 다른 날과 구별되고 하나님께 바쳐진 것이다.

여기에는 구약시대 지킨 안식일과 오늘의 성수주일의 기본정신이 있는 것이다. 즉 우리 성도들은 주일을 성수하며 안식하며, 복을 받아, 거룩하게 되어야 한다.

⑤ 예수님도 자신이 고독을 느끼셨고 휴식이 필요함을 아셨다. 예수님은 하루 종일 무리를 섬긴 후 예수님과 제자들은 일부러 휴식을 취하셨다. 5병 2어의 이적을 행하신 후에 일어난 일이다. 마가복음 6:45절 "예수께서 즉시 제자들을 재촉하사 자기가 무리를 보내는 동안에 배타고 앞서 건너편 벳새다로 가게 하시고". 이적의 떡을 먹은 군중은 열광적이 되어 예수님을 왕으로 옹립하여 했다. 식생활의 고난을 오래 겪은 유대인들은 예수님이 기대했던 메시야임을 느껴 그를 왕으로 세워 로마의 기반에서 벗어나려고 했을 것이다. 예수님의 12제자들도 이런 군중의 동향에 동조한 줄로 안다. 그래서 예수님은 군중과 제자들을 재촉해서서 건너편으로 보내시고 자신은 홀로 산으로 가신 것이다.

요한복음 12:1-3절 예수님은 베다니에서 베풀어진 잔치에 참석하셔서 대접을 받으셨다. 오라비 나사로를 일으키심에 감사하고 감격한 마르다와 마리아는 예수님을 위하여 잔치를 베풀었다. 마태복음 26장과 마가복음 14장에는 문둥이 시몬의 집에서 이와 유사한 일이 있었는데 아마 이는 그를 치료해 주심에 감사함으로 행해진 것으로 안다. 예수님은 항상 설교나 교육이나 전도만 하신 것이 아니라 대접도 받으시고 쉬시는 때도 있었다. 예수님은 십자가에 달리시던 최후의 밤에도 설교를 하신 것이 아니라 가까운 친구들과 친밀한 저녁 식사를 택하셨다. 누가복음 22:7-13장 큰 다락방에서 베푼 유월절에 참석하셨다.

⑥ 지도자는 건강관리를 위해서는 시간을 투자해야 한다. 목회는 육체적으로도 중노동에 속한다. 설교와 교육을 준비하는 일도 힘이 드는 일이지만 특히 심방을 하는 일은 더욱 그러하다. 교역자 중에서도 체중이 과다한 지도자는 더 쉽게 피로해지는 경향이 있다. 먹는 것이 부실하거나 잠이 부족하거나 운동하지 않는 사람들은 더 자주 병에 걸린다. 병약자는 에너지와 기력이 없다. 건강관리에 실패하는 지도자는 지도력이 조기에 끝나는 위험을 맞게 된다. 건강관리를 위해서는 맑은 공기와 물과 쾌적한 환경이 아주 중요하다.

건강한 지도자는 유머 감각이 정신 건강에 필수임을 알아야 한다. 지도자는 조직의 긍정적, 낙관적 분위기가 궁극적으로 자기 책임임을 알아야 한다. 지도자는 부하들이 즐겁게 일하기를 원한다면 일터에 기쁨의 기류를 조성해야 한다. 그래서 카우제스(Kouzes)와 푸스너(Posner)는 "재미형 지도자"라는 공식 용어까지 만들어 내었다. 이들은 재미와 생산성의 관계를 보여 주는 실험 결과까지 제시하고 있다. 열심히 일하고 생산성을 높이되 재미있게 하는 것은 얼마든지 가능한 일이다. 지도자가 출근이 즐거워야 한다면 그 밑에서 일하는 사람들도 마찬가지다. 잠언 15:13절 "마음 즐거움은 얼굴을 빛나게 하여도 마음의 근심은 심령을 상하게 하느니라". 잠언 17:22절 "마음의 즐거움은 양약이라도 심령의 근심은 뼈로 마르게 하느니라"

4) 사람에게 전략적인 시간

① 지도자의 주변에는 대개 사람들이 많다. 지도자는 사람들과 같이, 사람들과 더불어, 사람들과 함께 일하는 사람이다. 루즈벨트(Roosevelt) 대통령이 사망한 후 투르먼(Harry Truman)이 대통령이 되었다. 그때 백악관 대변인이었던 레이번(Sam Rayburn)이 투르먼 대통령에게 아버지 같은 충고를 해 주었다. "이제부터 당신 주위에는 사람들이 구름 떼처럼 몰려들 겁니다. 그들은 당신 주위에 벽을 쌓고 자기들 이야기 이외의 모든 아이디어들을 차단할 겁니다. 그들은 당신이 얼마나 위대한 사람인지 침이 마르도록 아부하는 말들을 할겁니다. 하지만 당신과 나는 그들이 말하는 것처럼 당신 자신이 그렇게 위대한 인물이 아니라는 것을 잘 알고 있지요." 이렇게 레이번은 투루먼 대통령에게 말했다.

② 링컨(Abraham Lincoln)은 하루의 대부분을 백악관에서 사람들을 접견하며 보냈다. 지위가 있는 사람은 매일 사람들을 많이 만나게 된다. 그 때 시간을 지혜롭게 사용해야 한다. 시간을 낭비해서는 안 된다.

③ 돕슨(James Dobson)과 그래함(Billy Graham)은 사역의 중심에 다른 경건한 사람들을 끌어들였다. 혼자 일하기를 좋아하는 사람은 지도력 역할에 적합하지 않다. 혼자보다는 두 사람이 낫다는 사실을 기억하고 가능하면 많은 사람과 함께 일을 하는 지도자가 지혜로운 사람이다.

④ 높은 자리에 있는 사람은 추종자가 많아야 한다. 관리자(manager)는 많은 사람이 필요 없을른지 모르나 지도자(leader)는 그렇지 않다. 지도자가 되려면 사람에게 시간을 투자해야 한다. 지도자의 일이란 궁극적으로 사람을 대하는 일이다.

⑤ 카우제스(Kouzes)와 포스너(Posner)는 "Encouraging the Heart"(마음의 격려)에서 세상 기업체에서도 지도자가 사람들을 인정하고 격려

하고 감사를 표하는 것이 중요하다고 주장한다. 그러나 실제로 그런 지도자가 많지 않다고 한다.

⑥ 현대 지도력 이론의 인기 있는 가르침으로 위에서 말한 파레토 원리(pareto principle) 혹은 20:80 원리라는 것이 있다. 이 이론은 대체로 조직 내 20%의 사람이 결과의 80%를 산출한다. 따라서 지도자가 시간의 80%는 업무의 80%를 수행하는 20%사람에게 투자해야 한다는 주장이다. 이 원리는 증명된 사실이나 적용에는 주의가 요구된다.

지도자가 모든 사람에게 똑같이 시간을 투자하는 것보다 일부 사람에게 집중적으로 시간을 투자하는 것이 훨씬 큰 결과를 낳는 것이다. 여기서 일부 사람들이란 조직을 위해 열심히 일하는 사람들. 배움에 의욕과 열의가 있는 사람들 자신의 잠재력을 최대로 발휘하는 사람들이다. 교회 목회자들은 신앙성장에 열의가 있는 사람들을 제자로 훈련시켜야한다. 배우려고 하는 사람들이다. 기대와 가능성이 있는 사람들이다.

⑦ 조직의 힘이란 모든 구성원이 자기 몫을 재대로 해내는데 달려 있음을 알아야한다. 에베소 4:16절 "그에게서 온 몸이 각 마디를 통하여 도움을 입음으로 연락하고 역사하여 그 몸을 자라게 하며 사랑 안에서 스스로 세우느니라" 이 구절은 지금까지의 말의 결론이다. 교회의 성장에 있어 그 기초는 그리스도이다. 그 조건은 각 지체의 연락이다. 그리스도의 요소는 사랑이다. 여기 "도움을 입음"은 성령의 역사로 되어진다. 크리소스톰(Chrysostom)은 이 구절을 다음과 같이 해석했다. "머리로부터 전신을 공급하시는 성령께서 각 마디에 접촉하심으로 생기를 주신다" 이와 같이 연결하고 생기를 얻은 각 마디는 그 분량대로 역사하므로 그 몸인 교회는 자라나는 것이다.

⑩ 성경에는 예수님이 무리를 가르치신 적이 있지만 소수의 택한 자들로 초점을 맞추신 기록이 많이 나온다. 12제자를 택하셔서 3년 간 집중적으로 가르치셨다. 마태복음 10장에는 예수님이 12제자를 택하시고 복음 전파를 위하여 파송하셨다. 예수님은 12제자 중에서도 핵심 측근인 베드

로와 야고보, 요한을 따로 만나셨고 마태복음 26:37,38절에서도 알 수 있듯이 예수님의 겟세마네 동산에서의 고뇌 장면을 통해 그들을 더 전문적으로 훈련시키셨다. 이렇게 강 훈련을 받은 베드로는 강력한 지도자였고 설교가였다. 사도행전 2:14절 이하에 베드로의 오순절 설교에 하루에 3,000명이 회개하였다.

영국의 사학자 아놀드 토인비(Arnold Toynbee)는 창조적 소수 (creative minority)가 세계 운명을 장악한다고 했다. 노아의 8식구는 홍수 이후 새 세대의 주인공들이 되었고, 아브라함은 혈혈단신으로 부름을 받았으나, 오늘의 유대인들의 조상이 되었고, 기드온의 300명도 불신의 오합지졸보다 헌신자의 소수가 최후의 승리를 획득하였음을 보여주는 좋은 예이다. 예수님의 12제자는 오늘의 기독교를 형성하였고, 바울의 소수 전도대는 오늘의 구라파 역사를 바꾸어 놓았다. 요한 웨슬레(John Wesley)는 "내게 죄를 미워하고 하나님만 사랑하는 사람 12명을 주옵소서 그리하면 영국의 운명을 바꾸리이다"라고 했다. 스코틀랜드의 요한 낙스(John Knox)는 "스코틀랜드를 내게 주옵소서, 그렇지 않으면 내게 죽음을 주옵소서"라고 외쳤다.

아프리카의 선교사 다윗 리빙스톤(David Livingstone)은 사자에게 물린 후 "내가 나의 사명을 다하기 전에는 하나님이 불러가지 않는다"라고 말하면서, 본국 선교부에 연락하기를 "나를 아프리카보다 더 험한 곳에라도 보내달라"고 했다. 그래서 그의 비석에는 "살아있는 돌(Living Stone)이 여기 누워 있다"라고 씌어있다. 독재의 누명을 쓰고 3번이나 쫓겨났다 다시 불려온 요한 칼빈(John Calvin)은 "오직 영광은 하나님께"란 하나의 목표가 오늘의 평화의 나라를 건설한다고 하며, 영세 불변의 하나님의 주권을 높이 찬양했다. 마틴 루터(Martin Luther)는 1,000년 동안의 구교를 화려한 눈물과 높은 세력에 대항하여 교황의 파문장을 불태웠으며, 국회 앞에서 "성경으로 증명되기 전에는 내 사상을 철회할 수 없다"고 주장했다.

개인은 약하나 창조적 소수는 강하다. 창조적 소수는 가정에도 있고, 지역사회에도 있으며, 작은 농촌교회에도 있다. 창조적 소수는 자기의 희생을 의식하지 못하며, 가족이나 이웃의 인정을 얻으려고 웃음을 팔지 않는다. 창조적 소수에게는 오직 자기 희생의 보람과 역사의 심판만이 그의 힘이요 생의 의지다. 왜냐하면 가치판단의 기준이 수평면에 있는 것이 아니고 수직면에 있고 살아 계신 하나님이 그의 곁에 계시기 때문이다. 창조적 소수의 성격은 크롬웰 같이 강직하고, 루터와 같이 건강하며, 칼빈과 같이 지혜롭고, 웨슬레와 같이 정열적이며, 손양원 목사님 같이 사랑의 사도이고, 주기철 목사님 같이 순교적 정신을 가져야 한다.

⑪ 20:80의 파레토(pareto)원리를 잘못 적용하면 위험할 수도 있다. 영적 지도자의 핵심은 일이 아니라 사람이다. 영적 지도자는 단순히 일을 이루는 것이 아니라 사람들을 현재의 자리에서 하나님이 원하시는 자리로 데려가는 것이다. 일을 추진하는 것도 궁극적으로 사람을 위한 것이다. 사명완수는 사람들 속에서 일해야 한다. 지도자는 의욕도 정열도 사명도 없는 사람을 키우기 위해 노력을 해서는 안 된다. 건강치 못한 사고와 행동은 대개 바뀌지 않는다. 그렇다고 지도자는 절대로 사람을 포기해서는 안 된다. 언제든지 바뀔 수도 있기 때문이다. 다만 성장하는 생산적인 사람과 그렇지 못한 사람을 가려 시간을 지혜롭게 투자해야 할 것이다.

2. 시간 낭비

드러커(Peter Drucker)가 저술한 "The Effective Executive"(성공하는 행정관)이라는 책에 의하면 "훌륭한 경영간부는 업무로 시작하지 않고 시간으로 시작한다"라고 했다. 그는 시간이 이만큼 중요하다는 사실을 지적하고 있다. 훌륭한 지도자는 시간 선용뿐 아니라 시간을 낭비해서는 절대로 안 된다. 지도자에게 시간을 낭비하는 것은 구체적으로 말하면 의미가 없고 열매가 없는 활동과 비생산적인 회의 등이다.

1) 신기술

　신기술은 지도자의 일을 향상시키고 시간을 절감시킬 수 있으나 교활한 시간 도둑이 될 수도 있다. 신기술은 발전 속도가 너무 빨라 따라잡을 수 있는 사람이 별로 없다. 주변적인 일로 컴퓨터(computer) 앞에서 시간을 낭비하는 일도 있어서는 안 된다. 컴퓨터는 우리에게 많은 혜택을 주지만 반면에 오락이 될 수도 있다. 인터넷을 뒤지느라 하루에 몇 시간씩 허비하는 일을 해서는 안 된다. 물론 인터넷을 통하여 많은 정보를 가질 수 있다. 인터넷을 통하여 물품도 구입할 수 있다. 인터넷을 통하여 이 메일(E-Mail)도 주고받을 수 있다. 우리는 얼마나 편리한 시대에 살고 있는지 모른다. 그러나 이 컴퓨터가 잘못 사용이 된다면 시간을 엄청나게 도둑맞을 수 있다. 특히 어린 아이들이 이 컴퓨터를 이용하여 게임을 한다든지 혹은 성에 관한 선전물을 본다면 이는 시간낭비뿐 아니라 정서에도 손해가 막대할 것이다. 이는 최신 사이버 동향을 살피느라 아까운 시간을 낭비할 것이 아니라 기술의 유익을 건지는 법을 배워야 한다.

2) 인력 부족

　지도자는 그 직종과 일의 범위에 맞게 최소한의 직원을 두어야 한다. 그렇지 않으면 지도자가 사소한 일들까지 해야 하기 때문에 결국 시간을 많이 빼앗기게 되는 것이다. 지도자가 하는 일들 중에는 행정 비서가 할 수 있는 일들도 있다. 행정 비서가 할 수 있는 일들은 비서에게 맡겨야 할 것이다. 예를 들면, 편지를 타이프 하는 일, 약속을 정하는 일, 출장 숙박을 예약하는 일, 비행기 예약을 하는 일 등등은 행정비서가 지도자보다 더 능란하게 할 수 있다. 이런 일들까지 지도자가 한다면 오히려 시간 낭비가 될 것이다. 이런 일들은 행정비서에게 맡기고 지도자는 창의적 사고, 기획, 문제 해결에 전력해야 한다. 그의 주변적인 일들은 다른 사람에게 위임하는 것이 좋다.

　카네기(Andrew Carnegie)는 "모든 일을 혼자서 하려들고 그 일에 대한 칭찬도 자기 혼자 다 받으려는 사람은 결코 위대한 지도자가 될 수 없다"고 말했다. 위대한 지도자는 많은 협력자들 즉 많은 부하와 직원을 가지고 있는 사람이다. 많은 협력자들을 갖기 위한 여러 요인 중에서 나폴레옹(Napoleon Bonaparte)의 비결을 알아야 한다. 그는 자기 군대의 장교들 이름을 다 외우고 있었다. 막사를 돌다가 장교들을 만나면 그는 장교들 이름을 불러 가며 인사를 했고, 그들이 참가했던 전투나 작전에 대해서도 즐겁게 이야기를 나누었다. 또한 그들의 고향과 아내, 가족들의 안부도 결코 잊지 않았다. 자기 개인에 대해 그토록 세세히 기억하고 있는 나폴레옹에게 장교들은 감탄하지 않을 수 없었다. 개인에 대한 관심과 애정으로 그들은 나폴레옹에 대한 헌신은 너무도 당연한 일이었다.

　퍼구슨(Guy Gerguson)은 다음과 같은 말을 했다. "어떤 일을 행하는 방법을 아는 것은 노동의 성취이다. 다른 사람들에게 잘 말할 수 있는 것은 교직의 성취이다. 다른 사람들이 일을 더 잘 할 수 있도록 고무시키는 것은 경영의 성취이다. 위의 세 가지 모두를 잘하는 것은 진정한 지도자의 성취이다." 지도자의 위치에 있지만 모든 일을 혼자 힘으로만 다 하려는 사람은, 4층 꼭대기에서 230kg이나 되는 벽돌을 보도까지 내리려 했던 벽돌공과 같은 결말을 맞게 된다. 문제는 그 일을 혼자서 하려 했다는 점이다.

　결국 지도자는 충분한 직원이 있어야 한다. 직원의 수가 충분하지 않으면 서로에게 일의 양이 과중 되어서 조직의 잠재력이 제한된다. 지도자는 예산의 범위 내에서 직원을 늘리되 자격이 있고 훈련된 인원을 확보하는 일이 가장 우선적임을 기억해야 할 것이다.

3) 잡담

　잡담은 가장 흔한 시간 낭비요인 중의 하나이다. 잡담은 가장 피하기 힘든 것이다. 대부분의 지도자들은 사람들과 만나서 대화를 나누고 싶어한다. 그러나 잡담을 하는 시간은 점심시간에 커피를 나누면서 사무실 복도에서 근간에 일어난 사건에 대해 짧은 이야기. 알맹이가 있고 중요한 대화를 나눠야 한다. 업무와 관련된 문제, 직원의 업무 향상을 위한 대화, 대화를 통해서 정보를 나누는 기회가 된다. 지도자는 부하들과 절대로 긴 대화를 나누어서는 안 된다는 말이 아니라 알맹이가 있는 대화를 나누라는 말이다. 잘못된 대화는 오히려 시간을 빼앗아 갈 수 있다.

지도자는 사람들과 친밀하게 대화를 하는 것과 시간을 앗아가는 장황한 잡담에 가담하는 것의 차이를 알아야 한다. 지도자는 의사소통은 간단 명료하게, 문서는 간결하게, 전화는 용건이 명확하게 하라는 말이 있다. 지도자는 시간뿐 아니라 말도 중요하다. 지도자는 부하들과 유쾌한 대화도 중요하지만 그 보다 더 중요한 것은 자기에게 그 날에 주어진 과업을 잘 이루는 것이다. 그래서 대화 중에서 상대방에게 양해를 구하고 그 곳을 빠져 나올 수 있어야 한다.

4) 과도한 취미생활

취미생활은 스트레스(stress)를 해소하고 정서적 건강을 회복시키는 건전하고 고마운 출구이다. 이는 건강관리의 일환이기도 하다. 예를 들면, 골프는 사교의 장이며 업무와 관련된 대화의 장이 될 수 있다. 그러나 가정과 업무에 소홀히 할 정도로 빠져서는 안 된다. 남자가 골프에 너무 취미를 붙여 부인과 관계가 소원해 지는 경우도 있음을 알아야 한다. 이는 취미의 기능을 상실한 것이다. 다른 운동도 마찬가지이다. 휴식과 운동은 가족과 알찬 시간으로 연결 시킬 수 있다는 최선의 길이다. 핵심은 균형이다. 현명한 지도자는 취미의 유익만 건진다. 스키, 등산, 캠핑, 정구, 테니스, 배드민턴 등을 가족과 함께 할 수 있으면 이는 건강관리에도 좋고 온 가족이 화목하는 계기도 된다. 이런 경우 휴식과 운동을 가족과 함께 하는 알찬 시간으로 연계시킬 수 있다. 여기서 핵심은 균형이다. 지도자에게 취미생활은 아주 중요하다. 취미도 장단점이 있다. 결국 모든 것은 바른 선택과 균형임을 알아야 한다.

5) 정리 부족

지도자는 정리심이 강해야 한다. 정리가 부족하면 낭패를 당할 수 있다. 지도자는 받은 서류나 보낼 서류를 정리해 놓지 않으면 일의 능률이 오르지 않는다. 정리를 잘 하는 지도자는 일정표를 늘 정확하게 새로 다듬어 과도한 업무 수락을 피한다. 현명한 지도자는 유능한 행정 비서에게 그 일을 맡긴다.

특히 유능한 지도자는 다음의 사항을 명심해야 할 것이다.

① 약속 시간을 정확히 지킨다. 지도자에게 있어서 가장 중요한 것은 약속 시간을 정확하게 지키는 것이다. 이는 다른 사람의 시간도 낭비하지 않는 일이 된다.

② 회의는 정시에 시작을 한다. 회의가 정시에 시작이 되지 않으면 다른 사람의 시간을 빼앗는 일이 된다. 이는 양자 다 시간의 낭비가 된다. 지도자는 일의 효율성을 높이기 위해서 자기가 다루기를 원하는 의제를 가지고 회의실에 들어간다. 가능하면 의제를 다른 사람에게 미리 나누어주어 읽도록 해서 그 의제에 대한 복안을 가지고 오도록 한다. 그리하면 회의가 짧은 시간에 효과적으로 끝낼 수 있을 것이다. 회의를 주도할 때 너무 지루하게 해서는 안 된다. 토의에는 항상 방향감각이나 목표의식이 있어야 한다. 지도자는 유능한 직원을 활용할 필요가 있다.

③ 효과적인 기록관리 시스템을 도입한다. 기독교 지도자들 중에는 행정에 밝지 못한 분들이 있다. 그 이유는 하나님을 사랑하고 복음사역에 부름을 받아 들어섰기 때문이지 행정적인 수완이 있어서 발을 디딘 것이 아니다. 그래서 막상 행정을 하려고 들면 당황하는 일들이 얼마든지 있다.

그러나 목회자에게 있어서도 교회의 총 지도자로서 행정력이 없으면 교회를 이끌고 나가기에 어려움이 있다는 사실을 불원간에 알게 될 것이다. 교역자는 병원 심방으로 환자를 위로하고 힘을 줄 수는 있어도 회의를 주도하거나 서류를 정리하는 일은 괴로움을 당하는 사역자들이 있다. 이들에게는 유능한 비서가 최대의 자원이다. 효과적인 관리기록 시스템을 도입하는 이유는 잘못된 정보를 찾느라 시간을 허비하지 않기 위해서이다. 이 문제에도 유능한 행정비서의 도움이 절대적으로 필요하다.

④ 숙련된 기독교 지도자는 행정의 일을 한번에 끝낸다. 그 일을 빨리 처리하지 않으면 잊어버리기도 쉬울 뿐 아니라 시간이 그만큼 지연이 된다.

⑤ 통신문을 받으면 한번 읽고 답장하거나 행동을 취하고는 파일에 철해둔다. 서류들을 뒤죽박죽 놓지 않는다. 뒤죽박죽 놓아진 서류는 찾기에만도 시간이 많이 걸리게 될 것이다.

3. 자투리 시간 사용

지도자들 중에서 어떤 이는 임기 중에 중요한 일을 전혀 이루지 못하는 이도 있고 어떤 이는 수많은 활동과 진척을 경험하는 이도 있다. 많은 이유가 있겠지만 그 중 한 가지 요인은 자투리 시간의 활용여하에 달려 있다. 바쁜 지도자에게는 자투리 시간이라는 개념 자체가 꿈처럼 보일 수 있다. 그러나 모든 사람들에게 자투리 시간은 있다. 다만 인식하지 못할 뿐이다. 훌륭한 지도자는 자투리 시간을 놓치지 않는다.

자투리 시간을 활용하는 방법은 무엇인가?

① 모임 전에 나는 시간을 위해서 책을 한 권 들고 나가서 시간이 날 때 읽을 수 있다.

② 교통체증으로 누구를 기다릴 때도 책을 읽는다.

③ 공항에서 마중할 사람이 늦을 때도 책을 읽는다.
④ 기다리는 시간에 노트북 컴퓨터를 이용한다. 이 메일에 답장을 하거나 임박한 회의 자료를 미리 검토할 수 있다.
⑤ 텔레비전을 보는 시간을 줄이면 독서나 운동을 할 수 있다.
⑥ 출퇴근길 차안에서 테이프나 종교적인 시디(CD)를 들 수 있다.
⑦ 비행기를 타고 국내나 국외에 갈 때 비행기 안에서 책을 읽을 수 있다.
⑧ 기도할 시간이 없다고 불평하는 사람에게는 이렇게 기다리는 시간에 얼마든지 기도할 수 있다.

사람이 항상 이렇게 일을 할 수는 없지만 가능하면 이렇게 하면 자투리 시간 이용이 아주 유익하다. 투르먼(Harry Truman)의 딸 마가렛 투르먼(Margaret Truman)은 아버지가 자투리 시간에 손에서 책을 놓은 것을 한 번도 본 적이 없다고 했다. 그리스도인 저자 투루블러드(Elton Trueblood)가 어떤 신학교를 방문했다. 한 학생이 그에게 사교 클럽(club)에 가 본 적이 있느냐고 물었다. 그는 "남들이 클럽에 가는 사이에 나는 책을 썼습니다"라고 겸손히 답했다. 그는 클럽보다 책 쓰는 쪽을 택했다. 수십 년이 지난 지금 그때 그의 수고로 인해 많은 사람들이 복을 받고 있다.

기다려야 할 상황을 미리 준비하면 두 가지 유익이 있다.

첫째, 갑자기 책을 읽거나 업무 관련 자료를 검토할 수 있는 시간이 생긴다.

둘째, 기다림이 짜증스럽거나 스트레스가 쌓이지 않는다.

Chapter 12

제12장

기독교 지도자의 함정

지도자들이 경솔하고 미련한 선택을 함으로 자신의 직업과 조직과 가정을 파탄으로 몰아넣는 경우가 허다하다. 이런 실례가 대중매체(Mass Com.)에 자주 나오고 있으며 이런 보도가 나올 때마다 많은 사람들이 사회에 대한 환멸을 느끼게 된다. 그러나 지도자들도 실패를 작정하고 이런 일을 하는 것은 아니다. 그러나 그 결과는 엄청나게 크다.

영적 지도자를 실패하게 만드는 9가지 함정은 다음과 같다.

1. 교만한 사람이다.

교만은 지도자에게 최악의 적이다. 수많은 사람이 교만으로 몰락한다. 아담과 하와도 피조물인 인간이 "하나님과 같이 되고 싶어하는" 교만으로 범죄 했다. 루시퍼(Lucifer)란 천사도 하나님과 같이 되고 싶어하는 교만 때문에 타락했다. 영적 지도자는 교만하면 하나님께서 들어 쓰시지를 않는다. 겸손한 자가 되어야 함은 영적 지도자의 첫 번째 구비자격이다. 교만은 인간을 하나님과 멀어지게 한다. 교만은 멋있는 표현으로 포장되거나 위장된 형태로 나타나기 때문에 육안으로 분별하기는 어렵다.

교만한 사람은 다음과 같은 사람이다.

1) 남의 공로를 가로채는 교만이다.

카우지스(Kouzes)와 포스너(Posner)는 직원들이 회사를 그만두는 가장 보편적 이유는 "지도자가 직원들의 노력을 충분히 인정하고 칭찬해 주지 않기 때문이라"고 한다. 그렇게 되면 직원들의 사기가 떨어진다. 조직을 위해 열심히 일을 해 봐도 누가 알아주지 않기 때문에 사기가 떨어지는 것은 당연한 일이다. 남의 공로를 가로채는 지도자는 무슨 일이 생기면 그 책임을 직원에게 돌리기 쉽다. 현명한 지도자는 일이 생길 때에 그 책임을 자기가 지고 직원에게 돌리지 않는 사람이다.

진정한 지도자 현명한 지도자는 조직의 부족한 실적을 자기 책임으로 돌린다. 현명한 지도자는 직원들의 수고를 성공의 핵심요인으로 인정한다. 현명한 지도자는 직원들에게 감사와 칭찬에 인색하지 않는다. 교만은 모든 성공을 혼자 독식한다. 교만은 남의 이목을 끌기 위해 자신이 개입한 부분을 확대하고 타인들의 수고는 최대한 축소한다.

잠언 27:2절 "타인으로 너를 칭찬하게 하고 네 입으로는 말며 외인으로 너를 칭찬하게 하고 네 입술로는 말지니라". 세례 요한은 자신이 그리스도의 신들메를 풀기도 감당할 수 없다고 하면서 자기의 무가치를 고백했다(요 1:27). 그러나 예수님은 요한을 칭찬하시면서, "여자가 낳은 자 중에 세례 요한보다 큰이가 일어남이 없도다(마 11:11)라고 하였다. 백부장은 예수님께 말하기를, "주여 내 집에 들어오심을 나는 감당치 못하겠사오니"(마 8:8)라고 하였다. 그러나 예수님은 그를 칭찬하여 말씀하시기를, "내가 진실로 너희에게 이르노니 이스라엘 중 아무에게서도 이만한 믿음을 만나보지 못하였노라"(마 8:10)고 하셨다. 그러므로 우리가 우리 자신을 스스로 칭찬하는 것은 미련한 일이다.

독일 격언에 말하기를, "사람이 스스로 칭찬하는 것은 더러운 냄새나는 행동이다"라고 하였다. 우리는, (1) 언제든지 우리의 과오를 고백하는 것이 아름다운 일이다. (2) 다른 사람을 나 자신보다 낫게 여겨야 한다(빌

2:3). 우리가 만일 남보다 재주가 많다고 해도 그 재주를 가지고 남을 돕는 책임을 다하지 못하였다면 도리어 재주 없는 사람만 못한 처지에 있는 것이다. 하나님께서는 많이 받은 자에게서는 많이 찾으신다. 누가복음 12:48절 "무릇 많이 받은 자에게는 많이 찾을 것이요 많이 맡은 자에게는 많이 달라 할 것이니라"고 하였다.

영적 지도자가 교만하면 다른 사람들에게 더 불쾌함을 준다. 교만은 자기가 하나님의 종이 아니라 하나님이 자기 종인 것처럼 행동한다. 정치 지도자들은 하나님의 영광과 주권을 침범하면 재앙을 부를 수 있음을 알아야 한다. 자존심이 높았던 바벨론 왕 느부갓네살은 그 진리를 어렵게 배웠다. 다니엘 4:29-31절에 의하면 느부갓네살 왕은 다니엘의 충언을 듣지 않고 끝까지 교만하여 바벨론의 국운이 자기 힘으로 되었다고 교만하게 말했다. 이것은 느부갓네살 왕이 받을 화를 한층 더 재촉하게 되었다. 이것이 그의 벌받을 죄라는 사실이 31절에 지적을 하고 있다. "이 말이 오히려 나 왕의 입에 있을 때에 하늘에서 소리가 내려 가로되 느부갓네살 왕아 네게 말하노니 나라의 위가 네게서 떠났느니라"

다니엘서 4:34-35절에는 느부갓네살 왕이 회개하는 태도가 나타나고 있다. 34절에 "나 느부갓네살이 하늘을 우러러 보았더니"란 말은 이제 그의 마음이 하나님을 높이어 회개하게 된 것을 의미한다. 34절 하반 절에서 35절에 나타난 그의 구체적인 회개는 전에는 자기 자신을 높였지만 이제는 하나님을 높이며 찬양함으로 나타나고 있다. 곧 그의 회개의 내용은 다음과 같다.

첫째로 하나님을 지극히 높으신 자라고 하였다.
둘째로 하나님을 영생하시는 자라고 하였다.
셋째로 하나님의 권세는 영원하다고 하였다
넷째로 하나님을 만유의 주재자라고 하였다.

다니엘서 4:36-37절에는 느부갓네살의 정신이 돌아온 것과 왕의 지위가 회복된 사실에 대하여 말하고 있다. 그리고 그는 또 다시 하나님을 찬양하였는데 그의 찬양의 요지는, 하나님은 "진실하고...의로우시므로 무릇 교만하게 행하는 자를 낮추심"이라고 하였다. 이 찬양은 물론 하나님의 심판 성격을 깊이 느끼고 한 것이다. 느부갓네살에게 임하기로 되어 있는 징벌은 그의 교만이 최고조로 달했을 때에 임하게 되었다.

하나님은 이 세상을 말씀으로 창조하셨다. 그리고 통치하고 계시는 통치자이시다. 하나님은 세상의 일 부분뿐만이 아니라 세상 만국의 통치자이시다. 이런 하나님이 인간에게 통치권을 부여하셨다. 창세기 1:28절 "하나님이 그들에게 복을 주시며 그들에게 이르시되 생육하고 번성하여 땅에 충만하라, 땅을 정복하라, 바다의 고기와 공중의 새와 땅에 움직이는 모든 생물을 다스리라 하시니라" 만물을 창조하신 하나님만이 인간에게 통치권을 부여하실 수 있다. 그러므로 세상의 모든 것이 하나님의 허락 하에서만 이 될 수 있다. 인간은 하나님으로부터 통치권을 받아서 만물을 통치하고 있으니 겸허한 자세로 만물을 통치해야지 교만하면 이 통치권을 빼앗긴다. 하나님이 제일 싫어하시는 것이 교만이다.

잠언 6:16-19절 "여호와의 미워하신 것 곧 그 마음에 싫어하시는 것이 육칠 가지니 곧 교만한 눈과 거짓된 혀와 무죄한 자의 피를 흘리는 손과 악한 계교를 꾀하는 마음과 빨리 악으로 달려가는 말과 거짓을 말하는 망령된 증인과 및 형제 사이를 이간하는 자니라". 이 부분의 말씀은 위의 12절부터 15절까지에서 말한 강퍅한 악인들의 패망하게 되는 원인을 말해 주고 있다. 곧 그들의 범하는 죄악을 하나님께서 미워하시기 때문에 그들이 패망한다는 것이다. 이 부분에 진술된 대로 하나님이 미워하시는 죄목들은 눈, 입, 손, 발, 마음의 죄악과 및 분쟁을 포함하는데, 그것이 12-15절에 열거된 강퍅한 악인들의 죄목과 같다. 16-19절에 기록된 죄목들은 마귀의 죄악 성격을 지니고 있다. 곧 교만은 마귀가 하나님을 거역한 행동이었다(딤후 2:25-26; 유 1:6). 이 일곱 가지 중에서 첫 번째로 교만이 열거되어 있다. 그러나 교만은 7가지의 죄악 중에 하나로 보기보다 이 모든 죄악을 대표하는 죄악으로 봄이 타당할 것이다.

히브리서 11:29절 "믿음으로 저희가 홍해를 육지같이 건넜으나 애굽 사람들은 이것을 시험하다가 빠져 죽었으며"라고 하였다. 그들이 "이것을 시험하였다"는 것은 그들이 하나님을 의지하는 믿음이 없이도 이스라엘처럼 홍해를 육지같이 건널 수 있을 것 같아서 시험적으로 건너보았다는 것이다. 그러나 그들은 실패하므로 하나님의 살아 계심을 체험하였다. 이것이 바로 교만이다. 하나님을 믿지 않고 인간의 힘으로 무슨 일을 하려고 하는 것은 바로 교만 때문이다.

성경적으로 죽음과 패망이 교만의 결과로 나타난 예를 들면 다음과 같다.

① 사무엘 상 25:3절에 나타난 강퍅하고 악한 나발은 하나님의 기름 부음 받은 종 다윗을 멸시한 결과(삼상 25:5-11) 그의 몸이 돌과 같이 되어 죽었다(삼상 25:36-38).

② 강퍅하고 교만하였던 느부갓네살은 바벨론 도성을 자랑하던 그 순간에 하나님께로부터 그의 패망이 선포되었다(단 4:28-33).

③ 바벨론 왕 벨사살은 노골적으로 하나님을 무시하고 예루살렘 성전의 기명(器皿)으로 술을 마시며, 우상을 찬양하던 그 순간 그의 멸망이 선포되었다(단 5:1-5).

④ 적그리스도의 성격을 가지고 강퍅하게 범죄하던 헤롯 안디파는 연설하다가 하나님의 벌을 받아 죽었다(행 12:1-2; 20-23).

참고자료 교만이 빚은 결과

1948년 대통령 선거 때, 투르먼(Harry Truman)은 재선에 도전했다. 당시 뉴욕 주지사인 공화당 듀이(Thomas E. Dewey)와의 대결이었다. 듀이는 당선이 확실시되었다. 듀이는 뉴욕주 역사상 최대 기록인 70만 표 차로 주지사가 되었다. 그는 1944년 대통령 선거에서 인기 높은 프랭크린(Franklin Roosevelt, 미국의 32대 대통령)에게 졌지만 1916년이래 가장 근소한 표 차이였다. 그는 이번만은 승리를 확신했다. 정치부 기자 50명에게 물은 결과 전원 듀이의 승리를 예측했다. 현직 대통령의 유세보다 듀이 선거운동을 열렬히 보도한 기자들이 두 배는 되었다. 듀이는 자신감이 넘쳤다. 그는 투르먼을 "투르먼은 대학도 나오지 못했다. 교양도 없고 평범한 사람이었다"라고 무시했다. 듀이는 투르먼을 볼품 없는 상대로 보고 당연히 무시했다.

선거 다음날 아침 "시카고 트리뷴"(Chicago Tribune)지는 결과가 다 밝혀지기도 전에 성급하게 듀이의 승리를 결정짓고는 "듀이, 투르먼을 누르다"라는 헤드라인을 뽑았다. 그러나 선거 결과는 역전극이었다. 듀이는 자신을 과대 평가한 나머지 상대를 턱없이 과소 평가했다. 투루먼 정부에서 국무부 장관을 지낸 애치선(Dean Acheson)은 투르먼의 성공 비결을 한마디로 이렇게 말했다. "그에게는 지도자의 최대 걸림돌인 교만이 없었다. 그와 그의 일 사이에는 한번도 자존심이 끼여든 적이 없었다"

2) 자기가 가진 지식을 자랑하면서 배우려 들지 않는 교만이다.

교만한 사람은 어떤 사람인가? 교만한 사람은 다른 사람의 의견을 무시하고 자기의 생각이 최고인 줄 안다. 전도서 12:12절 "내 아들아 또 경계(警戒)를 받으라 여러 책을 짓는 것은 끝이 없고 많이 공부하는 것은 몸을 피곤케 하느니라" 여기 "여러 책"은 하나님의 말씀 즉 성경을 가리키지 않고 이 세상의 책들을 가리킨다. 이 세상의 책들은 하나님의 말씀과 달라서 아무리 많이 나와도 만족이 없고 끝이 없으며 연구자들에게 피곤을 줄뿐이다. 끝이 없는 이런 세상 지식을 가졌다고 자랑하면서 더 배울 것이 없다고 하며 더 배우려 들지 않는 것은 교만이다.

교만한 사람은
① 지도자로서 갖추어야 할 사고를 갖지 않은 사람이다.
② 자기가 최고의 지도자라는 착각에 빠져 있는 사람이다.

③ 깊은 통찰력을 지닌 사람은 자기 밖에 없다고 생각하는 사람이다.
④ 주변의 현명한 조언에 귀를 막는 사람이다.
⑤ 자신의 의견이 최고인 줄 알고 모든 사람이 받아드리도록 하는 사람이다.
⑥ 좋은 기회들을 저버리는 사람이다.
⑦ 더 배우려는 의욕이 전연 없는 사람이다.
⑧ 자기가 가진 지식으로 만족하는 사람이다.

아합 왕은 유능한 행정가였고 군사령관이었지만 그는 교만한 자였다. 그는 경건한 조언을 우습게 알았다. 그가 경건한 왕 여호사밧에게 동맹군을 결성해 아람을 치자고 했을 때 여호사밧은 우선 선지자들의 충고를 들어보자고 제의했다. 아합은 자기의 경험만으로 충분하다고 생각했지만 그래도 의로운 동료의 비위를 맞추려고 선지자들을 불렀다. 아합 휘하 400명 선지자의 수장 격인 시드기야는 아합이 듣고 싶어하는 대로 순순히 압승을 예언했다. 여기에 만족하지 않은 여호사밧은 여호와의 선지자 미가야의 예언을 듣자고 했다. 아합은 "저는 내게 대하여 길한 일은 예언하지 아니하고 항상 흉한 일만 예언하기로 내가 저를 미워하나이다"(대하 18:7)라며 난색을 표했다. 미가야는 아합 군대의 패주와 아합의 죽음을 예언했다.

역대하 18:7절에 "내가 저를 미워하나이다" 아합 왕은 참된 선지자 미가야를 미워한다고 고백했다. 그 이유는 미가야가 그에게 흉한 일, 즉 나쁜 일만 예언하기 때문이라는 것이다. 미가야가 아합에게 예언한 것은 왕이 회개치 않고 죄악에 머물러 있는 한 하나님의 징계를 받게 된다는 말이었다. 그러나 아합은 바른 말을 하는 참 선지자를 미워하였다. 이는 그의 교만 때문이었다.

하나님은 아합이 자기 계획을 믿고 나가면 목숨을 잃을 것이라고 선지자를 통해 중히 경고했다. 아합은 선지자를 옥에 가둔 뒤 전쟁터로 나갔다. 아합은 전쟁터에서 비참한 죽음을 맞는다(대하 18장). 교만은 아합이 경건한 선지자의 말을 통해 주시는 경고에 등을 돌리게 한다. 아무리 재능이 뛰어나고 머리가 좋아도 교만하면 실패는 기정사실이다. 훌륭한 지도자는 배우려는 마음을 갖는 사람이다. 훌륭한 지도자는 옳은 말에 경청하는 사람이다. 훌륭한 지도자는 배우려는 자세를 갖는 것이다. 잠언 1:7절 "여호와를 경외하는 것이 지식의 근본이어늘 미련한 자는 지혜와 훈계를 멸시하느니라". 잠언 2:10-11절 "곧 지혜가 네 마음에 들어가며 지식이 네 영혼에 즐겁게 될 것이요 근신이 너를 지키며 명철이 너를 보호하여"

3) 모든 일을 자기 힘으로 다 된다고 믿는 교만이다.

(1) 미국의 제 28대 대통령이었던 루주벨트(Theodore Roosevelt) 전기에서 브랜즈(H. W. Brands)는 루주벨트의 초기 정치 행적에 대해 이렇게 말한다. "루주벨트가 자기 동지로 삼았어야 할 사람을 오히려 물리친 것은 그 때가 마지막이 아니었다. 이미 초창기부터 그는 자기 중심성을 보였고 그 때문에 자신과 경쟁의 위치에 있는 거의 모든 이를 항상 헐뜯을 수밖에 없었다". 역사가들은 루주벨트를 미국의 가장 훌륭한 대통령 중 하나로 꼽지만 유감스럽게도 그는 자기 생각만이 언제나 옳고 정당하며 자기를 반대하는 자들은 부정하고 악하다고 생각하는 경향이 있었다. 그 때문에 루주벨트는 지극히 자연스레 자신의 친구가 될 법한 동료 정치가들과 후원자들을 멀리했다. 자기 견해만 옳다는 생각은 후에 재선에 실패하는 중대한 요인이 되었다.

(2) 사울 왕은 하나님을 이용하려다 낮아졌다. 그는 교만한 지도자였다. 사무엘상 13:13-14절 "사무엘이 사울에게 이르되 왕이 망령되이 행하였도다 왕이 왕의 명하신 명령을 지키지 아니하였도다 그리하였더면 여호와께서 이스라엘 위에 왕의 나라를 영영히 세우셨을 것이어늘 지금은 왕의 나라가 길지 못할 것이라 여호와께서 왕에게 명하신 바를 왕이 지키지 아

니하였으므로 여호와께서 그 마음에 맞는 사람을 구하여 그 백성의 지도자를 삼으셨느니라 하고" 불순종은 지도자의 자격에 어긋나는 행위이므로 봉사의 기회를 잃게 된다.

(3) 무디(Dwight L. Moody)는 영적 지도자로서 자신의 성공의 출처를 확실히 알았다. 조니 배서 아저씨(Uncle Johnnie Vasser)로 알려진 전도자는 무디를 만난 자리에서 "하나님이 수많은 사람들을 그리스도께 돌아오게 하는데 사용하신 분을 이렇게 만나게 돼 정말 기쁩니다"라고 말했다. 그러자 무디는 몸을 구부려 흙 한 줌을 접어 올렸다. 그는 손가락 사이로 흙을 날려보내면서 무디는 이렇게 고백했다. "하나님이 쓰신다는 것을 빼고는 무디도 이 흙에 지나지 않습니다." 구름 같은 청중에게 설교하며 국제적 명성을 얻었지만 무디는 그 모든 것이 그리스도에게서 온 것임을 결코 잊지 않았다.

(4) 나폴레옹은 유럽을 휩쓸며 혁혁한 공을 세운 분이다. 그가 러시아 침공에 나섰을 때는 자신감에 넘쳐 적국의 기후와 지형을 연구하지 않았다. 그는 병사들를 러시아 동절기 혹한의 날씨에 대비시키지 않았다. 나폴레옹은 자신을 너무 믿은 나머지 다른 가능성을 생각조차 하지 않았다. 그 맹목적 교만 때문에 수많은 병사가 목숨을 잃었고 나폴레옹 제국은 몰락의 길로 기울었다.

(5) 히틀러는 항상 자신감에 넘치는 사람이었다. 동절기에 러시아로 병력을 투입했다가 완패를 당했다. 그는 교만 때문에 역사의 교훈을 전연 배우지 못했다.

(6) 삼손은 적을 물리치고도 남을 만큼 막강한 힘과 능력을 지닌 전사였다. 그는 그 힘을 당연시하였다. 이것이 그에게는 가장 큰 실수였다. 삼손

은 하나님이 주신 힘을 자기 마음대로 지킬 수 있다고 생각했다. 그가 그 힘을 빼앗긴 것은 하나님의 말씀을 무시하고 하나님과의 관계가 파괴되었기 때문이다. 전에 늘 하나님 앞에서 하던 일을 자기 힘으로 하려 했을 때 삼손은 굴욕적 참패를 당했다.

사사기 16:15-21절에 나타난 내용은 다음과 같다.

① 15-17절: 들릴라가 삼손에게 힘의 비결을 알려 달라고 날마다 조를 때에 그의 마음이 번뇌하여 죽을 지경이었다. 그가 번뇌하는 것을 보아 그는 아직까지 성령의 깨우쳐 주시는 음성을 양심으로 듣고 있었던 것이 분명하다. 하나님께서는 그의 종과 자녀들에게 끝까지 회개할 기회를 주신다. 그러나 믿음에서 떠나 죄에 깊이 빠져 들어가고 있는 삼손은 그 시험에 넘어져서 마침내 그 힘의 비결이 머리털을 밀지 않은 까닭이라고 실토하였다. 이것은 그가 하나님으로부터 받은 고귀한 사명과 실행 능력을 육신의 정욕과 바꾸어 버린 망령된 행동이다. 그는 죄의 욕심을 채우기 위하여 능력의 원천을 버린 것이다.

② 18-20절: 삼손은 들릴라에 의해 머리털이 밀리었고, 그 결과 그에게 초자연적으로 임했던 힘은 이미 떠났다. "삼손이…못하였더라" 여기서 명심할 것은 크게 두 가지이다.

첫째는 삼손의 머리털이 밀리었으므로 그에게 있던 초자연적 체력이 없어졌다고 하여 본래 그 힘의 원천까지도 머리털에 있다고 생각하면 안 된다. 그의 긴 머리털은 하나님께 헌신한 표지(標識)에 불과하며, 하나님의 능력이 물리적으로 어떤 물체에 붙어 있다고 생각하는 것은 잘못이다. 하나님의 능력은 언제나 하나님의 인격에 의하여 역사 하신다. 즉 하나님의 영이 인격적으로 인류에게 찾아 오셔서 살아 역사 하시는 것이다.

둘째는 삼손이 들릴라에게 자기의 나실인 자격이 무엇인지 자세하게 실토하고 그 자격 실행의 규례까지 설명하였으니, 그것은 사실상 자기의 나실인 자격을 포기한 행동이다. 여호와께서 그에게서 떠나신 것도 바로 이 것 때문이다. 그가 이때까지 잘못한 일들이 많았어도 하나님께서는 오래 참아 주셨다. 그러나 이제는 그가 하나님께 바침이 된 증표를 내어버리는 단계에 이르렀으니 결국 하나님께서 삼손에게 버림을 받으신 결과가 되었다. 그러므로 하나님께서는 삼손과 함께 하실 아무런 의의(意義)도 없으신 것이다.

③ 21절: "그를 잡아 그 눈을 빼고" 포로를 눈멀게 하는 풍습은 삼상 11:2절과 왕하 25:7절에도 나타난다. "맷돌을 돌리게 하였더라" 이제 삼손은 여인들의 일인 맷돌을 돌릴 만큼 비천한 자리에 이르게 되었다.

(7) 현명한 지도자는 그리스도와 친밀한 관계를 떠나서는 아무 일도 할 수 없음을 언제나 인식한다. 요한복음 15:5절 "나는 포도나무요 너희는 가지니 저가 내 안에, 내가 저 안에 있으면 이 사람은 과실을 많이 맺나니 나를 떠나서는 너희가 아무것도 할 수 없음이라" 여기서는 "나"와 "너"가 대조되어 나온다. 여기에 우리의 신앙 체계에 있어서의 그리스도와 그리스도인의 관계의 특색이 잘 표시되어 있다.

첫째로 그것은 나와 너희의 선명한 인격적 종교이다.
둘째로 나와 너는 결합되어야 한다.
셋째로 그 결합의 결과로서 열매를 맺으며 그것이 내 아버지의 영광으로 귀결이 되는 것이다.

불교와 같은 신앙에서는 인격적 신(너)을 인정하지 않으므로 참 "나"도 부인한다. 인생이란 한갓 춤추는 그림자요, 그 참 모양은 나도 너희도 아닌 대아(大我)이며 인격성 없이 존재하는 법신(法身)이다. 거기에 그리스도께서 말씀하신 나와 너의 결합과 그럼으로써 열매가 맺는다는 사상은 찾아볼 길이 없는 것이다.

마귀는 성공한 지도자를 노린다. 지도자가 교만하면 자기는 배우지 않아도 될 수 있다고 믿을 뿐만 아니라 자기 힘으로 모든 일을 할 수 있다고 믿는다. 데프리(Max Depree)는 "지도자는 가장 강한 부분에서 실은 약하며 성공의 정점에서 가장 실패하기 쉽다"고 경고한다.

4) 부하들을 불쌍히 여기는 마음을 잃는 교만이다.

선지자 에스겔은 에스겔 34:1-10절에서 아랫사람들을 자신이 돌보는 양떼로 보지 않고 강탈의 대상으로 본 영적 지도자들을 책망한다.

(1) 여기 2절의 이스라엘 목자들은 이스라엘의 왕, 선지자, 제사장들을 가리킨다. 이들은 백성들의 지도자로서 목자라고 불렸다. 그러나 이들은 양을 보호하고 지키는 책임을 수행하지 않았다. 이들은 이스라엘의 통치자로서 개인적인 이익만을 찾으려고 애쓴 자들이었다. 이들이 이스라엘의 지도자로서 실패한 모습이 3절과 4절에 나타나 있다. 그러나 가장 슬픈 일은 양들이 흩어져 방황하고 있는 줄 알면서도 한 사람도 그것을 염려하지 않았고 그들을 찾아 구하려 하지 않았다는 사실이다.

(2) 3절에 보면 저들은 살진 양을 잡아 그 기름을 먹으며 그 털을 입되 양의 무리는 먹이지 아니하였다. 양은 하나님의 백성을 비유한다. 악한 지도자들은 그 백성의 재산을 착취하면서 백성을 도와 주지 않는 죄를 범한다. 종교적 지도자로서 거짓된 자도 이렇게 자기 몸만 기르고 불쌍한 자들을 도와 주지 않는 죄를 범했다.

(3) 4절에 보면 지도자들은
① 연약한 자를 강하게 아니하며
② 병든 자를 고치지 아니하며
③ 상한 자를 싸매어 주지 아니하며

④ 쫓긴 자를 돌아오게 아니하며
⑤ 잃어버린 자를 찾지 아니하고
⑥ 다만 강포(=압제)로 그것들을 다스렸도다.

연약한 자들, 병든 자, 상한 자, 쫓긴 자, 잃어버린 자 등은 모두 불쌍한 자들이다. 그들에게는 동정과 사랑이 필요하다. 그러나 거짓된 지도자들은 이들을 긍휼보다 강포로 대했다. 여기 "강포"는 권력을 가리킨다. 권력은 그런 불쌍한 사람들을 상대로 사용할 것이 아니고, 죄악을 고집하는 무리를 다스리기 위하여 사용하며 죄악을 행하는 무리들을 다스리는 데 사용하여야 할 것이다.

(4) 5-6절은 양들이 목자를 떠나면 유리할 수밖에 없다. 그렇게 되면 양들은 살 수 없고 사나운 짐승들에게 잡아먹힐 것이다. 이 양들을 보호할 자는 오직 목자뿐이다.

(5) 7-8절은 양들로 비유된 이스라엘이 불행하게 된 원인은 목자로 비유된 지도자들의 무책임에 있었다. 그들은 자기들만 먹고 양들은 먹이지 않은 무책임한 지도자들이었다. 그러므로 하나님께서는 그들의 직분을 거두어 가시겠다고 8절에 말씀하셨다.

(6) 10절은 하나님께서 어떤 개인이나 단체를 대적하고자 할 때는 언제나 정당한 원인을 가지고 있는데, 그것은 반드시 죄로 인한 것이다. 죄는 다양하지만 그 본질을 보면 동일하다. 그들은 하나님께서 그들을 파멸시킬 때까지 범죄 하였고 하나님을 거역하였다는 사실이다.

양들은 목자를 떠나면 유리할 수밖에 없다. 그렇게 되면 양들은 살 수 없고 사나운 짐승들에게 잡아먹히고 말 것이다. 이 양들을 보호할 자는 오직 목자뿐이다. 그런데 지도자들은 무책임했다. 그 결과 양들은 불행한 상태에서 방황했다. 양들로 비유된 이스라엘이 불행하게 된 원인은 목자들로 비유된 지도자들의 무책임에 있었다. 그들은 자기들만 먹고 양들은 먹이지 않았기 때문이었다. 그러므로 하나님께서는 그들의 직분을 거두시겠다고 말씀하셨다. 하나님께서 어떤 개인이나 단체를 대적하시고자 할 때는 언제나 원인을 가지고 계신다. 그 원인은 죄로 인한 것이다. 그 죄는 종류로 보면 다양하지만 본질은 동일하다. 그것은 하나님의 말씀을 거역하는 것이다.

이런 지도자들을 자칭 영적 지도자라고 한다. 이들은 이득을 챙기느라 자리를 지킨다. 백성들은 착취를 당해 흩어진다. 이들의 유일한 관심은 자신의 안일과 이득이다. 지도력은 귀한 소명이다. 지도력은 하나님이 주신 특권이다. 지도자는 따르는 자들의 삶을 풍요롭게 해 주는 사람이다. 지도자는 추종자들의 삶을 줄 수 있는 영향력을 함께 받았다. 지도자에게 있어서 교만은 아랫사람들을 불쌍히 여기지 않는 것이다. 교만은 아랫사람들의 고생에 무관한 것이다. 직원들에게는 재정 삭감과 고통분담을 요구하면서 자신은 그렇지 않는 경우이다. 교인이 아파하는데 교역자는 마음이 동하지 않는 것이다.

로마 황제 네로는 로마가 불타는 동안 음악을 즐겼다고 한다. 프랑스 왕비 마리 앙투아네트는 프랑스 농부들에게 빵이 없다는 소식을 듣고는 "그럼 케이크를 먹게 하라"고 응수했다고 한다. 이들은 매정한 지도자들이다. 지도자가 사람들을 향해 마땅히 품어야 할 긍휼의 마음은 사도 바울에게서 배울 수 있다. 어려움이 많았던 고린도 교회를 향해 그는 이렇게 썼다. "날마다 내 속에 눌리는 일이 있으니 곧 모든 교회를 위하여 염려하는 것이라 누가 약하면 내가 약하지 아니하며 누가 실족하게 되면 내가 애타하지 않더냐"(고후 11:28-29). 참 지도자는 추종자들을 돌봐야 할 책임을 느끼는 사람이다.

5) 넘어지기 쉬운 교만이다.

잠언 16:18절 "교만은 패망의 선봉이요 거만한 마음은 넘어짐의 앞잡이라". 부릿지스(Charles Bridges)는 이 구절에 대하여 다음과 같이 해석하였다. "교만한 자의 걸어가는 길은 살피지 않고 높은데 전심하여 쳐다본다. 그래서 그는 걸려 넘어지기도 한다. 그뿐 아니라 그의 자랑거리로 여기는 목적물을 하나님께서 없애버리신다. 그래서 그는 실패한다. 다윗이 그의 백성이 많은 것을 자랑할 때에 하나님은 그 나라에 재앙을 내려 인구를 감하셨고(삼하 24:10-15), 히스기야가 궁중의 보물을 자랑하며 교만하였을 때에 하나님은 마침내 그 보물들을 바벨론 사람들의 손에 허락하시어 다 가져가게 하셨고(사 39:1-7), 예루살렘 여자들이 교만하여 그들의 화장(化粧)으로써 자랑한 그 죄로 하나님은 그들을 수치스러운 모양으로 만드셨다고 하셨다.

야고보서 4:6절 "그러나 더욱 큰 은혜를 주시나니 그러므로 일렀으되 하나님이 교만한 자를 물리치시고 겸손한 자에게 은혜를 주신다". 이 구절은 잠언 3:34절 "진실로 그는 거만한 자를 비웃으시며 겸손한 자에게 은혜를 베푸시나니"의 인용이다. 성령은 우리 속에 거하시면서 우리를 사랑하실 뿐만 아니라 더욱 은혜를 주시기를 원하신다. 여기 "은혜"는 하나님의 총애로서 기쁨과 같은 어근을 가지므로 하나님의 은혜는 성도들에게 진정한 기쁨으로 나타나는 것이다. 더 큰 은혜는 더 큰 요구조건을 동반한다. 교만은 "위로"와 "자신을 보인다"란 두 단어의 합성어이다. 이는 다른 사람들보다 더 높이 자기의 머리를 쳐드는 모양을 묘사하고 있다. 이는 하나님과 사람에게 자존하는 죄를 가리킨다(막 7:22; 롬 7:16; 딤전3:6). "하나님이 교만한 자를 대적하시되 겸손한 자들에게는 은혜를 주시느니라"(벧전 5:5). 그러나 여기에서 말하는 교만이나 겸손은 신분의 고하를 말하지 않고 하나님께 대한 마음의 태도를 가리킨다.

이들은 모두 교만으로 넘어졌다. 교만은 죄다. 죄가 하는 일을 교만도 한다. 교만은 사람을 파멸시킨다. 교만을 그대로 두면 모든 것을 잃고 만다. 교만은 궁극적으로 지도자를 넘어트려서 그의 자리 마저 잃게 한다. 누가복음 18:14절 "무릇 자기를 높이는 자는 낮아지고 자기를 낮추는 자는 높아지리라"라고 예수님이 친히 말씀하셨다. 바리새인들은 하나님께서 인간의 공로에 따라 역사 하신다고 생각했다. 따라서 사람이 선한 일을 많이 하면 하나님께서 반드시 갚아 주신다고 믿었다. 그러나 본문의 세리는 하나님을 자비로우시며 신뢰할 만한 분으로 여겨 자기의 겸손을 나타낸다. 바리새인은 스스로 의롭다고 생각하였으나 세리는 하나님의 의롭다 하심을 받은 것이다. 그러므로 교만한 사람은 스스로 하나님의 적이 된다.

2. 냉소하는 자세를 갖는다.

지도력이란 사람을 상대하고 사람을 지도하며 사람을 다루는 일이다. 사람은 항상 상대에게 실망을 주기 마련이다. 부하들 중에는 각양 각색의 사람들이 있다. 그러므로 지도자는 전문적인 심리학자는 되지 않는다고 할지라도 심리학을 공부해야 할 것이다. 지도자가 지도하는 직원들 중에는 부정직한 사람도 있고, 게으른 사람도 있으며, 무능한 사람도 있다. 자기가 맡은 일을 충성 되이 잘 감당하는 사람이 있는가 하면 그렇지 않은 사람도 있다. 어떤 사람은 부당한 비난도 필수로 받는 사람이 있는가 하면 어떤 이는 욕설을 퍼붓는 사람도 있을 것이다. 뿐만 아니라 지도자의 동기를 의심하는 사람도 있을 것이다. 이런 일을 당하면 지도자의 마음은 강퍅해지고 냉소적이 될 수도 있다. 그러나 냉소적 지도자는 냉소적 추종자들을 키우기 마련이다.

남을 비난하는 지도자는 추종자들에게 비난의 본을 보이는 셈이다. 지도자는 절대적으로 냉소적 태도에 빠져서는 안 된다. 지도자의 과거가 영향을 많이 미친다. 자신이 과거에 비난을 받았거나 실패한 경험이 있다면 회의적인 사람이 되기 마련이다. 냉소적인 사람은 한 사람이 게으르면 모든 사람을 게으름뱅이로 취급을 한다. 나이가 든 사람은 더욱 냉소에 빠지기 쉽다. 냉소적 태도가 감지되면 즉각 고쳐야 한다. 냉소적 태도는 그 마음이 하나님에게서 멀어졌다는 증거이다. 특히 기독교 지도자는 미래에 대한 긍정적이고 낙관적 태도를 가져야 한다. 영적 지도자는 모든 일에 긍정적이고 적극적이며 낙관적인 태도를 가져야 하며 이를 밑에 사람들에게 보여 줘야 할 것이다.

3. 탐욕의 마음을 갖는다.

1) 돈은 지도자의 삶에 좋을 수도 있고 나쁠 수도 있다.

지도자가 갖는 직위에는 대개 물질적 보상이 따른다. 이 세상은 직위에 따라서 보상의 액수가 정해지기 때문이다. 반드시 그런 것은 아니지만 일반적으로 그렇다. 그런데 지도자들이 물질적 소유의 유혹에 빠져 어리석은 결정을 내릴 때도 있다. 돈이 중요한 결정을 내리는데 요인이 되어서는 안 된다. 돈은 좋은 하인은 되어도 좋은 주인은 아니다. 물질을 잘못 관리하면 망하고 만다. 지도자가 항상 조심해야 할 것은 금전과 명예와 여성이다. 돈은 가난한 자에게만 탐내는 대상이 아니라 부자도 마찬가지다. 금전은 초절 할 수 없지만 초월해야 한다. 만일 금전을 초월하면 위대한 신앙가요 위대한 인품을 가진 사람이다. 돈을 선용하면 좋지만 악용하면 그렇지 않다.

2) 부와 소유에 대한 욕망은 영적 지도자를 파멸로 몰아넣을 수 있다.

사람들은 일반적으로 봉급액수의 많고 적음에 따라 직장을 이동하는 경우가 허다하다. 목사도 예외가 아니다. 목사도 사례비가 많은 교회에 유혹을 느낄 수 있다. 목사가 사례비가 적은 교회로 옮기는 일은 희구하다. 어느 분이 이런 말을 했다. "하나님이 목사들을 수입이 적은 교회로 부르시는 경우는 한 번도 없고 항상 수입이 더 많은 교회로만 부르시는 것 같니 왜 그럴까?" 목사도 사람인지라 먹어야 하고 가족이 있기 때문에 부양을 해야 하지만 그러나 교인들에게 물질에 너무 밝다 혹은 물질만 생각한다는 인상을 주면 교역에 큰 지장을 준다. 목사가 물질로 말미암아 목회에 지장을 주는 경우가 허다하다.

3) 물욕이 많은 지도자는 비윤리적 행동에도 가책을 느끼지 않는다.

베이커(Jim Bakker, PTL=Praise the Lord)는 조직의 재정 규모가 천문학적인 숫자에 달하자 그의 양심이 마비되었다. 그는 가난한 집에서 고생하며 자랐다. 그는 성공이 자기의 덕이라는 논리로 점점 사치를 정당화했다. 그는 물질적으로 호사를 누리는 것을 정당한 것으로 생각했다. 그는 지출이 커질수록 모금 방법도 공격적이었다. 그는 윤리문제와 법에도 접촉이 되어 감방신세를 지게 되었다. 그는 그의 아내와도 이혼을 했다.

4) 그리스도인은 돈이 최고가 아니라고 배운다.

인생에게 가장 중요한 것은 하나님의 뜻에 순종하는 것이다. 현명한 지도자는 돈의 노예가 되지 않는다. 현명한 지도자는 돈을 통해서 하나님께 영광을 돌린다. 제너럴 모토(General Motor) 회사의 CEO 알프레드 슬로운은 회사를 일으켜 큰돈을 벌었다. 그는 생의 후반기에는 재산을 가치 있는 일에 기부했다. 다이나마이트(Dynamite)를 발명한 노벨(Alfred B. Nobel)은 자기 재산을 세계 평화 촉진과 과학 증진을 위해 내놓았다. 현명한 지도자는 성공의 척도가 통장 잔고가 아니라 삶의 질(質)임을 안다.

봉급의 높고 낮음이 성공을 가늠하는 척도가 아니라는 사실을 알아야 한다. 문제는 일의 목적과 삶의 질이다. 하나님은 이것을 보시지 봉급의 액수를 보지 않으신다. 포드회사와 크라이슬러 자동차 회사의 사장이었던 리 아이아코카는 다음과 같은 말을 했다. "나는 높은 연봉을 받는다는 사실에 조금도 양심의 가책을 느껴 본 적이 없다. 나는 소비가 많은 사람은 아니지만 높은 연봉으로 대표되는 성취를 귀하게 느낀다. 사람들은 왜 사장이 되려고 하는가? 그 일이 좋아서? 그럴 수도 있다. 높은 직종의 일은 사람을 지치게 만든다. 그런데도 높은 직종을 좋아하는 이유는 나는 꼭대기까지 올라갔다. 뭔가 이루었다 라고 말하고 싶어서가 아닐까?"

> **참고자료 | 알프레드 비 노벨**
>
> 노벨(Alfred B. Nobel, 1833-96)은 스웨덴의 위대한 화학자로서 다이나마이트를 발명한 사람으로 죽을 때 그의 재산을 다음과 같은 분야에 공로를 새운 사람에게 수여하라는 유언을 했다. 노벨의 유언에 의하여 세계의 평화, 물리학, 화학, 의학, 문학, 경제학에 공헌한 사람에게 수여하고 있다. 이것이 바로 노벨상(Nobel Prize)이다.

4. 불신으로 인한 나태의 실수를 범한다.

어떤 난제들은 창의적(創意的) 학습과 사고(思考)를 통해서 해결된다. 무슨 일을 창의하며 사고하는 일은 힘드는 일이다. 쉬운 일이 아니다. 지도자는 끝없이 사고하는 자세를 가져야 한다. 지도자에게 배움은 끝이 없다(전 12:12). 그러기 위해서는 지도자는 현명한 사람들의 곁을 떠나지 말아야 한다. 현명한 지도자는 주위에 현명한 사람들이 많아야 하며 자신의 사고를 넓혀 줄 책, 기사, 위대한 인물사와 사상가들의 전기를 가까이 해야 한다.

현명한 지도자는 이런 자료들을 가까이 하기 위해서는 게으르면 안 된다. 부지런해야 한다. 끊임없이 이런 자료들을 가까이 하기 위해서는 학구적 태도를 가져야 한다. 신문이나 잡지나 세상적이고 기독교 서적들을 많이 읽어야 한 것이다. 뿐만 아니라 모든 세상적인 지식을 성경의 영원한 지혜에 비추어 평가해야 한다. 성경을 지도자의 가치 판단의 기준으로 삼아야 할 것이다. 성경은 하나님의 말씀이다. 그리고 성령의 인도를 끊임없이 받아야 한다. 성경은 하나님의 성령의 영감(inspiration)으로 기록된 말씀이다. 하나님의 영원한 진리를 자기 생각과 지식의 기초로 삼기 위해서는 성령의 감화와 인도를 받지 않으면 안 된다. 지도자는 항상 더 낮은 지도자가 되는 길을 배워야 한다. 발전이 없는 지도자는 퇴보하고 말 것이다.

코테(John Kotter)는 "우리는 이자율 7%와 4%인 예금통장의 차이를 잘 모른다. 비율 계산법의 학습 효과를 과소평가하기 때문이다"라고 말했다. 지도자는 배움과 변화에 대한 민감한 지식이 있어야 한다. 그리고 그 지식만 가지고는 안 된다. 그 지식을 잘 활용할 수 있는 판단력이 있어야 한다. 일자리를 지키기 위해서도 평생 학습이 필요하다. 박사 학위는 미지의 세계로 이어지는 다리일 뿐이다. 10년 전에 통하던 방법과 내용이 지금은 효과가 없는 경우도 허다하다. 지도자가 계속 자라지 않으면 구 시대의 기술의 소유자가 되고 만다. 데프리(Depree)에 의하면 "리더란 뭔가 배움으로 변화에 대처하는 사람이다"라고 말했다. 특히 오늘날 "지식정보와 시대"에 살고 있는 사람들은 계속 국제어인 영어와 컴퓨터를 배워야 할 것이다. 그렇지 않으면 시대에 뒤떨어지기 때문에 직장을 구하지 못하던지 가진 직장을 잃게 될 것이다.

기독교 지도자는 독서(讀書)를 하는 사람일 뿐 아니라 사고(思考)하는 사람이다. 참된 지도자는 주변 사건들을 충분히 생각하고 소화해야 하는 위치에 있다. 그러므로 영적 지도자가 올바른 사고를 하기 위해서는 하나님의 인도와 성령의 인도를 받아야 한다. 이것이 세상적인 지도자와의 차이점이다. 세상적인 지도자(secular leader)는 세상의 지식만 가지고 자기의 잔꾀로 기관을 이끌고 나갈 수 있을지 몰라도 영적 지도자는 그렇지 않다. 영적 지도자는 하나님 앞에서 하나님의 일을 하는 사람이므로 사람의 칭찬이나 비난을 당장 받아들이거나 항변하지 않는다. 오히려 칭찬이나 비난을 되새겨 더 성숙한 지도자로 자라난다.

예수님도 제자들에게 상황의 의미를 깨닫도록 가르치신 예가 누가복음 9장 1절과 12절과 41절에 나타나 있다.

① 누가복음 9장 1절 "제자들은 귀신을 쫓아내고 병을 고치는 권세를 얻었다", 마태복음 9:36-38절에 의하면 12제자를 파송한 동기가 목자 없는 양같은 무리를 보시면서 민망히 여기신 데 있다. 이는 아름다운 사랑의 동기였다. 그러면서 12제자들을 보내시면서 능력과 권세를 얻어 가지고 나갔다. 여기 "능력"은 하나님께로부터 오는 인격적 힘이요, 하나님의 능력 자체를 가리킨다. 그리고 "권세"는 합법적 권리를 뜻한다. 전자는 능력(capacity)이요 후자는 권리(right)이다. 하여튼 예수님께서는 제자들을 파송하시면서 예수님 자신이 행사하시던 이적적인 능력을 부여하셨다.

② 12절: 수많은 배고픈 무리들을 보고 제자들도 "무리를 보내야"된다고 했다. 이는 예수님의 능력을 믿지 않았던 처사였다. 이들은 시간과 장소를 잊고 있었다. 드디어 제자들은 사무적인 문제를 들고 나온 것이다. 성지에서는 해가 지면 곧 어두워지므로 이 많은 군중의 먹고 유숙하는 것이 큰 문제라고 생각한 것이다. 마태와 마가는 "이곳은 빈들이요 때도 저물어 가니"를 첨가시켰다. 그들은 장소와 시간에 관심이 컸던 것이다.

③ 41절에 "믿음이 없고 패역한 세대여"라고 책망하셨다. 예수님은 눈 앞의 사건과 교훈을 깨닫기에 더딘 그들을 꾸짖으셨다. 마태복음 17:17절에도 이 말이 나온다. 이는 랑게(Lange)에 의하면 제자들을 상대한다는 것보다 당시 민족의 대표격인 서기관들과 군중을 상대하는 말씀으로 볼 것이다. 이와 같이 당시의 세대를 믿음이 없다하시고, 제자들은 믿음이 적다하시며(마 8:26; 14:31), 이방인에게서 큰 믿음을 발견하신(마 8:10; 15:28) 그리스도의 비애를 짐작할 수 있다.

마가복음 6:45절에 예수님은 5000명을 먹이신 직후 제자들을 배를 태워 갈릴리 바다 건너편 벳세다로 보내셨다. 폭풍이 불어닥치자 제자들은 겁에 질렸다. 귀신을 쫓아내고, 5000명과 그 가족들을 먹이신 능력을 목격한 그들이 폭풍우에 떨었다. 그들은 과거의 사건을 충분히 생각지 않았고 현재의 도전에 준비가 없었기 때문이었다. 52절에 의하면 "저희가... 마음이 둔하여졌음이니라"라고 했다. 이는 저희가 그 떡 떼시던 일을 깨닫지 못하고 도리어 그 마음이 둔하여 졌다고 했다. 이는 제자들의 놀람을 다른 각도에서 관찰할 것이다. 앞선 떡 먹이신 이적을 바로 깨닫고 그리스도가 초자연적인 하나님이신 것을 알았다면 바다위로 걸어오셨다 해도 당연한 일이지 그렇게 놀랄 것은 없었을 것이다.

사도행전 1:15-17절에 의하면 제자들은 예수님이 승천하신 후에야 체험을 깊이 생각하는 법을 배웠다. 제자들은 베드로를 비롯해 제자들이 가룟 유다가 주님을 배반했다는 충격적 실체를 이해하는 차원까지 자랐음을 알 수 있다. 이 부분에서는 베드로가 재기하는 모습이다. 그는 주님을 부정하고(마 26:69-75) 한 때 사도의 반열에서 탈락될 듯이 보였으나, 부활하신 주님으로부터 재 신임을 받고(요 21:15-18), 이제 재기하여 다시 사도들이 수반에 서게 되고 초대교회를 영도하게 되는 것이다. 생각해 보면, 한 때의 그의 실수도 하나님의 경륜 가운데서 초대교회 건설에 큰 뜻을 가진 것이었다. 그래서 우리는 다음과 같은 공식을 적용시킬 수 있다. 즉 효율성이란 믿음 성장+경험이다.

> **참고자료** 사도행전에 기록된 베드로의 9편의 설교

① 1:16-22 가룟유다의 최후에 관한 설교
② 2:14-36 오순절 설교
③ 3:11-26 앉은뱅이가 낳은 이적을 계기로 주어진 설교
④ 4:8-12 공회 앞에서 베드로가 한 설교
⑤ 5:29-32 산헤드린 앞에서 베드로가 한 설교

⑥ 8:20-25 성령을 돈으로 사고자 하는 시몬에게 한 설교
⑦ 10:34-43 이방인에게 한 설교
⑧ 11:5-17 베드로가 자신이 본 환상에 관한 설교
⑨ 15:7-11 예루살렘 회의에서 행한 설교

이 9편의 베드로의 설교 가운데서 그의 대표적인 설교가 두 번째로 나타난 오순절 설교이다.

참고자료 무디의 영적파산의 위험에 직면

무디(Dwight L. Moody)는 성공의 절정에서 자신의 고갈된 상태를 깨달았다. 그는 미국과 영국에서 아주 성공적인 전도 운동을 했다. 당대 유명한 종교 지도자의 대열에 끼였다. 그러나 그는 영적으로 지적으로 양분이 딸렸다. 계속 설교만 했지 배운 것이 없었기 때문이다. 무디의 전기 작가 폴락(John Pollock)은 "미국 내 영향력이 최고조에 달한 순간 그는 영적 파산의 위험에 직면했다"고 썼다. 무디는 자신이 알고 있는 것을 모두 설교했기에 더는 새롭게 말할 것이 없었다 그는 "교육 부족은 언제나 내게 불리한 조건이다. 나는 죽는 날까지 그것 때문에 애 먹을 것이다."라고 고백했다. 노스필드(Northfield)로 이사한 무디는 하나님의 말씀에서 새롭고 참신한 통찰을 얻었다고 느껴질 때까지 공부에만 전념한 채 집회의 초빙을 수락하지 않았다. 그는 매일 오전 6시간 연구를 비롯해 엄격한 일정을 세우고 지켰다. 다시 순회 설교를 시작한 후에도 무디는 작은 서재를 가지고 다녔다. 책임져야 할 사람들과 일이 자신을 요구함에도 불구하고 계속 배우지 않고는 훌륭한 영적 지도자가 될 수 없음을 분명히 알았기 때문이다. 현명한 지도자는 공부와 더불어 자기 삶의 사건들을 통해서 배운다. 위대한 지도자는 사고자(thinker)이다. 학습과 평가를 멈추지 않은 자가 그의 성장도 멈추지 않게 될 것이다.

> **참고자료** **시대의 삼분**
>
> 첫째는 "농경사회"이다. 이 시대는 농토와 인력만 있으면 부자라고 했다. 그래서 가능하면 많은 농토를 사려고 했고 자녀를 많이 낳으려고 했다.
> 둘째는 "산업사회"이다. 이 시대는 농토와 인력과 자본이 있어야 부자라고 했다. 그래서 지금부터 200년 전에 자본주의가 시작이 되었다.
> 셋째로 "지식정보화시대"이다. 오늘날은 지식이 있어야 한다, 그래서 자녀들에게 많은 지식을 갖도록 하기 위해서 고학력시대가 되어진 것이다. 그리고 정보를 얻기 위해서는 컴퓨터를 잘 해야 한다. 연령이 높은 사람들은 이 시대적 요구에 발을 맞추기가 힘이 들어서 자진 퇴직하는 경우도 있다.

5. 과민성을 나타내는 과오를 범한다.

영적 지도자는 비판을 수용할 줄 알아야 한다. 비판을 받고 욕을 듣는 일은 불쾌한 일이다. 그러나 지도력의 불가피한 단면이다. 위대한 지도자일수록 비판을 더 받는다. 과단성 있는 행동을 취하면 반사적 조치라 비난받고, 조심스레 행동을 삼가면 기껏 우유부단하다는 말을 듣는다.

에드워드(Jonathan Edwards)는 18세기 미국의 가장 총명한 사상가였다. 회중교회 목사인 그는 제1차 대 각성운동의 중심인물이었다. 그의 많은 저작은 서방 세계전역에서 연구되고 있었다. 당대 최고의 설교자 휫필드(George Whitfield) 같은 사람도 먼길을 와서 신학을 논할 정도였다. 그러나 그도 비난을 면할 수 없었다. 에드워드가 교인들의 진정한 회심 여부를 확인하려 하자 불만을 품은 일부 교인들이 비방 운동을 버린 것이다.

결국 그는 유명하고 큰 교회(노스앰턴)를 사면하고 스톡브리지라는 변두리 작은 교회 목사가 되었다. 미국 역사상 가장 위대한 신학 지성인이자 경건한 목사가 심술궂게 험담하는 자들의 격렬한 비난에 밀려 교회에서 쫓겨난 것이다. 비판 한마디에 열 마디 지지의 말을 듣는다고 해도 비판의 소리가 더 크다. 대체로 비판은 칭찬보다 영향력이 더 크다. 대체로 폭 넓은 인기에도 불구하고 몇몇 비판자들의 비판에 못 견디어 사임한 지도자들이 있다. 소수의 부정적 태도가 대다수의 열정적 지지를 상쇄하도록 내버려두는 것이다.

건설적 비판은 지도자에게 좋은 것이다. 지도자는 그런 반응을 적극 수용해야 한다. 그러나 중상과 험담 앞에는 위대한 지도자도 사기를 꺾일 수 밖에 없다. 가장 가까운 친구의 칭찬은 간헐적인데 비해 적들은 새는 수도 꼭지처럼 쉴 새 없이 불쾌감을 표출하는 것이다. 지도자는 적대적 비판자들의 근거 없는 원한에 어떻게 반응해야 할까?

첫째, 지도자는 정직하게 자기 마음을 살펴 비판이 정말 근거 없는 것인지 확인해야 한다.

둘째, 하나님께 순종했다면 지도자는 자기변호의 욕망을 버려야 한다. 지도자의 안전은 하나님의 인정에 있다. 이사야 54:17절 "무릇 너를 치려고 제조된 기계가 날카롭지 못할 것이라 무릇 일어나 너를 대적하여 송사하는 혀는 네게 정죄를 당하리니 이는 여호와의 종들의 기업이요 이는 그들이 내게서 얻은 의니라 여호와의 말이니라" 진실은 시간이 지나면 저절로 밝혀지게 된다. 성도들을 대적하며 송사하는 언변이 아무리 능하여도 필경 하나님의 보호를 받는 성도에게 패배를 당하는 까닭이며 이와 같이 보호를 받는 것이 여호와의 종들의 기업과 같고 그들의 권리와 같기 대문이다.

에드워드의 결백은 결국 비판자들을 통해 들어 났다. 그를 가장 심하게 대적하던 몇몇이 경건한 목사를 대적한 자신들의 죄를 공개적으로 고백했다. 마침내 프린스톤(Princeton) 대학교는 그를 총장으로 추대했다. 18세기 가장 영향력 있는 미국인으로 꼽히는 그에 대해 그의 비판자들은 반역 행위 외에 이렇다 할 기록을 남기지 못했다.

샌더즈(Oswald Sanders)의 말대로 "대개 대중은 지도자를 알아보지 못하다가 그가 죽은 후에야 살아생전 그에게 던졌던 돌로 기념비를 쌓는다" 참된 지도자는 자신의 인기보다 바른 일을 행하는 데 더 관심이 있다.

영적 지도자는 비판을 바른 시각으로 보아야 한다. 비판은 반드시 있다. 또 마음에 상처가 된다. 그러나 지도자는 비판 때문에 자신을 향한 하나님의 소명에서 이탈해서는 안 된다.

위대한 영적 지도자는 바울이 로마서 12:2절에서 말씀한 대로 "너희는 이 세대를 본받지 말고 오직 마음을 새롭게 함으로 변화를 받아 하나님의 선하시고 기뻐하시고 온전하신 뜻이 무엇인지 분별하도록 하라"는 말씀대로 변화되어져야 할 것이다. 성도들은 이 세대의 흐름을 따라 변질되어서는 안 된다. 이는 기회주의자가 하는 일이다. 이런 삶을 살기 위해서는 마음이 영으로 인해 새롭게 되어서 선악의 분별력을 가져야 한다. 여기 "본받아"와 "변화를 받아"는 명령형과 부정법이 동시에 나타나 있다. 전자는 보이는 모양을 시대의 유행에 따르지 말라는 뜻이고 후자는 그리스도의 변화하심을 표현한 말이다. 생은 정지해 있는 법이 없으니 외적이며 지나가는 이 세상의 유행을 본받지 말고 내적 본성에서 변화함을 받으라는 말씀이다. 선해 지려는 욕망이 없어지면 벌써 악한 것이 된다.

6. 영적으로 무기력한 사람이 된다.

영적 지도자는 말로만으로 일을 하는 사람이 아니고 행동으로 나타내 보여야 한다. 지도자의 역할은 목표한 일이 되게 하는 것이다. 아무리 고상하고 중요한 목표를 세웠다고 할지라도 그 일이 이루어지지 않으면 아무런 소용이 없다. 일이 되게 하는데는 분명한 목표와 박력과 추진력이 있어야 한다. 영적 지도자는 수동적인 자세를 취해서는 안 된다. 적극적이고 능동적인 태도를 취해야 한다. 영적 지도자는 해야 할 많은 일들 중에 하나님과의 교제를 우선순위로 해야 한다. 읽어야 할 업무 관계의 서류가 많은 것을 핑계로 성경 읽기를 등한시해서는 안 된다. 성경을 하나님의 말씀이라기보다 교과서로 보아서는 안 된다. 이런 사고를 갖기는 설교를 하는 설교자도 마찬가지이다. 영적 지도자는 말씀 연구에 진력해야 할 것이다.

영적 지도자는 계획성을 가져야 한다. 특정한 목적과 의도를 갖고 행하는 자가 바로 영적 지도자이다. 영적 지도자는 창조주의 음성을 듣는 영적인 시간도 면밀히 계획해야 한다. 신앙생활의 활력을 위해 성경을 읽는 시간, 장소, 말씀을 연구하는 방법, 성경의 다른 번역문 읽기, 묵상집 읽기 기도시간 등을 정해야 할 것이다. 영적 지도자가 우선순위를 바로 정하지 못하면 전도서 1:14절이 말한 대로 "바람을 잡으려는 것"과 같다.

마태복음 6:33절 "너희는 먼저 그의 나라와 그의 의를 구하라 그리하면 이 모든 것을 더하시리라" 영적 지도자가 우선순위를 바로 정하고 일을 하면 구하지 않은 것도 주실 것이라고 약속하셨다. 영적 지도자와 성도들은 땅에 속한 물질적 요구 이상을 하지 못하는 이방인을 본받지 말고 하늘에 속한 생명적 요구, 즉 하나님의 나라와 하나님의 의를 앞세워 구하라고 명하시고, 그 때 모든 물질적 조건까지 겸하여 축복하시겠다고 보장하신다. 하나님의 나라와 그의 의를 구하면 "이 모든 것"(all these things)을 더하시리라고 하셨다. 지혜를 구하였더니 부귀와 영화까지 겸하여 얻은 솔로몬의 경우(왕상 3:9-13)가 좋은 표징이 된다. 본절의 기본어는 "먼저"이다. 이 순서에 따라 두 가지를 다 얻거나 다 잃거나 한다.

챔버스(Oswald Chambers)의 "My Utmost for His Highest" (주님은 나의 최고봉)는 영적 리더의 애독서이다. 매일 묵상집 "Experiencing

God Day-to-Day"(날마다 하나님을 경험하는 삶)도 많은 이들에게 도전을 주는 책이다. 자신의 신앙여정을 기록하는 것도 좋은 방법이다. 영적 지도자는 서두르지 않고 하나님과 시간을 오래보내는 것은 다른 일들을 효과적으로 하는데 기본적이다. 이는 시간 낭비가 아니고 오히려 절약이 된다. 하나님과 올바른 관계를 맺은 사람에게는 수많은 유익을 가져다 준다.

시편 119편은 "말씀장"으로써 하나님의 율법을 찬양하는 시이다. 영적 지도자들과 성도들은 하나님의 말씀을 상고함으로 말할 수 없는 유익을 얻을 수 있다.

① 9절 "청년이 무엇으로 그 행실을 깨끗케 하리이까 주의 말씀을 따라 삼갈 것이니이다" 청년이 그 행위를 정결케 하는 방법이 오직 하나님의 말씀을 지킴에 있다.

② 11절 "내가 주께 범죄치 아니하려하여 주의 말씀을 내 마음에 두었나이다" 인간이 하나님의 말씀과 관계함에 있어서 두 가지가 필요하다. 첫째는 하나님의 말씀을 위한 인간의 노력이고, 둘째는 하나님의 도우심이다.

③ 50절 "이 말씀은 나의 곤란 중에 위로라 주의 말씀이 나를 살리셨음이니이다" 하나님의 말씀은 하나님의 작정과 질서와 약속 등을 포함하는 것이다. 그것은 하나님의 행동의 근본이다.

④ 67절 "고난 당하기 전에는 내가 그릇 행하였더니 이제는 주의 말씀을 지키나이다" 고난 당하기 전에는 그것을 깨닫지 못하였던 것이 고난을 인하여 하나님께서 그의 말씀대로 준행하신다는 사실을 깨닫게 되었다는 것이다.

⑤ 71절 "고난 당하는 것이 내게 유익이라 이로 인하여 내가 주의 율례를 배우게 되었나이다" 고난을 당하기 전에는 하나님의 섭리를 깨닫지 못하였다.

⑥ 92절 "주의 법이 나의 즐거움이 되지 아니하였더면 내가 내 고난 중에 멸망하였으리이다" 성도는 이 영원하신 하나님의 말씀에 귀속하여 있

는 한 멸망하지 않는다.

7. 가정을 소홀히 여기는 사람이 된다.

하나님께서는 지상에 세 기관을 두셨다.

첫째는 가정이다(창 2장). 가정을 두신 목적은 자녀번식(procreation)을 위해서이다. 합법적인 자녀는 하나님 앞과 사람들 앞에서 공적으로 그리고 법적으로 결혼한 부부를 통해서 태어나는 자녀이다.

둘째는 국가이다(창 10장과 11장). 국가를 두신 목적은 질서유지(maintaining the order)를 위해서 두셨다.

셋째는 교회이다(마 16장). 교회를 두신 목적은 천국확장(for the expansion of the kingdom of God)을 위해서 두셨다.

이 세 기관 중에서 가정을 첫 번째로 지상에 두셨다. 가정의 중요성은 아무리 강조해도 부족하다. 가정은 모든 기관의 기본이다. 가정이 잘못되면 다른 기관도 잘 될 수 없다. 올바른 가정이 있을 때 올바른 교회가 있게 된다.

루주벨트(Theodore Roosevelt)는 자유분방한 딸 앨리스를 왜 좀더 강하게 단속하지 않느냐? 는 질문에 다음과 같이 말했다. "나는 미국 대통령 노릇을 하거나 앨리를 챙기거나 둘 중 하나만 할 수 있지 둘 다할 수는 없다." 그래함(Billy Graham)도 이런 경험을 했다. 1949년 로스안젤레스에서 8주 째 특별집회에 접어들 무렵이었다. 아내 부스의 언니 부부가 아기를 안고 찾아 왔다. 그래함이 웬 아이냐고 물은 그 아이는 딸 애니였다. 그는 집을 떠난 지 너무 오래되어서 자기 딸조차 알아보지 못했던 것이다. 그 날 밤 울던 애니는 아버지도 어머니도 아닌 이모를 찾았다. 그래서 그래함은 그의 자서전에서 인생을 다시 살 수 있다면 여행을 줄이겠다고 고백했다. 사무엘은 위대한 선지자요 사사였지만 그의 두 아들은 하나님의 법도와 길을 따르지 않았다. 엘리 사사의 두 아들

홉니와 비느하스도 하나님의 법도를 따르지 않았으므로 한 날에 죽게 되었다.

만델라(Nelson Mandela)는 흑인 해방을 위해 자신의 모든 것을 희생했다. 그는 결국 목표를 이루었고 그 공로로 노벨 평화상(Nobel Peace Prize)을 받았다. 그는 흑인의 참정권이 허용된 최초의 선거에서 남아프리카공화국 대통령으로 당선되었다. 그러나 만델라는 두 번의 이혼을 겪었다. 그는 오랜 감옥생활에서 자녀들과 연락도 하지 못했다. 만델라는 두 번 다 아내를 사랑했지만 늘 일이 우선되는 바람에 파국을 맞았다고 고백했다. 레이건(Ronald Reagan) 미국 대통령은 수 차례 국제 분쟁을 중재했다. 그는 미소관계에서 큰 진전을 이루었다. 그러나 그의 최상의 외교술도 그의 딸 패티에게는 통하지 않았다.

영적 지도자는 지도력의 책임과 가정에 대한 헌신 사이에 균형을 이루어야 한다. 가정을 완전히 희생하게 되면 공적으로 거둔 큰 성공에도 불구하고 사적으로 엄청난 시련을 당하게 된다. 현명한 지도자는 일의 중압감으로부터 가정을 지키기 위해 노력한다.

영적 지도자는 가정의 중요한 본분인 교육에 대해서도 잘 알아야 한다. 신명기 6:4-9절 이는 유대인들의 자녀교육으로 "들으라"는 쉐마(Shema)이다. 이 부분은 아침과 밤에 암송되었다. 유일무이하신 하나님을 마음과 성품과 힘을 다하여 사랑하라고 했다. 7절은 자녀교육에 대한 내용으로 부지런히 가르쳐야 한다고 했다. 집에 앉았을 때에든지 길에 행할 때에든지 누웠을 때에든지 일어날 때에든지 이 말씀을 강론해야 하라고 했다. 그리고 이 말씀을 손목에 매어 기호를 삼으며 네 미간(사람의 생각과 지성을 상징)에 붙여 표를 삼고 네 집 문설주와 바깥문에 기록하라고 했다.

영적 지도자의 자녀가 차세대의 지도자가 되도록 길러야 한다. 현명한 지도자는 자녀를 그리스도인으로 그리고 차세대의 지도자로 길러야 한다. 지도자는 자녀들의 생일이나 기념일 등 중요한 날을 달력에 표시하는 것이 좋다. 지도자는 일이 가족에게 축복이 되도록 노력해야 한다. 하나님은 가정을 중시하신다. 그러므로 영적 지도자는 가정을 결코 소홀히 해서는 안 된다. 특히 자녀들의 교육을 위하여 전심전력해야 할 것이다.

8. 행정 부주의 사람이 된다.

1) 기독교 지도자는 조직의 궁극적 가치가 비전(vision)문구나 규정집, 그리고 장기 계획서에 있지 않고 사람에 있음을 알아야 한다. 조직의 배후 능력은 사람이다. 그러므로 그들의 태도와 효율성과 관심사에 대해 꾸준히 살펴야 한다.

2) 기독교 지도자는 조직의 충분한 인력 확보와 적절한 훈련, 자원 공급을 잘 해야 한다.

3) 기독교 지도자는 조직의 방향과 진척 상황을 직원들에게 잘 알려야 한다.

4) 기독교 지도자는 조직의 가치관을 명확히 설명할 줄 알아야 한다.

5) 기독교 지도자는 신념에 합치된 행동을 규명해야 한다.

6) 기독교 지도자는 조직의 내부 붕괴를 막기 위해서 갈등 해결과 의사 소통에 능해야 한다.

7) 기독교 지도자는 적극적으로 문제를 해결하는 해결사가 되어야 한다. 소극적인 태도는 합당치 않다.

8) 기독교 지도자는 불평이나 불만이 생기는 것을 피해서는 안 되고 지도자는 그런 문제들을 정면으로 부딪쳐야 하며 그런 자세를 가져야 한다.

9) 기독교 지도자는 갈등 관리 뿐 아니라 갈등 해결에 힘을 써야 한다.

10) 기독교 지도자는 적시(適時)에 분명한 의사 소통을 해야하며 이는 성공적 조직에 필수적임을 알아야 한다.

11) 기독교 지도자는 조직의 징후에 세심한 관심을 기울여 사소한 갈등을 적시에 해결해야 한다.

12) 기독교 지도자는 간부 사원의 개발과 훈련에 투자해야 한다.
13) 기독교 지도자는 조직의 흐름을 유심히 감독하고 유지해야 한다.

9. 장기 집권을 하게 된다.

훌륭한 지도자의 금언은 "남들이 지켜워할 때 떠나는 것보다 아쉬워할 때 떠나는 것이 낫다"이다. 숙련된 설교자는 30분이 지나도 핵심을 밝히지 못할 경우 교인들을 집으로 보내 점심이나 먹게 하는 편이 낫다는 것을 안다. 투르먼(Harry Truman)은 인간에게 부여되는 탁월한 역사적 평가가 죽음과 관계 있음을 확인시켜 준다. 케네디(John F. Kenndy)와 킹(Martin Luther King Jr.)과 같은 이들은 사회에 대한 큰 기여와 함께 극적인 죽음으로 더욱 불멸의 존재가 되었다.

가드너(Howard Gardner)는 "거의 모든 지도자가 과도히 욕심을 부리다 결국 자신의 생애에 흠집을 낸다"고 말했다. 그의 결론은 다음과 같다. "사실 업적이 많은 지도자일수록 부담도 크다. 큰 업적은 큰 반향을 일으키기 때문이다. 결국 자신의 업적에 대한 반론을 자초하거나 아예 완전히 망쳐 버리는 불미스러움을 겪지 않은 사람은 대체로 젊은 나이에 요절한 훌륭한 지도자들뿐이다." 지도자의 약점은 자신의 정체성을 본질상 직위와 연결시켜 본다는 것이다. 영적 지도자는 조직에 대한 자신의 기여가 끝나는 시점을 분별한다. 그 시점에 지도력의 권한을 다음 세대에 넘겨준다.

기독교 지도자가 그 시점을 어떻게 분별할까?
① 조직의 실적이 저하된다고 판단이 될 때
② 조직이 고전을 면치 못한다고 판단이 될 때
③ 경쟁사에 계속 뒤진다고 판단이 될 때
④ 새로운 아이디어가 전연 나오지 않는다고 판단이 될 때
⑤ 핵심 요원들이 떠날 때

⑥ 만성 사기 저하에 시달리고 있을 때
　⑦ 미래에 대한 밝은 기대가 전연 보이지 않을 때
　이런 때에 지도자는 그 자리를 떠나야 한다. 만일 그렇지 않으면 기관과 자신에게 해가 될 것이기 때문이다. 샌더스(Oswald Sanders)는 "아무리 의도가 좋다 해도 연로한 사람이 직위를 양도하지 않고 그 허약한 손으로 권력을 쥐겠다고 고집할 때 조직의 진보는 몇 년이고 지체된다"고 말했다.
　성경에 나오는 장기 집권 지도자의 대표적 예는 히스기야 왕이다. 그는 유다의 선하고 의로운 왕이었다. 성경은 그의 통치를 높이 평가한다. 열왕기하 18:5절 "히스기야가 이스라엘 하나님 여호와를 의지하였는데 그의 전후 유대 여러 왕 중에 그러한 자가 없었으니"라고 했다. 그는 14년을 다스린 후 불치병에 걸렸다. 선지자 이사야는 왕이 하나님 뜻에 따라 곧 죽을 것이니 집안을 정리하라고 했다. 그러자 히스기야는 통곡하며 살려 달라고 기도했다. 하나님은 그의 요구를 들으시고 생명을 15년 연장해 주겠다고 약속하셨다.
　히스기야가 처음부터 하나님의 뜻을 받아들였다면 그의 통치에 오점이 남지 않았을 것이다. 연장된 재임 기간에 그는 두 가지 결정적인 실책을 범했다.
　첫째, 바벨론 사자들이 찾아왔을 때 쓸데없이 나라의 보물을 다 보여 주었다. 이 어리석고 경솔한 행동은 두고두고 후임 왕들을 괴롭히게 된다. 결국 바벨론 군대가 강제로 유대의 보물들을 탈취해 간 것이다.
　둘째, 히스기야는 수명이 연장된 덕분에 므낫세라는 아들을 낳았으나 하나님을 경외하는 자로 키우지 못했다. 히스기야의 죽음과 함께 유대에는 역사상 가장 길고도 악랄한 므낫세 왕의 통치가 시작이 되었다. 므낫세의 통치가 끝날 즈음 유대의 부도덕과 우상 숭배는 하나님이 국가적 심판을 거두실 수 없을 만큼 패역한 지경에 이른다. 하나님의 본래의 계획을 벗어나 지도력 기간을 연장함으로써 히스기야는 확실한 망국의 싹앗을 심었던 것이다.

　현명한 지도자는 떠날 때를 아는 사람이다. 현명한 지도자는 직위에는 은퇴를 해도 소명에는 은퇴가 없다는 사실을 아는 사람이다. 헌신적이고 자격이 갖추어져 있는 지도자는 직위에 매달리지 않는다. 떠날 때 떠나면서 새로운 도전을 꿈꾸는 사람이다.

제13장

기독교 지도자의 보상

일반적으로 사람들이 지도자의 높은 직위를 탐하는 이유는 다음의 3가지이다.

첫째는 돈이다. 높은 직위를 가지고 있는 사람은 아랫사람보다는 분명히 수입이 높다. 봉급의 액수가 많다는 말이다. 이는 아주 가시적인 일이다. 직위가 높으면 책임과 임무가 더 중함으로 거기에 대한 보상을 해 주는 것은 당연하다. 그래서 어떤 사람들은 이 높은 봉급을 생각하면서 높은 직위를 갈망하는 사람들이 있음을 우리는 알고 있다. 그러나 지도자가 감수해야 할 무거운 짐과 부담과 책임을 높은 보수가 보상해 줄 수 있는 것은 아님을 알아야 할 것이다.

둘째는 권력이다. 권력은 돈보다는 덜 가시적이지만 그래도 많은 사람들에게 매력적이고 추구하는 것이 된다. 한 나라의 대통령은 말할 수 없는 권력을 손에 쥐고 있다. 특별히 선진국은 삼권(입법, 사법, 행정)이 분리되어 있어서 그 권력이 좀 덜 하지만 후진국이나 공산국가는 그렇지 않다. 그들은 막강한 권력을 가지고 있다. 그들의 말은 바로 법인 경우가 허다하다. 한 기관의 지도자도 그 기관의 인사, 재정, 행정 등 막강한 권력을 가지고 있다. 그래서 어떤 사람은 반드시 돈 때문에만이 아니라 권력을 휘두르고 싶어서 권력을 추구하는 사람도 있다. 지도자에게는 환경을 통제할 권한이 주어져 있다. 지도자에게는 환경을 바꿀 재량이 주어져 있다. 지도자는 그 직위에 따른 막강한 영향력을 행사할 수 있으나 그 직위에는 항상 책임이 수반되고 의무가 포함된다는 사실도 잊어서는 안 될 것이다. 그러니 이 권력은 한시적이다. 직위가 끝날 때 영향력도 끝이 나는 것이다.

셋째는 명예이다. 지도자는 일반적으로 귀한 대우를 받는다. 일국의 대통령이면 아주 귀한 대우를 받는다. 그래서 국회의원이 한번 되 본 사람은 눈에 흙이 들어갈 때까지 국회의원이 되기를 원한다는 말은 이 사실을 실감케 한다. 그러나 지도자는 주변의 많은 제약도 있음을 알아야 할 것이다. 명예에는 항상 주변의 감시도 수반된다. 많은 사람들의 찬사를 얻는 대신 사생활(privacy)을 잃을 때도 허다하다.

그러나 위에서 언급한 돈과 권력과 명예의 보상을 제외하고 진정한 보상은 다음과 같다.

1. 영적인 보상을 받는다.

지도자가 받는 가시적이고 확실한 보상은 영적 보상이다. 사도 바울은 생의 끝에 이렇게 말했다. "내가 선한 싸움을 싸우고 나의 달려갈 길을 마치고 믿음을 지켰으니 이제 후로는 나를 위하여 의의 면류관이 예비 되었으므로 주 곧 의로우신 재판장이 그 날에 내게 주실 것이니 내게만 아니라 주의 나타나심을 사모하는 모든 자에게니라"(딤후 4:7,8).

사도 바울은 이 두 구절에서 그의 영적 보상에 관해 분명하게 언급하고 있다.

첫째는 "내가 선한 싸움을 싸우고"라고 했다.

바울은 지난날을 회고하면서 자신이 주님이 맡기신 일에 대해 최선을 다 했음을 알고 만족하면서 이렇게 말했다. 생의 종국에 이런 노래를 부르며 고백을 할 수 있는 사람은 실로 행복한 사람이다. 이렇게 고백할 수 있었던 것은 바울 자신의 힘으로 성취했다는 말이 아니라 주님이 주시는 힘으로 성취했다는 사실을 자랑으로 말한 그의 신앙적 고백이다. 이는 분명히 당시 세계에서 유행되던 경기장에서 얻은 비유이다(고전 9:24-25; 빌 3:12-14; 히 12:1-3).

둘째는 "나의 달려갈 길을 마치고"라고 했다.

달음질을 하는 운동선수가 정해진 코스를 달린 것처럼 하나님이 정해주신 코스를 무사히 마쳤고 믿음의 경주를 잘 마쳤으며 바울 자신에게 맡겨 주신 임무와 사명을 잘 수행했다는 고백이었다. 바울이 달린 경주는 원거리 경주였고 장애물 경주였다. 이는 그의 복음전파를 통한 교회 건설과 하나님 나라의 확장을 의미하는 것이다.

셋째는 "믿음을 지켰으니"라고 했다.

바울은 복음을 전하면서 그의 믿음도 지켰으니 놀라운 일이 아닐 수 없다. 그는 남에게 복음을 전하고 남에게 그리스도를 전하는 일을 하기에 앞서 자신의 믿음을 신실하고 온전하게 지킨 일은 놀라운 일이 아닐 수 없다.

넷째는 "의의 면류관을...받게 될 것이라"라고 했다.

여기 "의의 면류관"에 대한 해석이 여러 가지가 있다.

① 크리소스톰(Chrysostom), 화이트(White), 길리(Gealy)는 "의인의 의에 대한 상급으로 주는 면류관"

② 허터(Huther)는 "영원한 의로 구성된 면류관"

③ 마티아스(Mattthias)는 "의로운(바른) 보응으로 주는 면류관 등 세 개의 해석 중에서 첫 번째가 가장 다수의 견해이다. 의에 대한 보상의 사상은 그리스도의 교훈(마 5:3-12)을 위시하여 성경 전체에 흐르고 있다. 구원은 오직 믿음에 있다. 그러나 구원받은 자가 받는 상급은 그들의 의로운 행위에 있는 것이다, 이 보상은 그리스도의 재림의 날, 의로운 재판장으로 오실 그리스도가 주시는 것이다.

영적(靈的) 보상이란 지도자(指導者)가 주님이 맡겨 주신 일을 잘 감당하면 받는 상급이다. 즉 하나님께서 인정해 주시는 사실의 보증이 되는 것이다. 인간이 인간을 창조하시고 섭리하시며 보호하여 주시는 하나님의 인정을 받는 이상 더 큰 감격과 감사는 없을 것이다. 인간은 전적으로 하나님께 의존하여 살고 있다. 우리를 도와주시는 하나님의 인정을 받는다는 사실은 진실로 놀라운 일이고 이보다 더 영광스러운 일은 없을 것이다.

성경에는 바른 삶으로 하나님의 복을 받은 사람들이 무수히 많다.

① 사업가 욥은 지상의 의로운 삶으로 하나님께 영광을 돌렸고 큰 축복을 받았다. 욥기 1:8절 "여호와께서 사단에게 이르시되 네가 내 종 욥을 유의하여 보았느냐 그와 같이 순전하고 정직하여 하나님을 경외하며 악에서 떠난 자가 세상에 없느니라"(욥 2:3) 욥기서 1:8-11절의 내용은 사단이 하나님을 대항하며 성도들을 참소한 사실이 진술된다. 이 때 하나님은 욥의 경건을 자랑하셨다. 사단은 욥의 경건과는 반대로 발언했다. 그의 반대하는 말은 패배로 돌아갈 수밖에 없었다. 욥은 순전하고 정직하며 하나님을 경외하며 악에서 떠난 자였다.

성경에 나타난 마귀의 정체는 어떠한가?

첫째, 하나님을 대적하는 인격성 있는 자이다.

둘째, 마귀는 처음부터 하나님을 대적하는 자이다(창 3:4)버

셋째, 마귀는 처음부터 살인한 자요, 거짓말쟁이요 거짓의 아비이다(요 8:44)

넷째, 마귀는 하나님을 믿는 자들에게는 아주 약하다.

다섯째, 마귀는 진리 앞에는 물러가고 만다.

성경에 마귀를 물리친 예가 많다.

첫째, 슥 3:2 "여호와가 너를 책망하노라"

둘째, 마 4:10 "사단아 물러가라"

셋째, 막 1:25-26 "귀신을 꾸짖어 나오게 하셨다"

넷째, 막 9:25-26 "귀신도 한번 꾸짖을 때에 물러갔다"

다섯째, 막 9:28-29 기도를 강조하신 내용이다.

여섯째, 유 1:9 "주께서 너를 꾸짖으시기를 원하노라"

② 정부 관리 다니엘은 왕국에서의 순전한 품행으로 천국 궁정에서 큰 은총을 입었다. 다니엘 9:23절 "곧 네가 기도를 시작할 즈음에 명령이 내렸으므로 이에 네게 고하러 왔느니라 너는 크게 은총을 입을 자라 그런즉

너는 이 일을 생각하고 그 이상을 깨달을지니라" 다니엘은 기도하는 주님의 종이었는고로 하나님으로부터 은총을 받았다. 이는 그의 순전한 품행 때문이었다.

③ 제사장의 아내 엘리사벳은 "하나님 앞에 의인"으로 하나님께 은총을 입었다. 누가복음 1:6절 "이 두 사람이 하나님 앞에 의인이니 주의 모든 계명과 규례대로 흠이 없이 행하더라" 사가랴와 엘리사벳은 하나님 앞에 의인이었다는 표현은 히브리 표현법이요 또 히브리 세계에서 최고의 칭찬이었다. 신약의 요셉도 같은 칭찬을 받았다(마 1:19). 세례 요한의 부모는 문벌 만이 좋은 것이 아니었다. 그들은 하나님이 인정하시는 의인으로 외적 그리고 내적으로 자격을 갖춘 분들이었다. 그들은 계명과 규례를 지킴으로 하나님이 옳다 인정하심을 받았다. 유대인들에게는 십계명과 율법(토오라, 모세 5경) 외에도 구전으로 전해지는 613(적극적인 것 248과 소극적인 것 365) 규례가 있었다. 이 모든 계명에서 "흠이 없이 행한"그들의 생활이 얼마나 근엄하였는가를 짐작할 수 있다. 그러나 이는 그리스도가 오신 이전의 이상이었지, 그리스도가 오신 이후에는 오직 믿음으로 외롭다 하심을 받는 것이다.

누가복음 1:25절 "주께서 나를 돌아보시는 날에 인간에 내 부끄러움을 없게 하시려고 이렇게 행하심이라 하더라" 창세기 30:23절에 라헬도 같은 말을 하였다. 유대 부인에 있어 자녀가 없는 것은 하나님의 은혜에서 멀어진 일이며 큰 치욕으로 생각했다(창 15:2; 삼상 1:6-10; 사 4:1; 호 9:11). 그러므로 노년에 수태한 것은 하나님이 돌아보신 증거로 크게 감격했던 것이다.

④ 젊은 여인 마리아는 도덕적 순결로 하나님의 칭찬을 입었다. 누가복음 1:28절 "그에게 들어가 가로되 은혜를 받은 자여 평안할지어다 주께서 너와 함께 하시도다 하니" 본절의 라틴어(Vulgate)역은 카톨릭의 성모에 대한 기도문 "아베 마리아, Ave Maria"의 근거가 된다. 그러나 이 기도문은 위의 두 구절에도 "거룩한 마리아, 하나님의 어머니여, 우리 죄인들을

위해 지금과 죽을 때 기도하여 주소서" 귀를 첨가하여 1568년 법왕 피오 5세에 의해 제정된 것이었다. 이는 은혜의 어머니가 아니라 은혜의 딸이었다.

⑤ 예수님은 하늘 아버지를 어찌나 기쁘시게 했던지 아버지는 "너는 내 사랑하는 아들이라 내가 너를 기뻐하노라"고 선포하셨다. 누가복음 3:22절 "성령이 형체로 비둘기같이 그의 위에 강림하시더니 하늘로서 소리가 나기를 너는 내 사랑하는 아들이라 내가 너를 기뻐하노라 하시더라" 하늘의 음성은 이때 외에도 변화산상에서와(마 17:5) 수난 주간에(요 12:28) 다시 들렸다. 즉 주님의 공생애의 처음과 중간과 결말에 반복 들리신 성부의 격려와 보장의 음성이었던 것이다.

⑥ 예수님은 제자들의 삶이 하나님을 영화롭게 하면 천국에서는 물론 이생에서도 풍성한 보상을 받을 것이라 약속하셨다. 누가복음 18:28-30절 "베드로가 여짜오되 보옵소서 우리가 우리의 것을 다 버리고 주를 좇았나이다 이르시되 내가 진실로 너희에게 이르노니 하나님의 나라를 위하여 집이나 아내나 형제나 부모나 자녀를 버린 자는 금세에 있어 여러 배를 받고 내세에 영생을 받지 못할 자가 없느니라 하시니라" 이는 제자들의 대변 인격인 베드로의 발언이다. 베드로는 제자들이 예수님이 요구하신 것처럼 모든 것을 다 버리고 주님을 따라 온 것을 확인하고 안도감을 느끼면서 구원의 확인을 다시 받고 싶은 심정에서 이런 발언을 했을 것이다. 누가는 "아내"를 첨가하고 "전토"를 생략한다. 마태는 "세상이 새롭게 되어"를 삽입시킨다. 주님을 위해 모든 것을 다 버린 자나 그 후손들은 현세에서도 여러 배를 얻고 내세에서도 영생을 얻는다. 욥기 42:12-16에 의하면 구약의 욥이 그랬고 그 외에도 많은 실례가 있다.

⑦ 바울은 그리스도의 준엄한 현실을 늘 의식하며 살았기에 당당히 죽음을 맞이할 수 있었다. 그는 세상의 명예는 아무것도 아님을 고백했다.

불신자들은 아무리 큰 업적을 남겼어도 불안과 두려움으로 죽음을 맞는다. 그러나 그리스도인은 하나님의 영원한 임재를 확신하기에 평안하다.

처칠(Winston Churchill)은 20세기 지도자 중에서도 가장 자신감 있고 겁이 없는 지도자였다. 그는 나치 히틀러 도당에 겁내지 않고 맞섰다. 그러나 그는 위대한 생의 말년에 농담조로 "나는 나를 지은 자를 만날 준비가 되어 있다. 문제는 나를 지은 자가 나를 만날 준비가 됐는가 이다."라고 말했다. 그는 죽음의 마지막에 남긴 말은 "희망이 없다"란 말이었다.

처칠은 인도에서 사나운 파탄인(Pathans)와 싸웠고, 수단에서 310명의 기병으로 3,000명이 넘는 회교 광신자들 속으로 용감히 돌진했다. 그는 남아프리카 공화국에서 보어인에게 포로로 잡혔다 탈출했고, 제 1차 세계대전 중 최전방에서 영국군을 지휘했다. 적의 탄환도 겁내지 않던 그는 "총에 맞고도 말짱한 것보다 신나는 일은 없다"고 말했다. 그의 유일한 적은 죽음과 불확실한 세계였다.

기독교 지도자였던 무디(Dwight L. Moody)는 62세에 죽음을 앞두고 "어느 날 당신들은 무디가 죽었다는 신문기사를 보게 될 것이오. 한마디도 믿지 마시오. 그 순간 나는 지금보다 더 생동할 것이오."라고 말했다. 4개월 후 무디는 임종이 가까워 오면서 이렇게 말했다. "이 땅은 물러가고 천국이 내 앞에 열린다!.....이것이 죽음이라면 죽음은 달콤하다. 하나님이 나를 부르고 계시니 가야 한다. 나를 붙잡지 말라!... 아픔도 없고 골짜기도 없고 그저 기쁨뿐이다." 그는 기쁨의 죽음을 맞이했다. 이것이 그가 받은 천국의 보상이었다. 이는 아주 값진 보상이었다.

영적 보상이란 경건한 지도자에게는 자신을 향한 하나님의 뜻과 목표를 이룬 데서 오는 소명의 성취와 만족감이 따른다. 성경은 다윗 왕이 "당시에 하나님의 뜻을 좇아 섬기다가 잠들어 그 조상들과 함께 묻혀"(행 13:36)라고 기록한다. 다윗은 완벽한 사람은 아니었지만 하나님은 그를 들어 쓰셔서 천국의 뜻을 이루셨다. 에베소 4:11절에 의하면 하나님은 몇몇 사람들을 지도자로서 당신을 섬기도록 부르신다. 사도 바울은 "푯대를 향하여 그리스도 예수 안에서 하나님이 위에서 부르신 부름의 상을 위하여 좇아가노라"(빌 3:14)고 말했다. 바울의 야망은 흔들림 없이 하나님의 뜻을 따르는 것이었다. 그래서 그는 "하늘에서 보이신 것을 내가 거스리지 아니하고"(행 26:19)라 고백할 수 있었다.

2. 평화의 보상을 받는다.

기독교 지도자가 맡은 일을 잘 감당하므로 하나님의 인정을 받고 소명을 성취함으로 개인적인 보상도 따른다는 사실을 알아야 할 것이다. 이것이 지도자에게 주어지는 하나님의 복이요 보상이다. 이 축복과 보상은 크게 4가지이다.

첫째는 가정에 대한 보상이다.

일반적으로 기독교 지도자는 가정의 축복을 받는 것이 원칙이다. 약간의 예외도 있을 수 있으나 주님이 주님을 믿고 모든 일을 성경적 원칙과 원리에서 처리하는 이들에게는 인간의 상상을 초월한 축복을 주시는 것이다. 그러나 그렇지 않은 경우도 있음을 알아야 한다. 비록 기독교 지도자라고 할지라도 직장에 모든 정력을 쏟아 최선을 다하고 가정에는 찌꺼기를 내 놓는 경우도 있다. 어떤 기독교 지도자들이 갖는 문제는 직장에서는 정서적 그리고 신체적 에너지의 최대 용량을 쏟아 붓고는 가정에서는 에너지가 고갈되어서 집안 문제를 처리할 여력이 없는 경우도 있다.

인간의 시간과 에너지는 한정이 되어 있다. 샘솟듯 무진장으로 넘쳐흘러 나오는 것이 아니다. 그러므로 기독교 지도자라고 할지라도 그가 가진 시간과 에너지를 분배할 줄 몰라서 가정에는 등한시하는 경우도 있다. 그러나 기독교 지도자에는 직장 못지않게 가정도 중요하다. 기독교 지도자가 직장 동료들을 존중한다면 배우자와 가족들도 더욱 극진해야 한다. 참된 영적 지도자는 집에서나 직장에서나 늘 사랑과 인내와 친절로 행해야 한다. 현명한 기독교 지도자는 직장 못지 않게 가정을 중시하든지 혹은 가정을 직장보다 더 중시하는 분들이 있다.

무디(Dwight L. Moody)가 한창 그의 사역에 성공을 구가할 무렵 사생활에 위기를 맞았다. 그의 설교 사역은 크게 성공을 거두었다. 그는 교회와 출판사 외에도 학교를 세 곳이나 세웠다. 그런데도 그는 실패한 기분이 들었다. 미국에서 명문대학인 예일 대학교에 입학한 맏아들이 신앙을 버렸다. 그는 아들에게 보낸 편지에서 "내가 가장 부끄러운 것은 아무리 남들한테 설교를 잘해도 정작 내가 전하는 복음을 내 아들이 믿지 않는다는 것이다"라고 썼다. 다행이 그는 예수님께 돌아와 아버지의 사역에 동참을 했다. 무디의 기쁨은 이루 말할 수 없었다. 목사의 자녀들이 일반적으로 잘 된다고 하는 말은 타당한 말이다. "기도하는 자식은 망하는 법이 없다"는 말은 철칙이다. 기독교 지도자로서의 목사가 가족을 위하여 쏟는 그 눈물어린 기도는 결코 땅에 떨어지지 않을 것이다.

둘째는 직장에 대한 보상이다.

기독교 지도자가 받는 축복의 보상 중의 다른 하나는 직장에서의 보상의 이다. 기독교 지도자는 온전한 자세와 원만한 성품과 충성된 태도로 직장에 임한다. 그럴 때에 그에게 큰 보상이 따른다. 이는 일의 종류와 귀천과는 전연 무관한 것이다. 일의 자세와 정신이 중요하다. 시버즈(Ervin Sievers)란 사람은 우리에게 가장 좋은 예가 된다. 그는 45세에 뇌종양으로 죽었다. 그는 고위 간부도, 석유업계 거물도, 유명인사도 아닌 단지 자신의 일에 충실한 사람이었다. 그는 17세 때부터 환경 미화원으로 일했다. 그의 직업에 대한 괄시는 이루 말할 수 없었지만 그는 자기가 하는 일에 자부심을 가지고 성실하게 일했다. 그는 두 번이나 최고 미화원으로 뽑혔다. 그는 말하기를 자기가 죽으면 장례 행렬의 영구차 뒤에 쓰레기 트럭(truck)을 따르게 해 달라고 유언했다. 영적 리더도 이런 정신으로 일을 해야 한다. 하나님께서는 이런 사람을 귀하게 보시는 줄 안다.

기독교 지도자는 하나님의 영광을 위해 자신의 일을 온전히 수행하는 자이다 (고전 10:31; 골 3:17, 23). 기독교 지도자가 하는 일의 궁극적인 목적은 하나님의 영광을 위하여 최선을 다 하는 것이다. 이런 기독교 지도자는 하나님의 영광을 위해 맡은 일에 세상과 타협하지 않는다. 기독교 지도자는 매출 신장이나 수출 실적이나 승진을 위해 자신의 신앙 원칙을 무시하지 않는다. 교회 일도 세상 적인 방법을 사용해서 하나님의 뜻을 이루려고 하지 않는다. 인간은 무슨 일을 할 때 너무 성경적이면 성공하기가 어렵다고 한다. 그리고 이렇게 해야 한다고 강변할 수 있다. 그러나 사도 바울은 고린도 후서 1:12절에 "우리가 세상에서 특별히 너희에게 대하여 하나님의 거룩함과 진실함으로써 하되 육체의 지혜로 하지 아니하고 하나님의 은혜로 행함은 우리 양심의 증거 하는 바니 이것이 우리의 자랑이라"고 했다.

기독교 지도자는 직업보다 신적 소명(divine calling)이 우선됨을 알아야 한다. 이 말은 그리스도께 대한 순종(obedience)이 조직에 대한 의무(responsibility)를 앞지르는 것이다. 하나님을 존중하는 자를 그분도 존중하신다는 약속을 믿을 수 있다(삼상 2:30). 하나님은 자신을 영화롭게 하는 자를 저버리지 않으신다. 기독교 지도자의 직업관은 "내가 일하는 직장에서 하나님의 계획이 무엇인가?"가 되어야 한다. 하나님의 계획을 무시하는 지도자는 비록 성공하는 것 같아도 하나님이 보시기에는 실패이다. 하나님의 주요 관심사는 인간의 출세가 아니라 하나님의 뜻과 하나님의 나라를 이루는 것이다 (마 6:9-10).

셋째는 대인관계에 대한 보상이다.

기독교 지도자에게 주어지는 축복은 대인관계에서의 보상이다. 이는 아주 큰 축복이다. 사람이 은퇴할 시점에 와서는 일밖에 남는 것이 없다는 말을 종종 한다. 이 말은 같이 동역 하는 사람보다 일을 하는데만 몰두했기 때문이다. 현명한 기독교 지도자는 사람이 결코 목표를 이루는 수단이 아니며 하나님이 세우신 영원한 계획을 이루는 것이며 이 일을 이루기 위해서는 사람과 같이 일을 해야 한다. 그래서 사람 자체가 목표는 아니지만 같이 일하는 사람의 중요성을 알아야 할 것이다. 그러기 위해서 현명한 지도자는 목표달성에 매진하면서도 타인을 소중히 대하고 관계를 지키기 위해 최선을 다한다.

성공의 가장 큰 장애물은 다른 사람들에 대한 이해부족이다. "Wall Street Journal"에 지도자들이 실패하는 이유에 관한 기사가 실렸다. 그 가운데 가장 큰 이유는 다른 사람과 효과적으로 관계를 맺지 못하는 개인의 무능력을 지적했다. 즉 인간 관계가 온당치 못해서란 것이다. 대인관계가 별로 좋지 않은 사람들에게는 사람이 따르지 않는다. 탁월한 지도자였던 카네기는 슈압이 가진 뛰어난 대인 관계 기술을 높이 평가해서 슈압(Charles Schwab)에게 연봉 백만 달러를 주었다고 한다. 카네기가 고용하고 있던 사람들 중에 그 직무를 더 잘 이해하고 경력이나 숙련도 면에서도 슈압보다 나은 사람들이 상당수 있었다. 그러나 그들은 대인관계에 있어서는 슈압을 따라 올 수 없었다. 대인 관계에서는 슈압이 단연 최고였다. 사람들은 재능과 능력이 뛰어나다고 하여 맹목적으로 따르지 않는다. 그런 사람들을 잠시 잠깐 따를 수 있을지는 몰라도 장기적으로 따르지는 않는다.

작가 캐롤 하이야트와 린다 가틀리브는 직장에서 실패한 사람들은 흔히 실패한 이유로 "사무실 정치"를 들먹인다. 그러나 그들이 말하는 정치라는 것의 실체는 종종 다른 사람들과 맺는 일반적인 상호 관계에 지나지 않는 경우가 많다고 지적했다. 그들은 다음과 같이 주장한다. "대부분 직장에서의 성공은 다른 사람들과의 관계에 달려 있다. 당신은 대단히 학구적인 지식을 가지고 있지만 사회적인 지식, 즉 남의 이야기를 잘 들어 주는 것, 다른 사람에 대한 세심한 배려, 비판을 잘 주고받는 능력은 부족할 수 있다. 만일 사람들이 당신을 좋아하지 않으면, 그들은 아마 당신이 실패하도록 도울 것이다. 반면에 만일 당신이 사회적으로 지혜롭다면, 심각한 실수에서 벗어날 수 있을 것이다. 만약 사장이 당신이 상황을 성숙하고 책임감 있게 처리한다고 생각한다면 실수는 오히려 당신의 성공을 부치길 것이다." 사람들은 자기가 좋아하는 사람과 일하기를 좋아한다. 루주벨트(Theodore Roosevelt) 대통령은 이렇게 표현한다. "성공의 공식 중 가장 중요한 요소는 다른 사람과 잘 지내는 방법을 아는 것이다."

사무엘은 사람들을 대할 때 온전함을 잃지 않았다. 그 결과 사역이 끝날 무렵 그는 온 백성 앞에서 서서 이렇게 물을 수 있었다. "내가 여기 있나니 여호와 앞과 그 기름 부음을 받은 자 앞에서 내게 대하여 증거하라 내가 뉘 소를 취하였느냐 뉘 나귀를 취하였느냐 누구를 속였느냐 누구를 압제하였느냐 내 눈을 흐리게 하는 뇌물을 뉘 손에서 취하였느냐 그리하였으면 내가 그것을 너희에게 갚으리라 그들이 가로되 당신이 우리를 속이지 아니하였고 압제하지 아니하였고 뉘 손에서 아무것도 취한 것이 없나이다. 사무엘이 백성에게 이르되 너희가 내 손에서 아무것도 찾아낸 것이 없음이 여호와께서 너희에게 대하여 증거하시며 그 기름 부음을 받은 자도 오늘날 증거하느니라 그들이 가로되 그가 증거하시나이다"(삼상 12:3-5).

여기서 사무엘은 그 자신의 정직과 성실을 기억하게 하였고, 이렇게 함으로 자기를 배척한 그들의 잘못을 지적하였다. 사무엘이 이렇게도 성실하였고 정직하였지만 그의 아들들은 그렇지를 못했다. 사무엘상 8:3절에 보면 "그 아들들이 그 아비의 행위를 따르지 아니하고 이(利)를 따라서 뇌물을 취하고 판결을 굽게 하니라" 사무엘의 아들들이 이렇게 부패하게 된 것은 사무엘의 가정교육이 부족한 까닭이 아니었다. 그는 자기 집에서도 이스라엘을 다스렸고 또 신앙적으로 행하여(7:17) 모범을 보여주었다. 이것은 부모나 주위 사람의 신앙이 아무리 커도 자기 자신이 진실하지 못하고 경건 생활에 힘쓰지 않으면 소용이 없음을 보여 준다. 사람들이 하나님의 은혜를 받으려면 각자가 올바로 서서 그 은혜를 사모하고 그 은혜에 보답하는 삶을 살아야 한다. 사무엘은 성인이 된 후 평생 지도자로 일했다. 사람들은 일평생 그를 지켜보았다. 사무엘은 사람들을 이용하고 사람들과 타협할 기회가 얼마든지 있었다. 그럼에도 사무엘이 생의 말기에 온 나라 앞에 서서 단 한 영이라도 부당한 대우를 받은 자가 있느냐고 물었을 때 아무도 불평하지 않았다.

사도 바울도 에베소 사역을 마칠 때 그곳 교회 장로들 앞에 서서 이렇게 말했다. "아시아에 들어온 첫날부터 지금까지 내가 항상 너희 가운데서 어떻게 행한 것을 너희도 아는 바니 곧 모든 겸손과 눈물이며 유대인의 간계를 인하여 당한 시험을 참고 주를 섬긴 것과 유익한 것은 무엇이든지 공중 앞에서나 각 집에서나 꺼림이 없이 너희에게 전하여 가르치고 유대인과 헬라인들에게 하나님께 대한 회개와 우리 주 예수 그리스도께 대한 믿음을 증거한 것이라"(행 20:18-21). 이는 바울의 에베소 교회 장로들과의 고별설교(17-35) 시에 한 말이다. 사도 바울은 겸손한 사람이었고 눈물의 사람이었다. 본장 31절에 의하면 바울은 밤낮 쉬지 않고 눈물로 각 사람을 훈계했다고 했다. 당시의 기도소리보다 눈물의 소리가 더 컸다는 말이 있을 정도로 눈물을 많이 흘렸다. 아이가 어머니의 배속에서는 어머니의 피를 먹고 살고 이 세상에 나와서는 어머니의 기도로 산다는 말이 있다. 여기서 바울은 기독교의 아주 중요한 교리를 말하고 있다. 즉 회개(repentance)와 믿음(faith)이다. 회개는 하나님께 대한 것이고 믿음은 주 예수 그리스도께 대한 것이다.

사무엘이나 바울은 대인관계가 탁월했다. 그들을 대한 사람들은 누구나 그들을 호평했다. 인간관계를 잘 맺는 사람은 하나님의 축복을 받은 사람이다. 그러므로 지도자는 피지도자를 이용만 하려고 하지말고 관계형성을 잘해야 하며 그들에게 충고나 지시를 할 때도 항상 사랑이 전제가 되어야 한다. 기독교 지도자는 지속적으로 좋은 관계를 맺기 위해서는 피지도자들에게 충고를 하되 사랑으로 해야 한다.

여기 사랑으로 하는 충고의 10계명이 있으니 다음과 같다.

① 비공개적으로 그리고 개인적으로 하라.

② 가능한 한 신속히 하라. 그것이 오랫동안 기다리는 것보다 더 자연스럽다.

③ 한 번에 한 가지씩만 안건을 말하라. 긴 목록의 안건들 때문에 중압감을 느끼게 하지 말라.

④ 우선 논지를 완전히 이해시키고 나면, 그에 대해 반복해서 말하지 말라.

⑤ 그가 변화시킬 수 있는 행동들에 대해서만 다루라. 만약 그가 할 수 없는 것을 요구하면 당신과의 관계에서 그는 좌절하게 된다.

⑥ 빈정거리지 말라. 빈정거림은 당신이 사람들의 행동 때문에 화가 난 것이 아니라 사람들 때문이라는 것을 알려 주게된다. 그 빈정거림은 사람들로 하여금 분개하게 한다.

⑦ "항상" "절대로"와 같은 단어를 피하라. 이런 단어는 말의 정확도를 떨어뜨리고, 사람들을 방어적으로 만든다.

⑧ 가능하다면 비판을 제안이나 질문하는 방식으로 제시하라.

⑨ 직면(confrontation)했던 모임에 대해 사과하지 말라. 그것은 직면하게 된 모임의 가치를 손상시킨다. 또한 당신이 했던 말에 확신이 없었음을 말해 주는 것이 되기 때문이다.

⑩ 칭찬(compliment)을 잊지 말라.

넷째는 지도자 자신에 대한 보상이다.

기독교 지도자가 자기기 맡은 일을 성실하게 이행하면 도덕과 신앙을 지키는 축복의 보상이 된다. 사람들은 누구나 행동 원칙을 정해서 그 원칙대로 살려고 노력한다. 만일 이 원칙이 무너지거나 타협하면 본인이 먼저 알게 된다. 세상 법정에 서기전에 본인의 양심의 법정에서 유죄를 선고받는다. 악명 높은 가룟 유다 조차 자신의 원리를 어기고 한 줌의 은전에 예수님을 배반하고는 괴로움을 견딜 수 없어, 비열한 행위를 씻어 내려는 절박한 몸짓으로 자살하고 말았다(마 27:3-5). 그런데 하물며 기독교 지도자는 더욱 더 세상 도덕뿐만이 아니라 성경적 도덕과 신앙을 지키면서 그 원칙에 따라 살아야 한다. 그럴 때에 큰 보상이 자신에게 주어지는 것이다.

기독교 지도자가 성공을 하기 위해서 신앙의 원리를 저버리고, 친구를 배반하며, 예수님의 이름을 욕되게 하고, 교회에 해를 끼치고, 가정을 소홀히 했으면 성경의 약속대로 회개해야 한다. 잠언 28:13-14절에 "자기의 죄를 숨기는 자는 형통치 못하나 죄를 자복하고 버리는 자는 불쌍히 여김을 받으리라 항상 경외하는 자는 복되거니와 마음을 강퍅하게 하는 자는 재앙에 빠지리라" 여기 13절은 "회개의 복"을 역설한 말이고 14절은 "복된 회개를 하나님을 경외하는 자"라고 하였다. 회개하지 않은 자는 화를 자취하는 셈이 된다.

죄란 하나님에 대한 무지(無知)이고 그의 뜻을 거스름이다. 사람이 망하는 것은 죄 때문이다. 야고보서 1:15절에 말하기를, "욕심이 잉태한즉 죄를 낳고 죄가 장성한즉 사망을 낳느니라"고 하였다. 이 죄를 숨기는 자는 형통치 못하다. 죄를 숨기려는 자는 다음의 몇 가지 이유를 내세운다.

첫째는 인간은 불완전함으로 율법을 완전히 지킬 수가 없다고 한다.

둘째는 환경이 좋지 못하여 죄를 범한다고 한다.

셋째로 죄를 감추고 자기의 죄책을 부인한다.

그러나 죄를 자복하고 버리는 자는 불쌍히 여김을 받는다고 했다. 우리가 지은 죄는 하나님께 자복해야 한다. "자복한다"는 말은 "인정한다"는 뜻이다. 죄를 버림이 회개의 열매이다. 열매 없는 회개는 무익한 회개이다. 죄는 미움의 대상이다. 죄를 버린다는 말에 대한 성경의 교훈을 보면 다음과 같다. 마태복음 5:29절에 "만일 네 오른 눈이 너로 실족케 하거든 빼어 버리라"고 했고, 마태복음 5:30절에는 "만일 네 오른손이 너로 실족케 하거든 찍어 내 버리라"고 하셨다. 크래머(Crammer)는 진리를 위하여 화형(火刑)을 받을 때에, 전에 손으로 지은 죄를 원통히 여기면서 손을 불길 위에 뻗치고, "이 무가치한 손"(This unworthy right hand)이라고 하였다. 미국의 한 여인은 35년 전에 수도요금을 내지 않고 지낸 것이 생각나서 그것을 갚았고, 어떤 사람은 40년 동안 도적질하여 모은 돈을 하나하나 찾아다니면서 돌려주었다고 한다.

1948년 루주벨트(Franklin Roosevelt) 대통령의 친구인 히스(Alger Hiss)가 공산주의자 혐의로 전 미국인의 관심 속에 국회 조사를 받았다. 국회 조사단은 유죄를 강력히 주장했지만 유죄를 입증할 증거는 없었다. 이 일에 깊이 관여하고 은폐 여부를 열정으로 파헤친 인물은 당시 젊은 하원의원이었던 바로 닉슨(Richard Nixon)이었다. 닉슨의 정치 인생이 정치 스캔들(scandal)들의 배후를 탐색하는 것으로 시작됐다는 것은 의미심장하다. 이렇게 정치 행보를 내딛은 닉슨이 곧 사상 유례 없는 정부의 은폐 조작(Watergate)과 연계되니 말이다. 품위와 도덕과 신앙 원리를 어기면 스스로의 온전함을 잃게 된다.

비록 기독교 지도자나 기독교인은 아니었지만 자신의 신념을 고수하는 자에게 삶의 만족을 선사한 이가 있었다. 그의 이름은 간디(Mohandas Karamchand(Mahatma) Gandhi, 인도 민족 해방의 지도자, 1869-1948)였다. 간디는 자기 자신의 죽음을 예언하듯 이렇게 말한 적이 있다. "누군가 나를 총으로 쏜다면……그런데 그때 내가 총에 맞고도 신음도 없이 마지막 숨을 쉬며 하나님 이름을 부를 수 있다면, 그때 나는 내 원칙대로 산 것이다." 이튿날 기도 시간에 늦은 간디는 500명쯤 되는 무리를 향해 걸음을 서둘렀다. 그때 갑자기 35세의 고드세(Nathuram Vinayak Godse)가 간디 앞으로 다가와 마치 경의를 표하듯 깊이 고개를 숙이더니 세 차례 간디를 저격했다. 간디는 낮은 목소리로 "오, 하나님"을 부르며 자신의 암살범을 용서한다는 몸짓을 해 보인 뒤 쓰러졌다. 간디는 그리스도인은 아니었지만 리더의 한 사람으로써 자기 나름대로의 신조는 죽기까지 충실했다.

3. 기여의 보상을 받는다.

처칠(Winston Churchill)은 "역사는 한 인간을 그의 승리나 패배로 평가하지 않고 결과로 평가한다"는 말을 했다. 성공의 궁극적 척도는 늘 성공으로 일관했는지가 아니라 다른 사람들의 삶을 변화 시켰느냐? 이다.

1) 기독교 지도자는 사람들을 움직여 하나님의 뜻을 행하는 일을 하는 사람이므로 그 일에 대한 보상을 받는다.

사람을 변화시키는 일만큼 놀랍고 값진 일은 없다. 위대한 기독교 지도자는 주변에 있는 사람들을 훌륭하게 만든다. 지도자는 자신의 성품이 사람들에게 미치는 영향을 과소평가해서는 안 된다. 미국 제너럴 자동차 회사(General Motor)사의 경영총책임자인(CEO) 알프레스 슬로운이 은퇴할 때 직원들이 자발적으로 150만 달러를 모아 그를 기념하여 암 연구를 후원했다. 박애주의 지도자에게 어울리는 선물이었다. 반면에 허영과 야욕에 찬 나폴레옹이 "내가 군주로 만들어 준 그 많은 무리 중 감사하거나, 의리를 지키거나, 나를 사랑하는 자는 단 한 명도 없다"고 탄식했다고 한다.

사람들은 무디(Dwight L. Moody) 앞에서는 "낙심하거나 좌절할 수 없었다"고 한다. 무디도 복음의 열정은 말할 것도 없거니와 사람에 대한 헌신으로 자기 세대에 큰 영향을 미친 인물이었다. 그의 영향을 받은 그의 동료와 후배 명단은 마치 19세기 말을 주도한 기독교 지도자 인명사전과도 같다. 그 중에서 몇 사람을 지적한다면, 마이어(F.B. Meyer), 생키(Ira Sankey), 블리스(Philip Bliss), 스터드(C.T.Studd), 모트(John R. Mott), 레벨(Fleming Revell), 골돈(S.D. Gordon), 토레이(R.A. Torrey), Robert Speer, Wilbur Chapman, G. Campbell Morgan, C.I. Scofield, 드러몬드(Henry Drummond), 모을톤(J.H. Moulton) 등은 무디의 영향을 받은 많은 사람들 중에 일부이다. 무디의 동료 휘틀(D.W. Whittle)와 불리스(Philip Bliss)가 전 미국 전도 대회에서 어려움을 겪자 무디는 그들에게 기금을 보내며 "믿음이 부족하거든 내 믿음에 기대하며 밀고 나가십시오"라고 권면했다고 한다.

2) 사람에 대한 기여뿐 아니라 조직 기여에 대한 축복과 보상도 받는다.

모네트(Jean Monnet)에 따르면 "사람 없이 이루어지는 일은 없고 조직 없이 지속되는 일은 없다"고 했다. 사람에게 지속적으로 영향을 미칠 수 있는 최선책은 조직에 투자하는 것이다. 일반적으로 사람보다 조직은 더 많은 일을 할 수가 있다. 조직은 사람보다 수명이 길다. 그러나 순서는 조직 이전에 사람이다. 조직도 궁극적으로 사람을 위한 것이다. 그리고 사람은 궁극적으로 하나님을 위한 것이다.

무디는 사역 기간 중 100만 명이 넘는 이들에게 설교를 했다고 한다. 그의 최고의 영향력은 그가 설립을 주도한 조직들을 통해 나타났다. 그는 헬론산(Mount Hermon) 남자 신학교와 노스필드(Northfield) 여자 신학교를 세웠다. 시카고 복음화 협회(현 무디 성경학교)를 창립했다. 그는 또한 시카고 YMCA와 무디 교회를 세웠으며 학생 자원운동의 전신인 노스필드 수련회를 시작했다. 학생 자원운동을 계기로 전 세계에 선교사가 나갔다. 무디 출판사와 플레밍(Fleming) 리벨 출판사에 이르기까지 무디가 기초를 마련한 조직들은 무디가 죽은지 100년 이상 지금까지도 훌륭히 제 역할을 하고 있다. 기독교 지도자는 자신이 이끄는 조직이 자신의 지도력으로 인해 언젠가 더 강해질 것을 기대해야 한다.

간디(Mahatma Gandhi)는 조국인 인도가 영국의 지배에서 벗어나는 날을 내다보았다. 만델라(Nelson Mandela)는 30년의 피나는 희생 끝에 남아프리카 공화국에서 흑인들의 자유 선거를 목격했다. 처칠(Hinston Churchill)은 사기가 떨어진 나라를 이끌고 난공불락으로 보이던 나치도

당을 무찔렀다.

하나님은 나약하고 방향성 없는 조직으로 그리스도인 지도자를 인도하사 그들을 통해 조직에 새 힘과 목표를 주신다. 목사는 조직을 통해서 침체된 교회가 활기를 얻게 되면 그 감격은 무엇과도 바꿀 수 없다. 리더의 만족은 조직이 처음보다 강해질 때이다. 그린리프(Robert Greenleaf)의 말대로 "조직을 세우는 비결은 사람들을 키워 팀으로 결속시킬 수 있는 능력에 있다"

3) 중요하지만 흔히 간과되는 지도자의 책임으로 후임자를 잘 훈련시키는 기여도 있다.

하나님은 차세대 지도자를 훈련시키고 준비시키는 방법에 관해 구체적 지침을 주셨다(신 6:6-9, 20-25). 이는 이스라엘 백성들이 자녀를 가르쳐야 할 것을 지시하신 내용이다. 자녀를 가르치는 자세는 마음과 성품과 힘을 다하여 하는 일이다.

첫째는 자녀를 가르치는 정신은 부지런히 라고 했다.

둘째는 자녀를 가르치는 장소는 집이나 길에서나 누워 있을 때나 일어날 때나 언제든지 라고 했다.

셋째는 자녀를 가르치는 표는 손목이나 미간이나 집 문설주나 바깥문이라고 했다.

하나님이 이혼을 미워하시는 이유 중의 하나는 어린 아이의 삶을 이혼이 망쳐 놓기 때문이다(말 3:15,16).

이렇게 철저하게 "쉐마"(Shema)교육을 받은 유대인들은 세계적으로 여러 분야에서 두각을 들어내고 있다. 유대인의 인구수는 전 세계적으로 1450만 명이라고 하며 미국에만 684만 명이라고 한다. 이스라엘의 영토는 남한의 강원도와 경기도를 합친 크기이다. 노벨 수상자는 총 약 300명 정도인데 유대인이 그 3분의 1이다. 경제학 분야는 65%, 의학분야는

23%, 물리학 분야는 22%, 화학분야는 11%, 문학분야는 7%이다. 미국의 70만 명의 변호사 중에서 20%인 14만 명이 유대인이며, 400명의 재벌가 중에서 23%가 유대인이라고 한다. 뉴욕 중고등학교 교사 중에서 50%가 유대인이며, 미국 국민 투표로 당선된 미 의회 위원들 535명중에서 42명이 유대인이며 대학교수 중에서 25-30%가 유대인이라고 한다. 특히 프린스톤 대학의 경우 중요행정 책임자들의 90% 이상이 유대인이며 하버드 대학 및 UCLA의 의대 및 법대 교수 중에서 50%가 유대인이라고 한다.

성경에 후임자를 잘 기른 예들이 많다.

첫째는 여호수아는 모세를 계승하여 모세가 얻을 수 없었던 땅을 정복함으로써 그보다 더 큰 일을 이루었다.

둘째는 엘리사는 능력 많은 엘리야를 따랐고 엘리야의 영감을 갑절이나 받았다 (왕하 2:9-10).

셋째로 예수님도 제자들에게 믿기 어려운 말씀을 하셨다. "내가 진실로 진실로 너희에게 이르노니 나를 믿는 자는 나의 하는 일을 저도 할 것이요 또한 이보다 큰 것도 하리니 이는 내가 아버지께로 감이니라" (요 14:12). 부모 대에 시작된 사역을 자녀들이 잇는 것은 특권이다.

넷째로 대처(Margaret Thacher)가 영국 수상 자리를 내줄 때 이런 말을 했다. "내가 할 일이 하나 더 있다. 그것은 존 메이저를 내 후임자로 확실히 세우는 것이다. 나는 그가 내 정치적 유산을 지키고 간수하면서 정책을 추진해 나갈 사람이라고 믿고 싶다. 아니 믿어야 한다."

기독교 지도자의 참 기쁨은 신중히 단련해 온 후임자를 통해 자신의 일이 보존되고 지속될 때이다. 레이건(Ronald Reagan)은 대통령 재임 중 매 목요일 점심을 부시(George Bush, 현 미국 대통령의 아버지요 전임 대통령) 부통령과 같이 했다. 그는 매주 부통령과 함께 당면 이슈(issue)를 검토하곤 했다. 레이건의 재임이 끝나고 부시는 차기 대통령으로 당선이 되었다. 레이건은 대통령 집무실을 떠나면서 표제가 달린 편지지에 신임 대통령에게 주는 짤막한 메모지를 남겼다. 그 메모지의 내용은 이렇다.

"친애하는 조지에게, 이 편지지를 사용하고 싶은 때가 있을 것이다. 얼마든지 쓰시오. 우리 추억을 소중히 간직하리다. 당신이 정말 잘 되기를 바라오. 당신을 위해 기도하리라. 당신과 바바라에게 하나님의 축복을 비오. 목요일 점심 식사가 그리울 것이오, 론"

기독교 지도자는 늘 미래를 내다 볼 수 있어야 한다. 거기에는 차기 지도자를 위하여 조직을 준비하는 것도 포함된다. 이 책임에 삼중의 보상이 따른다. 여기 삼중의 보상이란 지도자 자신과 후임자와 조직이다.

4. 관계의 보상을 받는다.

기독교 지도자가 누릴 수 있는 많은 보상 중 관계에서 오는 기쁨을 빼놓을 수 없다.

1) 가족 관계는 가장 큰 기쁨의 원천인 동시에 가장 깊은 슬픔일 수도 있다.

기독교 지도자가 조직의 목표에 시달리다 보면 가정을 소홀히 할 수가 있다. 목회자가 교역 때문에 가정을 소홀히 함으로 자녀가 잘못되고 아내가 남편과 거리가 멀어지는 경우가 있다. 다윗왕은 장군이요 왕이요 최고 행정가로 그의 지도력은 탁월했다. 그러나 그의 공적은 가정에서 실패로 빛이 바랬다.

① 삼하 6:20-23 다윗의 아내 미갈은 하나님을 찬양하는 그를 비웃었다.
② 삼하 11장 다윗은 휘하 용사의 아내를 범하고 부하를 사지로 몰았다.
③ 삼하 13:1-22 다윗의 아들 암논은 이복누이 다말을 강간했다.
④ 삼하 15-18 다윗의 아들 압살롬은 암논을 죽이고 아버지를 모반해 내전을 일으켰다.

⑤ 왕상 1:5-53 다윗이 임종을 앞둔 시점에서 아들 아도니야는 아버지의 왕위를 노려 음모를 꾸몄다.

⑥ 왕상 11:1-8 불륜 관계로 태어난 다윗의 아들 솔로몬은 이방 여자들의 꼬임에 빠져 마음을 돌이키고 하나님을 떠났다.

⑦ 왕상 12:1-15 다윗의 손자 르호보암은 미련하게도 어리석은 조언을 듣고 할아버지 다윗 대로부터 물려받은 나라를 분단시켰다.

다윗은 가정의 지도역할을 감당하지 못했기에 국가를 훌륭히 통치한데 대해 마땅히 누렸어야 할 기쁨을 크게 상실했을 뿐 아니라 그의 업적은 상당 부분은 수포로 돌아갔다.

현명한 기독교 지도자는 가족과 관계를 소중히 여겨야 한다. 세상과 직장에서 어려움을 당해도 가정에서 위안을 얻도록 가족들과의 관계가 원만해야 할 것이다. 현명한 기독교 지도자는 경건한 지도력 기술을 부지런히 가정에 적용해야 할 것이다. 가정을 이끄는 것도 저절로 되지 않는다. 가족들을 예수님을 닮게 하려면 기도와 의식적 선택과 성실한 노력이 필요하다.

가정에 대한 지도력의 보상은 수고한 노력에 정비례한다. 가족들이 하나님의 법도에서 이탈되지 않을 때에 지도자가 무한한 기쁨을 얻게 되고 풍성한 배당금이 돌아온다. 직장을 은퇴한 후에도 가정만은 계속 만족감의 깊은 원천이 될 것이다. 일반적으로 가정을 잘 이끌면 자녀들이 즐거이 하나님을 따르게 된다. 지도력의 유산은 계속 될 것이다.

2) 좋고 많은 친구를 많이 얻는 축복과 보상을 받는다.

지도력은 직위(position)가 아니라 관계(relationship)이다. 여기에는 하나님과의 관계와 사람과의 관계가 모두 포함이 된다. 지도자는 사람들과 긴밀하게 일하기 때문에 깊고 지속적인 관계를 키울 수 있고 마땅히 그래야 한다. 참된 영적 지도자는 사람을 중시한다. 지도자는 사람을 무시해서는 안 된다. 지도자는 사람을 이용하려고 해도 안 된다.

역사상 많은 위대한 지도자들의 공통점은 친밀하고 충직한 친구들이 많았다는 것이다. 친밀한 우정은 지도자가 바랄 수 있는 큰 보상이다. 카우제스(James M. Kouzes)와 프즈너(Barry Z. Posner)는 회사 동료들과 가까워져야 하며 친구가 되어야 한다는 사실을 강조했다. 투자 중에서 사람에게 투자하는 것이 가장 소중한 투자이다. 지도자가 사람에게 투자를 하면 당연히 우정이 싹튼다. 지도자는 친구가 필요하다. 든든한 우정으로 힘을 얻어야 지도력의 무거운 책임에서 편안할 수 있다. 우정이야말로 스트레스 해소의 명약이다. 나를 걱정해 주는 친구가 절대적으로 필요하다. 친구가 없는 지도자는 고독(loneliness)과 탈진(burnout)을 면할 수 없다. 직장을 떠나도 우정은 지속된다. 오히려 은퇴한 후에야 진정한 우정을 알 수가 있다. 우정은 저절로 얻어지는 것이 아니다. 우정은 의지적으로 가꾸는 것이다. 그래서 사람을 아끼는 지도자에게 우정은 필연적 결과이다.

다윗은 친구와의 우정에도 진가가 들어 났다. 다윗과 요나단의 우정은 참된 헌신과 의리의 모델이다. 다윗은 평생 가까운 친구들과 함께 있었다. 그를 수행했던 "용사"의 무리는 전설적이었고(대상 11:10-47), 그의 친구들은 다윗이 죽을 때까지 곁을 지켰다. 사도 바울도 곁에서 그를 지지하고 섬긴 가까운 친구들이 많았다. 바나바, 디모데, 디도, 누가, 브리스길라, 아굴라 등 많은 이들이 바울에게 소중한 존재였다. 이는 바울의 성품과 사명감과 불타는 복음전파의 열정과 투철한 인간관계 때문이다. 예수님도 친밀한 우정을 아끼셨다(요 15:14).

5. 영향력의 보상을 받는다.

기독교 지도자에게 큰 만족을 줄 수 있는 보상 중의 하나는 영향력이다. 영향력은 직위에서가 아니라 인간성에서 온다. 영향력은 직책에서가 아니라 지도자의 사람 됨 됨에 근거한 것이다. 영향력은 지도자가 약속한 말이 아니라 실제로 해 낸 일을 말한다. 지도자는 여러 면에서 그 기관의 상징이다. 워싱톤(George Washington)이나 처칠(Winston Churchill)이나 루터(Martin Luther King Jr.)는 지도자로 있는 동안 국민들의 상징이었고, 이제는 역사의 상징이 되어 여전히 자신에게 공감하는 이들에게 감화를 끼치고 있다.

간디(Mahatma Gandh)i는 인도의 대통령이 된 적은 없지만 그의 삶은 여전히 인도인들에게 막대한 영향을 미치고 있다. 그는 직위를 얻으려고 로비를 하거나 남에게 자기 의견을 강요한 적이 없었다. 사람들이 제 발로 그를 찾아와 조언을 구했던 것이다. 테레사 수녀는 겸손한 섬김으로 온 세계에 이름을 떨쳤다. 체구도 왜소하고 지위와 부도 없었지만 그녀는 전 세게 지도자들이 존경하는 도덕적 권위를 소유하고 있었다.

긍정적이고 지속적인 영향력은 지도력을 시작 못지 않게 마칠 때 주어지는 것이다. 즉 그것은 온전한 성품을 통해서 발휘된다. 이런 기독교 지도자는 항상 종려나무같이 번성하고 백향목 같이 발육하게 되며 궁정에서도 흥왕하고 진액이 풍족하고 잎이 청청하게 된다. 시편 92:12-14절은 이 사실을 말해 주고 있다.

12절 "의인은 종려나무같이 번성하며 레바논의 백향목 같이 발육하리로다" "종려나무"는 열매가 많고 오래 살고 아름답기로 유명하다. 그처럼 의인인 성도들도 하나님의 은총하에서 선한 행실이 많고 영생하고 영화를 얻는다. 백향목은 그 향기를 가진 것과 그 상록수(常綠樹)인 것과 그 썩지 않음과 그 장대(壯大)하기로 유명하다. 이 모든 속성들은 성도의 성결, 충성, 영생, 흥왕(興旺)에 대한 비유이다.

13절 "여호와의 집에 심겼음이여 우리 하나님의 궁정에서 흥왕 하리로다" 의인들인 신자들이 여호와의 집에 심겼다함은 그리스도와 연합한 사실을 기리킨 비유이다. 그러므로 그들의 "흥왕"은 영원한 근거를 가진 불변의 것이다. 그것이 "하나님의 궁정의 흥왕함"이다. 하나님의 궁정은 천국의 권내(圈內)를 상징한다.

14절 "늙어도 결실하며 진액이 풍족하고 빛이 청청하여." 이 말은 신자들이 일반 인생들과 다르게 내세의 복된 생명을 가지고 있음에 대하여 말하는 것이다. 그들은 늙어서도 아직 아이들과 같이 전정(前程)이 요원하고 생명력이 풍성한 자들이라고 생각된다. 칼빈은 말하기를, "그리스도의 왕국에 들어 있는 자는 장정이 아닌 아직 아이로 간주된다. 그 이유는 그가 이제야 새 세계에 들어왔기 때문이다"라고 하였다.

기독교 지도력은 고귀한 일이지만 하나님이 맡겨 주셔야만 가능하다. 주님의 일은 주님으로부터 사명을 받아야 한다. 자신이 하고 싶다고 하는 일이 아니다. 또한 자신이 하기 싫다고 안 할 수 있는 것도 아니다. 사람을 움직여 하나님의 뜻을 행하게 하는 것은 인간의 사고와 계획으로 되는 일이 아니다. 이는 주님이 맡겨 주셔야 되는 일이며 아주 감격스러운 일이다. 사람을 도와 성숙하게 하는 일, 새 기술을 익히게 하는 일, 나약하고 비효율적인 조직을 맡아 강건하고 생산적인 기관으로 변화시키는 일 등등은 인간의 힘으로 되지 않는다. 이런 지도력은 자의로 얻어지는 것이 아니다. 인간이 하고 싶다고 되는 것도 아니다. 이는 하나님이 원하시는 사람이 되려고 노력하는 과정에서 성령이 주시는 능력을 통해서 되는 것이다.

훌륭한 지도력은 한편으로는 주님의 은혜와 성령의 도움이 있어야 하며 다른 한편으로는 인간의 고된 수고와 꾸준한 배움의 노력이 빚어낸 산물이다. 사람에게 하나님의 뜻을 계시하시는 분이 성령이시고 다른 사람을 이끌도록 준비하시는 분도 성령이시다. 지도자를 인도하시고 사람들 앞에서 지도력을 인증하시는 분도 성령이기에, 하나님이 원하시는 지도자가 되기 위한 노력에서 하나님과 인격적인 관계를 가꾸는 것은 필수적이다.

그러므로 기독교 지도력을 위해서는 다음의 사항을 명심해야 할 것이다.

① 교만은 인간 안에 곪아드는 죄다. 교만한 사람은 하나님의 인도와 타인의 현명한 조언을 받아들일 줄 모른다.

② 도덕적 순결을 간절히 구하는 리더에게 하나님은 은혜와 보호의 울타리를 둘러쳐 주신다.

③ 참된 리더는 잘못이 아니라 장점과 희망에 초점을 둔다.

④ 리더는 일과 가정을 경쟁상대로 만들 것이 아니라 일이 가족에게 축복이 될 수 있는 창의적인 방법을 강구해야 한다.

⑤ 끊임없이 배우며 자라기로 헌신한 리더는 직위에 악착같이 매달릴 필요 없이, 하나님이 새로운 도전을 예비해 두셨음을 믿고 다음 번 과제를 준비한다.

⑥ 하나님 뜻 밖에 살면서 칭찬 듣는 것보다 하나님 뜻 안에 있으면서 비난 듣는 편이 훨씬 안전하다.

제14장
느헤미야서를 중심한 성경적 기독교 지도자론

느헤미야는 담력과 수완을 겸비한 지도자였을 뿐만 아니라 이스라엘 민족을 향한 거룩한 섭리를 깊이 통찰한 지도자이다. 그는 페르시아 왕실에서 누리고 있던 안락한 지위를 버리고 백성들과 함께 거룩한 성(城)의 재건을 위해 동고동락한 사람이다. 그는 고국의 재난을 깊이 생각하면서 기도하고 염려한 신앙의 사람이었다. 춘원 이광수는 도산 안창호에게 이렇게 말했다. "나라가 없고서야 일가와 일신이 있을 수 없고, 민족이 천대를 받을 때에 나 혼자만 영광을 누를 수 없다" 그는 진정으로 애국자였다. 느헤미야도 국가와 민족을 심히 사랑한 사람이었다.

느헤미야에게는 두 가지 목표가 있었다.
① 율법에의 충실
② 예루살렘 성벽의 재건이었다.

느헤미야는 인간적이고 온화한 성품의 소유자였지만 이방인들과의 혼인 문제만은 강경한 자세를 취하였다. 느헤미야가 산발랏과 결혼한 대 제사장의 손자를 용납하지 않았기 때문에 사마리아와 유다 사이에는 적대감이 끊어지지 않았다. 느헤미야는 탁월한 행정력과 조직력을 가진 사람이다. 느헤미야는 백성들을 지휘하여 52일만에 성전 재건 사업을 마무리했다. 그는 겸손과 신념, 애국심과 정열, 경건과 이타심을 갖춘 지도이다.

느헤미야는 위대한 지도자이다. 지도자는 비판받는 위치에 있는 사람이다. 지도자의 위치가 1세기 전에는 베일에 가려져 있었으나 현대는 정보화 시대로 공개되고 노출이 된다. 미국의 한 코메디안이 "앞으로의 대통령은 인간 속에서는 찾아낼 생각을 하지 말아야 한다"란 말을 했다. 윤리적으로, 도덕적으로 흠이 없어야 함을 의미한다. 그러나 느헤미야는 참으로 위대한 지도자로서 흠이 별로 없었던 사람이었다.

디모데 전서 3:1절에 바울은 지도자가 되기를 원하는 사람은 선한 일을 사모해야 하는 사람이라고 했다. 이 내용을 New English Bible 번역에는 "To aspire to leadership is an honourable ambition"(지도자 됨을 열망하는 것은 명예로운 야망이다)라고 번역이 될 수 있다. 교회에서는 지도자를 영적 지도자(Spiritual leader)라고 한다. 이는 지도력의 통전성 혹은 존귀성(integrity)을 부각시키기 위해서 이런 말을 한 줄로 안다. 영적 지도자는 하나님의 영광 때문에, 하나님의 영광을 위하여 세움을 받은 자이다.

> **참고자료** 성경을 연대순으로 나누면 다음과 같다.

① 창조시대이다.
창조와 타락과 홍수심판과 바벨탑 사건을 망라하는 시대를 말한다 (창 1:-11:)
② 족장시대이다.
아브라함, 이삭, 야곱, 요셉, 욥 등의 족장들이 활동한 시대인데 히브리 민족의 시작과 애굽 도착을 망라한다.
③ 출애굽시대이다.
이스라엘의 출애굽과 광야여행과 시내산에서의 율법수령과 장막건축을 포함한 시대이다.
④ 정복시대이다.
여호수아의 인도 하에 가나안 땅의 정복과 그 땅의 분배과정을 포함한다.
⑤ 사사시대
사사들이 통치하던 시대를 말한다. 그 기간이 약 430년 간이다.

⑥ 통일왕국 시대이다.

사울과 다윗과 솔로몬에 의해 통치되던 통일왕국 시대로서 이 때에 성전이 처음으로 건축되었다.

⑦ 분단왕국 시대이다.

남은 유다, 북은 이스라엘로 나누어진 분단왕국 시대로서 북왕국은 앗수르에 남왕국은 베벨론에게 포로로 잡혀가서 이 두 나라는 망하고 말았다.

⑧ 다니엘과 에스겔이 활동한 시대이다.

바벨론이 망하고 바사(지금의 이란)나라가 일어나는 시대이다.

⑨ 포로귀환 시대이다.

포로에서 이스라엘이 돌아오는 귀환시대로서 스룹바벨을 중심으로 한 제1차 귀환과(고레스 왕의 조서), 에스라를 중심으로 한 제2차 귀환(아닥사스다 왕의 조서), 느헤미야를 중심으로 한 제3차 귀환으로 이어지고, 제2성전으로 일컬어지는 스룹바벨 성전이 건축되고 느헤미야에 의해 예루살렘 성이 재건된다.

⑩ 이어서 복음시대, 초대교회시대, 서신시대 등으로 나누어진다.

⑪ 에스라, 느헤미아, 에스더서는 역사서이기 때문에 성경 앞 부분에 기록되어 있지만, 사실은 학개, 스라랴, 말라기서와 함께 포로 귀환시대에 관한 성경이다.

참고자료 | 느헤미야는 어떤 사람이었나?

① 그는 유대 지파에 속한 하가랴의 아들이다.
② 그는 그의 부모가 바벨론 포로로 잡혀 있을 때 태어났다.
③ 그는 이스라엘 하나님의 사람으로 믿음으로 성장했다.
④ 그는 하나님의 축복과 아닥사스다 왕의 신임을 얻어 술 맡은 관원장의 고위직의 중책을 맡게 되었다.

⑤ 그가 이런 고위직에 오를 수 있었던 것은 하나님의 섭리요 바사의 개방적인 인사등용정책 때문이었다.

⑥ 하나님께서는 그를 장차 예루살렘 성 재건을 위한 인물로 예비하셨던 것이다.

1. 그는 기도를 열심히 할 것을 강조한 지도자였다(1:1-11)

(1) 2절에 나오는 "하나니"(Hanani)는 느헤미야의 친형제(7:2)이다.

그는 역경을 무릅쓰고 유다에서 수산까지 찾아 왔었다. 느헤미야는 그에게서 이스라엘 민족의 안부를 알기 원하였다(스 4:23,24). 그는 비록 외국에서나마 왕궁에 거하여 평안을 누렸지만 그의 마음은 본국에 있었다.

(2) 3절에 안부의 결과가 나타나 있다.

"저희가 내게 이르되 사로잡힘을 면하고 남은 자가 그 도에서 큰 환난을 만나고 능욕을 받으며 예루살렘성은 훼파되고 성문들은 소화되었다 하는지라" 여기 "그 도"(the province)란 말은 파멸된 유다 나라가 이제는 파사국(=바사=페루시아=오늘의 이란)에 속한 하나의 지역(province)인 사실을 알려준다. 이스라엘은 그 때에 그만큼 낮아졌고 미천해졌다. 그들은 이제 죄를 회개하며 기도해야 될 처지에 있었다. 고난은 사람을 옳게 만들며 하나님께로 인도하는 좋은 길이다. 야고보서 5:13절 "너희 중에 고난 당하는 자가 있느냐 저는 기도할 것이요". 시편 119:67절 "고난 당하기 전에는 내가 그릇 행하였더니 이제는 주의 말씀을 지키나이다". 시편 119:71절 "고난 당한 것이 내게 유익이라 이로 인하여 내가 주의 율례를 배우게 되었나이다"

(3) 4절에 느헤미야는 "하나님 앞에 금식하며 기도하여"(fasted and prayed before the God of heaven)라고 했다.

느헤미야는 "수일 동안"(certain days) 기도했다. 여기 "수일"이란 "많은 날들"(many days)이라고도 번역이 될 수 있다. 사실상 느헤미야는 기슬르월(일반 월력으로 12월부터 니산월(일반 월력으로 3, 4월에 걸침)까지 이런 간절한 기도 생활로 지냈다. 이렇게 그는 선한 일(기도)을 하기 위하여 세월을 잡았던 것이다. 어떠한 좋은 일이라도 조급히 행하면 안 된다. 기도하며 깨어 있음이 선을 행하는데 필요하다. 많은 좋은 일들이 덤비며 서두르는 데서 실패한다. 재난이 있을 때 이를 피하려 하지말고 오히려 용감히 이에 대응해야 한다(교비아질). 하나님도 자기의 자존심을 버리고 도움을 청하는 사람들을 사랑하신다(밀러).

홀(Hall) 감독은 열심히 구하는 기도에 대해 다음과 같은 말로 교훈하고 있다. "기도는 수학이 아니니 기도의 회수가 기도의 힘이 되는 것이 아니며, 기도는 수학이 아니니 기도의 웅변이 기도의 힘이 되지도 못한다. 또한 기도는 기하학이 아니니 그 장단이 기도의 힘이 되지도 못한다. 기도는 음악도 아니니 그 음성의 아름다움이 힘이 되지도 못한다. 기도는 또한 논리학도 아니니 그의 논조가 문제되지 못하며, 기도의 순서 정연한 그 방법이 기도의 힘이 되지도 못한다. 심지어 하나님이 가장 관심을 두시는 신학까지도 기도의 힘이 되지는 못한다. 그러나 마음의 열심, 이것을 기도의 가장 큰 힘이며, 가장 유용한 소요이다."

(4) 느헤미야의 기도에는 다음과 같은 내용이 4-11절에 나타나 있다.

① 하나님의 자비를 변호하는 것
② 죄를 자복하는 것(6). 스 9:9-15과 단 9:13-19에서처럼 느헤미야는 자신을 유대 백성과 똑같이 여겼다. 그는 3인칭으로 기도하지 않고 1인칭

복수로 회개하고 있다.

③ 하나님의 판단이 공의로우심을 인정하는 것. 느1:8,9; 레 26:33-45; 신 30:1-5 참조

④ 다음 단계에 성공을 간구하는 것(4). 느헤미야는 기도로 일관했던 사람이다. 그는 하나님의 전지전능을 믿는다는 이론만으로 세월을 보내지 않았다. 그는 가만히 앉아서 일이 되기를 기다리는 운명론자도 아니었다. 그는 금식을 하면서까지 열심히 기도했다.

⑤ 그는 하나님의 언약하신 말씀에 근거하여 선한 일의 성취를 확신했다(9b). 무디(Dwight L. Moody)는 말하기를 "큰 바다가 마를지언정 하나님의 약속은 변하지 않는다"고 하였다.

⑥ 그는 하나님의 일을 책임감 있게 실행하기로 자각했다(11b). 11절 "이 사람 앞에서 은혜를 입게 하옵소서 하였나니 그 때에 내가 왕의 술관원이 되었었느니라" "이 사람"은 아닥사스다왕(Artaxerxes the king)을 가리킨다. "술 관원"은 왕이 마시는 술을 관할하며 또 술잔을 가지고 왕앞에 나가는 관직이다. 느헤미야는 가장 신임이 두터운 인물이었다. 그는 왕의 행정에 큰 영향력을 미친 사람이었다. 느헤미야는 기도의 응답으로 이런 관직에 등용이 되었다. "그 때에"란 말은 '기도하고 나서'란 의미이다. 이렇게 느헤미야는 그의 기도가 응답된 것을 인식하였다.

(5) 기도는 바라봄이다.

기도는 영어로 "바라봄"(looking at" and/or "looking up)이다.

① 누구를 바라보는가?

기도시 바라보는 대상은 창조주 하나님, 사랑의 하나님, 자비의 하나님, 긍휼의 하나님, 심판주 하나님이시다.

② 무엇을 바라보는가?

하나님이 창조하신 세상을 바라보는 것이다. 사물을 바라볼 때 하나님

과 관계를 지켜 바라 봐야 한다. 예를 들면 산을 바라볼 때 참 아름다워라 주님의 세계는 주 하나님 지으신 모든 세계는"이란 찬송이 나올 수 있다.

느헤미야는 1:2-4에 보면 훼파된 예루살렘의 참상을 보고 금식하면서 기도를 하였다. 기도는 역사의식이다. 올바른 역사의식을 갖기 위해서는 열린 귀와 열린 눈을 가져야 한다. 기도의 사람은 우리가 처해 있는 현실에 응답하는 사람이다. (people responding to reality)

우리의 기도는 공중누각을 짓는 것이 아니다. 항상 현실과 직접적으로 관계가 되어 있다. 마태복음 6:9-14절에 나타난 주기도문의 예를 들면

첫째로 "거룩히 여김을 받으시오며" 이는 우리의 일상생활과 직접 관계가 되어 있다는 말이다. 즉 말의 거룩과 행실의 거룩을 뜻한다.

둘째로 "나라이 임 하옵시며" 이는 나라는 통치를 의미한다. 즉 하나님의 통치를 받고 사는 생활을 의미한다.

셋째로 "뜻이 이루어지는 생활"이다. 이는 뜻에 대한 해답은 성경 여러 곳에 나타나 있다.

넷째로 "일용할 양식을 주옵시고"이다. 이는 영·육간의 양식을 가리킨다.

다섯째로 "우리의 죄를 사하여 주옵시고"이다. 이는 날마다 짓는 죄 용서함을 받는 일을 가리킨다.

여섯째로 "시험에 들게 하지 마옵시고"이다. 이는 마귀의 시험에 들지 않게 해 달라는 기도이다.

느헤미야는 올바른 역사의식을 가지고 예루살렘의 참상을 보고 기도하였다.

③ 그는 공동체적 책임 의식과 감각을 가지고 기도하였다. 느헤미야서 1:6절 "이제 종이 주의 종 이스라엘 자손을 위하여 주야로 기도하오며 이스라엘 자손의 주 앞에 범죄함을 자복(自服)하오니 주는 귀를 기울이시며 눈을 여기사 종의 기도를 들으시옵소서 나와 나의 아비 집이 범죄하여" 여기 "나와 나의 아비 집이 범죄하여"란 표현을 화이트(John White)는

"Excellence in Leadership"(리더십의 탁월성)이라고 하였고 샌더즈(Oswald Sanders)는 "a sense of corporate responsibility"(공동체적 책임감각) 혹은"' the identification principle'(동일시의 원리)라고 하였다.

다니엘도 민족을 위하여 금식하면서 베옷을 입고 재를 무릅쓰고 기도하였다.

① 다니엘 9:5절 "우리는 이미 범죄 하여 패역하며 행악하며 반역하여 주의 법도와 규례를 떠났사오며"이라고 했는데 이는 민족의 회개이다. 이는 역사적 책임을 떠맡으려는 자세이다.

② 다니엘 9:3-19절에는 구약에서 볼 수 있는 가장 훌륭한 기도의 본보기이다. 이 고백 기도 속에서(스 9: 느 9:) 그는 그의 백성들의 죄를 32회나 자신과 관련시켰다. 여기에서 다니엘은 하나님의 한결같은 사랑(호 2:19)을 표현했다.

③ 호세아 1:19절에 나타난 '은총'이란 인애와 인자를 의미한다. 이 단어는 히브리어로 '헤세드'이며 구약에서 약 250회 가량 언급되었다. 이 단어의 뜻은 충성, 견고, 신실한 사랑 등을 가리킨다. 이는 특히 사랑의 관계에 관련된 개념들을 강조한다. 여기서는 신실치 못한 그의 백성에 대한 하나님의 신실한 사랑을 가리킨다. 이스라엘에게 맺어주신 언약(4)에 기초하여 하나님께 나아가고 민족의 죄를 자복하였으며(5-10), 그들이 받은 심판을 인정하였고(11-14), 하나님께 자비를 구하고 있다.(15-19)

예수님은 우리의 죄를 떠 맡으셨다.

그러므로 영적 지도자는 느헤미야와 다니엘과 같은 역사의식을 가지고 현실을 직시하면서 공동체적 책임감각을 가지고 동일시의 원리 하에서 기도해야 한다.

2. 그는 모든 책임을 자기 자신이 질줄 아는 지도자였다(1:4)

1:4절 "내가 이 말을 듣고 앉아서 울고 수 일 동안 슬퍼하며 하늘의 하나님 앞에 금식하며 기도하여" 여기 "수일"(certain days)은 '많은 날들'이라고 번역될 수도 있다. 그는 상당한 시일 동안 이스라엘을 위하여 울면서 기도했다. 이는 이스라엘을 위한 중보 기도였다.

느헤미야는 왕에게 대답하기 전에 먼저 하나님께 기도했다 고대국가의 형태에 있어서 성읍이라고 하는 것은 그 나라의 국력과 방어력 정도를 말해 주는 중요한 구조물이었다. 따라서 어떠한 한 성읍이 서게 되면 먼저 그 나라의 존재를 보장받게 되는 것이다. 이러한 시대 상황에서 훼파된 성읍의 폐허 위에서 신음하는 동족들의 설움과 고통을 전해들은 느헤미야로서는 자신이 할 수 있는 일은 먼저 하나님께 기도하는 것이었다. 페르시아의 수산 궁전에서 고위관원으로 재직하며 부러울 것 없는 생활을 한 그가 이토록 슬퍼하며 금식으로 기도했던 것은 동포에 대한 애정 때문이었다.

느헤미야는 기도를 들으시는 하나님을 믿었다. 그는 어려운 일을 당할 때마다 이런 짧은 기도를 들였다(1:4-11; 2:4; 4:4-9; 5:19; 6:9, 14). 느헤미아 1:4-11절의 내용을 통하여 우리에게 주는 교훈은 다음과 같다.

① 하나님의 약속에 근거한 기도야말로 가장 확실한 응답을 받을 수 있다. 느헤미야는 예루살렘과 유대 백성들을 위해서 간구할 때 신명기에 약속된 하나님의 말씀에 근거하여 기도했던 것이다(신 30:1-8). 오늘날 우리 성도들은 예수 그리스도의 이름으로 기도하면 응답을 받을 수 있다(요 14:13,14). 이는 성도들에게 주어진 특권이다.

② 성도들은 하나님께 무엇을 간구 할 때 기도의 동지들과 더불어서 호소하는 것이 바람직하다. 느헤미야는 예루살렘과 유대 백성들을 위하여 간구할 때 다른 사람들에게도 기도를 요청하여 함께 하나님께 호소했다 (11). 예수님도 마태복음 18:19절에 "너희 중에 두 사람이 합심하여 무엇이든지 구하면 하늘에 계신 내 아버지께서 저희를 위하여 이루게 하시리라"

고 하셨다.

③ 언제, 어떤 상황 속에서도 기도야말로 시대 해결을 위한 최상의 비결이다. 예루살렘에 관한 슬픈 소식을 듣게 되자 느헤미야는 세상적인 해결책을 모색하기에 앞서 먼저 하나님께 기도했다.

스펄젼(Charles Spurgeon)은 이 느헤미야의 기도를 "갑자기 하는 기도"라고 하면서 그것은 (1) 여러 차례 찾아 나아가서 문을 두드림과 같은 기도가 아니고 단번에 집중적으로 찾는 힘있는 기도였다. (2) 기도자가 자기 자신을 믿지 않고 하나님을 믿는 기도라고 하였다. 위대한 지도자는 책임을 자기 자신에게 돌릴 줄 알아야 한다.

여기 4절에 "내가"(I)는 "내 뜻대로"(at my will)가 아닌 문자 그대로 내가 이다. 이스라엘 백성들이 범한 죄를 자기가 같이 책임지는 그런 의미이다. 지도자에게는 동기(motives)도 중요하지만 결과(results)가 또한 중요하다. 느헤미야는 모든 것의 동기와 결과를 백성들에게만 돌리지 않고 자기도 참여하는 참여의식을 가졌다.

번즈(James M. Burns)는 두 가지 형태의 지도자를 말하고 있다.

① 교환형의 지도자(the transacting leader)

첫째로 상호 주고받는 지도자

둘째로 이용관계

셋째로 흥정교환

넷째 공동체를 유지(maintain)하는 자이다.

② 감동형의 지도자(the transforming leader)

첫째로 피지도자의 필요공급에 따라 감동시켜 따라 오게 하는 것

둘째로 공동체를 자라게(build) 하는 자

셋째로 사람을 움직이게 하는데는 내 뜻대로가 아닌 하나님의 뜻대로 하는 것

3. 그는 비전(Vision)과 계획(plan)을 가지고 있었던 지도자였다(2:4-8)

비전(vision)을 가지고 있는 사람은 계획(plan)을 세운다. 비전이 없는 사람에게는 아무런 계획도 없다. 비전과 계획은 비례한다. 비전을 가지고 있는 사람이 일의 성취를 이룬다. 일의 성취를 이루는 사람은 비전을 가진 사람이다.

(1) 4절 "내가 곧 하늘의 하나님께 묵도하고"(I prayed before the God of heaven)

"묵도하고"란 말은 "내가 기도하고"란 뜻이다. 느헤미야는 왕에게 대답하기 전에 먼저 하나님께 기도했다. 그는 기도를 들으시는 하나님을 믿고 신뢰했다.(느 1:4-11; 2:4). 느헤미야의 기도는 비록 짧은 기도였지만 기도가 있었고 간구가 선행되었다. 세상의 절대 군주인 왕 앞에서 긴박한 순간에 하나님께 기도하며 도움을 구하는 그의 자세는 그가 매우 성숙한 지도자임을 보여주고 있다. 이러한 그의 태도는 평소의 삶의 연속일 것이다. 이러한 그의 기도의 태도는 예루살렘에 돌아온 후에도 계속 되었다(느 4:9; 5:19; 6:9; 14:8). 느헤미야는 이스라엘의 회복을 위한 사역을 기도로 시작하고(느 1:5-11), 기도로 끝맺은 지도자였다.(느 13:29-31). 그는 진실로 기도의 사람이었다. 실로 기도는 생명의 호흡이요, 하나님의 능력을 힘입게 하며, 하나님의 뜻을 이루게 한다. 기도는 하나님의 사람의 증표이다.

(2) 5절 "왕에게 고하되 왕이 만일 즐겨하시고 종이 왕의 목전에서 은혜를 얻었사오면 나를 유다 땅 나의 열조의 묘실 있는 성읍에 보내어 그 성을 중건하게 하옵소서 하였는데"

5절의 말씀을 보면 느헤미야는 하나님을 섬기는 동시에 집권자에게 경의를 표시하는 내용이다. 이는 성경적 태도이다. 요셉과 다니엘처럼 느헤미야도 동양의 한 독재 군주 밑에서 높은 지위와 권세를 누리면서 경건한 생활에 정진했다. 그는 경건한 생활만을 위하여 높은 자리를 거절하거나 세상을 등지지 아니하였고 왕에게 근심스러운 얼굴을 보이지 않는 충실한 신하였다. 그는 왕궁을 자유롭게 출입할 수 있는 높은 관리였다. 그는 왕에게 구한 것은 받을 수 있을 만큼 왕의 큰 은총을 입은 사람이었다. 참된 신앙과 경건한 생활은 공직에 있는 사람을 무능력하게 만드는 것이 아니다.

(3) 6절 "그 때에 왕후도 왕의 곁에 앉았더라 왕이 내게 이르시되 네가 몇 날에 행할 길이며 어느 때에 돌아오겠느냐 하고 왕이 나를 보내기를 즐겨하시기로"

6절 상 반절에 보면 왕후도 왕의 곁에 앉아 있는 것을 보면 비교적 사적인 만찬인 것으로 보인다. 왕후가 왕과 함께 만찬에 참여할 경우에는 식탁에 기대어 앉은 왕의 발 가까이서 왕을 바라보며 함께 식사를 했다. 본문에 특별히 왕후에 대한 언급이 나오는 것은 왕의 결정에 황후 역시 어느 정도의 영향을 미쳤기 때문일 것이다. 하나님의 사람 느헤미야는 짧은 기간에 돌아오는 것에 동의하였으나 그 기간은 후에 연장되어져서 12년 동안 머물게 되었다(5:14).

느헤미야의 총독 재임 기간은 둘로 나뉘어 진다.

① 12년 간의 재임 기간이었다(느 5:14). 이 기간 동안 그는 성벽 보수 공사를 성공리에 마치고 에스라의 영적 부흥에 따라 지속적으로 이스라엘의 회복 운동을 전개해 나갔다.

② 재임 기간은 아닥사스다 왕(Artaxerxes the king) 제 32년에 왕에게로 돌아갔다가 곧 복귀하여 개혁을 추진한 시기이다. 그 끝은 명백하지

않다. 이처럼 역사의 주관자가 되시는 하나님은 왕의 마음을 움직여 느헤미야를 기꺼이 돕게 하심으로써 하나님의 선한 역사를 이루게 하셨다.

느헤미야는 하나님을 제일로 높이는 동시에 집권자에게 경의를 표한 사람이었다. 로마서 13:1절과 디도서 3:1절과 베드로전서 2:13-17절에 의하면 그것을 성경적 처신이라 하였다. 그는 하나님을 의지하고 신뢰한 신자였지만 하나님께서 사용하시는 통치자에게 자기의 소원을 말한 신앙의 종이었다. 그는 하나님께서 그 통치자의 마음을 감동시키는 섭리도 믿었다. 잠언 21:1절 "왕의 마음이 여호와의 손에 있음이 마치 보(洑)의 물과 같아서 그가 임의로 인도하시느니라" 농부가 저수지의 물을 자기가 원하는 대로 끌어 갈 수 있는 것 같이 하나님은 왕의 마음이라도 임의대로 주장하신다. 그러므로 하나님을 믿는 그는 왕에게 청원하기를 부끄러워하지 않았다. 하나님은 혹 기적적으로도 일하시지만 보통으로는 일반적 섭리(사람이나 자연을 통한 역사)로 일하신다.

(4) 7-9절에 보면 느헤미야는 왕의 조서에 의하여 관리들의 도움과 물질적 원조까지 받도록 되기 위하여 왕에게 청원하였다.

신자로서 관권에 의하여 남을 해하는 일은 할 수 없지만 선을 행하는 것은 정당하다. 수산에서 예루살렘까지 가는 길은 험하였다(스 8:31) 그런데도 느헤미야는 그런 문제에 대해서는 자세히 말한 바 없고 자기의 공적 사명 실행에만 몰두하였다. 느헤미야는 나라를 사랑하는 자라고 하기보다 근본적으로 말해서 하나님을 사랑하는 자였다.

느헤미야는 철저하게 비전과 계획을 겸하여 세운 자였다. 이 둘을 실천하기 위하여 최선을 다한 사람이었다. 양극화 현상(polarization)은 두 가지의 상호 반대되는 현상을 말한다.

① 기도 없는 계획(plan without prayer)은 자기 야망의 성취일 뿐 하나님의 뜻은 실현되지 않는다. 이는 인본주의적 지도력의 입장이다.

② 계획 없는 기도(prayer without plan)는 무엇을 위해서 기도하는지를 모르는 경우이다. 무엇을 응답 받아야 할지를 모른다. 상당수의 신비주의자들이 이 구룹에 속한다. 기도는 허공을 치는 것과 같다.

느헤미야의 기도는 하나님의 뜻을 구하는 기도를 했고 구체적이고 생활화된 기도의 자세를 가졌다. 느헤미야 2:5-8절에는 아닥사스다 왕이 그가 원하는 바가 무엇인가를 물었을 때 즉각 그가 기대하고 있는 성취의 목표를 구체적으로 설득력 있게 제시할 청사진을 가지고 있었다.

느헤미야의 구체적인 목표는

① 성전중건(sepulchres that I may build it)(5절)

② 느헤미야에게 특권을 부여하는 조서(letters)(7절)

③ 영문의 문과 성곽과 거할 집을 위하여 들보 재목(timber to make beams for the gates of the palace)(8절)이었다.

바버(Cyril J. Barber)는 말하기를 "느헤미야는 그가 백성들을 위하여 설정한 목표가 성취 가능한 목표이어야 함을 알고 있었다"고 지적했다. 느헤미야는 항상 그의 중심 사상이 하나님 중심 그리고 백성 중심이었다. 이런 의미에게 그는 지혜로운 지도자였다.

스토아(Stoics) 철학에서는 삶을 즐길 수 있는 모든 원천이 자신에게 있다고 여기고 스스로 만족하기를 추구했다. 당시 스토아 철학은 철저한 극기(self-control)를 통해 만족스런 삶의 경지에 도달 할 수 있다고 믿었다.

목회자를 크게 두 구룹으로 나눈다. 어떤 목회자는 먹고 마시고 즐기기를 좋아한다. 어떤 목회자는 양들을 성심껏 돌보는 일을 한다. 캐리(Carey)는 "복음을 듣지 못하고 방황하는 영혼들을 위하여 선교 비전을 가진 분"이 진정한 목회자라고 했다.

베드로의 경우는 말씀 중심으로 성실하게 목회를 한 선한 목자였다. 바리새인들은 그를 무식하고 어부로만 보았다. 그러나 예수님은 그를 한 시대를 움직일 사람 낚는 어부의 가능성과 운동력과 폭발력을 보았다.

"비전은 선견지명뿐 아니라 통찰력을 가져야 한다"(Vision includes

insight as well as foresight)는 말은 우리들이 새겨야 할 말이다. 한 세대에 영향을 끼친 사람들은 모두 더 많이 보고 더 멀리 보았던 사람들이었다. 그들의 시야는 멀리 보았고 넓게 보았고 깊이 보았다.

사도 바울은 자신의 전적 부패와 무능을 통감했다. 그는 예수님이 하신 말씀 요한복음 15:5절 "나를 떠나서는 너희가 아무것도 할 수 없음이라"란 말씀이 바로 그의 신앙고백이었다. 그리스도의 능력으로만이 모든 것이 가능하다는 것을 확실히 알았던 사람이었다. 빌립보 4:13절 "내게 능력 주시는 자 안에서 내가 모든 것을 할 수 있느니라"(I can do all things through Christ which gives me power). 내가 모든 것을 할 수 있다는 적극적 사고 방식(positive way of thinking)도 "내게 능력 주시는 그리스도 안에서"란 단서가 붙을 때 가능하다. 전자가 없는 후자는 허영에 찬 바벨론 왕국의 건설과 같다.

느헤미야는 어떤 상황에서도 평정을 유지하는 힘이 하나님으로부터 나온다고 고백했다. 느헤미야 2:19-20절은 에스라와 느헤미야를 대적하여 선한 일을 저지하려던 산발랏과 도비야와 아라비아 사람 게셈이 이 말을 듣고 업신여기고 비웃었다. 이는 하나님의 백성이 하나님의 선한 일을 반대하는 세상의 세력에 어떻게 대처해 나아가야 할 것인가를 보여 주고 있다.

① 하나님의 백성들은 멸시와 비난을 각오해야 한다.

② 우리를 반대하는 세상 세력에 대해 큰 관심을 갖지 말아야 한다. 하나님의 백성이 선한 일을 하려고 할 때 깊은 탄식이 따를 것이다. 예수님도 마태복음 5:11절에 "나를 인하여 너희를 욕하고 핍박하고 거짓으로 너희를 거슬려 모든 악한 말을 할 때에는 너희에게 복이 있나니"라고 말씀하셨다. 이런 어려움 중에서도 하나님은 자기가 계획하신 일을 하고야 마신다. 느헤미야 2:20절 "하늘의 하나님이 우리로 형통케 하시리니 그의 종 우리가 일어나 건축하려니와"(He will prosper us; therefore we his servants will arise and build).

4. 그는 협력을 강조한 지도자였다(3장)

느헤미야 3장은 성벽공사에 참여한 자들의 명단과 그들이 한 임무가 나타나 있다. 성전공사에는 지위고하를 막론하고 모두 참여했다. 그들은 아주 강한 협동 정신을 가지고 있었다. 15개 이상의 다양한 직종을 지닌 75명 이상의 사람들이 어깨를 나란히 하고 성을 완성했다. 75명의 이름을 나열한 것은 가장 작은 동역자들 까지도 놓치지 않고 격려하는 모습이었다. 그들은 "함께" 일어나 건축했다. 주님의 일에는 Team building이 중요하다.

각 성문별 건축자들은 다음과 같다.
3:1 양문(the sheep gate)--대 제사장과 다른 제사장들
3:3 어문(the fish gate)--히스나아의 자손들
3:6 옛문(the old gate)--요야다와 므술람
3:13 골짜기문(the valley gate)--하눈과 사노아 거민
3:14 분문the dung gate)--레갑의 아들 말기야
3:15 샘문(the gate of fountain)--골호세의 아들 살문
3:26 수문(the water gate)--느디님 사람들
3:26 동문(the east gate)--스가야의 아들 스마야
3:28 마문(the horse gate)--제사장들
3:31 함밉갓문(the gate Miphkad)--금장색 말기야
예루살렘에 있는 문의 이름들은 다음과 같다.
3:1-2 양문에서 어문 전까지
3:3-5 어문에서 옛문 전까지
3:6-12 옛문에서 골짜기 전까지
3:13 골짜기문에서 본문 전까지
3:14 본문에서 샘문 전까지
3:15-27 샘문에서 수문까지

3:28-32 마문에서 양문까지

느헤미야서에 나타난 예루살렘 10개 성문들의 영적 의미는 다음과 같다.

3:1 양문: 하나님의 어린 양 예수(요 1:29)

3:3 어문: 사람 낚는 어부(마 4:19)

3:6 옛문: 성도가 걸어야 하는 선한 길(마 11:29)

3:13 골짜기 문: 주를 섬기는 자의 겸손(눅 14:11; 빌 2:3,4)

3:14: 분문: 영·육의 더러움을 깨끗케 함(고후 7:1)

3:15 샘문: 성령 충만(요 7:38,39)

3:26 수문: 말씀의 물로 정결케 됨(요 15:3)

3:28 마문: 그리스도 군사의 선한 싸움(엡 6:11-18)

3:29 동문: 다시 오실 그리스도(요 14:1-3; 계 22:12)

3:31 함밉갓 문: 그리스도의 심판대(고후 5:10)

3장에 많이 나오는 단어는 "그 다음은"으로 다음에 절들 중에서 나타나 있다. 즉 2, 4, 5, 7, 8, 9, 10, 12, 16, 17, 18, 19, 20, 21, 22, 24, 27, 29, 30, 31절이다. 이는 각자 자기의 위치를 지키면서 횡적으로 협력과 조화를 이루는 자세이다. 대제사장, 금장색, 정치인, 상고(상인), 모두 동일한 목적으로 일을 했다. 이렇게 일을 하게 한 사람이 느헤미야의 지도력 때문이었다.

이렇게 일을 열심히 그리고 많이 하면서도 느헤미야는

(1) 자기의 공적을 노출시키지 않았다.

이는 마치 세례요한과 같다. 그는 예수님에 대해 "그는 흥해야 한고 나는 쇠해야 한다"고 했다. 그는 또 말하기를 "나는 그의(예수님) 신들메 풀기도 감당치 못한다"고 했다. 세례요한은 그의 어머니 엘리사벳과 예수님의 어머님 마리와의 관계는 커슨(cousin) 즉 인척관계였다. 결과적으로 세례요한은 예수님의 손위관계이다. 그럼에도 불구하고 그가 이런 고백을 한 것은 예수님의 메시야성을 확실히 믿었기 때문이다.

(2) 동역자들의 성취를 강조했다.

느헤미야는 귀한 일에 참여한 그들을 높이 평가하여 그 방명록을 남겼다. 그 방명록에 의하면 40명의 이름이 기록되어 있다. 그들의 이름은 다음과 같다. 엘리아십, 삭굴, 하스나아, 므레못, 므술람, 사독, 요야다, 므술람, 물랴다, 야돈, 웃시엘, 하나냐, 르바야, 여다야, 핫두스, 말기야, 핫습, 살룸, 하눈, 말기야, 살룬, 느헤미야, 르훔, 하사뱌, 바왜, 에셀, 바룩, 므레못, 베냐민, 핫숩, 아사랴, 빈누이, 발랄, 보다야, 사독, 스마야, 하나냐, 하눈, 므술람, 말기야 등이다.

특히 3:20절에 느헤미야는 바룩의 성취를 칭찬했다. "그 다음은 삽배의 아들 바룩이 한 부분을 힘써 중수하여"(After him Baruch the son of Zabbai earnestly repaired the other piece)라고 했다. 느헤미야는 바룩의 작은 성취를 크게 격려했다. 20-24절에 '한 부분'이란 말이 세 번 나온다(20(the other piece) ,21(another piece, 24(another piece).

중건 공사에 봉사한 사람들이 각기 "한 부분씩" 맡아 수고하였고 또 완성했다. 이것이 바로 성도가 교회에서 맡은 직능과 재능대로 일하는 원리이다. 사람들은 단체 생활에 있어서 한 가지 분야에서 충성함으로 그 일에 더욱 능률을 낼 수 있다.

그리고 23절에 "자기 집 맞은 편 부분"(over against their house)이란 말이 나온다. 이는 "자기 집에서 가까운 부분"이란 말이다. 이는 사람들이 사회봉사에 있어서 자기가 손쉽게 할 수 있는 일을 맡아야 할 것을 가르친다. 누구든지 자기의 재능으로 감당할 만한 일을 하는 것이다. 또는 자기가 하지 않으면 안될 일을 맡아야 자연스럽고 또 그 일이 능률적으로 잘 실행된다. 이는 느헤미야의 섬세한 민감성을 보인 것이다.

바룩(Baruch)은 바벨론 포로생활에서 돌아와서 예루살렘 성전의 중건 공사를 필하고 국민적 회개 운동을 벌인 뒤에 하나님의 율법의 말씀을 준수하겠다고 느헤미야의 언약서에 인(印)을 친자들 중 하나(10:6)인 것 같다. 리챠드(Lawrence O. Richards)는 "A Theology of Church Leadership"(교회 지도력의 신학)에서 "지도력의 과제를 건강한 몸의 세움"으로 정의하였다. 그는 몸의 건강과 성장은 결국 몸에 속한 지체 하나하나가 제자리에서 건강하고 조화롭게 기능을 발휘할 때만 가능하다.

고린도 전서 12장에서 몸의 지체의 조화에서 다양성과 통일성을 가리키고 있다. 즉 머리, 발, 손, 귀, 눈, 코 모두 제 기능을 발휘해야 몸이 건강하게 자란다. 이는 분배된 은사를 말한다.

5. 그는 장애물 극복의 의지를 가진 지도자였다(2:19,20; 4:4)

하나님의 섭리와 가호와 인도하심이 확실함에도 장애물은 있다. 성도들은 그 장애물을 극복해야 한다. 하나님이 구원사역의 대 역사를 이루시기 위한 전초 작업은 창세기 3:16절부터 시작하셨다. 주전 1500년에 모세를 통해 주신 창세기 3:15절을 원시복음(prot-evangelism)이라고 한다. 이는 하나님의 영원하신 예정이요 섭리였다. 갈라디아서 4:4절 "때가 차매" 그리스도가 탄생하셨다. 주님이 이 세상에 탄생하신 후 30년 간의 사생애와 3년 간의 공생애 그리고 마태복음 4장에 3가지 시험과 여우도 굴이 있고 공중의 새도 머무를 집이 있으되 인자는 머리 둘 곳이 없으셨고 마지막에 십자가의 고통을 당하신 사실들이 우리에게 주는 교훈은 예수님은 그런 장애물을 피하려하지 않으셨다.

지도자는 비판을 받을 때가 많다. 지도자는 비판을 받을 각오를 해야 한다. 그렇지 않으면 지도자로서의 자격을 상실하는 것이다. 지도자가 비판을 받는 이유는 크게 다음 두 가지가 있다.

① 지도자의 실수 때문이다. 지도자도 사람인고로 결점이 있고 과오가 있으며 잘못 판단을 할 수가 있다. 지도자도 연약한 인간이다. 그래서 비판을 받는다.

② 지도자의 잘못과 상관없이 비판을 받는 경우가 있다. 느헤미야 2:19절 느헤미야가 왕의 허락을 받고 예루살렘에 도착하자마자 그의 담대한 계획을 업신여기고 비웃는 산발랏(Sanballat), 도비야(Tobiah), 아라비아 사람게셈(Geshem the Arabian) 등의 도전이 있었다. 그럼에도 그는 20절에 "하늘의 하나님이 우리로 형통케 하시려니"(The God of heaven, he will prosper us)라고 대답을 했다. 느헤미야는 원수들이 도전적으로 방해하는 운동에 대하여 담대하고 단호하게 막아낸 것이다. 원수들은 그들을 업신여기고 비웃었다(They laughed us to scorn, and despised us)(19).

하나님의 사자를 조롱하는 것은 큰 죄악이다. 미갈(Michal)은 다윗을 조롱한 죄로 자식이 없었다(삼하 6:23). 엘리사를 조롱한 소년들은 곰에게 물려 42명이 죽었다(왕하 2:24). 느헤미야를 대적하는 원수들은 그를 조롱할 뿐 아니라 이 세상 권세로 성도들을 위협하려는 것이었다. 느헤미야는 원수들의 위협 앞에서 도리어 굳게 서서 항변하였다.

① 그는 "하늘의 하나님"(the God of heaven)(20)이라고 불렀다. 곧 하늘에 계신 전능하신 하나님께서 형통케 해주실 것이라고 믿고 장담한 내용이었다. 그는 이때에 왕의 허락(8-9)에 대하여는 언급하지 않았으니, 이것은 그가 하나님만 믿은 증거였다.

② 그는 원수들이 "예루살렘에서 아무 기업도 없고 권리도 없고 명록(名錄)도 없다"(ye have no portion, nor right, nor memorial, in Jerusalem)도 '없다는 하나님의 법'을 담대히 선언했다(20). 이것은 전통적인 하나님의 말씀에 근거한 신앙적 대답이고(신 23:3-6), 육에 속한 민족 차별의 감정으로 한 말이 아니다. 지도자는 이런 장애물 극복의 견고한 의지가 있어야 하고 하나님께 대한 부동의 신뢰가 있어야 한다.

느헤미야는 4장에 방해하는 그들을 피하지도 않고 맞서지도 않았다. 4절 "우리 하나님이여 들으시옵소서 우리가 업신여김을 당하나이다 원컨대 저희의 욕하는 것으로 자기의 머리에 돌리사 노략거리가 되어 이방에 사로잡히게 하시고" 느헤미야는 원수들의 비방이 일어날 때에 무엇보다 먼저 하나님께 기도했다. 그것이 바로 신자들의 승리의 비결이다.

① 4절에서 "우리 하나님"(O our God)이라고 부르는 느헤미야는 자기가 하나님 편에 있다는 사실을 심령으로 느꼈다. 그 때에 이스라엘을 위한 하나님의 일이 무엇인지 확실히 알고 그 일에 가담한 그로서는 그 사실을 느낄 수밖에 없었다.

② 느헤미야의 기도는 "하나님이여 들으소서"(Hear, O our God)란 말로 시작을 했다. 그는 하나님의 일에 난관을 당했을 때에 그 해결을 위하여 먼저 하나님을 부르면서 기도했다. 기도는 모든 풍랑에서 동요치 않게 하는 닻이다. 누구든지 환난을 당하여 지체하지 않고 기도에 전심하는 자는 멸망하지 않는다.

③ "우리가 업신여김을 당하나이다 원컨대 저희의 욕하는 것으로 자기의 머리에 돌리사 노략거리가 되어 이방에 사로잡히게 하시고". 하나님이 축복하시는 자를 저주하는 자는 그 자신이 저주를 받게 된다. 창세기 12:3절 "너를 축복하는 자에게는 내가 복을 내리고 너를 저주하는 자에게는 내가 저주하리니라"라고 하였다. 동양의 옛글에도 말하기를, "네게서 나온 것이 네게로 돌아온다"고 하였다. 이것이 성경과 같은 권위에 속하지는 못하나 양심과 경험에서 나온 말이다. 이 기도는 이기주의도, 독선주의도 아니다. 하나님을 대적하는 자들의 비난이 자신들의 머리로 돌아가게 하고 그들의 죄에 대한 심판을 기원한 느헤미야의 기도는 하나님이 택한 백성들이 하나님과 더불어 최후 심판을 수행한다는 말씀을 연상케 한다. 느헤미야의 기도는 하나님을 대적하는 산발랏(Sanballat)에게 대한 정당한 심판 선언이었다.

느헤미야의 기도의 내용을 요약하면 다음과 같다.

① 복구 운동에 가담한 자들이 원수들의 멸시를 당한다고 했다 (we are despised)(4a).

② 원수들을 패망케 하여주시기를 원한다고 했다(turn their reproach upon their own head, and give them for a prey in the land of captivity)(4b).

③ 그들의 죄대로 보응 하시기를 원했다(And cover not their iniquity, and let not their sin be blotted out from before thee)(5). 루이스(C.S. Lewis)는 "시편묵상"이라는 책에서 하나님은 "우리의 원한에 찬 분냄과 성냄을 넉넉히 받으실 수 있는 큰 가슴을 지닌 전능자"라고 했다. 위어스비(Warren W. Wiersbe)는 그의 저서 "The Integrity Crisis" (존엄위기)에서 "인기를 추구하는 지도자는 바람 속에 결국 넘어지지만 예언자는 벽처럼 견고하게 선다. 그리고 그 때에 나라는 예언자를 의뢰하고 앞으로 나아가고자 한다." 비판은 "지도자의 최대의 시험무대이고 비판을 통과한 후에 거목이 된다."란 말은 우리들에게 귀한 교훈을 주고 있다.

6. 그는 모든 일에 최선을 다 한 지도자였다((4:9, 13, 16-18, 22-23)

느헤미야는 기도하면서 현재의 상황에서 최선을 다 했다. 기도는 앉아서 했고 전념은 일어나서 마땅히 해야 할 일로 여기고 그 일을 추진했다.

(1) 4:9 "우리가 우리 하나님께 기도하며 저희를 인하여 파숫군을 두어 주야로 방비하는데"

느헤미야는 먼저 "우리가 우리 하나님께 기도하며"(We made our prayer unto our God) 대부분의 사람들은 어려움을 당할 때 좌절하거나 낙망한다. 그들은 자기의 힘으로 문제를 해결하려 한다. 그러나 느헤미야는 하나님께 기도를 열심히 했다. 느헤미야의 승리의 비결은 기도에 있었다. 그가 어려움을 당할 때마다 먼저 기도한 것은 그의 승리의 비결이다. 그는 이렇게 모든 일에 하나님 제일주의로 처사하였다. 주안에 있는 자는 승리를 거둘 수밖에 없다(빌 4:13).

하나님은 사람의 기도를 들으시면서 그 사람을 통하여 일을 하신다. 느헤미야는 기도만 열심히 했을 뿐 아니라 일을 해결하는데도 열심을 다 했다. 그는 침략자를 막기 위하여 파숫군을 세웠다. 그는 "저희를 위하여 파숫군을 두어 주야로 방비하는데"(set a watch against them day and night, because of them). 그가 파숫군을 세웠다는 말은 경계의 필요성을 느끼고 이를 강조했다는 말이다. 예루살렘 주위의 적들은 북(北)으로는 산발랏과 사마리아인들이었고, 동(東)으로는 암몬족들이었으며, 남(南)으로는 아랍족들이었고, 서(西)로는 불레셋족들이었다.

(2) 4:13 "내가 성 뒤 낮고 넓은 곳에 백성으로 그 종족을 따라 칼(swords)과 창(spears)과 활(bows)을 가지고 서게 하고"

느헤미야는 위기를 어떻게 다스리고 대처해야 하는지를 잘 알았던 신앙의 사람이었다.

느헤미야의 태도는

① 그는 스스로 낙심하지 않고 더욱 견고한 태도를 가졌다.

② 백성들로 하여금 닥쳐올 대적들의 침략에 대해 실질적인 방비 태세를 갖추게 했다(13).

③ 이스라엘을 위하여 싸우시는 하나님(대하 32:8)의 도우심을 상기시켜, 담대함과 용기로 거룩한 전쟁에 임하도록 하였다(14).

④ 백성들을 계속적으로 성벽 재건 사역에 몰두하게 하였다(15).

"성 뒤 낮고 넓은 곳에"(in the lower places behind the wall, and on

the higher places)란 말은 적이 관측하기 쉽고, 공격하게 될 때 쉽게 점령될 수 있는 취약한 곳이다. 따라서 느헤미야는 '낮고 넓은 곳', 즉 성벽 안쪽 밑바닥 공터에 무장된 군대를 집결시켜 적들로 하여금 전쟁에 대비하고 있음을 시위하였다. 느헤미야는 낙심하지 않고 백성으로 하여금 폭력의 피해를 막도록 방위 태세를 갖추게 했다. 동시에 그는 그들로 하여금 하나님만 기억하고 신뢰하도록 격려했다.

하나님을 기억하는 것은 우리의 고통과 난관을 안전하게 극복하게 하는 방법이다. 인간은 하나님을 두려워할 때 인간을 두려워하지 않게 된다. 이것이 신앙적 지도자의 승리의 비결이다. 이런 지혜를 가진 자는 평안하고 침착하게 그 원수와 싸워 이긴다.

다윗은 항상 여호와를 모시고 그 앞에서 산다고 고백했다. 시편 16:8절 "내가 여호와를 항상 내 앞에 모심이여 그가 내 우편에 계시므로 내가 요동치 아니하리로다" 하나님을 기억하는 것은 믿음의 행위이고 하나님의 새로운 도움을 기대하게 하고 마음의 정결을 유지케 한다. 하나님을 잊어버림은 영혼을 무방비 상태를 의미한다.

(3) 16절 "그 때로부터 내 종자의 절반은 역사하고 절반은 갑옷을 입고 창과 방패와 활을 가졌고 민장은 유대 온 족속의 뒤에 있었으며"

여기 "내 종자"(my servants)란 말은 다른 유대 백성들과는 구별되는 자들로 느헤미야가 직접 거느리며 중요한 일을 맡길 수 있었던 측근의 젊은 유대 청년들을 가리킨다. 이들은 느헤미야의 뜻을 잘 이해했을 뿐 아니라 군사 훈련까지 받았을 것이므로 대적 방어에 중추적 역할을 담당했을 것이다. 한편 느헤미야는 대적들의 위협이 다소 안정된 기미를 보이자 그는 종자의 절반을 공사에 투입했다. 백성의 일부는 공사(build)하는 일을 했다. 백성의 일부는 경계(protect)하는 일을 했다.

(4) 17절 "성을 건축하는 자와 담부하는 자는 다 각각 한 손으로 일을 하며 한 손에는 병거를 잡았는데"

느헤미야는 백성들을 한 손에는 연장(tools)을 쥐게 했고 다른 한 손에는 병기(weapon)를 쥐게 했다. 여기 "연장"은 일을 상징하고 "병기"는 전투를 상징한다. 이들은 비상시를 대비해서 항상 무기를 휴대하고 있었다. 일을 하면서 전시에는 항상 손에 있는 병기로 전투를 했다. 이는 오늘날도 한 손으로는 주님의 일을 하면서 한 손으로는 사단을 막아야 한다. 고린도전서 15:58절 "우리는 항상 주의 일에 힘쓰는 자들이 되어야 한다. 에베소 6:10,11 절에 우리를 대적하는 사단과의 영적 전쟁을 위해 하나님의 전신갑주로 무장해야 한다. 골로새 4:2절 성도는 영적으로 깨어 있어야 한다.

신자들이 침략전은 하지 않아야 하지만 방어전은 정당시해야 한다. 정당한 방어전은
① 정의를 세우는 일이고,
② 원수의 행동을 제재하는 일이다.

(5) 18절 "건축하는 자는 각각 칼을 차고 건축하며 나팔 부는 자는 내 곁에 섰었느니라"

"건축하는 자"(builders)는 일하면서 전투를 했고 "나팔을 부는 자"(he that sounded the trumpet)는 그들에게 일하며 전투하라는 명령이기도 했다. 나팔을 부는 자를 배치해서 만일의 경우 경계조치를 취하게 하고 있었다. 갑작스레 발생하는 위급한 일을 빨리 알리기 위해서이다. 건축하는 자는 각각 칼을 차고 건축했다. 느헤미야는 전쟁의 승리는 하나님께 있음을 믿었다. 그 근거는 다음과 같다.
① 하나님은 반드시 정의의 편을 도우신다.
② 예루살렘 복구운동은 하나님 자신의 일이다.

③ 하나님의 영광을 위한 전쟁은 모두 승리한다.
④ 하나님이 반드시 함께 하여 주신다는 사실이다.
(6) 21절 "우리가 이같이 역사 하는데 무리의 절반은 동틀 때부터 별이 나기까지 창을 잡았었으며"

성전 재건을 위한 유대인들의 노동 시간은 새벽부터 저녁때까지였다. 이렇게 모두들 열심히 일을 한 것은 느헤미야의 지도력 때문이었다. 이는 백성들이 하나님을 향한 열성과 예루살렘 성의 복구를 위한 열망이었다. 성도들에게 무엇보다 중요한 것은 하나님을 향한 신실한 믿음과 그에 대한 열의였다. 그 당시 위기에 직면한 이스라엘의 노력은 비상했다. 전능하신 하나님을 믿는 신앙은 노력을 무시하는 것이 아니고 소망 중에 힘써야 할 것을 강조하고 있다.

(7) 22절 "사람마다 그 종자와 함께 예루살렘 안에서 잘지니 밤에는 우리를 위하여 파수하겠고 낮에는 역하리라"

"종자"(servant)란 말은 '종'(奴)을 의미하고 16절에 나오는 직속 부하와는 다르다. "잘지니"(lodge)란 말은 '유한다'는 뜻이다. 느헤미야는 백성으로 하여금 낮에는 성을 중건하는 일을 하게 하고 일이 마친 후에도 집으로 돌아가지 말고 방위를 계속하기 위해 성안에서 지내도록 당부했다. 밤에는 보초를 두어 순찰케 했다. 밤에는 무리를 위하여 파수하게 했다. 낮에는 역사 하였다(So we laboured in the work). 이런 느헤미야의 노력의 결과로 예루살렘 성은 착공 52일만에 완공될 수 있었다(느 6:15)

(8) 23절 "내나 내 형제들이나 종자들이나 나를 좇아 파수하는 사람들이나 다 그 옷을 벗지 아니하였으며 물을 길으러 갈 때에도 기계를 잡았었느니라"

밤중에 파수하는 자들은 옷을 벗지 아니하고 경계태세로 지내도록 조치하고 있었다. 물을 길으러 갈 때에도 기계를 잡았다. 이는 그들이 항상 긴장상태에 있음을 말해 주고 있다.

느헤미야 자신도 이 일에 모범이 되었다. 뿐만 아니라 그의 측근 모두가 모범을 보였다. 특별히 16-23까지의 내용을 보면 느헤미야는 일련의 조치들을 다음과 같이 취했다.

① 그의 경호원 중 절반은 항상 무장하고 있었다(16). 갑옷은 얇은 금속판들이 덮인 가죽옷이다.

② 각 민장에게 방어를 위한 지휘권이 위임되어 있었다(16)

③ 일하는 자들을 무장시켰다(17)

④ 건축하는 자는 항상 칼을 차게 했다(18)

⑤ 나팔 부는 자는 항상 경고를 알릴 준비가 되어 있었다(18)

⑥ 가능한 한 모든 사람이 밤에 예루살렘에 머물도록 하였다(22)

⑦ 그는 전쟁이 승리를 항상 하나님께서만 주장하신다고 선포하였다(20)

느헤미야는 언제든지 있을 수 있는 원수의 침입에 대비하여 이스라엘에게 전쟁을 수행할 수 있도록 지시하였다. 그 당시 위기에 직면한 이스라엘의 노력은 비상하였다. 그러나 기도는 인간의 노력을 배제하지 않았다. 기도하기 때문에 덜 일하는 것이 아니고 기도하기 때문에 기도의 힘으로 최선을 다하는 것이다.

7. 그는 피지도자의 애로사항을 알고 기도로 해결한 지도자였다(5장)

이스라엘 백성의 원성과 애로사항은 경제문제로 인한 원망이었다.

(1) 단합하여 중건에 힘을 기울이던 이스라엘 백성이 서로 원망을 하기 시작했다(5:1,2).

그 불평의 원인은 경제 문제였다. 토지가 없는 사람은 식량이 부족했고(2절), 토지를 소유한 사람들은 가뭄 때문에 그들의 땅을 저당 잡히지 않으면 안되었다(3절). 지도자는 피지도자의 애로사항을 빨리 알지 못하면 지도자로서의 자격이 상실된다. 지도자는 항상 자기 중심의 사고를 가질 것이 아니라 피지도자를 생각해야 한다.

(2) 느헤미야는 기도로 완전무장을 했다(5:19).

느헤미야는 기도의 사람이며, 기도로 무장한 지도자였다. 이것은 느헤미야의 겸손한 호소이다. 그는 이스라엘 백성 중에서 섬기는 자세를 가지고 행한 일과 사역을 기억해 달라고 하나님께 간구하고 있다. 그는 이미 하나님을 경외할 줄 알았다(15절). 백성의 과중한 부역에 대한 자신의 짐도 깨달았다(18절). 그의 기도는 이 구절에서 하나님의 은혜와 자비에 호소하는 것으로 절정에 달하고 있다.

본서에는 그의 11가지 기도가 기록되어 있다.
① 1:5-11 하나님의 백성과 자기 자신을 위하여 기도함
② 2:4 왕 앞에서 기도함
③ 4:4,5 낙심을 이기도록 기도함
④ 4:9 하나님의 보호를 구함
⑤ 5:19 자기의 이룬 일을 위하여 상 주시기를 기도함
⑥ 6:9 더욱 힘을 얻기 위해 기도함
⑦ 6:14 불의한 자들을 막아주시기를 기도함
⑧ 13:14 자기를 기억해 주시기를 기도함
⑨ 13:22 하나님의 긍휼이 자기에게 임하기를 기도함

⑩ 13:29 영적 지도자를 위하여 기도함
⑪ 13:31 자기에게 하나님의 축복이 임하기를 기도함

느헤미야가 이와 같이 기도로 일관해 나온 것을 보면, 그가 하나님만 소망으로 삼고 사람들의 보답을 기대하지 않았음을 알 수 있다.

(3) 5장에 나타난 느헤미야의 청념결백 함으로 모범을 보인 4가지

① 그는 총독의 녹을 받지 아니했다(14,15)
② 그는 예루살렘 중건에 친히 백성과 함께 일했다(16)
③ 그는 사유재산을 모은 적이 없다(16)
④ 그는 많은 사람을 대접했다(17)

> **참고자료** 한일합방시 항거

민족을 구원한 느헤미야 같이 조선을 구원하기 위하여 한일합방 때에 일본을 대항한 사건들은 다음과 같다.

① 우리 조국이 풍전등화와 같이 가물거리고 있었을 때에 유관순은 기미년 독립만세 운동이 벌어질 당시 겨우 16세의 소녀에 불과했다. 그녀는 당시 이화학당 고등과 1학년이었다. 그녀는 3,1운동의 결사대로서 활약하다가 고향에 내려와 그 곳에서도 독립운동을 하던 중 일본 사람들에게 붙잡혔다. 그녀는 각종 고문에도 굴하지 않고 옥중에서 투쟁하다가 순국하였다. 그녀의 부모도 죽고 말았다.

② 1905년 일본사람들은 강압적인 방법으로 을사보호 조약을 체결했다. 1910년 8월 22일 강제적으로 조선을 일본에 합방시키고 말았다. 그 뒤로 그들은 강제 노역과 착취, 탄압 박해는 형언할 수 없을 정도였고, 아들을 잃고 딸을 빼앗기고, 남편을 죽이고, 아내를 유린당한 아픔과 한이 한국 사람들의 가슴에 사무치게 되었다. 조선의 국권을 빼앗은 일본은

12,200명의 군대와 22,000명의 헌병과 경찰과 20만 명이 넘는 헌병 보조원을 전국에 배치하여 국민을 감시하고 저항 세력을 괴롭히기 시작했다.

이들은 조선 사람들에게 창씨 개명을 하도록 했으며 신사참배를 강요함으로 종교계를 장악했으며, 애국지사와 민족 지도자들을 모두 감옥에 가두었고, 민족 정기의 맥을 끊는다하여 명산의 정상마다 쇠말뚝을 박고, 심지어는 나라의 국왕이 국정을 다스리는 곳을 동물원으로 개조하였다.

그들은 한일 합방 후 소위 4기 정책을 썼다. 1920년까지는 땅을 빼앗고, 1930년대까지는 식량을 빼앗고, 1940년대까지는 사람을 빼앗고, 1950년대까지는 나라를 빼앗고자 했다.

③ 고종이 일본 사람들의 독살로 세상을 떠나자 국장이 기미년 3월 3일로 결정되었고, 이 날을 앞두고 전국 방방곡곡에서 모여드는 사람들이 많았다. 민족 애국자들은 이 때를 기하여 3월 1일 정오, 파고다 공원에서는 4,000명의 학생들이 모여 독립선언서를 낭독하고 일제히 태극기를 흔들며 독립만세를 외쳤다.

한편 민족 대표들은 이날 오후 2시 태화관에 모여 한용운이 독립선언서를 낭독한 다음 독립만세를 부른 후 전화로 경찰에 자진 신고함으로 모두가 체포되었다. 그러나 이 시위 운동은 전국 방방곡곡으로 퍼져 나갔고, 이 민족운동은 3월과 4월에 걸쳐 절정에 이르렀으며, 그 여파는 우리나라의 독립을 국내외 널리 알리게 되었다.

시위 운동의 집회 수는 1,542회, 시위 참가인원은 1,943,948명, 일본 사람들의 무차별 총격에 피살된 자가 7,509명, 부상자가 15,934명, 체포 투옥된 자가 46,948명이나 되었고, 3,1운동을 도왔다하여 불에 탄 예배당이 47교회, 학교가 2학교, 불에 탄 민가가 715동이나 되었다.

애국자 조만식 장로님은 일본 사람들이 기승을 부리고 있을 때 산촌에서 은둔 생활을 하면서 자녀들을 불러다 놓고 이런 유언을 했다. "내가 죽은 뒤에 비석을 세우려거든 비문을 쓰지 말라. 그 대신 큰 눈을 두 개 새겨다오. 그러면 천국에 가서라도 한 눈으로 일본의 망하는 것을 보고, 다른 한 눈으로는 조국의 자주독립을 보리라"

8. 그는 족보의 중요성을 인정한 지도자였다(7장)

느헤미야서 7:5-73절에는 포로 생활에서 돌아온 유다인들의 족보가 기록되어져 있다. 족보는 이스라엘 공동체에서 매우 중요한 의미를 갖는다. 족보는 그들의 자격증과도 같은 것이며 하나님의 구속적인 통치와 섭리의 반영이기도 하다. 뿐만 아니라 유대 백성의 족보에서 느디님 족속의 계보를 들 수 있는 것은 이방인들에게도 미칠 하나님의 공평한 은혜의 예표(typology)가 된다.

7:5절에 보면 "내 하나님이 내 마음을 감동하사"(And my God put into mine heart) 란 말은 7절 이하에 기록된 명단과 수효가 성령의 감동으로 기록된 것임을 말해준다. 이 사실은 족보의 중요성을 보여 준다.

(1) 7:8-67에 기록되어 있는 수효와 에스라 2장과는 서로 차이가 난다.

1. 아마 수효가 많아진 기록은 추후에 돌아온 자들까지 합병해서 기록했기 때문일 것이다.

예를 들면,
느 7:10과 스 2:5,
느 7:11과 스 2:6,
느 7:13과 스 2:8,
느 7:15과 스 2:10,
느 7:16과 스 2:11,
느 7:17과 스 2:12,
느 7:18과 스 2:13,

느 7:19과 스 7:14,
느 7:20과 스 2:15,
느 7:23과 스 2:17,
느 7:24과 스 2:32,
느 7:37과 스 2:23,
느 7:38과 스 2:35 등이다.

2. 7:8 바로스 자손이 2,172명
3. 7:9 스바댜 자손이 372명
4. 7:10 아라 자손이 652명인데 에스라 2장에는 775명이다.
5. 7:11 바핫모압 자손이 2,818명인데 에스라 2장에는 2,812명이다.
6. 7:12 엘람 자손이 1,254명
7. 7:13 삿두 자손이 845명인데 에스라 2장에는 945명
8. 7:14 삭개 자손이 760명인데 에스라 2장은 642명
9. 7:15 빈누이 자손이 648명인데 에스라 2장은 642명
에스라 2장은 "바니"라고 기록되었음
10. 7:16 브배 자손이 628명인데 에스라 2장은 623명
11. 7:17 아스갓 자손이 2,322명인데 에스라 2장은 1,222명
12. 7:18 아도니감 자손이 667명인데 에스라 2장은 666명
13. 7:19 비그왜 자손이 2,067명인데 에스라 2장은 2,056명
14. 7:20 아딘 자손이 655명인데 에스라 2장은 454명
15. 7:21 아델 곧 히스기야 자손이 98명
16. 7:22 하숨 자손이 328명인데 에스라 2장은 223명
17. 7:23 베새 자손이 324명인데 에스라 2장은 323명
18. 7:24 하립 자손이 112명이며 에스라 2장은 "요라"로 기록됨
19. 7:25 기브온 사람이 95명이며 에스라 2장은 "기발"로 기록됨
20. 7:26 베들레헴과 느도바 사람이 188명인데 에스라 2장은 179명
21. 7:27 아나돗 사람이 128명

7:28 벧아스마웨스이 에스라 2장에는 "아스마웨스"으로 기록됨
22. 7:28 베다스마웨스 사람이 42명
23. 7:29 기럇여아림과 그비라와 브에롯 사람이 743명
24. 7:30 라마와 게바 사람이 621명
25. 7:31 믹마스 사람이 122명
26. 7:32 벧엘과 아이 사람이 123명인데 에스라 2장은 223명
27. 7:33 기타 느보 사람이 52명
이들은 에스라 2장에는 단순히 "느보"라 함
28. 7:34 기타 엘람 자손이 1,254명
29. 7:35 하림 자손이 320명
30. 7:36 여리고 자손이 345명
31. 7:37 로드와 하딧과 오노 자손이 721명인데 에스라 2장은 725명
32. 7:38 스나아 자손이 3,930명인데 에스라 2장에는 3,630명으로 되어 있다.
느헤미야서는 "막비스 자손" 156명을 제외하고 있다.
33. 7:39 제사장들은 예수아의 집 여다야 자손이 973명
34. 7:40 임멜 자손이 1,052명
35. 7:41 바스훌 자손이 1,247명
36. 7:42 하림 자손이 1,017명
37. 7:43 레위 사람들은 호드야 자손이 74명
에스라 2장에는 "호다위야"로 기록됨
38. 7:44 노래하는 자들은 아삽 자손이 148명인데 에스라 2장은 128명
39. 7:45 문지기들은 살룸 자손이 138명인데 에스라 2장은 128명
40. 7:46 하수바는 히브리어로 "하숩바이"이다.
41. 7:47 "시아"가 에스라 2장에는 "시하라"로 기록함
42. 7:48 "압굽 자손"과 "하갑 자손"이 누락되어 있다.
43. 7:52 "느비스심"이 에스라 2장에는 "느부심"으로 기록됨

44. 7:54 "바슬랏"이 에스라 2장에는 "바슬룻"으로 기록됨
45. 7:57 "브리다"가 에스라 2장에는 "부루다"로 기록됨
46. 7:59 "아몬"이 에스라 2장에는 "아미랴"로 기록됨
47. 7:61 "앗돈"이 에스라 2장에는 "앗단"으로 기록됨
48. 7:62 본절의 642라는 숫자는 에스라 2장에서 652라 기록되어 있음
49. 7:66 온 회중의 합계가 42,360명

7장에 나오는 유다 백성의 명단을 집산하면 31,089명

에스라 2장에는 29,818명으로 나타나 있다.

67절에서 언급한 신복의 수를 합하더라도 38,671명이 되어 66절의 42,360명이란 합계에 훨씬 못 미치게 된다.

이와 같은 숫자는 사본의 discrepancy이다.

50. 7:70-72 여기서 기록한 헌물의 수량은 에스라서의 기록과 다르다 (에 2:68,69).

이 두 기록이 서로 다르게 된 것은 각 저자의 관점에서 그 수량을 기록 하였기 때문이다.

9. 그는 율법의 중요성을 깨달은 지도자였다(8장)

(1) 강단에 대한 첫 번째 언급(4절)

"때에 학자 에스라가 특별히 지은 나무 강단에 서매" (And Ezra the scribe stood upon a pulpit of wood) 4절에 에스라가 인도한 성회에서 그를 도와 준 사람들의 이름이 소개되어 있다. 그들의 이름이 바로 강단 우편에 선 자들은 "맛디댜, 스마, 아나야, 우리야, 힐기야, 마아세야"였고, 좌편에 선 자 들은 "브다야, 미사엘, 말기야, 하숨, 하스밧다나, 스가랴, 므 술람" 등이다. 나무 강단(pulpit of wood)은 연단 같은 것이었는데 에스라

와 다른 13명을 지탱할 만큼 견고한 것이었다. 이것은 성경에서 강단에 관한 첫 번째 언급이다.

(2) 여호와의 율법 책을 폄(5절)

"학사 에스라가 모든 백성 위에 서서 저희 목전에 책을 펴니 책을 펼 때에 모든 백성이 일어서니라"(And Ezra opened the book in the sight of all the people;(for he was above all the people;) and when he opened it, all the people stood up) 이스라엘 백성들은 율법 책을 펼 때에 일어섰다. 이는 하나님 앞에서 그들의 경의와 겸손을 표시한 증표이다. 이스라엘 백성들은 하나님의 말씀 연구를 계속적으로 행하였고 또 이것은 유대 민족의 탁월한 특색이기도 하다.

레위인들은 매 7년마다 백성 앞에서 율법을 낭독해야 할 의무가 주어져 있었다(신 31:9-31). 여호사밧은 유대 각 성의 백성들에게 레위인들을 보내어 율법을 가르치게 하였다. 이것은 유대인들이 지닌 오랜 전통이었다. 하나님의 백성은 자연의 빛을 따라 살지 않고, 그들의 길을 인도하시는 하나님의 신령한 섭리를 따라야 한다. 하나님의 백성을 구원하려는 것은 그의 계획이고 그 계획을 구체적으로 실현하기 위한 조직이 곧 구약에서는 이스라엘 공동체요, 신약의 교회이며, 그 조직의 정신은 신·구약 시대 공히 하나님의 말씀이어야 한다.

(3) 율법을 낭독하는데는 해석이 붙어져야 한다(7절과 8절)

율법을 낭독하는데는 해석이 붙어야 한다. 실제로 히브리어로 된 율법은 여러 사람들이 이해할 수 있는 유일한 말인 아람어로 옮겨졌다(13:24). 그때에 백성들에게 율법을 가르친 사람들은 다음과 같다. 괄호 안은 이름의 뜻이다.

① 예수아(Jeshua)--(여호와께서 구원하셨다)
② 바니(Bani)--(여호와께서 건축하셨다)
③ 세레뱌(Sherebiah--(여호와께서 타는 빛을 보내셨다)
④ 야민(Jamin)--(오른손)
⑤ 악굽(Akkub)(--(보호자)
⑥ 사브대(Shabbethai)--(안식일에 낳았다)
⑦ 호디야(Hodijah)--(여호와께서 광채이시다)
⑧ 마아세야(Maaseiah)--(여호와의 일)
⑨ 그리다(Kelita)--(채납됨)
⑩ 아사랴(Azariah)--(여호와께서 도우셨다)
⑪ 요사밧(Jozabad)--(여호와께서 주셨다)
⑫ 하난(Hanan)--(은혜롭다)
⑬ 블라야(Pelaiah)(여호와께서 기적적으로 역사하셨다)
⑭ 레위 사람들(the Levites)

이들이 육법 책을 낭독(朗讀)하고 그 뜻을 해석하여 백성으로 그 낭독하는 것을 깨닫게 하였다.

10. 그는 하나님의 역사를 믿은 지도자였다(9:9-20)

1. 감찰하심(see 9절)
2. 들으심(heard 9절)
3. 치셨음(shewd, sent 10절)
4. 아셨음(knew 10절)
5. 통과하게 하심(passed through 11절)
6. 던지심(threw 11절)
7. 인도하심(led 12절)

8. 강림하심(came down 13절)
9. 말씀하심(spoke 13절)
10. 주심(gave 13절)
11. 알리심(made known (14절)
12. 명하심(command 14절)
13. 맹세하심(promised 15절)
14. 행하심(did 17절)
15. 주심(gave 20절)

11. 그는 하나님의 언약을 믿고 기도를 통해 실제적 적용을 위한 교훈을 얻은 지도자였다(9:38)

"우리가 이 모든 일을 인하여 이제 견고한 언약을 세워 기록하고 우리의 방백들과 레위 사람들과 제사장들이 다 인(印)을 치나이다 하였느니라" (And because of all this we make a sure covenant, and write it; and our princes, Levites, and priests, seal unto it." 이 절은 히브리 원문에는 10:1이다. 이는 9장에서 그가 드린 느헤미야의 아주 아름다운 기도의 결론이다. 이는 그가 하나님의 확실한 언약을 믿는 기도이며 그 언약의 확고성은 방백들과 레위 사람들과 제사장들이 인(seal)을 치는 견고한 언약이다.

9장의 기도를 통해서 몇 가지 실제적 적용을 위한 교훈을 얻고자 한다.

① 하나님의 믿음의 선진들에게 보여 주신 자비를 기억하는 것은 우리에게 큰 힘과 위로가 된다. 왜냐하면 그 자비는 항상 동일하기 때문이다.

② 하나님의 약속을 믿음으로 굳게 붙잡아야 한다. 이것은 결코 실패함이 없기 때문이다.

③ 경건한 자는 아무리 큰 위협에 처한다 할지라도 하나님이 그들을 지

키시고 인도할 것을 믿고, 생활 속에 평범하게 역사 하심을 알기 때문에 감사할 수 있다.

④ 하나님이 그의 백성을 인도하시는 것은 하나님의 백성이 보호받고 인도 받을 가치가 있어서가 아니라, 하나님의 무한한 자비와 은혜에 근거한 행위이다.

⑤ 범죄함으로 하나님의 진노 아래 있는 자들은 참 회개 없이는 도저히 행복을 기대할 수가 없다.

10장에는 언약의 인친 자의 명단이 기록되어 있다.

10:1-27까지는 명단에 언약에 인친 방백들의 명단이 기록되어 있다.

10:1-7에 나타난 23명의 이름은 첫 번째 포로 귀한 시에 스룹바벨과 함께 온 제사장의 명단에서 발견되는 15명으로 생각해야 한다. 이 명단은 유일하게 가족 명단에 포함되지 않은 많은 사람들이다. 이런 사람들로는 당대의 에스라와 그의 조상 스라야로 대표되었다.

이들은 10:30-39절에 의하면 다음 4가지에 동의한 사람들이다.

① 이방인과는 혼인하지 않는다(신 7:3,4). 구약 시대에 모세의 율법이 이방 결혼을 금한 목적은 종교적이며 영적인 것이었다. 이스라엘이 이방인과 통혼하는 경우에 이방인의 우상종교가 들어오는 것을 막기 위함이었다. 이와 같은 위험이 없는 경우에는 이스라엘 백성이 개인적으로 이방인과 통혼한 실례들이 있다.

② 안식일과 성일(聖日)에는 상(商) 행위를 하지 않는다(출 20:8-10).

③ 안식년마다 땅을 쉬게 한다(출 23:8-11).

④ 하나님의 전을 받든다.

12. 그는 구체적이고 치밀한 지도자였다(13장)

느헤미야는 아주 구체적인 사람이었을 뿐만 아니라 치밀한 사람이었다. 그는 사례를 발표하기까지 하였다. 13:15-22절에 느헤미야가 적극적으로 행했던 개혁의 사례가 기록되어 있다. 그것은 느헤미야가 안식일을 성별(聖別)하여 지키게 한 것이다. 안식일에 대한 율법은 매우 엄격했고 매우 강조되어 왔다. 느헤미야는 유대 사람들 가운데서 이 율법이 지켜지지 않고 있는 사실을 직접 목격했다. 몇 몇 유대인들이 언약을 위반하여 안식일에 상품을 준비하고 이송하였다(15절). 그런데 두로 사람들(페니키아 상인들)은 실제로 안식일에 물건을 팔고 있었다(16절).

느헤미야는 안식일 성수에 있어서 몇 가지 주의 사항을 언급했다.
① 그 날에는 정규적인 육체 노동을 하지 말 것
② 장사하지 말 것(16절, 17절). 느헤미야는 귀인들(nobles)을 꾸짖었다(17절). 귀인들은 백성으로 하여금 안식일을 거룩하게 지키도록 인도할 책임을 지고 있기 때문이다.

느헤미야는 아주 치밀한 사람이었다. 그는 인간 생활에서 아주 소홀히 취급하기 쉬운 문제들까지 취급했다. 그는 개인 개인에 대한 배려도 있었다. 심지어는 제물들까지 언급하면서 경건생활을 도모케 했다(13:31).

참고문헌(Bibliography)

Bama, Goerge. "Leaders on Leadership" Ventura, Calif.: Regal Books, 1997.
Bennis, Warren. "On Becoming a Leader" Reading, Mass.: Addison-Wesley, 1989.
_____. "Why Leaders Can't Lead" San Francisco: Jossey Bass, 1989.
Burms, James AcGregor. "Leadership" New York: Harper Torchbooks, 1978.
Clinton, Robert. "The Making of a Leader" Colorado Springs: Nav Press, 1988.
Depree, Max. "Leadership" New York: Dell Publishing, 1992.
_____, "Leadership is an Art" New York: Dell Publishing, 1989.
Drucker, Peter, "The Effective Executive in The Executive in Action" New York: Harper Business, 1996.
Gardner, Howard, "Leading Minds: An Anatomy of Leadership" New York: Basic Books, 1995.
Gardner, John. "On Leadership" New York: Free Press, 1990.
Greenleaf, Robert K. "Servant Leadership" New York: Paulist Press, 1977.
Kouzes, James M. and Posner, Barry Z. "The Leadership Challenge" San Francisco: Jossey Bass, 1995.
_____, "Encouraging the Heart: A Leader's Guide to Rewarding and Recognizing Others" San Francisco: Jossey Bass, 1999.
Maxwell, John. "Developing the Leader Within You" Nashville: Thomas Nelson, 1993.
Nanus, Burt. "Visionary Leadership" San Francisco: Jossey Bass, 1992.
Nee, Watchman. "Spiritual Authority" New York: Christian Fellowship Publishers, 1972.
Sanders, Oswald. "Spiritual Leadership" Chicago: Moody Press, 1994.

Blackaby, Henry and Richard, "Spiritual Leadership" (영적 리더십), 윤종석 옮김, 서울: 두란노 출판사, 2002.
DuBrin, Andrew J., "10 Minute Guide To Leadership"(10분에 마스터 하는 리더십), 김주성 옮김, 서울: 두란노 출판사, 1999.
Maxwell, John C., "Be All You Can Be"(열매 맺는 지도자), 오연희 옮김, 서울: 두란노 도서출판사, 1991.
_____, "Developing The Leaders Around You"(당신 주위에 있는 사람을 키우라), 임윤택 옮김, 서울: 두란노 도서출판사, 1997.
_____, "Developing The Leaders Within You"(당신 안에 잠재된 리더십을 키우라), 강준민 옮김, 서울: 두란노 출판사, 1997.
_____, "Power Leadership"(파워 리더십), 전형철 옮김, 서울: 청우 도서출판사, 2000.
_____, "Failing Forward"(실패를 딛고 전진하라), 이현수 옮김, 서울: 두란노 출판사, 2000.
김병원, "목회 상담학" 서울: 한국성서대학교 출판부, 2003.
_____, "목회학" 서울: 개혁주의 신행협회, 1985.
김의환, "기독교회사" 서울: 총신대학교 출판부, 1998.
박기민, "한국신흥종교연구" 부산: 혜림사, 1985.
박익수, "성서주석"디모데전, 후서/디도서) 서울: 대한기독교서회, 1994.
윤사무엘, "믿음의 생활화" 서울: 보이사 출판사, 1997.
이상규, "교회개혁사" 서울: 성광문화사, 1997.
이순한, "목회서신강해" 서울: 한국기독교교육연구원, 1990.
_____, "바울소서신 강해" 서울: 한국기독교육연구원, 1992.
소양 주기철목사 기념논문(1-5회 합본), 서울: 주기철목사 기념사업회 발행, 2000.
한석 오병세박사 화갑기념논문집, 서울: 개혁주의 신행협회, 1986.
"말씀은 살아있다" 서울: 한국성서대학교 출판부, 2002.
헨드릭슨 성경주해, 신약성경 전권, 서울: 아가페 출판사, 1986.
박윤선 목사의 구약과 신약 전권의 주석을 참고 및 인용
이상근 목사의 구약(창세기)과 신약 전권의 주석을 참고 및 인용

기독교 지도자론

■
초판 1쇄 인쇄 / 2004년 3월 25일
초판 1쇄 발행 / 2004년 3월 30일

■
지은이 / 김 병 원
펴낸이 / 김 수 관
펴낸곳 / 도서출판 영문
122-070 서울시 은평구 역촌동 10-82
☎ (02) 357-8585
FAX • (02) 382-4411
E-mail • kskym49@yahoo.co.kr

■
출판등록번호 / 제 03-01016호
출판등록일 / 1997. 7. 24

파본은 교환해 드립니다.
본 출판물은 저작권법으로 보호받는
저작물이므로 출판사나 저자의 허락없이
무단 전재나 무단 복제를 할 수 없습니다.

정가 18,000원
ISBN 89-8487-133-8 03230
Printed in Korea